北京师范大学思想政治工作研究院
北京高校中国特色社会主义理论研究协同创新中心（北京师范大学）

思想政治教育
研究热点年度发布

2022

冯 刚 主编

团结出版社

图书在版编目（CIP）数据

思想政治教育研究热点年度发布 . 2022 / 冯刚主编
. -- 北京：团结出版社 , 2023.3
　　ISBN 978-7-5234-0060-9

　　Ⅰ . ①思… Ⅱ . ①冯… Ⅲ . ①高等学校 – 思想政治教
育 – 研究 – 中国　Ⅳ . ① G641

中国版本图书馆 CIP 数据核字（2023）第 049107 号

出　版：团结出版社
　　　　（北京市东城区东皇城根南街 84 号　邮编：100006）
电　话：（010）65228880　65244790（出版社）
　　　　（010）65238766　85113874　65133603（发行部）
　　　　（010）65133603（邮购）
网　址：http://www.tjpress.com
E-mail：zb65244790@vip.163.com
　　　　tjcbsfxb@163.com（发行部邮购）
经　销：全国新华书店
印　装：三河市东方印刷有限公司

开　本：170mm×240mm　　16 开
印　张：35.25
字　数：472 千字
版　次：2023 年 3 月　第 1 版
印　次：2023 年 3 月　第 1 次印刷

书　号：978-7-5234-0060-9
定　价：98.00 元

前　言

　　2022年思想政治教育学科研究在理论深化与实践创新方面不断发展，取得了丰硕的研究成果，呈现出了新的研究特点。新的研究成果和新的研究特征与党和国家的持续重视、国家改革发展实际以及思想政治教育学科创新的阶段性需求是分不开的。思想政治工作是治党治国的重要方式，它既服务于中国特色社会主义伟大实践，为中国改革发展提供价值引领和精神动力，同时它也融于中国式现代化发展的各项事业中，成为中国改革发展实践中的重要一环。面对国家治理现代化和中国式现代化发展的总体要求，作为中国特色社会主义伟大实践中的一个环节，如何进一步激发思想政治工作内外要素的活力，完善思想政治工作体系，提升思想政治工作效能，成为近年来思想政治教育学科研究的一个共性特征。习近平总书记高度重视思想政治工作，围绕思想政治工作发表了系列重要讲话，阐明了系列理念方法，采取了系列重要措施，这对进一步完善新时代思想政治工作体系表达了新期待、提出了新要求、指明了新方向。习近平总书记在党的二十大报告中强调："用社会主义核心价值观铸魂育人，完善思想政治工作体系，推进大中小学思想政治教育一体化建设。"①这既是对党的十八大以来思想政治教育创新探索的高度概括，也是对未来思想政治教育创新发展的要求和展望。以习近平新时代中国

---

① 习近平：《高举中国特色社会主义伟大旗帜 为全面建设社会主义现代化国家而团结奋斗——在中国共产党第二十次全国代表大会上的报告》，《人民日报》2022年10月26日。

特色社会主义思想为根本遵循，立足时代发展特征、中国式现代化发展实际以及思想政治教育创新发展需求，不断深化思想政治教育工作体系研究成为思想政治教育学科研究的一个突出年度特征。

一、增强思想政治工作顶层设计的系统性

进一步明确思想政治工作的重要地位。无论是在革命、建设还是改革时期，思想政治工作始终与党的建设同向同行、同频共振，与经济建设和其他各项工作结合起来，贯穿国家治理各领域各方面各环节，共同为党和国家的工作大局服务，为党和国家中心工作提供有力政治和思想保障。历史和实践证明，只有充分发挥思想政治工作的功能和作用，经济建设、政治建设、文化建设、社会建设、生态文明建设各项工作才能形成强大动力，焕发出勃勃生机。当今世界正经历百年未有之大变局，我国正处于全面建设社会主义现代化国家、全面推进中华民族伟大复兴的关键时期，必须坚持以习近平新时代中国特色社会主义思想为根本指导，加强和改进思想政治工作，促进全体人民在思想上，精神上紧紧团结在一起，更好汇集起攻坚克难、开拓前行的磅礴伟力，为中国式现代化提供思想土壤。在新时代中国特色社会主义伟大实践中，在中国共产党的坚强领导下，思想政治工作在党的建设实践和国家治理实践中发挥了重要作用，已经成为治党治国的一种重要方式，这是中国共产党对思想政治工作的高度凝练和时代表达。从"生命线"理论到"治党治国的重要方式"，体现了党对思想政治工作的功能定位、战略地位的认识不断深化，也彰显了对思想政治工作规律的深刻把握。

进一步强调思想政治工作的体制机制。思想政治工作体系中的各个育人系统结构和功能各异。随着外部环境、教育对象、方法手段等的不断变化，思想政治工作的传统理念和经验办法日显乏力，过去仅仅依靠单一项目、力量和手段以及因分工过细、条块分割等原因造成协同不足的负面效应日益显现。完善新时代思想政治工作体系，强调内部系统以及内外系统之间的协同

配合，突出各育人系统之间的共同作用，着力完善各育人系统协同攻关、联动协作、合力育人的体制机制，强化正向效应牵引、减少互斥内卷损耗、保持步调和谐一致，充分发挥协同效应，形成有序的组织结构，推动思想政治工作体系不断完善，治理能力不断增强，育人质量整体提升，朝着落实立德树人根本任务的共同目标合力前进。同时，建立健全相应的领导机制、运作机制、评估机制与保障机制，依靠制度的规范性、稳定性和制约性，不断提高管理上的可操作性。

进一步完善思想政治工作的科学方法。党的思想政治工作伴随着党和国家事业的发展不断与时俱进、开拓创新，在继承和发扬优良传统的同时，积极探索符合时代要求的工作内容和方法，在长期实践中形成了一系列科学的规律性认识。提升思想政治工作质量，促进思想政治工作深入发展，需要认识、把握和遵循科学规律、运用科学方法。其一，坚持显性教育与隐性教育相统一，如果离开隐性教育，显性教育就会显得单一枯燥，不能得以内化，而如果离开显性教育，隐性教育也会失去依托，教育力度不够。只有将二者紧密、有机结合起来，思想政治工作才能充分发挥作用。其二，坚持解决思想问题和解决实际问题相结合，思想问题和物质利益是紧密相连的，解决这些问题，大道理固然要讲清讲透，更重要的是必须把它同解决实际问题结合起来，只有这样，才能进一步将思想政治工作抓实抓细。其三，坚持广泛覆盖与分类指导相结合，针对企业、农村、机关、学校、社区、网络等不同主体的特性，采取不同的方法、制定不同的策略，因时、因地、因人、因事制宜开展工作，增强思想政治工作的针对性。

二、增强思想政治工作系统布局的完整性

思想政治工作具有整体性和系统性，不是支离破碎的组合。只有立足于整体性，才能实现系统设计、整体推进、融合发展。这就要求既要在思想政治工作的谋篇布局上突出整体性和系统性，也要在思想政治工作的手段选

择、主体建构与方式运用上，突出综合性与协同性。

加快构建思想政治工作大格局。思想政治工作是一项系统性工程，涉及众多要素和不同方面。新时代加快构建思想政治工作大格局，要统筹协调各方力量，形成纵向到底、横向到边、层次立体、全面覆盖的工作格局。因此，要促进思想政治工作内部各要素之间、思想政治工作与其他环节及相关工作之间的统筹协调，实现各司其职又同向同行，由"各自为政"向"协同联动"转变，凝聚各方力量着力破解综合性难题。其一，完善党委统一领导、党政齐抓共管、宣传部门组织协调、有关部门和人民团体分工负责、全党全社会共同参与的思想政治工作大格局。其二，打造专兼结合的工作队伍，配齐配强思想政治工作骨干队伍，充实优化兼职工作队伍，不断壮大志愿服务工作队伍。其三，用好各级各类文化设施和阵地，充分发挥其在思想教育和服务群众中的作用。其四，建立健全内容全面、指标合理、方法科学的思想政治工作测评体系，把"软指标"变为"硬约束"，更好发挥思想政治工作统一思想、凝聚共识、鼓舞斗志、团结奋斗的重要作用。

积极开好新时代的"大思政课"。"大思政课"我们要善用之，一定要跟现实结合起来。思政课不仅应该在课堂上讲，也应该在社会生活中讲。善用"大思政课"，才能更好立德树人、培根铸魂，更好为党育人、为国育才。其一，从课程建设上而言，"要用好课堂教学这个主渠道，思想政治理论课要坚持在改进中加强，提升思想政治教育亲和力和针对性，满足学生成长发展需求和期待，其他各门课都要守好一段渠、种好责任田，使各类课程与思想政治理论课同向同行"，[①]形成"思政课程＋课程思政"的互动局面。其二，从纵向学段设置而言，要按照立德树人根本任务进行总体设计，对大中小学各阶段的教育内容深入进行同步设计和一体规划，在保持整体性、关联性的同时，使不同学段体现各自教育特点并有机衔接，以实现循序渐进、螺旋上升

---

① 《习近平在全国高校思想政治工作会议上强调 把思想政治工作贯穿教育教学全过程 开创我国高等教育事业发展新局面》，《人民日报》2016年12月9日。

的育人目标，从而推进大中小学思想政治教育一体化建设。其三，就横向而言，持续探索家庭、学校、政府、社会四方协同育人机制。另外，协同师资队伍。贯彻落实"全员全程全方位育人"的"三全育人"理念，协同发挥不同岗位、不同类别的高校教师育人功能，充分调动其积极性，建立起一支包含思政课教师、专职辅导员、行政管理干部、研究生导师等在内的政工队伍，发挥育人合力。同时，要充分发挥科研、管理、服务和社会实践的协同育人效应，优化系统结构，相互配合衔接。从而使得青年人能够真正"立大志、明大德、成大才、担大任"，[①]增强志气、骨气和底气，努力成为堪当民族复兴重任的时代新人。

三、增强思想政治工作实施推进的协调性

加强和改进思想政治工作是一项长期任务，需要虚功实做、持之以恒、久久为功，在具象化、细微处下功夫，把这项工作抓在经常、融入日常，以一体化、常态化和长效化协调推进思想政治工作。

打好思想政治工作组合拳。新时代、新征程、新目标为思想政治工作提出了总体要求。责任单位和参与单位都要明确各自的任务要求，要逐一抓好任务落实，打出新时代思想政治工作组合拳。其一，各有关部门要把这项工作摆上重要日程，结合本地区本部门实际，制定和落实责任清单、定期分析报告制度、专题研究和学习的制度。要做到循序渐进、持续用力，确保思想政治工作的连贯性。思想上高度重视、行动上高度负责，做到守土有责、守土负责、守土尽责。基层党组织要时刻绷紧思想政治工作这根弦，耐心细致做好党员群众思想政治工作。其二，各有关部门要在政策的相互衔接、工作的具体实施、评估的反馈检查、经费的基础保障等方面加强统筹协调，整合资源、集聚力量，共同推动思想政治工作创新发展，开拓思想政治工作新局

① 《习近平在清华大学考察时强调 坚持中国特色世界一流大学建设目标方向 为服务国家富强民族复兴人民幸福贡献力量》，《人民日报》2021年4月20日。

面。另外，针对思想政治工作与新时代新使命不适应的突出问题，进一步理顺体制机制、筑牢基层基础、增强保障力量，推动理论创新、制度创新、方式方法创新和基层工作创新。

抓好思想政治工作关键点。思想政治工作是以人为对象，解决人的思想、观点、政治立场问题，提高人的思想觉悟的工作。其重点对象是党员领导干部和青年学生，因此要紧密结合当前经常性思想工作的发展规律和不同对象的思想实际，提升思想政治工作效能，把握关键环节，灵活开展经常性思想政治工作。党和国家历来高度重视青年发展问题，青年发展的理论和实践样态与整个国家和民族发展的现状与未来息息相关。以青年学生为例，要做好青年学生的思想政治工作，应做到如下几点：一是拓展工作平台。借助"互联网＋"，打造网络育人平台，积极开展生动活泼、形式多样的网络思想政治教育活动，吸引、培养熟悉网络、熟练运用新媒体的人才队伍，逐步建设起深受大学生喜爱的网络阵地。二是完善工作体系。把立德树人根本任务融入思想道德、文化知识、社会实践教育各环节，思想政治工作不再仅仅局限于课堂，"人文关怀""心理疏导""实践育人"等已经越来越成为思想政治工作的重要阵地。三是创新工作手段。综合运用课堂理论教育、社会实践锻炼、校园文化熏陶以及网络媒体引导等方式方法，灵活采取"线上＋线下""课内＋课外""校内＋校外"等工作手段，增强教育实效，提高思想政治工作针对性和感染力。在青少年成长"拔节孕穗"的关键时期，帮助青少年学生扣好人生的第一粒扣子。

形成思想政治工作一盘棋。思想政治工作扎根于中国大地，扎根于中国特色社会主义事业的伟大实践，扎根于全面推进中华民族伟大复兴的历史进程。思想政治工作必须结合中国发展大势，做到因势而新，针对国家发展过程中出现的现实问题，探索新的思想政治工作机制，提升思想政治工作的质量。思想政治工作不能只是嘴上喊喊、口里说说，必须通过一系列平台抓手来推进。一方面，从思想观念层面看，把治理的思维、观念和方式贯穿思想政治工作全过程，结合党和国家的战略任务安排、中国发展实际、世界发展大势、青年学生特征以及思想政治工作的客观需求，建立系统完备、科学规范、衔接配套、运行有效的制度体系，用制度化手段确保思想政治工作的系统性、整体性、协同性和实效性；另一方面，从具体实施层面看，中央、地方和基层需要层层递进、保落实、见成效，形成党委统一领导、党政齐抓共管、宣传部门组织协调、有关部门和人民团体分工负责、全党全社会共同参与的思想政治工作大格局。

四、增强思想政治工作效果评价的科学性

思想政治工作功能作用发挥的大小、效果的好坏需要通过评价进行衡量，评价是思想政治工作过程中的重要环节。效果评价是针对工作开展所得的结果和功效进行的把握和评判，根据是否实现思想政治工作的目的任务、使命宗旨而具体展开。效果评价虽然具有困难性，但是否产生效果的信息反馈，对于思想政治工作过程的调整、改进，以及思想政治工作的自身发展具有十分重要的功能。

明确思想政治工作效果评价的基本原则。进入新时代，随着思路理念、体制机制、路径载体、方法手段等各方面改革探索的不断深入，思想政治工作的变化发展快速而显著。因此，就要进一步明确思想政治工作效果评价的基本原则。其一，以政策导向性为基本依据。党的十八大以来，以贯彻落实习近平总书记关于思想政治工作的讲话精神为要旨，党中央、国务院出台了一系列政策文件和制度规定，为思想政治教育工作效果评价提供了方向和指引。其二，以内在规律性为重要遵循。要遵循思想政治工作规律、教书育人规律、学生成长规律，既充分考虑思想品德要素知、情、信、意、行的内化与外化，又充分认识知与行不断从旧质到新质循环往复、不断上升的矛盾运动过程，紧紧围绕不同教育对象成长发展需求设计评价标准、内容和方式。其三，以突出实践性为现实要求。既明晰思想政治工作评价开展的实践

场域是扎根中国大地，彰显中国特征，须始终着眼全局，坚持正确的政治方向；又坚持问题导向，充分理解思想政治工作质量效果评价开展的现实状况具备复杂性和挑战性，须统筹兼顾不同类型、不同主体的思想政治工作，切实改进思想政治工作中存在的实际问题，形成思想政治工作效果评价的长效机制。

确保思想政治工作效果评价的标准统一。就思想政治工作效果评价而言，不同层次、不同地域、不同类型主体的评价标准之间应当存在差异，这是增强评价针对性的客观需要，是避免"一刀切"的有效方法，也是符合客观实际的必然选择。如果此类基础性的标准不一致、不协调，那么不仅会使接受评价的一方无所适从，还会使评价的实施者失去准绳，难以把握尺度。思想政治教育工作效果评价既要保证与其他工作评价的整体协同，也要保证自身内部指标的协调一致。不能因为评价模块的划分、评价方案的分类所带来的差异性，而破坏评价指标的整体性和协调性。所以，在未来的发展中，思想政治工作效果评价必须及时进行"标准"规范的修订与变更，进而确保评价标准的协调一致，以保证评价工作的顺利开展。另外，需要说明的是政策文件是制定效果评价标准，推进效果评价实践的重要依据，但不是唯一依据，思想政治工作效果评价工作的基本依据和最终落脚点还是思想政治教育的实践状况和发展趋势。因此，不能一味地依靠已出台的明确成文的政策文件要求，对其进行机械式的解读和实施，而是要充分发挥各地方、各高校的自主性和能动性，对全国性标准还没有出台或上级政策文件尚未涉及的领域、环节和要素，各地方、各高校要主动按照政策文件的基本精神先行先试，设计本地区、本高校的效果评价标准体系，开展效果评价工作，为上级政策规范的制定积累经验、创造条件，进而实现自上而下与自下而上协同推进思想政治工作效果评价发展的整体格局。

掌握思想政治工作效果评价的基本方法。思想政治工作受到多种因素的影响和推动，时代的进步、国家经济社会的发展、党的理论创新、思想政治工作实践改革、不同主体的心理思想行为需求变化等，都会对思想政治工作提出新的要求和挑战。习近平总书记的系列重要论述，高屋建瓴，为思想政治工作的守正创新指明了方向，打开了思路，揭示了规律，保证了新时代思想政治工作政策制定的科学性、前瞻性，引领着效果评价工作不断革新。坚持政治评价与业务评价相统一、客观评价与主观评价相统一、结果评价与过程评价相统一、定性评价与定量评价相统一、精准评价与模糊评价相统一的原则，围绕接受质量、过程、结果等要素，建立多层次复合性、综合性多领域的质量评价体系，发挥质量评价体系的引导作用。基于思想政治工作的系统性与复杂性，效果评价指标体系建构要落地落实，就要在观照实践经验与以往理论成果的基础上，凝练出全面性与重点性相结合，基础性与灵活性相结合的指标要素，为全面评价思想政治工作提供有效依据。①

在思想政治工作体系建构过程中，思想政治教育热点也表现得更为丰富和具体。在《思想政治教育研究热点年度发布（2022）》一书中，我们共分为28章分别对党的创新理论与思想政治教育、思想政治理论课建设研究、思想政治教育文化育人研究、思想政治教育组织育人研究、高校意识形态工作研究、辅导员队伍建设研究等内容进行了梳理和阐释，这些内容也可以作为思想政治工作体系建构过程中的具体内容来理解和把握，相信这些研究成果会对进一步深化思想政治教育创新发展产生积极的推动作用。

冯刚

2023 年 1 月

① 　冯刚、梁超锋：《完善新时代思想政治工作体系建构》，《思想政治工作研究》2022 年第 12 期。

目　录

第一章　党的理论创新与思想政治教育发展研究

2022 年以来，全球局势进一步复杂动荡，政治走向错综复杂，经济压力席卷全球，经济危机叠加流行疫情危机，党所面临的执政环境空前复杂。面对来自现实的重重压力，党带领中国人民守正创新、披荆斩棘，以"革命理想高于天"的情怀不断进行理论创新，将党的创新理论摆在新的重要位置，发挥党的创新理论指导党和国家、人民事业不断前进的积极作用。伟大时代孕育伟大理论。理论是实践的产物，思想是时代的召唤。中国共产党成立一百年来不断在实践中发展和深化党的理论，与时俱进地永葆党的理论的旺盛生命力。党的二十大指出："实践没有止境，理论创新也没有止境。不断谱写马克思主义中国化时代化新篇章，是当代中国共产党人的庄严历史责任。"① 党的二十大报告多次强调了理论创新对中国共产党人认识世界和改造世界的重要作用。2022 年是承前启后、继往开来的一年。这一年迎来了诸多党的理论创新成果，对思想政治教育理论的研究也同样起到了深刻的促进作用。

一、党的理论创新重要成果年度概述

2022 年是党的理论创新丰收之年，党的理论创新硕果累累，具有十分重要的意义。2022 年 10 月，党的二十大顺利召开。党的二十大是继古开今、

---

① 习近平：《高举中国特色社会主义伟大旗帜 为全面建设社会主义现代化国家而团结奋斗——在中国共产党第二十次全国代表大会上的报告》，人民出版社 2022 年版，第 18 页。

再开新篇的历史性会议。习近平总书记在党的二十大报告（以下简称《报告》）中总结回顾了过去新时代十年的伟大变革，深刻分析国内外形势，提出了"高举中国特色社会主义伟大旗帜 为全面建设社会主义现代化国家而团结奋斗"的会议主题，擘画了实现第二个百年奋斗目标的具体方案，谋定了实现中华民族伟大复兴的伟大蓝图。《报告》总结了贯穿于新时代十年实践中的"三件大事"，指出"三件大事"的完成是彪炳中华民族发展史册的历史性胜利。《报告》指出，新时代以来党和国家发展的理论遵循是习近平新时代中国特色社会主义思想，习近平新时代中国特色社会主义思想是当代的马克思主义，是 21 世纪的马克思主义，开辟马克思主义发展的新境界、开辟中华文化和中国精神发展的新境界、开辟自我发展的新境界。《报告》提出，从现在起，党的中心任务就是团结带领全国各族人民全面建成社会主义现代化强国、实现第二个百年奋斗目标，以中国式现代化全面推进中华民族伟大复兴。《报告》指明了中国式现代化特征是集众家之所长和具有自己特色的现代化。实现路径则以"两步走"为战略部署，以"五个坚持"为原则指引。目标是实现经济、政治、文化、社会、生态文明、国际格局等领域的全面现代化。《报告》指出，实现全面建设社会主义现代化国家、实现中华民族伟大复兴的行动准则是"三个务必"。《报告》重视总结历史经验，为党的前进之路肃清障碍，指出自我革命是党永葆生机活力的强大支撑、是党站稳人民立场的集中彰显、是党引领社会革命的重要保障。《报告》着眼百年未有之大变局的复杂形势，指出敢于斗争、敢于胜利，是我们党不可战胜的强大精神力量；党的历史就是一部敢于斗争、敢于胜利的历史；走好实现第二个百年奋斗目标新的"赶考"之路要坚持发扬斗争精神。除了这些重要论述外，《报告》中论述的新思想新观点新阐述不胜枚举，为党进一步认清共产党执政规律、社会主义建设规律和人类社会发展规律提供了新的视角和思考。这些重要论述随即也成为思想政治教育研究的热点问题。

2022 年 2 月和 4 月，在党和全国各族人民齐心协力的守候与努力下，北京圆满成功地举办了第 24 届冬奥会和冬残奥会。冬奥会的胜利召开，不仅是新时代党领导有方的具体体现，更是亿万人民群众团结奋斗、国富民强的有力彰显。冬奥会以不可抗拒的活力与激情席卷神州大地，引领起了"一起向未来"的冰雪运动之风。这一届冬奥会，中国运动健儿再创佳绩，取得了历史性的进步。2022 年 4 月，习近平总书记在北京冬奥会、冬残奥会总结表彰大会上发表讲话，提出胸怀大局、自信开放、迎难而上、追求卓越、共创未来的北京冬奥精神。北京冬奥精神展示的不仅仅是中华民族在运动竞技上所具有的独特品质，更进一步拓写了中华民族在对待如今世界浩浩荡荡的大趋势时所表现出的责任和担当。胸怀大局，既是党对干部群众的殷殷期盼，又是党面向世界发出的深切声音，这正是构建"人类命运共同体"的高瞻远瞩在冬奥精神中的体现；自信开放，则是党向全世界展示中华民族伟大复兴必然实现的自信以及中国的开放之门会越开越大的坚定，展示了中国的包容之心；迎难而上，就是苦干实干、坚韧不拔，保持知重负重、直面挑战的昂扬斗志，克服困难、战胜风险，为了胜利勇往直前；追求卓越，就是执着专注、一丝不苟，坚持最高标准、最严要求，精心规划设计，精心雕琢打磨，精心磨合演练，不断突破和创造奇迹；共创未来，就是协同联动、紧密携手，坚持"一起向未来"和"更团结"相互呼应，面朝中国发展未来，面向人类发展未来，向世界发出携手构建人类命运共同体的热情呼唤。在北京冬奥会、冬残奥会筹办过程中凝结着的北京冬奥精神的本质和内涵，必将成为我们在新的历史征程上的重要精神力量和精神支撑。毫无疑问，北京冬奥精神的提出为思想政治教育提供了新的精神资源，意义深远。

2022 年 7 月 1 日，在中国共产党成立 101 周年之际，习近平总书记发表了《更好把握和运用党的百年奋斗历史经验》的重要讲话。这一重要讲话的发表，不仅体现了党中央对党的百年奋斗经验的重视，而且向社会各界发出了对党的百年奋斗的历史经验进行充分掌握和熟练运用的号召。党的百年奋斗和历史经验既是对历史的正确总结，又是错综复杂局势下党领导新的伟大斗争的理论指导和现实指引。讲话除了指出要坚持马克思主义中国化时代化、正确把握主要矛盾和中心任务等重要论述之外，还着重强调了要推进党史学习长效化常态化这一新的党史学习意见。讲话指出："推动全党学好党史、用好党史，靠一次集中学习教育是不够的，必须把党史学习教育融入日常、抓在经常。"①党史学习长效化常态化充分彰显了中国共产党是一支善于总结、善于自我革命和拥有高度历史自觉的无产阶级先锋队，是旗帜鲜明的马克思主义政党。党史学习长效化常态化不仅是为党在各种重大的历史关头提供精神养分的重要手段，而且是不断深化对执政规律认识的有效途径。坚持党史学习长效化常态化，从中汲取宝贵的历史经验教训，对党的建设具有重要的积极作用。思想政治教育也要着力于党史的学习和总结，百年党史不胜枚举的宝贵经验为思想政治教育这一意识形态实践提供了源源不断的思想资源和精华养分。

2022年7月，教育部等十部门联合印发《全面推进"大思政课"建设的工作方案》（以下简称《方案》）。进入新时代以来，以习近平同志为核心的党中央将思想政治理论课置于突出位置，思想政治理论课是铸魂工程的重要根基，是培育时代新人的重要抓手。"大思政课"建设是新征程上推进思想政治理论课改革创新的重要实践。习近平总书记多次强调"大思政课"建设对于意识形态安全的重要性，为"大思政课"建设谋划了全局概念，划定了根本准则，列举了多样实现方式，丰富和发展了新时代"大思政课"的理论宝库，为指导全面推进"大思政课"建设提供了根本遵循。《方案》坚持以习近平新时代中国特色社会主义思想为指导，贯彻落实立德树人根本任务，积极发挥习近平新时代中国特色社会主义思想铸魂育人的引领作用，针对目前"大思政课"缺失要素进行必要的补充和完善。《方案》通过指导改革创新主渠道教学的方式方法，在教学层面展开了"大思政课"建设怎么做的回答，对如何具体有效地开展"大思政课"的建设提出了六点新要求。以充实

---

① 习近平：《更好把握和运用党的百年奋斗历史经验》，《求是》2022年第13期。

内容、优化程序、创新方法等具体路径为向导，推动构建了"大思政课"教学的新的实现方式。《方案》通过善用社会大课堂的指导，指明了作为思想政治教育桥头堡的高校要健全各种考核体系，进行"大思政课"建设要理论与实践相结合，做到规范化制度化，不能流于形式，相关部门也要致力于同学校联系开发更多的有效实现方式。《方案》立足于与时俱进的基点，提出发挥教育部的牵头作用，搭建思政教育一体化学习的网络平台，建设共建共享、系统集成、全面覆盖的全国高校思政课教研系统。《方案》充分注重教育者素质对"大思政课"建设的作用，指出要优化师资队伍，使"大思政课"队伍专门化、研究化和学术化。《方案》遵循改革发展的一般性原则，选择由点到面逐步进行，充分发挥各地优势，深入推进大中小学思政课一体化建设，提高思想政治理论课质量，开展多样化的思想政治教育活动。《方案》结合新时代我国国情和发展特点，从多维度多方面规范了"大思政课"的建设要求，致力于充分落实习近平总书记对"大思政课"建设的殷殷期盼。习近平总书记强调："'大思政课'我们要善用之，一定要跟现实结合起来。"①《方案》的提出，不仅贯彻落实了党中央的决策部署，同时也为思想政治教育的创新发展指明了前进方向。

2022 年 8 月，中共中央办公厅、国务院办公厅印发《"十四五"文化发展规划》（以下简称《规划》）。伴随着"十三五"文化发展计划的顺利完成和党的伟大事业的再启航，为了充分发展社会主义先进文化，为全面建设社会主义现代化强国提供丰富的精神滋养，充分发挥社会主义先进文化的影响力和增强我国的国际文化影响力，发展更多人民群众喜闻乐见的文化以满足人民日益增长的精神文化需要，《规划》应声落地。《规划》清晰地整理了未来五年的文化发展的指导思想、工作原则和目标任务，从总体到细节分别阐述了各个领域的文化发展应该"做什么、怎么做、做到什么程度"的各式问题。《规划》提出的十五个坚持，既申明了我国文化发展的一贯性传承，又

---

① 杜尚泽：《"'大思政课'我们要善用之"》，《人民日报》2021 年 3 月 7 日。

与时俱进地根据历史现实的变化提出了新的发展要求，为未来五年我国的文化发展计划奠定了主旋律，也为思想政治教育创新发展提供了理论支持。

二、党的理论创新成果推动思想政治教育研究发展深化

中国共产党是中国特色社会主义事业的领导核心。党的理论创新引领着我国各项事业的发展和深化。作为一项极端重要的工作，思想政治教育研究对保证新征程上的意识形态安全有着不可替代的作用。党的理论创新必然也对思想政治教育的发展深化起到了积极的促进作用。2022 年是党的理论创新成果不断涌现的一年，思想政治教育研究也伴随着党的理论创新而更加繁荣进步。

（一）议题的持续和推进

一是习近平新时代中国特色社会主义思想融入思想政治教育。进入新时代以来，习近平总书记将思想政治教育摆在一个极其重要的位置，特别指出："办好思政课，是我非常关心的一件事。"① 新征程上，习近平新时代中国特色社会主义思想的真理性光辉持续迸发，对中国特色社会主义建设、科学社会主义新发展、高校思想政治工作、马克思主义中国化新飞跃等重要议题的发展和进步做出了重大的原创性贡献。例如，有研究者研究了高校单独开设"习近平新时代中国特色社会主义思想概论"课的历史逻辑、实践逻辑、理论逻辑，认为这是切实提高习近平新时代中国特色社会主义思想进教材、进课堂、进学生头脑实效性的现实需要，是用习近平新时代中国特色社会主义思想滋养青年一代的基础工程、战略工程、政治工程，是"不断推动高校思想政治工作高质量发展"，切实推进习近平新时代中国特色社会主义思想入脑入心的重要举措，非常必要，也十分紧迫。② 有研究者从习近平总书记在中

---

① 习近平：《思政课是落实立德树人根本任务的关键课程》，《求是》2022 年第 17 期。

② 胡芳：《高校单独开设"习近平新时代中国特色社会主义思想概论"课的三重逻辑》，《思想理论教育》2022 年第 8 期。

国人民大学考察时的重要讲话入手，分析和解构了思想政治理论课教育教学的本质特征与基本要求，认为"思政课的本质"包括社会政治本质和教育教学本质。思政课教学的方式方法需要在本质规律性认识基础上采取多种多样的实现方式；教育者方面要更加注重强化思政课教师的素质；教育者与受教育者要加强互动，加深理解；对于思政课的学习不能只停留在理论学习上，要做到实践中，发挥其应有的作用。① 有研究者通过研究习近平新时代中国特色社会主义思想的原创性贡献对科学社会主义发展做出的新的推进，认为习近平新时代中国特色社会主义思想意涵深厚、意旨深邃、意境深远，以有据可循、有理可依的原创性贡献标注了科学社会主义发展的新界标、新视阈。从一定意义而言，原创性贡献是习近平新时代中国特色社会主义思想趋向成熟、定型化发展的鲜明表征，是其"实现了马克思主义中国化新的飞跃"的理论支撑和逻辑理据。② 有研究者从习近平新时代中国特色社会主义思想的丰富内涵入手，分析了习近平新时代中国特色社会主义思想对马克思主义作出的原创性贡献，认为这种原创性贡献突出体现在关于实现中华民族伟大复兴、构建人类命运共同体、人与自然和谐共生的生态文明、长期执政的马克思主义政党建设等方面的一系列新概念、新理念、新判断。③ 有研究者从大学生思想政治教育的视角分析了习近平关于高校思想政治工作重要论述的三重内涵，认为高校思想政治工作培养的目标导向是培育什么样的人，实践要求是如何培养人，价值取向是为谁培养人。④ 有研究者分析习近平新时代中国特色社会主义思想的原创性贡献和历史地位，指出新历史方位、新时代背

① 刘建军：《论思想政治理论课教育教学的本质特征与基本要求——习近平考察中国人民大学相关重要论述的理论阐释》，《思想政治课研究》2022 年第 3 期。

② 康晓强：《论习近平新时代中国特色社会主义思想对科学社会主义原创性贡献的层次结构》，《马克思主义研究》2022 年第 3 期。

③ 孙来斌：《论习近平新时代中国特色社会主义思想对马克思主义的原创性贡献》，《中国高校社会科学》2022 年第 4 期。

④ 刘光斌、夏雨轩：《习近平高校思想政治工作论述的三重内涵——基于大学生思想政治教育的视角》，《大学科学教育》2022 年第 5 期。

景、新时代课题、新主要矛盾、新哲学范式，既为把握习近平新时代中国特色社会主义思想的原创性贡献和历史地位提供了依据，从广义上讲又属于这一原创性贡献的重要组成部分。从狭义上讲，习近平新时代中国特色社会主义思想的原创性贡献和历史地位，鲜明且主要地从理论维度和历史维度两个层面呈现出来。①

二是对培养时代新人研究议题的不断深入。培养时代新人是实现中华民族伟大复兴的重要命题。党的二十大报告指出："人才是全面建设社会主义现代化国家的基础性、战略性支撑。人才是第一资源。"② 随着研究的深入，中国特色社会主义的制度性优势对培育时代新人的作用受到关注。例如有研究者探讨了习近平总书记关于培养时代新人重要论述的生成逻辑、主要贡献和践行路径，认为从生成逻辑看，它是马克思主义基本原理同中华优秀传统文化相结合的时代精华，是中国共产党关于培养社会主义新人思想的谱系传承，是面向"两个大局"的战略考量，其主要贡献在于创造性地回答了新时代"培养什么人、怎样培养人、为谁培养人"这一根本问题，阐明了时代新人的内涵和标准、培养的方法和途径、培养的初心和使命，践行习近平总书记关于培养时代新人的重要论述，要突出思想引领、抓好重点群体、注重整体优化，切实增强培养工作的导向性、针对性和系统性。③ 有研究者分析了中国共产党人精神谱系引领培育时代新人的三重维度，提出中国共产党人精神谱系为时代新人的培养提供了宝贵财富。中国共产党人精神谱系在理论之维激励了新时代青年树立远大理想，在实践之维中国共产党人精神谱系激发了新时代青年掌握高超本领，在价值之维中国共产党人精神谱系引领了新时代

---

① 韩庆祥：《习近平新时代中国特色社会主义思想的原创性贡献和历史地位》，《中共中央党校学报》2022 年第 2 期。

② 习近平：《高举中国特色社会主义伟大旗帜 为全面建设社会主义现代化国家而团结奋斗——在中国共产党第二十次全国代表大会上的报告》，人民出版社 2022 年版，第 33 页。

③ 李瑞德、潘玉腾：《习近平关于培养时代新人重要论述：生成逻辑、主要贡献和践行路径》，《思想教育研究》2022 年第 5 期。

青年练就"重实践重劳动"的实践能力。① 有研究者从新时代党的教育方针研究入手，分析新时代党和国家把教育的地位和作用提高到前所未有高度的原因，认为必须以培养担当民族复兴大任的时代新人为着眼点并以"四为"方针为党育人、为国育才作为指导，才能完成在新的历史征程上"培养担当民族复兴大任的时代新人"的历史重任。② 有研究者就如何培养时代新人的志气、骨气、底气提出，认为志气、骨气、底气是担当民族复兴大任的时代新人应有的精神品质，具有特定的时代意蕴、科学的价值考量和丰厚的文化蕴涵，同中华优秀传统文化、马克思主义中国化理论成果、中国共产党人精神谱系存有本质关联，要将文化作为培育时代新人志气、骨气、底气的切入点和着力点，通过挖掘文化资源、开设好文化课堂、开展文化实践、营造文化环境、构筑起激发、蕴育、淬炼、熏陶的有效培育路径。③ 有研究者通过系统梳理和深入挖掘，从历史、价值、理论及实践四个维度把握习近平总书记关于时代新人论述的历史演变、时代价值、科学内涵及其培育方略。历史维度表现的是对中国共产党培育时代新人的传承与创新，价值维度则是对培育时代新人的重要意义的充分肯定，理论维度深刻论述培育时代新人的科学内涵，实践维度突出了全面部署时代新人培育工程的行动方略。④

三是新征程上的爱国主义议题再次升华。爱国主义是实现中华民族伟大复兴过程中要重点强调和科学把握的中国精神，对实现第二个百年奋斗目标，以中国式现代化推动中华民族伟大复兴，具有深刻隽永的意义。新时代爱国主义培育的历史条件正在不断发生改变，爱国主义议题也与时俱进地发生了升华与发展。例如，有研究者结合新时代爱国主义发生的时代条件，分

① 夏宝慧：《中国共产党人精神谱系引领培育时代新人的三重维度》，《思想教育政治研究》2022 第 4 期。

② 刘复兴、李淼：《在新的历史征程上培养担当民族复兴大任的时代新人——新时代党的教育方针政策研究》，《中国人民大学教育学刊》2022 第 4 期。

③ 冯刚、陈倩：《培育时代新人志气、骨气、底气的文化向度》，《国家教育行政学院学报》2022 年第 2 期。

④ 陈璇：《习近平总书记培育时代新人重要论述的四重维度》，《北京青年研究》2022 年第 2 期。

析了新时代爱国主义教育的时空境遇和双重任务，认为基于"民族国家实然存在"和"世界历史深入发展"的双向理路、回应"国家发展"和"全球挑战"的双重任务以及"实现中华民族伟大复兴"和"构建人类命运共同体"的交织视域，国家忠诚与人类情怀成为新时代爱国主义教育中必然关涉的一对关系，新时代爱国主义教育应兼顾国家忠诚和人类情怀，在坚持"立足中国又面向世界"的价值导向下，搭建兼顾国家维度和全球维度的教育框架，涵养积极进取、开放包容、理性平和的国民心态，促进国家忠诚和人类情怀的有机统一。① 有研究者辨析了新时代爱国主义教育的若干辩证关系，提出加强新时代爱国主义教育要着重把握好以下几对辩证关系：在爱国主义教育的本质要求上要坚持爱国和爱党、爱社会主义的辩证统一，在爱国主义教育的基本立场上要坚持立足中国与面向世界的辩证统一，在爱国主义教育的历史面向上要坚持不忘本来与面向未来的辩证统一，在爱国主义教育的空间场域上要坚持线上引导与线下教育的辩证统一，在爱国主义教育的成果成效上要坚持时效性与长效性的辩证统一。② 有研究者跟随党的脚步认为应以党史为载体加强新时代青年爱国主义教育的着力点，把握党史教育的政治性，促进新时代青年坚持爱国和爱党、爱社会主义相统一，把握党史教育的整体性、人民性、时代性，培育新时代青年的爱国主义精神，厚植新时代青年的爱国主义情怀，增强新时代青年的爱国主义自觉。③

四是高校思想政治教育改革发展议题推陈出新。高校作为思想政治教育理论研究的前沿阵地，学界对进一步发挥高校思想政治教育对国家、社会、个人发展的积极作用，从"四史"教育、劳动教育、大数据运用、研究生思政教育路径探索和经验总结等角度进行了新的探索。例如，有研究者探析

① 曹清燕、张蓓：《新时代爱国主义教育的时空境遇和双重任务》，《思想教育研究》2022年第 8 期。

② 冯秀军、唐艳群：《新时代爱国主义教育的若干辩证关系论析》，《思想理论教育导刊》2022 年第 8 期。

③ 祖晨阳：《以党史为载体加强新时代青年爱国主义教育的着力点》，《学校党建与思想教育》2022 年第 6 期。

了"四史"教育融入高校思想政治理论课的内在联系，认为将"四史"学习教育融入高校思政课有利于引导大学生树立正确的中共党史观、深化对历史规律的认识、确立科学的理想信念，融入的主要路径包括发挥教师的主导作用、发挥学生作为接受者的主体作用、发挥课程内容体系的支撑作用、发挥教学方法优化的保障作用等。① 有研究者探讨了新时代高校劳动教育与思政教育融合的四重维度，提出当前高校中劳动教育与思政教育的融合工作面临融合理念存在偏差、融合机制构建虚化、融合平台建设不足、融合氛围营造薄弱等现实困境，要树立"融合共生"的育人理念，构建"融合共建"的育人机制，打造"融合共享"的育人平台，创设"融合共营"的育人氛围，以推进劳动教育与思政教育融合发展。② 有研究者分析了大数据驱动高校思想政治教育创新的活力、困境及进路，提出大数据正极大地激发高校思想政治教育创新的活力，主要体现在优化了教育环境、丰富了教育资源、重塑了主客体关系、改进了教育方法以及变革了教育研究方式等方面，同时高校在推动思想政治教育大数据化中也面临着大数据人才不足、思维两极化、融合技术不够、资源分配不均、数据伦理危机等困境，激发大数据在高校思想政治教育创新中的更大潜能还需要推进数据化思维建构、加快大数据人才培养、强化教育内容供给、实现数据资源整合、加强"共建共享"数据库建设、完善数据规范化发展等。③ 有研究者总结了新时代高校思想政治工作的主要成就、基本经验与发展趋势，认为高校思想政治教育工作的主要成就主要体现在对高校思想政治工作地位认识的进一步提升、思想理论教育和价值引领工作进一步加强、课堂教学主渠道的协同性进一步增强、高校思想政治工作格局进一步完善、高校思想政治工作领域和载体进一步拓展、高校思想政治工作力

① 韩振峰、张悦：《"四史"学习教育融入高校思想政治理论课探析》，《北京社会科学》2022 年第 1 期。
② 吕艳娇、姜君：《新时代高校劳动教育与思政教育融合的四重维度》，《天津师范大学学报》（哲学社会科学版）2022 年第 2 期。
③ 冯多、李大棚：《大数据驱动高校思想政治教育创新的活力、困境及进路》，《现代教育管理》2022 年第 7 期。

量建设发生根本变化，高校思想政治工作积累了宝贵的经验，如领导重视、重点突出、理念先行、制度跟进、责任明确、协同推进等，新时代高校思想政治工作的发展呈现出整体化、主导性、贯通性、法治化、现代化、全员化的发展趋势。①

五是关于其他热门话题。除上述议题外，另有其他较为持久但略显单薄的话题同样热门。例如中华优秀传统文化与思想政治教育。有研究者思考了如何在新形势下将中华优秀传统文化融入高校思想政治教育，通过阐明中华优秀传统文化与高校思想政治教育融合发展的意义，指出两者结合有利于增强大学生的文化自信、涵养大学生的道德情操，为"培养什么样的人"提供丰富滋养，并在现有条件上提出切实可行的融入路径。②此外，红色文化和红色资源的研究也广受关注。有研究者探讨了红色文化思想政治教育功能的具体表现和作用发挥形式，提出红色资源具有物质形态、制度形态、精神形态和信息形态，其思想政治教育的功能主要体现为意识形态的强化与引领，在作用发挥形式上要注重挖掘红色资源、讲好红色故事、强化红色教育、巩固红色阵地和维护红色形象。③同时，美育在思想政治教育研究上也有一席之地。有研究者探索了美育融入思想政治教育的内在机理与实施策略，指出美育融入思想政治教育是提升高校育人实效性的重要途径，其内在机理是以思想政治教育提升以美育人的价值，激发以美育德的活力，应推动以美育人与以美育德相互促进，协调发展。④

---

① 佘双好、马桂馨：《新时代高校思想政治工作的主要成就、基本经验与发展趋势》，《思想教育研究》2022年第2期。

② 李璐璐、何桂美：《关于中华优秀传统文化融入高校思想政治教育的思考》，《学校党建与思想教育》2022年第4期。

③ 吕治国：《红色文化的思想政治教育功能与作用发挥》，《思想教育研究》2022年第2期。

④ 李宪玲、程思源：《美育融入思想政治教育的内在机理与实施策略》，《学校党建与思想教育》2022年第4期。

（二）议题的创新与深入

党的实践创新和理论创新都是永无止境的。伴随党对思想政治教育建设规律的不断认识和发展，思想政治教育建设也呈现出越来越规范化、理论化的发展趋势，新的理论议题和相关研究也获得了更多的关注和重视。

一是"大思政课"建设议题的不断深入。"大思政课"建设是习近平总书记关心的一件大事。为了充分发挥我国各个领域的思想政治教育因素，培育时代新人，为实现中华民族伟大复兴提供源源不断的又红又专的人才资源，"大思政课"建设势在必行。学术界从"大思政课"的生成逻辑、实现路径、本质要求、资源转化、问题对策等方面做出了探索和研究。例如，有研究者深入分析了"大思政课"的生成逻辑，提出理论与实践相统一的理论逻辑、国家发展需求与育人目标相一致的实践逻辑、实现人的全面发展的价值逻辑，以及树立育人素材多样化选取的大视野、构建多元育人主体相协同的大格局和构筑学校小课堂、社会大课堂与网络云课堂相结合的大阵地等实践路径。[①] 有研究者试图从把握"大思政课"的本质要义对其展开更多解读，认为"大思政课"的核心要义在于把思政小课堂与社会大课堂相结合，其育人思维体现在大局思维、系统思维、历史思维、协同思维等方面，其价值旨归在于上好思想政治理论课，在坚持守正创新、致力讲好道理、促进全面发展中落实立德树人根本任务。[②] 有研究者从课程论视角出发探讨了"大思政课"的实施维度，明确了作为经验课程的"大思政课"包含大课堂、大教学、大教材、大先生和大时空等要素，分析了目标任务、实践主导、内容选择、教学形式和课程评价等实施维度，并提出深入推进"大思政课"实践可以从做好课程制度安排、促进家校社有机协作、贯通大小课堂、线上线下教学关联

[①]　樊明方、淡如冰：《"大思政课"的生成逻辑及其实践路向》，《西北工业大学学报》（社会科学版）2022年第2期。

[②]　石书臣：《深刻把握"大思政课"的本质要义》，《马克思主义理论学科研究》2022年第7期。

以及推动地方和校本课程发展等方面展开。① 有研究者从教育资源转换的角度，提出要善用"大思政课"，有目的、有计划地组织开发和运用社会大课堂的教育资源，"以理论知识为基础""以社会问题为导向""以学生为主体"构建有效的教育资源转化体系。② 有研究者从发挥"大思政课"的优势作用构建更加全面的育人格局入手，指出目前"大思政课"协同育人格局尚未完全形成，突出表现为"大思政课"协同育人主体尚未广泛调动、资源尚未有效挖掘整合、机制尚未普遍建立，据此提出应以思政课为中心，把课内与课外、校内与校外、理论与实践的一切育人主体广泛调动起来、育人资源有效整合起来、育人机制普遍建立起来，形成"大思政课"协同育人格局，发挥合力育人的最大效应。③

二是各类优秀精神融入思想政治教育议题的继续推进。中国是一个古老的国度，上下五千年衍生出来的各类优秀文化层出不穷，为思想政治教育的发展提供了多样丰富的素材。例如，有研究者论证了历史主动精神的思想政治教育价值意蕴并阐述了其实现途径，认为历史主动精神主要表现为激浊扬清的自觉精神、自强不息的奋斗精神、主动作为的担当精神、遵循规律的科学精神、以人民为中心的主体精神、开拓进取的创新精神，挖掘历史主动精神的思想政治教育价值有利于整合思想政治教育资源，深化对中国共产党人精神谱系的认同，有利于提升青少年的主体性，增强担当意识，有利于拓展思想政治教育学科研究视角，强化学科自觉意识，实现历史主动精神的思想政治教育价值应着力推动其与党的精神谱系教育、"四史"教育、理想信念教育相融合。④

---

① 韩可：《课程论视角下"大思政课"的实施维度与实践理路》，《思想理论教育》2022 年第 5 期。
② 董雅华：《善用"大思政课"促进教育资源转化：意涵、问题与进路》，《思想理论教育》2022 年第 4 期。
③ 蓝波涛、覃杨杨：《构建大思政课协同育人格局：价值、问题与对策》，《教学与研究》2022 年第 2 期。
④ 李辉、孙晓晖：《论历史主动精神的思想政治教育价值意蕴及其实现》，《思想教育研究》2022 年第 3 期。

（三）新议题的产生与探索

一是新时代思想政治教育新发展再讨论。党的理论创新对新时代的思想政治教育起到了重要的指导作用。面对国内外复杂局势，思想政治教育在新的历史条件下必然需要做出新的适应时代变化的演化。例如，有研究者致力于对新时代思想政治教育内容建设新要求的探寻，提出需要聚焦思想政治教育内容的质度、精度、温度和效度，深刻阐释思想政治教育内容的真理力量，注重融入、融合、融通；落细、落小、落实，深入推进思想政治教育内容的有效实施，为切实提高新时代思想政治教育的质量和水平提供有力支撑。[①] 有研究者就如何推动新时代思想政治教育学科高质量发展提出了新方向，认为思想政治教育的学科发展需要加强基础理论研究，增强思想政治教育学科发展的理论蕴涵，坚持思想政治教育学科发展的历史实践导向和现实实践导向，通过学科交叉研究推动思想政治教育研究范式的转换升级，推动学科主干领域突破既有研究格局和思维定式，提升思想政治教育工作的科学性、预见性和创造性，提升思想政治教育学科的地位与影响力。[②] 有研究者进一步深化研究新时代条件下网络思想政治教育概念，对其变化进行了再界定，提出新时代网络思想政治教育以网络信息生态为存在场域，以主流意识形态信息高势位供给为主要功能，以高势位供给与高自主需要的矛盾为主要矛盾，以有目的有计划有组织地促进人的思想、政治、道德素质全面提升的数字化教育实践为本质定位，网络思想政治教育研究应在与信息生态学的交叉创新研究、以网络意识形态教育为主导的内容研究、围绕供需循环的矛盾和规律研究、追求整体创新的学科化研究等方面拓展与深化。[③] 有研究者力图再讨论新时代思想政治教育的本质，通过思想政治教育本质论的澄清与反

---

① 熊建生、郭榆：《新时代思想政治教育内容建设的新要求》，《思想理论教育》2022年第3期。
② 冯刚：《推动新时代思想政治教育学科高质量发展》，《学校党建和思想教育》2022年第7期。
③ 谢玉进：《新时代网络思想政治教育概念再界定与研究深化》，《思想教育研究》2022年第5期。

思，提出思想政治教育在学科发展过程中存在本质与内容相混淆、本质与功能相错位、本质与属性相等同和本质与目的相混同等现实问题，认为在新的时代条件下思想政治教育要进行科学灌输。①

二是党的二十大精神弘扬与贯彻的新研究。党的二十大精神为未来我国经济社会各方面的发展提供取之不尽、用之不竭的精神资源，同样为思想政治教育发展提供了新的理论视野和实践向导。学习宣传贯彻党的二十大精神，是当前和今后一个时期全党全国的首要政治任务。2022 年 10 月底，《中共中央关于认真学习宣传贯彻党的二十大精神的决定》（以下简称《决定》）印发。《决定》指出，一要充分认识学习宣传贯彻党的二十大精神的重大意义；二要全面准确学习领会党的二十大精神，包括深刻领会党的二十大的主题、深刻领会过去五年的工作和新时代十年的伟大变革、深刻领会开辟马克思主义中国化时代化新境界、深刻领会新时代新征程中国共产党的使命任务、深刻领会中国式现代化的中国特色和本质要求、深刻领会社会主义经济建设、政治建设、文化建设、社会建设、生态文明建设等方面的重大部署、深刻领会教育、科技人才、法治建设、国家安全等方面的重大部署、深刻领会国防和军队建设、港澳台工作、外交工作等方面的重大部署和深刻领会坚持党的全面领导和全面从严治党的重大部署；三要重点做好宣传工作，掀起学习党的二十大精神的热潮；四要坚持知行合一，贯彻落实好党的二十大作出的重大决策部署；五要切实加强组织领导，落实学习任务，肩负政治责任。党的二十大精神引领了新的学习和研究浪潮。先行者占据高位。有研究者就党的二十大精神如何融入课程思政的途径进行了探索并阐发了融入所带来的价值意蕴，提出党的二十大精神融入课程思政的主要内容有新时代十年取得的伟大成就、习近平新时代中国特色社会主义思想的世界观和方法论、以中国式现代化推进中华民族伟大复兴的使命任务、新时期党和国家事业发展的大政方针以及党和国家的最新要求，提出的实现路径有把握"三性"，

---

① 杨宏伟，蒲文娟：《科学灌输：新时代思想政治教育本质再探讨》，《学术探索》2022 年第 8 期。

切实提升融入的系统性，紧扣"三融"，切实提升融入的有效性，讲好"三理"，切实提升融入的学理性，落脚"三化"，切实提升融入的实践性。①

三、党的理论创新与思想政治教育发展研究的年度特征

历史车轮滚滚向前，党的理论创新总是随着历史的车轮不断发展，指导着思想政治教育研究的前进。面对不同的世情党情国情，每年党的理论创新也会呈现出不一样的特征，有些特征是一脉相承的，例如"研究范围进一步拓展""研究议题不断增多""对重点议题的持续关注"等。但是随着时间的前进、理论体系的不断成熟、学者的专业化程度逐步增高等因素，党的理论创新和思想政治教育研究的特征也会更加明显和具体。

一是与时俱进性更加显著。正如上文所展示的议题研究成果，不断发展的习近平新时代中国特色社会主义思想对思想政治教育研究产生的指导作用不断加强，影响不断加深。同时，思想政治教育研究也跟随习近平新时代中国特色社会主义思想的发展脚步与时俱进地深化自身对党、国家、社会和民族的新的学科理解和学科作用。在本年度的党的理论创新成果与思想政治教育研究深入推进背景下的各项议题中，最具有代表性的是网络思政的新发展。网络思政的新发展，不仅突破了传统思政的发展路径，拓宽了思想政治教育的平台，而且由于网络带有时代最前沿的数据支撑特点，更多的新研究、新技术、新方法、新概念都被应用于网络思政。例如，元宇宙概念和技术的出现，被思政研究者毫不犹豫地将其与思想政治教育进行了结合研究，通过对元宇宙可能带来的新的思想政治教育的新的场所构建、路径创新和风险应对甚至是前景预测等研究，思想政治教育研究者与时俱进的研究特征展现的更加普遍和明显。这种能够紧紧贴合时代发展的思想政治教育研究，必然为自身的发展开辟新的道路，最终做到反哺党的理论创新。除此之外，新

---

① 蒲清平、黄媛媛：《党的二十大精神融入课程思政的价值意蕴与实践路径》，《重庆大学学报》（哲学社会科学版）2022年第6期。

议题中对新时代思想政治教育的研究同样也是与时俱进性的充分表现，"再"探索的推陈出新，正是思想政治教育时代化的一个重要特点。

二是学理性进一步提升。习近平总书记在思想政治理论课教师座谈会上强调，要坚持政治性和学理性相统一，以透彻的学理分析回应学生、以彻底的思想理论说服学生、用真理的强大力量引导学生。在习近平总书记重要讲话精神的指引下，思想政治教育的研究工作学理性更加完备、透彻，展示的知识点也更加精准，教育工作效果越发显著、教育对象发出的反馈更加正面。新时代以来，思想政治教育研究在党的理论创新的带领下，在习近平总书记的关心下，不仅坚定地将政治性贯彻其中，更致力于将学理性更加深刻地融进思想政治教育研究之中。如前文研究议题所示，现阶段的思想政治教育研究更加注重探讨伟大思想、伟大精神背后的历史逻辑、理论逻辑和实践逻辑，同时努力揭示思想政治教育素材背后蕴含的历史规律、政治规律，理论真谛和辩证思维，不再简单地执着于灌输式的应用，而是结合新的时代条件，力图做到坚持政治性和学理性的相统一。学理性的提升不仅仅表现在思想政治教育研究上，同时也展现在思想政治教育研究者的理论素质的提升上，要不断优化思想政治教育的人才队伍，提升思想政治教育工作者的理论水平和实践能力。经过日积月累的沉淀和升华，从思想政治教育研究的整体学理性的巨大提升上可见思想政治教育研究者的学术素养也在不断提升。

三是研究日趋规范化制度化。进入新时代以来，党对思想政治教育工作的高度重视，就思想政治教育工作出台了许多重要文件进行指导。党的科学指引促使思想政治教育工作迅速地找到正确的方向、准确的定位，促使思想政治教育研究者更好地发挥自身的作用，将自身的知识体系和党所号召的思想政治教育方向更好地结合起来，更好地为全面建设社会主义现代化强国和实现中华民族伟大复兴服务。从习近平总书记召开思想政治理论课教师座谈会、中共中央印发《关于新时代加强和改进思想政治工作的意见》到教育部等十部门联合印发《全面推进"大思政课"建设的工作方案》等，党的指导使思想政治教育研究拥有更加具体的理论逻辑和实现路径，深化了对思想政治教育工作的规律性认识，为思想政治教育研究以及开展工作提供了根本遵循。坚持思想引领，充分贯彻落实党中央对思想政治教育工作的决策部署，将新时代条件下思想政治教育何去何从的问题回复得清楚明了，从实现路径、行为规范、制度建设等方面对思想政治教育研究的规范化制度化构建提供了基础理论指导，体现了党的思想政治教育工作的优良传统和宝贵经验。

四是研究方法具有多样性。一个学科的逐渐完善必将伴随着研究方法使用的多样化以及实用化。经过多年的发展，思想政治教育研究的理论框架、内容实质、表达方式已经十分成熟。要获得更大的发展空间，引入多种研究方法对自身展开分析势在必行。例如，有研究者就引入心理学方法对思想政治教育过程中受教育者的逆反心理进行了讨论并提出了应对方案，认为尊重平等、言行一致、关注学生并及时帮助学生解决思想问题、真切发挥典型案例的作用和以小见大抛砖引玉等方式方法能够激发学生学习兴趣，缓解学生的逆反心理。[①]除此之外，有研究者用利益分析法研究了思想政治教育的发生和发展，认为利益分析法拓展了研究视角和研究方法，有利于推动思想政治教育学术研究、教学研究和工作研究，有利于揭示思想与行为变化发展规律和化解利益冲突，丰富思想政治教育利益理论；新时代要创新思想政治教育利益分析研究方法与应用转化，善于运用利益关系分析、利益动因分析、利益协调分析、利益满足分析，系统推进思想政治教育研究能力水平与工作成效提升。[②]

五是网络思想政治教育发展势头强劲。网络思想政治教育的发展已经有了一些时间，但依托新技术的发展和进步，网络思想政治教育研究不断迸发出强大的生命力。根据"网络""智慧化""元宇宙""人工智能"等关键词

---

① 刘书林：《思想政治教育工作应对逆反心理的方法探讨》，《思想理论教育导刊》2022 年第 2 期。

② 侯勇、景丝丝：《利益分析：思想政治教育研究的新视角——作为思想政治教育研究创新的利益分析法》，《思想政治教育研究》2022 年第 4 期。

对思想政治教育研究现状作出判断和解读，在中国知网中，相关的思想政治教育学术论文成百上千，并且在重要的核心刊物上占据了半壁江山，可见网络思想政治教育的学术热度持续增加。从元宇宙对思想政治教育研究产生的影响、人工智能在不同思想政治教育场合的应用、智慧化思想政治教育的深入研究以及其它领域的网络思想政治教育的更新迭代的研究，不断为网络思想政治教育研究攻城拔地，拓宽了网络思想政治教育的内涵、价值和应用渠道，同时也提升了思想政治教育研究的整体质量。

四、党的理论创新与思想政治教育发展研究的展望

中国共产党已经走过百年的辉煌历程，如今正昂首阔步地向着执政百年的伟大目标前进。习近平总书记在党的二十大报告中指出："实践没有止境，理论创新也没有止境。"①理论创新作为党前进的科学指引，对未来发展趋势的研判起到了重要的"指挥棒"作用。在党的正确领导下，思想政治教育学术研究将因进一步面对未来、面对世界、面对现代化而更加茁壮成长。

一是习近平新时代中国特色社会主义思想仍是思想政治教育研究中热度持续的主旋律议题。进入新时代以来，习近平总书记以马克思主义政治家理论家的深刻洞察力、敏锐判断力、理论创造力和战略定力提出了一系列具有开创性意义的新理念新思想新战略，为新时代各项事业发展发挥了重要的指导作用。党的二十大报告指出："从现在起，中国共产党的中心任务就是团结带领全国各族人民全面建成社会主义现代化强国、实现第二个百年奋斗目标，以中国式现代化全面推进中华民族伟大复兴。"②在完成中心任务的过程中，我们必须紧紧地团结在习近平总书记和党中央周围，坚定政治立场，坚持正确政治方向，深入学习贯彻研究习近平新时代中国特色社会主义思想。

---

① 习近平：《高举中国特色社会主义伟大旗帜 为全面建设社会主义现代化国家而团结奋斗——在中国共产党第二十次全国代表大会上的报告》，人民出版社 2022 年版，第 18 页。
② 习近平：《高举中国特色社会主义伟大旗帜 为全面建设社会主义现代化国家而团结奋斗——在中国共产党第二十次全国代表大会上的报告》，人民出版社 2022 年版，第 21 页。

在此基础上，更加深入研究党的理论创新跟思想政治教育之间的关系。在习近平总书记关于思想政治教育的直接论述外，还要格外注意习近平新时代中国特色社会主义思想中不断阐发出的新思想对于思想政治教育研究的指导作用。例如，习近平生态思想与思想政治教育的关系、习近平法治思想与思想政治教育的关系、新发展理念与思想政治教育的关系等等。

二是中国式现代化必然成为思想政治教育研究的一个重点。党的二十大的主题是"高举中国特色社会主义伟大旗帜为全面建设社会主义现代化国家而团结奋斗"，指明了未来党带领全国各族人民进行奋斗的根本原则和建设目标。思想政治教育育人的作用和功能必然要为实现中华民族伟大复兴起到应有的作用。在以中国式现代化推进中华民族伟大复兴的议题上如何有效地实现思想政治教育的作用、中国式现代化与思想政治教育之间存在着哪些具体联系、二者有哪些直接联系和间接联系、二者的内在发展上有哪些逻辑上的相关性和必然性。以中国式现代化角度重新出发提炼新征程上思想政治教育的新内涵，既是推进中国式现代化持续健康的有效手段，用思想政治教育的理论和方法助力实现中国式现代化，又是发挥思想政治教育作用功能的基本要求。在学习党的二十大精神基础上，加强对中国式现代化与思想政治教育的融合分析、探索和发展，将不仅对二者本身产生巨大的影响，而且会对社会其他方面提供有益借鉴。中国式现代化的五大特征具有的思想政治教育意蕴等逻辑探索必然在接下来的时间里成为新的思想政治教育热点。

三是从党的二十大精神中汲取思想政治教育发展所需要的营养必然成为新的研究热点。党的二十大是守恒创新、守先待后的一次举足轻重的会议，其表述与传达的精神必然是在新的伟大征程上激励我们为实现中华民族伟大复兴、实现第二个百年奋斗目标而奋斗的重要理想向导、精神资源。党的二十大提出的理论意蕴丰富、内涵深刻，拥有极高的思想政治教育研究价值。在新的长征路上进一步适应时代的变化，顺应国情的发展，更好地满足人民日益增长的精神文化需要，抓好后继有人根本大计，都离不开党的二十大精神这个精神源头。党的二十大提出了许多具有先见性和战略性的新论述。例如"三个务必""十年来三件大事""跳出治乱兴衰历史周期率的第二个答案""中国共产党的中心任务""中国式现代化的本质要求"等等，这些重要论述不仅是推动思想政治教育研究的重要新观点，更是理解中国共产党执政规律、社会主义建设规律和人类社会发展规律的新的认识。思想政治教育研究必须在其基础上做出新的成果，让思想政治教育的价值引领作用为党的二十大精神的学习和弘扬起到拾薪添火的效果。党的二十大精神的思想政治教育功能挖掘是一个需要持之以恒、温故知新和不断深入的过程，思想政治教育者必须时刻谨记二十大精神蕴含的思想政治教育理念、久久为功地挖掘其中的精神养分，为思想政治教育在新的长征路上实现新的发展、做出新的突破和实现高质量发展提供新的理论贡献。

四是多学科理论融入思想政治教育发展成为新的研究趋势。在知网等学术网站上检索"思想政治教育""融入"两个关键词，呈现出的成果不计其数。作为我国特有的理论学科，思想政治教育对我国的意识形态引领发挥着着重要的思想保证作用。随着其他学科的理论的逐渐完善和日益发展，将不可避免地与思想政治教育发生交集。将多学科理论融入思想政治教育之中，既是思想政治教育实现对其他学科理论中国化时代化，使其适应我国社会发展的必经之路，也是其他学科理论充分实现自身价值的重要手段。融入思想政治教育研究的各类理论中，不仅有传统的人文社科理论或者各类优秀传统文化，而且在新的视域下，一些传统理工科课程或者理论也进入了思想政治教育研究的范围。例如有研究者从化学、物理和中医药等学科的课程实践过程探讨如何更好地实现思想政治教育的育人作用。这些探索丰富了思想政治教育的理论视野、实践场景和发展轨道，为思想政治教育实现全方位无死角意识形态价值引领提供了新的现实契机。

五是思想政治教育研究必然随着党的理论创新不断增添新的理论。党的二十大为未来五年甚至更长远的征程指明了前进方向和实践路径，提出了诸多意蕴深刻、旗帜鲜明、继古开今的新理论。为了更好地贯彻落实党的二十大精神，在接下来的新的长征路上党必然会根据国内外环境、新的社会条件、交流背景等方面召开许多新的会议和印发新的指示文件。新时代新征程上，思想政治教育要实现前所未有的飞跃式的发展，其根本途径就是跟随党的脚步，紧紧把握党的理论创新的本质，从而做到为党育人，为党育才。把握党的理论创新，不仅是解读党的创新理论，更要注意数往之来，结合新的时代条件和党的实践发掘经典理论并做出新的解读，让党的理论绽放出真理的光辉。党的理论的不断发展，正是马克思主义开放性和发展性的光辉特性的有力证明，也是马克思主义中国化时代化不断推进的动力源泉。

第二章　思想政治教育范畴研究

习近平总书记在党的二十大报告指出："深入实施马克思主义理论研究和建设工程，加快构建中国特色哲学社会科学学科体系、学术体系、话语体系。"① 范畴是思想政治教育学科体系建设的重要内容，范畴研究关涉思想政治教育学术体系、话语体系和理论体系创新发展。系统梳理 2022 年思想政治教育范畴研究的主要成果，分析已有研究成果的特点与不足，并在此基础上预测思想政治教育范畴研究的发展趋势，旨在为新时代思想政治教育基础理论创新和实践发展提供研究借鉴。

一、思想政治教育范畴研究的年度成果述要

范畴是人类的精神性认识工具，是主体自觉将自身与自然界区别过程中的梯级，"即认识世界过程中的梯级，是帮助我们认识和掌握自然现象之网的网上纽结"②。范畴既是以往人类认识"自然之网"的成果，它以抽象的形式将人类的经验知识浓缩起来；同时又是主体进行新的认识活动的思维工具，对认识客体具有概括统摄作用，主体通过它们能够有效地把握客体的本质和规律。因此，每门学科在自己的研究领域内，都运用着一系列相对具有普遍意义的特定范畴，这是学科体系建设的基础和前提。思想政治教育范畴是人们在思想政治教育实践的基础上形成的带有规律性的认识成果，也是认识和

---

① 习近平：《高举中国特色社会主义伟大旗帜 为全面建设社会主义现代化国家而团结奋斗——在中国共产党第二十次全国代表大会上的报告》，《人民日报》2022 年 10 月 26 日。
② 《列宁全集》第 55 卷，人民出版社 1990 年版，第 78 页。

把握思想政治教育理论和实践的思维工具。综观 2022 年度思想政治教育范畴研究成果，主要集中于三个方面。一是在学科领域对思想政治教育范畴的基础性理论问题进行了拓展，二是在实践领域对思想政治教育基本范畴进行了深化，三是对新时代以来党和国家在思想政治教育领域提出的重要范畴进行了阐释和凝练。由此可见，在理论思维和实践导向两个维度进一步精确化、规范化思想政治教育范畴体系，不断回应思想政治教育实践的时代要求，是思想政治教育范畴研究的两大着力点。

（一）思想政治教育范畴的基础性理论问题研究

经过学科多年的发展，关于思想政治教育范畴的基础性理论问题的相关研究已经取得了较为丰硕的研究成果，且在思想政治教育学范畴的涵义、类型及其内在逻辑关系等基础性问题上，学界也基本上达成了共识，这对于学科理论体系的完整性和稳定性来讲，具有至关重要的意义。同时，新时代的到来为深化思想政治教育范畴的基础性理论问题研究提出了新的要求和新的动力。2022 年，学界关于思想政治教育范畴的基础性理论问题的研究主要集中于《新时代高校思想政治教育学原理》和《思想政治教育学学科发展新论域》两本著作，并零星散落于少数文献中。

在《新时代高校思想政治教育学原理》一书中，作者系统阐发了新时代高校思想政治教育的基本范畴这一重要理论问题，并尝试从多层面打造范畴群和范畴体系。一是理论思维中的思想政治教育学科范畴，如按照不同性质和角度理论思维中的思想政治教育学科范畴可以分为实体范畴和对应范畴；按照重要性和作用大小不同，可以分为基本范畴、重要范畴和具体范畴；按照层次的不同可以划分为起点范畴、中心范畴、中介范畴、成果范畴和终点范畴。[①] 同时，书中也明确提到思想政治教育范畴是不停发展变化的，具有

---

① 冯刚、彭庆红、余双好、白显良：《新时代高校思想政治教育学原理》，人民出版社 2021 年版，第 10 页。

动态的学科特质。二是实践导向中思想政治教育学科范畴，这一维度中的范畴主要以对应范畴的形式存在，包括显性与隐性范畴，统一性和多样性范畴，建设性和批判性范畴等。作者认为，实践导向凸显了思想政治教育研究的价值旨归，是新时代高校思想政治教育持续发展的内生动力。三是思想政治教育学科范畴的一般内涵，即体现高校育人的价值取向和实践取向，如教与学、灌输与启发等。四是思想政治教育学科范畴的特有内涵，如个人与社会范畴、政治和学理范畴、知识和价值范畴。

在《思想政治教育学学科发展新论域》一书中，作者以思想政治教育文本学的范畴研究为切入点，尝试构建了思想政治教育文本学范畴体系，这也为其它思想政治教育学学科发展新论域的范畴体系研究提供了参照范本。作者首先对思想政治教育文本研究的理论范畴类型进行了研究，即按照性质和存在方式不同，思想政治教育文本可分为实体范畴、属性范畴和对应范畴；按照重要性和作用不同，可分为基本范畴、重要范畴和具体范畴；按照所处层次的不同，可分为起点范畴、中心范畴、中介范畴、成果范畴和终点范畴。同时，作者对思想政治教育文本研究的实践范畴类型进行了研究。作者在书中提出，坚持范畴研究的实践导向，一是要扎根中国大地培育时代新人，二是要突出问题意识，三是要强化应用意识，具体表现为外显性与内隐性的统一，普遍性与特殊性的统一，建设性和批判性的统一。[①] 最后，作者对新时代思想政治教育文本范畴的创新发展方向进行了科学研判：一是在契合思想政治教育实践中，增强范畴研究的时代性；二是在遵循现代社会科学研究规律中，强化范畴研究的规范性；三是在多学科视域中，提高范畴的系统性研究；四是在聚焦学科改革创新需求中，提升范畴研究的科学性。

除以上两本重要著作对思想政治教育范畴的基础性理论问题进行了较为系统的研究外，学者通过梳理学界已有成果，提出思想政治教育范畴研究事实上都遵循了"主体—客体—媒介—目的"的逻辑结构，并将思想政治教

---

① 冯刚：《思想政治教育学学科发展新论域》，中山大学出版社 2022 年版，第 145 页。

育的基本范畴划分为主体范畴、客体范畴、中介范畴和终点范畴四个结构。①还有学者提出，系统性地构建思想政治教育学科范畴体系，对于思想政治教育基本问题、基本关系和基本规律集中而系统的研究具有基础性和根本性作用。②由分析可知，学者基本都遵循了从理论思维和实践导向两个维度来研究思想政治教育的基本范畴体系，生动体现了思维从抽象上升到具体的逻辑行程和逻辑与历史相统一的原则，从而使思想政治教育范畴的基础性理论问题研究具有了严整的结构和内在的逻辑性。

（二）思想政治教育基本范畴的深化研究

思想政治教育的基本范畴反映了思想政治教育现象和过程中最本质、最普遍、最稳定的特性和关系，是思想政治教育现象本质联系的表征。虽然在基本范畴的界限及其具体所指方面尚未形成共识，但学界普遍认可思想与行为、内化与外化、教育主体与客体、教育与管理、疏通与引导、个人与社会、言传与身教、物质鼓励与精神鼓励等范畴构成了思想政治教育的基本范畴。2022 年，学界对思想政治教育基本范畴进行了深化研究，并取得了比较丰富的成果。

关于内化与外化范畴的研究。思想政治教育是内化与外化辩证统一的过程，其教育效果的实现，不仅需要受教育者自身的主体自觉，更需要教育者的系统灌输和组织保障。有学者通过研究列宁系统"灌输论"形成、发展和转变的过程，即由强调马克思主义理论本身的魅力以及工人群众对革命理论的自觉、由相信简单地运用理论说明现实即可激发工人觉悟，转变为强调系统的理论灌输和无产阶级政党的组织保障作用。③还有学者以思想政治教育

---

① 李瑶、魏红艳：《从范畴符合视角探究心理健康教育与思想政治教育的融合》，《大理大学学报》2022 年第 7 期。

② 史宏波：《思想政治教育研究的系统性及其范式诉求》，《思想理论教育导刊》2022 年第 7 期。

③ 赵冶：《从"简单说明"到系统"灌输"：列宁"灌输论"形成分析》，《马克思主义理论学科研究》2022 年第 1 期。

的两种叙事逻辑为切入点，提出灌输是思想政治教育的基本原则，但在社会本位逻辑的统摄下，灌输原则极易被演变为教育方法，教育者倘若无视受教育者的真实需求和感受，迫使受教育者生硬地接受和服从，势必会带来思想政治教育实践的"无效化"。① 有学者还从理性主义原则出发，提出思想政治教育过程是教育者对预设的价值观念施以"教化"，以及受教育者"习得"相应价值观念的过程，并强调了内化的重要性，即受教育者的有限性接受和创造性理解是中心环节。②

关于个人与社会范畴的研究。有学者从思想政治教育现代化的维度，认为人的全面发展既强调个体多方面能力的全面发展，也强调个体关系（个体与自然、社会、他人）的全面发展，同时也将人的主体性（人相较于物或自然而呈现的独特实践性）和个性的全面发展纳入其中。③ 还有学者提出，思想政治教育目的是既具有社会规定性又兼具个人发展性的一种价值追求，体现着思想政治教育社会价值与个人价值取向的契合。④ 学者还认为，只有根据党和国家的要求，根据经济社会发展与人才培养的需求，确立个人与社会共同发展的思想政治教育目标体系，实现思想政治教育与中国特色社会主义建设事业的结合，才能落实思想政治教育立德树人的根本任务。⑤

关于教育主体与客体范畴的研究。有学者从思想政治教育传播学视角，提出主体是思想政治教育传播活动的实践者和参与者，是传播活动的信息源和起点，在思想政治教育信息传播过程中发挥着不可替代的主导性作用。⑥ 还有学者依据现代治理理论，提出高校思想政治教育治理主体主要是指从事高校思想政治教育治理活动的人，其素质的高低关系到高校思想政治教育治理

---

① 史宏波、谭帅男：《论思想政治教育的双重叙事》，《教学与研究》2022 年第 4 期。

② 金德南：《思想政治教育过程理性主义原则刍论》，《教学与研究》2022 年第 1 期。

③ 鲁明川、曹克亮：《人的全面发展视域下思想政治教育现代化论析》，《思想理论教育》2022 年第 1 期。

④ 廖小琴：《思想政治教育过程要素再探究》，《思想教育研究》2022 年第 1 期。

⑤ 邓纯余：《新时代思想政治教育社会化的理论与实践审视》，《思想理论教育》2022 年第 8 期。

⑥ 冯刚：《思想政治教育学学科发展新论域》，中山大学出版社 2022 年版，第 53 页。

的成败。基于马克思主义人学理论、交往实践观等理论，学者认为近 10 年思想政治教育"主客体"关系经过"单主体论""双主体论"的争鸣，逐渐达成"主体间性"较为普遍的共识，并产生"双边互动论""主导主体论"等新论点。① 还有学者从问题关涉的基本矛盾出发，认为思想政治教育系统的基本矛盾是社会与个体之间的矛盾，这个基本矛盾决定了思想政治教育系统的主体是社会，思想政治教育系统的客体是个体的思想政治素质。与此相应，思想政治教育过程的基本矛盾就是教育者解决一定社会的思想品德要求与受教育者已有思想政治素质水平之间的矛盾，这也就意味着，思想政治教育过程的主体是教育者与受教育者，客体是教育者与受教育者的思想政治素质。② 学者对这一问题的澄清，对于进一步深化思想政治教育基础理论研究具有重要的意义。

人工智能、大数据等新兴技术融入新时代思想政治教育的这一重要趋势，为教育主体与客体这对范畴的深化研究提供了崭新的视角。有学者认为，数字技术在思想政治教育领域的广泛运用，使原有的"师传生受"的主客体关系结构转化为扁平化的新型主体间性关系模式，但这一主客体关系的变化并不是对立较量，而是教育者与受教育者的同一共在。③ 学者还提出，人工智能与思想政治教育课程的深度融合，进一步解构了"双主体"的分析模式，形成了"教师—学生—人工智能—程序设定者"的多元主体结构。这种多元主体结构虽然提升了思想政治教育课堂形式和内容的丰富性，但也在实际工作当中造成了信息来源、传播方式及接收效果之间的巨大不对称性，使传统的教育者和受教育者这种二元结构之下的信息传授场域被多元主体所抽

---

① 王仕民、魏在乾：《近 10 年思想政治教育基础理论研究趋势》，《思想政治教育研究》2022 年第 7 期。

② 蔡诗敏：《思想政治教育系统与过程主客体新论》，《学校党建与思想教育》2022 年第 19 期。

③ 时影、舒刚：《数字化时代高校网络思政育人的价值生成与实践路径：基于主体间性视角的考察》，《国家教育行政学院学报》2022 年第 9 期。

离和破坏。[①]

（三）思想政治教育重要范畴的创新性研究

新时代以来，党和国家高度重视思想政治教育的改革创新，提出了一系列重要的新理念和新要求，为我们推进新时代思想政治教育重要范畴的创新性研究提供了强大的动力和科学的指导。2022 年，学界继续围绕"八个相统一"、内生动力、大中小学一体化、协同等重要范畴展开了深入的研究，并取得了一系列成果。

关于"八个相统一"范畴的研究。习近平总书记在学校思想政治理论课教师座谈会上发表重要讲话时提出了"八个相统一"重要范畴。"八个相统一"范畴提出后，迅速成为学界研究的热点问题。2022 年，学界对"八个相统一"范畴的研究，主要聚焦于整体性视角和某一具体对偶范畴两个维度。在整体性研究视角下，有学者从建设思想政治理论课"金课"的角度，提出应以"八个相统一"为遵循，牢牢把准立德树人目标导向，深刻阐明内容体系核心指向，科学建构教育范式协同运行，以及积极探索教学方法守正创新等方面，切实提升思政课的思想性、理论性和亲和力、针对性。[②]

对"八个相统一"中某一具体对偶范畴的研究，依旧是学界热点。第一，政治性和学理性相统一。比如，有学者认为高校思想政治理论课程的性质决定了"政治性和学理性相统一"是思政课教学、改革过程中所要遵循的首要标准。[③]还有学者提出，政治性与学理性相统一是思想政治理论课的本质规定，在教学实践中要避免落入"淡化政治性""弱化学理性""割裂统一

———

① 林春逸、刘冬妮：《主体间性视角下人工智能融入思政教育困境突破》，《中学政治教学参考》2022 年第 32 期。

② 陈庆庆、李祖超：《论高校思政课"金课"建设的"八个相统一"》，《中学政治教学参考》2022 年第 4 期。

③ 李丽、穆军全：《思政课坚持政治性和学理性相统一的现实省思》，《中学政治教学参考》2022 年第 7 期。

性"等误区。① 第二，价值性和知识性相统一。学者提出，这一对范畴是对思想政治理论课教育教学规律的科学认识，揭示了思想政治理论课的主要性质和特点，体现的是矛盾的两个方面。② 还有学者提出，深刻认识和把握价值性和知识性的统一是红色资源课程教学的内在规律和基本遵循，是提升红色资源课程教学的实效性，增强受教育者理论自信，实现人的全面发展的有效途径。③ 第三，建设性与批判性相统一。学者认为，建设性和批判性相统一与马克思主义的辩证思想具有深刻的一致性。新时代的思政课教学要针对历史和现实进行理论批判、历史批判、现实批判，以此培养和建构学生的批判意识和探索精神。④ 第四，理论性和实践性相统一。学者对于这一对范畴的研究更多集中于爱国主义教育、劳动教育、新媒体等具体的研究视域，比如有的学者提出高校爱国主义教育要用科学理论武装学生头脑剖析社会问题，用生动实践引导学生深化理论体悟，进而促进理论与实践的辩证统一。⑤ 第五，统一性和多样性相统一。这一对范畴是唯物辩证法关于矛盾的普遍性和特殊性辩证统一原理在思想政治理论课中的具体运用。比如有学者从高校实践教学的维度出发，提出落实高校立德树人的统一性要求是根本，而尊重课堂实践教学多样性的创新选择则是实现统一性要求的具体路径。第六，主导性和主体性相统一。学者从学理依据出发，认为教师主导具有逻辑优先性，是上好思政课的关键；学生主体具有价值优先性，是上好思政课的前提。澄清二者的内在逻辑关系，对于提高教学效果、促进高校思政课的守正创新具有重

---

① 王晓广、郝永华：《思想政治理论课"政治性与学理性相统一"的实践维度探析》，《思想政治教育研究》2022 年第 2 期。

② 张苗苗：《论思想政治理论课价值性和知识性的统一》，《思想教育研究》2022 年第 2 期。

③ 陈刚、张泰城：《论红色资源课程教学中的价值性和知识性统一》，《井冈山大学学报（社会科学版）》2022 年第 2 期。

④ 胡艳：《思政课教学建设性和批判性的辩证统一》，《中学政治教学参考》2022 年第 7 期。

⑤ 袁坤、袁田田：《高校爱国主义教育理论性与实践性相统一论析》，《学校党建与思想教育》2022 年第 11 期。

要意义。①

关于内生动力范畴的研究。有学者认为思政课教师专业发展的内生动力是教师在教学实践中，基于专业成长发展需要和教书育人责任担当生成的、促进自身专业素养持续提升的内在推动力，是一个融合实践认知、知情结合、外践于行的动态过程。②

关于协同范畴的研究。协同范畴强调在各要素的协调平衡中形成整体效应。有学者在研究高校思想政治教育治理主体的协同性特点时，强调治理目标、方法、手段具有协同性。③有学者撰文指出，基于协同理论研究和实践，教育主体可以准确有效地辨识影响高校创新创业教育课程思政体系建设效果的要素，从而健全体制机制，达到"1+1>2"的育人实效。④还有学者提出思想政治教育"八维一体"合力育人模式，即思想政治教育系统内的教师、学生、课程、教材、课堂、学校、家庭、社会八维要素，基于系统理论、结构理论、协同理论，系统内部要素进行自组织结构优化与耦合性系统整合，形成相对稳定、系统化、协同化的合力育人范型。⑤有的学者还从协同理论出发，提出高校大思政格局的构建既需要遵循教育规律，重视教育诸要素之间的协同与合作，也需要切实推动教育资源的整合与共享，形成学校、家庭、社会教育的合力。⑥

关于大中小学一体化范畴的研究。习近平总书记在党的二十大报告中

---

① 杨芷英、郎琦：《高校思政课"坚持主导性和主体性相统一"的学理依据与实施对策》，《思想政治课研究》2022 第 2 期。

② 聂小雄、朱宏强：《思想政治理论课教师专业发展的内生动力探赜》，《高校辅导员》2022 年第 4 期。

③ 冯刚、王振：《高校思想政治教育治理引论》，团结出版社 2022 年版，第 68 页。

④ 关春燕、何淑贞：《协同理论视阈下高校创新创业教育课程思政体系建设研究》，《学校党建与思想教育》2022 年第 12 期。

⑤ 李才俊、李渝萱：《思政教育"八维一体"合力育人模式探究》，《中学政治教学参考》2022 年第 36 期。

⑥ 李冲、张存建：《协同理论视域下构建高校大思政格局微探》，《学校党建与思想教育》2022 年第 6 期。

指出："不断完善思想政治工作体系，推进大中小学思想政治教育一体化建设"。[①] 从大中小学思政课一体化发展到大中小学思想政治教育一体化，范畴表述方式变化的背后，蕴含的是党和国家对新时代思想政治教育更加高瞻远瞩的研判以及高度的理论自觉。相较于大中小学思政课一体化，大中小学思想政治教育一体化内涵更加丰富。大中小学思政课一体化是大中小学思想政治教育一体化建设的重要组成部分和抓手，而大中小学思想政治教育一体化则是对新时代以来大中小学思政课一体化建设成功经验的凝练与提升。综合研读过去一年的文献发现，学界关于大中小学一体化范畴的研究较多的集中于如何在实践中实现。比如，学者从系统观念出发，认为推进大中小学思政课一体化建设，就要站在战略全局和复杂系统的高度，从教学内容设计、教学法训练、师资实训、评价改革等四个主要路径辩证地思考。[②] 还有学者提出，推进新时代大中小学思政课一体化建设，需正确认识并处理好三组关系，即大中小学思政课教材内容特色与有机衔接之间的关系、大中小学思政课教师教研独创性与协同性之间的关系、大中小学思政课课堂教学与社会实践之间的关系。[③]

二、思想政治教育范畴研究的特点与不足

思想政治教育范畴研究是思想政治教育基础理论研究的重要问题域，范畴研究的深入程度始终反映着思想政治教育学学科发展与成熟的程度。综观研究成果可以发现，2022 年学者在思想政治教育范畴研究领域作出了很多的努力，取得了比较丰硕的成果，呈现出了较为显著的年度特征。但与新时代思想政治教育实践的丰富性相比，思想政治教育范畴的研究仍存在一定的

①　习近平：《高举中国特色社会主义伟大旗帜 为全面建设社会主义现代化国家而团结奋斗——在中国共产党第二十次全国代表大会上的报告》，《人民日报》2022 年 10 月 26 日。

②　顾红亮：《用系统观念思考大中小学思政课一体化建设路径》，《北京教育（德育）》2022 年第 9 期。

③　贾丽民、宋小芳：《新时代大中小学思政课一体化建设应正确处理的几对关系》，《思想理论教育导刊》2022 年第 1 期。

不足。

（一）思想政治教育范畴研究的基本特点

思想政治教育范畴的研究和发展状况反映了本学科理论研究能力和水平的提升。综合分析 2022 年思想政治教育范畴研究的已有成果，我们可以发现，思想政治教育范畴研究呈现出了一些基本特点，具体表现为如下几个方面。

一是彰显出鲜明的时代性。任何一种理论都是其所处时代的产物，是对时代问题的理性思考与回应。时代性是马克思主义的一个基本特性，它并不是对社会现实问题的碎片化表达或是抽象的哲学概念，而是普遍性与具体性的统一，逻辑性与历史性的交融。学界对思想政治教育范畴研究的深化、拓展与创新，是适应新时代发展要求而产生的理论成果，这些成果一定意义上准确把握了时代发展的脉搏，客观反映了新时代背景下思想政治教育学科的时代特征，因而彰显出了鲜明的时代性。比如，有学者在谈到教育主体与客体关系这一对基本范畴时，结合人工智能化的思想政治教育环境这一重要的时代背景，提出要促使思想政治教育者把教育对象视为有思想、有感情、有个性的"具体的人"来看待，实现教育对象"主体我"与"客体我"的统一，进而形成思想政治教育者主导性与教育对象主体性的动态融合。[①]正如我们所知，理论的时代性不仅取决于研究对象的时代特征，还受限于研究者对时代问题的回答程度，也就是研究主体的主体性发挥程度。比如，"八个相统一"的思想政治理论课质量提升方略的提出，就是党和国家在精准把握思想政治教育诸要素"变"与"不变"的时代表征下，在思想政治教育范畴体系建设中进行的创新性尝试。比如，有学者提出"八个相统一"范畴既是对优化新时代学校思想政治教育实效的路径指引，又是马克思主义世界观方法

---

① 管秀雪：《人工智能时代思想政治教育者角色探析》，《思想理论教育》2022 年第 1 期。

论及思想政治教育规律在学校思想政治教育中的具体呈现。①

二是突出了强烈的问题意识。问题意识是对客观实践和理论研究中矛盾部分的深刻认识与把握，体现为质疑、探究、突破与验证的理性思考过程，在哲学意义上表现为一种面向本体和现实生活世界的理性沉思。事实上，发现、分析和解决问题的过程就是认识事物规律、把握时代脉搏的过程。学界关于思想政治教育范畴的研究，显示了思想政治教育学者强烈的问题意识、高度的学科责任感和深刻的理论自觉。比如，《思想政治教育学学科发展新论域》一书，正是思想政治教育学者在高度的学术自觉和坚定学术自信指引下，对新时代思想政治教育新论域中所蕴含的范畴问题进行积极探索的成果。还比如，在如何实现大中小学思政课一体化这个问题上，落实大中小学思政课教师队伍的一体化建设是关键，这就要求我们必须要依托"教学协同、科研协同、实践协同"增强各个学段思政课教师的衔接意识。②

三是多学科交叉融合已经成为重要的理论生长点。多学科交叉融合是高校学科发展的必然趋势，也是思想政治教育学科适应时代发展，实现守正创新的重要路径。有学者指出，"通过引入社会学、治理学、文化学、文本学、叙事学、阐释学、生态学、评估学等学科视野对思想政治教育的基本概念、基本范畴、基本要素进行前提性反思和根源性探索，能够进一步廓清思想政治教育概念范畴，提高思想政治教育理论的解释力，从而提升学科的规范化、科学化水平和理论输出能力。"③这也就意味着，多学科交叉融合已经成为新时代思想政治教育范畴研究的重要理论生长点，它既有助于我们对思想政治教育范畴基础理论研究的进一步深化，也有助于我们积极回应学科发展中的热点问题，从而拓展思想政治教育范畴研究的问题域。比如，有学者从

---

① 王春英、赵凤：《"八个相统一"的方法论意蕴与实践路径》，《思想政治课教学》2022年第6期。

② 徐秦法、黄冰凤：《以"三个协同"推进大中小学思政课教师队伍一体化建设》，《思想政治教育研究》2022年第2期。

③ 冯刚：《思想政治教育学学科发展新论域》，中山大学出版社2022年版，第9页。

建构思想政治教育阐释学学科体系的角度提出，明确思想政治教育阐释学的研究范畴，明晰思想政治教育学与阐释学理论与实践交叉融合的内在逻辑关系，回应时代课题，有助于推动思想政治教育阐释学向科学化、学科化、系统化迈进。[①] 还有学者以高校思想政治教育治理评价主体为切入点，对思想政治教育主体这一基本范畴进行了系统的论述，认为高校思想政治教育治理评价主体是伴随高校思想政治教育治理实践的开展而出现的概念和"角色"，且在高校思想政治教育治理评价中发挥着极其重要的作用。[②]

（二）思想政治教育范畴研究的不足分析

马克思主义认为，范畴是运动、变化和发展的。人类思维发展的历史进程和人类对概念的使用经验向我们说明："概念不是不动的，而是永恒运动的、相互过渡的，往返流动的；否则，他们就不能反映活生生的生活"。[③] 在唯物辩证法看来，主观辩证法是客观辩证法的反映。因此，思想政治教育范畴研究的深化、拓展与创新，始终都是对思想政治教育实践发展的反馈与回应。2022 年学界立足思想政治教育的丰富实践，对于思想政治教育范畴这一问题的研究作出了诸多努力，取得了很多成果，但也出现了一些不足。

一是基础理论研究仍显缺弱。思想政治教育范畴的基础理论研究始终是思想政治教育范畴研究的一块"硬骨头"。相较于 2022 年思想政治教育范畴研究的丰富成果，相关的基础理论研究仍处于缺弱状态。比如，学界缺少对思想与行为、内化与外化、教育与管理、疏通与引导、言传与身教、物质鼓励与精神鼓励等基本范畴的深化研究，使得思想政治教育范畴研究呈现出不均衡的状态。究其原因，首先是因为思想政治教育的基本矛盾没有发生根本性变化。习近平总书记在全国高校思想政治工作会议上强调，要坚持把立德

---

① 冯刚：《思想政治教育学学科发展新论域》，中山大学出版社 2022 年版，第 226 页。
② 严帅、张智：《高校思想政治教育治理评价研究》，团结出版社 2022 年版，第 45 页。
③ 《列宁全集》第 55 卷，人民出版社 1990 年版，第 213 页。

树人作为中心环节，把思想政治工作贯穿教育教学全过程，实现全程育人、全方位育人。进入新时代，思想政治教育的基本矛盾仍然是教育者对受教育者的思想品德要求，即培养德智体美劳全面发展的社会主义建设者和接班人，与受教育者实际的思想品德水平之间的矛盾。范畴是从概念维度对基本矛盾的客观反映，基本矛盾没有发生根本性变化，逻辑思维领域的范畴也因此保持了相应的稳定状态。此外，是因为学科基本范畴本身的稳定性。基本范畴是反映思想政治教育现象和过程中最本质、最稳定、最普遍的特性和关系的范畴，经过多年的研究，学界对于这些基本范畴在某种程度上已经达成了一定共识，这对于维持学科发展的稳定性具有重要的作用，但也给学科范畴基础理论研究的推进带来了一些障碍，进而导致了思想政治教育范畴基本理论的相关研究推进缓慢。

二是学科范畴研究的规范性有待提升。规范性（normativity）是一种哲学意义上的表达。从功能性定义来看，规范性指的是成为规范的（being normative）事物或概念的性质。本年度，学界在思想政治教育范畴研究方面作了诸多尝试，但在研究的规范性上仍存在一定不足。首先是关于学科范畴研究边界的划分不清晰。范畴界限的清晰是规范化研究的重要前提，这意味着学科范畴内涵与外延的确定一致。当前学界对哪些能够归为学科范畴，哪些不能归入学科范畴，即学科范畴的研究边界未达成广泛共识。通过分析年度成果我们可以看到，有些成果没有厘清学科范畴、学科概念、学科规律与学科本质之间的界限，从而引发了理论上的不明晰。还有一些成果把思想政治教育实际工作的经验总结，或是新时代思想政治教育工作中出现的新现象、新问题，都作为思想政治教育学科范畴来研究，这在一定程度上消解了学科范畴作为反映和概括思想政治教育学科本质属性的思维形式的普遍适用性和理论阐释力。比如，学界关于教育主体与教育客体及主体性问题的论述，就呈现出范畴、概念套叠的情况。其次是学科范畴表述方式的不规范。思想政治教育学科范畴是对思想政治教育本质的深刻揭示，在表述方式上应是最抽象、最准确，且最符合逻辑规范的表达。但我们在分析年度成果的过程中，发现学界对一些新范畴的表述还有一定的随意性，比如对"八个相统一"还是"八个统一"的表述，学界并未达成一定的共识。最后是学科范畴研究方法的规范化程度仍需提升。伴随思想政治教育交叉学科的发展，研究方法也呈现出相互融合和渗透的趋势。但从目前来看，学科范畴研究在研究方法的运用上，存在着研究方法单一，重规范性研究轻实证研究，或是重实证研究轻规范性研究等问题，这在某种程度上会使学科范畴研究要么成为纯粹的逻辑思辨，要么成为零散的感性经验，而这都是与范畴本身的哲学属性相背离的。

三是学科范畴的理论凝练有待强化。范畴是思维的一种形式。列宁曾经指出："自然界在人的认识中的反映形式，这种形式就是概念、规律、范畴等等。"① 思想政治教育范畴是学科的基本概念，反映和概括的是思想政治教育学研究领域中普遍的本质联系的思维形式，仅凭感官是无法直接感知的。因此，对思想政治教育范畴的理论凝练，要透过纷繁复杂的、具体的思想政治教育实践活动，进行深刻的哲学省思和逻辑抽象，用理论思维来把握思想政治教育，才能进一步充实和深化已有的思想政治教育范畴，以及提炼和创造思想政治教育的新范畴。反观年度研究成果可以发现，对于思想政治教育范畴的研究，尤其是对于新范畴的研究，还更多的停留于现象的描述。此外，相较于更多成果聚焦于实践层面的研究，理论层面的理性抽象和逻辑推演仍是范畴研究的缺项。比如，对于协同这一新范畴的研究，学者更多地探讨了协同的主体、协同的机制，但对于协同这一范畴在思想政治教育这一问题域如何进行界定，以及协同与其他思想政治教育范畴之间的逻辑关系并未作出理论上的深入解读。

---

① 《列宁选集》第 38 卷，人民出版社 1990 年版，第 194 页。

三、思想政治教育范畴研究的趋势展望

系统梳理 2022 年度思想政治教育范畴研究成果，并在此基础上对思想政治教育范畴研究的特点与不足进行学理分析，其目的是在充分把握现有研究阶段性特征的基础上，结合新时代思想政治教育主题和实践，为未来思想政治教育范畴研究的深化、拓展与创新提供方向借鉴。本文以为，今后思想政治教育范畴研究可能会坚持如下三个发展方向。

首先，在遵循学科发展规律中强化范畴研究的规范化。思想政治教育学的规律和范畴，都是思想政治教育的本质联系或关系在人们头脑中的反映。但与范畴相比较，思想政治教育学规律对思想政治教育的反映更加完整和深刻，它是从总体上、全局上反映思想政治教育最普遍、最本质的联系或关系。思想政治教育规律是思想政治教育范畴有机结合而形成的，思想政治教育范畴体现了思想政治教育的规律。这就要求我们在强化思想政治教育范畴研究规范化的过程中，一是要遵循思想政治教育的学科发展规律，针对思想政治教育这一特殊领域的各种现象的本质联系进行研究，进而凝练出反映思想政治教育学科特殊性的范畴及范畴体系。二是以思想政治教育学为学科本位实现研究方法的规范化。研究方法既是衡量学科成熟与否的重要标识，也是学科研究范式的基础。一般而言，研究方法以理论的形态存在，从理论和观念上影响并规范研究活动。这就要求我们在进行思想政治教育范畴研究的过程中，既要遵循思想政治教育研究的一般方法，同时也要积极应用和探索思想政治教育范畴研究的特殊方法。此外，学科交叉融合视域下的思想政治教育实践的逐步拓展，也要求我们在进行思想政治教育范畴研究中，不仅要积极借鉴其他学科研究方法，更要注重思想政治教育一般研究方法和思想政治教育范畴特殊研究方法的应用与创新。比如学者提出，对思想政治教育社会学范畴的研究，不仅要运用系统分析法，还要充分运用思想政治教育学研究方法和社会学研究方法及二者的结合。

其次，在交叉学科视域中提高范畴研究的系统性。哲学意义上的系统，是指若干相互联系、相互作用、相互依赖的要素结合而成的，在一定环境下形成的具有一定的结构和特定功能的有机整体。辩证的系统论认为，系统具有三个主要的特性，其一为多元性，即系统是若干构成要素多样性和差异性的统一；其二为相关性，即系统是由构成要素或组成部分构成，具有相对稳定联系和组织秩序的有机体；其三为整体性，即系统是所有要素基于一定目的和功能而构成的复合统一整体。由系统的特性可知，系统性研究就是把研究对象放在系统形式中，在尊重系统与要素、要素与要素、结构与功能以及系统与环境的对立统一关系的前提下，对研究对象进行整体性分析的研究方法。任何范畴都是包含诸种要素的概念系统，范畴的本质表现在构成它的各个要素之间的关系结构中。因此，对思想政治教育范畴进行系统性研究也是题中应有之义。正如习近平同志所指出，系统观念是具有基础性的思想和工作方法。

思想政治教育学的学科建设实践表明，系统性研究是思想政治教育学学科发展成熟的重要表征。思想政治教育范畴研究作为思想政治教育学科建设的重要问题域，对其进行系统性研究是深化新时代思想政治教育范畴研究的重要一环。近年来，随着社会实践的发展和科学技术的进步，各学科间的壁垒逐渐被打破，学科交叉和融合日渐成为趋势。2022年，思想政治教育学学者也通过进一步引入社会学、治理学、文化学、文本学、叙事学、阐释学、生态学、评估学、传播学、大数据与人工智能等学科视野对思想政治教育范畴研究进行了拓展和深化，但也指出，目前展开的跨学科研究主要还处于对其他学科范畴理论的移植应用状态，呈现出较为明显的零散、单一特征。①因此，在交叉学科视域中提高范畴研究的系统性是未来思想政治教育学学科发展的重要趋向，应在唯物辩证法的指导下，站在思想政治教育学学科高度，对交叉学科的各构成要素进行系统性分析和把握，凝练出既具有思想政治教

---

① 冯刚：《思想政治教育学学科发展新论域》，中山大学出版社2022年版，第148页。

育学学科范畴普遍性特征，又兼具交叉学科范畴特殊性的范畴体系。

最后，在学科创新发展中提升范畴研究的科学性。深化范畴研究是思想政治教育科学化的必然要求，而学科范畴本身研究的科学化是提升学科科学性的基础。从这一角度讲，思想政治教育学科范畴研究的科学性发展是对学科改革创新需求的理论省思与回应。一般而言，科学性是指人类能够从客观实际出发，实事求是地认识自然现象和社会现象，即人类的认识具有客观性。同时，人类还能够透过现象对客观规律进行正确的把握，并通过概念、范畴和规律等逻辑思维形式将其展现出来。恩格斯指出："人们按照自己的物质生产率建立相应的社会关系，正是这些人又按照自己的社会关系创造了相应的原理、观念和范畴。所以，这些观念、范畴也同它们所表现的关系一样，不是永恒的。它们是历史的、暂时的产物。"① 因此，在新时代思想政治教育学科创新发展的背景下，提升范畴研究的科学性，集中体现为学科范畴研究的客观性和规律性。一是学科范畴研究的客观性。思想政治教育范畴是人们在思想政治教育实践过程中形成的，其内容来自思想政治教育研究的特殊领域，具有不以人的意志为转移的客观性。虽然思想政治教育范畴作为人们逻辑思维的成果，其表现形式是主观的，但它并不是凭空产生的，也不是思辨的产物，而是建立在对丰富的思想政治教育经验材料充分占有和科学分析的基础上的，是来自于思想政治教育客观实践的成果。这也就意味着，已有学科范畴新内涵的挖掘以及学科新范畴的理论凝练，都不能脱离思想政治教育实践活动的客观实际。此外，学科范畴研究的客观性还体现为范畴研究的开放性，即在不断的自我批判、自我革命和自我更新中实现理论的拓展和深化。思想政治教育范畴研究是在积极回应思想政治教育实践发展，吸收借鉴相关学科优秀理论成果以及不断调整自身概念体系的过程中实现更严谨的"逻辑展开性"。二是学科范畴研究的规律性。规律的实质就是本质的关系或本质之间的关系。如前文所述，范畴与规律具有天然的内在关联性。但与范

---

① 《马克思恩格斯选集》第 1 卷，人民出版社 1995 年版，第 142 页。

畴相比较，规律更深刻地反映了事物的本质，涵盖内容也更加丰富，也相对稳定。以双向互动律、内化外化律、协调控制律这三个思想政治教育具体规律为例，组成这些规律的一系列具体范畴（如教育主体与客体、内化与外化等）是在不断发展变化的，而这三个具体规律在思想政治教育领域则是相对稳定的。因此，提升思想政治教育范畴研究的规律性，就要求我们既要充分遵循思想政治教育的基本规律和具体规律，也要明晰思想政治教育范畴与规律的区别与联系，这是推动学科范畴研究科学化发展的重要路径。

第三章　社会主义核心价值观研究

2022 年学界在社会主义核心价值观基本理论问题、引领融入、机制建构、路径探索等方面都实现了一些突破，产生了新的学术成果。系统梳理本年度的研究成果，总结年度研究的特征并展望未来研究方向，对促进社会主义核心价值观研究与时代同向发展具有重要意义。

一、社会主义核心价值观研究的主要年度成果

2022 年度学者们对社会主义核心价值观研究既有系统性的理论思考，又有在理论指导下的实践探索，还积极寻求新的理论创新和实践发展结合点，拓展了研究向度，推进了研究纵深。

（一）有关社会主义核心价值观的基本理论问题研究

第一，社会主义核心价值观的来源研究。学者们普遍认为社会主义核心价值观既有思想来源也有实践来源、历史来源，弘扬社会主义核心价值观既是党的意志、国家的需要，也反映了人民的呼声、顺应了时代发展的潮流。比如有学者提出，社会主义核心价值观是在中国特色社会主义实践不断发展、马克思主义中国化理论不断创新的背景下提出来的，是马克思、恩格斯所创立的共产主义价值观在当代中国实践中的具体化，是习近平新时代中国特色社会主义思想的有机组成部分，是中国特色社会主义自我认识、价值自

觉的产物。①

第二，社会主义核心价值观的意义研究。本年度学界对社会主义核心价值观意义作用的研究走向细化，主要聚焦于社会主义核心价值观对国家治理现代化、共同富裕、乡村振兴、青年成长、家风建设的引领意义。一是关于对国家治理现代化的引领意义。有学者指出，国家治理现代化的本质属性、根本方向、治理主体的多元性、任务的艰巨性对社会主义核心价值观提出了诸多客观诉求。② 有学者认为，以公正为典型形态的价值规范具有一定的优先性和前提性。因此，我们在讨论社会主义核心价值观凝聚社会共识的价值实现时，就与社会公平正义的制度安排结合起来了，成为国家治理现代化的深层价值依据。③ 二是关于对精神生活共同富裕的引领意义。有学者立足于马克思主义价值哲学视域，指出社会主义核心价值观引领人民精神生活共同富裕，是基于价值观的本质功用与人的本质定位，以价值引领的功能与方式，促进人的需要实现与人的全面发展，促成个体、群体与社会之间的价值共生。④ 有学者从问题意识出发，认为面对社会各种价值观念的相互交错激荡，人民群众精神生活存在的空虚物化、扭曲异化等潜在危机，迫切需要我们强化社会主义核心价值观的积极引领，为实现精神生活共同富裕提供源源不断的精神动力。⑤ 三是关于对乡村振兴的引领意义。学者们认为，推动社会主义核心价值观在广大农村地区落地生根，事关乡村振兴战略全局，不仅对农民

① 孙伟平、尹帮文：《社会主义核心价值观：中国特色社会主义"是什么"与"怎么建"的统一》，《求是学刊》2022 年第 4 期。

② 赵睿：《国家治理现代化视域下社会主义核心价值观引领作用探析》，《西北民族大学学报（哲学社会科学版）》2022 年第 6 期。

③ 宋友文：《社会主义核心价值观凝聚社会共识的价值表达及其实现》，《社会主义核心价值观研究》2022 年第 8 期。

④ 夏锋：《社会主义核心价值观引领人民精神生活共同富裕的意义、机制与路径探赜》，《山东师范大学学报（社会科学版）》2022 年第 4 期。

⑤ 燕连福：《习近平关于精神生活共同富裕重要论述的生成逻辑、核心要义和实践路径》，《思想战线》2022 年第 5 期。

群体思想道德水平的提高和农村地区的和谐稳定具有重要意义①，而且可以为乡村振兴提供精神力量。②四是关于对青年成长成才的引领意义。从目标导向出发，有学者提出，时代新人这一概念的首次提出就与培育和践行社会主义核心价值观密切相关，对社会主义核心价值观的高度认同、积极传播和模范践行是时代新人的重要标志。③从问题导向出发，有学者认为社会主义核心价值观对解决大学生人格危机、价值观混乱等问题有重要作用。④五是关于对新时代家风建设的引领意义。有学者指出，面对当前一些家庭优良家风的淡化和缺失，社会主义核心价值观为新时代家风建设提供了根本遵循，引领它走出了现实困境，并为其实现守正创新提供了精神动力。⑤有学者通过对比中西方"家"的哲学图景与价值基础的不同，发现"家"哲学与社会主义核心价值观之间双向作用的关联。⑥

第三，社会主义核心价值观与其他价值的比较研究。一是与全人类共同价值的比较分析。有学者提出二者的区别有：从弘扬空间看，社会主义核心价值观只限于中国，全人类共同价值则涵盖各国；从不断选择和凝练的时间起点看，前者是1840年鸦片战争以来中国人的觉醒，后者是1648年《威斯特伐利亚和约》以来人类的反思；等等。⑦二是与中国价值的关系阐释。有学者在分析新时代中国价值国际传播的战略考量时，提出新时代中国价值是以社会主义核心价值观为核心要义的价值，要更好地坚持以社会主义核心价值

---

① 李彬、张振：《在乡村振兴中培育践行社会主义核心价值观》，《人民论坛》2022年第6期。

② 符俊：《乡村振兴视角下农民社会主义核心价值观的培育》，《学校党建与思想教育》2022年第16期。

③ 冯刚、徐先艳：《时代新人的生成逻辑、基本特征和培育路径》，《教学与研究》2022年第4期。

④ 周惠玉、刘晓明：《社会主义核心价值观引领新时代大学生健全人格的发展与培育研究》，《思想政治教育研究》2022年第38期。

⑤ 杨威、朱献苏：《以社会主义核心价值观引领新时代家风建设探析》，《长白学刊》2022年第4期。

⑥ 邓斌、彭卫民：《社会主义核心价值观的"家"哲学底蕴》，《社会主义核心价值观研究》2022年第3期。

⑦ 贺祥林、邹捷：《社会主义核心价值观与全人类共同价值五题》，《湖北社会科学》2022年第1期。

观为引领。① 三是与"普世价值"的差别厘清。有学者指出社会主义核心价值观具有中国特色社会主义性质，具有人民性、民族性和自主性，西方"普世价值"则具有帝国主义性质，具有抽象性、模糊性和扩张性等等。②

（二）有关社会主义核心价值观的培育和践行研究

本年度学者们围绕社会主义核心价值观在社会场域、学校场域、法治领域、日常生活场域、网络空间等的运行机制和实践路径产出了较为丰富的成果。

第一，有关社会主义核心价值观的认同研究。对社会主义核心价值观的认同是践行的前提和动力。本年度学界围绕认同机制和认同现状产出了新的研究成果。有学者提出加强主体自觉、社会实践、校园文化建设、组织育人、家风家教等大学生社会主义核心价值观认同长效机制与路径构建策略。③ 有学者通过调研发现，新时代大学生对社会主义核心价值观具有较高认同态势，但仍存在认知认同碎片化、部分内容认知浅层化、认同被动化、认同虚拟化等问题。④

第二，有关社会主义核心价值观的传播研究。一是传播动力机制研究。有学者提出，国家意识形态的凝聚力与引领力、中国特色社会主义建设的实践创造力、传播主体的思想行为能力、受众认同的内驱力以及文化生态涵养、大众媒介建构、国家治理绩效提升形成的支持力，汇聚成了社会主义核心价值观有效传播的合力机制。⑤ 二是传播策略研究。有学者主张不断改进

① 冯刚、邢斐：《新时代中国价值国际传播的战略考量》，《湖南师范大学学报（社会科学版）》2022 年第 4 期。

② 朱红：《区别社会主义核心价值观与西方"普世价值"的三重维度》，《社会主义核心价值观研究》2022 年第 4 期。

③ 杨雪琴：《大学生社会主义核心价值观认同机制研究》，《学校党建与思想教育》2022 年第 10 期。

④ 陈萌、于滢、侯永朝：《大数据视域下大学生社会主义核心价值观认同教育探析》，《思想教育研究》2022 年第 3 期。

⑤ 邓纯余：《论社会主义核心价值观传播的动力机制》，《社会主义核心价值观研究》2022 年第 1 期。

以下传播策略以提升传播效果：把准传播要点、创新传播方式、丰富传播内涵、优化传播环境、搞好规则治理与社会性媒体的价值治理。① 三是传播环境研究。有学者指出，信息时代的传播研究必然面临自媒体环境的挑战。一方面，自媒体有助于更好捕捉学生的思想动向和心理趋向，提升社会主义核心价值观教育的亲和力。另一方面也带来主流意识形态话语体系的影响力被弱化等问题。② 四是传播话语体系研究。有学者提出了社会主义核心价值观修辞传播的概念，认为社会主义核心价值观修辞传播的表征机制囊括修辞文本呈现方式、阐释话语的生成以及政治价值的实现。③

第三，有关社会主义核心价值观"三进"研究。一是进思政课的研究。有学者指出，社会主义核心价值观有四种存在样态：价值理念、理论体系、制度规范和行动指南。相应地，社会主义核心价值观融入思政课教学全过程的模式主要有理论灌输式、情感渗透式、制度规范式和活动体验式。④ 二是进教材的研究。有学者提出，国家层面价值观及与国情相关的爱国主义教育是地理教材的独特育人优势。⑤ 三是进头脑的载体研究。有学者提出，大学政治仪式是大学开展社会主义核心价值观教育的有效载体，有重大节日和纪念日的仪式形态、人生重大节点的仪式形态以及日常思想政治教育的仪式形态三种基本形态。⑥ 此外，本年度还有从历史维度出发对社会主义核心价值

---

① 尹辉、王维平：《传播效果视域的高校社会主义核心价值观教学策略》，《思想教育研究》2022 年第 7 期。

② 徐金超：《自媒体环境下大学生社会主义核心价值观教育探析》，《学校党建与思想教育》2022 年第 6 期。

③ 刘晶：《社会主义核心价值观修辞传播的表征与实践》，《海南大学学报（人文社会科学版）》2022 年第 3 期。

④ 李辽宁：《社会主义核心价值观融入思政课教学全过程的模式构建与实践路径》，《学校党建与思想教育》2022 年第 17 期。

⑤ 张鹏韬、杨洁：《社会主义核心价值观进地理教材：路径与实践审视》，《天津师范大学学报（基础教育版）》2022 年第 23 期。

⑥ 秦在东、盛洁、陶丽：《大学政治仪式涵育社会主义核心价值观的形态与路径》，《学校党建与思想教育》2022 年第 17 期。

观进校园的经验研究。①

第四，有关社会主义核心价值观的融入研究。一是对融入法治建设的跟进研究。有学者提出，社会主义核心价值观与法治建设融合发展是依法治国与以德治国相结合方略的具体化，应通过宪法实施、立法、执法、司法、守法路径展开，其中宪法实施与立法是主要依托方式。②二是与中华优秀传统文化融通的持续研究。在围绕中华优秀传统文化是涵养社会主义核心价值观的重要源泉这一命题进行学理化阐释的同时，有学者把研究具体到地方优秀文化的层面。有学者分析，优秀地方文化融入社会主义核心价值观教育中存在的问题有："嵌入"未"融入"、"一呼"难"一应"、"肥土"未"沃花"。③三是对融入日常生活的深化研究。有学者对社会主义核心价值观融入日常生活进行了理论再认，并提出了策略设计：提升广大民众的现代素养、融通价值解释话语、强化养成教育的潜移作用、善用政治传播的劝服机制。④

第五，有关网络空间社会主义核心价值观培育研究。当代青年是网络原住民，所以网络空间是社会主义核心价值观培育和践行的重要阵地。有学者阐发了新时代网络空间社会主义核心价值观培育的目标指向，分析网络空间社会主义核心价值观培育面临的挑战包括：主流价值观念遭受外源与内源冲突、价值认同存在一元与多元之间的张力、价值传播媒介生态存在阵地挑战与载体僭越的问题、价值规约他律滞后与自律不足。并从观念体系、话语权力、多元主体、生态治理等维度提出实践优化路径。⑤

① 石中英：《帮助青少年扣好人生的第一粒扣子——党的十八大以来中小学校社会主义核心价值观教育成效与重要经验》，《人民教育》2022 年第 6 期。

② 刘志刚、郭威：《社会主义核心价值观与法治建设的融合发展及实现路径》，《社会主义核心价值观研究》2022 年第 8 期。

③ 程莉莉、王京跃：《优秀地方文化融入青少年社会主义核心价值观教育研究》，《华南师范大学学报（社会科学版）》2022 年第 5 期。

④ 秦在东：《社会主义核心价值观融入日常生活的理论再认与策略设计》，《学校党建与思想教育》2022 年第 21 期。

⑤ 侯勇、孙君：《网络空间社会主义核心价值观培育的目标指向、现实境遇及对策建议》，《社会主义核心价值观研究》2022 年第 4 期。

二、社会主义核心价值观研究的年度特征

本年度社会主义核心价值观研究既有连贯性的持续研究，也有承继性的深化研究，还有发展性的创新研究。整体而言，在本年度研究的演进逻辑中蕴含着以党的创新理论为指导的理论逻辑，以围绕和服务党和国家事业发展为取向的价值逻辑，以提高培育效能为旨归的实践逻辑，以应对价值观领域出现的风险问题为指向的现实逻辑。以下从研究视域、研究主题、研究思路、研究视野四个维度加以说明。

（一）从理论视域看，专业和开放兼顾

一方面，研究成果贯穿了马克思主义的立场、观点、方法，体现了思想政治教育学科的专业性。本年度成果运用马克思主义有两种体现：一是在梳理马克思主义相关理论资源的基础上深化对一些重要概念的理解。比如，有学者在对社会主义核心价值观日常生活化的理论再认中，从马克思、恩格斯、列宁、习近平有关日常生活的重要论述中概括了理论资源用以阐释日常生活的内涵、特征和地位等问题。[①] 二是坚持马克思主义以人民为中心的立场，坚持运用辩证唯物主义和历史唯物主义回答社会主义核心价值观的重大理论和实践问题。比如不少成果都坚持运用唯物辩证法对相关现象做出全面分析，比如有学者分析了自媒体环境对社会主义核心价值观的双重影响。从引用来源来看，除对马克思恩格斯选集、文集、全集里相关文本的引用外，本年度研究成果对《习近平谈治国理政》一至四卷、习近平总书记发表在《求是》上的《扎实推动共同富裕》《中共中央关于党的百年奋斗重大成就和历史经验的决议》等引用较多，反映出学者用发展的马克思主义指导学术研究。

另一方面，研究成果合理借鉴了其他西方学者的理论，体现了开放性。

---

① 秦在东：《社会主义核心价值观融入日常生活的理论再认与策略设计》，《学校党建与思想教育》2022 年第 21 期。

本年度研究成果体现了我国学者开门搞研究的开阔视野。比如有学者在研究社会主义核心价值观融入日常生活时，不仅梳理了马克思主义相关理论资源，还借鉴了胡塞尔、卢卡奇、列斐伏尔、赫勒等人有关生活世界的概念和理论。有学者在阐释时代新人的基本特征时，借鉴了当代政治哲学家纳斯鲍姆的能力发展理论，将社会主义核心价值观的模范践行者等基本特征纳入时代新人的核心能力目录。

（二）从研究主题看，时代气息浓厚

一是回应了国家战略部署。中国共产党把思想政治工作作为治党治国的重要方式，作为新时代思想政治工作重要内容的社会主义核心价值观培育和践行必然需要与国家战略部署同向同行。受党中央相关战略部署的驱动，社会主义核心价值观融入研究成为今年的显性研究话题。比如社会主义核心价值观融入法治建设的研究是对 2021 年 1 月最高人民法院颁布《关于深入推进社会主义核心价值观融入裁判文书释法说理的指导意见》的热切回应。学界对社会主义核心价值观与精神生活共同富裕的关系探究，是对"促进人民精神生活共同富裕要强化社会主义核心价值观引领"[①] 这一命题的热切回应。

二是回应了信息时代带来的机遇和挑战。进入 21 世纪，以移动互联网、大数据、人工智能为代表的新技术迅猛发展，深刻改变着人们的学习方式、生活方式、交往方式、行为方式、思维方式。本年度的一些成果将自媒体、大数据、人工智能等作为研究的时代背景、分析的基本语境。比如，有学者研究了人工智能时代社会主义核心价值观融入算法推荐的逻辑理路，这一研究建立在学界的这一共识上，即算法也有价值观，要发挥社会主义核心价值观应对算法风险的作用。

---

① 习近平：《扎实推动共同富裕》，《求是》2021 年第 20 期。

（三）从研究思路看，理实结合鲜明

首先，放在改革开放以来我国价值观研究的历史进展中来看，本年度研究侧重于社会主义核心价值观"怎样教"这一实践取向问题。如果说在党的十八大以前，学界对社会主义核心价值观应该是什么、社会主义核心价值观教育应该"教什么"展开了热烈讨论，那么自党的十八大报告首次明确提出社会主义核心价值观的内容后，我国学界对价值观教育的研究开始聚焦于"教什么"的学理阐释和"怎样教"的方法探索。在前几年研究的基础上，本年度研究尤其凸显聚焦"怎样教"的特点，因为本年度的一条研究主线就是社会主义核心价值观传播、认同、培育的机制探讨、路径探索、策略设计。

其次，将研究成果作为一个总体来看，本年度呈现出在多学科视域中展开"怎样教"深入探讨的特点。学者主要采用了哲学、传播学、修辞学、法学、教育学、历史学、社会学的学科视域，借用了这些学科的重要概念、基本理论和研究方法。因此，本年度研究方法既有思辨研究也有实证调研。比如有学者对主导价值观、主流价值观、核心价值观、社会主义核心价值观进行了概念辨析；也有学者通过调查研究了解大学生社会主义核心价值观的认同现状，通过实证研究方法与现实连接。本年度不仅有多学科视域的研究，还有跨学科视域的研究。比如有学者提出了修辞传播的概念，运用传播学和修辞学交叉研究的方式推进社会主义核心价值观的传播研究。

最后，从具体成果来看，不少研究的逻辑理路是从理论分析到实践探索。本年度研究成果中，与社会主义核心价值观搭配的动词主要有培育、践行、传播、认同、引领、融入、涵养等，本身就具有鲜明的实践指向性。以这些概念搭配为题目反映出学者普遍重视从认知到认同、内化到外显、观念到实践的研究理路，凸显了研究的实践应用性。但要探索实践路径需要理论研究提供方法论指导，所以大部分成果的逻辑理路都是从核心概念的内涵、重要命题的意义的学理性分析到实践路径、机制建设、策略设计的探索。

（四）从研究视野看，宏微并进凸显、国内国际兼具

一方面，本年度研究呈现出由整体叙事的宏观研究切入到具体元素的微观研究。比如往年对社会主义核心价值观的内容采取的是总体性研究，今年有学者对社会主义核心价值观中的友善观进行了专门的调查研究。在中华优秀传统文化与社会主义核心价值观的融通研究中，有学者研究了优秀地方文化、长江文化与价值观的融合教育。正是这些从宏观走向微观，具体化、细分化研究的推进，让学界对社会主义核心价值观的研究有了逻辑递进，比如在认知的基础上注重认同，在认同的基础上注重践行，在理性认知、榜样示范之外，重视制度规约、情感调动，丰富了对认同机制的认识，研究从"知信行"走向了"知情信意行"的更为完整的转化链条。

另一方面，本年度研究既关注中国价值观教育实际问题，又关注全人类价值观交流的时代问题。比如有学者探讨社会主义核心价值观传播对中国形象的作用。也就是说在传播学视域中研究社会主义核心价值观，不仅关心在国内范围传播效果的提升，而且关注在国际范围传播局面的打开。还有学者聚焦社会主义核心价值观与全人类共同价值的辩证关系，不仅深化了对社会主义核心价值观的认识，而且推进了对全人类共同价值的关注、对西方"普世价值"的批判分析，展现了国内学者的国际视野、学术志气和理论底气。可以说，在习近平新时代中国特色社会主义思想的指导下，在以往研究提供的厚实基础上，本年度的研究理路更加全面，反映出我国学者在价值观研究中从被动应对挑战到主动建构的积极姿态。

三、社会主义核心价值观研究的未来展望

我们既要对往年相关成果进行系统总结，更要按照立足中国、借鉴国外，挖掘历史、把握当代，关怀人类、面向未来的思路开辟研究新局面。对

照习近平总书记在全国哲学社会科学工作座谈会上的讲话精神，立足于新时代新征程，面对新形势新要求，我们可以在基础理论建构、规律机制探讨、培育实效提升、时代课题跟进、国际比较借鉴五方面着力。

（一）坚持理论思维，着力于基础理论建构，提高研究的学理性

一是加强社会主义核心价值观基本范畴研究。范畴是思想政治教育学科建设的重要内容，范畴研究关涉思想政治教育学科话语体系和理论体系创新发展。范畴研究也是社会主义核心价值观论域话语体系、理论体系创新发展的抓手。今年学界也有社会主义核心价值观与相关概念的辨析，未来我们需要进一步就价值、价值观、主导价值观、主流价值观、核心价值观、社会主义核心价值体系、社会主义核心价值观、中国价值、全人类共同价值等相关范畴进行深入阐释，把握范畴之间的逻辑关系，建构更为清晰、系统、科学的社会主义核心价值观范畴体系。我们也需要对社会主义核心价值观包含的每一个具体价值观展开深入研究，因为认同的前提是准确认知，如果认知不清，认同必然是表层的，如果认知偏差，认同更是无效，还会导致践行偏离。习近平总书记曾强调："如何看待自由、民主、平等的科学内涵和实践，如何看待西方所谓'普世价值'，就需要重点加以回答。"① 只有做好这些基础范畴的研究，我们才能做好社会主义核心价值观的本质要求、培育目标等理论问题的研究，才能做好社会主义核心价值观认同现状的实证调研。

二是深化社会主义核心价值观文本学研究。要做好相关基础范畴的研究，就需要加强社会主义核心价值观的文本学研究，因为社会主义核心价值观的思想来源是马克思主义。今后需要加强马克思主义经典本文的阐释，充分挖掘、系统整理与价值观教育有关的重要思想资源。习近平总书记曾指出："在对待坚持以马克思主义为指导的问题上，绝大部分同志认识是清醒的、态度是坚定的。同时，也有一些同志对马克思主义理解不深、理解不透，在

① 习近平：《在全国党校工作会议上的讲话》，《求是》2016 年第 9 期。

运用马克思主义立场、观点、方法上功力不足、高水平成果不多，在建设以马克思主义为指导的学科体系、学术体系、话语体系上功力不足、高水平成果不多。"① 这些话对思想政治教育研究者、马克思主义理论研究者都是很重要的提醒。目前已经有一些学者在挖掘马克思主义经典文本中有关价值观的理论资源，这一学术努力还需坚持进行。需要注意的是，我们坚持以马克思主义为指导，是要运用其科学的世界观和方法论解决中国主导价值观教育的问题，而不是简单套用其具体结论和词句，我们是坚持用发展中的马克思主义来指导研究，所以需要加大力度研究习近平新时代中国特色社会主义思想的世界观和方法论对社会主义核心价值观的指导。

（二）坚持实践思维，着力于培育实效研究，提高研究的针对性

"实践是思想政治教育理论之源，基础理论的创新发展和时代价值依赖于社会实践，特别是社会发展过程中提出的新问题、带来的新挑战。它们在给思想政治教育基础理论带来了时代命题的同时，也呼唤着思想政治教育基础理论时代价值的彰显。"② 所以我们在推进社会主义核心价值观研究的过程中，要融通理论思维和实践思维。

一是以问题为导向。问题是时代的声音，回答并指导解决问题是任何一种学术研究的根本任务。要增强问题意识，聚焦社会主义核心价值观的重大问题、社会主义核心价值观传播和培育实践中存在的老问题、遇到的新问题、当代中国人价值观存在的深层次问题、社会主义核心价值观培育面临的突出问题，不断提出真正能解决问题的新观点，才能提高研究指导实践应对社会价值观冲突与嬗变的适应性、有效性。

二是秉持对象思维。实践思维内蕴对象思维，或者说对象思维是实践思维的题中应有之义。因为实践思维强调解决问题，而要解决问题就要从主体

---

① 习近平：《在哲学社会科学工作座谈会上的讲话》，《人民日报》2016 年 5 月 19 日。

② 冯刚：《深化新时代思想政治教育基础理论研究》，《思想政治教育研究》2022 年第 1 期。

的特点出发。近年来，学界日益认识到社会主义核心价值观培育过程中，要注意处理好这几对关系：体系性和层次性、主导性和多样性、民族性和全球性、社会外部建构与个体内生形成。① 今天对社会主义核心价值观的认同和践行不能仅是单向输出的教育过程，还应该是对象主体自觉主动的建构过程。所以要提高社会主义核心价值观培育的实效性，就必须激发培育对象的内生动力，就必须在研究中秉持对象思维。如何培育青年对社会主义核心价值观的认同和践行是社会主义核心价值观研究的重要问题域。我们需要关注当代青年流行文化，在研究过程中保持"青年在场"的视角，发现当代青年价值观特点及突出问题，研究当代青年的接受习惯等，从而为研究找准问题，找出切实有效的解决问题的方法路径。

（三）坚持历史思维，着力于规律机制探讨，提高研究的科学性

推进社会主义核心价值观研究是一个追求真理、揭示真理、笃行真理的过程，而真理是规律性认识，在价值观形成规律、传播培育规律、知行转化规律方面还有很大的研究空间，需要通过加强历史研究，总结历史经验启示，达致规律性认识。

一是加强党百年奋斗历史中探索价值观引导教育的经验研究。如恩格斯所言："即使只是在一个单独的历史事例上发展唯物主义的观点，也是一项要求多年冷静钻研的科学工作，因为很明显，在这里只说空话是无济于事的，只有靠大量的、批判地审查过的、充分地掌握了的历史资料，才能解决这样的任务。"② 研究党在百年奋斗中探索价值观教育的发展进程、提炼演进逻辑，总结经验启示，能够丰富社会主义核心价值观研究的维度，在现有理论维度、实践维度的基础上增加历史维度，从而为相关研究增强历史厚度。

---

① 李畅、李亚员、燕妮：《改革开放以来我国价值观教育研究的历史进程、演进逻辑和拓展空间》，《学术探索》2022 年第 7 期。

② 《马克思恩格斯文集》第 2 卷，人民出版社 2009 年版，第 598 页。

二是加强对优秀传统文化中价值观培育方面的思想资源的系统梳理。我国自古以来就有价值观教育传统，注重国民理想人格的培养，这些丰富的理论资源、育人智慧能为我们今天的价值观研究、时代新人培育提供历史智慧，让我们的价值观研究体现中国特色。我们亟需改变相关研究在通古今之变化、发思想之先声方面还不够的现状。加强社会主义核心价值观与优秀传统文化的关系研究，可以说是新时代将马克思主义基本原理同中国实际相结合、同中华优秀传统文化相结合的学术实践。这一研究将有助于探索优秀传统文化的守正创新和社会主义核心价值观的正本清源，共同推动我国文化建设取得新的历史性成就。

（四）坚持创新思维，着力于时代课题跟进，加大交叉研究力度

党的二十大报告提出的一些新提法新命题新战略为社会主义核心价值观研究提出了新的重大课题，特别是有关社会主义核心价值观的新表述为深化社会主义核心价值观研究提出了新要求和新指引。比如"在以往的党的全国代表大会报告中，更多强调的是努力奋斗、不懈奋斗。首次在大会主题中强调团结奋斗，具有很强的针对性。"① 那么如何发挥社会主义核心价值观对团结奋斗的引领作用、如何通过社会主义核心价值观培育和践行破解现代化推进过程中日益个体化的趋势给国家意志聚合、社会团结治理带来的困局，为民族复兴伟大事业凝聚中国力量，提供价值支撑等是具有重要意义的时代课题。大会报告提出的中国式现代化的奋斗目标为社会主义核心价值观研究提供了新的视域定位、理论分析框架，学界需要就如何提高社会主义核心价值观在中国式现代化中的作用作出符合中国实际和时代要求的前瞻性回答。报告有关"推进文化自信自强，铸就社会主义文化新辉煌"部分，明确作出广泛践行社会主义核心价值观的战略部署，社会主义核心价值观与以伟大建党

---

① 本书编写组：《党的二十大报告学习辅导百问》，学习出版社、党建读物出版社2022年版，第5页。

精神为源头的中国共产党人精神谱系、红色资源、时代新人、理想信念教育、"四史"教育、完善思想政治工作体系、推进大中小学思想政治教育一体化建设、融入法治建设、融入社会发展、融入日常生活等将是未来几年社会主义核心价值观研究的重要课题。

党的二十大之后，社会主义核心价值观培育工作也好，研究也好都将进入一个新阶段，以高质量发展为追求目标，这就不仅需要在理论视野上也需要在研究范式上有创新突破、升级拓展。从科学发展的规律来看，"科学研究范式正在发生深刻变革，学科交叉融合不断发展。"①"交叉学科的提出、探索、建设和确立是范式拓展的成果表征，是思想政治教育学科实现创新发展的可能性节点。反言之，一个学科如果把自己封闭起来，不和其他学科、知识、学术进行交流，结果只会使自己停滞不前，被时代抛在后面。"②所以，未来需要加大交叉研究的力度，深化社会主义核心价值观既有研究的深度，开拓新研究维度，提高研究的科学性、预见性、创造性。比如通过与文化学、叙事学、治理学、评估学等的交叉研究，深化价值观形成机制、价值观知行转化规律、社会主义叙事话语创新、社会主义核心价值观培育体系和培育能力现代化、培育效果评价等重要问题的研究。

（五）坚持全球化思维，着力于国际比较借鉴，提高研究的影响力

展望社会主义核心价值观研究的未来，我们需要有一个宽广的视角，需要放到世界和我国发展大历史中去看。在全球化深度发展的今天，我们需要从关注国内价值观问题扩展到观照世界价值观现象，由坚守中国人民的价值立场拓展到关怀世界人民的价值期盼，在比较思想政治教育的视域中深化我国社会主义核心价值观教育与其他国家价值观教育的比较对话。在比较研究

---

① 习近平：《在中国科学院第二十次院士大会、中国工程院第十五次院士大会、中国科协第十次全国代表大会上的讲话》，《人民日报》2021 年 5 月 29 日。

② 冯刚：《思想政治教育学学科发展新论域》，中山大学出版社 2022 年版，第 8 页。

中，一方面要合理借鉴国外价值观教育的有益经验和做法解决价值观传播、培育过程中的问题，提升价值观传播、培育的效能。另一方面要积极提炼价值观教育的中国经验、建构价值观教育的中国模式，为中国价值观的国际传播做出理论贡献。上世纪 90 年代，以塞缪尔·亨廷顿、劳伦斯·哈里森为代表的西方学者对价值观如何影响人类进步提出了他们的研究结论，其中一些观点并没有准确描述、也不适用于我国价值观发展实际。所以我们需要通过学术合作交流助力提高我们研究的水平和质量，也让中国价值观以更准确、真实、立体的样态呈现给世界，让社会主义主义核心价值观的培育践行成为对外讲好中国故事的价值篇章。我们要以事关中国以何种价值、文化形象、文明样态与世界文明互动、与其他文明交流互鉴这一更高远的视野来推进社会主义核心价值观的研究，要有研究必须同中国价值观的具体实际相结合，立足价值观教育的中国实践的学术自觉，着眼于解决新时代新征程上社会主义核心价值观培育和践行的实际问题，不断从价值观的维度回答中国之问、世界之问、人民之问和时代之问，探讨社会主义核心价值观这一作为当代中国人的主导价值学说进行世界性表达的思路，使中国式的经验、话语和风格在世界价值观及其教育研究领域占有一席之地。

第四章　思想政治教育学原理研究

2022 年前后，思想政治教育学原理研究在理论与实践的深度融合中不断走向深入，以《新时代高校思想政治教育学原理》和《新编思想政治教育学原理》等为代表的研究成果，将思想政治教育学原理研究推向新高度。研究以这两项成果为代表的思想政治教育学原理进展，总结思想政治教育学原理研究的阶段性特征，展望思想政治教育学原理研究的未来趋势，既是思想政治教育学原理研究守正创新的内在要求，也是思想政治教育学科即将迎接建立 40 年需要进行学术反思的一个研究话题。

一、思想政治教育学原理研究的年度进展

2022 年前后，思想政治教育学科研究领域相继出版了两部重要著作，一部为北京师范大学冯刚教授领衔主编的《新时代高校思想政治教育学原理》，另一部为武汉大学沈壮海教授领衔主编的《新编思想政治教育学原理》。两部著作对思想政治教育学原理的丰富和深化是显著的，对思想政治教育学原理研究的推进主要表现在如下几个方面。

（一）进一步凝练党的十八大以来思想政治教育经验

新时代思想政治教育工作在党和国家的高度关切下实现了长足发展，系统研究习近平总书记关于思想政治教育工作的重要论述，凝练思想政治教育工作经验，成为思想政治教育学原理研究的一个重要课题。《新时代高校思

想政治教育学原理》中指出，习近平总书记关于高校思想政治教育的重要论述既肯定了高校思想政治教育的成绩经验，又指出了问题缺陷；既聚焦于新时代高校思想政治教育改革发展中的重要问题和顶层设计，又对各方面、各领域、各环节的具体内容作出重要指导。[1]党的十八大以来，习近平总书记在全国宣传思想工作会议、全国高校思想政治工作会议、全国教育大会、学校思想政治理论课教师座谈会等重要会议上发表重要讲话，同时中共中央、国务院陆续出台《关于加强和改进新形势下高校思想政治工作的意见》《关于新时代加强和改进思想政治工作的意见》等重要文件，中组部、中宣部、教育部等相关部委也相继出台了《教育部等八部门关于加快构建高校思想政治工作体系的意见》《新时代学校思想政治理论课改革创新实施方案》等重要文件，对思想政治教育的创新发展作出战略部署和深入推进。《新时代高校思想政治教育学原理》从学理层面剖释了党的十八大以来习近平总书记关于思想政治教育重要论述、党和国家重要文件以及相关部委重要文件中的新理论、新思想、新观点，将这些内容内化于新时代高校思想政治教育学原理中，如"三因""三全育人"等，实现政治概念向学术话语、政策要求到理论原理的转变，避免文件讲话同学科原理"两张皮"问题，推进新时代高校思想政治教育内涵式发展。[2]有学者指出，大学生总是走在时代的前列，是时代变革与发展的动力源。高校思想政治教育在主动适应新时代大学生新变化的过程中，在运行机制、教育方法、环境载体运用、管理评价等各个方面，都有很多新的做法，也取得了良好的效果。对高校思想政治教育的创新实践进行系统的总结和归纳，已经成为现实的必要和可能。《新时代高校思想政治教育学原理》梳理了近年来中国高校在思想政治教育领域积累的新的实践经验，并将其纳入高校思想政治教育学科的整体框架，对这些积极的探索给

---

① 冯刚、彭庆红、余双好、白显良：《新时代高校思想政治教育学原理》，人民出版社2021年版，第4页。

② 陈倩：《深化对新时代高校思想政治教育的理论探索》，《思想教育研究》2022年第4期。

予了充分肯定和基本定位。①

　　作为教材,《新编思想政治教育学原理》十分注重总结经验,将经验及时提升为科学理论。有学者指出,从书名中的"新编"可以看出,这本教材的编写志在求变创新,以适应时代的需要。中国特色社会主义进入新时代,国内外形势发生了深刻变化,特别是近年来世界百年变局加速演变,我国进入新的发展阶段,意识形态领域发生了根本性转变,思想政治教育既形成了新鲜经验,又面临着新的挑战,所有这一切都迫切需要思想政治教育理论跟上时代发展,在新时代新征程上呈现出新的面貌。那么,如何在定型化的教材体系中出新,如何让教材更鲜明地吸纳新时代的气息、展现新时代的气象?这是近年来思想政治教育学界引人关注和思考的重要问题。②可以说,《新编思想政治教育学原理》正是基于对党的十八大以来思想政治教育工作经验的总结,使其充分彰显出思想政治教育学原理教材的新气象。

(二)对思想政治教育的规律性认识进一步深化

　　思想政治教育学科的科学化发展离不开对其中规律性认识的深刻把握。在本年度的两本代表性原理性著作中,都充分体现了对思想政治教育规律性认识的重视和凝练。《新编思想政治教育学原理》中指出,党的十八大以来,以习近平总书记为核心的党中央全面加强以马克思主义理论教育为根本、以理想信念教育为核心、以培育和践行社会主义核心价值观为引领、以爱国主义教育为主题、以道德教育和法治教育为基础的新时代思想政治教育工作,既强调遵循思想政治工作规律,遵循教书育人规律,遵循学生成长规律,又要求做到"因事而化、因时而进、因势而新",不断提高思想政治教育工作的科学性和创新性,为实现中华民族伟大复兴的中国梦提供精神动力和智力

---

① 冯永泰:《新时代高校思想政治教育学原理的新开拓》,《学校党建与思想教育》2022年第8期。
② 刘建军:《〈新编思想政治教育学原理〉的突破性探索》,《思想教育研究》2022年第8期。

支持。①充分展现了党的十八大以来党和国家对思想政治教育规律性认识的深化，并自觉将其转化为学科发展和思想政治教育人才培养的重要遵循。

《新时代高校思想政治教育学原理》将高校思想政治教育规律分为人的思想政治素质形成与发展规律、新时代高校思想政治教育过程规律和新时代高校思想政治教育管理规律，其中新时代高校思想政治教育过程规律具体包括教育者与教育对象的双向互动规律、思想政治教育过程的引导转化规律，新时代高校思想政治教育管理规律包括"三因"律、"三全"律和"双同"律。②对于思想政治教育过程的规律，《新编思想政治教育学原理》指出，对于思想政治教育过程规律的认识和把握，是教育者正确认识、科学组织和实施思想政治教育活动的必然要求，具体而言包括适应引领律、要素匹配律、过程充足律、反复渐进律、整体育人律。③这里对新时代高校思想政治教育规律的总结和概括，是建立在以往思想政治教育学原理基础上，融合习近平总书记关于思想政治教育重要论述以及党的十八大高校思想政治教育创新实际进行的高度凝练，具有鲜明的时代特征。

同时，对社会主流意识形态的生成发展规律进行了进一步的总结。社会主流意识形态的生成与发展，是多重因素的矛盾运动过程，体现出深刻的规律性，比如主流意识形态与经济基础和政治结构的矛盾互动、主流意识形态与传统思想和外来文化的彼此激荡、主流意识形态与一般社会意识的上通下达等，具体而言表现为主流意识形态与经济基础的矛盾互动、主流意识形态与政治结构的相辅相成、延续传统与开拓创新的有机结合、内向引鉴与外向传播的彼此含融、抽象提升与日常普及的辩证统一。④

---

① 沈壮海：《新编思想政治教育学原理》，中国人民大学出版社 2022 年版，第 40 页。

② 冯刚、彭庆红、佘双好、白显良：《新时代高校思想政治教育学原理》，人民出版社 2021 年版，第 221-231 页。

③ 沈壮海：《新编思想政治教育学原理》，中国人民大学出版社 2022 年版，第 161-163 页。

④ 沈壮海：《新编思想政治教育学原理》，中国人民大学出版社 2022 年版，第 82-85 页。

（三）思想政治教育学原理框架构建进一步完善

思想政治教育学原理的理论框架，是结合思想政治教育实际生成的一套系统理论体系，是对思想政治教育基础理论的系统表达。2022 年度，学界在思想政治教育原理创新研究中不断探索新的框架构建。《新时代高校思想政治教育学原理》中对思想政治教育学科范畴的特有内涵进行了界定，并指出个人和社会、政治和学理、知识和价值是思想政治教育学科的特有范畴，[①]在此基础丰富和完善思想政治教育学原理框架。《新编思想政治教育学原理》中对思想政治教育进行了创新性界定："思想政治教育便是这样的一种社会实践活动，它以自己的方式，致力于相应意识形态的构建、维护和发展，担负着培养人的思想政治素质的重任。意识形态的传播与接受、人的思想政治素质的教育和培养是同一个过程的不同方面，二者统一于思想政治教育的具体实践之中。"[②]基于这一概念界定，对思想政治教育学原理的理论框架进行了进一步的调整。一是大幅度合并原有常规性内容，比如第六章"思想政治教育的具体展开"，实际上是将传统教材中四到五章的内容合并在一起，包括"思想政治教育的主体与对象""思想政治教育的目标与内容""思想政治教育的载体与方法""思想政治教育的矛盾与规律"，以及"思想政治教育的原则"等。二是大量增加新的章节，比如"社会主流意识形态及其生成与发展""思想政治教育的形态""思想政治教育的时、度、效""学校与思想政治教育""传播媒体与思想政治教育""制度与思想政治教育"等。这种大开大合的体系调整，就使教材的内容体系耳目一新。[③]

---

① 冯刚、彭庆红、余双好、白显良：《新时代高校思想政治教育学原理》，人民出版社 2021 年版，第 15—17 页。

② 沈壮海：《新编思想政治教育学原理》，中国人民大学出版社 2022 年版，第 4 页。

③ 刘建军：《〈新编思想政治教育学原理〉的突破性探索》，《思想教育研究》2022 年第 8 期。

（四）思想政治教育学原理构建理念进一步创新

一方面，在思想政治教育学原理研究中注重思想政治教育创新发展的内在动力。《新时代思想政治教育学原理》中指出，要在满足大学生学习成长需求中激发内生动力，在思想政治教育供给侧改革中激发内生动力，在完善思想政治教育质量评价中激发内生动力。[①]另一方面，从宏观和微观两个向度创新思想政治教育学原理。"思想政治教育"的两个基本方面，体现出宏观和微观两个不同向度。将思想政治教育理解为国家意识形态的构建、维护、传播和发展，着力揭示主流意识形态建设的规律，是一种宏观的路向；而将思想政治教育理解为人的思想政治素质的培养和提升，着力揭示人的思想政治品德养成的规律，则是一种微观路向。这是学术观点和教材编写理论上的重大创新，《新编思想政治教育学原理》并不轻视微观路向，而是坚持"宏微并进"。一方面，增设"社会主流意识形态及其生成与发展"一章，以体现"宏观思想政治教育"；另一方面也专设"人的思想政治素质及其生成与发展"一章，以及"学校与思想政治教育"一章，体现微观思想政治教育路向，从而实现了宏观和微观的统一。[②]

（五）思想政治教育学原理的研究视角进一步拓展

《新时代高校思想政治教育学原理》提出了高校思想政治教育治理体系现代化问题，认为思想政治教育治理是指思想政治教育治理主体根据思想政治教育的培养目标，遵循思想政治教育形成发展规律，利用思想政治教育资源，发挥科学治理的功能，提升思想政治教育效能的过程，需要从思想政

---

① 冯刚、彭庆红、佘双好、白显良：《新时代高校思想政治教育学原理》，人民出版社 2021 年版，第 382—385 页。
② 刘建军：《〈新编思想政治教育学原理〉的突破性探索》，《思想教育研究》2022 年第 8 期。

治教育的内容、方法、队伍、评价等方面完善高校思想政治教育治理体系。①《新编思想政治教育学原理》提出了一些具有衍生性的话题，如作为学校思想政治教育主渠道的课堂教学和课程设置问题、网络传媒中的思想政治教育规律及其实践规律问题、制度政策与思想政治教育的辩证关系问题、思想政治教育工作者和受教育者的素质关系问题，都是开放性、发展性、创造性极强的命题，不可能在一本教材中终止言说、画上句号，而是有待于在发展中不断积累、不断沉淀和不断凝练才能够臻于成熟，更接近真理的彼岸。而恰恰是因为有这些问题的存在，也预示着思想政治教育学原理有新的生机和活力。②

　　本年度有学者聚焦思想政治教育学原理中的具体理论内容，扩展原理内容的研究视域。有学者认为，思想政治教育"生命线"原理作为思想政治教育学的基本原理之一，是关于思想政治教育地位与作用认识的抽象概括与科学提炼。基于文献计量学方法，以思想政治教育"生命线"原理相关 CSSCI 文献为数据样本，运用 CiteSpace 软件对其进行可视化检视发现，围绕这一主题的研究成果主要聚焦于思想政治教育"生命线"原理的历史溯源探究、科学内涵阐释、价值意义探索和党的领导人对其重要论述 4 个方面；研究进度分为初始起步、快速发展、深化拓展和创新繁荣 4 个阶段；其中马克思主义意识形态建设研究、思想政治教育在社会主义人才培养中的地位作用研究、思想政治工作在国家治理现代化中的功能价值研究是其前沿热点。新时代应通过拓宽研究视角、深化研究内容、创新研究方法推进思想政治教育"生命线"原理研究，进而推进思想政治教育学科理论的创新发展。③

　　本年度有学者围绕"思想政治教育学原理"课程的教学内容的定位、体

---

① 冯刚、彭庆红、佘双好、白显良：《新时代高校思想政治教育学原理》，人民出版社 2021 年版，第 386—390 页。

② 宇文利：《新时代思想政治教育基础理论研究的创新之作——读沈壮海教授主编的〈新编思想政治教育学原理〉》，《思想理论教育》2022 年第 6 期。

③ 娄慧、戴艳军：《思想政治教育"生命线"原理研究：现状、演进与趋势——基于 CSSCI 期刊的文献计量分析》，《思想教育研究》2022 年第 8 期。

系与实施难点进行了探讨，对从教学的角度反思思想政治教育学原理创新深化具有重要意义，进一步拓展了思想政治教育学原理的研究视角。"思想政治教育学原理"是马克思主义理论人才培养中的一门主干基础课程，有学者指出如何看待"思想政治教育学原理"课程在马克思主义理论大类培养中的地位与作用，如何增强本门课程在马克思主义理论不同人才培养层次中的贯通性与针对性，需要我们对课程的教学内容进行再审视、再建构、再建设。本门课程的教学内容体系可以从讲清楚思想政治教育"是什么""为什么""怎么样""怎么做"4个方面及其整体联系中来把握。在教学内容实施上，要注意处理好稳定性与变动性的关系、体系性与逻辑性的关系、广度与深度的关系、内容与形式的关系、内部与外部的关系等难点问题。①

二、思想政治教育学原理研究的年度特点

2022年前后，思想政治教育学原理研究呈现出新的高度和新的特征。这些新的研究高度和新的研究特征与党和国家积极推进思想政治教育创新发展密切相关，同时也和几代思想政治教育学者孜孜不倦的学术求索和学术积淀密不可分。呈现出这样的新高度和新特点，同样也是新时代思想政治教育学科创新发展的必然结果。把握这些年度新特点，对进一步理解和深化思想政治教育学原理研究具有积极意义。

（一）坚持思想政治教育学原理研究的实践导向

思想政治教育学原理研究从某种意义上讲，是对思想政治教育实践的一种降维指导，是在实践基础上的一种理论降维。因此，思想政治教育学原理研究不能脱离实践导向。2022年度的思想政治教育原理研究充分体现着鲜明的实践导向。比如，将大中小思想政治教育一体化制度设计融入思想政治

---

① 杨威、管金潞：《"思想政治教育学原理"教学内容的定位、体系与实施难点》，《思想教育研究》2022年第10期。

教育学原理。习近平总书记在党的二十大报告中指出："用社会主义核心价值观铸魂育人，完善思想政治工作体系，推进大中小学思想政治教育一体化建设。"①党的十八大以来，从大中小思想政治理论课一体化设计到大中小思想政治教育一体化发展，体现着新时代学校思想政治教育鲜明的实践导向。《新时代高校思想政治教育学原理》在新时代高校思想政治教育的制度机制的讨论中，专门阐释了大中小思想政治教育一体化制度设计。构建大中小学思想政治教育一体化制度是新时代思想政治教育迫切需要解决的课题，强调用整体性思维全过程考察各学段思想政治教育的分工与协作，实现思想政治教育学段衔接融通。新时代大中小学思想政治教育一体化制度的构建需要以构建大中小学思想政治教育的行政沟通制度、大中小学思政课教师的教研互动制度、大中小学学生的"传帮带"制度为着力点，形成大中小学思想政治教育的目标一体化、内容一体化、途径一体化等，构建大中小学思想政治教育全过程育人的合力。②在思想政治教育学原理中专门阐释大中小思想政治教育一体化问题，充分展现着新时代思想政治教育的实践导向。再比如，聚焦思想政治教育治理现代化问题。党的十八届三中全会强调了国家治理现代化命题，思想政治工作作为治党治国的重要方式，思想政治教育治理现代化已经成为学科创新发展的一个鲜明实践导向。《新时代高校思想政治教育学原理》将高校思想政治教育治理现代化问题融于原理视野，在治理现代化的发展中阐释新时代高校思想政治教育创新发展的内在动力和主要思路，充分展现了本年度思想政治教育学原理研究的实践导向。

① 习近平：《高举中国特色社会主义伟大旗帜 为全面建设社会主义现代化国家而团结奋斗——在中国共产党第二十次全国代表大会上的报告》，《人民日报》2022年10月26日。
② 冯刚、彭庆红、佘双好、白显良：《新时代高校思想政治教育学原理》，人民出版社2021年版，第246页。

（二）凸显思想政治教育学原理研究的精细化

思想政治教育学科即将迎来 40 年的发展历程，在学科发展的学术积淀中，关于思想政治教育学原理的框架构建与宏观叙事研究已经十分丰厚，关于思想政治教育学原理的微观精细化研究正逐步走向深入。2022 年思想政治教育学界立足时代发展特征和学科发展积淀，不断寻求思想政治教育学原理的精细化研究。人的思想政治素养是思想政治教育重点关注的对象，也是思想政治教育学原理构建的重要研究范畴。《新编思想政治教育学原理》将人的思想政治素质及其生成与发展进行了精细化研究。促进人的思想政治素质提升是开展思想政治教育的着眼点与落脚点。思想政治教育作用的发挥离不开对人的思想政治素质生成与发展的有效把握。深刻理解人的思想政治素质内涵特征及其内在结构，对人的思想政治素质生成与发展的规律性进行深入探索，是增强思想政治教育科学性、实效性与针对性的重要前提。人的思想政治素质生成与发展的过程，是人与外界相互作用及人的内在矛盾运动的有机统一。由于外部因素和人的主观能动性的交互作用，人的思想政治素质的生成与发展并非一次完成的，而是在内外因素的矛盾运动中，从量变到质变，再到新的量变、新的质变，不断循环往复。人的思想政治素质从而变现出由简单到复杂、由低级到高级、由不完善到逐步完善的螺旋式上升过程。①对人的思想政治素质的内涵、特征和重要性的讨论，对人的思想政治素质的解构剖析，以及人的思想政治素质的生成与发展过程的规律性认识，深刻体现着本年度思想政治教育学原理精细化研究的特征。此外，《新时代高校思想政治教育学原理》对中国共产党领导的高校思想政治教育历史进行了精细化的系统呈现。回望过去，百年以来中国共产党始终高度重视高校思想政治教育，在革命、建设和改革的不同时期，围绕党的中心任务，把高校作为重要领域，把青年学生等知识分子群体作为重要对象，开展了一系列富有成效的

---

① 沈壮海：《新编思想政治教育学原理》，中国人民大学出版社 2022 年版，第 93、115 页。

工作实践，形成了系统全面的高校思想政治教育理论。从革命战争年代高校思想政治教育的发轫探索、新中国成立后高校思想政治教育的革新前行、改革开放后高校思想政治教育的全面发展、新时代高校思想政治教育的守正创新四个阶段，分析高校思想政治教育的实践内容和阶段性特征，对增强新时代贯彻落实高校思想政治教育立德树人根本任务的思想和实践自觉，提高高校思想政治教育的科学化水平具有重要意义。① 在高校思想政治教育学原理中总结党领导下高校思想政治教育的发展历程，对促进高校思想政治教育学原理的精细化研究也同样具有重要价值。

（三）增进思想政治教育学原理研究的学理反思

思想政治教育学原理构建在很大程度上得益于教育学原理和德育学原理的滋养和支撑。但无论是理论框架，还是具体内容，思想政治教育学科都需要立足自身的历史、理论与实践，深化自有范畴的独立研究。在本年度的研究成果中，我们不难发现，无论是对思想政治教育学原理体系设计，还是对思想政治教育学科范畴、本质等内容，都具有鲜明的学术反思特点。《新编思想政治教育学原理》中指出，我们基于思想政治教育即一定的阶级或政党为将自己所倡导的意识形态转化为人们广泛接受的意识形态、引导人们形成相应的思想政治素质而自觉开展的教育实践活动这一基本认识，聚焦社会主流意识形态形成发展、人的思想政治素质形成发展的探讨，并以此为关钮，对思想政治教育的本质、流变、价值、形态、组织调控、过程展开、时效度、教育者以及学校思想政治教育、传播媒介与思想政治教育、制度与思想政治教育等系列重要问题做出了相应分析和讲解。这种体系设计，具有一定的创新性，其中多个论题，是首次纳入"思想政治教育学原理"教材的体系

---

① 冯刚、彭庆红、佘双好、白显良：《新时代高校思想政治教育学原理》，人民出版社2021年版，第63—86页。

之中予以阐发的。① 这种体系的创新，是结合思想政治教育的时代发展特征、实践发展实际以及理论发展需求的积极回应，充分彰显着学术研究的学理反思，成为本年度思想政治教育学原理研究的突出特征。此外，本年度的研究成果也十分重视基于实践导向的学理反思。《新时代高校思想政治教育学原理》中指出，高校思想政治教育原理的构建是以实践为激发，并以此为现实基础，把现实问题转化为理论问题，升华为概念范畴，通过概念和理论更好指导现实运动。从本质上看，就是以抽象的方式表达学科的新发展和时代的新要求。新时代高校思想政治教育的时代建构就要促进理论和实践的双向互动，以实践促理论，以理论引实践。理论性与实践性相统一，源于马克思主义内在的解释世界与改造世界的根本特质。习近平新时代中国特色社会主义思想为高校思想政治教育提供了理论遵循，国际国内形势的深刻变化以及高校思想政治教育领域出现的新情况为高校思想政治教育提供了实践导向。思想政治教育作为一门科学，是理论性与实践性的统一体。实践创新不仅要解决实际问题，同时需要将经验上升为科学理论，在实践基础上进行理论创新，这是实践创新发展的一般性规律。② 遵循党的最新理论创新成果，立足高校思想政治工作实际，在中国改革发展大势中理解高校思想政治教育，使思想政治教育学原理研究更加贴近实际，更加彰显思想政治教育学科自觉与学科自信，同时也铸成了本年度思想政治教育学研究的鲜明特色。

三、思想政治教育学原理研究的未来展望

思想政治教育学原理研究是思想政治教育学科创新发展的理论支撑，在学科发展的近 40 年历程中，几代学人经过孜孜不倦地求索，形成了宝贵的成果。但是，思想政治教育是鲜活的，思想政治教育学科必将在理论与实践

---

① 沈壮海：《新编思想政治教育学原理》，中国人民大学出版社 2022 年版，第 12–13 页。
② 冯刚、彭庆红、佘双好、白显良：《新时代高校思想政治教育学原理》，人民出版社 2021 年版，第 5 页。

的深度融合中，不断发挥它在治党治国中的重要价值。这也就意味着思想政治教育学原理研究必须在鲜活的思想政治教育实践创新和理论深化中不断前行，以此不断增强思想政治教育学科的自觉、自信与自强。结合 2022 年度思想政治教育学原理研究的进展和特点，未来思想政治教育学原理研究可能将更加注重元理论的研究，进一步完善理论框架，不断夯实思想政治教育学原理学术思想史研究，同时在历史逻辑、理论逻辑和实践逻辑中持续创新原理研究。

（一）加强思想政治教育学元理论研究

元问题与元理论是学科发展的起点，也是学科发展的重要根基。无论是政治学、经济学还是管理学，无不在从哲学的视角探讨元理论与元问题，思想政治教育学科也不例外。顾名思义，思想政治教育学元理论集中体现着学科的本质特征和理论根源，是立足思想政治教育实际，针对思想政治教育的发生与发展、本质与规律等元问题的深度反思。在学科发展当中，关于思想政治教育学元理论的讨论并不是一个陌生的话题。在学科发展史中也曾一度有过诸多关于思想政治教育学元理论的著作和论文。但是，新时代背景下思想政治教育在理论与实践中均取得了长足发展，如何将实践上升为理论、将经验转化为规律，从元理论的层面总结、概括、凝练、升维、解释其背后的理论依据，将是未来思想政治教育学科元理论研究的重要任务。首先，从元理论的角度进一步探讨思想政治工作规律、教书育人规律和学生成长规律。思想政治工作规律是思想政治工作过程中各要素本质的、必然的联系，蕴含其中的是对人的思想与行为、认知与信仰等众多人类思想文化领域中的重点内容的理论降维和规律解析。再比如，思想、政治与教育之间的关系，作为人类文明的客观内容，在自身演绎发展的过程中如何滋养思想政治教育，这些都需要从元理论的角度进行进一步的破解。其次，从元理论的角度进一步探讨思想政治教育范畴的问题。任何一个学科都会有自己独有的研究对象或者研究范畴。思想政治教育学原理中的范畴研究已经取得了丰硕的成果，但是如何立足创新发展的思想政治教育实际，在借鉴交叉学科研究积淀的同时，摆脱交叉学科干扰、明晰自身特有范畴，亦或从思想政治教育学科元理论的视角解释借鉴过来的学科范畴，使其拥有思想政治教育学科特有属性的范畴，也可能是未来思想政治教育学元理论研究的一个重要内容。最后，从元理论的视角探讨思想政治教育的发生与发展。我们现在谈到思想政治教育，有人想到的是学校思想政治教育，有人想到的是中国共产党的思想政治教育，也有人想到的是人类文明中的思想政治教育。从元理论出发，从人类文明创造、人类文明发展的角度探讨思想政治教育这一人类文化现象，也可能是思想政治教育学元理论研究的一个方向。

（二）在实践导向中进一步完善思想政治教育学原理框架研究

思想政治教育学原理框架如何进一步走出教育学等学科的影响，完善创新更加彰显本身学科特色的理论框架，一直是思想政治教育学界在反思和求索的话题。面对这个话题，有人曾提出质疑，经过学科 30 余年的发展，已经有了一个相对完善的原理框架，它浓缩着思想政治教育学科前辈们的心血和智慧，为什么还要探讨框架的问题。对于这样的质疑，尊重和继承学术积淀是必要的，没有前人的探索和开拓，就没有后续学科的持续发展。但是，思想政治教育学科是一个鲜活的学科，思想政治教育学原理对应的是思想政治教育鲜活的实践。新时代思想政治工作作为治党治国的重要方式，有着新的实践特点和实践创新需求，增强企业思想政治工作、农村思想政治工作、机关思想政治工作、学校思想政治工作、社区思想政治工作、网络思想政治工作、各类群体的思想政治工作等基层思想政治工作质量成为思想政治教育实践发展的新要求。面对这些实践特点和实践需求，如何使思想政治教育学原理更好地降维指导思想政治教育实践，更加符合新时代思想政治教育实际，更好地满足思想政治教育实践创新发展需求，成为思想政治教育学原理框架的一个现实问题。一方面，在实践导向中深化思想政治教育学原理框架的纵向设计。思想政治教育在实践视角下具有众多要素，各要素在一定的制度机制作用下发挥效用，完成思想政治教育的任务。当前，我们更多的是从教育学、管理学等学科视角思考思想政治教育的要素。但是，从思想政治教育实践出发，探求企业思想政治工作、农村思想政治工作、机关思想政治工作、学校思想政治工作、社区思想政治工作、网络思想政治工作、各类群体的思想政治工作中的特有要素，求索思想政治教育工作中的一般性要素，并将这些要素按照理论与实践相结合的逻辑进行系统研究，探求其中的作用机理和理论滋养，将可能会使思想政治教育学原理框架更加贴合思想政治教育工作实际。这些相关研究不仅需要有深厚的思想政治教育学科理论功底，同样需要关切思想政治教育实践实际，将二者有效融合的思想政治教育学原理框架创新，将可能会成为未来思想政治教育学原理的一个重要内容。另一方面，在实践导向中深化思想政治教育学原理框架的横向维度。在现有思想政治教育学原理框架积淀的基础上，关于框架本身的学理研究仍可以创新探索。这就需要关注思想政治教育实践的热点前沿和创新需求，从文化学、心理学、哲学等维度，深入探讨现有框架的逻辑蕴涵，在具体框架下精细化深耕相关要素的学理分析。比如，立足青年学生成长发展实际与思想行为特征，细化思想政治教育过程各要素的学理研究；立足高校立德树人根本任务，细化思想政治教育目标的深层次分析；立足大中小学思想政治教育一体化设计，细化思想政治教育内容和对象的学理研究；立足思想政治教育治理现代化发展实际，细化思想政治教育管理要素的学理研究；等等。这些都可能成为未来研究的内容。

（三）夯实思想政治教育学原理学术思想史研究

关于思想政治教育学原理的研究伴随着思想政治教育学科的创立及发展。从《思想政治工作概论》（张蔚萍、张俊南，人民出版社 1983 年版）、

《大学德育概论》（朱江、张耀灿，湖北教育出版社 1986 年版）、《思想政治教育学原理》（陆庆壬，复旦大学出版社 1986 年版），到《思想政治教育学原理》（邱伟光、张耀灿，高等教育出版社 1999 年版）、《现代思想政治教育学》（张耀灿、郑永廷、吴潜涛、骆郁廷，人民出版社 2006 年版）、《思想政治教育学原理（第三版）》（陈万柏、张耀灿，高等教育出版社 2015 年版）、《思想政治教育学原理（第二版）》（《思想政治教育学原理》编写组，高等教育出版社 2018 年版），再到《新时代高校思想政治教育学原理》（冯刚、彭庆红、佘双好、白显良，人民出版社 2021 年版）、《新编思想政治教育学原理》（沈壮海，中国人民大学出版社 2022 年版）等，思想政治教育学原理研究走过了近 40 年的历程。每一本思想政治教育学原理都是一个时代的记忆，它反映着特定时代思想政治教育的客观实际，反映着特定时代中思想政治教育学人的所思所想，反映着思想政治教育学界对学科原理研究的阶段性认识和反思，这些都是深化思想政治教育学原理研究的宝贵财富和资源。一方面，进一步加强思想政治教育学原理整体研究的学术思想史。回顾近 40 年的发展历程，思想政治教育学原理积累了丰富的优秀成果，以及思想政治教育学人对原理研究的学术反思。立足思想政治教育学科特色，从思想政治教育学原理的整体设计及框架搭建的角度反思 40 年的发展历程，总结思想政治教育学原理研究的基本经验，展望思想政治教育学原理研究的发展趋势，可能将会是未来一段时间的一个重要研究内容。另一方面，进一步总结思想政治教育学原理研究中学人的学术思想史。思想政治教育学原理的编写和研究，容含着众多不同时代的学人，这些学人在面对思想政治教育学原理的具体内容的时候，都会有特定时代的学术思考和学术任务，为什么会在原理中这样讲，这样讲的背后有什么时代背景、政策要求、制度设计、学理反思，在同时代这样讲有什么样的学术反响，还有哪些同时代的学术争议，这些内容对进一步理解和深化思想政治教育学原理的具体内容，更好地延续思想政治教育学原理研究具有重要意义，可能成为未来一段时间思想政治教育学原理研究的内容之一。

（四）在历史逻辑、理论逻辑和实践逻辑中创新思想政治教育学原理研究

思想政治教育学原理的创新发展，离不开科学的逻辑支撑。面对思想政治教育学科特色，未来学界可能在历史逻辑、理论逻辑和实践逻辑的相互支撑中，进一步完善和创新思想政治教育学原理研究。首先，在历史逻辑中深化思想政治教育学原理研究。思想政治教育学科具有将近 40 年的历史，但是中国共产党思想政治教育却走过了 100 余年的发展历程，同时作为人类文化形态的思想政治教育伴随着人类文明发展走过了几千年的发展经历。从人类文明发展历程出发，树立大历史观，从历史的维度探求思想政治教育学原理中相关范畴、对象、方法等内容的理论积淀与文化传承，将可能成为未来思想政治教育学原理的一个研究内容。其次，在理论逻辑中深化思想政治教育学原理研究。思想政治教育学原理研究具有凸出的理论特色，无论是对思想政治教育学原理框架的搭建，还是对思想政治教育学原理具体内容的深化，都需要理论思维和理论逻辑。从理论逻辑出发，进一步分析思想政治教育过程中各要素内部的本质的必然的联系，探索思想政治教育生成与发展的内生动力，解构思想政治教育存在的内外矛盾与张力，深化思想政治教育规律研究，将可能成为未来一段时间思想政治教育学原理研究的一个内容。最后，在实践逻辑中深化思想政治教育学原理研究。实践逻辑主要就是正视实践实际、实践特点和实践需求，坚持实践导向，是思想政治教育学原理与思想政治教育实践精准对接，真正做到思想政治教育实践的降维指导。因此，立足新时代思想政治教育工作实践特点和实践需求，理解思想政治教育主客体的时代特征与发展实际，正视思想政治教育的内外矛盾，进一步深化思想政治教育学原理中具体内容的实践分析和实践检验研究，也将可能成为未来一段时间思想政治教育学原理研究的内容之一。

第五章　思想政治教育内生动力研究

习近平总书记在党的二十大报告中指出，"我们要坚持以推动高质量发展为主题，把实施扩大内需战略同深化供给侧结构性改革有机结合起来，增强国内大循环内生动力和可靠性，提升国际循环质量和水平"。[①]这深刻指明了内生动力是实现高质量发展的关键。在高质量发展整体框架下，思想政治教育的内生动力成为学界关注和探讨的重要命题。立足多维视角，学者们围绕思想政治教育内生动力开展了广泛探讨，并取得了丰硕成果。梳理2022年度思想政治教育内生动力的相关研究成果，分析把握其研究进展、研究特点和研究趋势，是进一步深化思想政治教育内生动力研究的关键着力点。

一、思想政治教育内生动力研究的年度进展

2022年度思想政治教育内生动力研究，既有聚焦思想政治教育内生动力整体的专题研究，也有着眼主客体层面、矛盾问题层面的思想政治教育内生动力相关研究，还有从多维视角出发探讨内生动力的相关研究，研究视域宽广，研究成果丰硕。

（一）思想政治教育内生动力专题研究

关于思想政治教育内生动力的专题探讨是学者们着力研究的重点内容。

---

① 习近平：《高举中国特色社会主义伟大旗帜 为全面建设社会主义现代化国家而团结奋斗——在中国共产党第二十次全国代表大会上的报告》，人民出版社2022年版，第28页。

本年度学者们围绕思想政治教育内生动力问题进行专门探讨，主要是基于整体视角和特定视角对思想政治教育内生动力进行了相应专题研究，进一步阐明了思想政治教育内生动力的相关基本问题，深化了思想政治教育内生动力的专门性研究。

一方面，整体视角下思想政治教育内生动力专题研究。本年度学者们基于整体视角，从理论渊源、基本内涵、内在机制、价值意蕴、激发策略等方面，对思想政治教育内生动力开展了较为深入的专门性研究。有学者从理论渊源、基本内涵和价值意蕴三个维度对思想政治教育内生动力进行有效探究，认为内生动力是理论统一于实践的重要命题，具有深厚的理论意蕴。思想政治教育内部矛盾作为推动思想政治教育改革创新的根本原因，是思想政治教育内生动力的根本构成，思想政治教育的主体需要作为发展进步的自觉动力，是思想政治教育内生动力的重要来源。作为遵循规律的正向力量，思想政治教育内生动力是思想政治教育内部各要素之间相互作用而生发转化凝聚的，促进其自身发展的内在推动力量。同时，内生动力贯穿思想政治教育发展始终，不仅是思想政治教育主体性激发的关键要素，也是思想政治教育理论深化的重要着力点，还是思想政治教育可持续发展的力量源泉。[①] 学者们从不同维度探讨了思想政治教育内生动力的一系列基本问题，为深化思想政治教育内生动力专题研究做出了贡献。

另一方面，特定视角下思想政治教育内生动力专题研究。本年度基于特定视角探究思想政治教育内生动力的专门性研究成果相对较少，学者们主要基于矛盾视角探究了思想政治教育内生动力问题。有学者认为，矛盾是我们认识把握事物、分析处理问题的重要着眼点，唯物辩证法是揭示事物发展规律和发展动力的根本方法，对于认识理解思想政治教育发展的内生动力具有重要的指导意义和借鉴价值。思想政治教育内部存在的、贯穿于思想政治教

[①]　冯刚、朱宏强：《思想政治教育内生动力的理论审思》，《马克思主义理论学科研究》2022年第6期。

育始终并在斗争中转化的基本矛盾，是推动思想政治教育持续发展的、根本性的内生动力。外部因素往往作用于思想政治教育内部矛盾的双方，打破了以往趋近平衡的状态，开始了矛盾双方转化的新循环，以此真正形成了推动力，进而促进思想政治教育发展。同时，阶段性是矛盾演化影响下事物发展的必然特征，矛盾变化呈现思想政治教育发展的不同阶段。思想政治教育因矛盾的形成而诞生，因解决矛盾、适应矛盾"不平衡—平衡—不平衡"的运动变化而不断发展进步，贯穿思想政治教育发展的始终，提供了思想政治教育持续发展的内生动力。[①] 学者们基于特定视角对思想政治教育内生动力进行了深入解读，进一步深化了思想政治教育内生动力专题研究。

（二）主客体层面思想政治教育内生动力相关研究

从主客体层面出发是学者们探讨思想政治教育内生动力的重要视角。本年度学者们聚焦主客体层面，从主客体的需要、主客体的获得感以及主客体的实践等角度开展了思想政治教育内生动力研究。

首先，关于主客体需要层面的思想政治教育内生动力研究。学者们深刻认识到主客体需要作为内在精神力量，在需要满足的实践中发挥推动促进思想政治教育的重要作用，普遍认为主客体需要是思想政治教育的重要内生动力。有学者提出，建构思想政治教育关系是对教育对象实施有效思想政治教育的实践前提，而其中人的需要是思想政治教育关系的逻辑起点，教育者基于受教育者的需要主动建构起思想政治教育关系，在关系确立的基础上实现思想政治教育的运行和发展。[②] 有学者在揭示作为主体的需要同思想政治教育活动客体所具有的功能属性之间的满足关系这一思想政治教育价值的实质基础上，指明主体需求的客观存在及发展是思想政治教育价值产生的根基和

---

① 朱宏强：《矛盾视角下思想政治教育发展的内生动力》，《学校党建与思想教育》2022年第7期。

② 高德胜、王亚蓉：《人的需要：思想政治教育关系的逻辑起点》，《思想教育研究》2022年第4期。

发展动力，提出新时代思想政治教育应准确把握主体需要呈现出的新特征新变化，积极开展生活化、有说服力和获得感的思想政治教育，推动思想政治教育价值实现新发展。① 有学者从人的需要出发，分析了人"能够生活"的需要、"增加享受"的需要以及"全面发展"的需要，强调通过社会实践来创造并满足自身需要，是理解思想政治教育发展的重要逻辑。② 学者们从主客体需要层面阐明了其对思想政治教育的推动促进作用，揭示了其内生动力的本质属性。

其次，关于主客体获得感层面的思想政治教育内生动力研究。学者们聚焦主客体获得感，在深刻认识其内涵和价值的基础上，认为其是思想政治教育的重要内生动力。有学者立足网络时代背景，基于对思想政治教育获得感特定内涵的把握，分析了教育主客体"需求共契—有效供给—体验确证—价值认同—行为输出"这一网络时代思想政治教育获得感的逻辑运行过程，以推动思想政治教育发展。③ 有学者提出大学生思想政治教育获得感是指大学生基于心理预期而对教育供给生发出的一种能动的正向感受性，其生成遵循基于客体需求、推动教育供给的"认知—情感"逻辑，着力实践体验、促进价值认同的"情感—行为"逻辑，立足自省自觉、坚定理想信念的"行为—价值"逻辑，在生成及运行中促进思想政治教育发展。④ 学者们基于对主客体获得感内涵及其生成逻辑的探讨，阐明了其作为思想政治教育内生动力的作用发挥过程。

最后，关于主客体实践层面的思想政治教育内生动力研究。学者们在探讨各项主体实践的过程中，分析了其在思想政治教育发展中发挥的作用。有学者聚焦思政课教师的专业发展实践，通过对其内生动力的基本内涵、生成

①　黄科、周琪：《主体需要视域下思想政治教育价值发展嬗变及实现路径》，《学校党建与思想教育》2022年第16期。

②　张然：《何以成人：思想政治教育活动生成的哲学追问》，《思想政治教育研究》2022年第1期。

③　黄树军：《网络时代思想政治教育获得感实现路径研究》，《江苏高教》2022年第2期。

④　吴亚、陈美兰：《大学生思政教育获得感立体透析及其提升路径》，《中学政治教学参考》2022年第12期。

过程以及提升路径的把握，强调以内生动力推动思政课教师专业发展进而促进思想政治教育的有效开展。^①有学者着眼人类政治实践，提出思想政治教育是从人类的政治实践中产生的，政治实践是孕育思想政治教育的母体，认为人类政治实践内在包含着思想建构的维度与政治教化的向度，强调人类政治实践的发展促进了政治主体的生成及其思想政治教育自觉意识的产生，促进了政治意识形态的生成及其向思想政治教育内容的转化，推动着社会成员接受思想政治教育的意识及思想政治素质的生成。^②学者们从不同主客体实践的视角出发，探讨了其作为内生动力对思想政治教育的推动促进作用。

（三）矛盾问题层面思想政治教育内生动力相关研究

矛盾问题贯穿事物发展始终并推动事物的发展。围绕矛盾问题层面探讨思想政治教育内生动力是学者们研究的重点话题。本年度学者们聚焦矛盾、着眼问题、立足自我完善维度，开展了思想政治教育内生动力的相关研究，进一步深化了思想政治教育内生动力的学理探究。

首先，聚焦矛盾开展的思想政治教育内生动力相关研究。本年度学者们围绕思想政治教育中的具体矛盾，探讨了其对思想政治教育运行发展的内部推动作用。有学者着眼思想政治教育个性化与社会化的现代性矛盾，认为个性化与社会化的矛盾，折射出深藏于思想政治教育背后的个人与社会的深层割裂事实，从而导致在个人与社会绝对对立的语境下形成的个性化与社会化的"单向度偏见"，即思想政治教育在个性化与社会化当中只能二选一而不能兼顾。因此，思想政治教育应在秉持"融叠性共识"理念的前提下，不断确证思想政治教育个性化与社会化之间的互构关系，以实现对个性化与社会

---

① 聂小雄、朱宏强：《思想政治理论课教师专业发展的内生动力探赜》，《高校辅导员》2022年第4期。

② 杨威、张一苇：《人类政治实践推动思想政治教育的形成与发展》，《思想理论教育》2022年第7期。

化矛盾的解决。① 有学者探讨了工具理性主导下的思想政治教育矛盾，认为其集中表现为思想政治教育知识的畸形发展、情感维度的缺场、能力的异化倾向以及目标的功利取向等方面，需要以"价值理性"的回归纾解思想政治教育矛盾。② 有学者围绕课程思政，认为需要从全体与单体、供给与需求、理论与实践等具体矛盾中把准课程思政的生成逻辑。在推进课程思政建设的过程中始终坚持矛盾对立统一关系原理、矛盾主次方面关系原理、普遍性和特殊性相统一以及内容与形式相统一等矛盾基本原理，以探赜课程思政建设的发展路向，推动高校高质量落实立德树人的根本任务。③ 学者们围绕思想政治教育中的具体矛盾开展理论探讨，进一步深化了思想政治教育内生动力相关研究。

其次，着眼问题开展的思想政治教育内生动力相关研究。本年度着眼具体问题探讨思想政治教育内生动力的研究相对较少，学者们主要立足现代性背景，研究了高校思想政治教育面临的问题及其应对策略。有学者认为现代性突出地表现为社会成员自我意识的觉醒，不断侵蚀社会价值关系的纽带与社会情感维系的纽带。作为内在地包含着多元矛盾的综合体，需要于历史视野中深刻把握现代性的连续性与进步性，汲取其积极的成分。当前，高校思想政治教育面对现代性导致价值碎片化、价值泛娱乐化、价值个体主义、价值立场异化等问题，需要坚持底线思维，牢牢把握高校思想政治教育发展的正确方向；坚持问题导向，不断增强应对现代性问题的本领；建构话语体系，在求同存异中筑牢高校思想政治教育话语权；阐释理论创新，不断提升高校思想政治教育的生机活力；走向历史深处，从"四史"中汲取发展智慧

---

① 王俊斐：《生成与化解：思想政治教育个性化与社会化矛盾的后现代审视》，《理论导刊》2022 年第 4 期。

② 张建晓：《思想政治教育的现代性隐忧及其应对》，《中国矿业大学学报（社会科学版）》2022 年第 4 期。

③ 彭均、白显良：《新时代课程思政的认识定位、生成逻辑与发展路向——基于矛盾论视角的探讨》，《湖北社会科学》2022 年第 5 期。

与磅礴伟力；明晰实践路径，实现高校思想政治教育的现实性与具体性。[①]学者们围绕思想政治教育中的实际问题开展的探讨，进一步深化了思想政治教育内生动力相关研究。

最后，坚持自我完善的思想政治教育内生动力相关研究。自我完善是思想政治教育创新发展过程中，内部矛盾问题不断有效破解，进而持续推动自身完善更新的动态过程。本年度学者们以自我完善视角探讨思想政治教育内生动力，主要集中在思想政治教育学科以及思想政治工作体系等方面。有学者着眼思想政治教育学科发展，提出必须把握和遵循新时代思想政治教育学科发展规律，增强学科发展的理论蕴涵，坚持学科发展的实践导向，顺应多学科交叉融合的发展趋势，进而在矛盾问题的破解中推动思想政治教育学科高质量发展。[②]有学者着眼思想政治工作的自我完善，提出通过增强思想政治工作顶层设计的系统性、整体布局的整体性、实施推进的协同性以及效果评价的科学性，以完善新时代思想政治工作体系建构，进而在有效化解现实矛盾问题中推动思想政治工作的运行发展。[③]学者们围绕坚持思想政治教育自我完善视角开展的理论探讨，进一步深化了思想政治教育内生动力相关研究。

（四）多维视角下内生动力相关研究

本年度学者们从多维视角围绕内生动力开展了广泛探讨，主要聚焦脱贫攻坚、乡村振兴以及经济管理等方面形成了内生动力的相关研究，为深化和拓展思想政治教育内生动力研究提供了有益借鉴。

首先，脱贫攻坚视角下内生动力的相关研究。习近平总书记多次强调要激发脱贫攻坚内生动力，脱贫攻坚成为学者们研究内生动力的重要视角。有

① 黄丽燕、钟婧：《现代性背景下高校思想政治教育面临的问题及其应对》，《黑龙江高教研究》2022年第11期。

② 冯刚：《推动新时代思想政治教育学科高质量发展》，《学校党建与思想教育》2022年第7期。

③ 冯刚、梁超锋：《完善新时达思想政治工作体系建构》，《思想政治工作研究》2022年第12期。

学者提出社会流动信念作为低社会经济地位个体努力改变现状实现向上流动的内在意志，是脱贫家庭青少年奋力向上、创造美好生活和实现人生价值的强大内生动力，能够有效提升其个体公平公正感、控制感与坚定目标行为以及主观幸福感，进而有效促进个体积极发展。[①] 有学者提出随着贫困治理进入巩固脱贫攻坚成果与有效衔接乡村振兴的战略过渡阶段，治理目标的实现更加依靠脱贫人口的内生动力驱动，强调通过"扶志""扶智"等治理举措，从破除贫困文化、纠正非理性行为决策和提高内生发展能力等方面针对性施策，进一步激发脱贫内生动力，以巩固拓展脱贫攻坚成果，实现稳定脱贫和可持续发展。[②] 学者们深入探究了内生动力对于脱贫攻坚的关键作用，为深化思想政治教育内生动力价值研究提供了参考。

其次，乡村振兴视角下内生动力的相关研究。乡村振兴是学者们继脱贫攻坚之后研究和探讨内生动力的又一重要视角。有学者深入学习了习近平总书记关于乡村振兴内生动力的重要论述，提出其基本要义包括筑牢乡村发展根基，强化乡村振兴人才支撑，挖掘优秀传统乡土文化，让良好生态成为乡村振兴支撑点，打造坚强的农村基层党组织，强调这一内生动力是乡村经济社会发展活力的有力支撑，是乡村可持续发展的根本动力。[③] 有学者从电子商务产业切入分析了乡村现代化的内生动力，提出乡村现代化的内生动力源于民众的基本利益需求，在通过电子商务产业激发农民创业动机、凝聚农民内在合力以满足农民利益需求的过程中，激发农民主体性、激活乡村内生动力，进而推动乡村现代化进程。[④] 学者们着眼乡村振兴内生动力的内涵、功

---

① 张凤、黄四林：《社会流动信念：脱贫家庭青少年发展的内生动力》，《北京师范大学学报（社会科学版）》2022 年第 3 期。

② 汪三贵、黄奕杰、马兰：《西部地区脱贫人口内生动力的特征变化、治理实践与巩固拓展路径》，《华南师范大学学报（社会科学版）》2022 年第 3 期。

③ 李海金、陈文华：《激发乡村发展的内生动力——学习习近平总书记关于乡村振兴内生动力的重要论述》，《毛泽东邓小平理论研究》2022 年第 6 期。

④ 黄效茂、张登国：《乡村现代化内生动力的激发与维系——以曹县淘宝村为例》，《山东社会科学》2022 年第 7 期。

能及其激发，从具体视角深化了内生动力基础理论。

最后，经济管理视角下内生动力的相关研究。经济管理是学者们探讨内生动力的重要研究视角和分析语境。有学者提出需求是经济增长、产业发展的内生动力，立足中国广告产业 40 多年的发展历史，分析了制度释放了广告需求，市场红利扩大了广告需求，市场竞争则进一步扩大了广告需求，互联网等数字技术创造了新的广告需求，在每一阶段，产业主体积极满足广告需求，促进了广告产业蓬勃发展。[①] 有学者认为要素升级和技术进步是经济高质量增长的内生动力，提出包括资本和劳动力的要素升级能够有效提高经济效率，而技术进步能够提高生产能力和竞争优势，从而保证经济生产的稳定性，两者相互配合有力促进经济高质量增长。[②] 学者们从经济管理视角着力分析了内生动力的要素及其提升，对于完善内生动力的基础理论进而促进思想政治教育内生动力研究具有重要意义。

二、思想政治教育内生动力研究的年度特征

本年度思想政治教育内生动力的研究成果相对集中，呈现出明显的研究特征。思想政治教育内生动力研究坚持宏观审视与微观把握相结合、理论阐释与实践探讨相结合、专题研究与相关探究相结合，坚持问题导向和现实指向，形成了一系列研究成果。

（一）宏观审视与微观把握相结合

思想政治教育内生动力既指促进思想政治教育发展的内在宏观推动力量，也包括蕴含在思想政治教育各要素各环节中的内源性微观推动力。作为系统化的科学研究，思想政治教育内生动力研究具有丰富的研究视点，既能

---

① 姚曦、商超余：《中国广告产业发展的内生动力、首要任务及创新路径》，《武汉大学学报（哲学社会科学版）》2022 年第 1 期。

② 生延超、周垚、许玲玲：《经济高质量增长的驱动要素及作用机制的空间差异——黄河流域的实证研究》，《经济地理》2022 年第 6 期。

从宏观层面审视有关思想政治教育内生动力的一系列基本问题，也可以基于不同维度，从微观层面探究蕴含在思想政治教育各环节要素中的内源性推动力。本年度思想政治教育内生动力研究呈现宏观审视与微观把握相结合的突出特征，既立足不同视角对思想政治教育内生动力的基本问题开展宏观探讨，也着眼思想政治教育主客体、思想政治教育内在矛盾等微观层面，探究思想政治教育各要素各环节中的内源推动力，实现了思想政治教育内生动力研究的新发展。

一方面，思想政治教育内生动力研究将思想政治教育领域中的内生动力视为内在整体推动力量，从宏观层面对其进行探讨。宏观探讨将思想政治教育内生动力作为研究整体，着力从整体视域探赜思想政治教育内生动力的相关问题，为深化思想政治教育内生动力研究奠定重要前提。在对思想政治教育内生动力进行宏观审视中，学者们从理论渊源、基本内涵、内在机制、价值意蕴、激发策略等方面，详细论述了思想政治教育内生动力的内在合理性、内涵本质、生成运行机制以及对思想政治教育理论与实践的重要推动作用等问题，从宏观层面出发系统全面地阐明了思想政治教育内生动力研究必须回答清楚的一系列基本问题，深化了思想政治教育内生动力的整体性探索。

另一方面，思想政治教育内生动力研究将思想政治教育各要素各环节中蕴含的内源性推动力量视为内生动力，从微观层面对其进行探讨。思想政治教育作为多要素共同作用、交织影响的系统，其内生动力贯穿于思想政治教育各要素的相互作用中。在对思想政治教育各要素各环节蕴含的内源性推动力量进行探讨中，学者们既有聚焦思想政治教育主客体维度，从主客体的需要、主客体的获得感以及主客体的实践等方面，论证其作为推动主客体进行实践活动的内在精神力量，是推动促进思想政治教育不断发展的内生动力。同时，学者们也着眼思想政治教育守正创新过程中的矛盾问题，围绕思想政治教育各要素各环节中的具体矛盾、现实问题，论证其在促进思想政治教育发展中的重要作用，是推动思想政治教育守正创新的内生动力。总的来说，学者们开展的思想政治教育内生动力研究，坚持宏观审视与微观把握相结合，丰富拓展了思想政治教育内生动力研究。

（二）理论阐释与实践探讨相结合

思想政治教育内生动力既是学理阐释中有待回应的理论命题，也是教育活动中现实关切的实践命题，具有重要的理论和实践研究价值。理论与实践相辅相成是思想政治教育内生动力研究蕴含的突出特征，在研究开展中既通过理论深化指导实践，也经由实践发展升华理论，两者在相辅相成中实现思想政治教育内生动力研究的深化拓展。本年度思想政治教育内生动力研究坚持理论阐释与实践探讨相结合，既聚焦基础理论层面思想政治教育内生动力的理论渊源、基本内涵、价值意蕴等问题开展理论阐释，也着眼实际运行层面思想政治教育内生动力的形成过程、作用发挥、增强提升等问题开展实践探讨，在理论与实践相辅相成中实现思想政治教育内生动力研究的深化发展。

一方面，思想政治教育内生动力研究聚焦基础理论层面有待回应的理论命题，开展了深入系统的阐释。基础理论涉及思想政治教育内生动力研究中最根本、最核心的关键问题，是思想政治教育内生动力理论与实践发展的根基。完善和深化基础理论具有突出价值性和现实必要性，是思想政治教育内生动力研究的首要之义。本年度学者们以思想政治教育内生动力的基础理论为指向，系统追溯理论渊源以论证思想政治教育内生动力的内在合理性，深入探讨基本内涵以阐发思想政治教育内生动力的内在底蕴，着力发掘价值意义以阐明思想政治教育内生动力的功能作用，集中探讨构成要素以揭示思想政治教育内生动力的结构关系，在对最根本、最核心的关键问题的回应解答中，进一步完善和深化了思想政治教育内生动力基础理论。

另一方面，思想政治教育内生动力研究聚焦教育活动层面现实关切的实践命题，开展了集中探讨。实践是动力的最终指向，思想政治教育内生动力必须在实践运行中才能发挥作用，实现推动思想政治教育内涵式发展的价值。由此，厘清思想政治教育内生动力在实践运行中的现实问题，是学者们关注和探讨的重点话题。本年度学者们以探究思想政治教育内生动力的实践运行为目标，着力探讨主体客体等不同要素以及矛盾问题等不同方面中蕴含的思想政治教育内生动力的形成过程及其作用发挥，尝试探索激发提升思想政治教育内生动力的有效路径等等。总体而言，学者们在实践中不断总结升华思想政治教育内生动力的规律性认识，并以规律性认识指导思想政治教育内生动力的实践有效运行，进而在理论阐释和实践探讨相结合中深化思想政治教育内生动力研究。

（三）专题研究与相关探究相结合

思想政治教育内生动力研究作为系统化的科学研究，具有宽广的研究视域，从不同维度、不同方面着力破解思想政治教育内生动力研究中的关键问题有着重要的价值意义。开展思想政治教育内生动力研究既需要立足整体视域，对思想政治教育内生动力进行针对性地专题研究，也需要着眼思想政治教育各个环节、不同要素，基于具体实际对思想政治教育内生动力的相关问题进行合理探究。本年度思想政治教育内生动力研究呈现专题研究与相关探究相结合的突出特征，学者们在深刻认识思想政治教育科学发展的基础上，围绕思想政治教育内生动力内涵本质、生成机制、价值意义等重要问题进行了专题探究，同时也着眼思想政治教育主客体以及自身发展完善的内在矛盾问题等维度，开展思想政治教育内生动力重要问题的相关探究。

一方面，思想政治教育内生动力研究立足整体视域，有针对性地开展专题探究。专题探究是专门针对某一具体主题进行的深入研究，能够系统全面厘清研究主题的一系列重要问题，是集中揭示其本质和规律的有效方式。因此，立足整体视域开展思想政治教育内生动力专题研究展现出重要价值意义和现实必要性。本年度学者们从整体视角出发，专门梳理了思想政治教育内生动力的理论渊源，基于马克思主义理论论证了内生动力的内在合理性，结合动力的一般属性和思想政治教育的特殊性，系统阐明了思想政治教育内生动力的本质内涵以及价值意蕴，并且在认识把握思想政治教育发展内在依据的基础上，生动揭示了思想政治教育内生动力的生发机制和激发策略等关键问题。对思想政治教育内生动力需要回应的重要问题进行的专题探究，进一步深化了思想政治教育内生动力研究。

另一方面，思想政治教育内生动力研究基于思想政治教育各个环节要素，有重点地开展思想政治教育内生动力的相关探讨。思想政治教育是各要素协调互动的系统，其内生动力作为思想政治教育内部各要素之间相互作用而生发转化凝聚的，促进其自身发展的内在推动力量，具有多维宽广的研究视域。着眼思想政治教育不同环节、各个要素探究其内生动力的相关问题，能够聚焦具体环节要素从不同维度和视角深化思想政治教育内生动力研究。本年度学者们聚焦思想政治教育主客体层面，深入探讨主客体需要作为内在精神力量，对推动思想政治教育发展的关键作用，详细论述主客体获得感作为内生动力对思想政治教育发展的促进效能，同时围绕贯穿思想政治教育发展始终的矛盾问题，聚焦内在矛盾、着眼实际问题、立足自我完善维度揭示其作为内生动力对思想政治教育发展的推动作用。通过从不同层面探赜思想政治教育内生动力相关问题，进一步完善了思想政治教育内生动力研究。

三、思想政治教育内生动力研究的研究展望

在梳理总结 2022 年度思想政治教育内生动力研究成果，分析把握思想政治教育内生动力研究年度特征的基础上，探讨思想政治教育内生动力的研究动向是把握这一研究热点的关键。展望思想政治教育内生动力的研究趋势，对于深化思想政治教育内生动力研究、激发提升思想政治教育内生动力具有

重要意义。

（一）深化思想政治教育内生动力的基础理论研究

思想政治教育内生动力是在思想政治教育内涵式、高质量发展趋势下，学者们普遍关注并着力探讨的新兴命题。作为触及思想政治教育内在运行、关涉思想政治教育要素互动的内容，思想政治教育内生动力本身是思想政治教育基础理论的重要组成部分。探究这样一个原理性命题，开展深化思想政治教育内生动力的基础理论研究是必要前提。对学科发展而言，任何一个学科，如果不上升到理论的高度，不明确基础理论研究的方向和侧重点，学科发展就会缺乏持续而根本的动力。对思想政治教育内生动力研究而言也是如此，明确思想政治教育内生动力基础理论研究的方向和侧重点，厘清思想政治教育内生动力基础理论的基本问题并积淀丰硕成果，才能引领和推动思想政治教育内生动力整体研究的深化发展，繁荣思想政治教育理论体系。深化思想政治教育内生动力的基础理论研究展现出现实必要性和突出价值性。

研究者着力深化思想政治教育内生动力的基础理论研究，应当从增强理论思维、实践思维和历史思维上下功夫。一是增强思想政治教育内生动力基础理论研究的理论思维，吸收马克思主义的理论精髓，坚持联系的观点和发展的观点，学习需要理论和矛盾理论，以此分析审视思想政治教育现实运行，以科学的理论指导思想政治教育内生动力基础理论研究。二是增强思想政治教育内生动力基础理论研究的实践思维，聚焦思想政治教育的实际运行，着眼思想政治教育各要素的互动实践，分析把握思想政治教育中复杂的作用关系和运动方向，以生动的实践推动思想政治教育内生动力基础理论研究。三是增强思想政治教育内生动力基础理论研究的历史思维，梳理党的百年思想政治工作历程，回顾思想政治教育学科发展进程，以内在视角总结关于思想政治教育发展的规律性认识，以丰厚的历史底蕴支撑思想政治教育内生动力基础理论研究。

（二）拓展思想政治教育内生动力的实践运用研究

思想政治教育内生动力作为促进思想政治教育可持续发展的内在推动力量，强调对思想政治教育要素内在运行、互动作用的关注，是思想政治教育科学发展必须着力探赜的重要议题。思想政治教育内生动力既是思想政治教育理论体系深化完善需要探究的理论命题，也是推动思想政治教育高质量发展、提升思想政治教育实效需要探讨的实践命题，拓展思想政治教育内生动力的实践运用研究具有重要价值。思想政治教育内生动力的实践运用研究是研究者基于对思想政治教育内生动力本质内涵、构成要素、生成机制等有效把握，着力对思想政治教育内生动力实践问题进行的科学阐释与合理探究，能够切实指导思想政治教育内生动力的有效激发，为思想政治教育守正创新提供切实可靠的动力支持。同时，思想政治教育内生动力的实践运用强调对思想政治教育主客体能动作用的有效调动，拓展内生动力实践运用研究能够帮助思想政治教育主客体增强其自主性、积极性，为思想政治教育提质增效提供前提支撑。

拓展思想政治教育内生动力的实践运用研究展现出现实必要性。当前，学者们围绕思想政治教育内生动力开展的系统深入的学理探究，厘清了思想政治教育内生动力理论与实践层面一系列关键问题，具有重要的学习借鉴价值，开展思想政治教育实践运用研究需要在有效吸收其成果资源的基础上持续深化拓展。此外，开展思想政治教育内生动力的实践运用研究还应当在重视历史实践研究与现实实践研究两个维度上下功夫。一方面，拓展思想政治教育内生动力实践运用研究需要重视历史实践研究。思想政治工作在百年发展历程中取得了重要成就，积淀了宝贵经验，其本身蕴含着丰富的推动思想政治教育创新发展的有益元素，开展思想政治教育实践运用研究需要充分挖掘内蕴其中的促进思想政治教育发展的内在推动力量。另一方面，拓展思想政治教育内生动力实践运用研究需要重视现实实践研究。重视现实研究需要突出问题意识，坚持问题导向。拓展思想政治教育内生动力实践运用研究需要秉持辩证思维和批判思维，以解决思想政治教育内生动力实践运用中的热点、难点、痛点问题为指向，进而在内生动力的有效激发中提升思想政治教育质量水平。

（三）加强交叉学科视域下思想政治教育内生动力研究

深化对思想政治教育内生动力的认识，需要进一步加强思想政治教育内生动力的学科交叉研究。从命题本身来说，思想政治教育内生动力作为一个开放性的命题，在结合本学科的研究范式考察思想政治教育现实运行的同时，学习吸收其他学科关于内生动力的理论与方法，是思想政治教育内生动力研究开展和深化的重要着力点。从思想政治教育的学科特性而言，思想政治教育具有开放的理论品格，反对画地为牢，自说自话。思想政治教育的成长发展壮大的一个重要原因就是善于借鉴相关学科的知识，为我所用。思想政治教育内生动力研究应当发挥这一传统和优势，着力加强交叉学科视域下的研究与探索。一是进一步加强交叉学科研究方法的运用。思想政治教育内生动力是一个多维度的命题，需要也适用于从多学科切入、运用交叉学科的研究方法。在思想政治教育内生动力研究开展中，需要进一步加强研究方法的借鉴创新，比如数据分析在思想政治教育内生动力研究中的应用，以助力研究中关键问题的破解并提升研究的科学性。二是进一步增强交叉学科研究能力。交叉学科视域下的思想政治教育内生动力研究，关键在于将交叉学科的研究范式与思想政治教育内生动力的特定命题相结合。这就要求研究者掌握交叉学科研究范式，自觉运用并融入到思想政治教育内生动力研究中，从主体维度促进研究的深化发展。三是关注思想政治教育内生动力相关的交叉学科成果借鉴。内生动力的研究涉及多个学科，当前已有多个学科运用自身的理论和方法针对本领域中的内生动力问题开展研究，形成了一系列研究成果，同时借鉴相关学科开展思想政治教育内生动力的研究也进行了一定探索。总结现有研究成果以进一步充实研究基础，找准学科交叉中思想政治教育内生动力的研究生长点，助力研究的丰富拓展。

第六章　思想政治教育话语体系研究

2022 年度思想政治教育话语体系研究在继承以往研究的基础上持续创新深化。习近平总书记在党的二十大报告中强调："深入实施马克思主义理论研究和建设工程，加快构建中国特色哲学社会科学学科体系、学术体系、话语体系。"① 思想政治教育话语体系作为马克思主义理论话语体系重要组成部分，对于建设具有强大凝聚力和引领力的社会主义意识形态、保证社会主义事业后继有人的根本大计、落实高校立德树人的根本任务和提升思想政治教育实效具有重要的理论意义和实践价值。总结 2022 年度思想政治教育话语体系研究的主要进展，分析思想政治教育话语体系研究的年度特点，展望思想政治教育话语体系研究的未来趋势，对进一步提升思想政治教育质量、更好地落实立德树人根本任务具有重要意义。

一、思想政治教育话语体系研究的年度进展

梳理 2022 年文献资料可以发现，在理论与实践的深度融合中，思想政治教育话语体系研究持续深入，在基础性理论、时代性、凝聚力和引领力等方面取得了新进展。

---

① 习近平：《高举中国特色社会主义伟大旗帜 为全面建设社会主义现代化国家而团结奋斗——在中国共产党第二十次全国代表大会上的报告》，《人民日报》2022 年 10 月 26 日。

（一）思想政治教育话语体系基础理论研究

基础理论的突破和创新是加快建构思想政治教育话语体系的基础性内容。相对于技术、形式等应用研究而言，思想政治教育话语体系基础理论的生产和创新是根本性的、决定性的。2022 年思想政治教育话语体系基础理论的探索和推进，主要表现在以下两个方面。

一方面，关于核心概念的澄清和厘定。"话语"作为学术用语，是来源于西方的"舶来品"，首先应用于语言学的领域，索绪尔的《普通语言学教程》从"能指"和"所指"的维度对语言作了结构化的分析。福柯从知识和权力再生产的视角提出了"话语即权力"的著名论断。这一论断为思想政治教育话语与建设具有强大凝聚力和引领力的社会主义意识形态提供了理论支撑。思想政治教育是一门科学，话语进入思想政治教育，需要从学科角度审视思想政治教育话语的内涵。思想政治教育话语既有话语的一般特征，更有马克思主义学科属性的话语独特性。思想政治教育话语体系的研究，其根本目的是掌握思想政治教育话语权，话语权是话语体系建设的目的，话语是实现话语权的重要手段。本年度学界从学理性视角揭示了"话语""话语权"和"话语权威"之间的关系。"话语权"是通过"话语"而获得的，没有科学、彻底的话语，话语权就失去了存在的基础。有研究者指出："话语权是在交流沟通过程中所产生的引导、控制和影响的权力，反映出一定的地位和关系。"①思想政治教育话语权获得离不开思想政治教育者与受教育者话语之间的交流和沟通。与思想政治话语权注重教育者话语权不同，思想政治教育话语权威更多强调受教育者对话语内容的认同和服从。有研究者认为："话语权威问题纳入思想政治教育视野，旨在区别于'思想政治教育话语权'概念侧重于强调话语主体（或教育者）具有话语资格的倾向，重点围绕受教育者对

---

① 刘艳、谭亚莉：《泛娱乐化背景下高校思想政治教育话语权的式微与重塑》，《黑龙江高教研究》2022 年第 7 期。

话语内容的内心服从与认同层面展开论证。"①

另一方面，关于思想政治教育话语体系呈现内部化发展研究。内部化是相对于外部化而言的，思想政治教育话语体系内部化是指聚焦于思想政治教育话语体系自身建设，生产出思想政治教育话语体系的知识、理论，着力推进思想政治教育话语体系的知识化、理论化、科学化和学科化。党的二十大报告提出，"推进大中小学思想政治教育一体化建设"，②为思想政治教育话语体系建设指明了方向。思想政治教育话语体系化，既要包括大中小学思想政治教育话语一体化，也包含了思想政治教育话语系统体系化建设。本年度思想政治教育话语系统体系化建设主要表现在思想政治教育话语本质、话语表达、话语传播、话语资源体系建设、话语效能、话语创新等方面，不断推进话语系统要素建设，优化思想政治教育话语体系的结构，促进思想政治教育话语主体和话语对象之间有效互动，提升思想政治教育话语实效。

（二）思想政治教育话语体系时代性研究

思想政治教育话语体系是建立在特定的社会存在基础之上，是深嵌于特定时代空间、文化场域和现实条件之中的。脱离于特定时代空间的思想政治教育话语体系，思想政治教育话语就失去了"所指"意义空间，以致成为抽象说教。思想政治教育话语体系作为统治阶级意识形态的生产、传播教化工作，具有鲜明的价值导向。思想政治教育话语体系生成、运行需要一定现实条件作为保障，缺乏现实条件的支持和输入，思想政治教育话语体系秩序难以维持。

首先，立足新时代推进思想政治教育话语体系建设研究。中国特色社会主义进入新时代，新时代是思想政治教育话语体系建设的社会存在，是思想

---

① 马云志、付静伟：《思想政治教育话语权威的现实困境及其超越》，《思想教育研究》2022年第7期。

② 习近平：《高举中国特色社会主义伟大旗帜 为全面建设社会主义现代化国家而团结奋斗——在中国共产党第二十次全国代表大会上的报告》，《人民日报》2022年10月26日。

政治教育话语体系建设的时代背景，既是思想政治教育话语存在的寓所，离开新时代研究思想政治教育话语，犹如无源之水、无本之木；又为思想政治教育话语体系建设提供了目标、任务，为思想政治教育话语体系建设规定了方向和目标。有研究者认为，进入新时代，互联网技术的飞速发展为高校思想政治教育的内容提供了多种获取渠道且话语内容的说服力。[①] 新时代的语境深刻影响和塑造着思想政治教育话语体系，要求思想政治教育话语内容实现时代化、话语形式实现生活化、话语传播实现媒介化。

植根时空新发展推进思想政治教育话语体系建设研究。网络空间已经成为思想政治教育话语体系创新发展的新空间。有研究者指出，随着互联网技术、自媒体以及网络舆论场的快速发展，网络空间不断重塑思想政治教育话语的生成与表达。[②] 随着网络信息技术、大数据、云计算、5G 技术等的发展，人工智能、全媒体等新时空推进了思想政治教育话语体系创新，一方面是人工智能、全媒体构成了思想政治教育话语体系创新的社会存在和社会交往的新背景，思想政治教育话语需要依赖、借助人工智能、全媒体等新时空，促进思想政治教育话语体系建设的时代化、实效性。有研究者指出，"全媒体时代，技术的发展引发了舆论生态、媒体格局和传播手段的深刻变革，进而挑战着高校思想政治教育的价值认同、话语传播和监管能力。"[③] 另一方面，思想政治教育话语体系创新需要人工智能、全媒体赋能，不断创新思想政治教育话语的内容、方法。有研究者指出，依托人工智能优化话语内容体系、创新话语表达方式、拓展话语传播平台、重塑话语外部环境，牢牢把握思想政治教育话语权，坚决捍卫马克思主义在意识形态领域的指导地位。[④]

重视思想政治教育话语体系的条件建设研究。思想政治教育话语在一定

---

① 聂玉娇、张瑞：《新时代高校网络思想政治教育话语权提升策略探析》，《高教论坛》2022年第 2 期。

② 罗仲尤、刘玉立：《网络空间视域下思想政治教育话语创新探析》，《思想政治教育研究》2022 年第 6 期。

③ 陆林召：《全媒体时代高校思想政治教育话语权建构的多维审思》，《江苏高教》2022 年第 3 期。

④ 何志敏、刘畅：《人工智能时代思想政治教育话语权探析》，《思想教育研究》2022 年第 8 期。

社会语境中开展，思想政治教育话语运行、建设离不开一定条件支持。思想政治教育话语体系建设的条件主要有三个，一是社会支持，主要表现为社会要为思想政治教育话语提供相应的人、财、物、制度等资源支持，比如经济社会的发展为思想政治教育话语提供坚实的事实支撑，能够反过来证明思想政治教育话语所表达的思想观点、政治观念、价值观念的科学性和合理性；二是思想政治教育组织建设支持，思想政治教育话语建设是思想政治教育建设的重要部分，要为思想政治教育话语体系建设提供知识体系、理论基础和学科平台等；三是思想政治教育话语自身条件建设。思想政治教育话语价值旨归是通过话语实践达成思想政治教育目标，话语是实现思想政治教育目标的重要载体和方式。话语资料体系建设是运用思想政治教育话语体系的必要条件。有研究者认为，科学完备的思想政治教育话语资源体系，是掌握意识形态话语权的基础，是提高思想政治教育实效的重要手段。坚持学理研究与实践首创相结合、坚持问题导向和理性反思相结合、坚持传承历史和创新发展相结合的构建原则，以及以学习马克思主义经典著作为根本、以凝练中国特色社会主义实践为支撑、以弘扬中华民族优秀传统文化为使命、以吸收人民群众话语资源为养料的构建路径，[①]丰富和完善思想政治教育话语资源体系建设。思想政治教育话语是思想政治教育者和教育对象围绕一定目标而进行的话语实践，根据话语空间和话语对象进行话语转换，是思想政治教育话语目标达成的重要条件。有研究者指出，高校思想政治教育的话语转换在话语语境缺场、思想内容滞后、交往关系失衡、话语权力离散等层面仍存在诸多现实困境。[②]

---

① 曹鑫：《思想政治教育话语资源体系构建》，《中学政治教学参考》2022年第3期。
② 赵文东：《现代话语分析理论下高校思想政治教育话语转换的优化路向》，《黑龙江高教研究》2022年第4期。

（三）思想政治教育话语凝聚力和引领力研究

党的二十大报告强调，"建设具有强大凝聚力和引领力的社会主义意识形态。"① 思想政治教育话语作为社会主义意识形态话语的组成部分，其目的在于不断增强马克思主义在意识形态阵地中根本性指导地位。有研究者指出，思想政治教育话语传播的重要目的与意义在于推动社会成员在主流意识形态的引导下生成具体的思维方式、价值观念与行为实践。② 思想政治教育话语是知识性和价值性相统一的话语，根本性在于思想政治教育话语价值性，不断增强思想政治教育话语所表达的思想观点、政治观念、道德规范的凝聚力和引领力，塑造和丰富思想政治教育对象的精神生活世界。

一方面，在思想政治教育话语体系协同上下功夫。思想政治教育话语是一个系统性的工程，需要运用系统观念进行审视。有研究者指出，思想政治工作是一项系统性工程，涉及众多要素和不同方面。新时代加快构建思想政治工作大格局，要统筹协调各方力量，形成纵向到底、横向到边、层次立体、全面覆盖的工作格局。③ 思想政治教育话语体系建设同样要统筹协调各方力量，形成横、纵相互协同的大格局。从纵向上看，思想政治教育话语体系要按照大中小学思想政治教育一体化的要求，有序推进思想政治教育话语一体化，实现思想政治教育话语的全过程。从横向上看，要坚持"三全育人"和"十大育人"要求，充分挖掘各部门、各行业的思想政治教育话语的资源，实现思想政治教育话语的全方位、全覆盖，提升思想政治教育话语育人的合力。

另一方面，在思想政治教育话语接受度上下功夫。思想政治教育话语本

---

① 习近平：《高举中国特色社会主义伟大旗帜 为全面建设社会主义现代化国家而团结奋斗——在中国共产党第二十次全国代表大会上的报告》，《人民日报》2022 年 10 月 26 日。

② 孙晓琳、庞立生：《思想政治教育话语传播的本质规定、生活基础与叙事逻辑》，《思想教育研究》2022 年第 5 期。

③ 冯刚、梁超锋：《完善新时代思想政治工作体系建构》，《思想政治工作研究》2022 年第 12 期。

质力量在于对象化身上，体现出教育对象对于思想政治教育话语的认知、理解和认同。知识性是思想政治教育话语认知、理解的基础，没有科学、理性的知识，思想政治教育话语难以被教育对象所接受，进而难以掌握群众。思想政治教育话语方式以及思想政治教育话语能否满足教育对象的需要，是思想政治教育话语认同的基础。提升思想政治教育话语接受度，就要植根教育对象，要结合教育对象知识基础、思维方式、接受方式和现实需要展开有针对性的思想政治教育话语交流和沟通。有研究者指出，思政课话语传播有效性是思政课话语传播双方在话语互动中生成的，是由知识、价值和传播方式等要素综合作用的结果。[①]教育对象是现实的人，从事社会实践的人，是具体的人，是社会性和个体性的统一，思想政治教育话语不仅要关切教育对象成长发展的社会空间，准确把握社会时空发展、社会结构变化对于人思想、观念的变革，思想政治教育话语要结合社会空间发展对于人的要求、目标和任务来创新思想政治教育话语，同时也需要关注教育对象的社会关系变革所带来的心理困惑和现实诉求，不断提升思想政治教育针对性。

二、思想政治教育话语体系研究的年度特征

从 2022 年度思想政治教育话语体系研究的年度成果来看，思想政治教育话语体系研究呈现出理论性日渐厚实、时代性不断增强、体系化建设守正创新等突出特点。

（一）思想政治教育话语体系研究理论性日渐厚实

丰富和厚实思想政治教育话语体系理论知识，不仅是理论之需，更是实践之要。有研究者指出，加强基础理论研究，增强思想政治教育学科发展的理论蕴涵，既是时代发展的要求，也是学科自身发展的需要，中国特色社会

---

① 倪松根、周环：《高校思想政治理论课话语传播有效性及其实现路径》，《安庆师范大学学报（社会科学版）》2022 年第 4 期。

主义进入新时代为其提供了难得机遇，30多年学科建设取得的成绩为其提供了坚实基础。① 思想政治教育话语体系包括理论和实践两个方面，思想政治教育话语体系理论知识既来自于思想政治教育话语实践，反过来又指导思想政治教育话语实践。没有正确的思想政治教育话语理论，思想政治教育话语体系其他方面建设犹如高耸的大厦缺乏坚实的地基支撑。思想是行动的先导，正确的思想会导致正确的行为，思想政治教育话语实践要想达到预期效果，就需要以思想政治教育话语理论为指导。有学者认为，从话语分析视角来看，话语概念是语言应用之功能的对应物，思想政治教育话语是由语言、规则和语境等要素而构成的统一整体，在话语实践中要综合运用语言、规则和具体语境来表达话语背后的思想、观念，话语所具有的"实践性""情境性""互文性""建构性"等特征。② 有研究者根据费尔克劳夫（Fairclough）提出的基于文本、话语实践和社会实践的批评话语三维分析模式，将思想政治教育话语划分为描述性话语、阐释性话语和解释性话语，③ 不断拓展思想政治教育话语理论知识。

（二）思想政治教育话语体系研究时代性不断增强

回顾2022年度思想政治教育话语研究，其中与网络融合的相关研究展现了突出的时代特色。网络化生存是"95后""00后"后青年的重要生存方式，"无时不网""无处不网""无事不网"是网络化生存的真实写照。网络意识形态阵地，马克思主义不去占领，各种非马克思主义思想就会去占领。随着计算机技术、信息化建设的飞速发展，5G技术、大数据、云计算、人工智能、全媒体等技术日益成为人们生产、生活、学习、社会交往的重要载体。

---

① 冯刚：《推动新时代思想政治教育学科高质量发展》，《学校党建与思想教育》2022年第7期。
② 赵文东：《现代话语分析理论下高校思想政治教育话语转换的优化路向》，《黑龙江高教研究》2022年第4期。
③ 沈瑞林、张彦会、李昕钰：《我国高校课程思政话语体系建设的困境与对策——基于费尔克劳夫话语三维模式的考察》，《江苏高教》2022年第3期。

网络思想政治教育成为思想政治教育发展新形态，是思想政治教育与互联网新时空相结合的产物。具有网络特征的话语以及网络话语交往成为新时代思想政治教育话语体系建设研究的重要组成部分。思想政治教育话语不仅要进入网络空间，更要运用思想政治教育话语维护和巩固马克思主义在网络意识形态阵地中的主导性地位。思想政治教育话语作为维护和巩固马克思主义意识形态的重要载体，一方面要坚持科学理论为指导，坚持习近平新时代中国特色社会主义思想为指导，坚持守正创新，推进思想政治教育话语体系建设与网络特征相结合，生成具有网络特点的思想政治教育话语；另一方面，不断深化网络思想政治教育话语体系结构。网络思想政治教育话语体系建设包括纵向一体化建设和横向协同化建设。纵向一体化建设是指大中小学网络思想政治教育话语一体化，贯穿于大中小学思想政治教育一体化的全过程，贯穿于人成长发展的全过程。横向协同化建设是指网络思想政治教育话语系统要素、结构建设，主要表现在话语传播、话语表达等方面，旨在推进网络思想政治教育话语系统自身建设。比如，本年度有研究者指出，提升大学生网络思想政治教育话语表达效力，必须努力做到壮大话语表达主体队伍、规范话语表达内容方式、提升话语表达系统性、净化话语表达网络环境，[①]充分体现了思想政治教育话语体系研究的年度特征。

（三）思想政治教育话语体系化建设研究守正创新

思想政治教育话语以马克思主义为指导，以人的全面发展为旨归，具有鲜明的价值指向性。思想政治教育话语是能动性话语，是随着社会实践推进而丰富发展的。思想政治教育话语的特定指向性必然要求思想政治教育话语更新和发展要坚持守正创新。守正，强调思想政治教育话语的本质不能变，要始终坚持以马克思主义理论为指导，坚持内容为王，要始终服从服务于思

---

① 曹洪军、曹世娇：《论大学生网络思想政治教育话语表达的独特性及效力提升》，《理论导刊》2022 年第 3 期。

想政治教育中心任务、主题主线。比如有研究者指出，从学科属性看，话语具有意识形态属性与非意识形态属性（教育性），即必须重视从马克思主义理论学科与教育学学科的交叉属性中汲取营养，进而丰富和拓展思想政治教育话语内涵。① 当前，思想政治教育话语守正，在坚持马克思主义理论一般原则上，要坚持马克思主义中国化、时代化理论为指导，坚持以习近平新时代中国特色社会主义为理论武装，夯实思想政治教育话语的守正基础。创新，强调思想政治教育话语形式，如网络、人工智能等对思想政治教育话语载体、话语表达、话语传播、话语转换等的影响，不断提升思想政治教育话语受众的接受度，增强思想政治教育话语主体的参与性、认同度。思想政治教育话语创新还体现在思想政治教育话语一体化方面。在中国教育发展战略学会2022年度学术年会上，冯刚教授以《新时代推进大中小学思想政治教育一体化建设的思考》为题作了主旨发言。他指出，进入新时代，我们不仅要倡导思想政治理论课的一体化，更要将这种全方位、系统化的思维纳入整个思想政治教育，推动思想政治教育的大中小学一体化建设；不仅要在思想政治理论课，还要在日常思想政治教育、德育以及涉及人全面发展的方方面面整体布局、分段设计，科学有效地构建适合不同年龄段学生的思想政治教育体系，使大中小学各个学段的思想政治教育既各有侧重又相互联系，更好地实现全员育人、全过程育人、全方位育人。思想政治教育话语一体化要在思想政治教育一体化整体设计和系统观念指引下，着力在整体性、系统性、协同性和科学性下功夫，不断推进思想政治教育话语守正创新。这些研究成果推进思想政治教育话语体系研究守正创新、不断深化。

三、思想政治教育话语体系研究的趋势展望

从对2022年度思想政治教育话语体系研究的已有成果的梳理分析来看，

---

① 陈杰：《"互联网＋"时代思政教育话语表达窘境及其超越》，《中学政治教学参考》2022年第4期。

思想政治教育话语体系研究在基础性理论、话语凝聚力和引领力等方面取得了较为明显的成果。在习近平总书记关于思想政治工作系列重要论述的指引下，思想政治教育话语体系建设的政策、制度不断健全，为思想政治教育话语体系研究提供了重要遵循。面对新时代新征程的使命任务，思想政治教育话语体系研究仍需进一步推进，不断适应新形势的需要。

（一）进一步夯实思想政治教育话语的理论基础

理论是行动的先导，正确的理论推进正确的行动。思想政治教育话语体系建设达致理想效果，需要有一套较为系统的思想政治教育话语理论为基础。从话语理论的溯源来看，话语理论来源于西方语言学、政治学等学科。话语理论在 20 世纪 80 年代进入中国，将话语应用于马克思主义理论学科、思想政治教育学科研究，兴起于 2007 年。特别是习近平总书记在哲学社会科学工作座谈会上的讲话中强调，"着力构建中国特色哲学社会科学，在指导思想、学科体系、学术体系、话语体系等方面充分体现中国特色、中国风格、中国气派"，[①]关于中国特色的思想政治教育话语的理论创新方兴未艾。思想政治教育话语要主动围绕"两个大局"新时代新征程的使命任务的新客观存在、社会实践需要，进一步理论创新，实现理论创新和实践创新的良性互动。

一是进一步推进思想政治教育话语内涵的本体研究。思想政治教育话语具有话语的一般特征，更具有思想政治教育的独特内涵。这是思想政治教育话语"是什么"的追问和反思，即在弄清楚话语普遍性内涵的基础上，进一步厘清思想政治教育话语的独特性内涵。话语背后是思想，思想是话语的内核，思想政治教育话语是表达思想政治教育内容的，包括思想政治教育话语要素、结构、功能等系统性认知，以及话语目标、任务、内容等。

---

① 《习近平主持召开哲学社会科学工作座谈会强调 结合中国特色社会主义伟大实践 加快构建中国特色哲学社会科学》，《人民日报》2016 年 5 月 18 日。

二是进一步深化思想政治教育话语的价值研究。具体而言，就是思想政治教育话语何以必要的价值性探思。科学认知思想政治教育话语的知识性和价值性关系，思想政治教育话语价值性的基本条件。话语反映的思想、观点和价值观植根于特定的社会存在，要结合社会存在的运动和社会主要矛盾的变化，不断推进思想政治教育话语的价值功能。

三是进一步深化思想政治教育话语的"范式"思考。按照库恩在《科学革命的结构》一书中的"范式"理论观点，"范式"成熟与否，是反映一门学科是否成熟的重要标志。思想政治教育话语作为思想政治教育学科的话语，需要体现出思想政治教育学科特征的话语范式。思想政治教育话语范式可反映到学科理念、思维方式、价值观点和方式方法等，为思想政治教育话语提供一套具有学科特征的普遍操作方式。

（二）进一步推进思想政治教育话语一体化研究

从构建大思政工作格局的视角来考虑，从思政课一体化到思想政治教育一体化的深化发展是大思政工作格局构建的需要。思想政治教育一体化为思想政治教育话语一体化提供了基本遵循和逻辑理路，但思想政治教育话语一体化又不同于思想政治教育一体化，具有内在规律、机理和秩序。

一是进一步推进思想政治教育话语一体化规律研究。思想政治教育话语本质在于话语权，思想政治教育话语一体化在于要牢牢把握思想政治教育话语权。思想政治教育话语权在于认同，是建立在说服、说理基础之上的，是一种发自内心的、自觉的认同。不同对象以及同一对象所处不同阶段对思想政治教育话语认同和服从的内容、诉求是不同的，这就要求进一步研究思想政治教育话语一体化规律，科学指导思想政治教育话语实践。

二是进一步探索思想政治教育话语一体化机制研究。一体化是系统观念、整体性的外在呈现，要运用全方位、系统化的思维推进思想政治教育话语建设，应探索思想政治教育话语一体化的要素，以及要素相互作用的原理和机理。从历时态看，思想政治教育话语一体化是大中小学思想政治教育话语一体化，大中小学各学段的思想政治教育话语纵向贯通，通过各学段思想政治教育话语的螺旋式上升，从感性到理性认知阶段和层次上实现对思想政治教育话语的认同和服从，从而掌握思想政治教育话语权。从共时态看，思想政治教育话语一体化是家庭、学校、社会、国家思想政治教育话语协同。学校思想政治教育话语是主渠道和主阵地，家庭、社会和国家等主体的思想政治教育话语要与学校思想政治教育话语形成协同合力，这种协同是思想政治教育话语权的协同，四类主体在各自范围内种好责任田和守好一段渠。在历时态、共时态一体化基础上，积极探索出思想政治教育话语的制度、体制，保障思想政治教育话语一体化顺利推进。

三是进一步厘清思想政治教育话语一体化的内在秩序研究。内在秩序是维持思想政治教育话语有效的要件。按照社会学的"结构—功能"理论来看，思想政治教育话语要发挥应有的功能，前提是思想政治教育话语要处在合理的结构位置，思想政治教育话语在话语空间位置合理性与否，直接关系到思想政治教育话语有效性。思想政治教育话语一体化的秩序维持需要社会系统进行有效互动，一方面需要社会系统为思想政治教育话语一体化提供信息、物质和能量相互，另一方面思想政治教育话语一体化要关切社会新发展、新需要等。

（三）进一步完善建立健全思想政治教育话语评价体系研究

冯刚教授的《高校思想政治教育工作质量评价研究》一书自出版以来，进一步激发了思想政治教育质量评价相关研究新的生长点。思想政治教育话语评价作为思想政治教育质量评价的重要方面，思想政治教育话语的本质力量是体现在对象化身上。教育对象对思想政治教育话语的认同程度是衡量思想政治教育话语有效的重要标准。建立健全科学、合理的思想政治教育话语评价体系，不仅是思想政治教育话语理论之需，更是思想政治教育话语实践之要。通过思想政治教育话语评价体系，一方面可以有效地测度思想政治教育话语自身的合理性程度，另一方面可以有效地检测思想政治教育话语满足对象需要的程度。有研究者指出，思想政治教育话语评价体系要在"制定科学、多元的评价指标体系，扩大评价主体的范围，选取合理、有效的评价方法上"①等维度上用心用力，不断推进思想政治教育话语评价的科学化，这也可能是未来相关研究的一个重要方向。

一是进一步研究科学、多元的思想政治教育话语评价指标体系。思想政治教育话语质量评价体系构建就是对思想政治教育话语质量评价过程中各个要素以及思想政治教育话语质量评价过程与外部环境之间协调活动的系统性评价，要把握和运用系统性思维、整体性思维科学地构建高校思想政治教育话语质量评价体系。各级学术委员会、学科评议组、行业内教育指导委员会等专家学者要依据各学段学生的身心发展特点形成一以贯之的评价标准，形成以学生满意度为核心的评价指标，充分考虑到教师教学实际以及教学资源分配等因素，可以将思想政治教育话语建设纳入"双一流"建设的监测与评价，将评价指标体系向大中小学学生延伸，注重其延续性与动态性。

二是进一步研究扩大思想政治教育话语评价主体的范围。要突破新时代大中小学思想政治教育一体化评价主体的局限性，要将实际参与思想政治教育不同学段的教师、学生、学校管理人员、学校科研人员等都纳入评价的主体范围中，通过丰富评价主体的方式充分调动思想政治教育教师、学生、学校相关人员的内生动力。

三是进一步研究选取思想政治教育话语合理、有效的评价方法。针对不同主体和不同学段、不同类型教育特点，分类设计、稳步推进，改进结果评价，强化过程评价，探索增值评价，健全综合评价，充分利用信息技术，提高思想政治教育话语评价的科学性、专业性、客观性。

---

① 冯刚、刘嘉圣：《新时代大中小学课程思政一体化建设的内涵要素及优化路径》，《中国高等教育》2022 年第 1 期。

第七章　思想政治教育方法研究

　　梳理 2022 年度思想政治教育方法及其相关学术动态并进行审视与展望，对于进一步深化思想政治教育研究具有重要意义。思想政治教育方法是教育者为达到一定目标所采取的手段、程序、方式等的总和，是提升思想政治教育效果的关键要素。在奋进新阶段、立足新方位、面对新情况、处理新问题时，必须不断改进老方法、沿用好方法、发展新方法，才能切实发挥思想政治教育"生命线"和中心环节的重要作用，这也是研究本年度思想政治教育方法的年度进展、年度特征和发展趋势的意义所在。

一、思想政治教育方法研究的年度进展

　　2022 年度思想政治教育方法研究取得了丰硕的成果，涉及思想政治教育方法的基础理论研究、思想政治教育研究方法、实施方法、思想政治理论课教育教学方法等多个领域。梳理这些成果，把握思想政治教育方法研究的新进展，是深化思想政治教育方法研究的重要路径。

（一）思想政治教育方法基础理论研究述要

　　本年度学界对思想政治教育方法的基础理论研究，不仅包括从马克思主义的经典著作中溯源，还包括从中华优秀传统文化和红色文化中发掘并探索思想政治教育方法的发展史，提出诸如实验、治理等思想政治教育方法构建新理念，有力推动了思想政治教育方法研究创新。

一是关于思想政治教育方法理论基础的研究。其一，在马克思主义经典著作中发掘指导性的思想政治教育方法。例如通过对《星星之火，可以燎原》的文本分析，发现其体现和贯穿着特色鲜明的信念教育方法。①其二，从习近平新时代中国特色社会主义思想中发掘思想政治教育方法。有学者指出，习近平创造性地把故事引入思想政治教育的实践中，以广为传颂的故事阐释大道理、传递家国情，以亲身经历的故事弘扬主旋律、提振精气神，展现了精妙而高超的叙事艺术，有效地开拓了思想政治教育方法创新的路径。②其三，从中华优秀传统文化和红色文化中发掘思想政治教育方法。一方面，关于利用红色资源开展思想政治教育的方法。红色资源是中国共产党领导人民进行革命、建设和改革开放的历史记载，反映和体现着革命先辈崇高的革命精神，但在现实教育传播中出现了"轻红""淡红""拒红""去红"现象，新时代下，高校要从注重挖掘红色资源、注重讲好红色故事、注重加强红色教育、注重强化育人阵地、注重维护红色形象等方面来发挥好红色文化的思想政治教育功能与作用。③还有学者分析总结了红色革命家如朱德④的思想政治教育方法，认为红色革命家的思想政治教育方法不仅解决了革命、建设和改革中的诸多难题，更对新时代的思想政治教育发挥了重要启示作用。另一方面，关于利用中华优秀传统文化开展思想政治教育的方法研究。有学者通过分析习近平关于中华优秀传统文化的重要论述，认为可通过主课程"增容"、文化讲座"提升"、文化选修课"夯基"、网络文化园地"守土"等方式方法融入中华优秀传统文化。⑤

① 刘江：《中国共产党思想政治工作中的信念教育方法——基于〈星星之火，可以燎原〉的文本探析》，《中共云南省委党校学报》2022年第2期。

② 胡艺华、徐峰：《论习近平的叙事艺术及其在思想政治教育中的创造性运用》，《理论月刊》2022年第6期。

③ 吕治国：《红色文化的思想政治教育功能与作用发挥》，《思想理论教育》2022年第2期。

④ 王雪超：《朱德的思想政治教育理念和实践》，《红色文化学刊》2022年第1期。

⑤ 李璐璐、何桂美：《关于中华优秀传统文化融入高校思想政治教育的思考》，《学校党建与思想教育》2022年第4期。

二是关于思想政治教育方法史的研究。学者对不同历史阶段党的思想政治教育方法加以研究，展现诸如延安时期、解放战争时期、新民主主义革命时期、土地革命时期等时期思想政治教育方法的特殊性。同时，有学者强调思想政治教育理论史研究的重要性，认为思想政治教育理论史研究展现了思想政治教育各种理论、观念、学说、主张等知识成果的演化过程，属于思想政治教育的过程性、脉络性、机制性、趋势性的研究，不仅要实现"以史呈论""以史载论"，而且要达到"论从史出""史论结合"的效果。完整的思想政治教育理论史研究包含了文本梳理、研究脉络呈现、概念史考察、范式更迭勘定、研究趋向把握等多重内容。当前拓深思想政治教育理论史研究需要秉持如下理念：有"理论"的理论史、有"文本"的理论史、有"问题"的理论史和有"情境"的理论史。①

三是关于思想政治教育方法理念创新的研究。其一，关于思想政治教育的治理方法。2022 年度，北京师范大学思想政治工作研究院等机构组编"高校思想政治教育治理研究丛书"，开辟并深化了思想政治教育治理研究的新领域。为了保障高校思想政治教育治理体系和治理能力现代化进程的有效性、连续性，切实增强思想政治教育的效果，必须遵循科学、协同、开放等治理原则，加强总体设计，使治理体系和治理能力现代化的推进一以贯之，稳妥有序。在治理方式的选择上，既要学习、借鉴国内外治理相关的成功经验，也要密切结合我国高校思想政治教育的治理实践，探索出一条符合新时代育人规律的中国高校思想政治教育治理之路。从已有的经验来看，要素治理、过程治理是当前高校思想政治教育治理方式的常见类型。②其二，关于思想政治教育的实验方法。思想政治教育实验指的是教育者面对思想政治教育复杂问题时在思想政治教育活动构成要素的排列组合中寻找最优实践路径，

---

① 叶方兴：《推进思想政治教育理论史研究的方法论省思》，《马克思主义理论教学与研究》2022 年第 3 期。

② 冯刚、王振：《高校思想政治教育治理引论》，团结出版社 2022 年版。

使思想政治教育活动获得最佳效果的社会实践活动。思想政治教育实验的建构依据思想政治教育规律可以遵循"聚焦问题—设计实验—选择样本—实施实验—评估效果—修正方案—建构案例—推广经验"的路线图，思想政治教育实验在思想政治教育复杂实践场域的运用可以有效降低思想政治教育活动的不确定性风险，推动思想政治教育行稳致远发展。[①]

（二）思想政治教育实施方法研究述要

思想政治教育实施方法是在思想政治教育过程中为了达到特定思想政治教育目标而采取的手段和途径，是思想政治教育方法论体系中的重要内容。本年度学界不仅深入探索了思想政治教育的具体方法，同时根据思想政治教育"时""势""事"的变化进行了持续改进和创新。

一是特定时空背景下的思想政治教育方法研究。在大数据时代，思想政治教育发展结合了大数据思维和大数据技术，呈现出整体意义上的聚合性、发展意义上的现代性和实践意义上的交互性三个明显的演进特征，要在不断完善、逐渐规范的基础上，理性预测未来发展趋势，实现大数据与思想政治教育方法相结合的最佳效果。[②]关于思想政治教育大数据方法，即大数据与思想政治教育深度融合形成的思想政治教育方法，具有大数据、科学性、系统性、精确性等特征，在思想政治教育的认识方法、实施方法、研究方法、评价方法中具有广泛的运用空间。[③]在人工智能背景下，人工智能为思想政治教育带来事物、生态和思维的变革，应从彰显育人价值、浸润育人情境、增强育人效果三个维度明确"可用之器"与"向善之道"的发展定位，强化技术运行逻辑与思想政治教育的有机契合，推动思政育人与人工智能的双向赋

① 温晓年、黄祖辉：《思想政治教育实验的出场逻辑与建构路径》，《南京理工大学学报（社会科学版）》2022 年第 6 期。

② 徐硕、王楠：《大数据视域下思想政治教育方法的演进特征》，《高校辅导员》2022 年第 1 期。

③ 佘双好、康超：《思想政治教育大数据方法的提出及其运用空间》，《北京工业大学学报（社会科学版）》2022 年第 5 期。

能，进而实现思想政治教育与人工智能技术的时代融合，进行针对特定人群的思想政治教育方法研究。[1] 在元宇宙的背景下，元宇宙不仅为网络思想政治教育的重塑创造了新的契机，更作为一种新方法，通过交互技术来提升人的沉浸体验、通过计算技术强化人的体验通达、通过安全技术保障智能交往有序，并展现出全在线服务、全维社交、响应及时、契合个性需求等效能。[2] 在微网络的背景下，要推动思想政治教育方法创新发展，思想政治教育工作者应按照微信息技术运行原理和要求完成思想政治教育任务，日渐形成模拟画像、协同发展、多元动态和体验认同四种思想政治教育新方法。[3]

二是基于特定教育内容的思想政治教育方法研究。在伟大建党精神的教育方法上，有学者认为应通过课程教育教学、大学文化培育、网络空间建设、队伍素质提升等路径，确保伟大建党精神融入高校思想政治教育的实际效果。[4] 在历史主动精神的教育方法上，应着力推动历史主动精神与党的精神谱系教育、"四史"教育、理想信念教育相融合，进而实现其思想政治教育价值。[5] 在红色资源的教育方法上，可通过开发红色教育资源，发挥思政课的阵地作用，充分发挥第二课堂的辅助作用，主动占领网络阵地，发挥校园文化育人功能等路径提升高校思想政治教育效果。[6] 此外，有诸多学者关注"四史"学习教育融入思想政治理论课的方法，有学者认为必须抓好以教师为主体的分工与协作这一核心动力，夯实党委领导下分工协作的战略保障。[7] 在

① 胡华：《智能思政：思想政治教育与人工智能的时代融合》，《思想教育研究》2022年第1期。

② 赵建超：《元宇宙重塑网络思想政治教育论析》，《思想理论教育》2022年第2期。

③ 向宇婷、邓卓明：《微网络环境下大学生思想政治教育方法探究》，《学校党建与思想教育》2022年第5期。

④ 金国峰：《伟大建党精神融入高校思想政治教育研究》，《学校党建与思想教育》2022年第5期。

⑤ 李辉、孙晓晖：《论历史主动精神的思想政治教育价值意蕴及其实现》，《思想教育研究》2022年第3期。

⑥ 王志玲、李又云：《红色教育资源在大学生思想政治教育中的融入路径探讨》，《教育理论与实践》2022年第9期。

⑦ 盛美真：《"四史"教育融入高校思想政治理论课教学的基础、动力和保障》，《云南大学学报（社会科学版）》2022年第2期。

讲好共同富裕的方法上，应从科学内涵、实践经验和实现路径三个方向准确把握共同富裕的融入路径，要深刻把握党和国家的指导思想，落实立德树人根本任务，拓展思维模式与教学形式，将理论研究与课程实践相结合，推动思政课程与课程思政协同育人，构建"大思政课"格局。① 关于劳动教育的方法，应构建和完善"五育"相融的育人体系，应遵循党的教育方针，打造高素质劳动教育师资队伍，创新课程规划和课程设计，将劳动教育元素渗透到学科课程中。同时，科学运用教育督导评价机制，汇聚社会资源开创"以劳育人"新风尚。② 关于图像叙事教学法，有学者认为，在探索思想政治教育图像叙事的具体实践中，百年来中国共产党总结出了坚持文本叙事与图像叙事相结合、坚持历史与现实相结合、坚持广泛覆盖与分类教育相结合、坚持情感输入与叙事相结合等基本经验，对新时代思想政治教育具有重要的方法论启示。③

三是基于特定教育对象的思想政治教育方法研究。对青年教师的思想政治教育方法，要在科研中、实践中，并通过文化引领、心理关怀等方法开展高校青年教师的思想政治工作④。对高职院校学生而言，可以通过创新运用"四点一感"、亲和感染、主题教育、基本要素、"互联网＋"、理论学习等方法，不断提高高职院校学生思想政治理论教育的实效。⑤ 在对敌对势力的思想政治教育中，有学者通过考察《三国演义》，认为其对敌对势力的思想政治教育基本方法可以概括为晓之以理法、动之以情法、行之以服法、置之以

---

① 周玉乔、彭新武：《在高校思想政治教育中讲好共同富裕的意义、内容与方法》，《中国高等教育》2022年第10期。

② 张策华：《新时代劳动教育的价值追求和实践进路》，《江苏社会科学》2022年第3期。

③ 何玉芳、刘星焕：《中国共产党百年来思想政治教育图像叙事的历史实践及其基本经验》，《思想理论教育导刊》2022年第5期。

④ 李春林：《论高校青年教师思想政治工作体系的构建》，《西北工业大学学报（社会科学版）》2022年第1期。

⑤ 郇宗明：《提高高职院校学生思想政治教育实效的创新研究》，《中国职业技术教育》2022年第20期。

危法与激之以行法。^①关于应对逆反心理的思想政治教育方法，应了解教育对象逆反心理的表现和本质，树立平等真诚、言行一致的教育者形象，还要积极关注和研究青年学生思想上的热点和难点问题，及时解疑释惑。在教育教学中，应注意不搞形式主义、从学生的身边事入手、善于运用出其不意的效果、运用比喻等方法。^②

（三）思想政治理论课教育教学方法研究述要

自习近平总书记主持召开学校思想政治理论课教师座谈会并发表重要讲话以来，如何通过改革思想政治理论课，探索更有效用的思想政治教育方法，始终是学界研究的焦点。

一是关于"大思政课"的善用路径研究。自 2021 年 3 月习近平总书记指出"'大思政课'我们要善用之，一定要跟现实结合起来"以来，学界对"大思政课"展开诸多研究，2022 年度的相关成果更加繁荣。在"大思政课"建设理路方面，有学者认为要善用科学思维方法，在重大事件和社会热点相结合上下功夫；善用各种社会力量，在"思政小课堂"和"社会大课堂"相结合上下功夫；善用学科理论成果，在学科建设与课程建设相结合上下功夫。^③在推动教学资源转化方面，应有目的、有计划地组织开发和运用社会大课堂的教育资源，构建有效的教育资源转化体系，其中促进"以理论知识为基础"的教育资源转化是核心，促进"以社会问题为导向"的教育资源转化是关键，促进"以学生为主体"的教育资源转化是根本。^④在课程论的视角下，可以从做好课程制度安排，促进家校社有机协作，贯通大小课堂、线

① 阮云志、庞妍：《〈三国演义〉中对敌思想政治教育实践情境方式与基本方法研究》，《文化学刊》2022 年第 8 期。

② 刘书林：《思想政治教育工作应对逆反心理的方法探讨》，《思想理论教育导刊》2022 年第 2 期。

③ 杨增崇、赵月：《善用"大思政课"：深刻内涵、时代价值与建设理路》，《学校党建与思想教育》2022 年第 5 期。

④ 董雅华：《善用"大思政课"促进教育资源转化：意涵、问题与进路》，《思想理论教育》2022 年第 4 期。

上线下教学关联，以及推动地方和校本课程发展等方面推动"大思政课"建设。① 对"大思政课"的评价方法而言，应当探索形成内含课程、教育、社会历史等多个维度的"大评价观"，以"三维评价"指标完善"大思政课"课程评价，以"五教并进"革新"大思政课"教育评价，以"系统观念"推进"大思政课"社会评价，推动构建导向明确、科学有效、系统完善的思政课综合评价考核体系。② 在"大思政课"的"大历史观"视角下，其发展历程与百年来中国共产党调动和利用社会生活中一切积极因素开展革命与建设的历史密切相关，新时代需要通过坚持战略性、时代性、价值性、主体性、实践性落实"大思政课"理念。③

二是关于大中小学思政课一体化的方法研究。在教师队伍建设一体化方面，通过找准角色定位、聚焦培养目标、加强顶层设计、强化思路考察，由此推动大中小学教师队伍一体化建设的常态化和长效化。④ 在队伍一体化建设方面，有学者基于"U-G-S"三位一体的教师教育联动培养模式，认为应细化共同责任体目标、强化合作任务驱动、优化运行管理机制、深化试验区基地建设等方式推动大中小学思政课一体化建设。⑤ 有学者从整体性视角，认为要通过处理好大中小学思政课教材内容特色与有机衔接之间的关系、大中小学思政课教师教研独创性与协同性之间的关系、大中小学思政课课堂教学与社会实践之间的关系，以推动大中小学思政课一体化建设。⑥ 有学者从课程思政的教学效果，"倒推"形成课程思政提质增效的实践路径，即在教学准

---

① 韩可：《课程论视角下"大思政课"的实施维度与实践理路》，《思想理论教育》2022年第5期。

② 张彦：《"大思政课"需要"大评价观"》，《思想政治教育研究》2022年第2期。

③ 杨晓帆、汤举：《"大思政课"理念的历史演进与现实着力点》，《思想政治课教学》2022年第9期。

④ 李鑫郑、郑敬斌：《大中小学思政课教师队伍一体化建设探析》，《学校党建与思想教育》2022年第6期。

⑤ 刘智、张超然：《大中小学思政课一体化建设：价值意蕴与实践路径——基于"U-G-S"教师教育模式的视角》，《现代教育管理》2022年第1期。

⑥ 贾丽民、宋小芳：《新时代大中小学思政课一体化建设应正确处理的几对关系》，《思想理论教育导刊》2022年第1期。

备环节要凸显"三新"，在教学实施环节要融通"三理"，在教学评价环节要融合"三化"。①

三是关于课程思政的方法研究。有学者分析新时代课程思政所遇困境，认为走出困境需坚持系统思维，深入探析课程思政内涵；超越孤立思维，构建课程思政三重逻辑互动框架；基于认证思维，系统突破课程思政建设的重点和难点。②在高校课程思政评价方法上，有学者认为应基于CIPP评价模式，以政策文本和质性访谈结果为依据，在初选课程思政教育活动评价指标的基础上，通过测量工具（量表）收集研究样本，在对样本数据进行项目分析、因子分析和信度检验后，形成了稳定的"背景评价、输入评价、过程评价和结果评价"四维结构，并分离出政治环境、课程资源、教学方案、教学效果等11个二级指标（公共因子），同时以因子分析过程中所产生的因子得分系数对各级指标进行权重赋值，从而构建了评价指标体系。③在课程思政一体化建设方面，有学者认为要从理念构筑、举措联动、共同体打造、视域统摄和体制机制完善等维度，提升大中小学课程思政一体化的建设水平。④在统筹思政课程与课程思政协同育人模式建设方面，有学者基于"大思政课"的视角，构建"三课堂体系＋三精神体系＋专业思政体系＋大思政课体系"的思政课程与课程思政协同育人的蝴蝶结模式。⑤此外，不同专业的学者从自身专业课的视角出发，分析诸如英语课程思政、体育课程思政、护理专业的课程思政等分析提升课程思政效果的方法。

---

① 蒲清平、何丽玲：《新时代高校课程思政教学提质增效的实践路径》，《思想教育研究》2022年第1期。

② 陆道坤：《新时代课程思政的研究进展、难点焦点及未来走向》，《新疆师范大学学报（哲学社会科学版）》2022年第3期。

③ 许祥云、王佳佳：《高校课程思政综合评价指标体系构建——基于CIPP评价模式的理论框架》，《高校教育管理》2022年第1期。

④ 许瑞芳：《新时代大中小学课程思政一体化的内涵、难点及进路》，《新疆师范大学学报（哲学社会科学版）》2022年第3期。

⑤ 楚国清、王勇：《"大思政课"格局下统筹思政课程与课程思政协同育人的蝴蝶结模式》，《北京联合大学学报（人文社会科学版）》2022年第3期。

四是关于思政课程的方法研究。在高校思政课"以理服人"的研究方面，有学者探索了高校思政课以理服人面临诸多困境，应通过有针对性地用政治之理引导学术之理和事实之理以增强政治引领力、用学术之理阐释政治之理和事实之理以提高理论阐释力、用事实之理支撑政治之理和学术之理以提升现实解答力，才能把"理"说透彻、讲明白，才能实现"以理服人"。[①]在研究生思政课改革创新上，应通过定位目标、挖掘多元育人资源、构筑培养框架体系、创新教学内容和方法、打通互动反馈与评价激励窗口、打造一体化教学队伍、建立监督保障体系等环节，提升研究生思想政治教育的教学质量。[②]在高职思政课教育上，应充分认识劳模精神、劳动精神、工匠精神的理论要义、内在关系及其融入高职思政课的逻辑基础，以"四观"设计模块化的理论教学，以"四式"设计结构化的实践教学，构建"一体、两翼、三元"评价体系，推进思想政治理论课教学改革实践。[③]在高校思政课教学协同创新方面，应在厘定思政课教学协同创新是一种课程观、方法论和运行态的基础上，聚合教学理论研究、统筹课程体系建设、整合优化教学团队、协同教学方式方法、拓展教学运行载体，以"五协同"的聚合效应、系统效能、集成效果提升高校思政课教学质量和水平。[④]

（四）思想政治教育研究方法研究述要

新时代新征程为思想政治教育提供了更为广阔的空间，我国哲学社会科学领域的繁荣发展为思想政治教育提供了更为丰厚的资源，这些不仅推动思

[①] 苏玉波、张胜军：《高校思想政治理论课以理服人面临的难题与提升路径》，《思想教育研究》2022 年第 3 期。

[②] 郑心语：《基于显性教育与隐性教育相协同的研究生思政课改革创新》，《学校党建与思想教育》2022 年第 6 期。

[③] 刘燕、程静：《劳模精神、劳动精神、工匠精神融入高职思政课教学实践研究》，《教育与职业》2022 年第 2 期。

[④] 王学俭、李东坡、李晓莉：《新时代高校思政课教学协同创新的内涵、重点与对策》，《兰州大学学报（社会科学版）》2022 年第 1 期。

想政治教育进入发展的快车道，更对思想政治教育理论研究提出更高要求，呼唤思想政治教育研究方法的迭代升级。

一是从跨学科的视角分析思想政治教育研究方法。关于思想政治教育思维方式的研究，有学者从哲学视角出发，认为思想政治教育具有哲学的反思性思维方式、根本性思维方式、价值性思维方式和实践性思维方式。①关于叙事研究法，认为思想政治教育研究应遵循问题提炼、经验收集、文本分析、意义诠释的基本程序，通过对个体如何体验思想政治教育实践进行深入的研究，弥补了传统研究局限宏大思辨的不足。②通过探索传播学的"受众理论"与思想政治教育具有相关性和契合性，可以拓宽思想政治教育的研究视野、强化研究效果、扩宽研究方法。③关于案例研究法，有学者认为可借鉴案例研究的相关理论构建思想政治教育案例研究范式。④在社会实验的视角下，可以通过研究、参与、观察思想政治教育实验等方式，实现思想政治教育研究的内涵式发展。⑤作为一种历史研究方法，口述史方法应自觉应用于思想政治教育研究中，通过进入个体的微观世界和日常生活，口述个体亲历的真实历程，发掘个体的历史叙事与国家的历史叙事之间的内在联系，以推进新时代思想政治教育研究方法的创新发展。⑥关于田野调查法，即通过参与观察扎根教育对象的社会生活，使教育者和教育对象达到"视域融合"，在理论

---

① 金林南：《论思想政治教育哲学思维方式》，《扬州大学学报（人文社会科学版）》2022年第4期。

② 伍醒、陈嘉欣：《教育叙事研究的方法论蕴涵及其在思想政治教育研究中的应用》，《思想政治教育研究》2022年第2期。

③ 秦小琪：《传播学"受众理论"在思想政治教育研究中的应用初探》，《思想政治教育研究》2022年第2期。

④ 姚明明、王憬忆：《思想政治教育学科案例研究的范式与发展》，《思想政治教育研究》2022年第2期。

⑤ 代玉启：《基于社会实验的思想政治教育研究初探》，《思想政治教育研究》2022年第1期。

⑥ 叶方兴：《寻找社会成员的思想政治教育记忆——论作为思想政治教育研究方法的口述史》，《思想政治教育研究》2022年第1期。

建构与经验研究共同作用下推进思想政治教育的知识生产。① 此外，田野调查法作为开展经验研究的重要方法，随着思想政治教育学科不断发展，我们所面向的"田野"也在不断延展，因而应从田野调查中汲取理论与方法的养分，丰富思想政治教育的经验研究，并在此基础上为思想政治教育学的理论研究输送源头活水。②

二是从特定时代背景考察思想政治教育研究方法。在数字时代，将思想政治教育方法变革嵌套于由数字时代引发的复杂时空中，并受"虚拟—现实""理论—实践""技术—价值"多维关系的矩阵影响，开启了由数字技术赋能，推动思想政治教育方法研究视野的转换和学术范式革命。③ 在社会加速的背景下，思想政治教育研究也在加速运行，这尽管在一定程度上提升了思想政治教育学科的整体竞争实力，但又形成以"研究内卷"为主要特征的困境，因而应通过回应现实、注重基础、加强治理等措施改善研究困境，推动思想政治教育研究的高质量发展。④ 在国家治理体系和治理能力现代化背景下，思想政治教育作为社会治理的重要范畴，治理理论与思想政治教育研究具有契合性，但也应当警惕其中西方意识形态的学术渗透、"去中心化"悖论，以及缺乏个案、实践双重研究的融合逻辑，以"优化主体—激活价值—拓展工具"为理论框架，系统化构建治理视域中思想政治教育研究的理路创新。⑤

三是思想政治教育的具体研究方法。利益分析法，即从利益维度来考察思想政治教育研究对象、基本问题，推进思想政治教育研究中的利益主体、

---

① 钱志远、张洁：《"扎根生活"的思想政治教育学——论作为思想政治教育研究方法的参与观察》，《思想政治教育研究》2022 年第 2 期。

② 杨威、魏逍：《思想政治教育学应注重田野调查》，《思想政治教育研究》2022 年第 1 期。

③ 卢岚、李双胜：《数字时代思想政治教育方法创新的三维审视》，《思想政治教育研究》2022 年第 3 期。

④ 杨晓帆：《论社会加速运行背景下的思想政治教育研究》，《思想政治教育研究》2022 年第 3 期。

⑤ 姚昱帆：《治理视域中的思想政治教育研究方法创新》，《思想政治教育研究》2022 年第 3 期。

利益需求、利益实现、利益评价等利益分析框架建构。①文献研究法，有专家认为在理解何为"经典文献"的基础上对思想政治教育经典文献进行融会贯通和积极传播。②思想政治教育权力研究，有学者认为思想政治教育权力是由经济权力、沟通权力、规训权力等多种权力构成并相互作用的权力系统，针对不同类型的权力，需采用不同的理论进路和分析方法，进而构建一种分析思想政治教育权力的融贯性理论体系。③此外，有学者认为，当前学界关于中国共产党思想政治教育史的研究主要集中在整体研究和专题研究上，关于思想政治教育个案史的研究较为薄弱。因而应强化研究中国共产党思想政治教育史中的先进典型个案，学习借鉴各个典型案例取得的独特思想政治教育经验，对进一步增强做好新时代思想政治工作的使命感和责任感，提高针对性、实效性具有重要意义。④

二、思想政治教育方法研究的年度特点与不足

相较于往年，本年度思想政治教育方法研究愈加立足于时代、植根于现实，呈现出回应社会关切、更为体系化的发展、研究视域更加开阔等特征，同时也存在高度有待提升、效度有待夯实、整体性研究有待加强、国外视域有待延展等问题。

（一）思想政治教育方法年度研究特点

2022 年度思想政治教育方法研究成果丰硕，呈现出视域广阔、资源丰厚、对象多元、立足现实等共性特征。其中积极回应社会关切、研究的精细

① 侯勇、景丝丝：《利益分析：思想政治教育研究的新视角——作为思想政治教育研究创新的利益分析法》，《思想政治教育研究》2022 年第 3 期。

② 吴云志、何婵娟：《深化对思想政治教育经典文献研究法的认识》，《思想政治教育研究》2022 年第 3 期。

③ 李基礼：《思想政治教育的权力谱系分析》，《思想政治教育研究》2022 年第 3 期。

④ 王永友、宋燕：《思想政治教育个案史研究：历史审思、本质意义与重点方向》，《青年学报》2022 年第 5 期。

化发展、研究视域更加开阔的特征尤为鲜明。

一是思想政治教育方法研究积极回应社会关切。方法是认识问题、分析问题、解决问题的手段，是实现实践目的的重要桥梁，具有很强现实针对性和应用性。同时，"十八大以来，国内外形势的新变化和实践新要求，迫切需要我们从理论和实践的结合上深入回答关系党和国家事业发展、党治国理政的一系列重大时代课题"。① 因此，基于方法的性质和社会历史环境的变化，2022 年度思想政治教育方法研究不断回应社会关切，主要体现在：其一，思想政治教育方法创新程度反映出社会变革的程度，符合时代主题、回应时代话题的思想政治教育方法才是真正有效的方法。当前新媒体、自媒体、人工智能发展迅速，既为当下思想政治教育方法创新带来了新挑战，也带来了新的平台和机遇。因此，在思想政治教育方法的研究视角上，既融合了热度较高的"微网络""智媒体""人工智能""元宇宙"等时代元素，也开辟了"治理""实验"等积极回应现实问题的创新视角。其二，紧紧围绕新时代中国特色社会主义这一主题，围绕新时代党的思想政治工作、意识形态工作、思想政治理论课教育教学等开展系统性研究。2022 年，党和国家相关部门印发了《教育部关于进一步加强新时代中小学思政课建设的意见》《全面推进"大思政课"建设的工作方案》，这些文件不仅再次强调了思想政治理论课在党治国理政中的关键地位和核心作用，更指出了当前建设思想政治理论课存在的问题，以及如何通过改革创新主渠道教学、善用社会大课堂等方式为新时代思政课提质增效。② 本年度的相关研究，都体现了新时代思想政治工作的新要求。质言之，如何在时代发展进步的浪潮下持续深入挖掘思想政治教育方法，善用教育对象喜闻乐见的方式方法，让思想政治教育活起来，是本年度思想政治教育方法研究的核心话题。

---

① 习近平：《高举中国特色社会主义伟大旗帜 为全面建设社会主义现代化国家而团结奋斗——在中国共产党第二十次全国代表大会上的报告》，《人民日报》2022 年 10 月 26 日。

② 参见《教育部等十部门关于印发〈全面推进"大思政课"建设的工作方案〉的通知》，中华人民共和国教育部（http://www.moe.gov.cn/），2022 年 8 月 10 日。

二是思想政治教育方法研究视域更加开阔。其一，在思想政治教育方法研究的主体层面，越来越多交叉学科学者、管理者和实践者开始从自身学科、研究方向为思想政治教育方法创新贡献思路和力量，相关文献刊载的范围亦不断扩大。其关注点多集中于课程思政、大中小学思政课一体化、"大思政课"、劳动教育等育人模式和育人方法的探索上。其二，在思想政治教育方法所指向的对象层面。本年度思想政治教育方法的研究对象涵盖了大学生、辅导员、思想政治理论课教师、青年、政工团体、军队、企业职工等，在大学生的角度，还囊括了如艺术专业大学生、财经类高校大学生、体育院校大学生、农村大学生等各具特色的大学生群体。由此可见，在思想政治教育方法研究上不再仅仅针对一般性的教育对象，其范围愈显细分化，体现出思想政治教育方法研究的针对性和专业性，人文关怀进一步彰显。其三，在思想政治教育具体方法的研究中，既有思想政治教育方法的基础理论研究，也有针对特定时空和对象的思想政治教育方法探索，比如后疫情时代的思想政治教育方法，还有具体工作领域的方法研究，如课程思政和"大思政课"的教育教学方法，以及提升思想政治理论课效果的教育教学方法等。

三是思想政治教育方法研究基础更加夯实。本年度思想政治教育方法研究基础的夯实不仅体现在一以贯之地对马克思主义及其中国化时代化理论的深入挖掘，以及对思想政治教育方法内涵等研究的持续深耕，更深入分析了思想政治教育经典方法、重要研究方法的理论依据。其一，在思想政治教育方法的基础理论研究领域，有学者从马克思主义的经典文献中探索思想政治教育方法，有学者从中华优秀传统文化和红色文化的视角汲取思想政治教育方法营养，极大丰富了思想政治教育方法基础理论的研究视域。其二，在思想政治教育方法研究的内容层面，批评方法、大数据方法、逆反心理、灌输方法、图像叙事法等思想政治教育经典方法得到更系统、更深入的研究。其三，在思想政治教育研究方法领域。思想政治教育学科的成熟健康发展，不仅需要建立在思想政治教育实践活动的基础上，更要以行之有效的研究方法为基石。对此，《思想政治教育研究》杂志于 2022 年开设"思想政治教育方法论"专栏，从具体研究方法、特定时空背景下的思想政治教育研究方法、跨学科的研究方法等视角，整理分析了近年来思想政治教育研究方法的创新性理论，有力推动思想政治教育研究方法的守正创新。

此外，本年度学者们对思想政治教育方法研究的反思性极大增强。尽管本年度思想政治教育研究方法已取得蓬勃进展，但有学者认为思想政治教育在推动研究方法科学化方面仍存困局。有学者认为在方法论建设上仍存在着思想政治教育对方法论的"限制"、思想政治教育形态对方法论的"牵制"、思想政治教育原理和方法论的非同构、思想政治教育方法对方法论的"相对剥夺"等局限，因而方法论需要有效运用思想政治教育"限制"之中的有利因素，促进和思想政治教育形态的有机结合，实现和思想政治教育原理之间的互证，发起对思想政治教育方法的审思。[①] 思想政治教育研究方法科学化涉及如何处理研究者的意识经验、如何使学科方法体系具有开放性、如何关注具体研究对象所处的社会关系等问题。理论来源之一的意识经验仅能提供感性直觉意义上的"现实"问题意识，无法将此种问题意识建构为具有特定逻辑规范的学科问题意识，因而需要借用逻辑力量补充、检验、规范意识经验；现有思想政治教育研究方法体系对理性主义逻辑体系的依赖会抑制思想政治教育研究的开放性，因而研究者应以现实问题为导向摆脱思辨理性主义方法论带来的僵化教条式思维；在具体研究实践中会因忽视社会系统发展变化的多元复杂性而产生关系思维的脱域，因而应在总体的和具体的实践性关联中找回关系思维。[②]

（二）思想政治教育方法年度研究不足

在取得丰硕成果的同时，2022 年思想政治教育方法研究也存在高度有待

① 欧彦伶：《关于思想政治教育方法论发展和局限的认识》，《思想教育研究》2022 年第 3 期。
② 张月、金林南、张建晓：《论思想政治教育研究方法科学化的困局与出路》，《思想教育研究》2022 年第 5 期。

提升、效度有待提高、整体性研究有待加强、国外视域有待延展等问题。

一是思想政治教育方法基础理论研究的高度待提升。"高度"是一个比较性概念，是相对于某一标准而言的。思想政治教育方法研究并不开端于2022年，自思想政治教育学科成立以来，学界即对思想政治教育方法自觉地开展研究。如王玄武主编的《思想政治教育方法论》（1985）即对思想政治教育方法论的理论基础、方法论确立依据和基本原则等作出系统研究和梳理。自2004年，思想政治教育方法相关研究成果开始呈几何式上升趋势，2022年的相关研究成果更多达200余篇。但在2022年的研究成果中，发表在北大核心期刊和南大核心期刊的论文仅20余篇。其中除了使用具有特定时代特征的"新词"和问题，更多的研究成果侧重于具体方法策略的提出，而未赋予"思想政治教育方法"这个"前提澄明"以更为创新的内涵，缺乏对思想政治教育方法的基础理论的创新。由此深刻反映出当前思想政治教育方法研究存在着基础理论研究不足和学理层次不够的问题。

二是思想政治教育对策性方法的效度有待提高。对策性方法是为了解决特定问题提出的方法，因此对问题解决的效用是评价对策性方法的关键。尽管大量的思想政治教育对策性研究成果有力推动了思想政治教育效果提升，但这些方法多针对作为群体的思想政治教育对象而展开，如大学生、青年、企业职工等等。在新时代新征程，思想政治教育对象个体的思想观念日益复杂。如何在分析和了解教育对象社会心态的同时，加强对作为个体的思想政治教育对象思想观念层面的引导、澄清的方法研究，以此更为充分发挥思想政治教育"生命线"和中心环节的重要作用，应成为学界关注的话题，但学界对此论域缺乏有针对性的关注。同时，相关对策方法研究多集中于某一维度或视角的策略分析与路径探索，研究成果较为宏观，且具有移植性、功利性和同质性。质言之，研究的理论不够深入，理论视野不够开阔，尚未摆脱实践工作中的话语和色彩，缺乏理论的抽象和规律的概括，不利于深刻把握思想政治教育对策性方法的时代内涵及其发展趋向，也不利于思想政治教育方法的效果提升。

三是思想政治教育方法研究的整体性有待加强。其一，方法是实现目的的重要工具，应全面完善和"打磨"工具，才能更好地实现目的。但本年度的思想政治教育方法研究在一定程度上局限于多年来形成的既定的研究域中，呈现出"定域关注"的倾向，如本年度依然更侧重于对实施方法和研究方法的研究，缺少对思想政治教育认识方法、决策方法、评估方法等深入探索，缺乏对思想政治教育方法研究的整体性统摄。其二，随着时代发展和新媒体技术的日新月异，思想政治教育方法的资源空间更加广阔，这也对思想政治教育方法创新提出更高的要求。但是当下思想政治教育方法研究尽管存在体系化发展趋势，表征为对研究主体和研究对象的划分更为细化。但由于工作视角和研究视域的不同，思想政治教育方法研究的理论工作者和实践工作者仍存在"两张皮"的倾向，即理论工作者对方法理论的挖掘难以有效应用于实践工作中，实践工作者对工作中所采用且行之有效的方法难以有效进行理论提炼，经验上升至理论的通道较为狭窄。此外，不同研究者将研究重心置于不同领域，理论研究、工作路径探索、课程方法研究等"各自为政"，虽以体系建构为取向，但研究仍缺乏对方法的整体性理论建构和普遍性规律探索。

四是思想政治教育方法研究的国外视域有待延展。本年度对国外相关理论吸收借鉴相对薄弱。通过比较分析以探寻世界其他地区思想政治教育的有效方法，能够以跨域的眼光不断优化我国思想政治教育方法。比如在课程思政的方法探索方面，高校课程如何发挥"教育"之应有效力，是任何国家都颇为重视和始终致力于提升的课题，只是不同国家对课程育人的研究视角、问题探视以及路径探索等因国情不同而不同。由此可发掘和借鉴国外相关理论及实践成果，例如美国《STEM 2026：A Vision for Innovation in STEM Education》（2016）报告反映了不同时期国家教育主张、培养政治正确性人才的诉求，英国《Education in Schools》（1977）的咨文中提出"教育的目的是逐步培养对道德价值，对他人和自己的尊重以及对其他种族、宗教和生活方式的宽容"，以及新加坡 1979 年发布的《德育报告书》、1991 年颁布的《共同价值观白皮书》等等，都彰显了国外相关政策文献均要求关注课程教学中的意识形态问题。学者对此亦有阐述，如 Steve Springer（2005）指出，几乎没有哪个现代教育系统不向人们灌输服从国家统治者的思想；Ercan Avci（2018）则基于对不同国家德育课堂模式的分析指出，高校对学生进行德育教育时应当将德育的思想融入到课程当中。因此，相关研究和做法对我国开展"大思政课"、课程思政和思政课程等有何借鉴意义，应在学界中得到充分重视。

三、思想政治教育方法研究的未来趋势

2022 年度思想政治教育方法研究取得的成果，一方面展现出学界对该主题研究的阶段性特征，另一方面也彰显出未来思想政治教育的发展趋向。面向未来，思想政治教育方法研究需进一步结合时代主题，推动科学化发展。

（一）深化思想政治教育方法的基础理论研究和整体性研究

其一，深化思想政治教育方法的基础理论研究。从历年思想政治教育方法的研究成果看，思想政治教育方法研究成果的数量呈平稳上涨的趋势。但仍存在研究框架相对零散和单一，缺乏体系化的研究成果等问题。未来研究一方面需要直击理论内核，深化思想政治教育方法的研究范式。思想政治教育方法基础理论的构建不是简单的"理论嫁接""方法套用""体系移植""范式转移"，而是要运用系统性、整体性的思维方法，深入到思想政治教育方法的理论深层，深化研究范式。同时，应深入挖掘马克思主义经典文献中的方法论资源，强化对思想政治教育方法的理论前提、内容性质、特征规律等元理论问题的探索。在本年度，有学者分析《共产党宣言》所论述和运用的思想政治教育方法，包括理论灌输法、实践教育法以及原则性和策略

性相结合等①；还有学者从马克思、恩格斯经典文本出发，探究了思想政治教育之"思想"②的意涵。这些是思想政治教育方法深化研究的前提，也是思想政治教育方法的基础理论研究不可回避的关键问题。另一方面，坚定新时代中国特色社会主义思想政治工作建设的方向和要求。本年度习近平主席在参观考察中国人民大学、出席中国共产主义青年团成立100周年大会，乃至中共二十大的召开等重要会议和重要时间节点，并发表的相关讲话，不仅对新时代的思想政治工作、意识形态工作等进行了高屋建瓴的指导，其中更蕴含了丰富的思想政治教育方法资源，有待对其进行纵深挖掘和全面探索。

其二，推动思想政治教育方法的整体性研究。自思想政治教育学科成立以来，在学界已探索出诸多好方法的同时，也在不断反思并尝试构建思想政治教育方法论，即关于思想政治教育方法的理论体系。但就现有的思想政治教育方法研究而言，还需进一步进行规划。首先，需要把握好思想政治教育方法的层级与类型。方法不是"放之四海而皆准"的，而是在"时""势""事"的变化中，不断适应新内容、新背景、新任务、新问题，由此提升自身时效性和针对性的。当下，思想政治教育方法尽管在因时而进、因势而新、因事而化中不断推陈出新、繁荣发展，但其中不乏雷同性、相似性和表面化的方法。因此，推动思想政治教育方法论体系的建设，要根据思想政治教育实践活动发生的过程与机制，开展有针对性地研究。同时还需厘清思想政治教育方法的不同定位，明确其在不同工作领域的适恰性和针对不同问题的适应性，将不同的思想政治教育方法根据其目标、逻辑等进行归类，并归置具有同质性和相似性的方法，这不仅推进思想政治教育方法更为深入地发展，更助推思想政治教育方法体系的构建。其次，深入探索不同类型与层级之间思想政治教育方法的关系。思想政治教育方法的整体性研究

---

① 刘建军、赵宇飞：《思想政治教育视阈中〈共产党宣言〉的文本考察》，《中国人民大学学报》2022年第2期。

② 刘怡彤、李忠军：《马克思恩格斯经典文本关于思想政治教育之"思想"概念的解析》，《思想理论教育》2022年第11期。

不仅要拓宽研究广角，更要全面探索各个具体方法之间的联系。随着时代发展和变迁，诸如"数字时代""人工智能""智能时代"等具有特定时代内涵的语词尽管极大拓展了思想政治教育方法研究的视野，但在总体上，相关成果是第四次工业革命与思想政治教育相互碰撞而形成的，具有同类性和同质性。在此层面上，不能仅探索思想政治教育的新技术，更要研究思想政治教育新技术和"老办法"的关系、新技术与新技术的关系，以及应用新技术后的方法评价与效果提升等问题。最后，要规约思想政治教育方法的研究方向。从本质上讲，方法具有主观性。方法的主观性不仅体现人根据自己的主观目的创新和实施方法，也表征为人对方法的研究和认识过程。不同研究者根据自身研究旨趣和所面对的问题，开展思想政治教育的方法研究。这样的研究方法尽管推动研究成果数量上的繁荣，但也"犹如没有计划性的自发的'市场'行为"[①]，缺乏研究的方向性和集约性，致使研究资源的浪费与研究成果的虚假繁荣。解决此问题的出路在于，加强思想政治教育方法研究中的治理，以优化研究环境、指明研究方向、规划研究论域等方式推动思想政治教育方法研究发展。

（二）关注思想政治教育方法研究的实践导向和时代内涵

其一，关注思想政治教育方法研究的实践导向。"理论和实践相结合是思想政治教育持续发展的指导原则，实践导向是深化理论、推进实践的指引方向。"[②]如何有效提升方法之效用，是任何学科都必须思考的问题。思想政治教育方法的研究也只有贯彻到实践中，才能发挥其应有价值。一方面，需要深化思想政治教育对象自我教育方法的研究。思想政治教育方法不能困囿于基础概念的演绎，而应以问题导向、实践导向、效果导向，在回应现实关

---

① 王习胜、杨晓帆：《思想政治教育方法探索的面相描画与取向审思——以 2020 年的研究为视点》，《安徽师范大学学报（人文社会科学版）》2021 年第 11 期。

② 冯刚：《深刻把握高校思想政治教育热点研究实践导向的价值意蕴》，《思想政治教育研究》2021 年第 1 期。

切的同时，展现不同的时代内涵和实践特质，以此将一些"悬浮化"的方法落细、落小、落实。一定教育效果的产生，并非仅仅在于思想政治教育之"教育"，更在于教育对象的自我教育阶段，而隐性的思想政治教育方法在其中起到非常重要之作用。在2022年度思想政治教育方法的研究中，学界围绕教育对象所喜闻乐见的网络文化、大数据、"B站""内卷"等，针对"饭圈青年""躺平青年"等青年文化面相，探索其中的教育方法和引导策略。这些成果既是对新时代思想政治教育对象特征的科学把握，也是本年度创新思想政治教育方法研究的一个重要体现，更是未来思想政治教育方法研究的一个重点。另一方面，推动思想政治教育方法应用的经验转化。对高校思想政治工作的方法探索在本年度思想政治教育方法研究中占据较高比重，其中不乏对各种育人方法和先进案例的分析。但是此类研究仍存在理论摄取和经验提取不足等问题，即难以通过理论对实践问题作深入分析和逻辑推理，使得相关研究成果呈现碎片化和表面化的特点，制约着思想政治教育方法的创新。因此，在未来的思想政治教育方法研究中，必须树立问题导向、实践导向和效果导向意识，推进思想政治教育方法的集成革新。

其二，深入把握思想政治教育方法研究的时代内涵。时代是思想之母，实践是理论之源。习近平总书记在党的二十大中指出："在基本实现现代化的基础上，我们要继续奋斗，到本世纪中叶，把我国建设成为综合国力和国际影响力领先的社会主义现代化强国……世界百年未有之大变局加速演进，新一轮科技革命深入发展，国际力量对比深入挑战，我国发展面临新的战略机遇。"① 在奋斗目标的深化和内外部环境的加速变化中，国内外各种社会思潮相互激荡，网络环境中各种情绪化和非理性话语的表达，"躺平""内卷"等文化景观的形成与传播，都在深刻影响着教育对象思想和行为的生成，也在

---

① 习近平：《高举中国特色社会主义伟大旗帜 为全面建设社会主义现代化国家而团结奋斗——在中国共产党第二十次全国代表大会上的报告》，《人民日报》2022年10月26日。

时刻警醒着思想政治教育方法要因时而进、因势而新、因事而化。就此而言，思想政治教育方法的研究与创新应当把握时代潮流，把握问题关键。这不仅要紧跟思想政治教育实践领域的前沿问题，树立前沿意识，更要把握思想政治教育实践发展进程中的实际需求，在理论与实践的结合中推进思想政治教育方法研究成果的转化。在此层面上，不仅要加强习近平新时代中国特色社会主义思想对新时代思想政治教育方法的研究指导，深入挖掘其中的方法论意蕴，更要紧扣新时代中国特色社会主义的主题开展思想政治教育方法研究。这不仅有利于增强人民群众对习近平新时代中国特色社会主义思想的认同感，也对回应时代课题、提升思想政治教育效果等有重要意义。

（三）强化新技术在思想政治教育方法中的监管和运用研究

目前，大数据、元宇宙、人工智能、云计算、物联网等正深度融入产业体系中，形成强大的产业革新动力，助推社会生活的数据化、信息化、智能化。人工智能、物联网超强的信息获取、数据读取和分析功能提升捕捉和分析拥护信息的大数据能力，成为推动思想政治教育方法创新的重要内容。网络信息技术通过最大程度释放动能，不仅使思想政治教育认识方法、研究方法、实施方法、评估方法、决策方法等实现创造性转化和创新性发展，更带动思想政治教育方法论体系的更新与重塑。在本年度，学者充分关注元宇宙、大数据等现代信息技术给思想政治教育方法创新带来的重要机遇，引发大量的讨论与研究。但是，网络信息技术和思想政治教育方法之间并非简单相加的关系，而是要切实分析网络信息技术如何融入思想政治教育方法体系，具体融入什么、怎样融入，以及融入后会带来何种挑战等问题。因此，在思想政治教育方法的未来研究中，不仅要充分发挥网络信息技术在思想政治教育实践中的优势和长处，更要规避和约束信息技术本身的局限和短处。比如元宇宙技术有两面性，片面强调元宇宙的优势和作用，甚至过分依赖元宇宙技术的应用并不能推动思想政治教育的健康发展，因为"元宇宙中的认知外包与虚拟分身、信息茧房与社交圈群、数字殖民和文明陷阱"[①] 等会对思想政治教育带来诸多挑战。同时，由于区域、高校之间，尤其是教育信息化建设水平的差异性，使一些先进高校通过技术赋能产生的思想政治教育方法的可复制性和借鉴性不强。因此，思想政治教育方法在依托网络信息新技术进行研究时，要在充分挖掘新技术的优势和融入机制的基础上，仔细研判新技术的局限和短板，寻找规避和解决办法，同时也要加强相关方法的技术合作、产品研发和经验推广研究。这也是未来网络信息技术赋能思想政治教育方法创新的重要课题。

---

① 冯刚、陈倩：《解构与重构：元宇宙对网络思想政治教育的挑战及其应对》，《探索》，2022 年第 3 期。

第八章　思想政治教育数据分析研究

2022 年 6 月，习近平总书记在中央全面深化改革委员会第二十六次会议上强调："数据作为新型生产要素，是数字化、网络化、智能化的基础，已快速融入生产、分配、流通、消费和社会服务管理等各个环节，深刻改变着生产方式、生活方式和社会治理方式"。① 这里深刻阐明了当前社会中数据的普遍性及其蕴含的关键价值，也提出了数据分析的现实需要。随着思想政治教育数据不断被关注和认可，思想政治教育数据分析问题也逐步为学界所重视和探讨。2022 年度学界坚持问题意识和实践导向，对思想政治教育数据分析的理论与实践问题展开了广泛探讨，呈现出鲜明的研究特征。总结年度研究进展，明晰年度研究特征，把握未来研究趋势，对进一步深化思想政治教育数据分析研究具有重要意义。

一、思想政治教育数据分析研究的年度进展

2022 年度思想政治教育数据分析研究，既有着眼思想政治教育数据分析的专题研究，也有聚焦具体案例的思想政治教育数据分析应用研究，还有围绕功能层面的思想政治教育数据运用的相关研究，以及基于多维视角的数据分析相关研究，形成了系列重要研究成果。

---

① 《习近平主持召开中央全面深化改革委员会第二十六次会议强调 加快构建数据基础制度 加强和改进行政区划工作》，《人民日报》2022 年 6 月 23 日。

（一）思想政治教育数据分析的专题研究

专题研究是本年度关于思想政治教育数据分析研究的一大亮点，学者们既立足不同维度对思想政治教育数据分析进行了专门探讨，也基于特定视角对思想政治教育数据分析开展了专题探究，进一步阐明了思想政治教育数据分析的一系列重要基本问题，深化了思想政治教育数据分析研究。

一方面，思想政治教育数据分析的多维专题研究。思想政治教育数据分析的多维专题研究主要指从不同维度对思想政治教育数据分析的基本问题进行的专门性、针对性探究。本年度学者们聚焦内在逻辑与实践探索，对思想政治教育数据分析开展了较为深入的专门性研究。有学者基于逻辑理路维度，提出将数据分析应用于思想政治教育领域，满足了思想政治教育分析模式迭代更新的实际需要，契合了应对思想政治教育复杂化趋势的现实要求，能够有效服务于思想政治教育的现状把握、问题破解与决策制定等各项工作。作为一种思维理念指导下的方法手段，思想政治教育数据分析能够帮助我们更好地把握思想政治教育的本质变化、逻辑关系、内在规律等关键信息。具体而言，思想政治教育数据分析致力于在复杂数据现象中把握本质，在既有数据结果中探究原因，在偶然数据变化中揭示必然。[①] 有学者基于实践运用维度，提出数据分析作为研究解析各类数据以获取信息的有效行为，贯穿于思想政治教育的全过程和各环节，在实践运用中展现出重要价值。思想政治教育数据分析基于对分析目标的深刻把握，确立分析研究的核心指标，进而在指标计量中明晰思想政治教育的现实状况，通过比较分析衡量思想政治教育的实际水平，实现现状评判中的思想政治教育数据分析描述性运用；通过数据归纳梳理数据主体各基本要素，在此基础上开展多维分析以理清各要素之间的复杂关联，从而揭示其中蕴含的思想政治教育实质信息，实

---

① 冯刚：《思想政治教育数据分析的逻辑理路》，《河海大学学报（哲学社会科学版）》2023年第1期。

现关联理清中的思想政治教育数据分析诠释性运用；通过把握趋势认识发现规律，并运用规律开展数据预测，从而推动预测可能数据的转化落实，实现信息预测中的思想政治教育数据分析探索性运用。[①]学者们从不同维度探究了思想政治教育数据分析的一系列重要问题，有效深化了思想政治教育数据分析专题研究。

另一方面，特定视角下的思想政治教育数据分析专题研究。本年度学者立足数据治理、数据思政等特定视角，对思想政治教育数据分析开展了专门研究。有学者基于数据治理视角，将数据分析作为整个数据治理过程中最为重要的环节，从内涵解析、价值意蕴、基本场景三个方面对数据分析进行了阐释，认为数据分析是运用各种机器学习算法、数据挖掘技术和统计分析方法，对多源异构数据进行筛选、聚类和解读，挖掘和提炼出有价值信息的过程。通过数据分析，思想政治教育数据治理可获取预判趋向、找出存在关联关系的信息，以便更好地指导后续治理方案和治理决策的制定。同时，在思想政治教育数据治理中，数据分析可以应用于学生学习、生活、就业指导、思想道德素质评价和心理健康等多个场景。[②]有学者基于数据思政视角，认为数据分析能对学生行为进行育前、育中和育后的测控与评价，评估思想政治理论课教学内容与学生行为之间的关联度和关联因子，从而优化教学方案，指导和引领学生自愿自觉将课堂所学理论知识与要求内化为理念认知、外化为日常实践。同时，数据分析能够辨识大学生关注的热点、难点、痛点、焦点和兴奋点，提高舆情预测预警预防能力以及突发舆情应急处置能力，进而"对症下药"地引导舆向、有理有据地主导舆论、恰如其分地化解舆情。[③]学者们基于不同视角对思想政治教育数据分析进行了专门探讨，进一步丰富了思想政治教育数据分析的专题研究。

①　聂小雄：《思想政治教育数据分析的实践运用》，《学校党建与思想教育》2022 年第 23 期。

②　吴满意、徐先艳：《高校思想政治教育数据治理研究》，团结出版社 2022 年版，第 176-181 页。

③　唐良虎、吴满意：《高校数据思政的内涵、类型与功能彰显》，《黑龙江高教研究》2022 年第 9 期。

（二）具体案例中思想政治教育数据分析的应用研究

围绕具体案例开展思想政治教育数据分析探讨是本年度学者们着力研究的重要视角，聚焦数据分析的应用性问题，学者们主要从理念和实践维度开展了思想政治教育数据分析应用研究。

一方面，具体案例中思想政治教育数据分析的理念性应用研究。理念是行动的先导，实践运用有必要从理念上对研究问题进行系统探讨。学者们深刻认识到数据分析在思想政治教育中的重要价值，围绕思想政治教育精准化、个性化思政课教学、全生命周期大学生思想政治教育等问题，探讨了思想政治教育数据分析的关键作用。有学者认为，思想政治教育数据分析可以科学把握大学生画像，为精准思政提供重要支撑。通过聚类分析，将学生细分为不同群体后，再楔入到具体的思想政治工作场景中去，形成的大学生画像为针对各个细分群体开展精准化的思想政治援助和精细化的思想政治教育提供了实施路径。通过离群分析，可以找出隐藏在学生画像数据资源库中的数据关系，并能够精细判别学生群体思想状况共性，精准定位个体学生思想状况差异。通过关联分析，可以运用关联规则来分析学生日常行为，挖掘学生行为特征标签之间的关联性，并利用关联分析结论来指导思想政治教育。[①]有学者认为，目前思想政治理论课教学缺乏个性化，影响了思政课教学质量的提高。数据分析应用于思政课教学中，能够驱动思政课以人为本的按需学习，促进思政课教学重视教育对象的主体性、关注教育对象的独特性。为此，必须有效运用数据分析，精准把握教育对象个性特点，进而实施个性化思想政治理论课教学实践。[②]有学者提出要建立全生命周期大学生大数据分析平台，助力大学生思想政治教育精准化。通过数据分析挖掘，建立学生的动

[①]　刘丹、陈怡：《大学生画像：思想政治教育精准化的新路径》，《学校党建与思想教育》2022 年第 2 期。

[②]　张娟：《运用大数据进行个性化思想政治理论课教学研究》，《思想政治教育研究》2022 年第 1 期。

态数据画像，实时了解学生整体、某个学生群体、学生个体的全面信息。运用可视化分析，使分析结果以更加直观、清晰的形式呈现。利用分析结果实现精准教育、精准管理、精准服务。同时，依据以往的数据，结合数学模型对学生的状态进行预测分析，为思想政治教育和学生管理提供决策参考，达到积极主动和有针对性地做好学生个体与学生群体的思想政治教育工作的目的。①学者们基于不同具体案例，从理念上开展的学理探讨，深化了思想政治教育数据分析应用研究。

另一方面，具体案例中思想政治教育数据分析的实践性应用研究。应用数据分析不仅需要从理念上进行探讨，也需要在实践中深入考量。本年度学者们围绕政党认同、高校思想政治教育社会认同以及大学生党课满意度等实际问题开展实证调研，数据分析作为内蕴其中的方法手段，是研究顺利完成的关键。有学者聚焦党和国家重大庆祝活动与大学生政党认同这一问题，对上海市 17 所高校本科生开展实证调研，以政党认同得分作为因变量构造了一般线性回归模型，分析了上海市各高校本科生政党认同得分的一般差异，得出举办党和国家重大庆祝活动对大学生的政党认同产生积极影响，在中华人民共和国成立 70 周年和中国共产党成立 100 周年的庆祝活动后，大学生表现在党史认知、情感认同、执政绩效评价和入党意愿四个维度的政党认同显著提升。②有学者聚焦高校思想政治教育社会认同这一问题，基于社会认同理论，通过对全国 4905 名高校被试进行问卷调查，通过对问卷数据进行数据检验和数据分析，得出当前中国高校思想政治教育社会认同的主观评价良好；高校思想政治教育社会认同水平在部分人口学变量上存在显著差异；个体的集体认同、关系认同和自尊水平会负向影响高校思想政治教育社会认同，而

---

① 任昊、米平治、张晋：《全生命周期大学生思想政治教育的可能与可为——以大数据应用为技术路径》，《教育科学》2022 年第 1 期。

② 运迪：《党和国家重大庆祝活动与大学生政党认同研究——基于上海市 17 所高校本科生的实证分析》，《中国青年社会科学》2022 年第 5 期。

个体的社会认同水平可以正向预测其高校思想政治教育社会认同。[1] 有学者将数据分析应用于大学生党课满意度指标体系构建中，基于用户满意度理论视角，通过量化指标构建和实证测量，客观掌握影响大学生党课满意度相关因素，有针对性地构建涵盖党课教学内容、教学方式、教学师资和教学考核在内的"四位一体"全员全过程全方位大学生党课满意度评价指标体系，为推动大学生党课教育创新改革发挥评价导向作用。[2] 学者们将数据分析有效运用于不同实际问题中，从实践运用层面进一步深化了思想政治教育数据分析的应用研究。

（三）功能层面思想政治教育数据运用的相关研究

从功能层面探讨思想政治教育数据的运用是学者们研究的重点话题。本年度学者们着眼数据对思想政治教育的功能，聚焦思想政治教育数据运用的现实挑战、实践探索等问题，形成了一定的研究成果。

一方面，思想政治教育数据运用的现实挑战研究。学者们在肯定思想政治教育数据运用的可能性、必要性及其重要价值的基础上，也认识到其中存在的现实挑战。有学者认为大数据在高校思想政治教育中的运用还尚属初始探索阶段，面临着贯通大数据技术与高校思想政治教育的人才不足，"唯主观情感论"和"唯数据论"的思维两极化，大数据与高校思想政治教育融合深度不够，高校思想政治教育数据信息资源分布不均、共享较低、供给不足和供给失衡，高校思想政治教育运用大数据产生伦理问题等困境，有待破除和解决。[3] 有学者认为大数据作为一种技术、一种工具、一种资源、一种思维，已成为驱动高校思想政治教育创新发展的重要引擎，但在思想政治工作实践

---

① 谢宇格、孔德生：《存储与释放：高校思想政治教育社会认同的实证研究》，《江苏高教》2022年第7期。

② 张磊、倪大钊：《大学生党课满意度评价指标体系构建与改革对策论析》，《云南大学学报（社会科学版）》2022年第3期。

③ 冯多、李大棚：《大数据驱动高校思想政治教育创新的活力、困境及进路》，《现代教育管理》2022年第7期。

中，要正确理解大数据价值，避免陷入盲目推崇大数据，片面夸大数据相关性，缺乏对数据背后原因的探究，过度放宽容错标准，接收混杂和不确定数据等误区。① 有学者认为借助大数据技术，思想政治教育实现了数字化转型，涵盖了思想政治教育数据采集、筛选以及可视化等多个环节，同时也面临着因思想政治教育数据无法全面呈现受教育者的真实状态而具有片面性，因数据分析难以客观反映思想政治教育实际状况而具有局限性，因数据意识形态的隐匿能力较强以及其对人的主体性的遮蔽而造成思想政治教育数据主体的僭越等困境，需要应对和破解。② 学者们结合自身对数据的理解分析了思想政治教育数据运用面临的挑战和困境，为深化思想政治教育数据分析研究提供了问题导向。

另一方面，思想政治教育数据运用的实践探索研究。学者们基于自身对数据的认识围绕思想政治教育数据运用开展了实践探索，形成了一定研究成果。有学者提出，提升大数据时代高校思想政治教育实效性要牢牢坚守马克思主义指导地位，紧密结合马克思主义理论中国化发展的新要求，不断适应信息时代变化发展的客观要求，继承与借鉴传统和国外思想政治教育内容，注重方式方法，更新教育理念，制定大数据发展战略；革新教育方法，构建大数据教育模式；整合教育资源，培养大数据素养；做好教育评估，实现思想政治教育的供求平衡。③ 有学者在肯定思想政治教育者把握大数据时代意义的基础上，提出了思想政治教育者把握大数据时代的主要方式：立足中国经济社会发展看待大数据的兴起，从唯物史观出发分析大数据在生产、生活和意识形态领域的影响，批判和澄清各种错误认识，学习大数据技术的基本知识，深入到数据应用的具体场景，推动数据在学术研究上的共享，构建研究

---

① 李晗、逄红梅：《大数据驱动高校思想政治教育创新的价值、误区与路径》，《学校党建与思想教育》2022 年第 20 期。

② 翟乐、李建森：《大数据时代思想政治教育的演进理路、现实困境及实践策略》，《思想教育研究》2022 年第 7 期。

③ 许烨：《大数据时代提升高校思想政治教育实效性的策略研究》，《湖南社会科学》2022 年第 3 期。

大数据技术的学术共同体等。[①]有学者提出，系统思维方法立足于要素耦合，旨在形成相互联结的整体合力，通过系统思维的目的性原则、协同性原则和动态开放性原则，能够从新的视角拓展大数据与思想政治教育的有效融合路径，强调立足系统思维，大数据与思想政治教育的融合应始终以提升学生获得感为目的，找准技术在融合过程中的边界与尺度；加强多要素之间的有效联通，打造全域协同的技术应用环境；突破思维桎梏，积极推动开放型的跨学科学术团队建设，打通融合实践"最后一公里"。[②]学者们从大数据与思想政治教育结合的角度，对思想政治教育数据运用开展了实践探索，提出了深入开展的可行路径。

（四）多维视域下数据分析相关研究

本年度相关学科的学者们从理论和实践等不同维度，聚焦数据分析开展了深入探讨，为深化思想政治教育数据分析研究提供了视角、思路和理论等不同方面的有益借鉴。

一方面，理论维度的数据分析相关研究。学者们立足各自学科视域，从不同角度对数据分析开展了理论探讨。有学者认为大数据分析处理技术与系统在性能和效率方面已经取得了显著的提升，大数据应用到各个行业，赋能产业智能化发展，成为信息社会进入智能化阶段的关键要素。然而，大数据分析处理技术发展也面临着更深层次的挑战，如数据泛滥与高价值数据缺失并存、大数据分析研判复杂不确定、数据流通共享与数据可信安全使用难以兼顾等。这些挑战将推动大数据分析处理技术的创新变革，促进新技术体系的建立与发展。[③]有学者将数据分析作为学生的一种素养，并将其界定为学生

---

① 常宴会：《思想政治教育者把握大数据时代的意义和方式》，《思想理论教育》2022年第9期。

② 李姿雨、方凤玲：《系统思维视域下大数据与思想政治教育有效融合研究》，《思想教育研究》2022年第3期。

③ 程学旗、刘盛华、张儒清：《大数据分析处理技术新体系的思考》，《中国科学院院刊》2022年第1期。

在现实情境中形成的以统计问题为驱动，以概率与统计知识为工具，以统计思维为手段，以数据交流为方式的一种数学素养，主要体现在将实际问题转译为数学问题，依据问题收集数据，运用数学方法整理、分析、推断数据，并进行交流与反思，最终形成关于研究对象知识的素养。[①] 学者们在各自的研究背景和研究视域中，围绕数据分析的内涵、困境及其发展等问题开展了深入探讨，深化了数据分析的理论研究。

另一方面，实践维度的数据分析相关研究。学者们聚焦实际问题，着眼数据分析视角开展研究，形成了数据分析的实践探索成果。有学者将数据分析应用于深度学习评价并推动其发展进步，提出根据"脑—行为—认知—环境—技术"五种模态进行数据的采集、标注与分析以建立深度学习数据库，强调基于这一多模态数据的深度学习评价，可从数据采集自动化、整合预测模型、深化教育应用、统一机理、增强决策智慧化等方面实施和改进。[②] 有学者将数据分析应用于技术预测研究，充分肯定数据分析能够帮助技术预测活动有效使用大量信息，并提高技术预测的科学性以及系统性，提出建立包含论文、专利、研究报告、社交媒体、市场信息、政府信息等结构化、半结构化、非结构化数据在内的多源异构数据平台，实现真正意义上的科学数据共享应用，强调构建智能化分析软件，降低科学数据处理难度，进而实现依托数据分析推动技术预测朝着多层次、系统化的方向发展。[③] 有学者聚焦"中国对外援助能改善对华印象吗"这一具体问题，借助数据分析开展实证研究，运用双重差分模型，对全球事件、语言和语调数据库的1316803个观察数据，以及2000—2014年中国对外援助项目进行地理坐标距离计算和时间匹配，探究中国对外援助项目选择路径以及对华印象改善机制的时间效应和距

---

① 陈建明、孙小军、杨博谛：《数据分析素养的评价框架与实施路径研究》，《数学教育学报》2022年第2期。

② 胡航、杨旸：《多模态数据分析视阈下深度学习评价路径与策略》，《中国远程教育》2022年第2期。

③ 张硕、汪雪锋、乔亚丽、刘玉琴：《技术预测研究现状、趋势及未来思考：数据分析视角》，《图书情报工作》2022年第10期。

离效应，通过数据分析得出援助的对华印象改善效应在援助项目结束后 5—6 年达到峰值，随后逐渐减弱，但回落速度较慢、长期效应依然存在；在项目实施之初，对华印象改善效应则存在反向作用和倒退期。[①] 学者们立足数据分析方法和视角，思考和探讨各项实际研究，进一步丰富了数据分析的实践成果。

二、思想政治教育数据分析研究的年度特征

2022 年度思想政治教育数据分析研究坚持问题导向，聚焦理论和实践现实问题，呈现专题研究与相关探讨相结合、理论探究与案例分析相结合、理念审视与方法审视相结合的突出特征，以广泛性、综合性的研究视角，形成了一系列丰硕研究成果。

（一）专题研究与相关探讨相结合

思想政治教育数据分析作为思维理念指导下的方法手段，能够运用于思想政治教育各环节。开展思想政治教育数据分析研究，既需要对思想政治教育数据分析进行专题探讨，有效回应命题所蕴含的基本问题，也需要对关涉思想政治教育数据分析的相关问题进行深入探究，切实阐明数据分析在思想政治教育具体运用中的相关问题。本年度思想政治教育数据分析研究呈现专题研究与相关探讨相结合的突出特征，其成果既立足整体视域，着力探讨思想政治教育数据分析的内涵本质、时代特征、现实挑战、价值意蕴、实践路径等重要基本问题，也聚焦具体案例，对数据分析应用于思想政治教育中的现实问题进行相关探究，进而在专题研究与相关探讨的相互支撑、相互促进、相辅相成中实现思想政治教育数据分析研究的深化发展。

---

① 刘丽娜：《援助能改善对华印象吗——关于中国对外援助的国家形象管理效应的海量数据分析》，《世界经济与政治》2022 年第 7 期。

一方面，思想政治教育数据分析研究聚焦理论和实践层面有待回应的基本问题，有针对性地进行了深入阐释。有待回应的基本问题作为思想政治教育数据分析研究中最基础、最核心的关键问题，是开展思想政治教育数据分析研究必须回应和着力探究的重点。分析探究有待回应的基本问题既有重要的学理阐释价值，也有必要的现实论证意义。本年度学者们以思想政治教育数据分析理论与实践层面有待回应的重要问题为切入点，系统论述了思想政治教育数据分析在把握复杂数据现象信息本质、探究既有数据结果生成原因、揭示偶然数据变化必然联系的内在逻辑理路，切实阐明了思想政治教育数据分析的描述性、诠释性和探索性运用的基本思路以及价值意蕴，进一步深化了思想政治教育数据分析的专题研究。

另一方面，思想政治教育数据分析研究依托相关实际问题，在具体视域中开展了有效探讨。在具体视域中依托实际问题探究思想政治教育数据分析是本年度学者们研究成果所展现出的显著特征。基于思维理念，学者们围绕精准思政等实际问题，着力探讨数据分析应用于相关具体问题的现实可能性、实践必要性以及内在矛盾性等重要内容，并尝试探究数据分析在相关具体问题应用中的有效路径。着眼现实运用，学者们围绕辅导员职业化发展等现实问题开展不同形式的实证调研，在相关研究的有效开展中深化数据分析在思想政治教育具体维度的实践运用，以此在理念与实践层面拓展和丰富了思想政治教育数据分析研究。

（二）理论探究与案例分析相结合

思想政治教育数据分析是一个具有多重性的命题，从理论维度许多原理性、方法论层面的问题需要研究和解答，从实践维度实际运用的许多案例值得分析和总结，展现出多重性的重要研究价值。而这两者是思想政治教育数据分析研究的两个重要方面，在研究中相互结合、相互促进，不断深化的理论为案例分析提供依据，而案例总结的经验成为理论升华的基础，在相辅相成中推动思想政治教育数据分析研究的深化发展。本年度思想政治教育数据分析研究呈现理论探究与案例分析相结合的突出特征，既从一般性层面深入探究了思想政治教育数据分析的多维逻辑理路和实践运用思路，又结合各项具体案例对思想政治教育数据分析的实际开展进行了探讨，在理论与实践结合中深化了思想政治教育数据分析的研究。

一方面，思想政治教育数据分析研究对理论维度许多原理性、方法论层面的问题进行了回应解答，形成了一系列理论探究成果。思想政治教育数据分析是理论指导下的复杂实践活动，需要理论提供思路、理念的支持。由此，对思想政治教育数据分析相关基本理论问题的回答，是思想政治教育数据分析实践有效开展的基础和前提。本年度学者们以理论视角审视思想政治教育数据分析，既有从现象与本质、原因与结果、偶然与必然等哲学范畴出发，着力阐释思想政治教育数据分析逻辑理路的研究，也有以深入本质的一般性视角，聚焦思想政治教育数据分析本身探讨其实践运用普遍性开展过程的研究，通过对原理性、方法论层面基本问题的阐发和明晰，进一步推动深化了思想政治教育数据分析的理论探究。

另一方面，思想政治教育数据分析研究对实践维度实际运用的许多案例进行了分析总结，深化了实践探讨研究。实践开展是思想政治教育数据分析的最终落脚点和价值实现方式，思想政治教育数据分析只有在实践开展中才能发挥作用。由此，把握思想政治教育数据分析实践开展中的运行过程以及现实问题，是学者们着力探讨的重点话题。本年度学者们将思想政治教育数据分析应用于各项具体案例中，不仅探讨了思想政治教育数据分析融入大学生画像、个性化思政课教学、全生命周期大学生思想政治教育等现实情境的思路和理念，还依托大学生政党认同研究、高校思想政治教育社会认同研究、大学生党课满意度评价等实际案例开展数据分析运用实践。总体而言，学者们在基础性理论问题探究和实践性案例分析结合中，进一步深化拓展了思想政治教育数据分析研究。

（三）理念审视与方法审视相结合

思想政治教育数据分析既是一种科学认识把握思想政治教育的思维理念，也是一种实证观察分析思想政治教育的技术方法，其本身是理念和方法的有机统一。而我们在主观认识上常常只是把数据分析作为赋能思想政治教育的方法手段，容易忽视思想政治教育数据分析带来的理念变革与更新。开展系统研究应当坚持思想政治教育数据分析的双重特性，这也是本年度思想政治教育数据分析研究呈现的突出特征。本年度思想政治教育数据分析研究坚持理念审视和方法审视相结合，既深入阐发了思想政治教育数据分析所蕴含的思维理念，以构建和优化数据分析方法开展的逻辑理路，也持续探索了思想政治教育数据分析的多维方法运用，在运行中进一步理顺分析理念，实现理念和方法结合基础上思想政治教育数据分析研究的深化拓展。

一方面，思想政治教育数据分析研究对思维理念视角下一般性层面的基本问题进行审视，形成了一系列研究成果。认识数据分析对思想政治教育产生的深刻影响，把握思想政治教育数据分析带来的理念变革，是我们容易忽视但至关重要的研究内容。从思维理念层面探讨思想政治教育数据分析是深化研究的关键着力点。本年度学者们深入发掘思想政治教育数据分析蕴含的思维理念，既有从哲学范畴维度洞见思想政治教育数据分析从现象中把握本质、从结果中分析原因、从偶然中发现必然的逻辑思维，也有从哲学范式维度揭示思想政治教育数据分析从基于理性主义的传统范式向新经验主义范式的超越，反映理念范式的革新，在阐释数据分析为思想政治教育带来的新思维理念过程中，实现思想政治教育数据分析研究的丰富拓展。

另一方面，思想政治教育数据分析研究对方法手段视角下具体情境中的数据分析进行审视，取得了丰富研究成果。方法手段是数据分析对于思想政治教育最直接且最直观的作用呈现，也是学者们研究思想政治教育数据分析关注的重点话题。方法手段层面的思想政治教育数据分析具有丰富的研究内容，在实际运用中仍有许多问题有待解决。本年度学者们着眼方法手段视角审视思想政治教育数据分析，不仅阐释了数据分析作为方法手段运用于思想政治教育的价值、困境以及方式，还将数据分析融入定量分析方法以开展思想政治教育实效与评价等实际问题的研究，不断明晰思想政治教育数据分析方法手段的内涵与运用。总体而言，学者们在思维理念揭示和方法手段把握结合中，将思想政治教育数据分析研究引向深入。

三、思想政治教育数据分析研究的研究展望

基于对 2022 年度思想政治教育数据分析研究成果的系统梳理，以及对本年度思想政治教育数据分析研究基本特征的切实把握，可以更加明晰思想政治教育数据分析的研究动向。前瞻展望思想政治教育数据分析研究，对于强化思想政治教育数据分析的学理研究和实践运用具有重要指导意义。

（一）深化思想政治教育数据分析的基础理论研究

思想政治教育数据分析的基础理论研究具有重要的现实价值。基础理论作为学科确立与发展的"骨骼"和框架，是学科发展的重要根基。没有基础理论，学科就像水中浮萍，毫无根底。开展思想政治教育数据分析研究，需要以基础理论作为重要着力点，加强对基础理论的研究探讨。一方面，完善深化思想政治教育数据分析基础理论能够有效促进思想政治教育数据分析整体研究。思想政治教育数据分析的基础理论涉及思想政治教育数据分析的内涵特征、过程规律、功能作用、方法原则、管理评估等重要基本问题，是深化思想政治教育数据分析研究的前提基础。另一方面，强化思想政治教育数据分析的基础理论研究是思想政治教育数据分析实践创新的内在需要。思想政治教育数据分析的实践创新离不开基础理论研究中关键问题的有效破解。思想政治教育数据分析的基础理论需要贴合时代，立足实践持续探究分析，

才能满足实践需要进而指导并推动实践创新。

深化思想政治教育数据分析的基础理论研究需要处理好科学研究中的辩证关系。首先，合理把握理论与实践的关系。实践作为理论的来源，决定着理论的广度和深度，理论对实践具有能动作用，其价值最终彰显于指导主体更好开展实践。思想政治教育数据分析基础理论研究需要处理好理论与实践的辩证统一关系，明确其理论探讨要符合实践要求，以解决实践中的现实问题为指向。同时，认清其实践探究要充分吸收借鉴原有理论成果，需建立在扎实的理论基础研究上。其次，合理把握宏观与微观的关系。微观是宏观的基础，宏观是微观的集合。思想政治教育数据分析基础研究既要从宏观上探究思想政治教育数据分析必须回应的基础性、整体性问题，也要着眼不同维度、聚焦不同方面探究思想政治教育数据分析有待阐明的相关问题。最后，合理把握理念与方法的关系。思想政治教育数据分析作为思维理念指导下的方法手段，其基础理论的深化研究不仅需要重视思维理念层面的相关探究，也需要强化方式方法层面的相关分析，在理念与方法的辩证统一中深化思想政治教育数据分析基础理论研究。

（二）拓展思想政治教育数据分析的实践运用研究

思想政治教育数据分析的价值旨归在于实践运用。数据分析作为研究解析各类数据以获取信息的有效行为，贯穿于思想政治教育的全过程和各环节，在实践运用中展现出重要价值。思想政治教育数据分析实践运用涉及数据分析切实融入思想政治教育的思维理念、方法原则、操作流程以及效果评价等关键问题，是数据分析者开展具体分析研究必须明晰的前提性问题。拓展思想政治教育数据分析的实践运用研究，能够有效提升数据分析在思想政治教育中运用的实际效能，是需要持续关注和深化的重要着力点。一方面，以提升思想政治教育数据分析的规范化、合理化水平为指向，着力拓展思想政治教育数据分析的实践运用研究。"实践没有止境，理论创新也没有止境。"① 思想政治教育数据分析实践运用持续开展，思想政治教育数据分析实践运用的研究也要持续跟进，以实践运用的理论指导实践运用的开展。而思想政治教育数据分析实践运用的相关理论需要研究者基于对时代变化和实践需要的认识和对思想政治教育数据分析内在本质的把握，通过有效整合总结数据分析中的规律性认识，将具体实践经验经由思维逻辑凝练为系统理论，进而指导思想政治教育数据分析合理规范地有序开展。另一方面，以更好解决思想政治教育数据分析实践运用中的具体问题为目标，着力丰富思想政治教育数据分析的实践运用研究。研究者应当聚焦实践中的具体问题，从不同维度、不同方面对思想政治教育中实际问题的相关数据进行合理的剖析，进而得出有价值的信息以佐证研究论点，在运用数据分析有效破解相关问题的过程中，深化拓展思想政治教育数据分析实践运用研究。同时，这些研究能够为分析者提供思想政治教育数据分析的解题思路，在实际问题解决中更好指导数据分析实践，实现在具体问题解决与思维理论发展结合基础上思想政治教育数据分析实践运用研究的丰富拓展。

（三）加强交叉学科视域下思想政治教育数据分析研究

思想政治教育数据分析是学科交叉过程中生成并兴起的重要命题。学科交叉是学科发展创新以应对复杂现实问题的必然趋势。对思想政治教育学科而言，近四十年的学科发展历程奠基并推进了学科改革创新的步伐，同时面临的愈加复杂的工作情况加速了这一进程。立足学科自身发展需要和现实工作要求，思想政治教育借鉴相关学科的理论和方法成为学科发展的必由之路。数据分析作为一种统计分析方法，在统计学、电子信息学、社会学等学科广泛应用，强调运用科学方法解释数据中蕴含的本质信息。这一功能特性契合思想政治教育科学化发展的需要，基于数据分析的系统理论方法和成

---

① 习近平：《高举中国特色社会主义伟大旗帜 为全面建设社会主义现代化国家而团结奋斗——在中国共产党第二十次全国代表大会上的报告》，人民出版社 2022 年版，第 18 页。

熟学科融入经验，思想政治教育数据分析研究在学科交叉的整体趋势下应运而生。

加强思想政治教育数据分析研究要坚持交叉学科视域，立足思想政治教育基础，在数据分析理论与方法的切实融入中促进思想政治教育优化和发展。一方面，加强交叉学科视域下思想政治教育数据分析研究，着力吸收数据分析理论与方法，借鉴成熟的学科融入经验。数据分析作为交叉学科视域下的重点话题，在结合各学科具体情境，吸收各学科理论与方法的基础上，形成了自身的理论与方法。同时，数据分析与各学科的结合实践，形成的成熟学科融入经验，为思想政治教育吸收和运用数据分析理论与方法提供了借鉴。思想政治教育数据分析研究要以吸收数据分析理论与方法为重点，以成熟学科融入经验为助力，实现研究的有效推进。另一方面，加强交叉学科视域下思想政治教育数据分析研究，坚持立足思想政治教育基础，指向思想政治教育优化发展。将数据分析理论与方法融入思想政治教育，必须依据思想政治教育的实际，适应满足思想政治教育的现实需求，最终推动思想政治教育的优化发展。思想政治教育数据分析研究必须坚守这一原则要求，在以我为主、为我所用中推动和深化研究。

第九章　思想政治理论课建设研究

2022 年是我国踏上全面建设社会主义现代化国家、向第二个百年奋斗目标进军新征程的重要一年。特别是党的二十大的召开，对于学术界来说，这是推进实践基础上的理论创新、开辟马克思主义中国化时代化新境界的大会。处于新的历史方位下的思想政治理论课面临着新机遇、亲历着新情境、描绘着新蓝图，持续落实立德树人的根本任务。2022 年学术界坚持问题意识和实践导向，对思想政治理论课建设进行了多视角、多层次、多角度的深入研究，在理论与实践的融合中对思想政治理论课建设的理论与实践问题开展深入地探讨，并形成了丰富的研究成果。回顾和梳理 2022 年学术界对思想政治理论课建设的相关研究，分析把握思想政治理论课建设的研究进展、研究特征和研究趋势，是进一步深化新时代思想政治理论课建设研究的关键着力点。

一、思想政治理论课建设研究成果综述

2022 年思想政治理论课建设研究成果颇丰，为全面掌握本年度思想政治理论课建设研究的基本情况，以"思想政治理论课""思政课""高校思政课"等为主题词和关键词在中国知网、中国国家图书馆、读秀等各类学术资源库上进行全面搜索，通过梳理发现 2022 年思想政治理论课建设研究的成果主要体现在以下几个方面。

（一）思想政治理论课内容研究

思想政治理论课的内容既是落实立德树人根本任务的关键环节，也是提升人才培养质量的重要依托。本年度学者们围绕思想政治理论课内容进行了针对性研究，具体来看，本年度学者们聚焦"四史"教育融入思想政治理论课、伟大建党精神和中国共产党精神谱系融入思想政治理论课、红色文化融入思想政治理论课等方面来探索思想政治理论课内容的内涵式发展。

"四史"教育融入思想政治理论课的研究。党的十八大以来，以习近平同志为核心的党中央对党史、新中国史、改革开放史、社会主义发展史的学习作出重要指示。2021 年 4 月教育部发布通知（教社科厅函〔2021〕8 号）指出，持续深化所有思政课必修课中"四史"学习教育相关内容的有机融入，讲清讲透各门必修课中蕴含的"四史"道理学理哲理。[①]学术界关于"四史"教育与思想政治理论课融合研究始于 2020 年，在 2021 年形成一股研究的热潮。本年度学术界延续了这一研究热点，学者们在原有的研究基础上进行创新，从不同的角度探讨"四史"教育融入思想政治理论课的逻辑进路。有学者认为推动党史学习教育常态化长效化，要在学党史中提高师生理论素养，在悟思想中坚定师生理想信念，在办实事中化解师生急难愁盼，在开新局中促进师生事业发展。[②]也有学者从"四史"与思政课教学的感性支撑力的内在联系着手，深刻剖析"四史"中蕴含的"以史撑理"的基本教学思路，以突出素材的"对应性"、叙事"在场感"、案例的"学理性"和内容的"感染力"为基本着力点，充分发挥"四史"对马克思主义理论的感性支撑力。[③]还有学者从思想政治理论课接受主体的角度出发，把握"四史"教育与大学

[①]　《教育部办公厅关于在思政课中加强以党史教育为重点的"四史"教育的通知》，中华人民共和国教育部政府门户网站（moe.gov.cn），2021 年 4 月 20 日。

[②]　冯刚、黄玉新：《高校党史学习教育走深走实路径探究》，《人民论坛》2022 年第 14 期。

[③]　王哲：《立足"四史"强化思政课教学的感性支撑力》，《思想理论教育导刊》2022 年第 3 期。

生内在需求的契合点，提升"四史"教育的可接受性和实效性。[①] 总体来看，本年度学界以习近平总书记的重要讲话精神以及党和国家的相关文件为重要遵循，在融合路径上进行了多角度、多方面的思考与阐释，推动"四史"教育融入思想政治理论课的创新科学化发展。

伟大建党精神和中国共产党精神谱系融入思想政治理论课的研究。习近平总书记在庆祝中国共产党成立 100 周年大会上的讲话中用 32 字言简意深、凝练有力地集中概括了伟大建党精神的丰富内涵。在习近平总书记重要讲话的指引下，学界对于伟大建党精神和中国共产党精神谱系展开热烈地讨论与深入地研究。本年度，学术界延续了关于伟大建党精神和中国共产党精神谱系融入思想政治理论课研究的热度，并形成了丰硕的成果。一方面，学者们聚焦伟大建党精神融入思想政治理论课的价值意蕴、实践路径、教学模式等方面开展研究。有学者分析伟大建党精神融入高校思政课的价值意蕴，指出将伟大建党精神融入高校思政课不仅是落实立德树人根本任务的时代要求，而且是提升教学实效的现实需要，也是推动大学生奋发有为的有效路径。[②] 有学者探讨伟大建党精神融入高校思想政治理论课教学的实践路径，指出应提升教师综合素养，整合思政课教师资源，创新教育教学方法，开展思政课教研活动，整体规划教学内容。[③] 也有学者们对伟大建党精神融入高校思政课教学模式进行积极探索，提出应运用案例式、"互联网 +"、活动体验式"三位一体"的教学模式，全面贯彻党的教育方针，担当为党育人、为国育才使命。[④] 另一方面，学者们也在聚焦中国共产党的精神谱系融入思想政治理论

---

① 高静毅：《接受视角下"四史"教育入脑入心的思政课教学研究》，《学校党建与思想教育》2022 年第 7 期。

② 吴少伟：《伟大建党精神融入高校思政课的价值意蕴和实践路径》，《学校党建与思想教育》2022 年第 2 期。

③ 郭杰忠、肖森：《论伟大建党精神融入高校思想政治理论课教学》，《教育学术月刊》2022 年第 10 期。

④ 郭旭红、李一凡：《伟大建党精神融入高校思政课教学模式的探索》，《学校党建与思想教育》2022 年第 5 期。

课的价值契合、内在逻辑、实践路径等方面开展研究。有学者带着"为什么融入、融入什么、如何融入"的三重追问，着力探讨中国共产党精神谱系融入思政课的重大意义、核心内容和主要渠道。[①] 也有学者深入分析中国共产党人精神谱系融入高校思政课的三重逻辑，强调将中国共产党人的精神谱系融入高校思政课应以马克思主义及其中国化为理论逻辑，彰显其铸魂育人的价值逻辑，不断体现解决融合过程中困境与难题的现实逻辑。[②] 中国共产党的精神谱系内涵丰富，不仅包含以往研究较多的井冈山精神、延安精神、雷锋精神等，也有结合地域特色的琼崖革命精神，以及最新形成的脱贫攻坚精神。有学者从培养科学理论素养、重视教学实践性，准确把握教学目标、提高教学针对性，优化课堂教学内容、增强教学灵活性等方面着手，探析琼崖革命精神融入高校思想政治理论课的实践路径。[③] 也有学者从脱贫攻坚精神与高校思政课高度契合性出发，探求脱贫攻坚精神融入思政课教学的有效路径，需要从政治高度、历史厚度、理论深度、实践力度、情怀温度、世界维度"六个维度"做到"六个讲清楚"。[④] 总体来看，本年度学者们围绕伟大建党精神和中国共产党精神谱系的理论创新进行理论解读与现实考量，学者们从实践维度探讨伟大建党精神和中国共产党精神谱系融入思想政治理论课的路径探索，为思想政治理论课的守正创新注入了源头活水。

　　红色文化融入思想政治理论课的研究。习近平总书记曾多次到红色圣地考察调研，重温革命历史，感悟红色文化。红色文化中蕴含着的中国共产党百年奋斗的精神财富、中国共产党初心使命的红色血脉、中国共产党赓续传承的力量源泉，为思想政治理论课的内容提供历史沉淀与丰厚滋养。本年度学者们在持续关注红色文化融入思想政治理论课的研究，重点关注其内在关

　　① 崔龙燕、崔楠：《中国共产党精神谱系融入思想政治理论课的三重追问》，《中南民族大学学报（人文社会科学版）》2022年第7期。

　　② 韦俊峰、张振：《中国共产党人精神谱系融入高校思政课的三重逻辑及其实践机制》，《江苏大学学报（社会科学版）》2022年第5期。

　　③ 刘澈：《琼崖革命精神融入高校思政课教学探析》，《学校党建与思想教育》2022年第2期。

　　④ 滕翠华：《脱贫攻坚精神融入高校思政课教学略探》，《学校党建与思想教育》2022年第16期。

联和实践路径等研究角度。关于红色文化融入思想政治理论课的内在关联，部分学者充分结合地方特色，充分发掘地域红色文化资源，探讨地域红色文化资源与思想政治理论课的内在契合。有学者立足贵州这一文化沃土，依据"突出面授课堂、激活实践课堂、占领网络课堂、用好社会课堂"的总体思路，探讨红色文化资源融入贵州民族地区高校思政课"四堂联动"的内在联系及有效路径。[①] 关于红色文化融入思想政治理论课的实践路径，有学者指出，新时代将红色文化融入思政课，要全面发挥红色文化的铸魂育人功能，用红色文化丰富思政课的内容，用红色文化助力思政课落实立德树人根本任务。[②] 也有研究者从数字化技术与红色文化结合的角度，分析打造思政金课，需要把握"Z 世代"大学生的特质，运用数字化新技术，开发各具特色的数字化创意产品，搭建红色文化资源数字共享平台，探索分享思想政治教育新模式。[③] 总体来看，本年度学者们在以往研究成果的基础上，从宏观层面进一步深化红色文化与思想政治理论课实践路径的研究，重点关注数字化技术等载体与红色文化的结合；从微观层面结合地域红色文化资源，持续深化红色文化与思想政治理论课内在关联的研究，极大地丰富和深化红色文化融入思想政治理论课的基础理论研究。

（二）思想政治理论课主体研究

在思想政治理论课教学实践中，教师居于主导地位，发挥主导作用。学生是参与学习、实践和研究等活动的主体，发挥着自我探索、自我选择、自我创造、自我建构的主体作用。教师主导性和学生主体性共同构成了思想政治理论课主体研究的基本要素。本年度，学者们围绕思想政治理论课主体进

---

① 贾红霞、范建刚：《贵州民族地区高校思政课"四堂联动"红色育人研究》，《贵州民族研究》2022 年第 2 期。

② 安治民、杜朝举：《红色文化融入思想政治理论课的三个维度》，《学校党建与思想教育》2022 年第 13 期。

③ 田珊：《数字化红色文化资源赋能高校思政课的价值及路径探析》，《思想理论教育导刊》2022 年第 7 期。

行了针对性研究，研究思路主要分为两大类，一是围绕思想政治理论课教师主导性的相关研究；二是思想政治理论课学生主体性的相关研究。

思想政治理论课教师主导性的相关研究。本年度学术界关于这一主题的相关研究主要包含宏观和微观两个阐释视角。从宏观视角来看，许多学者从理论引领、时代特征、实践路径等角度整体把握新时代思政课教师队伍的发展方向。有学者关注现代信息技术对于高校思想政治理论课教师的赋能，通过对来自全国 31 个省市自治区的 698 名高校思想政治理论课教师的实证调查，得出部分思政课教师在主体能力、技术平台、环境培育中仍面临困境，并针对这些困境提出优化路径。① 也有学者结合习近平总书记在学校思想政治理论课教师座谈会上的重要讲话精神，对思想政治理论课教师"思维要新"进行深入分析，以"破与立""辩与思""理与路"的辩证之思廓清"思维要新"的逻辑起点，为提升思政课教师核心素养与思政课教育实效提供内生动力和实践指向。② 从微观视角来看，一些学者注重对思想政治理论课教师主导性提升的具体举措展开研究，聚焦思想政治理论课教师的学术、话语、教学等方面具体能力的提升。有学者们从思想政治理论课教师教学学术能力的角度进行深入分析，指出当前思政课教师教学学术能力的发展面临观念共识欠缺、内生动力不足、组织建设不健全、治理结构失衡等方面的问题，需要从营造文化氛围以改变观念、拓展平台空间以激发动机、创设组织机构以提供行动支持、创新治理机制以提供外部驱动等方面着手，推动新时代高校思政课教学的高质量发展。③ 也有学者围绕思想政治理论课教师的话语能力展开研究，从语言学的角度对高校思想政治理论课教师话语能力进行探讨，指出高校思想政治理论课教师话语能力的理论意涵，包含科学掌握思政课教学

---

① 唐晓勇、李颖：《现代信息技术赋能高校思想政治理论课教师教学的成效、困境及路径优化》，《思想教育研究》2022 年第 11 期。

② 王祎黎、黄军伟：《思想政治理论课教师"思维要新"：逻辑起点、内涵生成与实践诉求》，《江苏高教》2022 年第 7 期。

③ 陶磊、汪萍平：《思想政治理论课教师教学学术能力论析》，《思想理论教育》2022 年第 11 期。

内容体系的语言能力维度以及有效实施教学活动的言语行为实践的语言能力维度。① 总体来看，本年度学术界关于思想政治理论课教师主导性的相关研究在内容上持续深入，在研究方法上能够将文本研究与实证研究相结合，为培养高质量思想政治理论课教师队伍提供基础理论和专业方法指导。

思想政治理论课学生主体性的相关研究。本年度学者聚焦思想政治理论课体现学生主体性的关键环节，围绕学生承担时代使命、满足学生成长发展需求与期待、学生获得感等主题展开理论与现实相结合的综合研究。有学者们依据"培养担当民族复兴大任的时代新人"这一重要命题，深入剖析时代新人的生成逻辑以及基本特征，指出在培育时代新人的过程中要特别注意制度建设，落实好《中长期青年发展规划（2016—2025年）》，激发青年自我教育、努力成为时代新人的内生动力，并为青年提供能力运行、进行创造性活动所必要的制度环境，避免能力失败的问题。② 有学者基于全国五所高校参加四门思想政治理论课的 3911 名大学生的调查文本，以 NVivo11 为研究工具，以大学生对思想政治理论课的期待进行质性分析，发现大学生对思想政治理论课的期待包括四个维度：课程设置期待、教师期待、课堂教学期待、自我收获期待。③ 学生主体性还体现在对思想政治理论课的获得感中，对此有学者着重分析新时代大学生思政课获得感的生成逻辑，即大学生思政课获得感的生成与否取决于大学生对其"实际获得"与"期望获得"比较后的情绪体验。④ 总体来看，本年度学者们对学生在思想政治理论课中的主体性发挥展开更加深入地探究，深入了解新时代学生的特点，旨在营造良性师生互动关系，提升学生获得感。

---

① 徐川：《高校思想政治理论课教师话语能力的语言学诠释》，《思想政治教育研究》2022年第4期。

② 冯刚、徐先艳：《时代新人的生成逻辑、基本特征和培育路径》，《教学与研究》2022年第4期。

③ 祝琴、胡子祥：《大学生对思想政治理论课的期待研究——对全国五所高校调查文本的质性分析》，《思想政治教育研究》2022年第2期。

④ 何珊：《新时代大学生思政课获得感的生成与提升》，《社会科学家》2022年第9期。

（三）思想政治理论课实践研究

对思想政治理论课实践的研究始终是学者们研究探讨的重点话题。本年度学者们立足新时代背景，把握思想政治理论课的发展方向，从思想政治理论课的守正创新、思想政治理论课高质量发展、信息技术融入思想政治理论课等角度开展研究。

思想政治理论课守正创新的研究。学术界普遍认为，党的十八大以来，思想政治理论课进入了守正创新的发展阶段。本年度学者们的相关研究既有整体性视角和战略高度，又有顶层设计和具体实施机制，不断丰富着思想政治理论课守正创新的研究。其一，有学者们从中国共产党思想政治工作百年发展、党的十八大以来思政课建设积累的经验等角度"抽丝剥茧"，系统把握和科学归纳思想政治理论课守正创新的规律性认识和成功经验。有学者在深刻把握中国共产党思想政治工作百年发展规律性认识的基础上，坚持理论与实践相结合，在借鉴百年发展宝贵经验的基础上，进一步深刻把握思想政治工作的发展规律，是新时代思想政治工作守正创新发展的客观要求。[①] 也有学者指出，要坚持党的十八大以来思政课建设积累的新鲜经验，以"大目标""大理念""大格局"进一步推动学校思政课的改革创新。[②] 其二，有学者们从理论遵循的角度深入分析习近平总书记关于思想政治理论课的重要论述，从中获得思想政治理论课守正创新的重要指向和基本遵循。有学者从习近平总书记关于高校思想政治理论课建设的重要论述中深刻理解习近平总书记关于思想政治理论课教学问题导向、问题意识的重要论述，体会其中的精神要义，将之贯穿于思想政治理论课教学的改革创新之中。[③] 也有学者指

---

① 冯刚：《深刻把握中国共产党思想政治工作百年发展的规律性认识》，《思想政治教育研究》2022 年第 1 期。

② 许瑞芳：《党的十八大以来学校思想政治理论课建设的经验呈示》，《思想理论教育》2022 年第 9 期。

③ 沈壮海：《学习习近平总书记关于思想政治理论课建设的重要论述》，《马克思主义研究》2022 年第 6 期。

出，习近平总书记关于思政课建设重要论述为新时代思政课落实立德树人根本任务、发挥关键课程作用提供了理论支撑和行动指南，为提升新时代社会主义意识形态凝聚力和引领力提供了明确方向指引。① 其三，有学者通过历史视野在思想政治理论课的发展历程中汲取丰厚滋养，准确把握思想政治理论课守正创新的核心内涵和价值要义。有学者指出，加强大历史观与高校思想政治理论课教学内容的有机衔接，从纵向长视角讲清"中国共产党为什么能"，从横向宽视野讲深"马克思主义为什么行"，从整体史的脉络讲活"中国特色社会主义为什么好"，引导学生更好把握中华民族发展大势、世界历史发展大势和社会主义发展大势。② 也有学者提出，在宏观视野与微观视野、历史底蕴与现实意义、中国语境与世界语境的融会贯通中，高校思想政治理论课教师可从增强话语定力、坚定话语自信、提升话语艺术等方面进行教学审思，进一步思考如何讲好中国共产党故事，为推进高校思想政治理论课教学改革提供实践指导。③ 总体来看，本年度学者们关于思想政治理论课守正创新的研究以实践为基础，通过严密地逻辑分析聚焦现实问题开展理论思考，升华为规律性认识，从而更好地指导现实问题的解决。

思想政治理论课高质量发展的研究。本年度学者们关于思想政治理论课高质量发展的研究成果较为丰富，从科学内涵、价值立场、实践路径等方面开展了较为深入地研究。一方面，学者们从总体上进行思想政治理论课高质量发展的路径探索。有学者认为："站在新的历史起点，思政课建设要以守正、创新、协同、精准为导向，进一步强化党的领导、创新驱动、协同联动，抓好教师和学生两个关键，为高质量发展汇集凝聚共识、激发动力、构建格局、革新效率的强大力量，书写新征程中铸魂育人的奋进篇章。"有学

① 李效武、任晓伟：《习近平关于思想政治理论课建设重要论述的科学内涵与时代价值》，《学校党建与思想教育》2022 年第 19 期。

② 王海威：《大历史观融入高校思想政治理论课教学探析》，《思想理论教育导刊》2022 年第 5 期。

③ 修晓辉、杜玉华：《新时代高校思想政治理论课教师讲好中国共产党故事的价值意蕴、叙事原则和实践遵循》，《思想教育研究》2022 年第 9 期。

者指出："推动新时代思政课高质量发展，必须把握思政课建设的基本规律与时代要求，全面推进思政课教材体系、教学体系、教师队伍、学科支撑体系的创新发展。"[①]另一方面，也有学者聚焦于微观研究，从思想政治理论课教学形象、内在规定性、内涵式发展等角度展开研究。有学者指出，新时代高校思想政治理论课教学应着力塑造作为一门课程的规范形象、旨在理论武装的学理形象、开展主流意识形态教育的政治形象、肩负立德树人使命的育人形象与为大学生悦纳乐学的亲和形象，五者辩证统一。[②]有学者通过对思政课课程定位的本质特性、学生特殊意义需求的时代特性和学生理论背景的对象特性的关系性分析，逐层揭示时代内在规定下制约思政课有效性的三重需求矛盾，凸显理论逻辑"问题化"展开方式在提升思政课有效性上的根本性作用。[③]有学者认为，推动思想政治理论课内涵式发展，既要一体化建构贯通式的课程体系、立体化的教材体系、链条化的教学体系，也要实现课程建设与学科建设、学术研究、队伍建设、制度保障的有机协同。[④]总体来看，本年度学者们从不同视角对思想政治理论课高质量发展进行了深入研究，致力于进一步提升思想政治理论课的质量和实效。

信息技术融入思想政治理论课的研究。本年度学者们在进一步探究人工智能、虚拟现实、大数据等技术载体、技术支撑、应用局限的基础上，细化信息技术与思想政治理论课深度融合的可行性分析与结合路径。有学者聚焦人工智能时代高校思想政治理论课发展转向、痛点及实践策略，指出人工智能以智能算法精准聚焦大学生学情、以"代具"外包大量重复性教学工作并赋能"创新型"思政课教师、助力教学评价以推进"教"与"学"的共生发

①　吴潜涛、沈茹毅：《推动思想政治理论课高质量发展的着力点》，《马克思主义理论学科研究》2022年第10期。

②　白显良、章瀚丹：《高校思想政治理论课教学应着力塑造五种形象》，《马克思主义理论学科研究》2022年第10期。

③　耿锐、庞立生：《思想政治理论课内在规定性的时代探析》，《中国高等教育》2022年第11期。

④　李冉：《推动思想政治理论课迈入内涵式发展的新阶段》，《马克思主义理论学科研究》2022年第4期。

展，推动了高校思想政治理论课转向高质量发展进程。① 有学者审视"虚拟社会"与高校思想政治理论课教学实践的意识组合、价值勾连及空间衔接，提出要做好顶层设计、遵从实践导向、坚持求异思维、坚定工具属性，以培育思想政治理论课主体间性的涵养为落点，全面推动基于虚拟现实技术的高校思想政治理论课教学模式的形塑。② 有学者指出，大数据时代基于认识论思维的思想政治理论课教学产生了技术理性的倾向，要通过关系性思维、主体性思维、开放性思维以及社会历史性思维更新思想政治理论课的教学理念与教学方式。③ 总体来看，随着高速迭代的信息技术与思想政治理论课的深度融合，本年度学者的研究成果呈现出理论与实践相结合的整体状况，为信息技术融入思想政治理论课提供了重要研究素材，但同时本年度学者们也普遍对"工具理性"保持辩证的态度，在立足实际中不断进行深层次的反思，持续优化思想政治理论课的建设实效。

（四）"大思政课"研究

本年度学界对于"大思政课"研究仍然处于稳步探索阶段，就什么是"大思政课"，为什么要上好"大思政课"，如何上好"大思政课"进行持续探讨。其中，2022年7月教育部等十部委联合印发了《全面推进"大思政课"建设的工作方案》，就构建"大思政课"的总体布局作出明确部署。以这一重要文件为基本遵循，结合党和国家的发展战略及思想政治理论课的根本任务，学者们在持续推进"大思政课"研究的基础上，重点从"大思政课"的多维阐释、关键环节、建设理路等多个维度进行研究。

"大思政课"要求内涵的研究。本年度学者们聚焦于深刻理解和把握

---

① 陶磊、朱唯星、李貌：《人工智能时代高校思想政治理论课发展转向、痛点及实践策略》，《江苏高教》2022年第1期。

② 王志刚、李晓乐：《基于虚拟现实技术的高校思想政治理论课教学模式创新》，《江苏高教》2022年第2期。

③ 毕四通、金林南：《大数据时代思想政治理论课教学技术理性的反思与超越》，《江苏高教》2022年第8期。

"大思政课"的要求内涵，学者们也结合自己的研究兴趣与特长从不同角度对"大思政课"的要求内涵展开研究。有学者从大视野、大历史、大体系三维视角分析"大思政课"的深刻内涵，指出思政课之"大"在于胸怀"两个大局"，在于跨越百年历史维度，在于多维时空协同育人。① 有学者深入分析"大思政课"的历史方位与理论定位，指出："'大思政课'之'大'在于通过研判历史方位的大视野，来推进思政教育的大体系，使思政课小课堂与高等教育大改革相联通，与中国社会的大课堂相结合，切实成为立意高、格局大的'大思政课'。"② 还有学者从课堂属性、课堂价值、课堂比较三个方面系统分析和比较"社会课堂"与"思政课堂"的辩证关系，并指出两者之间存在着互通、互动、互补、互益，对立统一又融合的贯通关系。③ 总体来看，本年度学界对于"大思政课"要求内涵的研究有助于系统把握"大思政课"的深刻意蕴，进一步深化了关于"大思政课"基础理论的研究。

"大思政课"关键环节的研究。在贯彻落实《全面推进"大思政课"建设的工作方案》、深化"大思政课"建设实践探索中，本年度学者们对"大思政课"的关键环节从不同角度进行研究。有学者们指出善用"大思政课"必须科学把握并合理运用"事、时、势"，即依据"大思政课"的鲜活场景来因事而化，依据"大思政课"的时代背景来因时而进，依据"大思政课"的传播创新来因时而新。④ 有学者认为，汇聚开放多元的"大思政课"资源、构建协同一体的"大思政课"机制、建好强劲有力的"大思政课"内核、增强立德树人的"大思政课"作用，是全面推进"大思政课"应切实把准的核

① 杨增崇、赵月：《善用"大思政课"：深刻内涵、时代价值与建设理路》，《学校党建与思想教育》2022年第5期。

② 李蕉：《"大思政课"的历史方位与理论定位》，《思想理论教育导刊》2022年第9期。

③ 吴增礼、李亚芹：《"大思政课"视域下"社会大课堂"的多维阐释》，《思想理论教育》2022年第12期。

④ 张劲松、刘惠燕：《"大思政课"必须准确把握"事、时、势"》，《学校党建与思想教育》2022年第20期。

心关键点。^①也有学者以敏锐的问题意识发掘"大思政课"在开展过程中存在的问题，其中有学者指出："加强'大思政课'协同机制建设主要存在协同要求落实不够、制度协同有待完善、合作共建存在难度、协同效能需要提升等现实问题，并在发现现实问题的基础上有针对性地提出解决策略。"^②总体来看，本年度学界对于"大思政课"关键环节的研究明确了"大思政课"的重点任务与重要环节，促进关于"大思政课"的经验总结和规律认识进一步深化。

"大思政课"建设路径的研究。本年度部分学者聚焦"大思政课"建设路径的研究，有学者指出："在新时代，推进'大思政课'建设要积极构建大中小学思政课一体化建设机制，强化历史与现实的贯通，着力推动知识传授和价值引领的深度融合，全面提升思政课的理论深度、情感温度、实践力度。"^③也有学者探讨伟大抗疫精神融入"大思政课"的实践路径，指出将伟大抗疫精神融入"大思政课"，应坚持宏观与微观、理论与实践、历史与现实等双重视角的逻辑思路。^④还有学者依据南开大学十年苏区实践的探索与经验，发掘善用"大思政课"的实践路径，通过激活红色资源，深挖"大课堂"育人潜力；通过坚持激活多元主体，构建"大师资"育人体系；坚持激活实践成果，拓展"大平台"育人渠道。^⑤总体来看，本年度关于"大思政课"建设路径的研究较为丰富，凸显出鲜明的实践导向，对于新时代如何更好地开展"大思政课"具有重要的现实价值。

---

① 沈壮海：《把准全面推进"大思政课"建设的关键点》，《人民教育》2022年第18期。

② 石书臣、韩笑：《"大思政课"协同机制建设：问题与策略》，《思想理论教育》2022年第6期。

③ 朱献苏、杨威：《新时代推进"大思政课"建设的实践理路探究》，《中国高等教育》2022年第13期。

④ 梁钦、杨慧梅：《伟大抗疫精神融入"大思政课"的若干思考》，《思想政治教育研究》2022年第38期。

⑤ 刘一博、张登彬：《善用"大思政课"讲道理：南开大学十年苏区实践的探索与经验》，《思想教育研究》2022年第10期。

二、思想政治理论课建设研究的年度特征

2022 年度，思想政治理论课建设研究在继承以往研究成果的基础上，呈现出新的年度特点，形成了系列重要成果；同时，本年度的相关研究也存在着不足之处，这些特点以及不足集中反映了思想政治理论课建设研究的发展进程。总结这些研究特点以及不足，对于把握思想政治理论课建设的研究现状以及明晰思想政治理论课建设的研究发展方向具有重要意义。

（一）基础理论研究逐渐深入，实践经验研究仍需加强

对于思想政治理论课建设研究来说，通常具有两种研究方向，一是以思想政治教育的专家和学者为主对思想政治理论课建设的基础理论问题展开研究，深入剖析思想政治理论课建设的本质属性、内在逻辑、规律趋势等；二是以思想政治教育的实际工作者为主对思想政治理论课的历史经验和实践路径进行研究，以提升思想政治理论课的理论解释力和学生获得感等。思想政治理论课"八个相统一"中坚持理论性和实践性相统一的原则强调，思想政治理论课的基础理论研究要指导实践经验研究，同时思想政治理论课的实践经验研究也要立足于基础理论研究，两者是相辅相成的，无法相互割裂而存在。

本年度思想政治理论课建设的基础理论研究逐渐深入，无论是在指导思想上还是具体执行上都以党和国家对思想政治理论课建设的基本要求为遵循。其一，在本年度的思想政治理论课建设研究中，学者们结合习近平总书记的重要论述涉及的思想政治理论课的本质和特征、作用和性质、主体和客体、内容和内涵、载体和方法等展开多视角、多方面、多方法的研究，使本年度思想政治理论课基础理论研究逐步深入。自习近平总书记在学校思想政治理论课教师座谈会上的重要讲话后，学术界遵循习近平总书记对于思想政治理论课的一系列重要论述和重要讲话精神，特别是不少学者在深入学习

2022 年 4 月习近平总书记在中国人民大学考察时的重要讲话精神，围绕思想政治理论课的作用、性质、内容、主体、载体、方法、评价等方面展开研究，深入挖掘思想政治理论课守正创新的重要遵循。综合来看，在本年度的研究中，习近平总书记的相关论述为进一步深化思想政治理论课建设研究，以及进一步推动思想政治理论课守正创新和高质量内涵式发展提供了根本遵循。

其二，在本年度思想政治理论课建设内容的研究中，学者们聚焦"四史"教育、伟大建党精神和中国共产党精神谱系、红色文化等与思想政治理论课的深度融合，尝试以新视角、新理念、新方法等推动思想政治理论课建设的理论创新和实践创新，进一步深化对思想政治理论课建设的基本蕴含的理解。习近平总书记在中国共产党第二十次全国代表大会上的报告中指出："我们创立了新时代中国特色社会主义思想，明确坚持和发展中国特色社会主义的基本方略，提出一系列治国理政新理念新思想新战略，实现了马克思主义中国化时代化新的飞跃。"①"马克思主义中国化时代化"的重要论断对马克思主义理论研究提出了新要求，同时也对思想政治理论课研究提出了新指向。

其三，在本年度思想政治理论课建设研究中，越来越多的思想政治教育理论专家和学者开始关注和重视新时代思想政治理论课建设的新要求，使其基础理论研究的内容日趋丰富。2022 年 7 月教育部等十部委联合印发了《全面推进"大思政课"建设的工作方案》（以下简称《方案》），对改革创新主渠道教学、善用社会大课堂、搭建大资源平台、构建大师资体系等作出了重要工作部署。其中，《方案》指出："全面推进'大思政课'建设，要坚持以习近平新时代中国特色社会主义思想为指导，聚焦立德树人根本任务，推动用党的创新理论铸魂育人，不断增强针对性、提高有效性，实现入脑入

---

① 习近平：《高举中国特色社会主义伟大旗帜 为全面建设社会主义现代化国家而团结奋斗——在中国共产党第二十次全国代表大会上的报告》，《人民日报》2022 年 10 月 26 日。

心。"① 本年度学者们关于"大思政课"的要求内涵、关键环节、建设路径等方面的相关研究，以及相关育人资源挖掘和运用研究，均反映了新时代思想政治理论课建设的新要求。

与基础理论研究逐渐深入相比较，本年度思想政治理论课建设的实践经验研究仍需加强。一是实践经验研究的总体性有待进一步强化。本年度仅有几位专家学者既对思想政治理论课的发展历程进行梳理，同时又对重大成就和基本经验进行归纳总结。从整体上看，本年度对于思想政治理论课历史演进、发展历程、经验总结的成果并不多，对于思想政治理论课发展的规律性认识和成功性经验的梳理也并不多见，缺乏对于思想政治理论课建设的历史梳理及实践经验的梳理归纳。二是实践经验研究的深度和广度尚待进一步加强。思想政治理论课的实践经验研究是其学理建构的基础性工程，目前学界在思想政治理论课实践经验研究方面具有一定的研究成果，具体来看，比如在思想政治理论课守正创新的研究、思想政治理论课高质量发展的研究、信息技术融入思想政治理论课的研究等方面进行了积极的探索，但是从整体上，这些学术探索还处于"进行时"的状态，关于思想政治理论课建设的实践经验探索的深度和广度仍存在一定的局限，相关理论还需要在学术界达成更高的公认度。三是实践经验研究的系统性需要进一步优化。目前来看，本年度的思想政治理论课研究成果仍然比较分散，还未形成一个系统化的实践研究框架。比如思想政治理论课建设的内在规律、思想政治理论课建设师生良性互动关系的具体方法、思想政治理论课基础范畴之间的系统运行和逻辑关联等还都处于一个初步摸索的阶段，整体上还未形成一个完整的系统性的实践研究框架，关于思想政治理论课建设的学理建构仍需继续完善。但是，相信随着学术界对思想政治理论课建设研究的持续深入发展，这些问题的研究会取得更深层次的推进，为未来的思想政治理论课建设研究奠定坚实的学

---

① 教育部等十部门关于印发《全面推进"大思政课"建设的工作方案》的通知，中华人民共和国教育部政府门户网站（moe.gov.cn），2022 年 8 月 10 日。

理基础。

（二）宏观层面研究日益深入，微观层面研究略显单薄

从宏观层面来看，以整体视角出发对思想政治理论课形成一系列规律性认识和成功经验的科学概括，是新时代思想政治理论课改革创新的基本遵循，也是提升思想政治理论课的亲和力、针对性和实效性的重要依托。从微观层面来看，围绕思想政治理论课顶层设计和具体实施的关键环节和重点要素展开研究，深刻认识思想政治理论课的性质、功能和目标，深化对思想政治理论课建设的规律性认识。从这个角度来看，宏观层面的研究主要是解决思想政治理论课改革创新的必然性问题，而微观层面的研究主要是解决思想政治理论课改革创新的可行性问题。

当前，大多专家和学者是从宏观层面对思想政治理论课的建设进行分析研究，研究多是针对处于新的历史方位中思想政治理论课发展的整体性、总体性把握。对于思想政治理论课宏观层面的研究正在日益深入，主要体现在，一是聚焦热点问题，凸显时代特征。本年度特殊的时代背景为深化思想政治理论课建设的研究提供了重要契机。一方面，中国共产党第二十次全国代表大会的胜利召开为思想政治理论课建设研究提供了新的机遇。在中国共产党第二十次全国代表大会胜利召开之际，许多专家和学者系统梳理了思想政治理论课建设的基本经验、历史发展脉络以及内在逻辑等，深刻把握思想政治理论课建设的规律性认识和成功经验，对于新时代推动思想政治理论课建设守正创新具有重要意义。本年度的相关研究成果聚焦这一热点事件，回溯思想政治理论课建设发展的历程，分析了其基本经验及重要启示，充分体现出本年度相关研究具有鲜明的时代特征。另一方面，习近平总书记在中国人民大学考察时的重要讲话精神为思想政治理论课建设发展提供了全新的学术增长点。学者们聚焦习近平总书记重要讲话精神，围绕思想政治理论课的内涵、价值、特征等方面展开深入讨论，掀起研究热潮，形成学界新的研究

热点，使相关成果具有鲜明的时代特征。

二是聚焦现实问题，凸显实践导向。关注实践实际、紧跟实践发展是激发思想政治理论课建设内生动力的重要遵循。本年度学者们密切关注思想政治理论课建设的鲜活实际及最新发展动向，凸显出鲜明的实践导向。一方面，密切关注"大思政"工作格局下思想政治理论课的鲜活实际。2022 年7 月教育部等十部委联合印发了《全面推进"大思政课"建设的工作方案》，深刻地回应了"大思政"工作格局建设，本年度学者们准确把握这一客观实际，围绕大思政课特征、内涵、价值、路径等方面展开研究，及时运用理论思维将实践问题转化为理论问题，将具体现象上升为一般理论，为更好地指导实践活动提供理论遵循。另一方面，密切关注全新信息技术融入思想政治理论课的现实问题。本年度关于信息技术融入思想政治理论课的相关研究着力寻求推陈出新的突破口，通过大数据、智能平台、全媒体时代等积极回应和解答实践中不断提出的崭新问题。同时，不少学者们意识到要对信息技术的融入进行"冷思考"，合理地规避信息技术的数据困境和伦理挑战等问题，立足于解决实践中存在的真问题，回应实践中的深层次需要。

三是聚焦学生主体，凸显重点对象。一直以来，青年学生是思想政治理论课建设的重点对象。本年度学者们关于思想政治理论课建设的研究也在持续关注青年学生。一方面，强调思想政治理论课与满足青年学生成长发展需求和期待的关系。本年度学者们从不同角度论证了思想政治理论课与青年学生成长发展需求和期待的内在契合性，既有基于思想政治理论课建设的价值理念、价值目标、价值主体等基本要素论证二者内在耦合的研究，也有基于青年学生应具备的科学信仰、思想观点、基本素养等时代特征论证二者高度契合的研究。另一方面，强调思想政治理论课提升青年学生获得感的有效路径。学者们从不同维度阐释了提升青年学生获得感的有效路径，相关研究基于系统论的角度从创新理念、丰富载体、完善机制等方面提出有效途径，也有研究基于过程论的角度从获得感生成、运行、评价等方面提出有效路径。

这一重要的研究内容在未来也很有可能继续成为思想政治理论课建设研究的重点。

相对来说，当前对思想政治理论课建设微观层面的研究略显单薄，主要体现在，一是体系化研究较少。已有的研究围绕思想政治理论课的目标、原则、内容、主体、客体、载体、方法、过程、规律、评价等方面进行不同层面的研究分析，但是其学理性、系统性也存在着巨大的提升空间。具体来看，对于思想政治理论课建设的相关理论研究不能仅限于对技术的研究，当然利用新媒体新技术增强课堂教学的亲和力是无可厚非的，但是相关的理论研究不能过度关注对新技术的研究，扎实进行"元理论"研究的基础理论研究也是非常重要的。二是对策研究的区分度不明显。已有的研究成果对思想政治理论课建设提出了许多有建设性的对策建议，有针对思想政治理论课教师、教材、学生、机制等提出的不同要求，但是从总体上看过于笼统，在破解具体问题的对策上的区分度还不够明晰。三是学理性批判研究较少。当前大部分学者的研究更多是探讨思想政治理论课自身的建设性批判，但是并没有跳出思想政治教育学科本身，用批判性思维观察和理解经济社会发展问题，特别是将批判性思维与学生成长成才规律相结合。

（三）技术赋能研究成为热点，融合创新研究相对不足

技术赋能是思想政治理论课改革创新的重要保障，只有不断地掌握与利用新技术，才能在顺应新技术的变革时占据主动。对于思想政治理论课的改革创新来说，其难点在于融合创新，即并不是简单地对网络信息技术进行利用，而是在思想政治理论课载体创新上充分利用网络信息技术这个"最大增量"，使数字化、网络化、智能化成为思想政治理论课适应时代发展的必然趋势。所以，对技术赋能的研究成为思想政治理论课建设研究的热点问题，而对融合创新的研究则是思想政治理论课建设研究的重点问题，两者是相互递进、不可偏废的。

本年度学者们的研究对技术赋能的关注逐渐成为热点，显示出思想政治教育理论研究者们具有较强的跨学科知识借鉴和创新能力。一方面，学者们深入研究人工智能、虚拟现实技术、大数据、互联网思维等现代信息技术的知识，深入探讨人工智能、虚拟现实技术、大数据、互联网思维等融入思想政治理论课的内涵特征、内在契合、可行分析等，推动信息技术融入思想政治理论课的实践路径研究。另一方面，学者们紧密结合思想政治理论课建设的实际需要，深入探讨某类技术具体运用的实际策略与现实要求。具体来看，比如结合人工智能驱动的高校思想政治理论课精准教学实施框架，进行精准学情识别和画像、精准教学内容定制和推送、精准教学活动设计、精准学习跟踪和预测、精准教学评价、精准教学决策等；[①]也有结合互联网思维探讨思想政治理论课针对性的相关研究，具体展开为增强教育者"对症下药"的能力，"靶向定位"教育对象的发展需求，促使课程内容达到"量体裁衣"，推进教育中介实现"因事为制"等层面的相关研究等。[②]

虽然本年度学术界对于思想政治理论课建设技术赋能的相关研究，有助于推动思想政治理论课建设的方法创新，但是需要进一步对技术创新如何推动思想政治理论课建设的整体创新进行研究。相比较而言，当前在融合创新研究方面还存在着不足。一方面，已有的研究对于技术赋能方法创新的应用研究较少。比如，本年度一些学者们虽然已经探讨了大数据、虚拟仿真技术、人工智能等赋能思想政治理论课建设的可能性分析及实践策略，但却缺少相应的实践研究样本或具体的分析案例，融合创新的应用研究还需要进一步加强。另一方面，已有的研究对于思想政治理论课建设的具体实践关注不够。比如，一些学校利用大数据、人工智能等技术应用于思想政治理论课的具体实践成果并未得到充分呈现，部分实践还处于正在探索的状态，所以这

---

① 万力勇、易新涛：《人工智能驱动的高校思想政治理论课精准教学：实施框架与实现路径》，《思想教育研究》2022 年第 4 期。

② 丁玉峰：《互联网思维下提升高校思想政治理论课针对性探赜》，《思想政治教育研究》2022 年第 4 期。

部分研究成果的运用价值还有待挖掘。

三、思想政治理论课建设研究的趋势展望

2022 年度思想政治理论课建设研究取得了较为充实的成果，这些研究成果一方面展现出了思想政治理论课建设研究的阶段性新特征，另一方面也预示着今后一段时间思想政治理论课建设研究的创新发展方向。

（一）理论与实践相统一：进一步凸显相关研究的科学性

在未来的思想政治理论课建设研究中，思想政治理论课建设的基础理论研究将会被继续夯实。本年度学者们尝试探索思想政治理论课建设的理论根基，为思想政治理论课建设的研究提供了丰厚的理论滋养。虽然从思想政治理论课建设的规律性认识和成功经验等角度进行探讨的基础性理论成果偏少，但是从整体上看，学者们本年度的相关研究成果中理论与实践相统一的思路反映了思想政治理论课建设的规律，也较为全面地回应了思想政治理论课在建设过程中的理论逻辑与现实问题。同时，思想政治理论课建设的相关研究也会继续坚持实践导向。新时代思想政治理论课在内涵式发展过程中的实际需要将会被进一步回应，尤其是聚焦思想政治理论课建设的前沿性问题进行针对性研究。从理论和实践相统一的角度共同推进，探寻在教育现代化和国家治理现代化背景下，如何高效提升思想政治理论课建设的质量，实现思想政治理论课守正创新的发展等都将成为后续研究持续关注的重要内容。

在未来思想政治理论课建设研究中，实现基础理论与实践导向的协同推进，进一步凸显相关研究的科学性，重点在于两者的协同推进，形成良性循环。一方面，要把基础理论作为开展思想政治理论课建设研究重要的逻辑起点。夯实的基础理论研究为解决实践问题提供理论遵循，在未来的相关研究中不仅要对思想政治理论课建设的基本概念、相关命题、科学内涵等开展研究，从词源词义、观点演变、现实要求等层面系统分析思想政治理论课内涵

式发展的关键要素；而且也要形成以概念研究为起点的研究范式，通过相关概念的科学厘定与清晰解释，能够真正地从源头上科学把握思想政治理论课建设的各个命题，促进思想政治理论课建设研究持续深入与不断深化。另一方面，要把实践导向作为开展思想政治理论课建设研究重要的逻辑结点。实践问题的解决进一步地推动和促进基础理论研究的纵深推进。在未来的相关研究中不仅要加强思想政治理论课基础理论成果转化的研究，充分尊重青年学生的主体性地位，坚持问题导向、实践导向的基本原则，从机制建设、条件保障、实践环节等方面加强相关研究成果由理论转向实践、保障各项实践举措有效落实的研究；而且也要加强思想政治理论课建设成果转化机制的研究，建立健全相关机制保障和推进各项研究成果的实践转化。

（二）守正与创新相统一：进一步提升相关研究的实效性

对于思想政治理论课建设研究的质量提升必然关注提质增效，如何进一步提升相关研究的实效性也是后续研究亟需关注解决的问题。在思想政治理论课建设研究中既要从基本原理层面深化逻辑内涵探讨，也要从多样化研究视角、交叉学科范式和多样化研究方法进行理论和实践的探索。在思想政治理论课建设研究中坚持守正与创新相统一，就是在发挥好传统的思想政治理论课的教学目标、教学原则、教学内容、教学载体等价值意蕴和功能蕴含的前提下，持续探索思想政治理论课建设守正创新的方式和模式等。在未来的研究中，如何运用创新性研究视角和研究方法开展前瞻性研究将会成为今后研究可以预见的趋势之一，预计在未来的研究成果中也会出现更多坚持守正与创新相统一，充分体现思想政治理论课建设研究实效性的优秀研究成果的出现。

在未来思想政治理论课建设研究中，实现守正与创新的辩证统一，需要在具有明确的学科边界的基础上，进行多学科的交叉融合，坚持"以我为主"原则，立足本学科的属性和发展需求不断推陈出新。一方面，要在思想政治教育的学科规范和研究方法中找到必须坚持的"学术坚守点"。在进行思想政治理论课建设的相关研究时，要明确思想政治教育学科是基础学科，要本着"为我所用"的原则吸收借鉴其他学科的学术资源和研究范式等，切忌不可"颠倒主次"过度强调交叉学科的自身独立性，进而把这种独立性绝对化，使思想政治教育学科成为其他交叉学科的"附庸"，这是需要特别注意和警惕的研究倾向，所以，要始终处理好思想政治教育学科与交叉学科"体"与"用"的关系。另一方面，要善于从多学科的交叉和融合中寻找拓展研究领域的"学术增长点"。随着思想政治理论课建设研究的持续深入，需要不断完善知识体系并持续回应思想政治理论课在实际教学过程中的热点、难点问题，这就必然要求不断深化与其他学科交叉和融合。在思想政治理论课建设研究的过程中，为了更好地解决思想政治理论课建设中的理论与现实问题，也使学科交叉与融合步入更深的层次，不仅要继续推进与教育学、政治学、社会学等传统交叉学科的融合，也要积极鼓励与统计学、概率学、智能技术等新兴学科方向的融合，持续地吸纳其他学科优秀的研究范式、研究方法、研究理论，不断拓展学科理论体系的领域版图。

（三）深度与广度相统一：进一步彰显相关研究的系统性

对于思想政治理论课建设研究来说，研究的深度体现在针对具体研究问题聚焦式的深度挖掘，而研究的广度体现在对研究范围的整体性的全面研究呈现，研究深度与广度相统一，进一步彰显了思想政治理论课建设研究的系统性。一方面，未来的研究会对思想政治理论课建设的内涵式发展、守正创新等宏观问题的具体要素进行整体把握，在提升研究整体性的同时突出研究中的关键环节，反映重点内容和相关概念的研究全貌。另一方面，未来的研究也会继续聚焦具有较高研究价值、研究热度的具体问题。比如，信息技术融入思想政治理论课的相关研究将会成为持续深入的热点研究，通过信息技术精准切入思想政治理论课建设的创新发展，以此揭示思想政治理论课建设的未来发展趋势。

在未来思想政治理论课建设研究中，需要将研究深度与研究广度相统一的原则一以贯之，确保研究深度与研究广度的同向而行。一方面，从研究广度来看，要加强经验规律总结，聚焦思想政治理论课建设的规律性。虽然本年度相关研究中有针对思想政治理论课建设的历史梳理，但更多停留在中观和微观层面的分析，从宏观视角对思想政治理论课建设的专门性规律研究仍有进一步深化的空间。特别是对中国共产党成立以来、新中国成立以来、改革开放以来思想政治理论课建设的历史规律性总结，有助于思想政治理论课建设研究的持续深化。例如，在百年党史视域下对思想政治理论课建设进行历时性总结研究，不仅有助于充实思想政治理论课研究架构，而且有助于完善思想政治理论课研究的内容体系。同时，未来对于思想政治理论课建设研究也将继续挖掘中华传统优秀文化中的育人资源和育人要素，为思想政治理论课建设研究提供理论和实践层面的历史借鉴和文化熏陶。另一方面，从研究深度来看，要持续把握实践导向，探索思想政治理论课建设与信息技术的深度融合。大数据技术、虚拟仿真技术、人工智能技术等的日益成熟和快速迭代，为思想政治理论课创新提供了现实的可能。但由于当前思想政治理论课建设在信息化程度上的不足，以及随着信息技术发展带来的"信息茧房""伦理挑战""隐私泄露"等一系列问题也成为思想政治理论课建设在守正创新过程中亟需面对的时代课题。因此，在今后的研究中，思想政治理论课建设的相关研究需要进一步探究与现代信息技术的紧密结合，使互联网成为思想政治理论课建设相关研究的"最大增量"，以丰硕的研究成果带动思想政治理论课的创新发展。

展望未来，从思想政治理论课建设研究的科学性、实效性和系统性出发，学术界后续必定有更多优秀的研究成果和研究作品出现，并以此不断丰富思想政治理论课建设研究的内容体系，完善思想政治理论课建设的理论和实践内涵，不断推动思想政治理论课的高质量发展。

第十章　思想政治教育文化育人研究

习近平总书记在 2022 年 9 月为即将出版发行的《复兴文库》作题为《在复兴之路上坚定前行》的序言时指出："修史立典，存史启智，以文化人，这是中华民族延续几千年的一个传统。"[①] 这是继全国高校思想政治工作会议、《关于加强和改进新形势下高校思想政治工作的意见》和《关于新时代加强和改进思想政治工作的意见》后，再一次强调以文化人问题。以这些重要论述为根本遵循，结合党和国家的发展战略及思想政治教育的根本任务，本年度思想政治教育文化育人研究进一步深化，学者们在持续推进思想政治教育文化育人基础理论研究的基础上，重点关注中华优秀传统文化育人、红色文化育人等时代问题，开始关注数字化背景下文化育人等前沿问题，凸显出鲜明的时代特征。梳理其中具有代表性的成果，把握其研究特点、明确其研究不足、预测其研究趋势，对于进一步深化思想政治教育文化育人的理论创新及实践发展具有重要意义。

一、思想政治教育文化育人研究年度进展

本年度思想政治教育文化育人研究，主要聚焦于文化育人的本质、马克思主义基本原理与中华优秀传统文化相结合的理论分析、以文化人与立德树人的逻辑关系等基础理论问题，着重回应了习近平总书记在省部级主要领导干部专题研讨班上的重要讲话及党的二十大精神等热点问题，着重关注了实

---

① 《在复兴之路上坚定前行——〈复兴文库〉序言》，《人民日报》2022 年 9 月 27 日。

践领域红色文化育人、网络文化育人、优秀地域文化育人、中华优秀传统文化育人等不同文化样态育人问题，以及不同学段的文化育人实践，形成了系列重要研究成果。

（一）思想政治教育文化育人的基础理论研究

思想政治教育文化育人的基础理论研究是思想政治教育文化育人研究的理论基础和理论依据。2022 年，学者们在以往研究成果的基础上，进一步深化思想政治教育文化育人本质的研究，开始关注数字化背景下文化育人等前沿问题，持续深化马克思主义基本原理与中华优秀传统文化相结合的研究，极大地丰富和深化了思想政治教育文化育人的基础理论研究。

关于文化育人的本质。有学者从人类学会生存到追求存在，以及从以文化人职能发展演化的历史进程阐释了文化育人本质的演进，认为文化育人的本质演变遵从人类学会生存与追求存在的自然演化逻辑，在人与文化的共同生长繁荣中孕育着人与文化的共同生成。就文化育人的生存本质而言，文化育人带有极强的意义创设性和行为理解性，大致经历了模仿学习期、独立分化期、和间歇发展期三个阶段的动态演进。模仿学习期，文化作为指导人类生存的基本职能，在人的模仿学习中只是作为一种简单的技能传递，并未表现出强烈的育人美感和生成德性，这一时期彰显出"人育文化"和"文化育人"的双重交互关系。独立分化期，人们对美德的追求远大于对知识的渴望，文化的社会职能所发挥的育人功能更注重改造人的德性，这一时期，往往用文化来捆绑人获得知识的自由。间歇发展期，在人类记忆经验的流传中不断打开对世界本真的认识，将文明所需的全部进程写入各个民族的生长发展中，这一时期，文化在改变人的生存状态的同时，直接影响着人的自我保护方式的演变。就文化育人的存在本质而言，文化育人围绕人出生的文化环境和人生长的文化生态，帮助人打破原有文化生态格局中被封冻的中间层，使流动的文化以符号自身所具有的想象力孕育生命的再生，指向人的意义性存在。在文化育人演进中，文化育人职能也表现出愈来愈丰富的内涵，从本能需求到德性需求，再到社会需求，最终重归德性需求的文化育人职能。[1]有学者基于数字化背景，指出文化育人的本质就是从文化存在的数字社会语境出发，将文化育人视为技术与人文统一的存在，是文化的数字形式与数字的文化属性整体的存在物，数字社会中的文化育人就是坚定文化自信、强化中华民族认同，不断贯通"应然"与"实然"的有益转换，串联"数字世界—实体世界"的精神链条，充分释放中华民族精神在我国数字社会中的育人伟力，让人文关怀引领技术发展。[2]

关于以文育人的现实可能性。有学者从哲学角度提出以文化人何以可能有三个基本点，认为文化内蕴的价值观是"以文化人"得以可能的内在基础，场域是"以文化人"的时空载体，人的本质是"以文化人"得以可能的重要条件，人的需要是"以文化人"得以可能的重要前提，感化、转化、内化是"以文化人"得以可能的实践路径，其中感化强调人对文化的可接受性，转化强调人的思想在先进文化的影响下从一种状态向另一种状态的转变，内化凸显了文化是一种可以被接受的过程。[3]

关于以文育人与立德树人的逻辑关系。有学者基于培育时代新人的志气、骨气和底气的文化蕴含与文化路径，阐释了如何通过文化育人增强时代新人的志气、骨气和底气，该学者认为时代新人的志气、骨气、底气凝聚丰厚的文化蕴涵，同中华优秀传统文化、马克思主义中国化理论成果、中国共产党人精神谱系具有本质关联，培育时代新人的志气、骨气、底气实质上是文化探寻、文化传递、文化加工、文化创造的实践活动，要通过挖掘文化资源、开设好文化课堂、开展文化实践、营造文化环境，构筑起激发、孕育、

① 柳安娜、王安全：《从生存到存在：文化育人本质的演变与转向》，《教育理论与实践》2022 年第 10 期。
② 梁靖、金昕：《数字社会背景下我国文化育人的哲学解析》，《新疆社会科学》2022 年第 3 期。
③ 吕彪、李辉：《"以文化人"何以可能的哲学审视》，《学校党建与思想教育》2022 年第 14 期。

淬炼、熏陶的有效培育路径。①有学者从系统科学的角度探索以文化人与立德树人之间的逻辑关系，认为以文化人实质上从文化视角回答了新时代为谁培养人、培养什么样的人的根本问题。以文化人的"文"为立德树人提供了深厚的文化力量，以文化人的"化"蕴含着立德树人多样化的方式方法，以文化人整体、系统地揭示了立德树人本质的、必然的联系，展现了以文化人的规律本性。以文化人在探寻立德树人规律的基础之上，力图构建立德树人独特的运行模式、实践机理，通过以文化人实现立德树人科学、可操作的育人机制。②

关于以文育人的相关概念辨析。有学者认为比较文化资源与文化载体这两个相近概念，既是助推思想政治教育学科理论体系化的必要条件，也是提升思想政治教育以文化人、以文育人实效性的基础。该学者从内涵要义、存在方式、功能定位、作用方式等方面对二者进行了比较。就内涵要义而言，思想政治教育文化资源作为思想政治教育实践活动中的一种客观存在，是能够为教育者开发利用，推动教育目标实现和教育实效增强的所有文化要素的总和，是有用性、构成性和价值衍生性的统一。不同于思想政治教育资源，思想政治教育载体作为载运思想政治教育信息和内容的一种功能性存在，是对象性、依附性与价值稳定性的统一。就存在方式而言，文化资源主要受制于文化生产力的发展，文化生产力越发达，文化资源越富饶，而文化载体更多受控于教育主体的因素；文化资源是精神形态与物质形态共存，文化载体主要呈现为物质形态。就功能定位而言，文化资源作为可开发利用的源头，能够以多种方式参与思想政治教育过程，以生产投入要素的形式发挥基础性功能，而文化载体发挥着承载、传导教育信息，沟通教育者与受教育者的服务性功能。就作用方式而言，文化资源对教育实践的影响，大多需要中间环

---

① 冯刚、陈倩：《培育时代新人志气、骨气、底气的文化向度》，《国家教育行政学院学报》2022年第2期。

② 罗红杰：《"以文化人"到"立德树人"的系统逻辑》，《系统科学学报》2022年第3期。

节的转化来实现，文化载体则直接参与到教育实践过程中，文化资源对思想政治教育呈现多重影响，而文化载体的作用更多地呈现积极的特征。①

关于马克思主义基本原理与中华优秀传统文化相结合的理论研究。有学者从理论与实践、历史与现实的维度阐释了马克思主义基本原理与中华优秀传统文化相结合的价值意蕴与时代要求，指出马克思主义基本原理同中华优秀传统文化相结合是习近平新时代中国特色社会主义思想的创新性体现，有利于推进马克思主义在中国落地生根，有利于激活中华优秀传统文化的生命力。该学者梳理了新民主主义革命时期、社会主义革命和建设时期、改革开放和社会主义现代化建设新时期及中国特色社会主义新时代等不同时期中国共产党推进马克思主义基本原理与中华优秀传统文化相结合的进程，认为二者相结合的进程，归根结底是不断推进马克思主义中国化的进程。新时代坚持将马克思主义基本原理同中华优秀传统文化相结合，必须以马克思主义"主导意识"为方向，以中华优秀传统文化的精髓要义为内容，以中华优秀传统文化的"双创"发展为路径。②有学者阐释了马克思主义基本原理与中华优秀传统文化相结合的历史必然性，认为将二者结合起来，是解决近代以来中国所面临的精神被动和精神危机问题、人民革命和人民民主问题、现代化和人民共同富裕问题等一系列历史难题的必然选择，是由中华优秀传统文化与当代中国实践的内在联系，"打天下"与"治天下"的辩证关系，中华优秀传统文化包容开放的性格特点及马克思主义中国化的内在要求决定的。要实现马克思主义与中华优秀传统文化的良性互动和有机结合，就必须坚持取其精华与去其糟粕、坚持真理与不忘本来、古为今用与推陈出新统一起来，不断用马克思主义真理力量和时代精神激活中华优秀传统文化。③有学者基于

---

① 梅萍、向荣：《思想政治教育文化资源与文化载体之辨》，《思想教育研究》2022年第9期。

② 王易：《马克思主义基本原理同中华优秀传统文化相结合的历史考察与时代要求》，《马克思主义研究》2022年第3期。

③ 刘建武：《马克思主义基本原理与中华优秀传统文化相结合的历史必然性》，《思想理论教育导刊》2022年第2期。

马克思主义基本原理与中华优秀传统文化的内在关联阐释了二者结合的内在根据和主要方式，认为马克思主义既吸收了西方文明的优秀成果，又吸收了包括东方文明在内的人类文明的全部优秀成果，具有普遍性、世界性，能够同各民族优秀文化相结合。中华优秀传统文化属于中华文明，中华文明对于域外文明具有包容性，并且中国优秀传统文化的优秀成果直接或间接地反映在马克思主义基本原理中，二者具有内在契合性。从主体看，中国共产党人作为马克思主义和中华优秀传统文化的忠实传承者，为二者的结合提供了主体条件，而中华民族复兴伟业为二者的结合提供了实践基础。就二者相结合的形式而言，该学者认为既要解决马克思主义中国化的民族形式问题，又要将中华优秀传统文化融入中国化马克思主义成果之中。① 有学者立足于马克思主义基本原理与中华优秀传统文化"为何结合""结合什么""如何结合"，廓清两者在结合可能性问题上的"不可能结合论"，在结合必要性问题上复归儒学"正统地位"的"文化复古主义论"，在结合的主客体关系问题上模糊马克思主义指导地位的"主次颠倒论"，在结合内容问题上窄化、矮化中华传统文化论，在结合路径问题上理论脱离现实的"简单融合论"。②

（二）思想政治教育文化育人的实践研究

2022 年度学者们在持续推进思想政治教育文化育人基础理论研究的同时，重点关注中华优秀传统文化、红色文化、特色地域文化、网络文化、校园文化等不同文化样态育人实践，以及中学、高校、职业学校等不同类型学校、不同学段文化育人实践问题。

① 颜晓峰：《坚持把马克思主义基本原理同中华优秀传统文化相结合》，《社会主义核心价值观研究》2022 年第 1 期。
② 冯冉：《坚持马克思主义基本原理同中华优秀传统文化相结合须廓清的几种错误倾向》，《思想理论教育》2022 年第 10 期。

1．不同文化样态育人实践

文化是以多样化的形式而存在，因而文化育人实践也体现为不同文化样态的育人实践。2022 年度，学者们围绕中华优秀传统文化育人实践、红色文化育人实践、特色地域文化育人实践、网络文化育人实践、校园文化育人实践等问题进行了探讨。

关于中华优秀传统文化育人实践。有学者以美育文化为切入点，阐释了中华优秀传统美育文化的丰富内涵、时代价值及弘扬与发展。该学者指出，中华优秀传统美育文化蕴含着内外兼修、形神兼备，尽善尽美、美善统一，礼乐修身、家国天下，和而不同、美美与共，天人合一、道法自然等丰富内涵，中华优秀传统美育文化注重以美化人、以美培元，在培育时代新人、增强文化自信、激发使命担当等方面具有重要价值，弘扬中华优秀传统美育文化，就需要在传统文化艺术的提炼、转化、融合上下功夫，紧扣时代发展需求，实现创造性转化和创新性发展。[①] 有学者立足于高校中华优秀传统文化教育的实践样态，从建构人的精神世界和引领人们社会实践两个方面强调了中华优秀传统文化发挥作用的路径。就构建精神世界而言，需从提升中华优秀传统文化课程质量、构建整体的中华优秀传统文化课堂教育体系、深入挖掘中华优秀传统文化教育资源等方面着力。就引领社会实践而言，需从开展蕴含中华优秀传统文化的校园活动、建立课外学习中华优秀传统文化的评价体系、丰富中华优秀传统文化实践教育途径、建设突显中华优秀传统文化的校园环境等方面着力。[②] 有学者立足于马克思主义基本原理与中华优秀传统文化相结合的实践进路，指出二者的结合，要坚持固本培元、和而不同、古为今用等原则，不断巩固马克思主义的指导地位，探索保留差异的融通之路，推

[①] 梅萍、孟恒艳：《中华优秀传统美育文化的价值意蕴及弘扬》，《社会主义核心价值观研究》2022 年第 1 期。

[②] 张兴海、程喆：《推进高校中华优秀传统文化教育路径探析》，《中国高等教育》2022 年第 2 期。

动中华优秀传统文化创造性转化和创新性发展。①

　　关于红色文化育人实践。有学者以数字化红色文化资源为切入点，认为数字化红色文化资源能够使高校思政课的教学资源"多"起来、使高校思政课的教学方式"新"起来、使高校思政课的教学效果"强"起来，运用数字化红色文化资源赋能高校思政课，利用数字化新技术，开发各具特色的数字化创意产品，发挥数字媒介优势，搭建红色文化资源数字共享平台，顺应数字化时代变迁，形成分享思想政治教育新模式。② 有学者以"中国近现代史纲要"课为切入点，认为将红色文化融入"中国近现代史纲要"课是加强党史教育的重要遵循，有助于引导学生在把握历史规律、发扬红色传统、赓续精神血脉、汲取智慧力量中做到明理、增信、崇德、力行。用好红色资源强化党史教育需要找准"纲要"课与红色资源的契合点，发掘红色资源铸魂育人的特殊属性，将红色资源立体、深度、体验式全方位融入党史专题教学体系。③ 有学者从红色文化具象化的视域，分析了红色文化具象化的必要性、可能性与实践性。该学者指出，由于历史时空的转换，代际认知的递减，红色文化面临着延续性断裂的挑战，红色文化具象化的建构有助于弥合时空认知差异，存续红色历史记忆，有效抵御红色文化被遗忘的风险。红色文化具象化的建构需经过符号凝缩、介质表征、技术赋能的双向循环流转，诠释红色文化的价值话语、外显红色文化的意象构境、增进红色文化的情感认同。红色文化具象化建构在实践维度中要以多样化的符号立体呈现红色文化的具象内容，仪式化的记忆之场动态复归记忆，导引个体进入情感归属的实践场域。④ 有学者以贵州民族地区为例，阐释了红色文化融入贵州民族地区高校

---

① 王易、倪圣茗：《论马克思主义基本原理同中华优秀传统文化相结合的实践进路》，《思想理论教育》2022年第5期。

② 田珊：《数字化红色文化资源赋能高校思政课的价值及路径探析》，《思想理论教育导刊》2022年第7期。

③ 辛艺萱、盛林：《"中国近现代史纲要"课用好红色资源传承红色基因的教学思考》，《思想教育研究》2022年第7期。

④ 陈钿莹：《表征与记忆：红色文化的具象建构》，《思想理论教育》2022年第10期。

思政课的有效路径及育人机制，该学者认为要按照"突出理论课堂、激活实践课堂、占领网络课堂、用好社会课堂"的思路，将红色文化有效转化为育人资源，通过构建高校党委领导、"四堂联动"协同、贯穿红色主题、统筹考核评价的育人机制，实现贵州民族地区高校"四堂联动"红色文化育人的制度化、长效化。① 有学者立足于红色文化的思想政治教育功能发挥，指出红色文化具有实施社会动员、增强社会认同、凝聚价值共识、强化思想引领、塑造党的形象等重要功能，而当前红色文化在弘扬过程中出现了一些解构和扭曲，面临"轻红""淡红""拒红""去红"等问题。要有效应对此类挑战，充分发挥红色文化的育人功能，需充分挖掘红色资源、讲好红色故事、强化红色教育、巩固红色阵地、维护红色形象。② 有学者聚焦于红色文化融入思政课的作用、目的和路径，认为红色文化能够丰富思政课的内容、强化思政课的价值引领，红色文化融入思政课的根本目的是立德树人，主要目的是坚定青年信仰、直接目的是激发青年奋斗动力。将红色文化融入思政课，需要思政课将红色文化中蕴含的道理讲"深"、讲"透"、讲"活"。③ 有学者紧紧围绕红色文化资源融入高校思政育人体系，认为红色文化对于树牢高校思政育人政治导向、培塑高校大学生的道德品质、丰富高校思政育人载体内容、优化高校思政育人方法路径等具有重要意义。红色文化资源融入高校思政育人体系，需着力于完善红色文化育人机制、增强红色文化育人实效、搭建网络育人多维载体平台、营造浓厚的红色文化育人氛围等。④ 有学者以红色音乐文化为切入点，阐释了红色音乐文化的育人价值及实现路径，该学者指出，红色音乐文化通过深入人心的歌词、直抵人心的旋律和温暖人心的故事

---

① 贾红霞、范建刚：《贵州民族地区高校思政课"四堂联动"红色育人研究》，《贵州民族研究》2022 年第 2 期。

② 吕治国：《红色文化的思想政治教育功能与作用发挥》，《思想教育研究》2022 年第 2 期。

③ 安治民、杜朝举：《红色文化融入思想政治理论课的三个维度》，《学校党建与思想教育》2022 年第 13 期。

④ 卢蔡、程世利、杨波：《红色文化资源融入高校思政育人体系研究》，《学校党建与思想教育》2022 年第 22 期。

增知、共情和促行。将红色音乐文化融入高校思想政治教育，应落实课程思政理念、强化校园文化建设，不断提升红色音乐文化育人效果。[1] 有学者立足于红色资源在大学生思想政治教育中的运用，认为红色资源之于大学生而言，有助于建构正确的历史认知和培育健康的政治情感，有助于明大德、守公德、严私德，将红色资源应用于大学生思想政治教育，应着力于强化红色资源运用意识，实现红色资源整合传播和综合运用。[2] 有学者紧紧围绕红色文化的价值及其生成，从历史向度、现实向度、精神向度和发展向度等多重维度分析了红色文化的价值，并从思想前提、内化驱动和物态媒介等方面阐释了红色文化的价值生成。[3]

关于特色地域文化育人实践。有学者以高校思想政治教育为切入点，认为优秀地域文化具有重要的育人价值，并从价值意蕴、战略资源和发展蓝图三个维度阐释了将优秀地域文化融入高校思想政治教育是当前的一项重要课题。该学者指出，将优秀地域文化融入高校思想政治教育，不仅有"引实进虚"的以文化人的价值意蕴，还有"由虚入实"的以文育人的客观效果，文中择取具有代表性的陕西红色文化、湖南英雄文化、广东侨乡文化分别融入西安交通大学、湘潭大学、暨南大学思想政治教育的实践，总结出将优秀地域文化融入高校思想政治教育实践，要从打造特色地域"长板"、创新特色实践情境、实现特色辐射效应等方面发力，把握好融入的目标向度、提升融入的协同力度、拓展融入的空间维度。[4] 有学者以中学政治课教学为切入点，认为地方特色文化资源具有鲜明的地域性、历史性、亲和性和丰富性，能够丰富课程资源、增强课堂吸引力、助推地方文化传播。将地方特色文化融入

---

[1]　赵晓琳、曾艳：《红色音乐文化融入高校思想政治教育的价值与路径》，《教育学术月刊》2022 年第 9 期。

[2]　王子薪：《论大学生思想政治教育中红色资源的运用》，《思想理论教育》2022 年第 10 期。

[3]　陈月霄、李星：《论红色文化多维价值及其生成方略——兼以福建红色文化为叙述背景》，《思想教育研究》2022 年第 2 期。

[4]　刘有升、陈丽静：《优秀地域文化融入高校思想政治教育研究》，《思想政治教育研究》2022 年第 2 期。

课堂教学，需巧用资源以贯穿课堂教学各环节、优化资源以开展议题式教学、活用资源以实现理论与实践、知识与信仰相结合。①

关于网络文化育人实践。有学者以高校网络文化建设为切入点，概括了新时代高校网络文化建设取得的成效、面临的挑战及优化发展的策略，该学者指出，近年来高校网络文化建设总体成效显著，覆盖边界稳步延伸、资源优势逐步显现、育人效果显著提升。但与此同时，高校网络文化建设还面临着内容供给和形式表达不够完善、专业队伍不够健全等问题和挑战。为此，高校要围绕立德树人这个根本任务，以平台建设为窗口、以内容建设为导向、以队伍建设为抓手、以阵地建设为保障，不断建立健全合力机制、创新运作模式、坚定文化自信、提升运维能力、优化舆论空间。② 有学者以网络亚文化为切入点，分析了网络亚文化的生成、网络亚文化对青年"志气、骨气、底气"的影响及其应对策略。该学者认为当代青年相似的生存境遇、强烈的身份认同及飞速发展的网络技术催生了网络亚文化，网络亚文化一旦生成，就实现着对青年全时、全息的文化浸润，深刻影响着青年志气、骨气、底气的培育，具体表现为"佛系"文化弱化青年奋斗志气，消极思潮软化青年斗争骨气，彰显"自我"的传播方式淡化青年能力底气。为此，要增强主体自觉、筑牢网络舆论阵地、推进网络文化创新，不断增强青年志气、骨气和底气。③ 有学者立足于网络文化育人功能，从发挥网络文化育人功能的价值意蕴、基本原则和有效路径进行阐释，认为发挥网络文化的育人功能有利于转变传统思政工作的模式、拓宽思政工作载体、提升思政工作实效。新时代发挥好网络文化育人功能要坚持建设性与批判性、多样性与统一性、主导性与主体性、正面引导与隐性渗透相结合等原则，加强网络平台建设和监管、

---

① 黄雪垠、黄耘：《地方特色文化资源的教学应用》，《中学政治教学参考》2022 年第 11 期。

② 刘瑞、蒋笃君：《略论高校网络文化建设的新形势及优化路径》，《思想理论教育导刊》2022 年第 4 期。

③ 孟杰：《网络亚文化对培育青年志气、骨气、底气的影响及应对策略》，《思想理论教育导刊》2022 年第 6 期。

加强网络文化内容建设、加强思政工作者网络文化素质建设、加强教育对象的网络文化素养培育。[①]

关于校园文化育人实践。有学者以毕业典礼为切入点，阐释了校园文化的育人功能及实现路径，认为毕业典礼的特殊属性与学校育人活动基本诉求的耦合性，表明毕业典礼具有重要的育人功能。高校毕业典礼的育人功能主要涵括规训与过渡功能、记忆与认同功能、精神动力激发功能等。高校毕业典礼育人功能的发挥主要通过检验学习成果完成行为规训和身份过渡，通过仪式符号构建集体记忆实现身份认同，通过交流互动场域激发精神动力。[②]有学者以校园文化活动为切入点，认为提升高校文化活动育人质量是深化高校文化育人的有力抓手，是增强高校文化自信的重要载体，是满足青年学生需求的有效方式。提升高校文化活动育人质量，需强化顶层设计，明晰思政教育元素；强化品牌运作，突出实践育人特色；强化目标导向，确保学生成长受益；强化队伍建设，筑牢活动育人基础；运用新媒体，探索微文化育人模式。[③]有学者以校史文化为切入点，指出校史文化是一所学校最为宝贵的精神财富，蕴含极其丰富的教育资源，将校史文化融入思想政治课教学，要结合教学内容，精心甄选校史素材；结合校友资源，广泛开展社会实践；结合课程选修，系统开发校本教材。[④]

2. 不同学段文化育人实践

不同学段的教育对象具有不同的身心发展特点及不同的认知接受特点，因此针对不同学段的教育对象，文化育人也有不同要求。2022 年度，学者们围绕中小学学段及大学学段的文化育人实践进行了探究。

① 李广霄：《新时代思政工作发挥网络文化育人功能刍议》，《学校党建与思想教育》2022年第 18 期。

② 杜小琴：《高校毕业典礼的育人功能及其实现路径》，《学校党建与思想教育》2022年第 17 期。

③ 查方勇、战雨仟、朱修萍：《提升高校文化活动育人质量的思考》，《中学政治教学参考》2022 年第 31 期。

④ 吴建：《校史文化融入思政课教学路径管见》，《中学政治教学参考》2022 年第 41 期。

关于中小学学段文化育人实践。有学者以《语文课标（2022 年版）》为切入点，认为语文课程的主题内容包括中华优秀传统文化、革命文化、社会主义先进文化、外国优秀文化、日常生活科技进步等方面，各方面均包含培根铸魂、启智增慧的内容要素，无论是教学目标、内容、方法，还是师生间的互动，都应该体现出培养人的意义，让学习语文的过程成为积极健康的培养人的过程。① 有学者以中学语文课为切入点，阐释了革命文化融入中学语文课的策略，该学者认为，语文学科进行革命文化教育的主要载体是作品，语文教师不仅要提高对革命文化教育的思想认识，更要切实提升自己对革命传统作品的文化解读能力和践行以文化人的专业能力，教师还要根据学生的身心特点和接受方式，融通学科界限，引导学生进行跨媒介阅读等学科实践活动，使革命文化教育资源"可敬、可亲、可学、可用"。②

关于大学学段文化育人实践。有学者围绕高校以文化人的时代价值与实践探索，指出文化具有涵育德行、培根铸魂的作用，以文化人是新时代高校思想政治工作的必然选择，新时代高校思想政治工作要提升文化内涵，从思想引领、实践探索、价值旨归三个维度，深入挖掘高校思想政治工作"以文化人"的内在意蕴，挖掘高校思想政治工作"以文化人"的内容，创新高校思想政治工作"以文化人"方法，丰富高校思想政治工作"以文化人"的载体，将文化育人优势转化成为思想政治工作的重要助力。③ 有学者以非遗文化资源为切入点，认为"人"是大学育人环境构建中非遗资源挖掘与使用的目的，非遗资源的挖掘和开发要以促进人的全面发展为旨归，体现立心铸魂、立德树人的本质要求；"文"是大学育人环境构建中非遗资源挖掘与使用的关键，蕴含着对非遗文化进行选择、鉴别、比较和整合的过程；"化"是大学育

① 吴欣歆：《语文课标（2022 年版）：彰显以文化人的价值导向》，《中小学管理》2022 年第 6 期。
② 易海华：《让革命文化在学生心田落地生根——中学语文革命文化教育实施策略建议》，《语文建设》2022 年第 19 期。
③ 李丹：《新时代高校思想政治工作"以文化人"的理论蕴涵及实践探索》，《思想政治教育研究》2022 年第 3 期。

人环境构建中非遗资源挖掘与使用的路径，主要包括教化、浸化、内化、外化等方式。①

二、思想政治教育文化育人研究的年度特征与不足分析

2022 年度，思想政治教育文化育人在已有研究的基础上，紧跟理论与实践发展持续推进，形成了系列重要成果，凸显出鲜明的年度研究特征。2022 年度，思想政治教育文化育人以党和国家对文化育人与思想政治教育工作的新要求为根本遵循，紧跟实践发展，关照不同学段文化育人实践，研究深度不断深入，但仍存在一些有待完善的方面。在把握研究特点的基础上，找准研究不足，对于深化思想政治教育文化育人研究具有重要意义。

（一）思想政治教育文化育人研究的年度特征

一是彰显时代特征。紧扣时代，关注热点，对于深化和推进思想政治教育文化育人理论研究至关重要。2022 年度特殊的时代背景为深化思想政治教育文化育人研究提供了重要契机。首先，中国共产党二十大的胜利召开。这一极其重要的大会是在我国进入全面建设社会主义现代化国家新征程的关键时刻召开的，对鼓舞和动员全党全国各族人民坚持和发展中国特色社会主义、全面建设社会主义现代化国家、全面推进中华民族伟大复兴具有重大意义，这也为思想政治教育文化育人研究提供了新的视域。在党的二十大报告中，习近平总书记多次强调要加强文化建设，尤其强调"坚持和发展马克思主义，必须同中华优秀传统文化相结合"，"把马克思主义思想精髓同中华优秀传统文化精华贯通起来"。②2022 年度围绕着党的二十大报告中关于文化建设，尤其是传统文化育人的相关论述，思想政治教育理论界进行了广泛而深

---

① 周婷婷：《以文化人：大学育人环境构建中非遗资源挖掘与使用的着力点》，《四川戏剧》2022 年第 7 期。
② 习近平：《高举中国特色社会主义伟大旗帜 为全面建设社会主义现代化国家而团结奋斗——在中国共产党第二十次全国代表大会上的报告》，《人民日报》2022 年 10 月 26 日。

入的研究，相关论文聚焦马克思主义基本原理与中华优秀传统文化相结合的内在根据、主要形式、价值意蕴、时代要求、实践路径等，多维度立体化分析了马克思主义基本原理与中华优秀传统文化相结合的历史必然性、现实可能性及实践操作性。相关研究紧扣二十大精神，充分体现了思想政治教育文化育人研究鲜明的时代特征。其次，习近平总书记在中国人民大学考察时发表重要讲话，指出"坚持党的领导传承红色基因扎根中国大地，走出一条建设中国特色世界一流大学新路"。[①] 这一重要论述强调了红色文化育人的重要性，学者们聚焦这一重要论述，围绕红色文化融入思政课、红色文化融入高校思想政治教育体系、红色音乐文化的育人价值、红色文化具象化等问题展开深入探讨，凸显出思想政治教育文化育人聚焦党的理论创新成果，紧跟热点问题的研究趋势。总体而言，2022 年度思想政治教育文化育人研究紧跟时代步伐、反映时代脉搏，具有鲜明的时代特征。

二是凸显实践导向。紧跟实践，关照现实，是增强思想政治教育文化育人研究内生动力的根本所在。2022 年度学者们密切关注思想政治教育文化育人实践发展的最新动向，凸显出鲜明的实践导向。首先，密切关注网络文化的发展及数字化文化背景形成的客观现实。随着信息化、网络化、数字化成为社会发展的大趋势，文化创造、选择、传递的手段和方式也发生了根本变化，在思想政治教育文化育人实践中，教育主体在注重继续发挥以往文化育人资源和育人载体功能的基础上，出现了一些新的趋势和特点，比如更加注重运用网络文化资源和网络文化载体开展思想政治教育活动，或者更倾向于在数字化空间开展文化育人实践。与此同时，网络中也出现了诸如"佛系"文化、"躺平"文化、丧文化等消极文化，对人们的思想产生很大影响。学者们敏锐地把握到实践中的这些客观实际，并及时将经验做法升华为理论指导。这也是本年度学者们围绕网络文化及数字化背景下文化育人进行深入研

---

① 《习近平在中国人民大学考察时强调 坚持党的领导传承红色基因扎根中国大地 走出一条建设中国特色世界一流大学新路》，《人民日报》2022 年 4 月 26 日。

究形成系列学术成果的重要原因所在。其次，密切关注不同学段文化育人实践面临的现实问题。善于发现问题、敢于直面问题、勇于回应问题是推进思想政治教育文化育人研究不断深入发展的重要突破口。本年度关于思想政治教育文化育人研究体现出这一特征。"人"是文化育人的终极对象，这里所说的"人""不是他们自己或别人想象中的那种个人，而是现实中的个人"，①这样的个人就接受教育程度不同而言，主要分为小学、中学、大学等不同学段，进一步看，不同学段的教育对象具有不同的思维特点及接受特点，教育者倘若不加区别地实施文化育人，则必然会由于缺乏针对性而导致收效甚微。学者们正是捕捉到了这一现实问题，并立足于解决问题，旨在增强思想政治教育文化育人的科学性与实效性。这也是本年度思想政治教育不同学段文化育人取得一定进展的重要原因。

三是聚焦高校思政课文化育人。高校思政课是大学生思想政治教育的主渠道，也是学界一直关注的焦点。尤其是 2022 年 4 月习近平总书记到中国人民大学考察时发表重要讲话时强调"思政课的本质是讲道理，要注重方式方法，把道理讲深、讲透、讲活，老师要用心教，学生要用心悟，达到沟通心灵、启智润心、激扬斗志。"②本年度在思想政治教育文化育人研究中，习近平总书记的这一重要讲话精神具有鲜明体现，因为思政课文化育人能够通过沟通心灵、启智润心、激扬斗志，达到培育时代新人的良好效果。2022 年度学界聚焦于高校文化育人，尤其是高校思政课文化育人研究，从不同维度阐释了高校思政课如何进行文化育人。学者们一方面从整体视角、宏观层面阐释了高校思政课文化育人与立德树人的逻辑关系，以及文化育人在揭示立德树人本质、丰富立德树人方式、夯实立德树人文化力量等方面的重要意义，阐释了高校思政课文化育人所运用的文化到底是什么文化、如何化人等根本

① 《马克思恩格斯文集（第一卷）》，人民出版社 2009 年版，第 524 页。
② 《习近平在中国人民大学考察时强调 坚持党的领导传承红色基因扎根中国大地 走出一条建设中国特色世界一流大学新路》，《人民日报》2022 年 4 月 26 日。

问题。与此同时，学者们从微观层面，深度分析了文化育人的实践路径；或者就高校某一门思政课，如"中国近现代史纲要"课如何增强文化力量，进而落实文化育人理念；或者就某一类具体的文化样态，如中华优秀传统文化、红色文化、校园文化、网络文化等，如何实现文化育人。这一研究特点既反映出高校思政课作为大学生思想政治教育主渠道的极端重要性，又反映出学界的研究旨趣，也反映出学者们积极回应、贯彻落实党和国家的重要方针政策。

（二）思想政治教育文化育人研究的不足分析

一是基础理论研究有待深化。思想政治教育文化育人的基础理论是思想政治教育文化育人的基本概念、范畴体系等组成的科学逻辑体系，在思想政治教育文化育人研究中具有基础性和根本性，对于推动思想政治教育文化育人研究向纵深发展起着关键作用。2022年度，思想政治教育文化育人研究基础理论问题持续关注，并形成了系列重要成果，基础理论体系更加完善。然而，仍然有一些重要的基础理论问题需进一步挖掘和深化。一方面，思想政治教育文化育人的本质及特征有待进一步深入研究。思想政治教育文化育人的本质问题是思想政治教育文化育人的元问题，也是思想政治教育文化育人理论研究和发展中无法回避的基础问题，是以思想政治教育文化育人本身及其实践活动作为反思对象，对思想政治教育文化育人存在的合理性、规范性及科学性的自我反思和再审视，是思想政治教育文化育人的基本问题和逻辑起点问题，具有根本性和基础性。有学者基于以文化人职能发展演化的历史进程阐释了文化育人本质的演进，具有很强的启发性，但今后还有待从不同视角进行进一步剖析。思想政治教育文化育人作为一种育人理念与实践，必然具有区别于其他育人理念与实践的特征，对其特征进行凝练有助于更准确地把握其内涵及价值意蕴，然而对此问题的研究还比较欠缺。另一方面，思想政治教育文化育人的基础理论问题有待加强。对思想政治教育文化育人的生成、作用机理、历史发展等重要理论问题缺乏相应的理论阐释，思想政治教育文化育人规律的相关研究更显薄弱。以上问题是本年度思想政治教育文化育人研究中存在的问题，也是今后需要着力加强研究的根本性问题。

二是研究视野有待拓展。研究视野是研究的眼界与高度，宏大的研究视野是提升研究质量的决定性因素。总体而言，2022年度关于思想政治教育文化育人的研究成果视野不够开阔，导致研究成果的同质化现象严重。就研究视域而言，学者们主要聚焦于国内思想政治教育文化育人，而较少关注和研究国外相关经验；主要聚焦于当前思想政治教育文化育人要求，而较少关照思想政治教育文化育人的历史演进；主要聚焦于各种具体样态的文化育人，而较少进行整体性的关照。就研究方法而言，学者们采用的研究方法较为单一，思辨研究法是主要方法，虽然思辨研究法有其独特优势，尤其是其本体论价值和认识论价值决定了其在研究过程中的不可或缺性，但思辨研究法是研究者在个体理性认识能力及直观经验基础上，通过对概念、命题进行逻辑演绎推理以认识事物本质特征的研究方法。①这种研究方法最后提出的命题要得到有力证明，必须借助于实证研究法。然而，现有成果鲜有运用实证研究法。就研究对象而言，一方面学者们主要集中于中华优秀传统文化育人、红色文化育人、网络文化育人等，而家庭文化育人、企业文化育人、社区文化育人、党内政治文化育人等则被边缘化；另一方面学者们主要聚焦于高校思想政治教育文化育人，而中小学思想政治教育文化育人研究较为欠缺。诸如此类问题必将直接影响对各种文化育人资源和载体时代价值的深度挖掘和充分发挥。

三是实践研究有待跟进。思想政治教育文化育人既是一种教育理念，也是一种实践活动，因此研究者只有时刻关注实践领域的最新进展，才能在解决实际问题中不断推动理论的创新发展。2022年度，尽管学者们关注了网络文化及数字化背景等实践领域的最新进展，但仍有一些重要变化关注不够，

---

① 彭荣础：《思辨研究方法：历史、困境与前景》，《大学教育科学》2011年第5期。

有待进一步跟进。一方面，就思想政治教育文化育人资源而言，对传统意义上的文化资源研究较多，对现代意义上的文化资源研究较少，虽然学者们已开始研究思想政治教育网络文化育人，然而，对微文化、抖音短视频、快手等文化资源育人关注不够。此外，对大数据、数字化背景下思想政治教育文化育人研究更显不足。思想政治教育文化育人如何与时俱进地与新兴载体媒介相结合，这是学者们在研究中需要重点关注的现实问题。另一方面，就热点焦点事件而言，后疫情时代，人们的思想观念与行为习惯发生了显著变化，思想政治教育文化育人面临着全新境遇，在新的境遇下对思想政治教育以文育人模式的转变、方法的变革、内容的丰富等问题的研究都还比较薄弱，这些问题也是当前亟需学者们研究破解的重要问题。

三、思想政治教育文化育人研究的未来展望

基于对本年度思想政治教育文化育人研究成果的系统梳理和深刻剖析，把握其研究特征、明确其研究不足，立足于当前思想政治教育文化育人研究的热点难点问题，可以预测未来思想政治教育文化育人研究将在继续深化基础理论研究、拓展研究视野、增强研究的系统性等方面重点发力。

（一）深化思想政治教育文化育人的基础理论研究

思想政治教育文化育人的基础理论研究是思想政治教育文化育人研究的重点与难点，深化思想政治教育文化育人基础理论研究既是推进思想政治教育文化育人研究深化发展的内在要求，也是思想政治教育文化育人研究不断深化发展的必然趋势。2022年度，虽然学界持续关注思想政治教育文化育人基础理论问题，但总体而言研究成果较少，且存在碎片化、零散化倾向，这在很大程度上严重制约着思想政治教育文化育人研究的深入发展。因此，未来研究中，学界需持续深化思想政治教育文化育人的基础理论研究。一是进一步深化思想政治教育文化育人元问题研究。思想政治教育文化育人元问题

是思想政治教育文化育人的根本性和前提性问题，思想政治教育文化育人的其他问题都是在元问题研究基础之上建立起来的，如果思想政治教育文化育人元问题模糊不清，那么思想政治教育文化育人的合理性、规范性和科学性必将受到质疑。进一步而言，思想政治教育文化育人元问题主要包括思想政治教育文化育人是什么，其本质是什么，思想政治教育文化育人遵循哪些基本规律等等首要的、基本的问题，这些问题的解决关涉着思想政治教育文化育人存在的合理性与科学性。为此，诸如此类问题是未来研究的重点方向之一。二是进一步深化思想政治教育文化育人基础理论研究，着力构建思想政治教育文化育人理论体系。完整理论体系的构建是理论走向成熟的重要标志，当前关于思想政治教育文化育人基础理论研究碎片化倾向较为突出，完整的理论体系尚未形成，这直接制约着思想政治教育文化育人理论进一步深入发展。因此，在继续深化思想政治教育文化育人基本概念、基本范畴研究的基础上，需重点加强思想政治教育文化育人理论基础及基础理论研究、思想政治教育文化育人内在机理及逻辑理路研究、思想政治教育文化育人作用机制及基本规律研究，着力构建思想政治教育文化育人理论体系，这将是学者们未来需重点突破的理论问题。

（二）拓展思想政治教育文化育人的研究视野

拓宽思想政治教育文化育人的研究视野是提升思想政治教育文化育人研究层次和研究质量的必要条件。2022 年度，学者们的研究视野进一步开阔，但仍有待进一步拓展。一是拓宽跨学科视野。研究者的学科视野很大程度上决定着研究成果的创新性与进步性，当前不同学科知识间的相互借鉴与交叉融合是推动理论创新发展的重要手段。思想政治教育文化育人涉及文化学、教育学、哲学、传播学、思想政治教育学等相关学科知识，因而，不能仅仅囿于思想政治教育学科视野进行研究，而必须开展跨学科研究，借鉴不同学科的研究方法与研究范式，促进各学科之间的交叉与融合。二是拓宽历史视野。研究者的历史视野很大程度上决定着研究成果的深度与厚度，中国共产党无论是在革命、建设、改革时期，都特别重视以文化人、以文育人，并且在以文化人、以文育人实践中积累了大量宝贵经验。因而，全面梳理各个时期以文化人、以文育人的实践经验与有效方法，不仅能够为当前的思想政治教育文化育人实践提供一些有益借鉴，还有助于更好地凝练思想政治教育文化育人的机理与规律。这些都是学者们在未来研究中需要着重关注的问题。三是拓宽国际视野。研究者的国际视野很大程度上决定着研究成果的广度与高度。文化育人并不是我国的独有做法，世界各国虽然国情不同、文化各异，文化育人的实践情况也有所不同，但无疑都存在着文化育人的现象和做法。因此，研究者需要具有国际化视野，多了解和研究其他国家文化育人的实践情况，这不仅有助于更好地抓住文化育人的本质，还能借鉴其他国家文化育人的有益经验。这是未来深化思想政治教育文化育人研究的重要着力点。

（三）增强思想政治教育文化育人研究的系统性

加强思想政治教育文化育人研究的系统性是由思想政治教育文化育人本身的整体性和系统性所决定的，也是构建思想政治教育文化育人研究体系的根本要求。2022年度，思想政治教育文化育人研究的系统性有所体现，但仍需进一步加强。一是宏观研究与微观研究并行。思想政治教育文化育人研究既要注重思想政治教育文化育人本质研究、价值研究、功能研究，以及思想政治教育文化育人的理念、原则、方法、载体、规律等宏观问题的研究，也要注重对各种具体文化样态的育人功能和育人机制等微观问题的深化研究。二是横向融合与纵向贯通并举。就横向融合而言，思想政治教育文化育人研究既要注重思想政治教育校园文化育人研究，又要注重思想政治教育家庭文化育人研究；既要深化思政课文化育人研究，又要注重日常思想政治教育文化育人研究，也要关注课程思政文化育人研究。就纵向贯通而言，思想政治教育文化育人研究既要加强思想政治教育文化育人大中小学不同学段的一体化研究，又要加强不同时期思想政治教育文化育人的发展演进研究。三是专题研究与系统研究并重。思想政治教育文化育人研究既要注重中华优秀传统文化育人研究、红色文化育人研究等专题性问题，又要注重系统性思想政治教育文化育人研究；既要注重不同样态、不同时期思想政治教育文化育人研究，也要注重整体性的思想政治教育文化育人研究。总体而言，在未来的研究中要从以上方面发力，不断推动思想政治教育文化育人理论体系的建构与完善。

第十一章　高校思想政治教育组织育人研究

组织育人作为新时代高校育人体系的重要组成之一，是高校思想政治教育的重要载体和抓手，是高校各类组织建设与教育引领有机结合的生动体现。高校思想政治教育组织育人对于全面贯彻党的教育方针、落实立德树人根本任务、培养德智体美劳全面发展的社会主义建设者和接班人具有重要意义。习近平总书记在党的二十大报告中指出，"严密的组织体系是党的优势所在、力量所在"，要充分发挥党组织的政治功能和组织功能，"把党的路线方针政策和党中央决策部署贯彻落实好，把各领域广大群众组织凝聚好"，[①]进一步丰富了组织育人的深刻内涵，也为高校思想政治教育组织育人提出了更高要求。2022年度，学者们围绕习近平总书记的相关重要论述，贯彻落实相关国家文件精神，主要对高校党组织育人、高校各类群团组织育人、高校师生社团组织育人和其他组织育人进行了研究，研究内容涵盖功能价值、模式构建、实践路径、质量提升等方面，对进一步深化高校思想政治教育组织育人工作理论研究和实践规律的把握具有重要意义。

一、高校思想政治教育组织育人研究成果综述

为全面掌握本年度高校思想政治教育组织育人研究的基本情况，依据中共教育部党组印发的《高校思想政治工作质量提升工程实施纲要》文件精

---

① 习近平：《高举中国特色社会主义伟大旗帜 为全面建设社会主义现代化国家而团结奋斗——在中国共产党第二十次全国代表大会上的报告》，《人民日报》2022年10月26日。

神，以"高校党组织""高校群团组织""高校师生社团"等为主题词和关键词在中国知网等学术资源库上进行主题检索，本年度关于高校思想政治教育组织育人的主要成果包括以下几个方面。

（一）高校党组织育人研究

高校党组织是高校思想政治教育组织育人的关键载体，发挥着基础性、根本性、战略性的引领作用。学术界普遍认为高校基层党组织具有教育、引导功能，加强和改进基层党组织建设有利于更好发挥基层党组织的育人作用，推动高校落实立德树人根本任务。2022 年学者们聚焦高校党组织育人的价值意义、模式创新、实践路径、质量提升等内容展开探讨。

在高校党组织育人的价值意义上，把思想引领、凝聚共识、示范带动看作高校基层党组织育人的基本价值。有学者认为高校学生党支部发挥着引领意识形态的重要作用，是高校实现立德树人根本任务的重要抓手。高校学生党支部作为当代大学生健康、全面发展的重要平台，在提升学生思想政治素质、调动学生学习积极性和主观能动性等方面具有重要意义。[①] 有学者认为高校学生党支部是高校开展思想政治教育的重要载体，承担着培养社会主义事业合格建设者和可靠接班人的重要使命，可以从发挥党支部的组织带动作用、工作带动作用、队伍带动作用、榜样带动作用等方面入手激发高校学生党支部活力，不断强化组织育人功能、发挥组织育人作用。[②]

在高校党组织育人的模式创新上，聚焦将高校党组织育人与其他方面工作进行协同融合。一是高校党组织与思想政治教育工作的协同育人。在党领导高校各项工作过程中，各基层党组织发挥着重要的教育功能，对加强和改进大学生思想政治教育工作具有重要作用。有学者认为应从学生党支部入

---

① 王晓艳：《高校学生党支部思政教育策略》，《中学政治教学参考》2022 年第 9 期。
② 周家伟、李慧萍：《新时代提升高校学生党支部组织力研究》，《学校党建与思想教育》2022 年第 8 期。

手，从提高把握学生思想动态的能力、丰富思想政治教育内容和形式、拓展思想政治教育载体、提升思想政治教育队伍的育人能力和水平等方面着力推进高校党组织和思想政治教育工作协同育人。[①]二是高校党组织与课程思政的协同育人。有学者认为高校党组织建设与课程思政建设在立德树人根本任务上具有高度统一性，高校党组织对推进课程思政建设，增强课程思政育人实效性具有重要作用。有学者提出从树立党建引领课程思政理念、加强建设党建推进课程思政机制、提升教师队伍建设水平、深化学生活动成果、做好非党员意识形态工作等方面入手，形成高校党组织推进课程思政协同育人的强大合力。[②]三是高校党组织与乡村振兴工作的协同育人。有学者认为高校基层党组织体系健全，能够为乡村振兴工作提供重要组织资源和政治优势。要充分利用高校和乡村、社会各方面资源，通过培养扎根基层的青年大学生、推进"互联网＋党建＋乡村振兴＋创新创业"模式改革、开展文化下乡活动等方式，将独立育人优势转变为协同育人优势，推进高校党组织育人与乡村振兴工作的创新发展。[③]

在高校党组织育人的实践路径上，学界主要从"三全育人"工作、"三型"党支部创建、样板党支部创建、领导班子培育等角度展开探讨，认为通过完善体系、制度保障、队伍建设、价值引导等方式，能有效提高党员质量，进而推动落实立德树人根本任务取得成效。有学者认为"三全育人"视域下加强大学生党支部建设能够为推动高校思想政治教育组织育人提供有益探索。构建"三全育人"工作格局要重点突出目标管理、制度保障、队伍建设，通过育人目标的全面协同、育人力量的全线参与、育人环节的全程贯通，使大学生党支部进一步实现系统化、规范化、专业化，营造一个"人人

① 王晓艳：《高校学生党支部思政教育策略》，《中学政治教学参考》2022年第9期。
② 傅瑶：《高校党建推进课程思政建设的功能、目标及路径》，《现代教育管理》2022年第7期。
③ 陈文海：《高校基层党组织服务乡村振兴的协同创新研究》，《学校党建与思想教育》2022年第12期。

处处事事时时皆育人"的良好氛围。①有学者认为建设一个学习型、服务型、创新型的学生党支部的内在要求与高校立德树人的育人目标、青年发展的自我价值高度契合，"学习、服务、创新"既是高校完善基层党组织建设的具体指向，也是高校引导学生成长成才的必然要求。高校党组织要在把握党组织建设工作特点以及学生党员主体特性的基础上，从完善体系建构、优化制度保障、增加导师助力、推进协同共建等方面入手提高"三型"学生党支部育人的实效。②有学者认为创建样板党支部有利于动员党支部师生完成自身职责使命，高校党支部要从提升政治力、内运力、创造力、向心力、推动力等五个方面入手提升高校党支部的组织力。③有学者提出从加强高校教师党支部书记"双带头人"的培育来提高高校基层党组织的育人实效，认为高校教师党支部是高校教育、管理、监督和服务教师党员的基本单位，在团结和联系广大师生方面发挥着重要带头作用，加强高校教师党支部书记"双带头人"培育，需要解决好部分"双带头人"的工作积极性不高、能力不强、时间精力不够、发展空间不足等问题，通过坚持标准、注重培养、建章立制、政策引领等方式改进高校教师党支部书记"双带头人"培育。④还有学者提出可以通过唤醒支部成员的价值认同来提升高校教师党支部的育人能力，具体来说是从创新组织活动的形式和内容、开展党员教育培训、运用批评与自我批评的武器等方面着手。⑤

在高校党组织育人的质量提升上，学界认为数字技术赋能高校党组织育人工作是提升育人质量的有效方式。有学者认为高校各级党组织应顺应数字

①　吴珊：《"三全育人"视域下大学生样板党支部建设的实践与创新》，《学校党建与思想教育》2022 年第 14 期。

②　王栋：《高校"三型"学生党支部创建路径研究》，《学校党建与思想教育》2022 年第 22 期。

③　龚文德：《样板党支部创建视域下高校党支部组织力提升探析》，《学校党建与思想教育》2022 第 19 期。

④　张二金：《高校教师党支部书记"双带头人"培育研究》，《学校党建与思想教育》2022 年第 8 期。

⑤　王得祥：《高校教师党支部组织力提升的路径》，《中国高等教育》2022 年第 6 期。

化发展趋势，将数字技术优势转化为党组织育人理念和实践的创新优势。通过发挥数字技术的精准画像、再组织化和智能决策等功能，从加强内容建设力度、提升队伍数字素养、完善相关制度机制等方面入手不断提升高校党组织育人质量。[①]

（二）高校各类群团组织育人研究

高校的群团组织主要包括高校工会、高校共青团和高校学生会等组织。2022 年关于高校工会育人的研究主要聚焦高校工会某一方面工作进行研讨，关于高校共青团组织育人的研究主要聚焦育人价值、质量提升等方面，关于高校学生会育人的研究主要聚焦学生会的改革与发展等方面。

关于高校工会育人的研究。高校工会是在学校党委领导下，由学校教职工自愿结合而形成的群众组织。高校工会通过加强对教职工思想教育、政治引领，使教职工的思想素质和职业道德得到有效提升。高校工会育人既关系到教职工整体发展，也关系到高校人才培养工作实效。通过检索 2022 年度关于高校工会组织育人方面的研究，发现学者们主要从加强高校工会某一方面的工作育人展开研讨。一是强化高校工会的劳动育人功能。有学者认为，高校工会在劳动教育中发挥着人才、组织和阵地优势，要从思想引领、知行并举、精神涵育、场景营造等方面入手，通过深化劳动教育宣传阐释、完善课程体系平台、宣传弘扬劳模工匠精神、创设崇尚劳动氛围等具体方面强化高校工会的劳动育人职责，推动培养更多德智体美劳全面发展的社会主义建设者和接班人。[②]二是加强高校工会的心理健康服务。有学者分析了高校教师的心理健康状况，并指出了影响高校教师心理健康的具体因素，认为高校工会可以从加强组织领导、维护教师权益、做好引导服务、抓好平台建设、营

---

① 米华全：《数字技术赋能高校党建工作质量提升：价值功能和实践进路》，《马克思主义理论学科研究》2022 年第 4 期。

② 刘远康、郑楠楠：《高校工会参与劳动教育的价值意蕴、独特优势和实践路径》，《山东工会论坛》2022 年第 6 期。

造组织环境等方面加强教师心理健康服务。①三是加强高校工会的思想政治工作。有学者认为高校工会承担着引导教职工对党政治、思想、情感认同的责任，做好高校工会的思想政治工作可以从加强党对工会工作的领导，增强工会思想政治工作的引领性、协同性、创新性，加强工会干部队伍建设等方面着手。②

　　关于高校共青团育人的研究。高校共青团在做好大学生人才培养工作中发挥着重要的思想引领作用，在推动青年学生健康成长发展中发挥着不可替代作用。高校共青团育人一直以来都受到学界的高度重视，2022 年度，学者们主要围绕高校共青团育人价值、质量提升等方面展开研究。在高校共青团育人价值上，学界普遍认为高校共青团具有思想引领、价值引领等功能，对高校落实立德树人根本任务发挥着重要作用。有学者认为，高校共青团是引领青年思想发展的重要平台，高校共青团要从发挥网络文化影响力、挖掘中华优秀传统文化的时代价值、优化队伍结构等方面入手凝聚青年、组织青年，帮助青年学生坚定理想信念，树立正确价值观念，强化责任担当。③有学者认为高校共青团对做好学生思想政治教育具有重要保障作用，在价值引领、强化情感认同和服务青年学生成长成才方面发挥着重要作用。有学者认为，当前高校共青团面临着凝聚力、服务力、影响力不强等现实问题，发挥好高校共青团的育人价值，要从制度建设、服务工程建设、团干部队伍建设等方面着手。④有学者认为高校共青团育人具有政治价值、组织价值、实践价值、教育价值，要把握坚定方向、突出重点、明确目标、激发活力的经验遵循，从强化认同、完善机制、创新形式、增强成效等方面入手强化高校

---

① 王臣、张超凡：《高校工会加强教师心理健康服务策略研究》，《石家庄学院学报》2022年第 6 期。

② 李孔佳：《加强高校工会建设 助力教职工思想政治工作》，《传媒论坛》2022 年第 2 期。

③ 马振钦：《高校共青团思想引领工作的新路向》，《中学政治教学参考》2022 年第 27 期。

④ 冯兵：《新时代高校共青团组织职能现状与转变路径》，《人民论坛》2022 年第 9 期。

共青团思想引领的重要作用。^①在高校共青团育人质量提升上，学界主要从"第二课堂成绩单"制度、新媒体宣传等角度展开探讨。有学者认为"第二课堂成绩单"制度弥补了大学生在校学习的不足，能有效锻炼大学生的实践能力，对学生全面发展具有重要意义。学者提出要注重解决"第二课堂成绩单"制度中存在的活动缺乏统一标准、管理系统和制度复杂、技术支持不到位、评价记分不客观等问题，从科学统筹活动分类方法、系统设计活动学分体系、有效搭建网络工作平台、强化活动流程监管力度等方面着手激发团组织力量，提高团组织活动育人质量。^②有学者认为抖音短视频在共青团塑造青年时代气质、引领青年思想舆论方面发挥着重要的工具性作用，不同的内容质量对视频传播效果影响显著，建议从丰富内容主题、创新呈现形式、融合媒体平台等方面入手提升高校共青团抖音短视频传播的育人效果。^③有学者认为要妥善处理好信息多元难控、运营队伍专业度不高、渠道分散、内容表现力不足等现实挑战，从完善顶层设计、推进技术更新、深耕传播内容、建立舆情反应机制等方面入手推动高校共青团组织提升宣传工作效能，引导青年大学生扣好人生第一粒扣子。^④

关于高校学生会育人的研究。高校学生会在高校思想政治教育组织育人工作中发挥着重要的作用。通过检索发现，2022年度学界关于高校学生会育人的研究成果主要是从把握新时代新形势发展变化对高校学生会育人工作提出的新要求，围绕习近平总书记关于青年工作的重要论述对高校学生会育人的重要启示等方面开探讨。2021年共青团中央办公厅、全国学联秘书处下发

---

① 曲思宇：《新时代加强高校共青团思想引领的价值意蕴、经验遵循与创新路径》，《思想教育研究》2022年第7期。

② 万千、周国桥：《"第二课堂成绩单"制度下高校团支部建设质量提升路径探究》，《学校党建与思想教育》2020年第20期。

③ 黄艳、王晓语、李卫东：《高校共青团抖音短视频传播效果影响因素实证研究——基于全国100所高校共青团抖音号的内容分析》，《中国青年社会科学》2022年第2期。

④ 黄嵩：《基于新媒体平台的高校共青团宣传工作方法探索》，《学校党建与思想教育》2022年第17期。

了《加强和改进新时代学联学生会工作实施方案》，为学生会组织改革工作指明了方向。有学者认为习近平总书记关于青年工作的重要论述为加强和改进高校学生会育人工作提供了科学思路和深刻启示，高校学生会要把握坚持党管青年原则、立足新时代青年特点、注重理论与实际相结合的重要遵循，从强化党的领导、聚焦职能定位、加强队伍建设等方面入手增强高校学生会的政治性、先进性、群众性，推动高校学生会育人发挥更大作用。[①]

（三）高校师生社团组织育人研究

高校师生社团是高校组织育人的重要阵地，在贯彻落实立德树人根本任务、推进素质教育、推动师生德智体美劳全面发展等方面发挥着重要作用。2022 年度，学者们主要聚焦高校师生社团组织育人的功能、模式构建、实践路径等方面进行研究。

在高校师生社团组织育人的功能上，有学者认为高校红色社团对推进党史学习教育具有积极作用，具体表现为有利于增进青年学生的政治认同、理论认同、思想认同和情感认同，要优化党史学习教育的内容、方法、资源与模式，不断提升党史学习教育的思想自觉与行动自觉。[②]也有学者认为高校学生社团在培养时代新人、弘扬社会主义核心价值观、促进德智体美劳全面发展方面发挥重要作用。可以通过发挥高校学生社团的政治引领、价值导向、行为规范、能力培养和精神激励等功能，从强化思想引领、健全育人机制、拓宽育人平台、培育文化品牌等方面提升高校学生社团组织育人的效能。[③]

在高校师生社团组织育人的模式构建上，学者们提出构建理论型社团、功能型社团。理论型社团主要以学习、宣传、贯彻党的理论成果，以及学习

　　① 张晓媛、曹光远：《习近平关于青年工作的重要思想对新时代高校学生会组织建设的启示》，《北京科技大学学报（社会科学版）》2022 年第 6 期。
　　② 邵莉莉、白天伟：《高校红色社团推进党史学习教育的逻辑理路、功能定位与优化路径》，《学校党建与思想教育》2022 年第 9 期。
　　③ 陈飞、郭兴华：《高校学生社团组织育人功能研究》，《学校党建与思想教育》2022 年第 8 期。

深化某一门专业理论课知识为宗旨，不断强化师生的政治素养和专业素养。以"红色社团"为代表的理论型社团是高校师生社团育人的一种新模式，主要是为了进一步学习、传播和践行马克思主义中国化的最新理论成果，有利于在思想方面凝聚青年、引领青年。功能型社团主要是在引领政治方向、强化组织建设、增强宣传效果、服务师生需要等方面发挥重要优势和作用。有学者提出了构建学生社团功能型党支部，认为高校学生社团功能型党支部的构建，在引领社团发展方向、发挥党员模范作用、提高社团育人效能、助力学生成长成才等方面发挥重要作用，可以从巩固和加强政治性，强化党建育人功能，结合特色融合发展、创建工作品牌等方面入手建好高校学生社团功能型党支部，推动政治引导和思想引领更好融入学生日常活动中。①

在高校师生社团组织育人的实践路径上，学界主要从第二课堂、"三全育人"等角度展开探讨，认为高校学生社团是学校第二课堂活动的重要载体，在促进学生全面发展中发挥重要作用。有学者针对当前高校学生社团发展存在的自治性认识不充分、育人目标偏狭、管理机制不规范、文化传承不继等问题，提出通过提升社团管理者能力素养、制定明确育人目标、关注社团成员内部需求、注重优秀社团文化传承等具体路径，充分发挥高校社团第二课堂对学生综合能力和创新思维的培养功能，推动高校学生社团育人更加富有成效。② 有学者认为高校学生社团在推进"三全育人"工作方面具有重要意义。高校学生社团发挥着塑造人格、提升技能、营造氛围等作用，要妥善解决当前高校学生社团面临的思想政治教育有效性不足、管理部门协同不够通畅、育人配套要素支持不足、法规制度未能落到实效等问题，提出应从政策保障、管理协同、激励机制、思想引导等方面的具体路径来提升高校学生社团"三全育人"的针对性和实效性，推动培养德智体美劳全面发展的社会主

① 耿睿、周嘉婧：《高校学生社团功能型党支部建设初探——以清华大学为例》，《教育理论与实践》2022 年第 12 期。
② 汪艳霞、程良宏：《高校学生社团发展的路径探究：AGIL 模型的视角》，《教育理论与实践》2022 年第 15 期。

义建设者和接班人，推动落实高校立德树人根本任务。[①]

（四）其他组织育人研究

在高校思想政治教育组织育人中，专业教研室、学术梯队、班级和宿舍等组织形态同样发挥着不可忽视的重要育人作用。2022 年度关于这几个类型组织育人的研究成果还不多，但通过梳理期刊上具有代表性的一些研究成果，其研究进展总结有以下几方面。关于教研室育人的研究，学界主要聚焦虚拟教研室的构建展开探讨，主要由关于公办高职与民办本科"专本贯通"虚拟教研室的构建、不同学科背景下课程思政育人虚拟教研室的构建来发挥育人功能。关于学术梯队育人的研究，学界主要是围绕学术团队建设发展、学术团队骨干能力提升等方面展开探讨，从育人视角研究学术梯队建设发展的成果还比较少。关于班级和宿舍育人的研究，学界主要围绕班级组织育人的困境、路径，以及班集体建设评价指标体系构建等方面展开探讨。在高校班级组织育人的困境方面，学者总结了由于社会个体化进程发展给学生班级建设带来的冲击，主要是"集体"范畴的消解、管理主义取向、班级组织松散化、自我文化兴起等不良风气深刻影响着高校班集体育人的效果。学者指出高校班集体要主动回应个体化带来的困境，引导学生坚持"真正的共同体"愿景，协调好个人自由与社会控制之间的关系，充分发挥高校班集体育人的时代价值。[②] 在高校班级组织育人的实践路径方面，有学者提出引入美育文化，引入融媒体来创新高校班级组织育人的路径，认为美育有助于学生涵养人格，高校应构建集体文化美育场域，在公共生活中引导学生培养理性、健康、丰富的公民精神及品德。[③] 有学者认为融媒体的发展给高校班集

[①]　梁大为：《高校学生体育社团"三全育人"的路径及对策》，《体育学刊》2022 年第 4 期。

[②]　徐明波、王明：《高校班集体建设的困境及其化解——基于个体化理论的视角》，《教育理论与实践》2022 年第 21 期。

[③]　鲁渭：《美育视域下高校集体文化发展建设——评〈情感性班集体建设〉》，《领导科学》2022 年第 5 期。

体凝聚力建设带来了新机遇，应结合融媒体，通过体制创新、平台搭建、形式创新和队伍建设等方面推进高校班集体凝聚力建设，从而高质量推动新时代高校学生思想政治教育工作。① 在高校班集体建设评价指标体系构建方面，有学者认为构建科学、合理的高校班集体建设评价指标体系有利于推进落实时代新人培养工程。学者提出要坚持满足学生需求、实现人才培养目标、提升育人实效、实施时代新人培育工程的基本遵循，通过强化制度建设、建立组织机构、营造比学赶帮超氛围、形成特色文化、培育良好人际关系来完善新时代高校班集体建设评价指标体系，推进班集体育人提质增效。②

二、高校思想政治教育组织育人研究的特点与不足

2022 年度，关于高校思想政治教育组织育人的相关研究成果数量总体上比较少，但是研究成果的质量和深度有了明显提升。本年度学界关注高校思想政治教育组织育人具体问题的研究成果也不平衡，关注高校思想政治教育组织育人具体问题解决的研究成果也呈现了一些新特点。科学把握这些特点，同时审视和分析这些研究中存在的不足，有利于进一步深化高校思想政治教育组织育人的相关研究，推动高校人才培养工作取得新成效。

（一）高校思想政治教育组织育人研究的特点

本年度学界关于高校党组织育人的研究、高校各类群团组织育人的研究、高校师生社团组织育人的研究，以及高校教研室、学术梯队、班级和宿舍等育人的研究成果都关注到了育人实践层面的组织育人体制机制的完善、组织育人经验的总结推广、各类组织育人载体形式的创新等。

第一，关注组织育人体制机制的完善。高校思想政治教育组织育人涉及

① 曹晓云：《融媒体背景下高校新生班集体凝聚力建设路径》，《中学政治教学参考》2022年第 35 期。

② 陈梦霖：《新时代高校班集体建设评价指标体系构建及应用》，《学校党建与思想教育》2022 年第 5 期。

范围广，涵盖高校党组织、群团组织、师生社团以及其他组织等多个层面，涉及高校人才培养的全过程各方面。在梳理总结各类组织育人的相关研究成果中发现，不管是高校哪一层面的组织育人，相关研究在育人路径探索过程中都共同提出了要对相关体制机制进行完善。首先，在高校党组织育人的相关研究上，学者提出要加强建设高校党建推进课程思政建设的机制，推动形成党建与课程思政协同育人的坚实保障；提出深化高校学生党支部的育人功能，也要通过突出制度保障，优化和落实党支部的发展、教育、管理、监督、服务等相关制度，推动学生党支部之"制"转变为学生党支部之"治"，使高校学生党支部发挥最大育人效能；提出加强高校党支部书记"双带头人"培育也要通过建立和完善相关制度来明确教师的育人职责、维护教师的正当权益，提高支部的育人质量，更好发挥教师党支部在学生群体中的带头作用。其次，在高校各类群团组织育人的相关研究上，学者也提出要从完善顶层设计、建立相关育人机制入手推进高校群团组织提升育人工作效能，发挥好引导大学生成长成才的重要作用。再次，在高校师生社团组织育人的相关研究上，学者们强调推动社团建立健全的育人机制是促进大学生第二课堂活动有效开展的重要条件。最后，在高校其他组织育人的相关研究上，学者们提出新时代新媒体的发展对班级组织育人实践产生重大影响，在引入融媒体技术等新内容的组织育人工作中更需要通过加快相关体制创新推动组织育人发挥更大成效。

第二，关注组织育人经验的总结推广。培育先进典型，让模范发挥引领作用，有助于调动其他主体育人工作积极性、主动性。"重视先进典型的选树培养，抓好先进典型的示范教育，把典型作为一种政治力量，是我们党思想政治工作的重要手段，也是党凝聚人心的宝贵经验。"[1] 本年度关于高校思想政治教育组织育人的研究更加注重对高校思想政治教育组织育人优秀经验的总结推广。通过梳理相关文献发现，有不少研究是以高校样板党支部创建

---

① 白永生、王楠：《推动新时代思想政治工作的守正创新》，《思想教育研究》2022 年第 3 期。

为例，通过打造优秀党支部品牌形象，强化党支部的育人功能，推动其他学生党支部进行学习借鉴，发挥更大育人优势。有研究是以某一高校为例，聚焦高校中关于组织育人的模式构建经验、实践总结启示、改革发展建议等方面展开探讨。也有研究积极探讨高校思想政治教育组织工作与其他工作协同育人的相关问题。如有学者提出要把高校党组织育人的优秀经验总结运用到乡村振兴工作中，在这种协同育人模式下，不仅能够让乡村中的基层党组织育人工作得到有效改善，也能进一步为乡村发展引入新资源新优势，推动乡村人才、文化、产业创新发展，开辟乡村振兴工作新局面。

第三，关注各类组织育人载体形式的创新。全媒体时代的到来，数字化、网络化、智能化成为高校思想政治教育工作适应时代发展和实践变化的必然趋势。高校思想政治教育组织育人作为高校思想政治教育工作的重要组成，也自然而然地顺应这一发展趋势。数字技术和融媒体平台的引入给高校思想政治教育组织育人工作带来了许多新机遇。本年度高校思想政治教育组织育人的相关研究更加重视借助数字技术、融媒体平台来推动组织育人载体形式创新。例如，学界关于高校各类组织育人的研究提出要通过引入数字技术推动高校党组织育人质量提升，强调发挥数字技术的精准化、智能化优势，推动高校党组织进行精准识别支部党员的现实需求，开展智能化决策。有研究提出要借助融媒体平台推动高校思想政治教育组织育人内容和形式创新，让育人工作以学生喜闻乐见的方式开展，满足学生合理正当需求，服务学生健康全面成长发展。全媒体的快速发展和广泛应用给新时代高校思想政治教育工作创新发展带来了无限增量，不仅让高校思想政治教育组织育人工作提质增效，也使得高校思想政治教育工作充满时代感和吸引力。

（二）高校思想政治教育组织育人研究的不足

2022 年度高校思想政治教育组织育人研究虽然呈现明显特点，但仍然存在一些不足。其不足主要体现为不同类别组织育人的研究失衡、关注不同类别组织协同育人的研究较少、对各类组织育人功能挖掘的研究不够等。

第一，聚焦党、团组织育人的研究较多，对其他各类群团组织育人的研究较少。2017 年 12 月，中共教育部党组印发的《高校思想政治工作质量提升工程实施纲要》强调了高校思想政治教育组织育人包括高校党组织育人，高校工会、共青团、学生会等群团组织育人，以及高校师生社团组织育人，高校教研室、学术梯队、班级和宿舍等其他组织育人。高校思想政治教育组织育人的涉及面非常广，但 2022 年高校思想政治教育组织育人的相关研究，聚焦高校党组织育人、高校共青团组织育人的相关研究成果较多，而对高校工会、学生会等群团组织，以及对高校师生社团组织，对高校教研室、学术梯队、班级和宿舍等其他组织育人的相关研究成果较少，发表在核心刊物上的研究成果更少。2022 年度高校思想政治教育组织育人的相关研究，较多聚焦组织育人的价值意义、实践路径、质量提升等方面内容，关于高校不同类别组织育人的研究仍有待进一步深化，关于某一组织育人具体问题的探讨也有待进一步拓展。

第二，聚焦某一类组织育人功能的研究较多，发挥各类组织协同育人功能的研究较少。加快推进协同育人是推进高校教育治理现代化的必然要求。在高校思想政治教育组织育人中推进协同育人，不仅体现在对不同育人体系的挖掘运用，还体现在对同一育人体系内不同育人要素的发掘利用。通过梳理已有研究成果发现，本年度学界普遍关注到高校各类组织育人功能的发挥。例如，学界关注到高校党组织、团组织具有重要的教育功能，在思想引领和价值引导方面发挥着重要作用，关注到高校学生社团在培养学生实践能力，提升学生技能素养，促进学生德智体美劳全面发展方面同样发挥着重要作用。然而，较少研究聚焦不同组织育人的整体功能发挥，高校不同思想政治教育组织协同发挥育人功能的研究具有较强的系统性、复杂性和动态性等特点，其研究内容和范围较为广泛，未来的研究需进一步深化拓展。

第三，重视各类组织本身育人功能发挥的研究较多，对各类组织育人纽带功能发挥的研究较少。《高校思想政治工作质量提升工程实施纲要》提出，要发挥各类群团组织的育人纽带功能，推动各类组织创新组织动员、引领教育的载体与形式，更好地代表师生、团结师生、服务师生。本年度关于高校思想政治教育组织育人功能方面的研究主要探讨高校各类组织育人的自身功能，研究主要聚焦思想引领和价值引导两方面。但在实际的高校思想政治教育育人实践中，不同类别的组织在育人工作中发挥着不同的功能，同一组织在不同的育人内容上也发挥着不同的作用。例如高校工会、共青团、学生会等群团组织还发挥着重要的纽带功能，它们在团结学校教职工、联系广大师生方面发挥着重要的沟通桥梁作用，是师生关系的重要"润滑剂"。但就本年度关于高校思想政治教育组织育人功能的研究成果看，研究总体上较为宏观和单一，仅重点关注到不同组织具有普遍性引导功能，忽视了对不同组织、同一组织不同工作的独特性情感功能的深入研究和阐释，尤其是对不同组织的情感纽带和动员引领功能的探讨较少，在后续的研究中仍有进一步深化的空间。

三、高校思想政治教育组织育人研究展望

2022 年度关于高校思想政治教育组织育人的相关研究成果虽然在数量上略显不足，但研究深度又呈深化趋势。在未来高校思想政治教育组织育人研究中，要更加注重各类组织育人的前瞻性思考、全局性谋划、整体性推进，注重组织育人基础性问题研究，注重构建完善的组织育人体系，推动高校思想政治教育组织育人研究进一步系统化、全面化、科学化，推动高校立德树人根本任务有效落实。

（一）更加注重各类组织育人的前瞻性思考、全局性谋划、整体性推进

习近平总书记在党的二十大报告中指出："万事万物是相互联系、相互依存的。只有用普遍联系的、全面系统的、发展变化的观点观察事物，才能把

握事物发展规律。"①坚持系统观念是习近平新时代中国特色社会主义思想中蕴含的科学思想方法。重视运用系统观念思考问题,把握高校思想政治教育组织育人的客观规律,统筹组织建设与教育引领两个工作域,增强高校思想政治教育组织育人工作的整体性、科学性,有助于推进高校思想政治教育组织育人研究不断创新发展。高校思想政治教育组织育人坚持系统思维,一是在思考高校思想政治教育组织育人相关问题上突出前瞻性。高校思想政治教育组织育人要重视把高校思想政治教育组织育人的历史、现实和未来发展贯通起来进行审视,通过对过去高校思想政治教育组织育人经验的总结、分析当前高校思想政治教育组织育人现状存在的不足、规划未来高校思想政治教育组织育人的目标和办法,充分把握高校思想政治教育组织育人工作的改革方向和发展趋势。高校思想政治教育组织育人要重视把高校各类组织育人的近期、中期、远期目标,以及高校思想政治教育组织育人的整体目标统筹起来进行谋划,从而掌握高校思想政治教育组织育人工作的主动权。二是在谋划高校思想政治教育组织育人未来发展上突出全局性。高校思想政治教育组织育人要着眼中华民族伟大复兴战略全局和世界百年未有之大变局,立足党和国家各项事业发展的全局,深刻把握好国内国际形势发生的复杂变化,着力培养既能担当民族复兴大任也能为人类社会和谐发展贡献力量的时代新人。三是在推进高校思想政治教育组织育人工作上突出整体性。高校思想政治教育组织育人要注重不同类别组织育人工作、不同组织育人要素的关联性,增强资源共享和制度衔接。要在统筹兼顾中实现不同组织之间、组织与其他工作之间的协同发展,在扬长避短中提升高校思想政治教育组织育人的整体效能,防止由于畸重畸轻导致组织育人整体实效不足。

---

① 习近平:《高举中国特色社会主义伟大旗帜 为全面建设社会主义现代化国家而团结奋斗——在中国共产党第二十次全国代表大会上的报告》,《人民日报》2022 年 10 月 26 日。

（二）更加注重组织育人基础性问题研究，挖掘各类组织育人功能的比较优势，不断塑造组织育人优势

坚持问题导向是马克思主义的重要方法论。在未来的高校思想政治教育组织育人研究中坚持问题导向思维，有利于完善高校思想政治教育组织育人体系，为加强和改进高校思想政治教育组织育人工作，进而推进高校教育治理现代化提供坚实理论和实践支撑。高校思想政治教育组织育人坚持问题导向，一是要注重高校思想政治教育组织育人基础性问题的研究。推进高校思想政治教育组织育人基础性问题研究，可以从理论视角和现实视角两个层面看。在理论方面，2022年度关于高校思想政治教育组织育人的研究取得了一定的成果，但基础理论研究仍需进一步细化和深化，如对高校各类组织育人的功能定位涉及较少，对不同组织之间育人关系、协同发展的探讨有待深入细化，对高校各类组织育人模式创新的内在机理、规律性把握等研究略显不足。要坚持以习近平新时代中国特色社会主义思想为指导，根据教育发展的规律和教育治理现代化的要求大力推进高校思想政治教育组织育人相关研究。要运用思想政治教育学科理论知识，从学理角度，深入研究和阐释高校思想政治教育组织育人的主体、对象、内容、方法、过程、评价等基本问题和关键要素。在现实方面，高校思想政治教育组织育人研究要坚持在回应高校师生关切的问题中展开。要立足高校不同组织的育人工作实际，总结把握优秀典型的成功经验和规律认识，针对当前师生成长发展出现的现实问题，从多方面提出解决问题的有效路径，树立高校思想政治教育组织育人理论学术体系、话语体系。二是要充分挖掘各类组织育人功能的比较优势。高校各类组织是开展高校思想政治教育工作的重要阵地，不同阵地具有不同的育人优势。要充分利用好高校各类组织育人的优势，对高校各类组织育人的特殊性功能进行深入挖掘、作出科学总结，形成比较优势，从而塑造组织育人新优势，为深化高校思想政治教育组织育人功能探讨，推进高校思想政治教育组织育人工作提供理论支撑和实践范式。

（三）紧紧围绕落实立德树人根本任务，加快构建组织育人体系，形成人才成长全链条培育的组织育人开放创新生态

习近平总书记强调，育人的根本在于立德。立德树人，是高校教育的根本任务，也是高校思想政治教育组织育人的根本方向。2020 年 4 月，教育部等八部门印发的《关于加快构建高校思想政治工作体系的意见》强调要建立健全立德树人体制机制，把立德树人融入思想道德、文化知识、社会实践教育各环节，加快构建完整科学的高校思想政治工作体系。"高校思想政治教育工作是一个结构丰富的科学体系，从宏观角度讲，各个育人体系需要协同联动、协同创新；从微观角度讲，各个育人体系内部同样具有众多要素，各个要素同样需要协同用力。"① 高校思想政治教育组织育人需要积极协同校内课程、科研、实践、文化、网络、心理、管理、服务、资助等其他育人体系，协同校外企业、农村、机关、学校、社区、网络和其他各类思想政治工作进行创新，需要联动各个育人体系内部的不同育人要素进行齐向发力，发挥整体的最大合力和功能推动高校思想政治教育持续焕发生机活力。就目前的检索结果看，有关高校思想政治教育组织体系协同育人的研究成果还比较薄弱，预示了高校思想政治教育组织协同育人作为学科研究的新视域，在未来理论研究和实践创新方面还有很大的研究空间。在未来的高校思想政治教育组织育人研究中，要紧紧围绕落实立德树人根本任务，坚持和加强党对高校思想政治教育组织育人工作的全面领导，加快构建科学、完整、严密、高效的组织育人体系，推动高校不同组织育人工作的紧密衔接，推动高校各类组织与其它工作的深度融合，着力营造人才成长全链条培育的组织育人开放创新生态。作为高校人才培养工作的重要一环，推动构建科学、完整、严密、高效的组织育人体系，有利于使高校各组织育人职责和各阶段育人工作在部署上紧密衔接、在落实行动上协同推进。通过建立健全的组织、管理、

---

① 冯刚：《关于高校思想政治教育治理研究的几个问题》，《高校辅导员学刊》2022 年第 3 期。

学习、工作、考察、服务、评价等体制机制，加强高校思想政治教育组织建设与高校人才培养工作一体化构建，对于提升高校思想政治教育组织育人工作质量，推动新时代青年培育工程高质量发展具有十分重要的意义，这也是今后加强和改进高校思想政治教育组织育人工作的重要课题。

第十二章　党史学习教育与思想政治教育

2022 年度党史学习教育与思想政治教育研究持续推进，并呈现新的研究特点与发展趋向。党的二十大报告中多处提及历史自觉、历史主动和历史自信，并强调"持续抓好党史、新中国史、改革开放史、社会主义发展史宣传教育，引导人民知史爱党、知史爱国"，[①]助力培养堪当民族复兴大任时代新人。在此背景下，学界围绕党史学习教育与思想政治教育及其发展进行了学理分析与实践研究，并形成了系列研究成果。梳理年度党史学习教育与思想政治教育研究相关成果，分析其特征与不足，展望其未来发展趋势，是进一步深化相关问题研究，推进思想政治教育创新发展的题中之义。

一、党史学习教育与思想政治教育研究梳理

学界围绕年度重要事件，尤其是党的二十大等，将党史学习教育与思想政治教育相结合，进行了积极的学理研究与探讨，形成了系列研究成果。具体包括党史学习教育与思想政治教育内在逻辑研究、党史学习教育融入思想政治教育方法论研究、大思政视域下党史学习教育常态化长效化研究、青年学生党史学习教育获得感研究等。

[①] 习近平：《高举中国特色社会主义伟大旗帜 为全面建设社会主义现代化国家而团结奋斗——在中国共产党第二十次全国代表大会上的报告》，《人民日报》2022 年 10 月 26 日。

（一）党史学习教育与思想政治教育内在逻辑研究

学界围绕党史学习教育与思想政治教育的内在逻辑进行了较为深入的研究。研究方向主要分为两大类，一是党史学习教育的育人价值；二是党史学习教育融入思想政治教育的内在逻辑；三是党史学习教育融入思想政治教育的哲学意蕴。

关于党史学习教育育人价值的研究。有学者立足高校教育全局剖析党史学习教育的育人价值，"党的百年历史，就是一部不断推进马克思主义中国化的历史，是一部不断进行理论创新创造的历史，也是一部中国共产党在理论上不断自觉自信自强的历史。在高校开展党史学习教育，有利于提升师生的理论素养，进而增强师生获得感。"通过党史学习"强化师生理论自觉、坚定师生理论自信、加强师生理论武装"。① 还有学者从百年党史纵向视角出发，强调将百年党史融入高校育人全过程，构建高校党史学习教育长效机制，是新时代高校落实立德树人根本任务的必然要求、守牢意识形态建设阵地的内在要求、传承弘扬红色基因的迫切需要。② 同时，有学者较为系统地探讨了党史学习教育的理论、历史、现实逻辑，指出基于党员干部党史学习教育的"明理、增信、崇德、力行"的内在要求，在学史明理阐释中国共产党"为什么能"的基础上，实现学史增信激发"信念、信仰、信心"力量、学史崇德开创伟大事业和学史力行实现民族复兴中国梦的内在统一。新时代推进党员干部的党史学习教育向纵深发展，需要立足时代高位，通过整体把控与宏观统筹，在新的历史方位上坚守政治底线，在开拓创新中树立正确的党史观，在强化思想引领中提升党史学习教育的实效性等方面建构新时代党员干部党史学习教育新格局。③

---

① 冯刚、黄玉新：《高校党史学习教育走深走实路径探究》，《人民论坛》2022 年第 14 期。

② 王剑俊：《百年党史融入高校育人全过程的意义、要求及路径探析》，《马克思主义理论学科研究》2022 年第 5 期。

③ 刘文芳、张立昌：《论百年党史学习教育的逻辑理路、内在要求和路径选择》，《学术探索》2022 年第 1 期。

关于党史学习教育融入思想政治教育的内在逻辑研究。有学者从党史学习教育和高校思想政治教育的重要性入题，指出二者合力协同的价值和意义。从党史学习教育与高校思想政治教育的深层逻辑与紧密关系破题，认为党史学习教育融入高校思想政治教育工作具备必要的前提和基础。[①] 有学者指出，党史蕴藏着丰富的教育资源，是新时代大学生思想政治教育的重要内容。从历史渊源、主体需求和现实基础来看，党史融入大学生日常思想政治教育具有内在逻辑。党史融入大学生日常思想政治教育是培养堪当民族复兴重任时代新人的战略需要，也是全面落实立德树人根本任务的必然要求，更是提升高校思想政治教育育人实效的现实举措，具有极其重要的现实意义和时代价值。在以史铸魂、以史聚力、以史力行的三重实践指向下，可以通过立足日常，创新"浸润式"红色育人模式；筑牢阵地，构建"一站式"红色育人格局；回归实践，发挥"体验式"红色育人作用，进一步完善大学生思想政治教育体系。[②] 此外，有学者指出，党史教育融入高校思政课教学要遵循一定的价值逻辑、内容逻辑和路径选择。遵循价值逻辑，要引导学生正确把握历史的主题主线、主流本质，正确认识重大历史事件，正确评价历史人物，树立正确的党史观；遵循内容逻辑，讲好中国共产党践行初心使命的百年历史、进行理论探索的百年历史、坚持自我革命的百年历史、构筑精神谱系的百年历史；选择科学路径，讲好党史故事、创新教学模式、加强教师队伍建设，不断深化高校思政课中的党史教育。[③]

关于党史学习教育融入思想政治教育的哲学意蕴研究。有学者从本体论、认识论与方法论维度探析习近平总书记关于党史重要论述的哲学意蕴，指出从本体论维度看，相关论述从长时段与短时段相结合、历史与现实相统

① 张景波、刘阳、刘永林：《党史学习教育融入高校思想政治教育的价值评价、逻辑证成与路径选择》，《重庆大学学报（社会科学版）》2022 年第 2 期。

② 刘雪薇、孙国友、杨丽丽：《党史融入大学生日常思想政治教育的内在逻辑与实践指向》，《理论导刊》2022 年第 10 期。

③ 冯留建、江薇：《深化高校思政课党史教育的实践逻辑》，《思想政治课教学》2022 年第 3 期。

一、坚持以马克思主义为指导三个方面阐明了党史的价值和本源；从认识论维度看，相关论述从坚守党的初心和使命、推动马克思主义中国化、协调推进自我革命与社会革命三个方面揭示了党史发展规律；从方法论维度看，相关论述从历史思维、战略思维、辩证思维三个方面展现了党史学习的科学态度和路径。①还有学者立足历史自信与理论自觉，强调对历史进程的认识越全面，对历史规律的把握越深刻，党的历史智慧越丰富，对前途的掌握就越主动。自觉坚定历史自信，也就是自觉坚守理想信念，内在要求坚持理论自觉。从历史自信促进理论自觉，以理论自觉增强历史自信，应当树立大历史观，发现时代现实，把握历史趋势；应当学习马克思主义中国化最新成果，立足"两个结合"，深入理解经典著作及其时代意义；应当立足新时代，统筹把握"两个大局"，聚焦理论范畴的创新，勉力推进知识创新、理论创新、方法创新。②

（二）党史学习教育融入思想政治教育方法论研究

党史学习教育融入思想政治教育是学界关注的重要研究点。研究者在整体把握党史学习教育与思想政治教育融合性的同时，聚焦方法论，对党史学习教育如何融入思想政治教育这一课题进行了较为深入的探讨。

关于党史学习教育融入思想政治教育的方法论研究。诸多研究者围绕党史学习教育融入思想政治教育的方法论进行了较为深入的研究。如有学者指出，思想政治工作者应该正确认识以党史学习教育深化大学生思想政治教育的价值、理论、实践三重逻辑。党史学习教育是应对当今复杂多变国际形势和国内风险挑战的必然要求，是培养担当民族复兴大任时代新人的战略需要，是深化思想政治教育改革创新的重要举措。在理论层面，党史学习教

---

① 刘慧：《习近平关于党史重要论述的哲学意蕴》，《中州学刊》2022 年第 6 期。
② 周嘉昕：《从历史自信到理论自觉——党史学习教育的哲学方法论启示》，《求索》2022年第 4 期。

育与马克思主义中国化的理论发展相统一，与思想政治教育的学科发展相统一，与中国特色社会主义大学的人才培养目标相统一。在实践层面，通过课程建设、机制建设、队伍建设、载体建设等路径，不断提升党史学习教育深化大学生思想政治教育的针对性和实效性。①还有学者指出，中国共产党百年光辉历史是最生动、最有说服力的教科书，蕴含着丰富的教育资源。站在新的历史节点，落实立德树人根本任务，高校应准确把握党史学习教育的战略指向，将党史学习教育纳入高校思想政治教育工作体系，从话语导向、主体转向、价值取向和制度创新路向四个维度，推进新时代党史学习教育入心走实，切实提升大学生的思想定力和政治素质。②还有学者指出，党史学习教育融入思政课教学，对落实立德树人根本任务、拓展以史育人的新阵地具有重要的示范价值。在这个过程中，必须抓住党史融入的交融点，坚持大历史观和正确党史观，紧扣伟大建党精神，提升党史资源精准化供给，抓住教学重点环节，构建"大思政课"育人体系，紧紧抓住党史学习教育融入的思想基点、精神支点、内容衔接点、空间交汇点、效果观测点。③此外部分学者以某一具体课程为基点，探求党史学习教育的融入渠道。如有研究者指出，将党史学习教育融入"原理"课教学需要在坚持思想引领、落实重要讲话精神基本原则，坚持研读吃透教材、避免错误倾向基本原则，坚持理论自信、展现昂扬豪迈精神风貌基本原则的基础之上，深入研究从教学内容、师资队伍建设、教学方法、教学目标、课程思政、制度规划的多重维度将党史学习教育有机融入"原理"课教学。④

---

① 徐阳、徐文倩：《以党史学习教育深化大学生思想政治教育的三重视角》，《学校党建与思想教育》2022 年第 3 期。

② 陈从显、徐爱钰：《加强高校党史学习教育的四维向度》，《学校党建与思想教育》2022年第 8 期。

③ 郭世军、王海陵：《党史学习教育与思政课教学的交融点》，《中学政治教学参考》2022年第 43 期。

④ 吴吉圣：《党史学习教育融入"原理"课教学探析》，《云南大学学报（社会科学版）》2022 年第 2 期。

（三）大思政视域下党史学习教育常态化长效化研究

建立党史学习教育常态化长效化制度机制，是不断巩固拓展党史学习教育成果的必然要求。党史学习教育常态化长效性是诸多学者共同关注的焦点，目前研究成果主要围绕以下两方面展开。

关于党史学习教育常态化内容建设研究。党史学习教育中系统化内容构建是党史学习教育的主题精髓。有学者强调，新时代推动大学生党史学习教育常态化长效化是巩固大学生党史学习教育成果的必然笃定。实现大学生党史学习教育常态有效、长久高效，需要立足加深历史认知、坚定历史自信、汲取历史智慧、强化历史自觉多重论域，教育引导大学生正确认识党的百年奋斗辉煌历史，牢牢把握党的历史发展的主题主线、主流本质，深刻理解党的"十个坚持"宝贵经验，丰富拓展党的历史教育形式载体，用大学生党史学习教育优异成果培养担当民族复兴大任的时代新人。[①] 有学者基于历史维度，从百年党史学习教育的经验中探求其内容趋向。在百年党史学习教育中也积累了丰富的经验：一是坚持党史学习教育永远在路上；二是围绕中心工作，开展党史学习教育；三是坚持把马克思主义中国化的理论成果融于党史学习中；四是深化党史学习教育，提升学习教育实效性；五是注重发挥纪念活动的积极作用。这些宝贵经验为新时代党史学习教育的蓬勃开展提供了有益借鉴。[②] 此外，还有研究者立足时代发展，指出新媒体时代的到来，使得高校党史学习教育迎来了教育平台不断拓展、教育资源不断整合、教育方式不断升级的良好局面，但与此同时高校党史学习教育也面临着错误信息带来的误导性风险、知识传播的碎片化倾向、应用操作的滞后性问题等新的挑战。对此，高校可以通过创新党史育人的平台载体、完善党史育人的管理方式、

[①] 黄蓉生：《推动大学生党史学习教育常态化长效化的历史论域》，《马克思主义理论学科研究》2022 年第 10 期。

[②] 古宇飞：《中国共产党党史学习教育的百年历程与基本经验》，《思想战线》2022 年第 3 期。

加强党史育人的队伍建设、营造向上向善的教育环境等方式发挥党史的常态化长效化育人功能。①

关于党史学习教育常态化机制研究。有学者强调从五个"要用好"着力抓落实，建立党史学习教育常态化长效化制度机制。要用好党委（党组）理论学习中心组制度，推动领导班子、领导干部带头学党史、经常学党史。要用好干部教育培训机制，继续把党史作为党校（行政学院）、干部学院必修课、常修课。要用好学校思政课这个渠道，推动党的历史更好进教材、进课堂、进头脑，发挥好党史立德树人的重要作用。要用好红色资源，加强革命传统教育、爱国主义教育、青少年思想道德教育，引导全社会更好知史爱党、知史爱国。要用好"我为群众办实事"实践活动形成的良好机制，推动各级党组织和广大党员、干部满腔热情为群众办实事、解难事，走好新时代党的群众路线。② 有学者指出，构建大学生党史学习教育常态化长效化机制要在教育时间上显现经常性与长期性，在教育内容上展现针对性与时代性，在教育运行上呈现制度化与规范化，在教育效果上体现转化性与推广性。构建大学生党史学习教育常态化长效化机制要从思想基础、实践根源、基本阵地、文化氛围、保障体系入手，坚持思政课程与课程思政并举、红色资源与社会服务并用、党校教育与党团生活并行、校园文化与网络文化并肩、运行体系和评价体系并重。③ 还有学者指出，新时代党史学习教育常态化有其独特的运行机制，即坚持以党的百年奋斗史为主线、以传承红色基因革命精神为核心，以全体党员和人民群众特别是青年学生为教育对象、以现场体验和系列庆祝纪念活动等为形式，以媒体融合平台传播为载体、以学校教育为主阵地的整体性运行机制。这一运行机制凸显了新时代党史学习教育具有内

---

① 熊茜、杨朝清：《新媒体时代高校党史育人常态化长效化路径探析》，《学校党建与思想教育》2022 年第 21 期。

② 班永杰：《建立党史学习教育常态化长效化制度机制》，《红旗文稿》2022 年第 2 期。

③ 叶福林、高哲：《构建大学生党史学习教育常态化长效化机制探析》，《思想理论教育》2022 年第 9 期。

容的系统化、教育的日常化、载体的多元化、主体的全员化的特点。① 此外，还有学者分析了特定教育主体在党史学习教育常态化发展中的作用。如有学者指出，辅导员作为高校学生日常思想政治教育和管理工作的组织者、实施者、指导者，理应充分认识其在大学生中推动党史学习教育常态化长效化的价值意蕴；明晰其在推进大学生党史学习教育常态化长效化过程中存在的不足；找到其推进大学生党史学习教育常态化长效化的方法途径，以保证大学生党史学习教育常态化长效化目标的实现。②

（四）青年学生党史学习教育获得感研究

作为党史学习教育的重要对象，青年学生在其中的获得感关乎教育实效。因此，青年学生党史学习教育获得感研究是部分学者关注的重点。2022年8月，人民论坛编辑部、人民智库开展"青年群体党史学习状况调查"，围绕"青年群体对党史的认识""青年群体学习党史的途径方法""青年群体党史学习收获""如何进一步激发青年学习党史的兴趣和热情"等问题进行问卷设计。调查结果显示，当前青年群体学习党史的主动性、自觉性进一步提高，政治素养及政治认同感进一步增强。越来越多青年人愿意主动了解党史、学习党史，与其民族认同感、国家自豪感的不断增强密切相关。在知识获取来源上，相较于传统的家庭、学校等渠道，社交媒体在党史学习教育中发挥的作用和影响力进一步凸显。③ 有学者指出，将"获得感"引入大学生党史教育，有利于提升教育实效。大学生党史教育获得内容上是学科知识与红色文化的统一，体验上是教育双方满意的统一，效果上是当下与未来的统一，途径上是既定与自定的统一。从大学生党史教育获得感的生成逻辑来

---

① 周耀宏、单增卓玛：《试论新时代党史学习教育常态化运行机制的建构》，《学校党建与思想教育》2022年第19期。

② 曲建武、赵晨旭：《发挥辅导员在大学生党史学习教育常态化长效化中的作用研究》，《学校党建与思想教育》2022年第21期。

③ 人民论坛问卷调查中心：《当代青年群体党史学习的新趋势与新特点》，《人民论坛》2022年第16期。

看，提升获得感应当打造优质党史教育内容，改进党史教育的形式和方法，提升大学生对于党史教育功能的认识，完善大学生党史认知结构，给予党史教育政策支持，不断提高大学生对于党史教育传播内容接收的有效率。[①] 有学者对何为党史学习教育获得感进行了学理分析，指出大学生党史学习教育获得感着重指大学生在党史学习教育活动中，通过知识的汲取、价值的体认、情感的升华而产生的一种超越知识本身的深刻而全面的满足感和认同感。大学生党史学习教育获得感的生成包括主体能动性的发挥、过程上的步步演进和时空上的共生互促，是一个多维成效彰显体。在大学生党史学习教育过程中，获得感的生成逻辑遵循价值预期—预期调试—知识认知—知识加工—情感凸显—收获意义的过程。并强调大学生党史学习教育的获得感生成要遵循"质与量的有机统一""需求与供给的统一"，只有这样才可以贴合大学生党史学习的需求，满足大学生的获得感。[②]

二、党史学习教育与思想政治教育研究的特点与不足

总结年度党史学习教育与思想政治教育研究的特点和不足，是进一步深化思想政治教育创新发展的内在之义。通过对相关研究文献的梳理不难发现，2022 年度党史学习教育与思想政治教育研究具有突出特点，同时也存在不足，把握这些研究特点与不足是明晰未来发展方向的客观要求。

（一）整体性研究凸显，针对性研究有待加强

目前，学界围绕党史学习教育与思想政治教育的研究呈现出整体性。在这里，所谓整体性有两层主要含义：一是依据党史学习教育与思想政治教育实践确定的研究方向是具有针对性和可变性的，但根据党史学习教育与思想

---

① 吴文：《论大学生党史教育获得感及其提升》，《思想教育研究》2022 年第 4 期。
② 田仁来：《大学生党史学习教育获得感的生成逻辑与提升路径》，《学校党建与思想教育》2022 年第 17 期。

政治教育的内在逻辑确定的研究主题则是基本的，相对完整的。二是党史学习教育与思想政治教育的研究趋向具有阶段性，但总的发展趋向是衔接、连续和一贯的，构成完整的体系。目前学界围绕党史学习教育与思想政治教育展开的相关研究凸显出整体性与宏观性，正是建立在这个意义之上。通过梳理年度相关研究不难发现，学界关于党史学习教育与思想政治教育的相关研究注重宏观维度里党史学习教育与思想政治教育的融合，研究方向集中于党史学习教育融入思想政治教育的价值研究、党史学习教育融入思想政治教育的场域研究、党史学习教育融入思想政治教育的方法研究、党史学习教育融入思想政治教育的路径研究等。学界相关研究在凸显整体性的同时，围绕党史学习教育与思想政治教育的针对性研究有待深化。党史学习教育与思想政治教育是涉及面较为广泛、具体研究方向多样的课题，其中党史学习教育与高校育人、党史学习教育与思想政治理论课及党史学习教育的接受实效等关乎立德树人根本任务的实现，关乎担当民族复兴大任时代新人的培育，是党史学习教育与思想政治教育这一课题的重要方面。目前相关研究成果中虽然可见部分围绕此方面的针对性研究，但其与高校育人的关键性、与思想政治理论课的主渠道地位尚不适配。

（二）视角多元化初现，主体性关注尚需强化

一般而言，研究视角是学科研究人员共同接受和认同的一系列假设、概念、价值目标和实现方式。其中，"假设"为研究领域预设了边界，"概念"界定了研究对象，"价值目标"确定了研究的发展方向。不同的研究视角，决定了研究者看待问题不同的角度和思维方式。因此，一门学科的研究需要不断创新研究视角，才有利于学科的发展。现代科学的发展越来越趋向交叉融合，这既能推动知识体系的丰富，又能持续增强研究和解决问题的能力。基于此，视角的多元化发展对于研究的不断深入发展具有重要意义。党史学习教育与思想政治教育的研究亦需研究视角的多元化，唯有保持多元视角之间

的张力，实现不同视角间的优势互补，才能不断提高相关研究的全面性和科学性。值得注意的是，随着研究实践的推进，学界关于党史学习教育与思想政治教育的研究在深化发展中研究视角呈现多元化发展趋向，部分学者将研究视角由最初关注党史学习教育是什么，如何开展及由谁开展等转向党史学习教育与思想政治教育如何融合，融合实效性如何等，开始关注党史学习教育与思想政治教育的主体获得，初步实现了研究角度的转化。但在党史学习教育和思想政治教育相关研究中，主体的主动性尚未充分体现。主体性是人作为社会活动主体的本质属性，包括自主性、主动性和创造性等基本本质特征。党史学习教育与思想政治教育是针对特定主体的教育活动，具有理论性和"知""信""行"相统一的特点。这决定了党史学习教育与思想政治教育不是或不单纯是知识传授性活动，而是改造主观世界的实践活动，主体性参与对教育实效具有重要意义。目前虽有部分学者注意到了党史学习教育与思想政治教育的主体参与，但相关研究较为分散，党史学习教育与思想政治教育的主体性特点、主体性需求等研究仍处于初步阶段。

（三）问题意识突出，常态化建设亟待深入

推动党史学习教育的常态化长效化发展，是不断巩固拓展党史学习教育成果的必然要求。习近平总书记强调"建立常态化长效化制度机制"，"全党要坚持唯物史观和正确党史观，从党的百年奋斗中看清楚过去我们为什么能够成功、弄明白未来我们怎样才能继续成功，从而更加坚定、更加自觉地践行初心使命，在新时代更好坚持和发展中国特色社会主义"。目前学界围绕党史学习教育与思想政治教育的相关研究，体现出较为鲜明的问题意识，不少学者注意到了党史学习教育常态化建设是推进党史学习教育长久有效的关键所在，并围绕其展开了学理探讨，提出了诸多推进党史学习教育常态化发展的方案。这种强烈的问题意识对于推进党史学习教育与思想政治教育研究持续发展意义重大。实际上，早在 2015 年习近平总书记在中央政治局第二十

次集中学习时就提出了"党员干部要学习掌握事物矛盾运动的基本原理，不断强化问题意识"的要求，在随后的"坚持底线思维、着力防范化解重大风险专题研讨班"开班式上他再次强调"问题意识"的重要性，并发表"增强问题意识、推动改革发展"的重要讲话。问题意识的重要性不言而喻。目前部分学者在强烈问题意识的指引下，对党史学习教育的常态化长效化发展进行了学理分析，这对于拓展相关研究视角、推动接续研究具有重要意义。但如何将党史学习教育的常态化发展与思想政治教育进程相融合，并使之常态有效、长久高效是亟待深入探讨的重要课题。

三、党史学习教育与思想政治教育研究的发展展望

回顾2022年度党史学习教育与思想政治教育相关研究进展，分析其中的主要特点和不足，其目的是为了更好地把握思想政治教育发展研究趋势。结合本年度研究状况，未来研究需进一步强化以大思政理念为遵循，优化思想政治教育的党史资源利用；以主体需求为基点，强化党史学习教育接受实效；以大党史观为导向，建构思政课党史学习教育长效机制。

（一）以大思政理念为遵循，优化思想政治教育的党史资源利用

习近平总书记强调，"思政课不仅应该在课堂上讲，也应该在社会生活中来讲"。"大思政课"我们要善用之，一定要跟现实结合起来。"大思政课"是基于人的思想政治素养形成与发展规律，以学生学习生活和成长发展为时空维度，集合课内课外、校内校外、线上线下等领域思想政治教育素材，构建起纵向贯穿大中小学全学段、横向贯通学校与社会全时空的思政课。其是相对于思政课堂而言的，是对思政课堂内涵的丰富和发展。推动党史学习教育与思想政治教育深化研究，应注重以大思政课为遵循，优化思想政治教育党史资源利用。通过学习党的历史以实现学史明理、学史增信、学史崇德、学史力行，是习近平总书记对开展党史学习教育提出的总的目标要求。结合

大思政课的基本遵循，必须全面深入挖掘中国共产党发展史上丰富多样的教育资源。值得注意的是，党史学习教育决不仅仅是理论知识的学习，也是实践锻炼的体验、行为习惯的养成。这意味着在思想政治教育活动中要特别注重开展形式多样、内容丰富、视角全面的党史学习教育活动，打造"大思政课"格局，优化思想政治教育的党史资源运用。一是将党史学习教育融入主渠道和主阵地，并推动两者体制的融合、资源的整合及工作的配合；其中要充分发挥第一课堂的育人功效，整合校内思想政治教育资源，发挥第二课堂的作用。在遵从思想政治教育规律、学生成长成才规律中，将党史学习教育以潜移默化的方式融入"大思政课"中。二是将党史学习教育融入思政课程与"课程思政"并推动两者协同发展。这要求系统分析思政课程与"课程思政"协同育人的重要经验及规律，为思想政治教育积累丰富资源。

（二）以主体需求为基点，强化党史学习教育接受实效

如前所言，主体性是党史学习教育实效性的重要维度。深化党史学习教育与思想政治教育研究须充分考量主体需求，在满足其合理需求中激发主体活力，提升党史学习教育实效。"需要"是马克思主义中重要的范畴。马克思主义从不排斥人的合理需要，并将需要归结为人的本质特点，"任何人如果不同时为了自己的某种需要和为了这种需要的器官而做事，他就什么也不能做"[①]。同时，增强获得感是思想政治教育改革创新的重要目标，也是党史学习教育的目标构成。党史学习教育和思想政治教育获得感的生成需着眼于主体成长发展需求的满足。就过程而言，主体需求的满足是内生动力与外在需求协同作用的结果，其构成了一个不断变化发展的动态过程。其中，内生动力是党史学习教育与思想政治教育获得感生成的主观愿望和动机。"主体成长发展需求和期待"是这一获得感的重要原动力。主体通过自身对党史学习教育的心理预期参与到具体的学习实践活动中，最终形成对党史学习教育

---

① 《马克思恩格斯全集（第3卷）》，人民出版社1960年版，第32页。

的评价，并在此基础上形成获得感。而外在需求则注重外部要素的助力和引导，是党史学习教育与思想政治教育获得感提升的重要构成。由此可见，提升党史学习教育获得感，强化党史学习教育接受实效的关键在于主体内在需求与期待的合理满足。实际上，根据需求层次理论，主体成长过程中产生的需要是多样的，也是多层次的。当这些需要在不同程度被满足并达到其预期时，就会生成相应的获得感。因此，根据不同主体的内在特点，考量主体合理需求及其满足，提升主体获得感，是推动党史学习教育与思想政治教育研究深化发展的重要命题。

（三）以大党史观为导向，建构思政课党史学习教育长效机制

党史学习教育融入思政课教学是党史学习教育与思想政治理论课融合发展的客观要求，而制度机制是促进党史学习教育活动常态化长效化发展的不二法门。因此，深化党史学习教育与思想政治教育研究，需立足大党史观，推动构建思政课党史学习教育长效机制。大党史观是大历史观在党史研究中的具体应用，其强调按照党的历史发展的内在逻辑将过去、现实、未来联系起来观察历史的党史观，这种注重历史的客观性、宏观性、贯通性及辩证性的大党史观为党史学习教育指明了方向。在党史学习教育中强调大党史观既是学习观念层面的创新，亦是学习方法层面的深化。以大党史观为导向，建构思政课党史学习教育长效机制要从以下三方面着手：一是思政课党史学习教育内容机制建设。建构科学的融入内容机制是准确把握哪些可以融入、哪些适合融入以及以何种形式融入等问题的关键所在。融入内容机制建设可为思政课党史学习教育实践活动奠定主题，思政课党史学习教育内容机制建设是党史学习教育与思想政治理论课融合发展的重要基础。二是思政课党史学习教育方法机制建设。方法是中介与桥梁，其关涉过程的顺利展开、目标的预期实现等。因此，思政课党史学习教育方法机制建设是建构思政课党史学习教育长效机制的关键内容。思政课党史学习教育方法融合了思政课与党史

学习教育的发展本质，不是两者的简单叠加，而是建构既体现思政课内在属性，又满足党史学习教育发展需要的方法机制；又是深化思政课改革创新的必然要求，也是推动党史学习教育与思政课融合发展的题中应有之义。三是思政课党史学习教育评价机制建设。评价是思想政治教育的重要环节，同时也是科学评判党史学习教育活动，全面把握学习教育实效的基础。在党史学习教育与思政课融合发展中，评价机制是思政课党史学习教育长效机制建设的重要构成。思政课党史学习教育评价机制建设应充分考量评价对象特点，立足思政课党史学习教育实践，围绕思政课党史学习教育活动的复杂性、思政课党史学习教育内容的独特性、思政课党史学习教育方法的针对性、思政课党史学习教育效果的持久性等展开。

第十三章　思想政治教育治理研究

思想政治工作作为治党治国的重要方式，在国家治理中发挥着越来越重要的作用。推进思想政治教育治理研究，是新时代思想政治教育内涵式发展的内在要求，也是实现国家治理体系和治理能力现代化的重要路径。2021 年中共中央、国务院印发《关于新时代加强和改进思想政治工作的意见》强调："新时代加强和改进思想政治工作的方针原则是：坚持和加强党的全面领导，把思想政治工作贯穿党的建设和国家治理各领域各方面各环节，牢牢掌握工作的领导权和主动权。"① 新时代思想政治工作不仅要贯穿国家治理的各个领域，同时其自身的创新发展也需要治理进行支撑。在持续推进国家治理体系和治理能力现代化的战略部署下，深度剖析国家治理体系和治理能力现代化对思想政治教育发展的新期待和新要求，以治理视域统筹思想政治教育的理论和实践研究，深化思想政治教育的理论和实践发展，既是思想政治教育自身创新发展的需要，也是思想政治教育实践革新的现实需求。2022 年度思想政治教育治理研究，在以往相关研究的基础上继续推进，形成了具有一定数量且质量较高的研究成果。梳理这些成果进展，把握其中的研究特点，展望未来的研究发展趋势，对于进一步推动思想政治教育治理研究持续发展，深化思想政治教育创新发展，具有重要的理论价值和实践意义。

---

① 《中共中央　国务院印发〈关于新时代加强和改进思想政治工作的意见〉》，《人民日报》2021 年 7 月 13 日。

一、思想政治教育治理研究成果进展

思想政治教育治理处于国家治理体系与治理能力现代化的宏观背景下，深受国家治理经验智慧的影响，因而国家治理体系与治理能力及其相关理论的丰富发展为思想政治教育治理的理论研究与实践推进提供了理论遵循和实践指引，学界对于思想政治教育治理的整体把握也越来越清晰。党的二十大报告指出，要坚持马克思主义在意识形态领域指导地位的根本制度，牢牢掌握党对意识形态工作领导权，全面落实意识形态工作责任制，巩固壮大奋进新时代的主流思想舆论，加强全媒体传播体系建设，推动形成良好网络生态。① 在意识形态领域贯彻国家治理现代化理念必然要求思想政治教育的治理转向。因此，2022 年学界对思想政治教育治理进行了持续系统地研究，在基础理论、价值功能和路径探索等领域进一步深化。

（一）思想政治教育治理的整体进展

思想政治教育治理是理论与实践兼顾的课题。思想政治教育治理的现代化发展不再只是一个目标指向，而是随着实践发展不断推进的现实过程。因此，思想政治教育治理的内涵如何界定，思想政治教育治理涵盖哪些内容，思想政治教育治理的价值要义何在、以何种方式进行思想政治教育治理，以及思想政治教育治理的效果如何等一系列问题是研究重点。

关于思想政治教育治理的基础理论研究。有学者对思想政治教育治理的概念进行了界定，对思想政治教育治理与思想政治教育管理的关系进行了廓清，认为"思想政治教育治理与管理是两个不同的论域，在理论支撑、实践理念和工作内容等方面都有所差异。要从学理上讲清楚思想政治教育管理和治理的区别和联系。就实践导向而言，思想政治教育管理旨在整合思想政

---

① 习近平：《高举中国特色社会主义伟大旗帜 为全面建设社会主义现代化国家而团结奋斗——在中国共产党第二十次全国代表大会上的报告》，《人民日报》2022 年 10 月 26 日。

治教育活动中的各要素，而思想政治教育治理，更加聚焦管理活动本身，意在增进思想政治教育主体动力。同时，思想政治教育管理和治理需要协同创新，如何在治理实践中提升管理效能，如何在管理创新中增进治理活力，需要在学理深化和实践创新中进一步深化研究。"① 有学者探讨了思想政治教育与治理的关系，指出思想政治教育和治理的融合应该也有必要成为一个专门研究领域。思想政治教育治理现代化不应是对国家治理现代化的照搬和照用，而应理清思想政治教育治理自身的生成逻辑、特征和发展路径，实现现代化自觉，为治理理论注入中国特色，使其在中国社会具有新的内涵特征。② 有学者从人的全面发展的视域，指出马克思人的全面发展理论是思想政治教育及其现代化的理论之基，思想政治教育现代化转型必须面对教育对象的生成性和实践性转折这一问题视域，思想政治教育现代化转型要提升人的先进性和正义性价值追求。③ 有学者从治理现代化的视域出发，认为"思想政治教育治理内含着互联互通、整体智治和协同增效的理念，更加注重运用新的数字化技术，发挥新一轮科技革命成果在增强教育过程生动性、吸引力和参与度等方面的积极作用。"④ 有学者从公共管理学领域的协同治理理论出发，对协同治理理论进行了进一步深化研究。该学者指出，协同治理理论在本质上是多元主体在共同处理复杂事务中形成的一种合作共享、共同行动和相互支持的关系。协同治理理论不等于"协同理论 + 治理理论"，强调资源和能力的互补、协调，强调主体间利益与目标的一致性，是在治理基础上的合作协同；它所包含的治理，强调治理过程中主体的主动参与，强调主体间合作的动态回应，过程的有序和结果的有效，其目的是要达到整体大于部分之和的

① 冯刚：《关于高校思想政治教育治理研究的几个问题》，《高校辅导员学刊》2022 年第 3 期。
② 冯刚：《思想政治教育学学科发展新论域》，中山大学出版社 2022 年版。
③ 鲁明川、曹克亮：《人的全面发展视域下思想政治教育现代化论析》，《思想理论教育》2022 年第 1 期。
④ 董扣艳：《治理现代化视域下思想政治教育媒介逻辑探赜》，《北京航空航天大学学报（社会科学版）》2022 年第 7 期。

效果。①

关于思想政治教育治理的功能研究。有学者从治理视域阐述了高校思想政治教育协同创新的价值意蕴，认为"思想政治教育治理有助于促进高校思想政治教育理论与协同理论的融合发展，确保高校思想政治教育协同创新的正确方向，进而增强高校思想政治教育协同创新的内生动力。"② 有学者从治理现代化的背景分析了思想政治教育治理现代化的价值要义，指出"思想政治教育治理现代化的根本目标是促进实现人的现代化，其重要任务是维护意识形态安全，关键环节是实现治理结构转型，要有效应对网络信息传播的去中心化和去层级性特征，在畅通多元价值表达的同时维护好意识形态安全。"③ 有学者认为多元治理主体能够为思想政治教育创新提供借鉴。"多元治理主体下的善治凸显互动和回应，强调国家与社会、政府与公民之间的积极参与、良好合作与互动。将善治的参与性和回应性要素纳入思想政治教育学科视野，转变思想政治教育治理理念认知，优化思想政治教育主体关系结构，能够为思想政治教育研究破除治理窘境继而得以创新发展提供科学指南。"④

关于思想政治教育治理的路径研究。有学者基于实践论的思想政治教育的治理逻辑，强调教育过程要真正实现理论与实践的辩证统一，重在引导受教育者建构行动系统，核心是促使受教育者实践性性格的养成。要从受教育者内心的矛盾与冲突出发阐释真理，将实践思维方式贯穿到思想政治教育全过程，帮助受教育者基于实践进行理论认识的生成和建构，要尤其注重行动力的养成，在引导受教育者学会主动改造和建构自我世界的过程中，以建构有效的受教育者自我教育体系为基本路径，最终促进其生成一种实践性性

---

① 金芳芳：《协同治理视域下大学生日常思想政治教育的深化策略研究》，《高校辅导员》2022 年第 4 期。

② 吴放：《治理视域下高校思想政治教育协同创新研究》，《高校辅导员》2022 年第 3 期。

③ 董扣艳：《治理现代化视域下思想政治教育媒介逻辑探赜》，《北京航空航天大学学报（社会科学版）》2022 年第 7 期。

④ 姚昱帆：《治理视域中的思想政治教育研究方法创新》，《思想政治教育研究》2022 年第 3 期。

格。^①有学者阐述了复杂境遇中思想政治教育现代性的社会建构路径：一是紧扣思想政治教育现代性建构的社会与教育现实；二是明确思想政治教育现代性的建构方向；三是培养思想政治教育现代性的建构思维；四是调适思想政治教育现代性的建构策略。^②有学者以功能系统分析法来考察思想政治教育现代化的问题，指出要通过功能监测和动力调控阻止子系统功能异化，通过资源控制防止子系统过度膨胀，通过科学评估破解子系统专业化封闭问题，有针对性地进行思想政治教育现代化治理。^③

（二）高校思想政治教育治理成为思想政治教育治理的焦点论域

新时代高校思想政治教育治理研究从初步兴起到不断发展，逐渐成为高校思想政治教育研究的重要内容构成，是思想政治教育研究不断守正创新的发展结果。2022年度有学者从不同侧面对高校思想政治教育治理的相关问题进行了探索性研究，从基本理论、治理能力、数据治理、环境治理和治理评价等方面开展了深入探讨，在理论与实践的良性互动和深度融合下，推动高校思想政治教育治理实现高质量发展。

有学者对高校思想政治教育治理的理论来源、治理价值、治理主体、治理原则、治理方式、治理动力、治理体系建设、治理能力建设和治理文化向度进行了系统的理论阐释。^④高校思想政治教育治理能力建设要依据国家治理体系和治理能力现代化的目标要求，充分发挥治理体系的优势，把思想政治教育治理体系转化为思想政治教育治理效能。因此，有学者指出，高校思想政治教育治理能力的核心是主客双向互动，运行基础是多元协调共治，统筹依据是空间协同联动，发展保障是对高校思想政治教育治理实践的动态反

---

① 刘丙元：《基于实践哲学的高校思想政治教育治理逻辑》，《思想政治教育研究》2022年第3期。

② 孙其昂、夏方坤：《复杂境遇中思想政治教育现代性的社会建构》，《河海大学学报（哲学社会科学版）》2022年第2期。

③ 李基礼：《基于功能系统分析法的思想政治教育现代化探究》，《思想教育研究》2022年第6期。

④ 冯刚、王振等：《高校思想政治教育治理引论》，团结出版社2022年版。

思。要从政策领悟能力、基层组织效力、多元共治合力和执行创新动力四个维度对高校思想政治教育治理能力进行内在延展。要从高校思想政治教育治理的思想引领力、社会服务力、协同合作力、现代技术力四个方面，进行高校思想政治教育治理能力的体系框架构建。[①] 有学者对当前高校思想政治教育生态治理模式的样态和效应进行有效梳理，对高校思想政治教育生态治理模式的演化机理进行反思性分析，系统性阐述了高校思想政治教育生态治理的主要内容、关键要素和运行机理，对比分析了当下境内外高校思想政治教育生态的基本状况、治理模式和实践路径，坚持问题导向聚焦破解新时代高校思想政治教育实践发展的现实困境，深入思考新时代高校思想政治教育高质量发展的路径选择。[②] 有学者指出高校思想政治教育治理是内在自觉和外部要求的统一，高校思想政治教育评价要直面和破解当前思想政治教育治理面临的研究困境、实践误区和评价错位等一系列问题，根据现代化发展的理念和方式，形成多主体参与、多渠道呈现、多维诊断的评价体系，为实现思想政治教育治理目标提供动力和保障。[③]

（三）数字治理与科技赋能是思想政治教育治理实践的重要主题

大数据技术是信息化发展的新阶段，囊括了信息技术、人工智能、互联网、物联网、云计算等技术群。当前，大数据技术与各个领域的融合发展业已成为发展趋势。在数据技术驱动下，数据治理作为推动思想政治教育高质量发展的重要方式，能够通过大数据应用的优势不断提升思想政治教育治理效能。

有学者指出当代大学生在使用数字新技术的过程中，形成了现实中的物理实体与网络空间中的"数字虚体"的双重存在方式，教育者对教育对象的

---

① 张小飞、李琳等：《高校思想政治教育治理能力研究》，团结出版社 2022 年版。
② 代玉启、白永生等：《高校思想政治教育生态治理研究》，团结出版社 2022 年版。
③ 严帅、张智等：《高校思想政治教育治理评价研究》，团结出版社 2022 年版。

认识经历了从"数字画像到数字孪生体"的进化过程。大学生在产生数据、创造数据和被数据服务、被数据包围的过程中，呈现出以"硅基芯片"为基础的存在形态，出现人际关系数据化、认知方式技术化、价值观念双重化、知识构成分布化的特征。面对"数字孪生体"这一大学生的"虚拟自我"，如何把握大学生在数字世界的这一存在形态，是值得研究的问题。① 有学者从青年网络亚文化的变迁角度指出，当前青年网络亚文化经历了从反抗对立到去中心化、从身份圈层到兴趣圈层、从小众参与到大众卷入、从价值传递到情绪传导等一系列演变，为青年网络亚文化治理展现了空间。② 有学者指出，理解高校思想政治教育数据治理的含义需要借助较完善的物理平台，在相应的制度安排中展开，深度挖掘数据价值，把握高校思想政治教育数据治理呈现出的精准性、规范性和连通性特征，构建数据驱动、多主体协同、信息均衡的立体化智能思想政治教育治理体系。③ 有学者指出，算法推进成为思想政治教育网络智能环境的风险变量，因此要通过驾驭算法来构建思想政治教育网络智能环境治理的政策框架，并通过引领算法，强化平台算法治理，推动思想政治教育主体能动性回归，把握思想政治教育治理的未来趋向。④

二、思想政治教育治理研究的特点与不足之处

整体来看，2022 年度关于思想政治教育治理研究的深度和视域有所扩展，在研究质量上有所提升。与 2021 年相比，在思想政治教育治理功能方面的研究和以国家治理、社会治理视域分析思想政治教育具体问题的研究有所减少，更加聚焦于高校思想政治教育治理、思想政治教育数据治理以及多学科协同推进思想政治教育治理等方面，且呈现出一些新特点。系统分析本年

---

① 王海建：《大学生"数字孪生"现象分析与思想政治教育治理》，《高校辅导员》2022 年第 4 期。

② 杨子强、林泽玮：《青年网络亚文化的变迁与治理》，《思想教育研究》2022 年第 2 期。

③ 吴满意、高盛楠：《高校思想政治教育数据治理研究》，《马克思主义理论学科研究》2022 年第 9 期。

④ 魏俊斌：《治理算法：思想政治教育网络智能环境治理的政策与趋势论析》，《思想教育研究》2022 年第 4 期。

度思想政治教育治理呈现出的新的研究特点，总结目前研究中存在的不足之处，对于推动思想政治教育实现科学化、精准性发展具有重要意义。

（一）思想政治教育治理研究的基本特点

思想政治教育治理研究不仅要关注作为价值追求和目标导向的思想政治教育现代化，而且要考察作为现实推进的思想政治教育治理实践。学界关于思想政治教育治理的研究，有聚焦于思想政治教育在国家治理体系和治理能力现代化中的功能效用的研究，有聚焦于思想政治教育自身如何治理，如何实现现代化发展的研究，也有围绕思想政治教育和治理之间的内在关系进行的研究。相比于早期思想政治教育治理集中于"治"的层面，通过发现问题、解决问题实现思想政治教育的创新发展，学界更加聚焦于从整体性出发，以多学科视角、多元治理主体、各要素协同联动等维度，推动思想政治教育的现代化发展。因此，我国思想政治教育治理研究，从萌芽到多元发展，从把思想政治教育作为参与治理的方式转向同时关注思想政治教育自身的治理，呈现出整体性、建设性和动态性的发展特征，具体表现为以下几个方面：

其一，思想政治教育治理的理论内涵更加丰富。理解思想政治教育的理论内涵，既要将其置身于国家治理体系和治理能力现代化的推进过程中理解，又要从思想政治教育自身的治理去阐释；既要将思想政治教育治理现代化当作是发展目标，又要将思想政治教育治理的现代化实践予以深化总结；既要将思想政治教育治理和管理加以理论廓清，又要推进思想政治教育治理和管理的协同发展；既要保持思想政治教育学科的发展特色，又要吸收借鉴多学科的理论视角。这一系列理论内涵的深化与拓展，是思想政治教育创新发展的成果展现，也是思想政治教育治理与国家治理现代化发展同向而行的必然结果。

其二，思想政治教育治理在研究内容上更加聚焦。梳理 2022 年度思想政治教育治理研究成果发现，焦点论域集中在高校思想政治教育治理、网络思想政治教育治理和思想政治教育现代化发展这几个方面。学者们立足新时代，推出了一批高质量的研究成果，比如《高校思想政治教育治理引论》《高校思想政治教育治理能力研究》《高校思想政治教育数据治理研究》《高校思想政治教育治理生态研究》《高校思想政治教育治理评价研究》《思想政治教育学学科发展新论域》等著作，为推动思想政治教育治理能力和治理体系的构建，提供了学理和实践体系方面的参考。同时，有部分学者对思想政治教育与治理的关系进行了进一步深化研究。无论是从治理视域研究思想政治教育的创新发展，还是从思想政治教育自身发展来推动国家治理体系和治理能力现代化构建，抑或是将"治理"视为创新思想政治教育研究方法的一种理论思维和框架，从学理层面揭示治理视域中思想政治教育研究方法创新的理论逻辑①，都体现出学界对国家治理现代化发展进程和思想政治教育守正创新的持续探索。

其三，思想政治教育治理研究的学科视角更加拓展。一方面，思想政治教育治理在葆有思想政治教育学科特色的基础之上，充分吸收借鉴各学科、各领域治理研究的理论精华，以跨学科的研究视野，从思想政治教育传播学、社会学、生态学、评估学等学科视角汲取理论滋养，为思想政治教育治理效能的增强提供丰富的学理支撑，有利于促进思想政治教育学科的科学化发展。另一方面，有学者基于现有研究动态，尝试分析思想政治教育治理学的理论框架，并对思想政治教育治理学的发展趋势进行了预判，为深化思想政治教育治理理论，初步构建思想政治教育治理学的知识体系、范畴体系、学科体系具有重要的启示作用。②

---

① 姚昱帆：《治理视域中的思想政治教育研究方法创新》，《思想政治教育研究》2022年第3期。

② 冯刚：《思想政治教育学学科发展新论域》，中山大学出版社2022年版。

（二）思想政治教育治理研究的不足之处

正视思想政治教育治理的薄弱环节对推动思想政治教育发展有重要意义。2022 年以来，思想政治教育治理研究取得了一定程度的进展，但同时也存在一些不足之处，需要从以下几个方面进一步深化和完善。

一是思想政治教育治理研究的学理建构尚未完善。纵观近年来思想政治教育研究成果可以看出，关于思想政治教育治理的基础理论研究依然相对薄弱，其深度、广度和系统性方面仍有待加强。思想政治教育治理的基础理论是思想政治教育治理研究不断深入的学理基础。一方面，思想政治教育治理既是实践命题，也是理论命题。思想政治教育治理的学理构建不是一个一蹴而就的过程，而是理论发展与实践创新的辩证统一，需要在实践创新、经验总结、凝练规律、深化理论的逻辑中持续发展。另一方面，学界进行思想政治教育治理研究的总体时间较短，所以相关基础理论研究成果还处于初步构建阶段。尽管国家治理及其现代化、社会治理及其功能、现代化视域、网络思想政治教育、教育效能、危机治理、协同治理以及民族事务治理等越来越多的主题被纳入思想政治教育治理的研究范畴，但思想政治教育治理的对象界定、理论内涵和实践特征等相关内容，还需要随着国家治理能力现代化的发展进程进行深化研究；思想政治教育治理的方法如何进行创新，如何从传播学、社会学、管理学、政治学、生态学、评估学等学科视角创新思想政治教育治理的研究方法等问题，学界有了一些研究成果，但未形成一定规模；思想政治教育治理的基础理论体系构建尚未形成，如何融合思想政治教育理论体系和治理理论，促进思想政治教育治理学的形成和发展，如何确立思想政治教育治理的基本范畴、原则、内容、主体、方式、动力等要素，以及如何实现思想政治教育治理各要素、各环节的内在关联、良性互动和有序衔接等问题，思想政治教育治理的研究框架还未实现系统化构建。

二是思想政治教育治理研究的论域过于集中。本年度思想政治教育治理研究论域主要集中在高校思想政治教育治理、网络思想政治教育治理、思想政治教育现代化等方面，但关于思想政治教育治理要素协同、制度机制建设、治理体系建设等内容的研究成果较少。思想政治教育是一个复杂的系统工程，思想政治教育各要素良性互动、有序衔接，思想政治教育治理的体系、制度、机制的完善发展，才能保证思想政治教育效能的最大限度发挥。因此，进行思想政治教育治理要持续进行要素协同研究。既要关注思想政治教育各要素之间的内在协同，又要关注思想政治教育治理涉及的各要素、各环节、各系统之间的良性互动和稳定运行。同时，制度机制是推进思想政治教育现代化和提升思想政治教育治理水平的保障，要进一步从全球治理、国家治理、社会治理的实践发展中，探索思想政治教育自身治理的制度、机制和体系建设，结合整体性制度、机制的设计规划和具体领域的制度安排，使之不断适应国家治理现代化的发展需要。这一系列相关研究的深化需要学人共同努力。

三是思想政治教育治理研究系统性有待进一步深化。思想政治教育治理研究的系统性发展，要求注重思想政治教育治理的整体性、结构性和层次性，要强化思想政治教育治理的横向贯通、纵向衔接以及各个子系统之间的贯通。但就目前的研究成果来看，系统化的理论研究框架还未形成；思想政治教育治理在借鉴政治学、社会学、传播学、生态学、评估学等学科理论进行问题剖析的过程中，还存在照搬、平移、理论嫁接的现象，如何推动治理理论和思想政治教育的深度融合，如何精准把握不同学科之间的研究视角差异，增强思想政治教育治理交叉学科的科学化发展，还需要学人立足于理论和实践的发展基础之上继续进行深耕；对思想政治教育治理过程中的复杂问题，要以综合性的方式手段，横向上组织协同多元的主体力量，拓展不同的思想政治教育治理场域，挖掘更多的思想政治教育治理功能，衔接思想政治教育治理的不同要素和环节；纵向上打通思想政治教育治理系统中的不同层级结构之间的对接，针对性破解治理过程中的难题，实现国家治理现代化和思想政治教育自身治理现代化的同向而行。而学界关于思想政治教育整体性治理和系统性治理的内容研究，还需持续进行探索。

三、思想政治教育治理研究的趋势展望

加强新时代思想政治教育治理研究，是回应党和国家治理现代化建设的发展战略安排及其政策制度设计的必然选择。科学把握思想政治教育治理的现实状况和治理实践，一方面，能够补足思想政治教育研究的薄弱环节，针对性提升思想政治教育治理效能；另一方面，将思想政治教育治理实践经验进行深化总结，使之凝练升华为思想政治教育治理理论，在把握时代发展趋势和现代化建设方向的进程中，引领思想政治教育治理实践。2022 年度思想政治教育治理研究取得的成果，既反映了思想政治教育治理在目前所呈现出的阶段性特征，也昭示了未来思想政治教育治理研究的发展趋向。整体看来，以下几个方面的研究还需进一步加强。

（一）深化思想政治教育治理的学理构建

思想政治教育治理是实践命题，也是理论命题。鉴于思想政治教育治理研究还处于初始阶段，以及由思想政治教育治理实践经验深化总结、凝练升华为理论需要一个过程，因此，深化思想政治教育治理研究的学理构建，依然是思想政治教育治理应重点关注的论域。

一是关于思想政治教育治理基础理论的研究。思想政治教育治理是什么、为什么要进行思想政治教育治理、如何进行思想政治教育治理等一系列问题，学界还未形成共识。对于思想政治教育治理的内涵界定、对象确立、基本特征、构成要素、价值要义、内在规律、主体构成、方式方法、过程运行、制度机制等问题，不能将治理理论和思想政治教育基础理论进行简单叠加来加以阐述，还需从学理层面进行深化研究，进一步关注各要素之间的内在逻辑和演进机理。

二是思想政治教育治理的系统性构建。思想政治教育治理是系统工程，涵盖思想政治教育治理的各要素、各环节等方方面面，是多类型、多层次、多方面构成的有机结构体系，具有多样性基础上的整体性、复杂性基础上的协同性、动态性基础上的可持续性，需要以整体性视角进行探究。首先，学界关于思想政治教育治理的学理基础研究，还有待进一步深化，将治理与思想政治教育、思想政治教育与思想政治教育治理的辩证关系加以科学区分，而不是拿某一学科的理论直接进行概念平移。其次，学界关于思想政治教育治理研究还集中在固定的某些领域，比如高校思想政治教育治理、网络思想政治教育治理等，覆盖面不够广阔。虽然已经涌现出一些高质量的研究成果，但思想政治教育治理的效能提升需要政府、学校、社会、家庭等不同主体协同出力，实现网络内外的有效贯通，所以研究视角应该更为广泛。再次，关于交叉学科的研究需要不断拓展细化，实现跨学科间的深度融合，以新的学科视角审视思想政治教育治理发展成效。同时，积极借鉴政治学、管理学、社会学等学科的治理经验和有益成果，使思想政治教育治理研究既具有思想政治教育学科特色，又充分发挥跨学科思维的研究优势，从而产生出更具创新价值的研究成果。最后，思想政治教育治理内部的运行逻辑与作用机理需要重点关注。思想政治教育现代化的一个重要方面，是思想政治教育功能分化导致系统分化。思想政治教育主功能分化为同类子功能，而这些子功能又相应分化出不同领域的思想政治教育子系统；沿着思想政治教育内部结构分化出不同的子系统，如教材、教学、管理等；沿着政治运行逻辑分化出不同的子系统，如分化为不同行政级别的与思想政治教育政策制定、指导、保障相关的子系统。[①]复杂的系统结构如何进行有序衔接，是思想政治教育治理研究亟待解决的问题。

---

① 李基礼：《基于功能系统分析法的思想政治教育现代化探究》，《思想教育研究》2022年第6期。

（二）加强对思想政治教育治理现代化的研究

思想政治教育现代化是国家治理现代化的应有之义，包括治理体系和治理能力两方面的现代化。思想政治教育治理，内蕴于国家治理现代化的战略布局之中，是整体安排与局部推进的统一，又服务于新时代加强和改进思想政治工作的整体需要，是内在自觉和外部要求的统一。"推进国家治理体系和治理能力现代化，必须解决好价值体系问题。"①思想政治教育在整合社会意识、凝聚社会共识方面具有着突出优势，因此，推进思想政治教育治理，推动思想政治教育实现高质量发展，是实现国家治理现代化的题中之义。

一方面，注重养成生成性思维。思想政治教育治理研究不能只是简单照搬理论和规律，而是要坚持问题导向，置身于思想政治教育治理的全过程中，以动态发展的眼光，系统把握思想政治教育治理实践的诸因素和诸场域，在持续建构的过程中，纵向贯通中央、省级、市（地）级、县（区）层级间的思想政治教育治理经验，横向联结面向企业、农村、机关、学校、科研院所、街道社区、社会团体、人民解放军连队等不同基层单位的进行思想政治教育治理的实践探索，有利于打造多元共生的思政生态文化，搭建互联互通的思政价值链条，形成集体升维的思政工作格局，使思想政治教育治理理论更好地指导并且引领思想政治教育的现代化发展，使思想政治教育治理研究更好地服务于国家治理现代化建设的战略部署。另一方面，注重关注物质层面与精神层面的协调统一。习近平总书记在党的二十大报告中全面系统深入地阐述了中国式现代化的科学内涵，指出中国式现代化是物质文明和精神文明相统一的现代化。②当前，数据要素已作为战略性资源全面参与社会生产经营。因此，在网络信息技术迅猛发展的时代背景下，要尤其关注技术跃

---

① 中共中央宣传部：《习近平总书记系列重要讲话读本（2016 年版）》，人民出版社 2016 年版，第 76 页。

② 习近平：《高举中国特色社会主义伟大旗帜 为全面建设社会主义现代化国家而团结奋斗——在中国共产党第二十次全国代表大会上的报告》，《人民日报》2022 年 10 月 26 日。

迁、数据赋能下的思想政治教育治理。不仅要看到自然科学层面的技术，更要认识到其中也蕴含着人文社会层面的治理技术。思想政治教育治理现代化不是单单强调数字智能技术手段的应用，而是要将人文关怀和政治价值传播贯穿始终。注重从社会意义层面考察数字智能技术对思想政治教育治理结构和治理体系的深刻影响，特别是给意识形态治理带来的新变化和新挑战。进而利用数字智能技术的超前预测、精细管理和精准施策等优势。①

（三）加强思想政治教育治理制度机制建设研究

完善的制度，是提升治理水平的重要保障。思想政治教育制度不是孤立存在的，而是一个完整体系，只有各项制度间横向贯通，纵向衔接，才能更好保障思想政治教育实现高质量发展。推进思想政治教育治理体系和治理能力现代化，要做好顶层设计，考虑制度的可行性，明确制度执行的主体，坚持立足现实与着眼长远相统一，以动态发展的眼光看问题。要立足思想政治教育治理实际，关注思想政治教育治理实践需求，回应思想政治教育治理实践期待，建立与思想政治教育治理现代化相适应的制度体系，最大限度释放出思想政治教育治理效能。

一是要从思想政治教育治理全局出发，以整体性视角逐步推进对思想政治教育治理制度的研究探索，努力完善思想政治教育治理制度化建设，推进思想政治教育治理制度的现代化发展。围绕思想政治教育治理制度化的发展要求，对思想政治教育治理的整体制度建设和具体领域的制度完善进行深入研究。二是要以思想政治教育治理实施的重点领域为突破口，以制度化的形式明确思想政治教育治理主体、对象、治理方式、治理运行等内容。思想政治教育所涉及的具体场域，诸如思想政治教育课程体系建设、课堂建设、日常思想政治教育、思想政治教育规律、思想政治教育队伍建设等，在多年的

① 魏俊斌：《治理算法：思想政治教育网络智能环境治理的政策与趋势论析》，《思想教育研究》2022年第4期。

工作实践中已经形成了相对成熟的制度体系，对于思想政治教育治理的制度建设和完善具有重要的借鉴意义。三是要不断完善思想政治教育治理的监督和评价机制。思想政治教育治理是一个动态发展的长期过程。思想政治教育治理需要监督和评价的有效贯通，找到治理过程中存在的问题、难题和薄弱环节，针对性地加以改进。有利于拓展思想政治教育治理主体，多渠道呈现思想政治教育过程，多维度诊断思想政治教育治理效果，形成思想政治教育治理和各类工作体系协同共建的一体化评价格局。在遵循普遍性与特殊性相结合的原则下，实现内容共建、问题联治、工作联动、标准通用、结果共享，推动思想政治教育治理实现高质量发展。同时，大数据技术为思想政治教育治理的动态监督和评价机制建设提供了便捷条件，通过对数据的收集挖掘，可实现对思想政治教育治理各要素、各环节进行动态监测和系统分析，将治理成效客观全时呈现，以治理评价的内容反观思想政治教育治理决策的科学性与否，指引思想政治教育治理的进一步发展，为思想政治教育现代化发展指明了正确的方向。那么，如何依托大数据技术，实现思想政治教育治理监督和评价的有效贯通，以制度化的形式贯通思想政治教育治理的环节衔接，实现思想政治教育治理的良性运行，也需要学界进行持续研究。

第十四章　网络思想政治教育研究

2022 年是实现第二个百年奋斗目标的开局之年，教育强国建设、文化强国建设和网络强国建设、数字中国建设坚持高质量发展，以优异成绩迎接了中国共产党第二十次全国代表大会的胜利召开。作为思想政治教育与网络交织融合的产物，网络思想政治教育实践得以聚焦网络空间的思想引领、文化培育、道德建设、行为规范、生态治理、文明创建等方面，积极进行了政策文件响应式创新、技术集群适应性创新、问题情势因应性创新。理论研究与实践活动同向偕行，网络思想政治教育研究在本年度为学界高度关注、争鸣探讨、深耕探赜，在承继既往理论基础上形成了一批具有创新性内容、系统性思维、现实性价值的研究成果。梳理这些研究成果，洞悉研究主要特点，展望研究未来趋势，有利于新时代新征程网络思想政治教育理论创新和实践发展。

一、网络思想政治教育研究的热点论域

2022 年，数智技术迭代升级加速社会网络化，线上生活全面普及推使网络社会化，网络思想政治教育研究在"两化"背景下视角调试、持续高产、日益纵深，注重历史与现实相统一、理论与实践相结合，探索全面构建网络思想政治教育理论体系。总体来看，本年度网络思想政治教育研究以有效性为核心议题，形成了演进历程、概念范畴、话语叙事、技术融合、实践创新等热点论域。

（一）网络发展与网络思想政治教育演进历程

作为思想政治教育学科的重要分支，网络思想政治教育已然历经近30年的嬗变进程，总体上同我国互联网的衍变轨迹同向同行、和思想政治教育学科发展相辅相成。2022年，学界基于"历史研究是一切社会科学的基础"的认识，深刻把握网络发展与网络思想政治教育发展的本质关联，从不同层面、不同角度展开了网络思想政治教育历史研究。一是对网络思想政治教育实践及其研究进行整体性回溯。有学者紧密结合"网络新媒体由门户网站阶段、社交平台阶段、融媒体阶段的发展过程"，全面梳理了思想政治教育的网络化进程，主要包括旁观和被动应对、积极参与、主导引领三个阶段，具体表现为"从初期主要关注伴随互联网产生的负面影响，尤其是网络对青年群体的政治观念、道德规范和心理等方面的冲击和影响，逐步发展到更加重视网络舆论阵地的建设、网络文化内容的创新、思想政治教育网络话语权的积极建构等方面"，而相伴共生的网络思想政治教育研究则是以学科化论证为发展主线，经历了从网络工具观向网络社会观的思维转变，"日益形成更具共识性的学术体系、更有标识度的理论边界以及更能彰显独特性的话语体系"。① 二是对网络思想政治教育特殊形态进行历时性总结。网络文明建设发轫于新时代精神文明建设贯通网络强国建设全过程，是适应人类信息化变革的网络思想政治教育的宏观形态。有学者从深化网络空间精神文明建设、系统构建网络文明建设体系、深入推动网络文明建设实践等方面，全面考察了党的十八大以来我国网络文明建设的探索历程，并科学总结出坚持党的领导、始终把握正确的创建方向，坚持系统推进、不断完善协同化创建机制，坚持人民主体、不断激发群众性创建活力，坚持创新导向、不断增强时代感

---

① 唐登䇲：《网络思想政治教育的整体性回溯与系统性创新》，《思想理论教育》2022年第2期。

和吸引力等基本经验。① 高校是网络思想政治教育的关键领域。有学者重点探究了高校网络思想政治教育的发展历程，强调随着互联网的兴起和发展，高校网络思想政治教育经历了初步探索（1994—1998年）、阵地建设（1999—2004年）、逐步成熟（2005—2012年）、深入发展（2013年至今）四个阶段，在实践中取得了较大的成效。②

（二）网络社会与网络思想政治教育学科范畴

一直以来，学界高度重视网络思想政治教育学科建设，接续对其基本概念、基本范畴、基本问题进行与时俱进的再审思，以擢升学科区分度、增强学科说服力。2022年，学者们强化网络思想政治教育基础理论研究，扬弃网络工具观，秉持网络社会观，对网络思想政治教育学科重要范畴展开了论析。一是网络思想政治教育概念的新界定。有学者指出，网络思想政治教育概念兼具确定性和延展性，确定性根植于传统思想政治教育的定义之中，体现为对社会价值和个体价值相统一的基本立场的承沿坚持；延展性源自"网络观"的动态变化，即"网络化生存成为现代思想政治教育理论研究的基本底色，进一步拓展了网络思想政治教育概念的内涵"。③ 基于此，有学者结合新时代网络思想政治教育新的着力点、新的本质定位和新的功能定位，将其界定为"在网络信息生态中，主流意识形态信息高势位供给与网民高自主需要互动共生的，有目的、有计划、有组织地促进人思想、政治、道德素质全面提升的数字化教育实践"。④ 二是网络思想政治教育主客体互动的再思考。作为实践的基本要素和学科的基本范畴，网络思想政治教育主体和客体始终处于研究高位。有学者借助 CiteSpace 可视化分析工具对 CNKI 数据库

① 宋晟、刘宏达：《十八大以来我国网络文明建设的主要成就与基本经验》，《社会主义研究》2022年第2期。
② 鲍中义：《高校网络思想政治教育的发展历程、原则与进路》，《学校党建与思想教育》2022年第3期。
③ 唐登蕓：《网络思想政治教育的整体性回溯与系统性创新》，《思想理论教育》2022年第2期。
④ 谢玉进：《新时代网络思想政治教育概念再界定与研究深化》，《思想教育研究》2022年第5期。

中有关网络思想政治教育主客体研究的文献进行定量分析，将研究历程划分为初步探索阶段、深化拓展阶段、融合建构阶段，主要梳理了主体间性、主体、主体性、客体、主客体关系等方面内容。[①] 其中，网络思想政治教育主客体关系尤为重要，是网络思想政治教育区别于其他思想政治教育形态的特有之处，因而为学界重点关注。有学者立足网络对现实社会关系重构的现实背景，指出网络思想政治教育主客体互动是以信息共享为前提基础、以符号互动为基本形式、以双向对象化为主要过程，并创新研讨了这一互动的内在张力"根源于意识形态认同构建中社会与个体的矛盾，始发于思想政治教育具体活动中虚拟与现实的矛盾，内生于网络自我互动中'自在'与'自为'的矛盾"。[②] 三是网络思想政治教育虚拟交往时间的提出。随着网络社会化的全面到来，网络思想政治教育虚拟交往属性愈发凸显。有学者基于虚拟交往视野，从时间维度发展了虚拟与现实这一基本范畴，提出网络思想政治教育既要在客观时间层面建构"因事而化、因时而进、因势而新"的时间机制以及时间序列、时间节奏与时间密度的调节机制，又要在虚拟时间层面建构虚拟交往主体的沉浸感提升机制、"实际时间"与"错位时间"的联动机制以及"延伸时间"与"强度时间"的优化机制。[③]

（三）网络媒介与网络思想政治教育话语叙事

话语和叙事是连接思想政治教育内容和思想政治教育对象的桥梁，直接关系思想政治教育的亲和力、针对性和实效性。智能迭新且互融相通的网络媒介生态影响着网络思想政治教育话语发展和叙事转向，本年度学界对此问题进行了研究。一是剖析网络思想政治教育话语和叙事的运作机理。话语效

---

① 周文静、胡树祥：《网络思想政治教育主客体研究的回溯与展望——基于 CiteSpace 的可视化分析》，《学校党建与思想教育》2022 年第 7 期。

② 徐曼、黄祎霖：《网络思想政治教育主客体互动的展开、张力及优化》，《思想教育研究》2022 年第 11 期。

③ 赵建超：《基于虚拟交往的网络思想政治教育时间机制建构》，《思想教育研究》2022 年第 8 期。

应离不开相应语境。有学者从网络思想政治教育语境角度论析了网络思想政治教育话语的生成机理，指出网络思想政治教育话语的产生受到内语境和外语境的制约和作用，表现为将"网络语言潜在的庞大的扩张力转化为有效的思想政治教育话语孕育力"。①另有学者认识到"跨媒介叙事具有多元主体参与、价值观念'向心'传递、传播内容'离心'呈现等多种育人价值"，进而揭示了网络思想政治教育跨媒介叙事的运作逻辑，指出其前提是网络思想政治教育内容跨媒介传播，核心是网民参与网络思想政治教育的育人过程，旨归是网络思想政治教育内容延展。②二是分析网络思想政治教育话语和叙事的发展现状。有学者聚焦大学生网络思想政治教育话语表达的现况，指出大学生网络思想政治教育话语表达具有主客体关系平等性、内容方式灵活性、时间内容碎片性、传播环境共享性的特点，同时也会对应产生消解主体话语权威、冲击话语表达范式、削弱话语表达效果、挑战话语表达监管等负面影响。③有学者着重分析了高校思想政治理论课话语体系在网络空间中遇到的挑战，主要包括网络空间对高校思想政治理论课话语权威的挑战、话语传播方式的冲击和话语逻辑的弱化。④还有学者考量了智媒时代思想政治教育话语权面临的机遇和风险，机遇涵盖扩展内容资源、增强话语说服力，强化个性定制、提升话语亲和力，丰富媒介选择、强化话语传播力等，风险是指可能会陷入式微甚至边缘化的困境，具体表现为数据汇集的"噪声效应"消解话语意义、智能定制的"信息茧房效应"离散话语内容、信息传输的"蝴蝶效应"干扰话语管理、价值表达的"黑箱效应"弱化话语认同。⑤三是探析网

① 薛玉梅、赵磊：《对网络思想政治教育语境几个问题的思考》，《学校党建与思想教育》2022年第10期。

② 刘晓琳、曹银忠：《网络思想政治教育跨媒介叙事研究》，《学校党建与思想教育》2022年第14期。

③ 曹洪军、曹世娇：《论大学生网络思想政治教育话语表达的独特性及效力提升》，《理论导刊》2022年第3期。

④ 马俊峰：《网络空间中高校思想政治理论课话语体系创新研究》，《思想理论教育导刊》2022年第9期。

⑤ 何志敏、刘畅：《人工智能时代思想政治教育话语权探析》，《思想教育研究》2022年第8期。

络思想政治教育话语和叙事的优化升级。有学者坚持问题导向，针对思想政治教育话语意义流失、话语权威碎片化消解及话语空间离散等问题提出应对和创新路径：创新传播模式，强化话语引导力；创新话语方式，提升话语影响力；创新话语生态，增强话语凝聚力。[①] 有学者紧贴技术发展，指出思想政治教育叙事应升级转向为"智能 + 叙事"形态，实现理论叙事实践化、政治叙事生活化、学术叙事大众化、社会叙事个体化。[②]

（四）网络技术与网络思想政治教育深度融合

交互技术、电子游戏技术、人工智能技术、通信及运算技术、物联网技术等网络相关技术日臻成熟，推动网络思想政治教育对象的生存方式、发生的空间场域和呈现的实践形态不息革新。2022 年，学界进一步贯彻落实《关于新时代加强和改进思想政治工作的意见》，围绕网络技术与网络思想政治教育深度融合展开了热烈研讨。一是技术联动与网络思想政治教育深度融合。新技术发生集群效应，引领人们进入元宇宙时代或者说信息化 3.0 时代，同网络思想政治教育的融合升级。有学者认为，泛在化、算法化、融合化的新一代信息技术重塑网络思想政治教育的技术环境，使得网络思想政治教育呈现出融合拓展的新趋势，其具体表现在教育覆盖范围的全员、全时、全域，教育主客体关系的自主、平等、互动，教育内容供给的精品化、精准化、生活化，教育学习方式的自主自由式、体验感悟式、零存整取式四个方面。[③] 有学者进一步把握技术发展趋势，探究了集技术之大成的元宇宙与网络思想政治教育的深度融合，指出元宇宙不仅重塑网络思想政治教育的感知环境、信息环境、文化环境，更为重要的是能以数字全息思维、全身沉浸思

---

① 罗仲尤、刘玉立：《网络空间视域下思想政治教育话语创新探析》，《马克思主义理论学科研究》2022 年第 6 期。

② 宫长瑞、张迎：《人工智能时代思想政治教育叙事的转向及其实践》，《思想教育研究》2022 第 9 期。

③ 赵玉枝、胡树祥：《论网络思想政治教育融合拓展新趋势》，《思想理论教育导刊》2022 年第 9 期。

维、创构思维与智慧思维重塑网络思想政治教育发展模式，在方法层面通过交互技术来提升人的沉浸体验。[①]另有学者从网络思想政治教育供需关系出发，运思了元宇宙与网络思想政治教育深度融合的具体呈现，即认证生态与数字创造激发教育对象内生动力，人机共育与智慧评价实现教育队伍优质供给，境脉施教与具身受教增强教育过程实际效果。[②]还有学者将这一深度融合凝练为"复杂性"，考察了网络思想政治教育在信息化 3.0 时代呈现的复杂性思维、时空性运动、自组织系统、整体性涌现等运动演化现象，指出其实质是"网络思想政治教育以复杂性思维透射内在矛盾、反思研究范式、突破传统思维的整体性和体系化建构"。[③]另有学者提出了"数字思政"概念，指出其是"以人工智能、大数据、云计算等数字技术为基础，以数据要素为驱动，以全应用场景赋能，对教育资源进行高效整合利用，构建的精准、敏捷、有效的思想政治教育体系"，具有互联互动、数字泛在、智能敏捷的特征。[④]二是典型技术与网络思想政治教育深度融合。网络思想政治教育之"网络"被日新又新的技术不断重新定义，在深度融合过程中实现功能形态的多样化创新。有学者着眼于算法技术同网络思想政治教育的深度融合，通过论析智能算法和网络思想政治教育在理论逻辑上产生耦合、在技术逻辑上走向自洽，确证了二者深度融合的可行性和必然性，并提出网络思想政治教育完成"追逐算法"到"驾驭算法"的时代跨越的具体路径：基于内容推荐的算法技术构建"推荐图谱"，促进网络思想政治教育情感释放；改良基于协同过滤的算法技术形成"防火墙"，推动网络思想政治教育戳破"过滤气泡"；基于关联规则的算法技术进行"议程设置"，实现网络思想政治教育的价值引领；基于效用规则的算法技术构建"警戒红线"，对网络思想与情绪

---

① 赵建超：《元宇宙重塑网络思想政治教育论析》，《思想理论教育》2022 年第 2 期。

② 冯刚、陈倩：《解构与重构：元宇宙对网络思想政治教育的挑战及其应对》，《探索》2022 年第 3 期。

③ 赵浚、张澍军：《信息化 3.0 时代网络思想政治教育的复杂性探赜》，《思想教育研究》2022 年第 10 期。

④ 汤潮、赖致远：《"数字思政"的内涵生成与实施路径》，《思想理论教育》2022 年第 10 期。

准确把握以及作出超前预测；基于知识推荐规则的算法技术构建"全域学习网"，赋能网络思想政治教育图景升华与革新。[①]有学者关注人工智能技术，从"事""体""道"角度解析了智能思政的发展形态，论述了融合进程中技术追求"效用"与思想政治教育整体性的矛盾，技术弱化"明道"与思想政治教育生命性的矛盾，技术遵循"规则"与思想政治教育人文性的矛盾，并从彰显育人价值、浸润育人情境、增强育人效果等维度提出破题思路。[②]还有学者重点关注大数据技术，提出"数据思政"的概念，将其定义为"以大数据信息作为辨知来源和决策依据，以大数据思维优化思想政治教育理念，以大数据技术重组思想政治教育实践结构"，"包括沿数究律、依数定策、以数育人和循数评价等实践样态"。[③]

（五）网络文化与青年网络思想政治教育实践

青年网络思想政治教育是网络思想政治教育研究的重要议题。2022年，学界充分检视网生代青年的思想和行为样态，立足网络文化向度，对青年网络思想政治教育实践发展进行了研究。一是高校网络意识形态治理实践。主流意识认同是青年网络思想政治教育的核心目标。有学者将高校网络意识形态安全风险概括为西方意识形态向高校大学生"渗透"的风险，网络意识形态阵地价值引导功能弱化的风险，网络意识形态安全管理难度加剧的风险和主流意识形态传播受阻的"信息茧房"效应风险，在归因分析的基础上，从加强高校网络意识形态话语创新、加强网络阵地建设、强化大学生网络思想政治教育、加强主流意识形态传播的技术保障等方面提出防范策略。[④]有学

---

① 邓国峰、高安安：《技术逻辑与价值定位：算法时代网络思想政治教育新展望》，《思想教育研究》2022年第2期。

② 胡华：《智能思政：思想政治教育与人工智能的时代融合》，《思想教育研究》2022年第1期。

③ 唐良虎、吴满意：《数据思政：基本意涵、生成逻辑与实践样态》，《思想理论教育》2022年第5期。

④ 汪寅、张慧：《媒体融合背景下高校网络意识形态安全风险及其防范策略》，《黑龙江高教研究》2022年第12期。

者以总体国家安全观为指引，提出高校网络意识形态治理系统化建设思路：构建规范指导体系，加强高校网络意识形态治理顶层设计；完善风险管控体系，保证高校网络意识形态治理良性运行；优化综合应对体系，发挥高校网络意识形态治理协同优势；做实支撑保障体系，提升高校网络意识形态治理科学效能。[①] 二是网络文化消极影响应对实践。有学者对网红文化异动对青少年价值观的误导及其矫治进行了研究，阐析了网红文化的"污文化""丑文化""炫文化""佛系文化""丧文化"等异常形态和泛娱乐化、非主流化、亲资本化和多中心化等异动特征，剖释了网红文化对青少年价值观的误导机制链条，并提出富有针对性的阻断误导的矫治思路。[②] 有学者洞见"一些消极的网络亚文化一定程度上导致了部分青年奋斗志气的弱化、斗争骨气的软化和能力底气的淡化"，强调要推进网络文化创新，关键是做到丰富网络文化供给，营造良好网络环境，一体化构建网络阵地，引导大学生亚文化与主流文化画好"同心圆"。[③] 三是网络文化载体创新应用实践。有学者采用内容分析和回归分析，考察了共青团中央抖音短视频的传播效果，探究了视频内容属性、剪辑属性和发布属性等因素的影响，从内容主题选择、视频制作、视频时长、视频发布等方面提出了行之有效的建议。[④]

二、网络思想政治教育研究的年度述评

2022 年度网络思想政治教育研究继续沿循思想政治教育理论和新技术新应用新业态双轮驱动的发展脉络，学术成果数量稳中有升，学科研究范式

① 王宝鑫：《总体国家安全观视域下高校网络意识形态治理研究》，《马克思主义理论学科研究》2022 年第 10 期。

② 贾彦峰、朱平：《网红文化异动对青少年价值观的误导及其矫治》，《中国青年研究》2022 年第 6 期。

③ 孟杰：《网络亚文化对培育青年志气、骨气、底气的影响及应对策略》，《思想理论教育导刊》2022 年第 6 期。

④ 张丽、李秀峰：《共青团中央抖音短视频的传播效果及影响因素分析》，《中国青年社会科学》2022 年第 2 期。

开拓创新，围绕网络思想政治教育演进历程、学科范畴、话语叙事、研究范式、实践创新等问题展开了热烈探讨，具有鲜明的年度特点和生机活力，同时存在一些不足，有待改进和深化。

（一）网络思想政治教育研究的年度特点

一是被动应对研究转向主动融合研究。习近平总书记指出："我们必须敏锐抓住信息化发展的历史机遇，加强网上正面宣传，维护网络安全，推动信息领域核心技术突破……自主创新推进网络强国建设。"[①] 在科技革命和产业变革加速演进背景下，思想政治教育网络化生存，即网络思想政治教育利用信息网络技术创新理念、方法、模式以增强有效性，一直以来是网络思想政治教育研究的重中之重。由于信息网络技术具有独立的发展逻辑和演变节奏，网络思想政治教育理论研究往往滞后于信息网络技术实践，呈现辩护性、解释性的特点，主要分析信息网络技术已然带给网民思想理论状况和网络思想政治教育的冲击和困局。本年度网络思想政治教育研究呈现建构性和预见性的特点，主动关注信息网络技术领域新进展，积极回应信息网络技术领域新问题，在理论引领网络信息技术应用工作上多着墨、下功夫，追求"网络技术思想政治教育化"和"思想政治教育网络技术化"的双轨并行。

二是宏观命题研究与微观问题研究并进。互联网现已发展成为人的一种新的存在方式，深嵌于思想政治教育的生成根源、基本矛盾和实践形态。网络思想政治教育研究发轫于网络工具观，因网络环境观认识深化，现在网络社会观的指引下逐渐形成层次分明、范围广泛的问题域。2022 年，网络思想政治教育研究既立足宏观，又着眼微观，形成宏微并进的研究态势。宏观层面，直接关系全面建设社会主义现代化国家新征程的网络文明建设、网络意识形态治理、网络思想理论建设等研究成果增多，同数字中国建设和网络强国建设交相呼应，旨在擦亮网络思想政治教育"巩固马克思主义在意识形态

① 《习近平谈治国理政（第三卷）》，外文出版社 2020 年版，第 305 页。

领域的指导地位，巩固全党全国人民团结奋斗的共同思想基础"的政治底色；微观层面，网络思想政治教育研究重点探讨了新的互联网阶段的新特征及其对网络思想政治教育的影响、高校网络思想政治教育实践创新、网络思想政治教育话语权、网络舆情引导等具体问题，其核心主线是加强和改进网络思想政治教育，提升网络思想政治教育实效性。

三是基础理论研究与前沿问题研究兼顾。基础理论研究增强网络思想政治教育研究的深度，前沿问题研究拓展网络思想政治教育研究的广度，两者不可偏废，可以形成互为补充的关系。就基础理论研究而言，本年度网络思想政治教育研究充分吸纳既往研究成果，对网络思想政治教育的概念和本质、主体和客体、矛盾和规律、环境和语境、地位和功能等基本问题进行了再思考和新发展，进一步确证了网络思想政治教育学科的合法性，为后续理论研究奠石铺路，同前沿问题研究交相辉映，对实践问题研究意义非凡。譬如，将新时代网络思想政治教育的概念从存在场域、主要功能、主要矛盾、实践样态等方面予以廓清，特别是"数字化教育实践"不仅区别于思想政治教育概念里的"一般性教育实践"，还实现了对以往网络思想政治教育研究中"虚拟式教育实践"的时代超越。就前沿问题研究而言，这主要与新要求、新情况、新问题的出现紧密相连。本年度网络思想政治教育前沿问题研究成果数量颇丰，贯彻落实《关于新时代加强和改进思想政治工作的意见》《关于加强网络文明建设的意见》等相关中央文件，紧紧围绕"推动思想政治工作传统优势与信息技术深度融合"这一要求，主要探索了精准思政、数据思政、数字思政、智能思政等前沿领域，重点探析了网络思想政治教育视阈下网红文化、算法文化、"躺平"文化等流行文化的应对和利用，等等。

（二）网络思想政治教育研究存在的不足

一是网络思想政治教育研究边界模糊化问题。如前所述，尽管 2022 年度网络思想政治教育研究对网络思想政治教育的概念进行了再界定，但总体上学界一直以来尚未对网络思想政治教育的内涵和外延问题达成共识。同时，近年来大数据技术、人工智能技术、算法技术、交互技术迭代聚合加速社会网络化和网络社会化进程，深刻重塑了网络思想政治教育的实践样貌。理论层面核心概念的共识阙如，实践层面呈现形态的日新又新，共同导致了本年度网络思想政治教育研究成果存在边界模糊的情况，进而容易产生网络思想政治教育"技术专用"和"功能无限"的错误认知。"技术专用"是将任何数智技术同思想政治教育的任何形式进行任何程度的融合均纳入于网络思想政治教育范围，诸如高校思想政治理论课利用人工智能技术实施精准化教学、利用大数据技术实施个性化教学等问题是否属于网络思想政治教育研究领域应有待商榷；"功能无限"是把网络思想政治教育功能发挥范围涵盖网络社会全领域全时段，应坚持思想政治教育的本质规定性。

二是网络思想政治教育跨学科研究有待加强。网络思想政治教育学科是典型的科际整合。本年度网络思想政治教育研究，在研究内容上，对网络思想政治教育和大数据技术、人工智能技术、算法技术、交互技术、传播学、心理学等交叉学科的知识体系结合得不够；在研究方法上，网络思想政治教育理论研究对数据学、统计学、信息学、生态学等交叉学科的研究范式的转换有些生硬；在研究力量上，多是马克思主义理论专业背景的高校思想政治教育工作者，同 2021 年一样，几乎无计算机相关专业背景的专家学者和从业人员关注网络思想政治教育研究领域。因此，既有的网络思想政治教育研究仍是以思想政治教育学科为主导主体展开的，是片面的、不平衡、不充分的交叉学科研究。这一问题反映在具体实践中，表现为"网络技术思想政治教育化"和"思想政治教育网络技术化"的发展程度滞缓，且二者难以同向同行。

三是网络思想政治教育研究体系化程度不足。网络思想政治教育这一核心概念的最新释义尚未在学界达成基本共识，使得网络思想政治教育理论研究边界模糊。技术理性视域能够"在整体与局部、总与分、大与小的不同逻辑下展开"①，提供了丰富多样的话题维度，使得网络思想政治教育研究视域呈现包罗万象的发展趋势。质言之，本年度网络思想政治教育研究对外"来者不拒"，内部"百家争鸣"，一定程度上造成体系化程度有所欠佳的问题。其具体表现为网络思想政治教育研究内容较为分散，特别是网络思想政治教育内部各技术要素呈现分化趋势的"孤岛困境"，且同质化研究、重复性研究、跟风式研究等现象在相当局面上存在。

三、网络思想政治教育研究的发展展望

展望网络思想政治教育研究的未来发展趋势，势必需要将其放置于网络思想政治教育研究近 30 年发展历程中把握，坚持网络社会观和信息生态观，遵循网络思想政治教育政策导向、实践导向、问题导向、效果导向。今后一个阶段，应强化网络思想政治教育研究的时代特征、技术品格、问题意识，以高质量理论成果引领工作实践。

（一）强化网络思想政治教育研究的时代特征

网络思想政治教育研究要与时偕行。一是基于新时代新征程新矛盾审思网络思想政治教育。应将网络思想政治教育研究置于全面建设社会主义现代化国家事业的视野之下，注重网络思想政治教育和以中国式现代化全面推进中华民族伟大复兴的中心任务的协同变奏，着力分析网络思想政治教育何以以及如何为实现第二个百年奋斗目标提供坚强思想保证、强大精神动力、有力舆论支持、良好文化条件，何以以及如何满足人民日益增长的美好精神生活需要，进一步提升新时代网络文明建设、网络意识形态建设的学术关注度。二是围绕习近平新时代中国特色社会主义思想推进网络思想政治教育创新。党的创新理论始终是网络思想政治教育的指导思想，习近平新时代

---

① 唐登蕓：《网络思想政治教育的整体性回溯与系统性创新》，《思想理论教育》2022 年第 2 期。

中国特色社会主义思想武装头脑是当前网络思想政治教育的核心要义。网络思想政治教育在推进马克思主义中国化时代化大众化的过程中，实现自身本质价值，促进生态系统的重构与完善。三是网络思想政治教育研究要深入贯彻党的二十大精神。将网络思想政治教育同教育强国建设、文化强国建设和网络强国建设、数字中国建设紧密结合，把握网络思想政治教育举旗帜、聚民心、育新人、兴文化、展形象的职责使命，铺设网络思想政治教育的政治底色。

（二）强化网络思想政治教育研究的技术品格

网络思想政治教育研究要因"技"而新。一是紧紧跟随互联网络技术发展。网络思想政治教育研究需凝聚并增强交叉学科联动研究力量，实时洞悉现存技术的新进展和新生技术的新动态。在未来，交互技术、电子游戏技术、人工智能技术、网络及运算技术、物联网技术将在自身迭代更新中走向集群式发展，因而网络思想政治教育要试图融于信息技术集群的效能治理，实现网络思想政治教育的整体性创新，强化网络信息技术的赋能效应。二是持续关注信息网络技术同思想政治教育深度融合。这一问题是网络思想政治教育研究的热点难点问题，是具有永恒意义的重要理论命题。本年度网络思想政治教育研究集中分析了大数据技术、人工智能技术、算法技术等网络技术同思想政治教育系统整体、具体要素或特殊形式的深度融合，但总体上呈现重机理轻应用的研究倾向，应在今后研究中予以规避，增加可操作性的融合实践研究。三是网络思想政治教育理论和实践要坚持技术为用、育人为本的价值立场。互联互通的智慧环境下网络思想政治教育需要促成包容性、共享性模式建构，赋予技术育人属性，将育人实效视为技术运用出发点和落脚点，惕厉技术"异化"陷阱，实现对"纯粹技术化"误区的超越。

（三）强化网络思想政治教育研究的问题意识

网络思想政治教育研究要直面问题。一是要拓补网络思想政治教育理论研究弱区。网络思想政治教育是思想政治教育学科的新兴分支学科，研究热度只增不减，研究成果不胜枚举。经过学界近30年的科学研究，网络思想政治教育理论体系逐渐成型，但在部分问题上探讨得不够多、不够深、不够新。有必要以体系化思维适时考察网络思想政治教育研究的发展历程，发掘网络思想政治教育学科化建设存在的问题，迎难而上、补齐短板，如网络思想政治教育主客体互动、网络思想政治教育的主要矛盾、网络思想政治教育内容供给等问题，全面夯实基础理论研究，有针对性地进行内容拓展。二是要发现并解决网络思想政治教育实践问题。关注现实问题、强化问题导向是应当一以贯之的研究思路。网络思想政治教育实践面临着许多新问题、新情况、新挑战，如怎么解决网络技术赋能网络思想政治教育过程中的数据垄断、信息茧房、算法黑箱等并发性症候的问题，怎么应对和利用网络社交圈群、网络舆情极化、各种网络亚文化的问题，怎么处理内容情感叙事要求与网络技术理性之间矛盾的问题，网络思想政治教育和大数据技术、算法技术、人工智能技术、交互技术具体融合实践的问题，网络思想政治教育风险防控的问题，这都需要学者们去研究和解决。三是网络思想政治教育研究过程也要坚持问题导向。要根据研究对象的性态，研究问题的特点，更新研究范式，选用研究方法，不拘泥于传统研究范式指向的定性分析研究方法，重视和加强对定量分析研究方法的使用。

第十五章　传统文化与思想政治教育研究

习近平总书记在党的二十大报告中强调："中华优秀传统文化源远流长、博大精深，是中华文明的智慧结晶，其中蕴含的天下为公、民为邦本、为政以德、革故鼎新、任人唯贤、天人合一、自强不息、厚德载物、讲信修睦、亲仁善邻等，是中国人民在长期生产生活中积累的宇宙观、天下观、社会观、道德观的重要体现，同科学社会主义价值观主张具有高度契合性。"[①] 以习近平总书记关于中华优秀传统文化的重要论述为根本遵循，结合党和国家的发展战略与思想政治教育的根本任务，本年度传统文化与思想政治教育研究进一步深化，学者们在持续推进传统文化与思想政治教育基础理论研究的基础上，进一步关注习近平总书记的相关论述、传统文化创新性发展和创造性转化等前沿问题，展现了突出的时代特征。梳理其中具有代表性的研究成果，把握年度进展，总结其特点、明确其不足、研判其趋势，对于进一步深化传统文化与思想政治教育研究具有重要意义。

一、中华优秀传统文化与思想政治教育研究年度进展

2022 年度关于中华优秀传统文化与思想政治教育的研究，学者们主要围绕习近平总书记关于中华优秀传统文化的重要论述、马克思主义基本原理与中华优秀传统文化相结合以及中华优秀传统文化创造性转化和创新性发展等基础理论问题展开，注重对实践领域中中华优秀传统文化融入思想政治教育的现实探索，对传统文化与思想政治教育相关研究展开了较为深入的探讨。

---

① 习近平：《高举中国特色社会主义伟大旗帜　为全面建设社会主义现代化国家而团结奋斗——在中国共产党第二十次全国代表大会上的报告》，《人民日报》2022 年 10 月 26 日。

（一）习近平总书记关于中华优秀传统文化重要论述的研究

习近平总书记在党的二十大报告中再次提出了马克思主义基本原理同中国具体实际相结合、同中华优秀传统文化相结合的问题，"两个结合"将中华优秀传统文化放在更加重要的位置，对于我国走中国式现代化道路，开辟马克思主义中国化新境界具有重要意义。

一是习近平总书记关于中华优秀传统文化重要论述的理论来源的研究。有学者提出，习近平总书记关于中华优秀传统文化重要论述的思想渊源来自马克思主义文化理论和中国共产党人的文化思想，习近平总书记牢牢抓住思想文化与经济基础的关系这一对主要矛盾，概括了马克思主义文化理论的精髓。中国共产党人在新民主主义革命和社会主义革命、建设、改革的伟大实践中，自觉运用马克思主义理论，不断推动中国传统文化的现代转化，形成了丰富的文化思想，是习近平总书记关于中华优秀传统文化重要论述的直接理论来源。① 有学者提出，习近平总书记关于中华优秀传统文化重要论述的形成理路在于：中华优秀传统文化是其生成的源流和基础；马克思主义中国化是其存在的依托和遵循；中国特色社会主义伟大实践是其发展的根基和沃土。②

二是习近平总书记关于中华优秀传统文化重要论述的主要内容的研究。有学者将习近平总书记关于中华优秀传统文化的论述概括为"基因说""根魂说""沃土说"等。③ 有学者提出，习近平总书记关于中华优秀传统文化的重要论述，主要是从历史与现实、道德与政治、人民与世界、生态与价值四重逻辑维度上加以分析和阐述的。从历史和现实上看，中华优秀传统文化是

---

① 冯刚、鲁力：《习近平关于中华优秀传统文化重要论述的理论蕴涵》，《湖南大学学报（社会科学版）》2022 年第 1 期。

② 朱丹：《习近平关于中华优秀传统文化重要论述的形成理路和实践要求》，《理论探讨》2022 年第 1 期。

③ 张丽君、黄靖：《习近平关于中华优秀传统文化新论述的意义》，《学校党建与思想教育》2022 年第 22 期。

中华民族的精神标识和文化基因，也是建设社会主义文化强国，实现中国梦的精神沃土。从道德与政治上看，习近平总书记高度认同传统文化中的道德基因和政治智慧，并将其运用在治国理政之中。从人民与世界上看，中国始终遵循民本思想和人文关怀，还创造性地提出人类命运共同体思想。从生态与价值维度，中华优秀传统文化中蕴含着丰富的生态伦理思想，对于走可持续发展道路具有重要意义。①

三是习近平总书记关于中华优秀传统文化重要论述的时代价值的研究。学者们从多个视角出发，提出了习近平总书记关于中华优秀传统文化重要论述的时代价值。有学者指出，"习近平关于中华优秀传统文化的重要论述为新时代中华优秀传统文化的继承创新指明了方向，提供了根本遵循，标志着中国化马克思主义文化观的大飞跃、大突破。"② 有学者指出，"习近平总书记在一系列讲话、著述中对古典名句进行巧妙化用，其用典范围之广、意蕴之深、数量之多、方法之巧、指向之明，令人叹为观止。习近平用典对弘扬和传承中华优秀传统文化具有特殊意义，也为探索推进中华优秀传统文化'两创'提供了遵循，指明了路向。"③ 有学者指出："习近平对于中华优秀传统文化的相关重要论述具有极大的时代价值和深远历史意义，对于如何对待民族传统文化并坚定文化自信，如何传承民族优秀文化以建设中国特色社会主义文化强国，如何发展民族优秀文化以建构并引导当代世界文化与人类文明的前进方向等都具有重大价值意蕴。"④

---

① 李娜：《习近平关于中华优秀传统文化重要论述的逻辑维度和价值意蕴》，《中共福建省委党校（福建行政学院）学报》2022 年第 2 期。

② 冯刚、鲁力：《习近平关于中华优秀传统文化重要论述的理论蕴涵》，《湖南大学学报（社会科学版）》2022 年第 1 期。

③ 张晓刚、胡凌燕：《习近平用典及其对推进中华优秀传统文化"两创"的价值意蕴》，《海南大学学报（人文社会科学版）》2022 年第 6 期。

④ 李娜：《习近平关于中华优秀传统文化重要论述的逻辑维度和价值意蕴》，《中共福建省委党校（福建行政学院）学报》2022 年第 2 期。

（二）中华优秀传统文化的深化发展研究

中华优秀传统文化的深化发展是我们进行研究的重要目标。2022 年，在以往研究的基础上，学者们对中华优秀传统文化的深化发展研究不断拓展加深，进一步丰富了该领域研究成果。回顾本年度研究成果，学界对中华优秀传统文化的深化发展研究主要集中于马克思主义基本原理与中华优秀传统文化相结合、中华优秀传统文化创造性转化和创新性发展以及关于中华优秀传统文化当代传播经验的研究。

一是关于马克思主义基本原理与中华优秀传统文化相结合的研究。有学者提出，马克思主义基本原理同中华优秀传统文化相结合具有重大意义，通过探讨马克思主义基本原理同中华优秀传统文化相结合的路径、功能、范围、历史必然性及其深远影响，[1]论证马克思主义基本原理同中华优秀传统文化相结合在马克思主义理论史上的贡献，阐释它对开辟马克思主义中国化时代化新境界、推动 21 世纪马克思主义发展所产生的巨大作用，具有重大的现实意义和理论意义[2]。有学者从"两个结合"重要判断着手，提出习近平新时代中国特色社会主义思想是"两个结合"具有升华性意义的集大成者，同时习近平总书记也是"两个结合"的原创者。[3]有学者提出，"新时代继续推进马克思主义基本原理同中华优秀传统文化相结合，要坚持马克思主义的指导地位，深入挖掘中华优秀传统文化的精髓要义，并聚焦中华优秀传统文化的创造性转化与创新性发展。"[4]

---

① 刘美红：《推动马克思主义基本原理与中华优秀传统文化相结合》，《中国文化报》2022年 7 月 12 日。

② 董学文：《马克思主义基本原理同中华优秀传统文化相结合的重大意义》，《中国高校社会科学》2022 年第 6 期。

③ 武文豪、周向军：《习近平"两个结合"重要论断的三重逻辑论析》，《思想教育研究》2022 年第 3 期。

④ 王易：《马克思主义基本原理同中华优秀传统文化相结合的历史考察与时代要求》，《马克思主义研究》2022 年第 3 期。

二是关于中华优秀传统文化的创造性转化与创新性发展的研究。有学者基于马克思主义的立场、观点和方法论证了如何对传统文化进行"抽丝剥茧"，并根据时代需要将其转化为服务当下的文化资源，揭示了中华优秀传统文化创造性转化、创新性发展的运行机理。[①] 有学者指出，坚定中华优秀传统文化自信是践行"两创"方针的必然要求。[②] 有研究者将中华优秀传统文化转化创新应当采取的原则方法概括为"五个坚持"：坚持以马克思主义为指导；坚持以国家重大战略需求为导向；坚持以灿烂悠久、博大精深的历史文化为突破口；坚持公益性发展和商业性创新双轮驱动；坚持专业研究和大众创新线面结合。[③] 有学者认为，对于中华优秀传统文化的转化和创新，不能只关注其目标和价值，还应该关注其中蕴含的一般逻辑进程，包括分解、汰选、融入三个环节。[④]

三是关于中华优秀传统文化当代传播经验的研究。有学者提出，要积极传播中华优秀传统文化和民族文化；传播中国故事；做好国际传播受众研究；并顺应时代发展，通过建立多层级的传播集群矩阵和建立多主体的立体传播格局提高中国声音的传播力。[⑤] 有学者从坚定文化自信、彰显精神标识、坚持系统性推进三个维度出发，论证了提升中华文化传播效能的有效路径：坚定文化自信是提升中华文化传播效能的核心；彰显精神标识是提升中华文化传播效能的关键；坚持系统化推进是提升中华文化传播效能的保障。[⑥]

---

① 李新潮:《中华优秀传统文化创造性转化创新性发展的运行机理》,《理论学刊》2022年第2期。
② 徐晨光、肖菲:《论新时代中华优秀传统文化"两创"方针的双重维度》,《思想政治教育研究》2022年第3期。
③ 葛爱冬:《中华优秀传统文化转化创新应把握的原则》,《山东社会科学》2022年第5期。
④ 刘学斌:《试论中华优秀传统文化转化、创新的逻辑进程》,《福建师范大学学报》(哲学社会科学版)2022年第4期。
⑤ 张馨予、黄葵:《中华优秀传统文化国际传播战略路径研究》,《贵州民族研究》2022年第5期。
⑥ 陆新:《提升中华文化的传播效能》,《红旗文稿》2022年第14期。

（三）中华优秀传统文化融入思想政治教育的研究

中华优秀传统文化包含了丰富的思想政治教育元素，与思想政治教育在目标、内容等方面具有高度的一致性，对新时代推动思想政治教育创新发展具有重要意义。2022年，学界主要围绕优秀传统文化融入思想政治教育的意义、内容以及途径等方面进行了比较深入的探索。

一是关于中华优秀传统文化融入思想政治教育的意义的研究。就中华优秀传统文化融入思想政治教育的意义，有学者提到，将中华优秀传统文化融入思想政治教育是应对文化全球化挑战的现实需要；是落实以文化人理念的有效举措；是培养学生文化自信和人文素质的内在需求。[①] 有研究者从中华优秀传统文化融入大学生思想政治教育视域下，论证了中华优秀传统文化对大学生思想政治教育具有支撑作用；中华优秀传统文化对大学生思想政治教育具有导向价值；中华优秀传统文化对大学生思想政治教育具有发展价值。[②] 有学者以中华优秀传统文化融入高校思想政治教育为切入点，指出在高校思想政治教育中融入中华优秀传统文化，有利于增强大学生的文化自信、涵养大学生的道德情操，为"培养什么样的人"提供丰富滋养。[③]

二是关于中华优秀传统文化融入思想政治教育的内容的研究。有学者指出，中华优秀传统文化具有深厚的社会实践性，包含大量的思想政治教育的内容。可以有效丰富我国思想政治教育资源，促使我国的思想政治教育能够从中华优秀传统文化中寻求相应的资源支持。[④] 有学者以中华优秀传统文化融入高校思想政治教育为切入点，指出中华优秀传统文化是高校开展

---

① 宋君玲：《中华优秀传统文化融入思政教育探究》，《中学政治教学参考》2022年第7期。

② 胡萱、胡小君：《中华优秀传统文化融入大学生思想政治教育的价值与实现路径》，《学校党建与思想教育》2022年第14期。

③ 李璐璐、何桂美：《关于中华优秀传统文化融入高校思想政治教育的思考》，《学校党建与思想教育》2022年第4期。

④ 乌日乐：《民族优秀传统文化在高校思政教育中的传承及应用》，《黑龙江民族丛刊》2022年第3期。

思想政治教育的重要精神文化资源，高校思想政治教育能够将中华优秀传统文化中的家国观、和谐观、德性观等内容，有机融入爱国主义教育、社会关爱教育和人格修养教育。① 有学者提到中华优秀传统文化蕴含着丰富的思想政治教育资源。其中"精忠报国"的爱国情怀，"崇德向善"的社会风尚，"孝老爱亲"的家庭美德，"勤俭节约"的生活理念，"以和为贵"的人际关系，"自强不息"的进取精神，"天人合一"的人文思想，丰富了新时代思想政治教育内容，有利于推动社会主义精神文明建设，促进国家文化繁荣与发展。②

三是关于中华优秀传统文化融入思想政治教育的途径的研究。有学者以问题为导向，分析当前中华优秀传统文化融入思想政治教育实践中存在的问题，提出"通过基于问题的情境教学实践重新审视中华优秀传统文化在思政课改革中的现实处境，革新传统的教学方法、考核方法和评价方法，从而建构一整套科学的、系统的、整全性的体制基础，在实际教学中将中华优秀传统文化有机地、科学地融入高校思想政治教育，结合具体的历史典故、思想义理、道德典范，重新激发思政课的生命力与启示性、感染力和感召力，从而更有效地组织互动式教学，切实实现思政课立德树人的教育功能，实现思政课改革的根本目标。"③ 有学者提出，将中华优秀传统文化系统地、创造性地融入大中小学思政课一体化建设，打破中华优秀传统文化融入大中小学思政课一体化建设教学壁垒；完善中华优秀传统文化融入大中小学一体化建设教学布局；创新中华优秀传统文化融入大中小学思政课一体化建设的教学方

① 王华、殷旭辉：《中华优秀传统文化融入高校思政教育刍议》，《学校党建与思想教育》2022 年第 19 期。

② 李永皇：《民族优秀传统文化的思想政治教育价值及其实现路径研究》，《贵州民族研究》2022 年第 1 期。

③ 曾誉铭：《中华优秀传统文化融入高校思政课的理论思考与实践探索》，《思想战线》2022 年第 5 期。

法。① 有学者提出，以中华优秀传统文化为载体，创新德育形式：一是探索中华优秀传统文化教育与青少年兴趣相结合的形式；二是创新中华优秀传统文化教育与现代媒体相结合的形式；三是发展中华优秀传统文化教育与大学通识教育相结合的形式。②

二、中华优秀传统文化与思想政治教育研究的年度特点与不足

总结 2022 年度中华优秀传统文化与思想政治教育研究的特点与不足，是进一步深化思想政治教育创新发展的应有之义。通过对 2022 年度中华优秀传统文化与思想政治教育相关研究的梳理和分析，本年度研究成果具有比较突出的特点，同时也存在一些局限性和不足之处，把握这些研究特点和不足是推动未来研究进一步发展的关键。

（一）中华优秀传统文化与思想政治教育研究的年度特点

纵观 2022 年度中华优秀传统文化与思想政治教育研究成果，具体表现为与党中央精神契合度高、与现实需要结合紧密以及与往年的研究连续性强的三方面特点。

一是与党中央精神契合度高。对中华优秀传统文化与思想政治教育的研究离不开党中央精神的指引，进行中华优秀传统文化与思想政治教育研究必须以党中央精神指示为根本遵循。党的十八大以来，在以习近平同志为核心的党中央的领导下，中华优秀传统文化的传承与发展呈现出勃勃生机，极大增强了中华优秀传统文化的凝聚力、影响力和创造力。2021 年中共中央、国务院印发《关于加强和改进新时代思想政治工作的意见》指出，"深入实施

---

① 颜雨萱、付晓男：《论中华优秀传统文化融入大中小学思政课一体化建设》，《中学政治教学参考》2022 年第 23 期。

② 石书臣：《中华优秀传统文化中的德育资源及其当代价值研究》，学习出版社 2022 年版，第 300—360 页。

中华优秀传统文化传承发展工程"①。这就进一步明确了推动新时代思想政治工作守正创新，要更加注重以文化人以文育人，重视中华优秀传统文化的价值。2022 年 10 月习近平总书记在党的二十大报告中再次提到，"坚持创造性转化和创新性发展，以社会主义核心价值观为引领，发展社会主义先进文化、弘扬革命文化、传承中华优秀传统文化。"②本年度，学界聚焦新时代推进思想政治工作新要求和习近平总书记相关重要论述，同党中央基本要求保持高度一致，相关研究紧紧围绕习近平传统文化观研究、马克思主义基本原理与中华优秀传统文化相结合、中华优秀传统文化的创造性转化与创新性发展等基础理论研究，着重阐释了中华优秀传统文化的思想政治教育价值，深入探索了将其融入思想政治教育的途径和方式。

二是与现实需要结合紧密。关注实践发展，回应现实需要，是中华优秀传统文化与思想政治教育研究持续深入推进的基本动力之一。通过回顾本年度研究的新进展，可以发现相关研究成果呈现出较为鲜明的实践导向性。学者们坚持问题导向，以具体实际问题为研究切入点，在进行学理性分析的基础上作进一步深入研究。比如，有研究从中华优秀传统文化体量庞大、年代久远的视角下，论证了当下中华优秀传统文化传承与创新发展面临的诸多现实挑战，探讨了新时代下进行"两创"的具体实践路径，为中华优秀传统文化的创新发展提供了可供借鉴的参考和建议。另外，通过系统梳理本年度研究成果，不难发现目前学界在原有研究基础上也较为深入地分析了中华优秀传统文化与思想政治教育相结合的价值意蕴、现实困境以及实践路径等，相关研究与现实需要更加紧密结合，尤其是加强了对中华优秀传统文化融入思想政治教育研究成果的实践转化研究。比如，许多学者就教学方法、考核方法和评价方法进行针对性研究，对构建一整套系统性的中华优秀传统文化融

---

① 《中共中央　国务院印发〈关于新时代加强和改进思想政治工作的意见〉》，《人民日报》2021 年 7 月 13 日。

② 习近平：《高举中国特色社会主义伟大旗帜　为全面建设社会主义现代化国家而团结奋斗——在中国共产党第二十次全国代表大会上的报告》，《人民日报》2022 年 10 月 26 日。

入思想政治教育机制进行了有益探索。再如，有研究者基于大学生现实学习生活的时空场域，探索建立将中华优秀传统文化融入课堂教学、实践教育、网络领域、文化场域等全方位的思想政治教育渗透模式等，体现出学者们始终紧扣时代热点、关注现实需要的学术敏锐性。关照现实需要是进行学术研究的应有之义，研究者在进行基础理论研究的基础上需要密切关注与该领域相关的现实动态。本年度学界针对传统文化传承发展面临的现实问题以及中华优秀传统文化融入思想政治教育的实际困境等等，展开了较为深入的研究与思考，推动了中华优秀传统文化与思想政治教育研究与时俱进、不断发展。

三是与往年的研究连续性强。通过系统梳理本年度与 2021 年度的相关研究成果，可以发现 2022 年度学界针对中华优秀传统文化与思想政治教育的研究延续了以往对于习近平传统文化观、中华优秀传统文化传承发展以及中华优秀传统文化当代传播等前沿问题的基础理论研究，并在原有研究成果的基础上学者们继续探讨了中华优秀传统文化的思想政治教育价值以及中华优秀传统文化融入思想政治教育的意义、内容和途径等现实问题。比如，诸多研究者对习近平传统文化观的研究都延续了以往的基本研究范式，集中于围绕其思想的生成逻辑、主要内涵、时代价值以及实践路径等方面进行探索。对于中华优秀传统文化的创造性转化和创新性发展，本年度学界继续回答了为何进行"两创"、何以进行"两创"以及如何进行"两创"等重大现实问题。再如，就中华优秀传统文化的思想政治价值而言，2022 年度研究者们继续从人类、国家、社会、个人，由宏观到微观的视角，论证了中华优秀传统文化的思想政治教育价值。另外，中华优秀传统文化如何有效融入思想政治教育一直都是学界高度关注的热点，本年度学者们继续聚焦这一现实问题，集中探讨了中华优秀传统文化与思想政治教育相结合的有效思路和方式，在已有研究基础上持续深入挖掘中华优秀传统文化的思想政治教育元素，探索构建将中华优秀传统文化融入思想政治教育的有效机制。总之，本年度关于中华优秀传统文化与思想政治教育的研究在延续已有基础理论研究的基础之上，深化了对中华优秀传统文化的思想政治教育资源挖掘、中华优秀传统文化融入思想政治教育等问题的探索，形成了系列理论成果，积极推进该领域研究取得重要进展。

（二）中华优秀传统文化与思想政治教育研究的不足

回顾 2022 年度研究成果，中华优秀传统文化与思想政治教育研究较为可观，但同时也存在一些局限和不足。主要表现为研究内容上不够均衡、不够全面；研究方法上不够多元、不够科学；研究成果不够深入、不够丰富。

一是研究内容上不够均衡、不够全面。客观分析本年度研究成果，我们发现关于传统文化与思想政治教育的研究内容不够均衡、不够全面，相关研究存在一定局限性。一是对中华优秀传统文化当代价值的挖掘阐发尚不均衡。目前学界对中华优秀传统文化的发掘多是聚焦以儒家思想为核心的传统文化，阐发其中的哲学思想、教化思想、道德理念、人文精神等等。而中华优秀传统文化内涵丰富，形式多样，蕴含着丰富的思想政治教育资源，未来学界应当拓宽研究视野，从丰厚的中华优秀文化资源中挖掘开发思想政治教育元素。此外，优秀传统乡土文化、地域文化、少数民族文化也是中华优秀传统文化的重要组成部分，而本年度的相关研究相对较少，还存在巨大研究空间。二是研究范围尚不全面。关于实践领域的中华优秀传统文化融入学校思想政治教育一直是学界关注的热点，研究者们聚焦学校育人主阵地，相关研究主要围绕中华优秀传统文化融入学校思想政治教育展开，尤其集中于高校，对于其他学段以及学校教育系统以外的范围较少有针对性地研究，需要进一步加强。总之，从整体来看，关于中华优秀传统文化与思想政治教育的相关研究内容不够均衡、不够全面，已有研究成果仍有进一步深化研究的空间，有待拓展研究内容，深化研究范围。

二是研究方法上不够多元、不够有效。通过系统梳理本年度相关研究成果，我们发现现有研究方法局限性日益显露，集中表现为：一是理论研究方法较多，实证方法运用较少。思想政治教育学科是一门实践性很强的学科，但当前大量研究仍以传统的文本分析、理论阐释为主，缺乏实证性研究结果的支撑和补充。比如，学者们对于中华优秀传统文化融入思想政治教育现实路径的探讨更多是基于已有研究基础上的推导和论证，缺少相关实证研究结果的辅助，所提出的具体方案也缺少教育实践的验证。后续研究应当注意结合实证研究方法，通过对研究对象进行大量观察、实验、调查等等，获取更加客观的研究材料。二是方法比较单一，对于其他学科的借鉴不够。作为一门开放且与时俱进的学科，跨学科研究已经成为思想政治教育常用的研究方法之一，能够借鉴和应用其他学科的知识、理论和方法，拓宽研究的视野和主题，不仅是适应当下发展的需要，而且对于本领域研究具有重要启发作用。未来学界可以加强与教育学、文化学、传播学、信息科学等学科的合作与交流，关注相关领域的发展趋势及前沿动态。后续研究应当更加注重理论联系实际，并借鉴相关学科引入新的研究思路和方法，不断探索更加多元化、科学化的研究方法。

三是研究成果不够深入、不够丰富。基础理论研究深度有待进一步提升，继续关照现实发展新需要。目前不少学者聚焦于中华优秀传统文化基础理论性研究，特别是近年来关于马克思主义基本原理与中华优秀传统文化相结合、中华优秀传统文化创造性转化和创新性发展等问题，引发了学界重视，虽然涌现了许多研究成果，但仍不够深入，相关理论研究尚未成熟，后续研究需要进一步拓展，形成更为系统性的研究成果。另外，针对实践领域中中华优秀传统文化融入思想政治教育是学界研究的重点和难点问题，但关于其意义、内容及途径的探索仍存在一定局限性不够深入，比如，就其意义而言，对中华优秀传统文化当代价值的阐释研究有待结合时代特点和现实需要进一步加强；对其内容而言，在已有研究基础上需要深入挖掘更多中华优秀传统文化与思想政治教育相结合的元素；就其实践路径而言，理论研究表面上取得一定成果，但实际效果并不十分明显。

三、中华优秀传统文化与思想政治教育研究的未来展望

基于对 2022 年度中华优秀传统文化与思想政治教育研究现状的梳理、研究特点以及研究局限性的分析，展望未来中华优秀传统文化与思想政治教育研究，应继续加强习近平传统文化观研究、深入挖掘中华优秀传统文化的丰富内涵、不断寻找中华优秀传统文化与马克思主义的结合点、不断探索中华优秀传统文化与思想政治教育的结合方式、创新中华优秀传统文化融入大中小学思想政治教育等等，继续深化当前中华优秀传统文化与思想政治教育研究，助力推动新时代文化强国建设和思想政治教育创新发展。

（一）继续深化习近平传统文化观研究

通过系统梳理和总结本年度关于习近平传统文化观的研究成果，不难发现，当前学界对习近平传统文化观的研究仍不够完善。首先表现为研究范式呈现出固化倾向，研究成果较多以习近平传统文化观的"生成逻辑—主要内容—当代价值"三维理路进行探讨，与以往研究相比区分度不够明显。其次，理论研究的目的在于指导实践，解决现实中存在的问题。割裂理论与现实的关系，就会陷入主观主义和形而上学的思想迷雾。当前研究对习近平传统文化观中作为"理论形态"的基础理论研究较多，而对习近平传统文化观如何指导现实的实践路径探索较少。此外，纵观 2022 年度习近平传统文化观研究成果，可以发现不少研究存在"新瓶装旧酒"问题，即用新的形式表现旧的内容，研究内容与以往研究成果大同小异，缺乏创新性。基于此，我们认为未来学界可以从加强学术交流入手，通过打破学术资源壁垒，避免同质化内容过多，造成重复性研究，减少学术资源的浪费。同时，研究者可以积极加强同政府与社会组织的合作，拓展研究领域和研究内容，及时把握该领

域的现实动向，推进理论研究和实践发展相结合。同时，可以从加强马克思主义文化观研究、主体考量以及时代考察三方面着手深化习近平传统文化观思想形成的追根溯源工作。

（二）深入挖掘中华优秀传统文化的丰富内涵

结合新时代特点深入挖掘阐释中华优秀传统文化的当代价值，是传承发展优秀传统文化的题中应有之义，也是激活中华优秀传统文化生命力的必由路径。纵观本年度研究成果，虽然不少研究指出中华优秀传统文化是宝贵的育人资源，但对其当代价值的挖掘和阐发不够全面、不够深入，后续研究应当聚焦于实践发展需要，进一步深入挖掘传统文化的丰富内涵：一是守正创新，坚持古为今用的原则。在准确把握中华优秀传统文化核心要义的基础上，与时俱进不断补充其科学内涵，推动中华优秀传统文化创造性转化和创新性发展，将古代智慧与时代精神结合起来，进而将其具体内容转化为现代性的话语融入思想政治教育之中。二是拓宽研究视野。一直以来对中华优秀传统文化融入思想政治教育中内容的挖掘和阐释以儒家文化为主。中华优秀传统文化内涵丰富，形式多样，纵观中华思想文化，儒释道兼收并蓄，五千年的中华文明，同样存留了浩如烟海的文化经典，蕴含着丰富的思想政治教育资源。中华优秀传统文化历久弥新，生生不息，如何结合现实发展新需求，对传统思想文化进行二次开发，挖掘其思想政治教育元素，阐释其当代价值仍有巨大的研究空间。后续研究应当在中华优秀传统文化的关联性研究，整合中华优秀传统文化内容上下功夫。三是打造学术共同体，建设专业化研究团队。组织行业内对中华优秀传统文化相关研究具有学术热情和一定能力的专家学者，专攻该领域研究，进而提升中华优秀传统文化与思想政治教育研究的学理性与系统性。同时，未来学界也可以加强跨界交流合作，如借鉴文化界、教育界相关研究内容及方法，拓展跨学科的理论视野，为中华优秀传统文化融入思想政治教育的理论与实践研究提供更加有力的科学支撑。

（三）不断寻找中华优秀传统文化与马克思主义的结合点

习近平总书记在党的二十大报告中强调，"坚持和发展马克思主义，必须同中华优秀传统文化相结合。只有根植本国、本民族历史文化沃土，马克思主义真理之树才能根深叶茂。"①中华优秀传统文化是中华文明的智慧结晶，五千多年的岁月积淀，孕育了讲仁爱、守诚信、重民本、求大同、崇正义、尚和合的思想精华，与当代弘扬的价值理念高度契合，早已成为国人日用而不觉的思想观念和行为方式。在马克思主义中国化时代化的语境下，马克思主义同中华优秀传统文化具有高度的契合性，二者相互联系，互为依托。一方面，马克思主义要扎根中国大地必须融入中国独特的精神文化世界。另一方面，中华优秀传统文化只有在马克思主义真理光芒的科学指引下，才能与当代发展相适应，与现代文化相协调。回顾本年度马克思主义基本原理与中华优秀传统文化相结合的理论研究成果，可以发现学界围绕马克思主义基本原理与中华优秀传统文化相结合的历程、必要性、原则要求、时代价值以及现实关照等方面进行了比较深入的探讨，但对于中华优秀传统文化与马克思主义基本原理相结合的内容与范围研究不足、不够深入，大量研究论证了中华优秀传统文化中"以民为本""求大同"以及朴素哲学思想与马克思主义的人民立场、共产主义理想、辩证唯物观点相契合。然而马克思主义与中华优秀传统文化还存在诸多其他相通之处，有待学者们加以探讨，在思想理念、价值追求、精神实质等方面寻求更多的结合点，讲清楚为何、何以以及如何加强马克思主义基本原理与中华优秀传统文化相结合。

---

① 习近平：《高举中国特色社会主义伟大旗帜 为全面建设社会主义现代化国家而团结奋斗——在中国共产党第二十次全国代表大会上的报告》，《人民日报》2022 年 10 月 26 日。

（四）持续探索中华优秀传统文化与思想政治教育的结合方式

通过对相关文献的梳理和分析，不难发现探索中华优秀传统文化与思想政治教育的结合方式，将中华优秀传统文化融入思想政治教育是学界一直以来关注的热点问题，对于推动新时代思想政治教育创新发展具有重要意义。学校是开展思想政治教育的主阵地，课堂教学是立德树人的主渠道，因此本年度大多数学者从中华优秀传统文化融入学校思想政治教育的视角，分析了当前主要存在教育内容缺乏针对性、教育手段和方式缺乏创新性、教育评价缺乏科学性、课程体系尚不完整等问题。针对这些现实困境，大量研究立足于构建"三个课堂"，即将中华优秀传统文化融入课堂教学、融入实践活动、融入校园文化建设；依托当地特色优势整合中华优秀传统文化资源，将本地的历史文化资源融入课程体系中；创新教学手段和方式，讲好中华优秀传统文化故事，打破对传统文化"古板""无趣"的认识误区等，提出了比较具有可行性的具体方案。也有研究基于更加宏观的视角，提出构建传统文化与时代精神相结合、与社会活动相结合、与校园文化相结合、与家庭教育相结合的思想政治教育模式等。学界在已有研究的基础上，结合发展变化的实际情况，对中华优秀传统文化与思想政治教育相结合的方式做了积极有益的探索，提供了有益思路和可行方案。然而当前关于中华优秀传统文化融入思想政治教育的研究成果转化力度仍然不足，如何破解其中诸多现实难题也为学者们留下了巨大的研究空间，亟待继续深入实际进行探索。中华优秀传统文化与思想政治教育的有效结合不是对中华优秀传统文化的简单传递，实现二者的有机结合是一项极为复杂的系统工程，未来研究应当从加强对中华优秀传统文化挖掘与阐释着手，在整合中华优秀传统文化的思想政治教育内容资源、抓好队伍建设、创新教育教学手段和方式、构建科学评价体系、完善课程体系建设研究等方面下功夫，不断探索中华优秀传统文化与思想政治教育相结合的有效方式。

（五）创新探索中华优秀传统文化融入大中小学思想政治教育

中华优秀传统文化教育需要抓早抓小、久久为功。本年度学界对于中华优秀传统文化融入大中小学思想政治教育虽然展开了系列探索，但整体来看相关研究成果较少，还存在巨大研究空间，有待进一步深化，创新探索中华优秀传统文化融入大中小学思想政治教育。一是加强主体研究。中华优秀传统文化融入大中小学思想政治教育的主体主要是指学生和教师。首先，针对学生主体。当前学界针对不同学段学生在认知特征、成长规律、兴趣爱好等就中华优秀传统文化融入大中小学思想政治教育的教学目标、教学内容以及教学方法的设计等进行了探讨，虽然就具体教学实践提出了一些举措，但重复性内容较多，需要后续展开专门性和针对性研究，继续加强对学生主体的把握。其次，针对教师主体。教师作为中华优秀传统文化融入大中小学思想政治教育的重要参与者、实施者，未来研究需要注重针对提升其业务能力、传统文化素养提供更加可行的策略。二是加强大中小学思想政治教育一体化课程体系建设的研究。结合大中小学各学段特点探索构建中华优秀传统文化融入大中小学思想政治教育相衔接的课程体系，是实现中华优秀传统文化融入大中小学思想政治教育的重点和难点问题。当前学界针对课程目标、课程内容、课程教材等作了比较深入的分析研究，但仍存在巨大研究空间。三是加强大中小学思想政治教育一体化建设交流合作研究。目前不少学者提出通过打造"学术＋教学"共同体，实现大中小学优质资源互补共享。但就具体实施还需进一步深化研究。一体化是一项复杂的工程，需要各个环节相互配合。未来研究应当聚焦于主体研究、课程体系建设、队伍建设、课堂教学、课程资源等等，从而构建起中华优秀传统文化融入大中小学思想政治教育的一体化实施和保障机制，为中华优秀传统文化融入大中小学思想政治教育提供理论参考和实践指引。

第十六章　中共党史党建学科建设研究

在中国共产党诞辰百年之际，党的十九届六中全会讨论通过了《中共中央关于党的百年奋斗重大成就和历史经验的决议》。随后，国务院学位委员会于 2021 年 12 月 10 日发出《关于对〈博士、硕士学位授予和人才培养学科专业目录〉及其管理办法征求意见的函》，在新一轮学科目录修订工作中，法学门类新增"中共党史党建"一级学科进入征求意见阶段。自此，学界开始由对中共党史和党的建设两个独立学科的分别关注转为关于中共党史党建学科一级学科的整体性建设的研究。2022 年 9 月 13 日，国务院学位委员会教育部发布关于印发《研究生教育学科专业目录（2022 年）》《研究生教育学科专业目录管理办法》的通知，其中法学门类新增一级学科"中共党史党建"一级学科，学科代码 0307（学位〔2022〕15 号文件），标志着"中共党史党建学"正式被列为一级学科，党史党建学科建设也由此进入了新发展阶段。在这一背景下，新时代中共党史党建一级学科建设成为当前学术界关注的最前沿问题，本年度党史党建学科建设主要围绕中共党史党建一级学科的建设展开。

一、中共党史党建学科建设研究的年度进展

中共党史党建一级学科的设立标志着党史党建学科发展进入新的历史时期，本年度国内学界就中共党史党建一级学科的设立意义、主要研究内容、学科建设需要坚持的基本要求和原则以及下属二级学科设置等有关学科建设

的诸多问题展开了丰富研究，党史党建学科建设的一系列重点难点问题逐步破题。

（一）新时代中共党史党建一级学科建设的重要意义

中共党史党建一级学科的设立，是中共党史党建学界的盛事、喜事。中共党史党建学科地位的提升对于推动党和国家事业发展、促进学科自身进一步发展及建设具有中国特色的哲学社会科学层面都具有十分重要的意义。

第一，中共党史党建一级学科的设立回应了现实需要。现实发展需要是学科发展的第一动力，作为世界上最大的政党，同时是世界上人口最多国家执政的唯一执政党，中国共产党长期执政并积极有效地推动国家治理现代化发展的现实需要迫切要求提高党史党建学科的地位和影响。有学者认为，在法学门类设置中共党史党建一级学科，充分考虑了中国共产党作为新中国唯一执政党的历史与继续长期执政的现实，也考虑了党和国家事业发展的现实需求。[①] 有学者指出，将中共党史党建学科设置为一级学科是由中国共产党的成就和地位决定的，彰显了其政治地位，要想更好地研究中国共产党的执政规律，就必须强化中共党史党建学科的理论体系构建。[②] 有学者指出设立党史党建一级学科有助于不断扩展党史党建学科研究的广度与深度，更好地研究党的建设规律和总结党的百年经验，服务于党的建设和历史使命的完成。[③]

第二，有利于健全党史党建学科体系，推进学科整体性建设。长期以来，国内学术界对于中共党史和党的建设两个学科在研究对象、范畴、路径以及框架等方面的差异和一致性，以及如何处理好中共党史和党建学科的关系方面存在较大分歧，严重阻碍了党史党建学科的发展。而增设"中共党史

---

①　林绪武：《中共党史党建学科建设的思与行》，《北京师范大学学报（社会科学版）》2022年第4期。

②　李飞龙：《中共党史党建一级学科理论体系构建刍议》，《思想理论教育》2022年第2期。

③　姚桓、黄峰：《加快推进新时代中共党史党建一级学科建设》，《中共杭州市委党校学报》2022年第3期。

党建"一级学科，从加强顶层设计、优化布局的层面出发，有利于从源头上解决体制性的学科发展障碍。有专家指出中共党史党建一级学科的设立，一方面解决了原有学科定位不明确、学科属性不统一的问题；另一方面意味着将中共党史和党的建设两个学科放在了同等重要的地位，有助于解决近几年两个学科发展不均衡的问题。更重要的是，能够将中共党史党建学科发展纳入统一规划，有利于规范学科建设、整合师资队伍、提高人才培养规模和质量，破除学科发展内部的壁垒和外部的障碍。还有专家指出设立中共党史党建一级学科，从源头上解决了学科发展的体制机制障碍，有利于加强顶层设计，把党史和党建有机融合，整合研究力量，优化研究布局，不断推出高质量研究成果，培养全面发展的高层次专门人才。[①]

第三，有利于建设具有中国特色的哲学社会科学，增强政党影响的世界传播。不少学者认为，中共党史党建学科以马克思主义理论为指导，同时具有政治性、理论性和现实性等突出特点，是最具有中国特色的学科体系，中共党史党建一级学科的确立有利于弥补中国特色哲学社会科学体系在一级学科层面上的缺失，为整个哲学社会科学体系打造一门具有引领性一级学科。[②]有专家指出，中共党史党建学科自诞生之日起，就具有强烈的本土化特征，其理论建设、研究方法、基本概念、话语表达均没有明显的西方化痕迹，中共党史党建一级学科的设立有利于构建中国特色哲学社会科学学科体系、学术体系、话语体系。[③]改革开放40多年来，基于对中共党史长期的科学研究和党史党建教育教学的深厚积淀，中共党史党建学科在探索实践中创新发展，现已具有独特的概念范畴、研究对象、知识结构和话语体系，并已形成丰硕的研究成果、独立的研究机构和优秀的人才队伍。中共党史党建一级学

① 王炳林：《中共党史党建学科建设的基本问题探析》，《社会科学文摘》2022年第10期。

② 赵凌云、王建国：《中共党史党建一级学科建设的基本依据、科学内涵及推进路径》，《社会主义研究》2022年第4期。

③ 林绪武：《中共党史党建学科建设的思与行》，《北京师范大学学报（社会科学版）》2022年第4期。

科的创立，必将进一步推动中共党史党建教育教学和科学研究工作向纵深发展，并为加快构建中国特色哲学社会科学作出新的更大贡献。① 另外还有学者指出，新时代构建党史党建一级学科体系，可以为政党理论研究和政治教育宣传创造良好的社会文化条件，有利于推进马克思主义中国化、时代化、大众化。增强社会对政党的整体认同，也有利于向国际社会传播中国政党声音，增强中国共产党的国际"品牌"影响力。②

（二）关于中共党史党建学科的主要研究内容

本年度学界就中共党史党建学科的主要研究内容展开了丰富的讨论并达成了诸多共识，在此过程中，学者们还普遍指出中共党史党建学科的研究内容具有极强的交叉性和综合性，并进一步强调了正确认识其研究对象之间的整体性和相对独立性的辩证关系的重要性。

学科是否成熟的重要标志，就是是否有明确的研究对象和研究内容。总体上来看，学界关于中共党史党建一级学科的研究对象基本上达成以下共识：中共党史党建一级学科的研究对象，毫无疑问是中国共产党。中国共产党自身的建设和发展的研究是中共党史党建一级学科的主要研究内容。具体来讲，有学者认为研究党的历史和党的建设，其主要目的在于把党建设好，更好地加强党的领导。因此，中共党史党建一级学科的主要研究内容应包括以下四个层面：一是关于马克思主义政党理论研究；二是关于党史、新中国史、改革开放史和社会主义发展史的研究；三是关于党的建设理论和实践问题研究；四是关于党的领导的理论和实践问题。③ 还有学者基于中共党史党建一级学科的学科定位和学科使命，指出中共党史党建一级学科是以党的历史和建设为研究对象，通过总结历史经验，把握党的历史逻辑和发展规律，

---

① 莫岳云：《中共党史党建学科发展进路》，《中国社会科学报》2022 年 11 月 17 日。

② 姚桓、黄峰：《加快推进新时代中共党史党建一级学科建设》，《中共杭州市委党校学报》2022 年第 3 期。

③ 王炳林：《中共党史党建学科建设的基本问题探析》，《社会科学文摘》2022 年第 10 期。

为党的继续建设和发展提供借鉴，从而深刻的回答"建设什么样的中国共产党，如何建设这样的中国共产党"以及"中国共产党为什么'能'，怎样继续'能'的基本问题"。①

中共党史党建学科的研究内容具有极强的交叉性和综合性。有学者从中共党史党建一级学科的定位层面出发，指出中共党史党建一级学科属于中国特色哲学社会科学的重要分支，从理论上来看属于"显学"的范畴，其研究内容具有极强的交叉性和综合性。②有学者认为，中共党史党建学科的研究内容是广泛的、开放的、与时俱进的，应实现大党史和大党建的有机结合。所谓大党史，就是把党史、新中国史、改革开放史和社会主义发展史有机结合。所谓大党建，就是把党的建设和党的领导、党的执政能力建设有机统一。中共党史党建学科是一个由若干子学科构成的学科群，其研究内容兼具历史学学科、政治学学科及马克思主义理论的学科特征，体现出明显的学科交叉性质。③还有学者表明，中共党史党建学科是关于中国共产党作为执政党建立、建设和发展的思想理论体系。一方面，中共党史党建学科的研究内容不仅与历史学研究人类社会发展过程具有深厚的渊源，同时也关注中国共产党在中国政治场域中的权力关系，与政治学强调行为主体的权力关系息息相关；另一方面，中共党史党建学科也与马克思主义理论具有同样的理论基础，贯穿于马克思主义中国化的发展历程之中。因此，中共党史党建学科是在马克思主义指导下，包含中国共产党党史、党的建设理论与实践、中外政党比较、国外中国共产党研究等多领域的交叉性和综合性学科。④

正确认识研究对象整体性和相对独立性的辩证关系。有专家指出，建设

① 赵凌云、王建国：《中共党史党建一级学科建设的基本依据、科学内涵及推进路径》，《社会主义研究》2022 年第 4 期。

② 姚桓、黄峰：《加快推进新时代中共党史党建一级学科建设》，《中共杭州市委党校学报》2022 年第 3 期。

③ 王炳林：《中共党史党建学科建设的基本问题探析》，《社会科学文摘》2022 年第 10 期。

④ 赵凌云、王建国：《中共党史党建一级学科建设的基本依据、科学内涵及推进路径》，《社会主义研究》2022 年第 4 期。

中共党史党建一级需要首先明确的是：党史、党建学科曾分设或分别隶属于政治学、历史学、马克思主义理论等学科体系之中，其研究对象具有各自的独立性和独特性，而中共党史党建一级学科无论是其所研究的基本问题还是所采用的研究方法都不是中共党史学科和中共党建学科的简单相加，而应该是基于其学科定位和学科使命做出结构性、体系性重构，并在此基础上进一步实现理论性、系统性创新，实现中共党史党建学科的整体性建设。有专家认为，中共党史党建一级学科的设立就是要将中国共产党作为一个整体来加以深入研究，这就意味着不是把中共党史和党的建设两个学科简单地粘在一起的贴合，而是成为一体的融合。要紧扣"中国共产党是什么、要干什么"这个根本问题，回答"过去我们为什么能够成功、未来我们怎样才能继续成功"，深化对新时代"建设什么样的长期执政的马克思主义政党、怎样建设长期执政的马克思主义政党"的规律性认识。因此在建设党史党建学科时应充分注意到二者的整体性和相对独立性，既要把党史和党建作为相互依存、不可分割的完整学科来对待，同时也要兼顾党史和党建各自的学科历史、学科特色、学科差异，辩证灵活地处理好"合与分"的关系。还有学者指出"中共党史党建学"这一学科名称揭示了其研究对象之间具有整体性和相对独立性的辩证统一性。中共即中国共产党，中国共产党是学科主体、学科本体、学科整体，党史、党建是两个层面，是这一学科的两翼，合为"一体两翼"。中国共产党与党史、党建是主体与分体的关系，是本体与两翼的关系，是整体与部分的关系。党史、党建在其研究内容上各有侧重，但最终都聚焦到中国共产党这一共同的研究对象上，是建立在共同基点上的领域划分，二者同中有别、异中有共。①

（三）关于中共党史党建学科建设的基本要求

学科建设必须遵循一定的要求和原则。中共党史和党的建设学科经过长

---

① 商志晓：《加快推进党史、党建学科一体化建设》，《中国浦东干部学院学报》2022 年第 4 期。

期发展积累了丰富经验，中共党史党建一级学科的设立对学科的研究对象、学科范围、目标任务、建设路径、研究方法等方面都提出了新的要求。建设好这个既传统又新型的学科，必须把握以下基本要求。

第一，坚持以科学的世界观和方法论为指导。任何一个学科的建设都离不开科学的世界观和方法论做指导。新时代建构中共党史党建一级学科首先必须树立科学的学科指导思想。有学者指出建构党史党建一级学科，则必须立足于中国共产党百年奋斗的理论与实践来确立党史党建学科建设的基本原则与基本理念。具体来说，就是必须坚持以马克思主义政党观为指导、以马克思主义政党理论为理论基础；必须坚持辩证唯物主义和历史唯物主义的方法论。[①]还有学者指出党史党建学科发展要以习近平新时代中国特色社会主义思想为指导。坚持以习近平新时代中国特色社会主义思想为基本遵循，认真设计党史党建学科的研究内容，构建党史党建一级学科内在逻辑体系，加强对党史党建学科哲学基础、理论和综合应用的研究。[②]

第二，坚持守正创新。党的十八大以来，习近平总书记提出了"守正创新"的科学概念。这是对党的思想原则与思想方法的进一步丰富和发展。习近平总书记关于守正创新的重要论述，是中共党史党建学科发展的根本遵循。对此，有学者系统研究了习近平总书记关于守正创新的重要论述，指出守正就是坚守正道，创新就是开拓新局。守正的灵魂是坚持马克思主义指导。习近平总书记强调："守正就不能偏离马克思主义。"[③]中共党史党建学科的守正，就是坚持唯物史观和正确党史观，坚持以习近平新时代中国特色社会主义思想为指导，把党史和党建学科发展的宝贵经验和优良传统继承好、发扬好。而创新则是要从历史中汲取智慧，回答"新时代建设什么样的长期执政的马克思主义政党、怎样建设长期执政的马克思主义政党"等一系列重

---

① 刘红凛：《党史党建学科构建应有大视野》，《中国社会科学报》2022 年 6 月 30 日。

② 姚桓、黄峰：《加快推进新时代中共党史党建一级学科建设》，《中共杭州市委党校学报》2022 年第 3 期。

③ 习近平：《思政课是落实立德树人根本任务的关键课程》，《求是》2020 年第 17 期。

大理论和实践问题，回答时代之问、人民之问，用新的理论指导新的实践。中共党史党建学科的发展要坚持守正和创新相统一，回应时代要求，推出高质量研究成果，充分发挥资政育人功能。^①还有学者指出，正确把握"守"和"创"的关系是中共党史党建学科建设的先进性、可行性的要求。党史党建学科发展的"守"就是坚持基本原理原则，"创"就是要在内容形式上开拓创新。党史党建学科建设要坚持守正、继承与发展、创新结合，既反映优良传统经验，又和新时代特点，特别是与新时代的政治、经济等社会条件相结合，从而建设独具特色的中共党史党建学科体系。^②此外，有学者从研究方法的角度出发，指出"学科建设离不开学术研究方法的创新"。中共党史党建一级学科是由中共党史学科和党的建设学科融合、整合而来，相应的在研究方法上也应该实现整合和创新，即要兼顾党的历史、现实与未来，兼顾党的实践和理论，兼顾党的自身发展和借鉴其他政党的发展经验等。因此，中共党史党建一级学科在研究方法上要实现历史、现实与未来的结合和历史、理论与实践的统一，也要突出与其他政党的比较。^③

第三，坚持理论与实践相统一。中共党史党建学科发展成为一级学科，这就意味着对于学科建设提出了更高的要求。学科的实质是"学以致用"，即基础理论研究和应用并重。要想找到科学推动学科高质量发展的内在逻辑，必须从学理性和实践性两方面出发，整合、规划和出台体现中共党史党建学科理论和实践发展趋势的一般原则。基于此，有专家指出中共党史党建学科是在研究党的百年奋斗历史过程中，总结党的建设规律和经验，服务于党的建设和历史使命的完成。因此，建设中共党史党建一级学科要坚持科学和价值的统一，学理性和政治性的统一。既要防止偏差，防止学科脱离实际

---

① 王炳林：《中共党史党建学科建设的基本问题探析》，《社会科学文摘》2022 年第 10 期。

② 姚桓、黄峰：《加快推进新时代中共党史党建一级学科建设》，《中共杭州市委党校学报》2022 年第 3 期。

③ 赵凌云、王建国：《中共党史党建一级学科建设的基本依据、科学内涵及推进路径》，《社会主义研究》2022 年第 4 期。

的空洞化，也要杜绝学科只讲应用，没有理论指导的盲目性。还有专家指出，党史党建学科建设要坚持理论性与实践性相统一。一方面，中共党史党建研究是一门科学，坚持以学术为要，注重学理探讨，才能以理服人，充分发挥学科的社会功能，使学科发展永葆生机活力。研究党的历史、党的全面领导、党的领导方式方法，研究党的建设的历史进程、基本经验、基本规律等，都应该有坚实的学术根基。另一方面，学科建设只有把学理阐释与现实关怀紧密结合起来，才能在回答时代之问中不断发展壮大。不仅要阐释"是什么"和"应该怎样"，还要坚持问题导向，认真回答党的领导和党的建设面临的重大理论和实践问题，解决"怎么做"的问题，提出解决问题的正确思路和有效办法，为党治国理政提供智力支持和人才支撑。①

第四，坚持大历史观。习近平总书记指出："观察当代中国哲学社会科学，需要一个宽广的视角，需要放到世界和我国发展大历史中去看。"②坚持大历史观的视野是正确看待历史发展和准确把握历史发展规律和趋势的科学思想方法，也是中共党史党建一级学科建设和发展需要秉持的基本原则。本年度学界关于以大历史观的视野建设中共党史党建一级学科也形成了方法较为丰富的研究成果。有专家指出，以大历史观指导中共党史党建学科建设，就是要从历史和宏观的长时段，以世界和比较的宽视野，把握中共党史党建的发展规律、认清发展趋势，在对历史经验和发展规律的深入思考中汲取智慧、走向未来。③有学者认为，新时代建构党史党建一级学科要求我们必须正本清源、树立历史自信，必须旗帜鲜明反对历史虚无主义；必须坚持正确党史观、树立大历史观，"准确把握党的历史发展的主题主线、主流本质，正确对待党在前进道路上经历的失误和曲折，从成功中吸取经验，从失误中吸取

---

① 王炳林：《中共党史党建学科建设的基本问题探析》，《社会科学文摘》2022 年第 10 期。

② 习近平：《坚持和完善中国特色社会主义制度推进国家治理体系和治理能力现代化》，《求是》2020 年第 1 期。

③ 王炳林：《中共党史党建学科建设的基本问题探析》，《社会科学文摘》2022 年第 10 期。

教训，不断开辟走向胜利的道路"。① 还有学者认为，中共党史党建一级学科要立足于百年未有之大变局和新时代党的历史方位，从党史、新中国史、改革开放史、社会主义发展史中把握历史发展规律，从而坚持以大历史观、大建设格局来研究中国共产党的建设和发展，为分析和回答学科基本问题提供经验借鉴。②

（四）关于中共党史党建二级学科的设置

完备的学科设立是一门科学走向成熟的重要标志，也是这门科学的延伸和继续发展的内在基础。随着中共党史党建一级学科的设立，如何科学合理设置其下属二级学科也成为学界普遍关心的问题。

关于中共党史党建学科建设二级学科的设置问题，在本年度的研究中国内大多数学者都普遍强调中共党史党建一级学科不是原来的中共党史和党的建设两个二级学科的简单拼凑，如有学者指出："关于中共党史党建学科建设的二级学科，从学科的长远发展看，不应简单化处理，需要从更宏观的视野来谋划学科建设，把党的历史、党的领导、党的建设以及理论指导等问题有机结合，统筹规划，整体设计。"③ 但就目前研究成果来看，虽然多数学者都认识到了科学合理设置中共党史党建二级学科这一问题的重要性，但是在讨论二级学科构建及其研究方向时，思考的视角并不完全一致，提出的构建方法与探索方向也各有不同。

总的来说，目前国内学者关于中共党史党建二级学科的设置大致形成了以下两种思路：一种是借鉴与党史党建学科关系较为紧密、研究内容相近的中国史等一级学科相关二级学科设置的经验，按照时间段来考虑中共党史党

---

① 刘红凛：《党史党建学科构建应有大视野》，《中国社会科学报》2022 年 6 月 30 日。
② 赵凌云、王建国：《中共党史党建一级学科建设的基本依据、科学内涵及推进路径》，《社会主义研究》2022 年第 4 期。
③ 王炳林：《中共党史党建学科建设的基本问题探析》，《社会科学文摘》2022 年第 10 期。

建一级学科设置二级学科的问题。① 有学者指出，作为研究党的历史和党的经验的指导性文件，党的十九届六中全会通过的《中共中央关于党的百年奋斗重大成就和历史经验的决议》（以下简称《决议》），坚持唯物史观和正确党史观，将百年中共党史分为四个历史时期，这就为设置二级学科的时间分期提供了科学的、权威的依据。因此，按照百年党史的四个历史时期来设置二级学科是可行的、合理的，其所分别对应：新民主主义革命时期的党史党建、社会主义革命和建设时期的党史党建、改革开放和社会主义现代化建设新时期的党史党建、中国特色社会主义新时代的党史党建四个二级学科。另外有学者建议还应在以时间段为依据划分二级学科的基础上，增设无产阶级政党的历史与理论、党务管理（理论）与实践两个二级学科，以进一步丰富和完善党史党建学科的研究内容。另一种思路则是在沿袭中共党史和党的建设原本所分属的政治学和马克思主义理论一级学科的二级学科设置传统基础上另起炉灶，设置四个二级学科：无产阶级政党的历史与理论、中共党史、党的建设、党务管理（理论）与实践，这一方案既保留了原有的两个二级学科，又新增两个具有清晰研究对象、同党史党建人才需求相关联的二级学科，体现了继承和创新、历史和现实的结合。相对按照百年党史的历史分期来设置二级学科更加务实、成熟和具有可操作性。②

二、中共党史党建学科建设研究的主要特点与不足

随着党史党建学科的发展进入新的历史时期，本年度学界关于中共党史党建一级学科建设的研究成果持续增加，针对其学科建设中的一系列重点难点问题都展开了较为详细而深入的研究。总体来看，本年度学界关于中共党史党建一级学科建设的研究成果主要具有以下几个主要特点，同时也面临着

---

① 林绪武：《中共党史党建一级学科设立及二级学科设置的思考》，《华南理工大学学报（社会科学版）》2022 年第 3 期。

② 林绪武：《中共党史党建一级学科设立及二级学科设置的思考》，《华南理工大学学报（社会科学版）》2022 年第 3 期。

诸多挑战，存在一些有待进一步提升的不足之处。

（一）本年度中共党史党建学科建设研究的主要特点

通过梳理本年度学界关于中共党史党建学科建设的研究成果可以发现，国内学者们普遍具有较强的问题导向意识，其研究内容能够积极回应党史党建学科发展的时代要求，呈现出研究视野进一步开阔，高度注重学科间的融合发展，其研究进一步精细化，协同性和系统性显著增强的主要特点。

第一，研究视野进一步开阔，注重学科间的融合发展。本年度学界关于中共党史党建学科建设的研究明显表现出研究视野进一步开阔的特点。在如何正确处理中共党史党建一级学科内部研究方面，学者普遍指出建设中共党史党建一级学科，绝不是将原有"党史""党建"两个学科的简单合并，而是要深入挖掘学科内部的研究内容和研究方法的交融互通，正确处理中共党史党建下属各二级学科之间的关系，从而实现党史党建学科的深度交融和整体性规划。与此同时，本年度学界关于中共党史党建一级学科建设的研究也高度注重关于学科外部的关系研究。具体来说，学界关于如何就处理好与马克思主义理论学科的关系，处理好与中国史学科，尤其是与中国近现代史学科的关系，处理好与政治学的关系等都展开了较为详细的论述。同时强调要以更加开放的视角看待中共党史党建学科建设。另外，本年度学界的研究成果还特别重视加强不同学科之间的对话和交流，学习借鉴了政治学、历史学、法学、管理学、行政学等相关学科资源，有效打破了学科壁垒，这就有利于进一步构建层次更加丰富、方法更加多样的"党史党建"研究格局。①

第二，研究进一步精细化，协同性和系统性显著增强。本年度学界关于中共党史党建学科建设的研究在原有研究成果的基础上，进一步细化了研究内容。通过梳理相关文献可以发现，在研究内容上，本年度国内学者在深入研判时代形势的基础上，着眼于设立中共党史党建一级学科这一年度热点，

---

① 李飞龙：《中共党史党建一级学科理论体系构建刍议》，《思想理论教育》2022 年第 2 期。

对中共党史党建学科的基本概念、基本范畴、基本规范等本质属性进行了系统地研究，综合把握中共党史党建的内在统一性和外部差异性，同时深入挖掘中共党史党建学科建设的理论价值和实际意义，有力地构建了中共党史党建学科的逻辑结构。在研究方法上能够坚持以辩证唯物主义和历史唯物主义作为根本研究方法，并在此基础上积极借鉴其他学科的研究范式，综合运用理论分析、比较分析、案例分析、调查研究、质性研究、统计学研究等方法，创新党建研究技术手段和技术路线，努力以方法创新带动党建学术知识体系构建，增强了学科建设的协同性和系统性，有效地推进学科建设的系统化运行。

第三，坚持以问题为导向，积极回应时代要求。自 2021 年 12 月《关于对〈博士、硕士学位授予和人才培养学科专业目录〉及其管理办法征求意见的函》发布以来，学界众多权威专家及学者就中共党史党建一级学科建设所涉及的诸多问题都展开了丰富的讨论，形成了诸多具有建设性的研究成果和指导意见。例如，在关于中共党史党建一级学科建设的重要意义方面，国内学者从党和国家事业发展的现实需要、党史党建学科整体性建设、新时代建设具有中国特色的哲学社会科学等现实性层面出发，详细论述了党史党建上升为一级学科的重大现实意义。在关于中共党史党建学科的主要研究内容、基本原则及要求、二级学科设置等问题的讨论上，学者们也都能够立足于中共党史党建成为一级学科这一新变化及其学科建设所面临的新的要求和挑战展开论述。总体来看，本年度学界关于中共党史党建一级学科建设的研究成果始终坚持以问题为导向，有效回应了中共党史党建一级学科建设所面临的新的时代要求。

（二）当前中共党史党建学科建设研究所面临的挑战

尽管本年度学界关于中共党史党建学科建设研究取得了显著成效，为中共党史党建学科发展提出了许多具有建设性的宝贵意见，但同时由于中共党史党建一级学科刚刚设立不久，学界对其的研究还受到来自多方面因素的制约和限制，当前关于中共党史党建学科建设研究依旧面临诸多挑战。

第一，学科体系构建需进一步健全。形成系统完整的学科体系是一个学科健康发展的重要基础，中共党史党建学科建设不仅要有科学合理的研究领域和研究方向，同时还要有相对独立的研究机构和稳定充足的人才队伍保障及源源不断的经费支持。通过梳理可以发现，当前中共党史党建学科建设还存在诸多不足之处，尚未形成系统完整的学科体系。一方面，本年度学界关于中共党史党建学科建设研究存在研究视域不宽、没有涵盖学科全域、研究不均衡的问题。例如在如何提升党史研究的学术性，如何在研究党的建设基本历程的基础上，总结概括党的建设的基本经验，把握党的建设的基本规律等问题的研究上，还需进一步深化。党建研究突出问题导向，研究党的建设面临的重大问题和解决途径，更好发挥智库作用等方面，还亟待加强。另一方面，由于中共党史党建学科仍是一个新生的一级学科，其研究的学科基础还有待进一步夯实。总的来看，当前虽有大量从事党史党建研究和工作的人员，但是经过专业训练、专门从事党史党建研究并能推出高水平研究成果的研究人员，仍然是有限的，大多数高校党史党建学科学术机构还没有建立起来，专业师资严重缺乏且多数缺乏系统的专业训练，中共党史党建学科建设所需的教学研究的平台和基地建设也相对缺乏，与中共党史党建一级学科建设的要求存在较大差距，尚无法满足中共党史党建学科发展的需要，未来加强中共党史党建一级学科建设依旧任重而道远，需要在现有人员的培训和未来研究人才的培养方面作出巨大努力。

第二，关于二级学科的设置需进一步明确。关于中共党史党建一级学科下属二级学科的设置是本年度学界讨论较集中的问题。通过梳理相关文献可以发现，目前学界各专家学者都对此提出了不少方案，但尚未形成一致意见，对于中共党史党建二级学科设置的数量、划分依据、各学科之间的关系，以及人才培养等一系列问题都未能达成一致。因此，展望未来，中共党史党建学科建设应在各专家学者充分讨论的基础上尽快形成共识，进一步明确其二级学科设置，形成切实可行的学科建设方案。

第三，理论研究与实践联系不够紧密。当前学界关于中国党史党建学科建设的研究虽已取得较为丰富的学术成果，但其研究成果主要集中于学科定位与学科属性、具体研究内容及研究方法等理论层面。而关于学科实际建设过程中师资队伍建设、人才培养方案、课程及教材编写等实践层面的研究则相对匮乏，且已有公开资料的运用尚不充分，调研不够深入，理论研究与实际联系不够紧密。未来进一步深化中共党史党建一级学科建设的研究必须高度重视学理研究与实践研究并重，以理论研究指导实践研究，以实践过程中的具体应用反馈于理论研究，从而充分发挥中共党史党建资政育人的学科功能。

三、中共党史党建学科建设研究的未来展望

回顾过去，中共党史学科和党的建设学科经历了漫长的演进过程，也积淀了厚重的研究成果，然而中共党史党建作为一级学科还是一个新事物。展望未来，推动中共党史党建一级学科进一步发展还需统筹规划，整体设计。具体来讲，主要包括加快构建中共党史党建学科体系、学术体系和话语体系，科学合理设置中共党史党建学二级学科，同时整合研究力量，积极构建中共党史党建学术共同体。

（一）构建中共党史党建学科体系、学术体系和话语体系

习近平总书记在哲学社会科学工作座谈会上指出："不断推进学科体系、学术体系、话语体系建设和创新，努力构建一个全方位、全领域、全要素的哲学社会科学体系。"①中共党史党建学科成为一级学科，未来推动学科进一步发展，需要在总结百年来党的建设历史经验的基础上，科学构建中共党史

---

① 习近平：《在哲学社会科学工作座谈会上的讲话》，《人民日报》2016 年 5 月 19 日。

党建学科体系、学术体系和话语体系，使三大体系相互促进，协同发展，从而促使学科发展不断取得新成就。

学科体系是学科建设的基础，具有全局性和战略性意义。构建党史党建一级学科的学科体系，应进一步明确学科定位，以马克思主义特别是习近平新时代中国特色社会主义思想为指导，以当前的执政党建设为中心和重点内容，系统、全面地阐述中国共产党的历史和自身建设的重大理论及实际问题。同时重视培养新时代中共党史党建学科人才，构建具有中国特色的党史党建学科体系。

学术体系是学科建设向深度发展的主要载体。新时代构建中共党史党建一级学科的学术体系，必须在理论体系和方法体系上同时发力。一方面，坚持以习近平总书记关于新时代党史和党的建设的重要论述为指引，对中共党史党建学科的基本理论进行全方位阐释工作。加快构建中共党史党建学术和知识框架，形成规范成熟的科学概念及范畴体系。另一方面，不断丰富和完善中共党史党建学科的研究方法体系。坚持以辩证唯物主义和历史唯物主义作为根本研究方法，积极借鉴其他学科的研究范式，综合运用理论分析、比较分析、案例分析、调查研究、质性研究、统计学研究等方法，创新党建研究技术手段和技术路线，努力以方法创新带动党建学术知识体系构建。

中共党史党建话语体系是有关中共党史党建的思想理论体系和知识体系的表达形式，体现着学术思想水平，影响着学科功能的发挥。①与其他学科相比，中共党史党建学科具有更为鲜明的政治性，其概念、范畴、命题的敏感性更强，社会影响更大。未来推进中共党史党建话语体系建设，应注意正确处理政治话语与学术话语的关系，坚持与时俱进，同时在增强对传统党史党建的"话语自信"，保持学科特色的基础上，重视与其他学科间的开放互鉴，促进党史党建话语的国际传播。中共党史党建学科发展需要体现时代性、把握规律性、富有创造性，不断完善党史党建学科叙事体系建设。说好党的发

① 王炳林：《中共党史党建学科建设的基本问题探析》，《社会科学文摘》2022 年第 10 期。

展历史，讲好党的建设的故事，增强中共党史党建话语的说服力、感召力、影响力，不断扩大学科话语体系的辐射力和国际影响力。

（二）科学合理设置中共党史党建学二级学科

科学合理地设置相对完备的二级学科，是中共党史党建学科建设开好头、起好步的重要一步。尽管本年度学界不少学者关于中共党史党建二级学科的设置都提出了自己的见解和思路，但尚未形成统一的方案。展望未来，其二级学科的设置应该从历史与现实、理论与实践相结合的角度科学谋划和统筹部署，秉持稳中求进的原则，尽快形成一套切实可行的实施方案，具体来讲主要要处理好以下几个问题。一是要明确中共党史党建学科的定位，将二级学科框定在中共党史党建的范围内。[①] 明确学科边界范围，整合各个二级学科内部之间的逻辑关系，使各个二级学科都拥有清晰的、长期的、相对较为固定的研究对象，同时明确其研究对象彼此之间内在的联系和差异。二是要为各个二级学科设置明确的人才培养目标，处理好学科建设和课程设置的关系。[②] 在人才培养的具体实施方案上，要特别注意一级学科建设的整体需求与下设二级学科的内部需求相结合，科学设置各二级学科基础课程，既满足一级学科的贯通性要求，又要充分体现各二级学科的专业性，为培养研究人才提供学科支撑，为课程设置提供学科依据，从而科学回答二级学科培养什么人、如何培养人的问题，为学科发展奠定良好的人才基础。三是二级学科设置应体现出中共党史党建的系统性与特色性。诚如中共党史党建一级学科不是中共党史和党的建设两个学科的简单相加，其二级学科的设置也不应是原有党史和党建学科的简单合并，应充分认识到中共党史和党的建设两个学科之间的密切联系性，从整体上谋划二级学科设置，将党史党建系统化

---

① 师吉金：《一级学科视域下中共党史党建学科建设的思考》，《中共山西省委党校学报》2022 年第 5 期。

② 师吉金：《一级学科视域下中共党史党建学科建设的思考》，《中共山西省委党校学报》2022 年第 5 期。

地统一于一级学科内。与此同时，作为一个新生的一级学科，还应在保障学科边界的情况下，鼓励各学位点在学科设置的具体过程中结合实际情况，避免过分追求大而全，形成并发展具有自身特色的学科研究方向，从而进一步拓宽中共党史党建学科的发展道路。

（三）整合研究力量，构建中共党史党建学术共同体

形成具有高度组织化、专门化的学术机构、人才队伍、学术团体、评价体系等是一门学科成熟的重要标志。未来中共党史党建一级学科建设应着重于整合研究力量，构建党史党建学科建设学术共同体。首先，完善学科设置和加强人才培养。作为学科建设和人才培养的主阵地，各高校尤其是有条件的重点高校要以"中共党史党建"提升为一级学科为契机，乘势而上，抓紧规划和布局，在办好已有硕士、博士研究生教育的同时，可以探索设立中共党史党建本科专业，建立本、硕、博一体化人才培养机制，并突出应用导向，同时要在经费划拨、编制设置、招生名额、课题立项等方面都相应地增加和扩大，从而促使中共党史党建专业课程教学和人才培养体系的不断完善，为造就专业化高质量的中共党史党建人才奠定基础。其次，加强中共党史党建学科机构和队伍建设。为适应中共党史党建一级学科建设发展需要，必须加快高校党史党建学科机构和师资队伍建设力度。有条件的重点高校可设立中共党史党建学科实体化的教学研究机构（如院系、研究院、研究中心），或在马克思主义学院设置相应机构，配备专门的教学科研力量。制订高校党建师资培养计划，举办高校党史党建学科师资培训班，加强现有中共党史党建学科师资的专业培训。最后，加强中共党史党建研究会（学会）建设。要积极借鉴有关经验，加强全国党史党建研究会对地方、行业党史党建研究会的指导，健全地方党史党建研究会组织体系，充分发挥各专业委员会作用，特别要注意广泛聚合高校、研究机构党史党建专业研究力量，充分发挥党建研究会在中共党史党建一级学科建设中的重要作用。通过整合各方研

究力量，打造一支理论水平高、各具学术风格又能协同攻关、具备较大社会影响力的学术队伍，构建中共党史党建学术共同体，为中共党史党建一级学科建设提供根本保证。

总之，中共党史党建学科是以中国共产党的历史及其自身建设为主要研究对象的特殊学科，属于中国特色哲学社会科学的重要分支。在新时代大力发展中共党史党建学科，充分发挥中共党史党建学科应有的学理功能、阐释功能、实践功能和服务功能，是中共党史党建学科服务党和国家工作大局的重要使命之一。加快推进新时代中共党史党建一级学科建设具有重要的意义。当前，中共党史党建一级学科目前仍处于初创时期，学科建设的任务很重，需要解决的问题很多。这就需要所有的学科建设者共同努力，力争在相对较短的时间内较好地解决学科建设各方面的问题，使这个新的一级学科有一个良好的发展开端，促进学科良性发展。

第十七章　高校意识形态工作研究

习近平总书记在党的二十大报告中指出，"意识形态工作是为国家立心，为民族立魂的工作。"① 新时代新征程，我国意识形态领域形势仍十分复杂严峻，仍将面临诸多新情况新问题新挑战。高校作为意识形态工作的重要阵地，要深刻领会和准确把握党的二十大精神，全面贯彻党的教育方针，落实立德树人根本任务，培养拥护中国共产党和中国特色社会主义制度的德智体美劳全面发展的社会主义建设者和接班人，为新时代新征程的中心任务提供坚强的人才保障。

一、高校意识形态工作研究年度进展

2022 年度高校意识形态工作研究，既有聚焦高校意识形态工作的主渠道思政课改革创新的研究，也有着眼新时代高校意识形态工作话语权建设的研究，还有关注高校意识形态工作的挑战及其应对开展的专门研究，形成了较为丰富的研究成果。

（一）高校意识形态工作主渠道研究

学者们高度关注高校意识形态工作的主渠道思想政治理论课的改革创新。2019 年习近平总书记在学校思想政治理论课教师座谈会上就办好思想

---

① 习近平：《高举中国特色社会主义伟大旗帜 为全面建设社会主义现代化国家而团结奋斗——在中国共产党第二十次全国代表大会上的报告》，人民出版社 2022 年版，第 43 页。

政治理论课的重大意义、思想政治理论课教师队伍建设、推动思想政治理论课改革创新、加强党对思想政治理论课建设的领导，提出了明确要求。随后，思想政治理论课作为高校意识形态工作的主渠道，其改革创新也成为学界研究热点，2022 年度学界关于高校意识形态工作主渠道研究提出的新问题、新分析、新观点很多。有的学者提出思想政治理论课教学应塑造担负主流意识形态教育的政治形象，依据是思想政治理论课肩负着对大学生开展主流意识形态教育，进行社会主义主流意识形态建构的神圣使命，思想政治理论课改革创新需要克服"泛政治化"倾向、"弱政治化"趋向、"去政治化"偏向[①]。有的学者指出，广大思政课教师要贯彻落实习近平总书记在中国人民大学考察时的重要讲话精神，做到"五个统一"，即做到"道"和"理"的统一、"学"和"术"的统一、"讲"和"授"的统一、"教"和"学"的统一、"知"和"行"的统一[②]。这些成果有利于准确把握新时代高校思想政治理论课改革创新的价值旨归，推动高校思想政治理论课改革创新向纵深发展，更好地发挥思想政治理论课教学在高校意识形态工作中的重要作用。

此外，高校意识形态工作主渠道改革创新的研究还有很多，涉及思想政治理论课定位、价值以及教学内容、方法等，拓宽了理论视角、增强了理论深度。思想政治理论课是引导学生塑造正确"三观"，成长为堪当民族复兴大任的时代新人的"关键课程"，正因如此，思想政治理论课具有鲜明的意识形态属性，是高校意识形态工作的主渠道。党中央对思想政治理论课改革创新提出了非常明确的要求，即"八个相统一"，进而更好地承担起为党育人、为国育才的神圣使命。党的十八大以来，党和国家加快推进思想政治理论课教学体系完善。例如，全国重点马院率先开设"习近平新时代中国特色

---

① 白显良、章瀚丹：《高校思想政治理论课教学应着力塑造五种形象》，《马克思主义理论学科研究》2022 年第 10 期。

② 韩喜平、蒋磊：《思想政治理论课讲道理要在"五个统一"上下功夫》，《思想理论教育》2022 年第 9 期。

社会主义思想概论"课程，到 2022 年 9 月全国各高校全面开设"习近平新时代中国特色社会主义思想概论"课程。随着教材体系、教学体系、实践体系的不断完善，相应的思想政治理论课改革创新的理论体系也在向纵向发展，有力推动了新时代高校意识形态工作阵地建设。下一步，在现有研究成果的基础上，要紧紧围绕"是什么""讲准什么""如何讲好"三个问题展开思考和研究，深化对思想政治理论课课程定位、教材主题、教学内容的规律性认识，以更好发挥高校意识形态工作主渠道作用。

（二）新时代高校意识形态工作话语权建设

牢牢把握意识形态工作领导权、管理权、话语权，是新时代高校意识形态工作的重中之重。党的十八大以来，通过坚持和加强党对高校意识形态工作的全面领导，贯彻落实党委意识形态工作责任制等一系列制度，高校意识形态工作领导权、管理权不断得到提升，但话语权仍需要进一步加强。这与话语权的本质和话语权建设的规律不无关系，提升意识形态工作话语权有很多因素，党的领导、有效的管理，是必不可少的，除此之外，还需要意识形态工作的合法性、合理性以及作为我国意识形态工作的指导思想的马克思主义理论的解释力、说服力等等。

2022 年度，学者们紧紧围绕着高校意识形态话语权展开了卓有成效的研究。有的学者提出把握意识形态工作规律，是科学预见意识形态演变趋向、牢牢掌握话语权的重要保障。为此，要处理好意识形态建设与经济社会发展之间的关系、主流意识形态和社会意识形态的关系、主流意识形态的守正与创新之间的关系[①]。有的学者提出在大数据时代开展意识形态教育，需要形成符合社会主义本质要求的政治信仰、思想认识和行为准则，这就需要建立开

---

① 冯刚、张发政：《论习近平新时代意识形态工作的战略思维》，《中国人民大学学报》2022年第 4 期。

放共融、通俗易懂的话语表达机制，强化网言网语、网技网能的运用能力①。这些学者对新形势下意识形态工作话语权的探索和分析，立足于当前人们的思维方式、行为习惯和价值观念，综合理论逻辑、历史逻辑、实践逻辑进行了系统分析和有效回应，为高校意识形态工作话语权建设提供了新的研究视角和参考。

话语权，即说话或表达的权利。高校意识形态话语权，体现着高校意识形态工作的说服力、解释力和传播力，体现了高校意识形态的工作成效。无论如何调整和优化，高校意识形态工作话语应该是有方向、有立场、有内涵和有温度的，最终要让学生愿意听、听得懂，进而增强学生接受意识形态教育的高度自觉。高校意识形态工作研究领域关注话语权开始于 2015 年，2022年度，话语权再次成为高校意识形态工作研究领域的高频关键词，这与科学技术的迅猛发展有着密切的关系。当前，影响高校意识形态话语权的最大变量是科学技术，如人工智能、大数据、云计算等，随着科学技术的日新月异，高校意识形态工作的传统话语结构和话语场景发生革命性变化，亟需在"科学技术 +"时代背景下，全面思考高校意识形态话语结构、话语内容、话语风格、话语评价等，重塑新时代高校意识形态话语框架、话语范畴、话语表述、话语体系等，不断增强对社会主义意识形态的阐释深度、说服力度和传播广度。

（三）高校意识形态工作的挑战及其应对研究

本年度学者们高度关注高校意识形态工作面临的现实困境，重在探讨党和国家对高校意识形态工作的新要求，总结分析当前高校意识形态工作遇到的新情况、新问题、新挑战，以及如何解决现实困境。有的学者提出高校意识形态工作要基于高校肩负的责任使命、推动改革发展和应对风险挑战的现

---

① 唐良虎、吴满意：《高校数据思政的内涵、类型与功能彰显》，《黑龙江高教研究》2022年第 9 期。

实要求展开，并指出当前高校正面临来自国内外的严峻挑战，从国际上看，世界面临的不稳定性不确定性突出，这种不稳定性和不确定性在意识形态领域的表现尤为突出。从国内来看，主要是思想意识多样化的挑战，而随着新时代新征程中心任务的进一步明确，高校为党育人、为国育才的任务更加艰巨①。有的学者指出，"大学生网红"现象中的"泛娱乐化"倾向隐含着意识形态问题，需要引起高度重视，认为大学生网络现象的意识形态特质是资本秩序的泛娱乐化表达，而"泛娱乐化"的最大危害是去意识形态化，破坏高校意识形态工作环境，阻碍对大学生人生境界的教化，进而弱化马克思主义在高校意识形态领域的指导地位②。还有一些学者从不同的视角考察和剖析了当前高校意识形态工作或者具体到落实立德树人面临的困难和挑战，并做出积极的理论回应。习近平总书记在党的二十大报告中再次强调，"培养什么人、怎样培养人、为谁培养人是教育的根本问题。育人的根本在于立德。"③

　高校意识形态工作的根本任务就是立德树人，因此，立德树人是高校意识形态工作研究重点。纵观各类文献，研究高校立德树人面临的现实困境，往往采用二分法，即外部环境影响和学生个人影响。外部环境影响主要讲时代背景、国际形势、大国关系等，学生个人影响主要讲青年学生特有的思维方式、行为习惯、价值观念以及互联网的深刻影响等，但缺乏对教师立德树人困境的探讨和分析。这里所说的教师不仅是思政课教师，而是全体教师。出现教师立德树人困境的根本原因是，对教师身份二重性的认识模糊不清，个别教师片面强调教师的专业性，追求学术自由和知识传授，而忽视了教师的公务性。《中华人民共和国教师法》明确规定，教师"承担教书育人，培

① 孙立军、孙树勇：《构建高校意识形态工作运行机制研究——基于"一主四维两翼"向度的探索》，《思想理论教育导刊》2022年第1期。
② 王淑荣、魏子青：《"大学生网红"现象中的"泛娱乐化"倾向评析》，《思想理论教育导刊》2022年第4期。
③ 习近平：《高举中国特色社会主义伟大旗帜 为全面建设社会主义现代化国家而团结奋斗——在中国共产党第二十次全国代表大会上的报告》，人民出版社2022年版，第43页。

养社会主义事业建设者和接班人、提高民族素质的使命。"① 这就要求高校教师要承认教育事业的公益性和公共性以及教师身份的公务性，聚焦落实立德树人根本任务，肩负起为党育人、为国育才的神圣使命，为做好高校意识形态工作尽职尽责。这些问题需要学界展开系统深入的理论性思考和研究。

二、高校意识形态工作研究年度特征

梳理研究成果可以发现，本年度高校意识形态工作研究呈现出鲜明的研究特征。具体而言，本年度高校意识形态工作研究成果质量进一步提升，研究的专业化水平不断增强，并且研究成果呈现突出的延续性。

（一）高校意识形态工作研究成果质量进一步提升

梳理总结本年度高校意识形态工作的研究成果可以发现，成果质量实现进一步提升。发文量及其变化能够反映研究主题在某一时期的发展速度和研究热度，有助于整体把握研究主题背后的本质规律，以及准确预判研究主题的发展趋势。2022 年，高校意识形态工作研究成果文献为 202 篇，发文量较多的学术期刊包括《学校党建与思想教育》《思想理论教育导刊》《思想教育研究》《思想理论教育》《马克思主义理论学科研究》《黑龙江高教研究》等重点期刊。高校意识形态工作作为重要的研究主题，受到学者广泛关注和普遍重视，从下载量和被引量可见一斑。高下载，在很大程度上体现了一篇学术论文在某一领域的受关注程度，其主题、关键词、内容等成为研究者关注的焦点；高被引，在很大程度上体现了一篇学术论文在某一领域的影响力，因此，它往往是一篇学术论文的标志性成果。2022 年，高校意识形态工作研究领域，下载量超过 1000 次以上的论文有 38 篇；被引超过 2 次以上的论文有 25 篇，其中，有 3 篇文章在一年内被引超过 7 次以上。在著作方面，主要

---

① 《中华人民共和国法律汇编（1993）》，人民出版社 1994 年版，第 266 页。

有晏妮的《大学生意识形态安全教育研究》①、王强等人的《新媒体背景下大学生价值观与网络意识形态安全策略》② 等。总体而言，聚焦高校意识形态工作研究，本年度的研究成果质量进一步提升，实现了研究的新发展。

（二）高校意识形态工作研究专业化水平不断增强

本年度持续关注高校意识形态工作研究的专家学者越来越多，研究的专业化水平不断增强。通过分析核心作者和研究机构，可以判断高校意识形态工作研究力量分布。从核心作者来看，一直以来关注和从事高校意识形态工作研究的核心作者包括顾海良、冯刚、佘双好、陈锡喜、侯勇、黄蓉生、张平等专家学者，本年度聚焦高校意识形态工作推出新的研究成果。从研究机构分布来看，高校意识形态工作研究机构全部为高校，主要研究机构包括武汉大学、东北师范大学、西南大学、北京师范大学、华中师范大学、中国人民大学、南京师范大学7所高校，不难发现以上学校全部为具有马克思主义理论一级学科博士点的国家"双一流"学校，具有雄厚的科研实力和学术氛围，博士研究生、青年学者在专家学者的带领下，对高校意识形态工作进行了系统深入地研究，因此，以上研究机构及其科研人员在高校意识形态工作研究领域活跃度很高。从合作关系上看，活跃度为前十的研究机构之间都存在直接或间接的合作关系，但合作频次不高，说明高校意识形态工作研究受到了学界的重视，但尚未形成稳定的研究机构合力。从各研究方向的聚类分析上看，中国人民大学马克思主义学院、武汉大学马克思主义学院、中山大学马克思主义学院等研究机构主要聚焦高校意识形态工作主渠道研究，北京师范大学思想政治工作研究院、东北师范大学思想政治教育研究中心、华中师范大学马克思主义学院、北京大学马克思主义学院等研究机构主要聚焦高

---

① 晏妮：《大学生意识形态安全教育研究》，中国经济出版社2022年版。
② 王强、安春芬、曾慧：《新媒体背景下大学生价值观与网络意识形态安全策略》，燕山大学出版社2022年版。

校意识形态工作话语体系研究，中央财经大学马克思主义学院、西南大学马克思主义学院、东北师范大学马克思主义学院等研究机构主要聚焦高校意识形态工作新媒体研究。总体而言，持续关注高校意识形态工作研究的专家学者越来越多，研究的专业化水平不断提升。

（三）高校意识形态工作研究成果呈现突出的延续性

梳理本年度以及过往的高校意识形态工作研究成果可以发现，研究在议题、观点等方面呈现突出的延续性。如何体现这种延续性，高校意识形态工作研究领域的关键词变化可以提供重要依据。关键词是一项学术成果核心观点的集中概括和反映，通过对关键词的梳理可以全面了解高校意识形态工作研究热点、趋势和前沿动态等的发展变化情况。学界关于高校意识形态工作的研究大体可以分为三个阶段。第一阶段高校意识形态工作研究领域的关键词有高校德育、德育、教育，可以看出这一时期学界高度关注德育问题。这一时期高校意识形态工作领域的政策水平达到了较高的水平，同时各高校贯彻落实党和国家的决策部署，采取各项意识形态工作措施，但从理论研究成果的数量和质量来看，高校意识形态工作研究处于积极探索阶段。第二阶段高校意识形态工作研究领域的关键词有社会思潮、大众化、影响、高校师生，说明学界开始重视西方资本主义意识形态渗透对我国高校师生的影响，并对当时各类社会思潮冲击我国社会主义意识形态的现实境遇展开积极的理论回应。第三阶段热点关键词逐渐增多，其中"习近平""新时代"等关键词的突现表明习近平新时代中国特色社会主义思想在高校意识形态工作领域的指导地位逐渐加强和巩固，同时说明新时代成为高校意识形态工作研究立足的时代背景。"立德树人""课程思政""文化自信"等关键词的突现表明高校意识形态工作研究向着体制机制建构的方向发展，而"网络空间""话语体系"等关键词的突现体现了高校意识形态工作研究注重线上线下的紧密结合、传统方法与新媒体的融合发展。总体而言，高校意识形态工作研究在发展中不断演进，同时在议题、观点等方面呈现突出的延续性，本年度高校意识形态工作研究在延续以往研究关键点的基础上，继续深耕以推动高校意识形态工作研究的纵深发展。

三、高校意识形态工作研究展望

新时代新征程，意识形态领域形势依然复杂严峻，高校是意识形态工作的重要阵地，这为高校意识形态工作研究提出了更高要求。综合分析研究现状和研究热点，高校意识形态工作研究的主题不断拓展、内容不断丰富、方法不断创新，而且深度也在不断加强，总体上呈现出由分散化到整体化、由小领域到大格局、由单一化到体系化的发展趋势。但同时应该清醒地认识到，高校意识形态工作理论与日益变化的高校意识形态工作形势不相适应，例如，研究力量分散、多学科研究不够、体系化研究及其成果缺乏等等。据此，将立足现有成果和问题不足，前瞻展望高校意识形态工作研究。

（一）打造高校意识形态工作研究学术共同体

无论是自然科学研究，还是社会科学研究，学术团队发挥着非常重要的作用，但在高校意识形态工作研究文献的查阅中发现，绝大多数成果都是以核心作者成果的形式呈现，只有在编著成果中能够发现一部分团队成果。实际上，这是当前我国社会科学研究的普遍现象。由此引出一个重大课题，如何打造学术共同体？学术共同体是指具有学科专业知识和共同兴趣爱好的研究工作者，因学科目标和学科信念，通过学科活动逐渐走到一起并为学科发展团结奋斗的学者群。学术交往是学术共同体的基本交往类型，学术活动是学术共同体的主要学术载体。在学术共同体，学者们创造着良好的学术文化氛围，反过来，也受到学术文化氛围的浸润。就思想政治教育学科而言，理想的学术共同体，应该是由一群具有思想政治教育学科知识并热衷于思想政治教育学科发展的专家学者、实际工作研究者组成的研究团体，既包括理论家，又包括实干家，既包括学界具有威望的理论家，也包括不断涌现的青年学者，学术共同体成员有着共同的学科兴趣、学科目标和学科信念。学科思维、学科使命、学科规范，是理想的思想政治教育学科学术共同体的三大要素。思想政治教育学者首先要树立起学科思维，并运用思想政治教育学科思维观察和思考思想政治教育理论与实践问题，进而不断增强思想政治教育专业性，这是评价理想学术共同体的重要标准。每一代人有每一代人的使命，当代思想政治教育学者要有学科责任感和使命感，并为此不懈奋斗，这是思想政治教育学者的精神品格，是打造学术共同体的观念基础。学术共同体是无形的学术组织形式，但它的持续稳定健康发展，需要有形的制度规范和约束，包括体制机制、制度体系、交往方式等。新时代高校意识形态工作研究的学术共同体，要坚持做到四个相统一：一是政治性与学术性相统一，政治性确保高校意识形态工作研究的正确政治方向，学术性确保高校意识形态工作研究遵循科学规律，在确保政治性的基础上，要充分遵循学术逻辑、规律和范式。二是专业性与开放性相统一，科学研究是为了揭示事物的本质规律，生产出专业知识，但要避免专业偏见、自我封闭、自说自话，而是坚持学科对话、学科交流、学科互鉴，促进高校意识形态工作研究的开放式发展。三是问题性与理论性相统一，高校意识形态工作研究具有鲜明的应用性特点，所以要坚持问题导向，在工作实践中寻找问题、思考问题和解决问题，但不能仅仅停留在对工作实践的简单描述上，要运用专业知识和学术思维，将经验形态上升为高度概括的、抽象的且具有强大解释力的学术形态。四是集体化与个性化相统一，高校意识形态工作研究，当务之急是形成稳定的学术团队，对于基础性、关键性问题，汇聚专家学者，以学术团队为单位，展开针对性的攻关。对于有争议的论题，要鼓励对话、展开讨论甚至交锋，促进学术沉淀，同时尊重专家学者个性化表达，不拘一格，鼓励有科研能力的学者围绕国家重大战略需求展开理论研究。

（二）推动高校意识形态工作跨学科研究

跨学科研究，是指引用其他学科的知识、方法，来探讨、研究和解决本学科问题，促进不同学科之间交互影响交互发展的一种现代知识生产方法。思想政治教育学科发展，经历了早期的多学科研究到交叉学科研究，再到如今的跨学科研究的阶段，多学科研究、交叉学科研究、跨学科研究三者有所不同，思想政治教育学科创建之初常用多学科研究方法，也就是从多个学科视角观察思想政治教育问题，或者从多个学科中借鉴、汲取研究资源来夯实思想政治教育学科基础理论。经过一段时间的发展，思想政治教育学科不再停留于多学科研究阶段，而是把思想政治教育学科与其他学科的优势进行互补，形成新兴学科群，比如把思想政治教育学科和心理学的优势紧密结合起来，形成思想政治教育心理学，把思想政治教育学科和管理学的优势紧密结合起来，形成思想政治教育管理学等。而当前所强调的跨学科研究外延很广，不仅包括学科之间的交叉部分，还包括其他学科的核心范围，而且跨学科研究更强调不同学科之间的交融性、互赢性，这是任何一种学科发展壮大的必然过程，是思想政治教育学科不断被重视和快速发展后的自然转向。高校意识形态工作也要推进跨学科研究。一方面，高校意识形态工作跨学科研究符合学科发展规律，即确立到分化，再到整合的过程，可以说跨学科研究是对学科精细化发展的自我矫正。随着社会的发展，学科划分越来越精细，学科之间的边界越来越清晰，使得学科研究更具有针对性和深入性，但过分的精细化带来学科之间的壁垒逐渐束缚了学科自身的发展，封闭性最终演变成作茧自缚。知识具有整体性，而且，随着社会问题的日益复杂化，封闭化的单一学科知识难以解决复杂化的高校意识形态工作问题。学科的发展最终目的是解决现实问题，而面对高校意识形态工作的日益复杂化，必须探索跨学科研究的道路。另一方面，思想政治教育学科本身就具有鲜明的跨学科特色，为高校意识形态工作跨学科研究奠定了学科基础。思想政治教育学科创立之初，就融入了许多跨学科元素，包括参与创建者涉及教育学家、政治学家、心理学家、社会学家等各类学科专家学者，这就意味着思想政治教育学科天然地就有跨学科性。思想政治教育学科是要解决人的思想问题，而人的思想问题却异常复杂，单一学科难以胜任，只有充分学习、借鉴和汲取不同学科的知识、方法、范式才能完成好思想政治教育学科使命。高校意识形态工作研究，是一项复杂的时代课题，封闭、孤立、单一的思想政治教育研究方法下的高校意识形态工作研究，容易走向式微。因此，要大力推进跨学科研究方法，多从哲学、社会学、教育学、心理学、信息学等相对宏观的跨学科视域展开研究，回答好新时代高校意识形态工作研究领域的各类现实而又紧迫的时代问题。

（三）着眼高校意识形态工作体系化研究

党的二十大报告提出，"完善思想政治工作体系"。[①]体系的建构，需要体系化研究思维和范式。当前，人们受到互联网思维和信息传播方式的影响，形成碎片化阅读习惯和碎片化思维，这不利于深度学习和思考，不利于形成某一领域的理论体系。体系化研究是一项理论成果具有科学性的重要保障。在对高校意识形态工作研究的文献分析中发现，部分研究成果属于表层、局部现象的经验性发问，是碎片化、同质化研究。在任何一项理论研究中，只有展开体系化的思考和研究，其理论研究才有可能具有专业性和科学性，才有可能获得高质量的理论成果。体系思维是系统思维的某种超越，且相比于系统思维，体系思维突出强调系统功能的结构化、系统运行的制度化、系统构建的主导性。系统功能的结构化：任何一种体系都是由若干个系统构成，不是所有的系统都可以称之为体系，而是能够体现事物本质且有利于事物发展的系统组成才称之为体系。体系思维强调事物功能的层次性、结构性，比

---

① 习近平：《高举中国特色社会主义伟大旗帜 为全面建设社会主义现代化国家而团结奋斗——在中国共产党第二十次全国代表大会上的报告》，人民出版社 2022 年版，第 44 页。

如"中心—边缘"结构，或者说是"体"和"系"的结合体，"体"决定了事物的基本功能，"系"决定了事物功能形式的多样性。系统运行的制度化：推动事物发展的动力，一种是来自于内在，一种是来自于外界，两者共同发挥作用是推动事物发展的最佳状态，这种状态的持续保持，需要通过制度来固化，比如体制和机制，体制是指有效管理组织系统的根本性制度，机制是指有效管理活动系统的具体制度。系统建构的主导性：体系思维强调人在推动事物过程中的主导地位和作用，强调事物发展规律与人的主导作用的紧密结合，同时两者之间保持一定的张力，即人的主观认知要超出事物发展现状及其规律，进而指导事物的不断发展。体系化研究高校意识形态工作，就是要运用体系思维，推动体系化发展。具体来讲解决如下三个问题：一是解决从无到有的问题，事物的发展是客观演化过程，而对其进行的理论研究是从理论认知到理论建构的主观实践过程，这就要求学者们要通过体系化研究，完成对高校意识形态工作的理论认知到理论建构的过程，研究高校意识形态工作研究领域的基础性理论，抑或体制性整体性难题。二是解决从散到聚的问题，由于从理论认知到行为实践存在一定的距离，加上知识结构的不同，容易造成学者们对事物理解的不同，导致理论建构力量的分散。要加强聚集研究力量，形成研究合力，使得理论研究主体之间产生默契的合作关系，进而把分散的研究力量聚合到一起，最大限度推动高校意识形态工作理论体系化建构。三是解决从内到外的问题，体系化研究注重高站位、大视野，在综合内外因素的基础上，要实现由内而外的理论建构，而不是仅限于某一局部领域。高校意识形态工作的影响因素很多，要从服务国家战略高度和胸怀天下的视野观察和思考问题，以实现我国高校意识形态工作的"大格局"理论建构。

第十八章　思想政治教育传播研究

传播是"人类交流信息的一种社会性行为，是人与人之间，人与他们所属的群体、组织与社会之间，通过有意义的符号所进行的信息传递、接受与反馈行为的总称。"①换句话说，人类的一切信息传递过程都可以被称为传播。思想政治教育是一种特殊的信息传播活动，对其进行基于传播视角的审视和研究不仅可以从整体上对这一传播实践进行把握，更有助于科学统筹各传播要素的功能发挥。随着网络传播的普及与深化，传统思想政治教育面临空前挑战，新的传播现象与规律亟待深入研究与探讨，思想政治教育传播研究由此成为近年来思想政治教育领域的热点议题，学界围绕思想政治教育的传播问题展开讨论并发表了许多富有启发性的观点，有力推动了思想政治教育的理论创新与实践研究。立足思想政治教育学科发展，对思想政治教育传播研究进行系统梳理和总结，有助于把握学术研究动态、省思研究着力方向，非常具有必要性与迫切性。

一、思想政治教育传播研究的年度进展

作为思想政治教育研究中的新兴增量，思想政治教育传播研究的成果数量保持稳定增长的良好势头。梳理 2022 年思想政治教育传播研究的成果进展发现，研究重点主要集中在传播环境变化、传播内容革新、传播主客体关系建构、网络意识形态传播等方面，体现出明显的学科交叉与融合态势。

---

① 吴文虎：《传播学概论》，武汉大学出版社 2000 年版，第 3 页。

（一）思想政治教育传播环境变化研究

思想政治教育的传播环境主要指环绕在思想政治教育主体和客体周围并对他们产生影响的氛围和因素，包括外在宏观的社会经济环境、政治环境和文化环境以及内在微观的思想政治教育环境，如网络道德环境、心理环境、人际环境等。传播环境为思想政治教育活动的开展提供了特定场域，也在一定程度上内在规定了思想政治教育传播活动的样态、方式和内容。随着网络传播的普及与深入，网络成为思想政治教育传播不可脱离的环境场域，也深刻改变了思想政治教育的传播实践，网络环境的技术特征、智能媒介的功能发挥、算法应用的技术赋能等成为思想政治教育环境研究的重要内容。

首先，是对网络传播环境的特征的总结，这是思想政治教育工作与信息技术深度融合趋势下传播研究的应有之义。有学者提出，传播环境的变化使高校思想政治教育在时空场域、传播方式、结构向度、话语变迁等方面发生理路转换，亦催生了传播理念、传播载体、传播方式的深刻变革，使高校思政教育面临是非博弈、虚实夹杂、供需错位、主客易势等现实困境[1]。有学者指出，媒体融合发展的实践状态重塑了社会信息的生产、传播和消费方式，不仅改变了思想政治教育的实施条件和存在形式，还促进思想政治教育的实践逻辑逐渐向智能媒介化状态转变[2]。还有学者聚焦思想政治教育信息环境的叠加变迁，认为思想政治教育信息环境融汇了更多科技性、凸显出更强的互动性、涵映着符号的涌现性，要通过强化评价考核、完善体制机制、提升信息素养来为思想政治教育信息环境的建设与优化提供保障[3]。

其次，智能媒介作为用以扩大且延伸信息传送的工具，其在思想政治教

①　于祥成、刘成：《微传播时代高校思想政治教育的理路转换、困境审思及实践进路》，《新疆师范大学学报（哲学社会科学版）》2022年第6期。

②　董扣艳：《全媒体时代思想政治教育的媒介逻辑及其内在向度》，《思想政治教育研究》2022年第2期。

③　杨小青、林冬冬：《思想政治教育信息环境叠加变迁的新特征及其应对》，《学校党建与思想教育》2022年第17期。

育中的功能逐渐引起学界关注。有研究者指出，智能媒介在思想政治教育中具有双重功能，既能产生场景全面覆盖、内容全息呈现、主体全员上线、功能全效实现等积极效果，也暴露出信息茧房、技术黑箱、网络圈群、媒介焦虑等问题，造成思想政治教育主导地位弱化、人文精神消解、信息隔阂加深、实际效果降低等消极后果，必须从价值导引、技术突围、素养提升、制度保障等多方面着手采取针对性措施[①]。也有研究者认为，智能媒介赋能思想政治教育体现在全程贯通推进思想政治教育符号叙事、全息传输打造智能思政信息载体矩阵、全员参与建设高校"大思政"育人共同体、全效聚合构筑思想政治教育数据分析应用平台。要以多层次智库体系、人机协同的生产机制、科教结合的技术理路为保障，探索智能媒体赋能思想政治教育创新的模式与路径[②]。还有学者聚焦网络传播的媒介平台，认为兼具开放性与控制性双重特征的平台媒介在改变大学生信息接收方式、塑造新的媒介使用习惯的同时，也给高校思想政治教育带来挑战：接收渠道分化造成思政类内容传播力受限，信息茧房致使思政类内容触达壁垒加重，内容参差导致认知偏差，"娱乐化"流量密钥消解判断理性[③]。

再次，技术赋能驱动网络思想政治教育创新，成为思想政治教育传播环境研究的热点议题。算法推荐、人工智能等技术的引入深刻改变了思想政治教育传播的技术环境。算法推荐的技术应用重塑了网络信息传播的环境和样态，对网民的认知行为造成深度影响，并由此介入了网络思想政治教育过程，致使网络思想政治教育面临权力机制、传导模式和教育内容层面的显著挑战[④]，同时，其对传播受众的认知心理也带来一定困境，如认知图式窄化、

① 王天民、郑丽丽：《智能媒介的思想政治教育功能及其优化》，《思想教育研究》2022 年第 10 期。

② 李厚锐：《智能媒体赋能高校思想政治教育创新探究》，《思想理论教育》2022 年第 7 期。

③ 张纝尹、何嘉豪：《平台媒介沉浸背景下高校思想政治教育创新探析》，《学校党建与思想教育》2022 年第 14 期。

④ 刘章仪：《推荐算法介入下网络思想政治教育的困境与突破》，《学术探索》2022 年第 8 期。

认知协调异化、认知理性偏离①。人工智能作为引领新一轮科技革命和产业变革的重要技术支撑，对社会生产方式、生活方式和思维方式产生深刻影响，也引发了思政课的革命性变革。有学者聚焦人工智能在推动思政课教学精准化方面的功能发挥，对其内在机理和实践路径展开研究，认为人工智能以技术嵌入的方式为思政课教学的矛盾运动提供强劲动力，驱动其内部要素高效协同，实现高质量发展。通过运用人工智能的多模态分析、算法应用、智能场景以及人机协同等技术可以实现精准画像、精准供给、精准引领、精准评价，最大限度提升思政课教学的精准化水平②。然而，人工智能在赋能高校思想政治教育的同时也带来了人的主体性遮蔽、隐私安全风险和教育认同风险，必须坚持思想政治教育的主导地位，通过价值引领、人机协同、法治规范等多维举措协同应对，让人工智能在深度融入中实现工具理性和价值理性的平衡③。

（二）思想政治教育传播内容革新研究

思想政治教育传播的具体内容在不同社会条件和历史时期都具有很大的特殊性，受到教育目标调整、教育环境变化等多种因素的制约影响。面对网络传播对思想政治教育实践的全面渗透，思想政治教育传播的内容也必须做出相应调整，以尽快适应不断变化发展的外部形势。

话语作为思想政治教育内容的重要载体，是思想政治教育理论转化为实践引导的重要媒介。有学者指出思想政治教育话语传播是一个具有中国特色的复合型概念，其本质上是一种主体间的精神交往，它以人的日常生活世界为重要的实践前提，并将其作为作用的对象化场域，在具体叙事上表现为价

---

① 周源源：《算法推荐环境下的大学生认知心理困境及应对策略》，《思想理论教育》2022年第10期。
② 操菊华：《人工智能赋能思政课教学精准化的理论逻辑与实践图景》，《思想理论教育导刊》2022年第4期。
③ 陈启迪：《人工智能嵌入高校思想政治教育的技术风险及应对策略》，《学校党建与思想教育》2022年第9期。

值主导与框架建构的双重逻辑①。已有研究成果也表明，思想政治教育话语正在顺应形势、主动求变，无论是思想政治理论课的话语建构还是日常思想政治教育的话语实践，都在进行话语创新与转换。有学者聚焦思想政治教育话语效能提升的文化向度，深入探讨了文化向度的介入对于破解思想政治教育话语困境的方法论意义②；有学者关注到网络圈群对思想政治教育话语在价值塑造和方向引领方面产生的影响，提出在话语主体失语、话语内容失调、话语策略失效的背景下，通过创新主体要素、明确话语形态、完善表达策略来积极探索思想政治教育话语的破圈路径③。还有学者立足网络个性化推送、话语权泛化、话语空间细分的传播现实，提出从创新传播形式、话语方式以及话语生态等方面不断加大思想政治话语创新力度，有效提升思想政治教育话语的引导力、影响力和凝聚力④。

情感是认知活动的动力系统，对认知活动起着动力和组织的作用，是思想政治教育传播过程中不可或缺的重要内容，也是与思想政治教育认知过程相伴而生的重要因素。思想政治教育传播过程中的情感参与正逐渐获得越来越多的学术关注。有学者关注到思想政治教育传播中的积极情绪情感，提出要充分发挥其在认知效果提升、教学关系融洽及良好心理情境打造三方面的正向作用⑤；有学者提出构建情理交融的思想政治教育模式，发挥情感在思想政治教育传播中的激励、驱动和感染作用，不断拓展思想政治教育情理交融

---

① 孙晓琳、庞立生：《思想政治教育话语传播的本质规定、生活基础与叙事逻辑》，《思想教育研究》2022 年第 5 期。

② 毛延生、田野：《新时代思想政治教育话语效能提升的文化向度研究》，《理论导刊》2022 年第 10 期。

③ 陈坤、刘雨：《网络圈群视域下思想政治教育话语的破圈困境与路径选择》，《理论导刊》2022 年第 7 期。

④ 罗仲尤、刘玉立：《网络空间视域下思想政治教育话语创新探析》，《马克思主义理论学科研究》2022 年第 6 期。

⑤ 郎琦、杨芷英：《思想政治教育中的积极情绪情感及其正向作用》，《思想政治教育研究》2022 年第 4 期。

的渠道、实现情理交融功能的互补、形成情理交融的合力^①；还有学者提出，在筑牢当代青年中华民族共同体意识的教育传播中也要充分发挥情感认同的驱动作用，以实现民族情感由体验感知层面向认同领悟层面演进与升华^②。除上述有关话语传播与情感传播的研究成果以外，国风文化、红色音乐文化等内容的思想政治教育价值运用也受到不少学者关注。

（三）思想政治教育传播主客体及其关系建构研究

主客体是思想政治教育传播活动的具体实践者和参与者，在思想政治教育传播过程中发挥着不可替代的主导性作用。对主客体双方在传播实践当中的角色定位、行为方式及其关系建构展开研究，有助于科学合理地调配教育传播资源，实现传播效果的有效提升。梳理年度研究成果发现，围绕思想政治教育传播主客体的研究成果主要涉及传播主体的角色扮演与共同体建设、传播受众的需求对接以及传受双方的关系建构。

首先，人工智能塑造的全新思想政治教育传播生态加速了思想政治教育传播主体的角色嬗变，引发角色边界、角色困境、角色重塑等一系列新的问题。有学者提出，面对人工智能技术的存在与发展趋势，思想政治教育传播主体需重塑教育者角色，使人工智能为我所用，扮演好技术拥抱者、成长促进者和创新破局者的多重角色^③。同时，立足"大思政"发展格局，思想政治教育传播主体的共同体建设继续受到学界关注，有学者着眼高校思想政治教育实践，提出构建高校思想政治教育共同体的具体策略，包括联合行动、共享价值观、开放理念、建构对话平台、扩展生活、增进互信^④，为解决思想政治教育共同体内部的场域疏离问题提供了路径选择。

---

① 熊建生、周小斌：《思想政治教育情理交融论要》，《学校党建与思想教育》2022年第1期。
② 李慧玲、陈洪连：《以情感认同铸牢当代青年中华民族共同体意识》，《新视野》2022年第6期。
③ 管秀雪：《人工智能时代思想政治教育者角色探析》，《思想理论教育》2022年第1期。
④ 武永江：《高校思想政治教育共同体研究》，《学术探索》2022年第12期。

其次，网络传播的交互性促发传播受众主体意识觉醒，带来传播受众与传播者之间以及传播受众之间的互动沟通方式的变化。有学者关注大学生群体在虚拟空间场域的网络互动变化，深入分析了网络圈群化现象给高校思想政治教育带来的现实挑战并提出相应优化策略[①]；有学者从思考数字媒介及其传播实践对青年群体产生的具体影响入手，聚焦媒介化时代青年交往方式的变革，对"人设打造"的媒介逻辑和行动机制展开分析[②]；针对思想政治教育传播受众需求多样化、取向差异化的群体特征，有学者提出要充分利用大数据技术构建智联式的对象识别系统，智能型的内容供给系统、智通式的协同育人系统和智慧化的教育评价系统，推动分众思想政治教育高质量发展[③]。

（四）网络意识形态传播研究

习近平总书记指出："网络已是当前意识形态斗争的最前沿，网络意识形态安全风险问题值得高度重视，要坚决打赢网络意识形态斗争。"网络意识形态传播问题是伴随互联网技术的发展和应用兴起的研究领域，也是思想政治教育传播研究中的重要议题。

一年来，围绕网络意识形态传播又涌现出不少新的研究成果：有学者将网络意识形态风险总结为权力逻辑下的技术风险、精准推荐下的算法风险、数据迷失下的价值风险[④]；有学者关注网络技术对网络意识形态传播的影响，提出 5G 技术驱动下网络意识形态呈现出传播主体智能化、传播内容视频化、传播方式多维化、传播受众类型化的新特征，并导致网络主流网络意

① 玄铮：《大学生网络圈群化及高校网络思想政治教育研究》，《学校党建与思想教育》2022年第18期。

② 段俊吉：《打造"人设"：媒介化时代的青年交往方式变革》，《中国青年研究》2022年第4期。

③ 王威峰、金玲：《大数据时代分众思想政治教育的三重审视》，《重庆邮电大学学报（社会科学版）》2022年第6期。

④ 彭均：《祛魅与超越：新时代网络意识形态风险及其防范》，《理论导刊》2022年第1期。

识传播面临主导力、话语权、管控力和认同度式微的新风险 ①；有学者指出，网络技术革新、传播范式革命和现实传播问题的倒逼，使主流意识形态网络传播发生转向：传播主体的角色由生产者转向服务者，传播过程由集中式转向共享式 ②；有学者认为，网络空间塑造了高校价值引领的新场域，创设了价值引领的新样态，更凸显了价值引领的新向标，增强新时代高校网络空间价值引领必须掌握意识形态领导权，挖掘思想政治教育契合点，提高网络平台建设度，着力于政治引领、思想引领和舆论引领 ③。面对社会思想领域的相互激荡和深刻变化，必须加强和改进互联网时代社会思潮的治理，在网络信息监管、网络舆情处置、网络媒介素养提升、网络空间治理等方面加大工作力度 ④；还有学者对青年网民的"网络出征"现象进行分析指出，"网络出征"是网络思想政治教育实践的新形式，是网络亚文化增进爱国主义教育的新方式，也是网民自发开展的网络意识形态斗争的新形态 ⑤。

二、思想政治教育传播研究的特点与不足

随着学科交叉研究的不断推进与融合，思想政治教育传播研究已成为学科内最具研究潜力和发展活力的重要领域。2022 年度思想政治教育传播研究取得不少新进展，学术视野更加开阔，关注议题更加丰富，研究取向上也更加注重学术规范。把握年度研究的特点规律，找准不足之处，有助于从整体上把握研究发展趋势，对深入推进思想政治教育传播研究具有重要意义。

---

① 谢俊：《5G 驱动下网络意识形态传播的新特征、新风险及应对策略》，《探索》2022 年第 6 期。

② 王永友、罗玉芝：《智能化背景下主流意识形态网络传播的转向》，《学校党建与思想教育》2022 年第 3 期。

③ 李海涛：《增强高校网络空间价值引领的三维探析》，《学校党建与思想教育》2022 年第 4 期。

④ 刘迪翔、彭庆红：《互联网时代社会思潮的生成及其治理》，《学校党建与思想教育》2022 年第 7 期。

⑤ 冯宝晶、赵春丽：《思想政治教育视域中青年网民"网络出征"现象探析》，《思想政治教育研究》2022 年第 4 期。

（一）思想政治教育传播研究的基本特点

2022年度思想政治教育传播研究的相关成果呈现出以下几点明显特征。第一，网络传播是当前思想政治教育传播研究中的热点领域。网络传播作为一种全新的现代化传播方式，有着与传统传播方式截然不同的新特征，网络传播的虚拟性、开放性、交互性和全球性及其在思想政治教育领域的运用，不仅推动了思想政治教育手段、教育观念和教育方式的现代化，也给思想政治教育及其传播带来传播者、传播受众和传播效果等方面的全方位变化。梳理已有研究成果不难发现，网络传播是当前思想政治教育传播研究中当仁不让的热点领域。对思想政治教育传播实践中诸多现象与规律的探究，大多立足网络传播的社会现实，是对新的传播环境下思想政治教育如何适应时代变化、不断提升实效性的科学探求。已有研究紧密追踪网络传播环境下思想政治教育传播实践呈现出的新特点与新样态，对新的网络传播现象、网络互动规律及时予以关注和分析，与网络思想政治教育研究形成了良好互动与补充。

第二，实效性与针对性是思想政治教育传播研究的重要关切。对传播效果的关注一直是传播研究的既有传统，也是传播学研究中的重要领域。思想政治教育传播研究聚焦思想政治教育传播实践中的各类传播问题，关注不同传播要素在传播教育实践中的功能发挥，最终落脚于对传播效果的评价、分析与提升。网络传播的普及深入革新了思想政治教育的时空场域，改变了教育对象的角色地位，带来信息触达受阻、教育供需错位、意识形态风险增大等现实困境，使思想政治教育的功能发挥受到明显钳制。纵观思想政治教育传播研究的已有成果，挑战应对、策略优化、"破圈"路径、实践策略、有效性探析等议题勾画出传播研究的基本概貌和重要关切，也凸显出思想政治教育学科研究的应用性特征。

第三，人工智能、算法推荐等技术应用成为关注焦点。媒介技术的演进创新往往"牵一发而动全身"，对思想政治教育传播带来的影响效果持续且深远。网络媒介技术与思想政治教育的融合创新一直是思想政治教育传播研究的热点领域，人工智能、算法推荐、大数据等媒介技术应用凭借强大的技术赋能引发学界广泛关注，成为思政传播研究的焦点议题。一方面，学界关注上述媒介传播技术引入给思想政治教育带来的环境变化，如信息茧房、网络圈群化、平台媒介沉浸，围绕其对思想政治教育造成的负面困境提出有针对性的破解策略；另一方面，又对传播技术赋能思想政治教育寄予一定期待，围绕智能媒介的思想政治教育功能发挥、智能媒体在思政课教学中的应用、场景化传播驱动思想政治教育创新展开研究，体现出较强的研究敏锐性和自觉性。

（二）思想政治教育传播研究的主要不足

总体而言，思想政治教育传播研究从整体上呈现出逐渐聚焦和持续发展的良好态势，但受限于主客观条件制约，还存在一些局限和不足。第一，思想政治教育传播基础理论研究有待加强。当前，学界围绕思想政治教育传播实践的研究主要遵循问题导向的研究思路，研究成果以应用型研究为主，旨在解决传播教育实践中面临的新问题、新挑战，为思想政治教育工作的有效开展提供思路指导与策略建议。然而，对策性研究的思路也带来明显的负面效果，即对思想政治教育传播缺乏宏观审思，对思想政治教育传播研究的功能定位、研究对象、研究方法等缺乏基于整体的顶层设计和把握，换句话说，基础理论研究明显滞后、凸显不足。思想政治教育传播研究虽已正式起步，研究成果不断涌现，但围绕这一新的研究命题学界缺乏具有共识性的理论探讨。很多学者对于思想政治教育传播的研究，不是遵循思想政治教育学科研究的范式和话语体系，就是直接借用传播学的理论和话语，并没有实现二者间深入、有效地结合。思想政治教育传播研究要想获得持续性发展，必须尽快补齐短板，加强基础理论创新，找准自身的角色定位。

第二，实证分析类研究凸显技术方法短板。总体而言，学界对思想政治教育传播实践中新的网络传播现象能够及时予以关注，并运用描述、归纳、阐释等质性研究方法进行分析总结，但对传播现象背后的传播路径和传播机制还缺乏深入、必要的实证性研究。当前，对思想政治教育传播实践的探讨主要以现象描述和经验总结为主，借助传播学的研究视角，围绕传播主体、传播内容、传播载体、传播受众和传播效果展开，重在描述、分析思想政治教育传播面临的新的环境场域，思想政治教育主客体及其互动关系的发展演变，但对内存其中的传播机理缺乏基于具体数据和案例的实证分析。从已有研究成果来看，实证分析类研究多采取问卷调查、个案分析的研究方法，在样本数据的完整性、数据分析的准确性方面都凸显不足，无法对当前思想政治教育传播领域的复杂现象给出有力解释。因此，思想政治教育传播研究的实证分析还应在科学性和规范性上有所加强，如增加对采集数据的信效度检验、关联性分析，尝试针对具体传播现象和问题提出研究假设并予以检验等，这些科学研究方法的引入，将有助于增进思想政治教育传播效果的科学化认知，补充以往经验主义研究的不足。

三、思想政治教育传播研究展望

总体而言，尽管囿于起步较晚、研究积累不够深厚、研究主题离散多样等原因，思想政治教育传播研究的发展仍然保持稳中有进的态势，具有广阔的发展空间。展望未来研究发展愿景，深化学科交叉融合、强化基础理论研究与创新、坚持问题导向、重视人内传播将成为思想政治教育传播研究的主要着力点。

（一）继续深化学科交叉融合

学科交叉融合是大势所趋，鼓励和推动各学科间相互借鉴融合，开展联合攻关以解决复杂问题早已成为学界共识。思想政治教育的传播实践包罗万象，大到社会系统的协调运转，小到个体认知的形成发展，都可纳入思想政治教育传播研究的领域和范畴。因此，人文社会科学的诸多学科都能够为描述、解释、研究这一特殊活动提供理论、方法和话语资源。思想政治教育传播研究要广泛借鉴和应用多学科理论、知识和方法，借助学科交叉融合来推动自身发展。例如，借鉴其他学科的研究视角，以更开放的视野、更多元的视角拓展思想政治教育传播研究领域；借用其他学科的研究范式，来启发和完善思想政治教育传播研究模式；借助其他学科的话语体系，来描述和解释思想政治教育传播面临的复杂问题和传播效果；等等。只有通过不同学科理论之间的相互借鉴、相互启发，以多学科研究视角和理论视野观照、审视、研究思想政治教育的传播实践，才能促使研究不断获得新的启发与学术生长点。

（二）强化基础理论研究与创新

随着研究队伍的不断壮大，研究议题的持续涌现，思想政治教育传播研究已成为思想政治教育学科中最具潜力的研究方向之一。然而，囿于研究起步较晚、研究人员学科背景分散等多方面客观原因，思想政治教育传播的基础理论研究仍然十分薄弱，研究对象交叉模糊、研究范围界定不清、概念称谓随意混淆等现象突出，同质性研究、重复性研究多有存在，致使研究领域分散，系统性不强，难以取得突破性进展。思想政治教育传播研究要获得全面、持久性地发展，必须加快理论研究和创新的步伐，对思想政治教育传播规律和传播现象做出基于学科特色的总结概括，为思想政治教育基础理论创新提供知识增量和事实依据。未来，思想政治教育传播研究需继续借助传播学的理论方法对传统思想政治教育理论视域进行必要的拓展和补充，进一步开阔研究视野，对思想政治教育的人内传播、人际传播、群体传播和大众传播进行有针对性地研究，通过细化传播类型、区分传播方式、细分传播受众等方法搭建起思想政治教育传播研究的理论框架。同时，围绕思想政治教育传播的功能、类型、要素、动力机制等问题的探索，或可以为研究的深入开展搭建起初步的理论框架，带动基础理论的建立与完善，为思想政治教育传播研究的深入开展奠定基础。

（三）坚持研究问题导向

网络信息社会的高速急变状态使得思想政治教育的传播实践变动不居，与此同时，思想政治教育的实效性问题始终是思想政治教育面临的首要问题。随着互联网技术与应用的不断迭代，思想政治教育面临的传播环境将不断被塑造与更新，思想政治教育对象的思维方式、行为特征、信息接收习惯也会发生相应改变，由此引发思想政治教育传播各要素、各环节的系列连锁反应，诱发新的传播现象与规律。可以预见，在未来一段时间内，思想政治教育传播研究仍然会承袭当前的研究特征，坚持问题导向，着眼现实困境，致力于思想政治教育传播的实效性提升。作为信息时代背景下思想政治教育学科发展的新领域，思想政治教育传播研究者对新技术革命和人类生存发展方式的变革必须保持持续追踪和把握的状态，并透过高度复杂且动态的传播现象把握其内在基础性、根本性、稳定性的本质。

（四）重视思想政治教育"人内传播"

"人内传播"，也叫内向传播，是存在于人的内部的思维活动，是个人同自我的内心交流，包含人的思维习惯、心理需求等内容。思想政治教育归根结底是做人的工作，要对人的思想观念、价值判断乃至现实行为产生影响和发生作用，思想政治教育传播同样要贯彻"以人为本"的教育理念，确认传播对象的主体性地位。由此，思想政治教育传播研究不仅要关注外在于人的信息传播路径及规律，还要关注信息的人内传播，即个体系统内的信息传播，这就涉及个体思想品德的形成和发展规律、个体价值的发掘、思想政治教育传播的"内化于心、外化于行"等内容，换句话说，多样化的传播载体、多元化的传播路径，海量丰富的传播内容，最终都要落脚到人以及人的全面发展这一最终指向上。因此，思想政治教育传播研究要将传播受众的动机、需求、习惯、个人发展、利益诉求等纳入研究视域，积极借鉴传播学中有关受众分析的理论如"个体差异论""使用与满足理论""选择性定律"等，进一步丰富思想政治教育传播的研究内容。

第十九章　大学生心理健康教育研究

党的二十大绘制了全面建设社会主义现代化国家的宏伟蓝图，全面建设社会主义现代化国家新征程迈出坚实步伐。一年来，学界聚焦新时代大学生心理健康教育格局、体系、内容、路径等方面开展了卓有成效的探索，呈现出鲜明的年度研究特征。梳理 2022 年度大学生心理健康教育主要成果，总结把握年度研究特征并探索研究展望，对于我们把准大学生心理健康教育的工作重点，提升工作实效有着重要意义。

一、大学生心理健康教育研究的年度进展

通过中国学术期刊网等平台，以"大学生心理健康""高校心理健康教育"等主题词对本年度相关文献进行检索，共检索论文 3000 余篇，其中期刊论文 2200 余篇，学位论文 600 余篇，各类会议论文 200 余篇。研究成果丰硕，研究视域宽广，研究内容主要体现在以下几个方面。

（一）大学生心理健康教育导向研究

本年度研究者们从不同方面深入探讨了新时代大学生心理健康教育的导向问题，研究成果主要体现在心理健康教育积极导向、心理健康教育精准导向和心理健康教育融合导向三个方面。

一是心理健康教育积极导向。积极取向的心理健康教育在高校得到普遍认同，学校更加关注大学生的积极心理品质和积极心理状态，集中体现在对

大学生幸福感等问题的研究。有研究者提出，近年来，全社会对幸福感的追求、心理健康的关注度都在持续升温，人们越来越意识到心理健康是人的全面发展的必然要求，是人类快乐、幸福且体面、有尊严生活的基础，幸福感是心理健康的本质特征和核心所在。[①] 有研究者发现，人际信任可以正向预测大学生的主观幸福感，人际信任水平越高，主观幸福感就越好。[②] 还有研究者提出，积极心理学更新了大学生心理健康教育的目标，丰富了心理健康教育的内容，促进了心理健康教育中师生关系的和谐，有利于和谐校园的构建。大学生心理健康教育应选择丰富的教育内容，采用多样化的教育途径，发挥大学生的主观能动性，建立全面的社会支持系统。[③]

二是心理健康教育精准导向。有研究者提出，高校要对大学生心理健康实施动态监测，进行精准干预。疫情使得大学生的心理健康需求不断增强，因此迫切需要对大学生心理健康状态进行客观的动态监测，掌握全校学生的心理健康状况，对大学生心理健康状态实施准确分级，及时预警，对不同级别的心理健康状况施行个性化精准干预，确保大学生能够得到及时、高质量的心理健康服务，确保其成长成才。[④] 有研究者针对大学生常见的心理问题提出"精准护航"策略，认为需坚持问题具体化、方法多样化和管控多级化的原则，做好心理问题的筛查与分级管理，开展多种形式的心理健康服务，对重点人群进行多级化管控。[⑤]

三是心理健康教育融合导向。有研究者提出要坚持育心与育德相结合，中国高校心理健康教育要在借鉴西方高校经验的基础上，立足我国国情和本土文化，坚持以人为本，培育具有责任担当、完善人格和健康心理的时代新

① 俞国良：《心理健康的新诠释：幸福感视角》，《北京师范大学学报（社会科学版）》2022年第1期。
② 马建青、黄雪雯：《大学生人际信任与主观幸福感的关系：亲社会行为与攻击行为的中介作用》，《应用心理学》2022年第1期。
③ 刘明娟：《积极心理学对大学生心理健康教育的启示》，《教育理论与实践》2022年第21期。
④ 游旭群：《高校以心育人的精准策略》，《中国高等教育》2022年第10期。
⑤ 周广东、白学军：《疫情期间如何精准护航大学生心理健康》，《中国高等教育》2022年第10期。

人。① 还有研究者提出，要加强各生态环境的共建共育。在心理健康教育过程中，只有既着眼于学生个体，又放眼于学生成长的各种生态环境因素，家庭、学校、社会、医疗等多方携手合作，致力于各种生态环境因素的共建共育，并将促进个体心理成长与改变（或协调）外界环境有机结合，二者相互调适，才能收获更好的成效。②

（二）大学生心理健康教育机制研究

全国高校思想政治工作会议召开以来，学者们对大学生心理健康教育机制的探讨持续升温且日渐深入。本年度研究者们围绕大学生心理健康机制的守正创新，进行了卓有成效的探索。有研究者提出应不断建设完善心理健康教育体制机制，加强顶层设计和系统布局，强化示范引领和研究推动，促进高校心理健康教育工作规范有序发展。加强对大学生心理健康教育工作的组织领导，推动工作原则、目标、内容、途径、实施、评估等内容进一步科学化、规范化和制度化，促进心理健康教育系统化改革发展。同时还指出，构建学生心理健康教育合作共同体，形成共同体联动机制。心理健康教育是一项系统的育人工程，需要学校、家庭、社会多方合力，优化学生成长环境，形成联动效应。发挥学校在学生和家庭、社会之间的桥梁作用，加强家、校、社、医协同，打造学校为"主"，家、社为"助"，医院为"帮"的联动机制。③ 有研究者提出，在深入推进"三全育人"综合改革背景下，高校心理育人应树立"以学生为中心"的教育理念，从培育时代新人高度，守正创新、精准发力，通过心理健康教育课程建设新拓展、心理问题发现机制新构筑和心理问题处置机制新擘画等举措，健全高校心理育人机制，提高心理育

---

① 李焰、朱丽雅、王瑞、杨笑蕾：《育德与育心结合导向下高校心理健康教育的创新发展》，《教育发展研究》2022 年第 10 期。

② 桑标：《新时代学校心理健康教育应把握的四个特性》，《教育发展研究》2022 年第 10 期。

③ 王卫权：《高校心理健康教育系统性建设的问题与对策》，《中国高等教育》2022 年第 10 期。

人质量。[①]

（三）大学生心理健康教育课程研究

心理健康课堂教学在大学生心理健康教育工作中发挥着主渠道作用，一直备受学界关注。从 2011 年教育部办公厅印发的《普通高等学校学生心理健康教育课程教学基本要求》到 2018 年的《高等学校学生心理健康教育指导纲要》，再到 2021 年印发的《关于加强学生心理健康管理工作的通知》，国家对大学生心理健康课程的目标、内容和方法等问题，做出了清晰而明确的规定。2022 年 4 月，中国心理卫生协会大学生心理咨询专委会主办"新思路，新探索：首届大学生心理健康教育课程建设论坛"，汇集全国各地高校心理健康教育的专家学者，围绕大学生心理健康教育课程建设进行了探索和成果分享。与会专家提出，要开好心理健康必修课，覆盖全体学生；要努力实现学生心理素质的全面提高；要有自信，发挥自身的特色与优势，让更多学生拥有更好的心理素质，为人才培养作出更大贡献。

本年度研究者们围绕心理健康教育课程模式、教学方法、教学满意度等问题进行深入探究。有研究者通过问卷调查，探讨新冠疫情防控常态化背景下，"线上线下融合 + 课内课外互补"混合式教学模式下心理健康课的学生满意度。研究发现，影响混合式教学模式心理健康课满意度的最大变量是教师教学水平，其次是课程设置和学生。提出通过提高教师教学水平、优化课程设置、激发学生学习动机等策略，以提升学生对混合式教学模式的满意度。[②]有研究者探索艺术与心理相结合的内在逻辑与适用性，开设"表达性艺术治疗团体辅导"系列课程，发现该课程对于大学生的情绪调节、自我修复与成长等产生了较为显著的作用，提出可将表达性艺术治疗融入大学生心理健康

---

① 许继亮：《高校建立健全心理育人机制论析》，《思想理论教育》2022 年第 12 期。

② 郭洪芹、罗德明：《高校心理健康课混合式教学满意度实证研究》，《思想政治教育研究》2022 年第 3 期。

教育，包括成为课程常规方式、开展团体辅导、增加艺术欣赏内容等，为合力提升大学生的心理素养水平提供可借鉴和推广的新路径。[①]

（四）大学生心理健康教育队伍研究

从《高等学校学生心理健康教育指导纲要》（教党〔2018〕41 号）提出"各高校要建设一支以专职教师为骨干、以兼职教师为补充，专兼结合、专业互补、相对稳定、素质良好的心理健康教育师资队伍"，到《关于加强学生心理健康管理工作的通知》（教思政厅函〔2021〕10 号）强调要配齐建强骨干队伍。关于大学生心理健康教育队伍建设的研究是学界持续关注探索的热点。

本年度研究者们围绕心理健康教育队伍发展建设等问题展开了深入讨论。有学者提出，心理育人队伍的数量与质量，决定着高校心理健康教育工作的水平。要拓展选拔视野，抓好教育培训，强化实践锻炼，健全激励机制，保证这支队伍后继有人、源源不断。建设数量充足，质量过硬的心理健康教师队伍，需要学校将心理健康教育纳入学校改革发展整体规划，纳入人才培养体系、思想政治工作体系和督导评估指标体系。充分发挥这支队伍的专业优势，使心理健康教师工作有条件、干事有平台、待遇有保障、发展有空间，整体素质稳步提升。[②]有学者提出，新时期高校心理育人工作面临新形势和新问题。要推进校级心理育人工作队伍专兼职并行，在配备专职心理育人工作队伍的同时，引导有心理学专业背景的专业教师、学工干部参与大学生心理育人工作。要加强院系心理育人工作队伍建设。建立院系心理辅导站建设，把院系心理辅导员、朋辈心理咨询员、班级心理委员、宿舍心理信息员的心理育人优势充分发挥出来。要充分发挥辅导员、班级心理委员、专

---

① 陈嘉婕、王卓凯、孟硕：《表达性艺术治疗用于大学生心理健康教育课程探究》，《北京教育（德育）》2022 年第 1 期。

② 马喜亭、冯蓉：《建强高校心理育人队伍 扎实推进"三全育人"》，《中国高等教育》2022 年第 10 期。

业课教师、学生家长、校内其他育人工作者等在内的"全员育人"工作队伍合力，落实各层级工作队伍的职责，建立体制机制，实现心理育人效果质量提升。①

（五）大学生心理健康教育资源研究

　　面对大学生心理压力与各类常见心理问题，越来越多的研究者倾向从资源取向探讨解决对策。有学者介绍美国支持研究生心理健康的举措，面对研究生群体的心理压力，美国诸多高校制定具有校本特色的实践行动策略，用于提升研究生的心理健康与幸福感。这些举措包括倡议研究生院联合行动；强化系统服务制度供给，整合校园内各部门资源；构建跨学科指导关系网，修订研究生课程类项目；重视研究生主体性作用，鼓励相关群体共同参与等。其中，有特色的做法是勒冈大学的"量身定制心理健康和幸福感项目"，强调针对不同研究生群体的需求量身定制心理健康和幸福感项目，以确保有不同需求和背景的学生都能够公平地获得校园服务与支持。② 有学者介绍英国从多方面保障大学生心理健康的做法，包括政府部门、高校监管机构、卫生部门、专业组织及高校通力协作，形成完善的学校外部支持体系。高校内部发展出成熟的学生心理健康保障策略：将学生作为设计和实施高校心理健康战略的核心、将高校整体打造为心理健康社区、将同伴支持作为学生心理健康保障的战略手段、将心理健康教育嵌入学生专业课程学习中。着眼于数字化保障，探索数字化技术在学生心理状态数据收集、心理问题预警、心理疾病诊疗、心理健康知识与高校保障经验传播等方面的应用。③

---

　　① 丁闽江：《"全员育人"视角下的心理育人工作队伍建设研究》，《北京教育（德育）》2022 年第 6 期。

　　② 叶晓力、蔡敬民、徐培鑫：《美国如何支持研究生心理健康与幸福感？——基于 CGS 最佳实践的分析》，《研究生教育研究》2022 年 5 期。

　　③ 冯磊：《英国如何保障高校学生心理健康：校外支持、校内策略及数字化探索》，《中国高教研究》2022 年第 7 期。

（六）大学生心理危机防控干预研究

大学生心理危机防控干预一直是高校心理健康教育工作的重要议题。本年度，诸多研究者围绕大学生心理危机的影响因素、干预举措进行了深入探讨。有研究者通过对近 10 年我国大学生心理健康问题检出率及影响因素进行元分析，发现睡眠问题、抑郁、自我伤害在大学生中较为突出。为更清楚、全面地展现我国大学生心理状况，完善大学生心理健康教育相关政策，提供了有益借鉴。[①]有研究者通过对有心理危机经历的研究生进行深度访谈，探究心理危机产生的原因以及应对心理危机的过程。研究发现，引发心理危机的表层源头集中在人际、学业、环境和身心四个方面，而深层原因在于研究生在客观环境与个人性格、本身状况和期望发生冲突时无法快速调节矛盾。通过分析应对心理危机的经验，总结出研究生在不同阶段走出危机的可行性办法。[②]还有研究者针对当前环境下大学生心理危机干预的内涵特点、面临的问题以及高校心理危机管理工作现状进行分析，从"体系""技术""赋能"三个方面提出了高校心理危机干预工作的重要思路，提出建立科学、有效的高校心理危机干预体系，解决当前大学生面临的心理问题困境的具体对策。[③]

二、大学生心理健康教育研究的年度特征

本年度大学生心理健康教育研究成果丰硕，呈现出明显的年度特征。相关研究聚焦守正创新，关注重点群体，重视育人实效，凸显协同联动，体现出研究者们对大学生心理健康理论和实际问题的深入思考。

---

① 陈雨濛、张亚利、俞国良：《2010—2020 中国内地大学生心理健康问题检出率的元分析》，《心理科学进展》2022 年第 5 期。

② 康琪琪、刘裕、余秀兰：《研究生心理危机从产生到化解的历程研究——基于有真实经历研究生的访谈》，《研究生教育研究》2022 年第 1 期。

③ 张驰、张东明：《高校大学生心理危机干预工作中的三个着力点探究》，《北京教育（德育）》2022 年第 9 期。

（一）研究聚焦守正创新

在中国共产党第二十次全国代表大会上，习近平总书记提出"六个必须坚持"，从世界观和方法论的高度深刻阐述了推进理论创新的科学方法。其中第三个是"必须坚持守正创新"。习近平总书记强调，"守正才能不迷失方向"，"创新才能把握时代、引领时代"，"紧跟时代步伐，顺应实践发展，以满腔热忱对待一切新生事物，不断拓展认识的广度和深度……以新的理论指导新的实践"。这种"守正创新"的方法论也体现在大学生心理健康教育的相关研究中。

大学生心理健康教育是个常议常新的研究课题。从回溯视角看，改革开放40多年来，大学生心理健康教育理念更加科学，制度日益完善，内容不断丰富，途径逐渐多样，队伍愈发壮大，形成了具有中国特色的心理健康教育体系。本年度研究成果中，含"新时代""创新"主题词或关键词的文献有200余篇。这些研究围绕大学生心理健康理念、机制、内容、路径、队伍、保障等方面不断深入探索。以大学生心理健康实施路径为例，研究者们在课堂教学、宣传活动、个体咨询、团体辅导等传统路径基础上，探索"组织新生参观心理咨询中心""心理班会""学院定制心理沙龙"等，提高心理健康教育的全覆盖，增强学生的获得感。一些研究者充分利用网络、新媒体优势，创新传播渠道，传播自尊自信、乐观向上的现代文明理念和心理健康意识，宣传心理健康知识，倡导健康生活方式，提高心理保健能力。

（二）研究关注重点群体

随着高校心理健康教育理念的不断革新，越来越多的研究者认识到，要善于把握规律，关注重点学生群体心理需求，有的放矢开展工作。本年度，研究生群体是学界尤为关注的群体，相关主题论文300余篇，约占所检索论文总数的10%。研究生群体如何纾解压力、如何寻求心理支持是学者们探讨的焦点。有研究者通过对博士生心理求助行为的研究发现，博士生整体心理求助率不高，部分博士生存在求助的"沉默者困境"，导学关系失衡、有被霸凌和歧视经历的人际关系弱势群体博士生对心理求助的需求更大。研究提出，培养单位应营造心理支持的整体氛围、开展针对性的心理疏导工作、构筑心理健康的人际支持网络、完善培养支持体系，从而为博士生心理压力的纾解提供良好的制度空间。[①] 有研究者结合大数据分析研究生心理支持的获取途径、内容、特点及群体差异，发现研究生心理支持的获取途径依次为"自我支持""他人支持"和"环境支持"，其中"他人支持"中最重要的是朋辈与导师；"网络互动"是研究生心理支持获取的主流方式。研究建议高校多开展以提升研究生心理素养、促进成长发展为目标的多形式的心理服务，将心理健康教育工作与日常育人工作紧密结合，让更多研究生参与和受益。[②]

（三）研究重视育人实效

本年度研究呈现出鲜明的"务实"风格，无论是理论分析还是实践探索，普遍重视心理健康举措的实效性。以大学生心理健康课程研究为例，研究者们从课程内容、教学模式、评价方式等方面探究学生在课程中的收获，即课程在帮助学生适应环境，积极应对各种挑战，促进个体发展，提升心理素质等方面的实际效果。许多研究探索案例分析、课堂讨论、情境展示和艺术体验等形式，贴近学生的实际问题，帮助大学生解决发展过程中面临的实际困难，通过案例教学、体验活动、行为训练等多种形式来提高课堂教学效果。再以心理健康辅导活动为例，许多研究者不断尝试拓展多样化的活动形式，如心理电影沙龙、彩绘曼陀罗、读书沙龙等，以解决实际问题为导向，针对不同学生群体的需求，研究制订不同类型的团体辅导计划和实施方案，

---

① 张娟、赵祥辉：《象牙塔尖的压力与纾解：何以推动博士生心理求助？——基于 2019 年 Nature 全球博士生调查的实证分析》，《研究生教育研究》2022 年第 5 期。

② 邓丽芳、谷雨、许金文：《新时代研究生心理支持获取现状的大数据分析与启示》，《国家教育行政学院学报》2022 年第 11 期。

帮助学生解决不同类型的心理问题。有研究发现，通过舞蹈治疗联合音乐治疗的干预模式对高校大学生因精神压力大而产生的焦虑、抑郁、睡眠障碍和人际关系敏感等问题改善及自我效能感的提升均有显著效果。[①]研究者们提出，学校要不断探索有精度、有温度的学生发展需求感知平台，让不同特点、不同类型的学生都能拥有"量身定制"的心理辅导，让不同期待、不同诉求的学生都能感知心理育人的春风化雨、润物无声，不断丰富学生的心理体验，增强心理健康教育吸引力和感染力。

（四）研究凸显协同联动

在"三全育人"视域下，本年度研究更加凸显对协同联动心理育人的重视。一方面是校院两级协同联动。院系是高校学生的学习、生活、成长、发展的重要场域，是大学生心理健康教育的必要场所。有研究者提出在院系创建心理健康教育空间，为辅导员、班主任、导师与学生开展面对面谈心谈话提供专用场地，开展个性化引导和定制式帮扶。有研究者探索在院系设立心理健康辅导教师，传递心理工作实践经验，对学生进行精准有效的干预、帮扶和关心关爱。另一方面是校社间的协同联动。有研究者建议学校要加强与家庭、医院及其他社会机构的协同，提升全程育人的深度与温度。可通过家长沙龙、家长手册、一对一家校干预小组等举措，帮助家长了解孩子所处年龄段的心理特点和规律，防止因家庭矛盾或教育方式不当造成孩子心理问题。充分发挥家庭在学生心理危机识别、评估、通报、处理中的作用。加强学校与医疗机构的联合，学校可聘请精神科医生到校值班坐诊，畅通心理危机和精神障碍学生医疗转介通道。特别是在学生入学、毕业、就业、考试前后等关键时期，通过校社协同联动，多措并举引导学生正确面对压力挫折，提升关注自我心理健康的意识和能力。

---

① 毛琦、沃尔夫冈·马斯特纳克、余倩：《舞蹈治疗联合音乐治疗改善高校大学生心境障碍的干预研究——一种多样联合表达疗法的模式建立与疗效初探》，《北京舞蹈学院学报》2022年第4期。

三、大学生心理健康教育研究的展望

在总结梳理本年度大学生心理健康教育研究成果，把握年度研究特征的基础上，我们对大学生心理健康教育研究趋势予以展望，为后续理论研究和实践探索提供参考。

（一）心理育人体系研究热度不减

2017 年 12 月，教育部发布《高校思想政治工作质量提升工程实施纲要》，提出深入构建教育教学、实践活动、咨询服务、预防干预、平台保障"五位一体"心理健康教育工作格局。2018 年 7 月，教育部党组印发《高等学校学生心理健康教育指导纲要》，提出涵盖知识教育、宣传活动、咨询服务和预防干预的大学生心理健康教育工作体系。2021 年 7 月，教育部办公厅印发《关于加强学生心理健康管理工作的通知》，提出加强源头管理、过程管理、结果管理和保障管理的心理育人工作框架，为大学生心理健康教育工作的开展提供重要遵循。近年来，全员全过程全方位育人理念在大学生心理健康教育领域得到持续渗透，学界对心理育人体系的探讨始终保持较高热度。2022 年 5 月，《中国高等教育》《教育发展研究》等期刊在"5.25 全国大学生心理健康日"来临之际，推出"大学生心理健康教育"专栏，约请高校管理者与专家学者撰文，共同探讨高校学生心理健康教育工作如何高质量发展。专栏论文中，多位学者将视线聚焦心理育人体系机制创新发展。有研究者重视顶层设计，提出构建中国特色的高校心理健康教育体系，从宏观和微观层面深化对心理育人价值导向的认识。要搞懂弄通心理健康教育的对象和目的是什么，应如何认识心理健康教育的价值。有研究者重视策略应对，认为大学生心理发展尚未成熟，压力应对资源缺乏，应对策略尚不够完善，更容易出现情绪困扰、动机消减、人际矛盾、悲观绝望等心理健康问题，给高校心理健康工作带来了巨大挑战。高校应因校制宜，既聚焦于现在，也着眼于未来，

制定合理引导策略，开创高校以心育人工作新局面，全面落实立德树人根本任务。有研究者重视危机干预体系构建，提出要以学生心理健康安全为落脚点，倡导"每个人是自己心理健康第一责任人"的理念，引导学生在日常生活中有意识地营造积极心态，预防不良心态，学会调适情绪困扰与心理压力，把解决思想问题、心理问题与解决实际问题结合起来，在关心呵护和暖心帮扶中开展教育引导，提出加强培训，形成"层层防守"的危机干预常态模式，有效预防心理危机事件的发生。随着理论和实践探索的深入，相信后续研究会不断涌现新理念、新模式、新路径，推动大学生心理健康教育体系日臻完善。

（二）心理育人队伍研究持续升温

高校心理育人队伍是大学生心理健康教育的组织者、实施者、协调者和联结者，是高校落实推进心理健康教育工作的纽带。心理育人队伍各类成员的工作内容各有侧重，工作方法也存在差异。近年来，学界关于大学生心理育人队伍的探索不断深入，越来越多的研究者提出要通过专兼结合增强育人力量。专职心理健康教师是学校心理育人队伍的主力军。《高等学校学生心理健康教育指导纲要》强调，要保证心理健康教育专职教师每年接受不低于40学时的专业培训，或参加至少2次省级以上主管部门及二级以上心理学专业学术团体召开的学术会议。研究者们建议，要将心理健康教育师资队伍纳入高校思想政治工作队伍管理，落实好职务（职称）评聘工作，使心理健康教师工作有条件、干事有平台、待遇有保障、发展有空间，保障队伍整体素质稳步提升。高校辅导员、研究生导师、学生朋辈是大学生心理教育队伍的重要补充。要充分调动各支队伍的积极性，通过压实责任引导各支队伍形成协同合力，明确辅导员队伍心理育人责任，不断提升辅导员心理育人胜任力，通过谈心谈话、开展活动、走访宿舍等举措，及时准确感知学生思想动态和心理状态。提升研究生导师队伍心理育人意识，研究生导师不仅要"导学"，也要"导心"。研究者们建议明确研究生导师的心理育人责任，建立导师与研究生谈心谈话制度。此外，重视发挥学生朋辈队伍心理育人能量，鼓励学生班干部、党团干部、宿舍长等朋辈队伍组织开展个性化心理健康教育活动，引导学生通过自我教育、自我管理、自我服务，化解成长困惑，提升心理素质。如何增强专职心理健康教育队伍胜任力，畅通队伍发展空间；如何增强兼职队伍的专业性和稳定性，提升工作效能。这些问题都有待研究者后期持续深入探索。

（三）"五育并举"成心理育人新热点

2018 年 9 月，习近平总书记在全国教育大会上提出，要培养德智体美劳全面发展的社会主义建设者和接班人。在深入贯彻习近平总书记重要讲话精神过程中，"五育并举"是加快推进教育现代化、建设教育强国、办好人民满意的教育的重要指导理念，是落实立德树人根本任务的重要举措，是深化教育改革创新的基本遵循。2021 年 8 月，教育部等五部门印发了《关于全面加强和改进新时代学校卫生与健康教育工作的意见》，提出要强化学生的心理健康教育，培养学生积极的心理品质，维护心理健康。有学者提出，已有研究证实体育、艺术活动对心理健康具有积极的促进作用，有助于缓解或消除抑郁、焦虑、敌对、恐惧、缺乏自信、缺乏沟通能力、人际关系敏感等心理健康问题。学校应当开展社交性强的体育运动，开设丰富的艺术欣赏课程并开展符合学生特点的体验性活动，以改善学生的心理健康问题，提高学生心理素质。[1] 有研究者提出，德育与心育融合，能够让学生将德育知识真正内化，在思想上发生改变，在行动中自觉体现。[2] 有研究者提出，加强心理健康

---

[1] 张建新：《关于〈教育部等五部门关于全面加强和改进新时代学校卫生与健康教育工作的意见〉的专家解读促进学生心理健康的三大抓手——体育、艺术和游戏活动》，《现代预防医学》2022 年第 6 期。

[2] 张曼、王瑞峰：《"五育并举"育人模式探索及实践——评〈五育并举　立德育心〉》，《中国教育学刊》2022 年第 12 期。

教育与全面发展培养体系的融合，必须厘清心理健康教育与德智体美劳"五育"关系。德育是心理健康教育的价值导向，智育是心理健康教育的前提条件，体育是心理健康教育的体质基础，美育是心理健康教育的基本内涵，劳动教育是心理健康教育的重要途径。无论是哪种形式的教育，都是按照教育规律对人心理层面以道德、认知、情感、意志等组成的内在系统的发展、维持和修护。心理健康教育与"五育"重拳齐发、双向建构，是铸造新时代大格局教育，实施教育创新的一种重要探索和有益尝试。① 越来越多的研究者认识到美育、体育以及劳动教育对大学生心理健康的促进作用。不断挖掘德育、智育、美育、体育、劳育的心理育人要素，探索"五育"对促进学生心理健康发展的深层机制及现实路径，将成为学界今后一段时期持续深入研究的热点问题。

---

① 俞国良、靳娟娟：《心理健康教育与"五育"关系探析》，《教育研究》2022 年第 1 期。

第二十章　大学生社区建设育人研究

大学生社区作为高等教育体制机制的革新以及后勤社会化发展的产物，不仅是学生学习生活的重要场域，更是学生成长发展的第二课堂。2019 年 10 月，教育部全面启动"一站式"学生社区综合管理模式建设试点。2020 年 4 月，教育部等八部门《关于加快构建高校思想政治工作体系的意见》（教思政〔2020〕1 号）提出"推动'一站式'学生社区建设"。教育部在 2022 年的工作要点中明确提出"推进'一站式'学生社区综合管理模式，实现对 1000 所左右高校有效覆盖"。近年来，越来越多的高校立足大学生社区，深化人才培养模式的创新探索，特别是伴随"一站式"学生社区试点高校范围不断扩大，大学生社区建设与育人逐步成为国内教育教学改革关注的焦点。

大学生社区建设有效促进了大学生社区育人理论研究与实践探索的快速发展。2022 年度，学界围绕大学生社区建设育人进行了总结和研究，并形成较为丰富的研究成果。梳理相关研究成果，把握其中蕴含的育人规律与研究特点，展望未来研究发展趋势，有助于深化大学生社区育人研究的认识，拓展研究视野，更好地落实立德树人根本任务，为中华民族伟大复兴培养担当民族复兴大任的时代新人。

一、大学生社区建设育人研究成果呈现出鲜明时代特征

理论的生命力在于创新。2022 年度研究遵循立德树人内在规律，紧扣社区育人研究的理论与实践。研究成果主要围绕社区育人体系构建、社区党

建、社区"五育并举"路径、社区与书院制建设关系等方面。学者们坚持问题意识与实践导向，在理论与实践的融合中对社区育人开展了丰富探讨，呈现出鲜明的时代特征。

（一）注重价值引领，探寻一站式社区育人体系的构建

近年来，高校着眼于打通育人"最后一公里"，强化顶层设计，深入推进"一站式"学生社区建设，建立健全管理体系与运行机制，构建社区育人新格局，在社区育人方面取得了显著成效。为此，学者们聚焦"三全育人"的总要求，围绕完善社区管理机制、深化协同育人、加强队伍建设等方面展开研究。

围绕发挥学生社区育人功能，更好地服务于学生成长发展。有学者指出，要推动学生社区"一站式"综合管理模式创新，即以战略思维驱动功能多向拓展，以系统思维驱动育人机制创新，以共治思维驱动多元主体协同，以平台思维驱动服务供需匹配，以互联网思维驱动治理效能提升，从而形成共建、共享、共通、共融的新型师生共同体。[①]有学者深入分析"一站式"学生社区的内涵与实质，并从思想引领、道德培育、文化涵养、服务育人与促进学生全面发展角度对学生社区建设的育人功能进行了梳理，指出在"一站式"学生社区建设中要强化党的基层组织建设，彰显以人民为中心的价值要求，贯穿问题导向的治理方略，完善制度机制保障的持续动力，构建综合性质量评价标准。[②]

诚然，大学生社区育人还存在一些现实性问题。有学者从整体性治理视域角度出发，对社区育人理念、部门协同、资源配置上存在的碎片化问题进行反思，认为大学生社区育人应当体现整体性治理的中国特色，要整合育人

---

① 龙玉兰：《从生活空间到思政空间：高校学生社区党建实践探析——以"红色蒲公英"为例》，《高校后勤研究》2022年第5期。

② 李伟：《高校"一站式"学生社区建设的育人功能及实现路径》，《南华大学学报（社会科学版）》2022年第5期。

资源构建整体性治理机制，以技术赋能提升整体性治理的科学化水平，打造教师指导下学生充分自治的社区学生自治自管体系等举措，整体性推进高校"一站式"学生社区综合管理。① 有学者认为面对现实挑战，应当创新优化顶层设计，持续深化思想共识，切实践行"一线规则"，通过"组合拳"推动"一站式"社区高质量发展。②

（二）把握内在规律，探索大学生社区"五育并举"实践路径

习近平总书记强调，"全面发展中国特色社会主义教育的根本任务是要培养德智体美劳全面发展的社会主义建设者和接班人，归根结底就是立德树人。"③ 随着大学生社区的建设发展，社区不再是学生纯粹的生活场所，而成为学生思想碰撞、知识学习、能力提升的重要平台。高校唯有紧密结合新时代大学生的思想行为特点，以学生成长发展作为一切工作的出发点和落脚点，牢牢把握社区这一育人的有力阵地，创新方式和话语体系，强化"五育并举"，推动学生德智体美劳全面发展。

围绕如何强化社区思政教育，探索学生社区第二课堂的实践路径，学者们给出了策略建议。有学者从空间建构角度出发，认为"一站式"学生社区推动了"五育"的空间延伸，加强了第一课堂和第二课堂的协同性。提出要完善"五育并举"社区育人体系，将理论教育与实践养成相结合，显性教育与隐性教育相融合，让"五育"通过社区空间延伸、浸润，深化第一课堂和第二课堂的协同育人效果，使其成为学生成长发展的第二课堂平台。④ 有学

---

① 马成瑶：《整体性治理视域下推进高校"一站式"学生社区综合管理的思考》，《思想理论教育》2022 年第 3 期。

② 王军华：《高校"一站式"学生社区建设的内生价值、现实挑战与突破进路》，《思想理论教育》2022 年第 10 期。

③ 习近平：《坚持中国特色社会主义教育发展道路　培养德智体美劳全面发展的社会主义建设者和接班人》，《人民日报》2018 年 9 月 11 日。

④ 周远、张振：《高校"一站式"学生社区的空间建构逻辑与路向》，《思想理论教育》2022 年第 7 期。

者指出学生社区第二课堂是课程思政的重要基地和自然延伸，课程思政是社区思政发展的重要依托和有效保障，要通过教育理念的转变、总体推进的布局、实践模式的确立、书院体制的探索，推动课程思政融入学生社区第二课堂，增强高校思想政治工作实效。①

加强劳动教育，努力把大学生培养成勤于劳动、善于劳动、热爱劳动的高素质劳动者，是新时代党和国家对教育的根本要求，也是促进大学生全面发展的现实需要。有学者指出目前学生社区开展劳动教育在人员能力、宣传平台、活动设计等方面存在不足，强调要依托构建学生社区自治体系，搭建劳动教育活动平台，建立劳动教育成果评价机制，以学生的职业发展为导向，设计专业性强的劳动教育活动，运用网络空间增强劳动教育示范效果，塑造学生兼具"服务型、实干型、创新型"三型合一的新时代劳动精神。②此外，学者们还聚焦社区学生需求，在优化内容供给、改进工作方法、创新工作载体等方面着重研究，对社区空间文化建设与文化活动开展、社区实践活动开展与平台搭建等问题进行深入探讨，进一步激发社区育人的内生动力。

（三）强化党建引领，探研大学生社区管理与思想政治教育共建共融

习近平总书记强调，"办好高等教育，必须坚持党的领导，牢牢掌握党对高校工作的领导权，使高校成为坚持党的领导的坚强阵地。"我国的高等院校是中国共产党领导下的高校，加强高校基层党组织建设，能够强化大学生对党的认识与了解，使之坚定对党的认同，在育人方面发挥了政治引领、思想引领的重要作用。当前，部分高校已经认识到基层党组织在社区育人中的重要作用，结合社区管理模式改革，积极创新党组织的建设方式，真正做到

①　王郦玉、高向东、李卓航：《课程思政延伸至学生社区第二课堂的实践路径探析》，《黑龙江教育（理论与实践）》2022年第6期。

②　龙玉兰：《从生活空间到思政空间：高校学生社区党建实践探析——以"红色蒲公英"为例》，《高校后勤研究》2022年第5期。

哪里有学生党员，哪里就有党组织。

围绕如何立足学生社区，坚持以学生为本，创新社区党支部的活动方式与载体、如何在社区切实发挥党支部的战斗堡垒作用以及如何发挥学生党员的先锋模范作用等问题，学者们通过讨论社区党团组织建设、组织活动的基本情况，分析组织育人方面存在的短板，为社区组织进一步提升政治引导、思想引领、团结凝聚、联系服务能力作出指导。有学者以所在高校社区网格化管理模式为例，提出了"班级"与"社区"并存的社区思政模式，通过构建"学院党委＋学生社区党工委＋楼宇功能型党支部"相结合的基层党建组织体系和"辅导员（功能型党支部书记）＋学生党员＋宿舍互助引导员"组成的网格化管理体系，推动党建工作与社区思政教育深度融合。[①] 有学者指出学生社区应以物理空间为基础，建立社区党委、楼宇党总支、楼层党支部等基层组织架构，构建"纵到底、横到边、全覆盖"的社区党建模式。提出可与专业学院共建"师生联合党支部"，与校内管理部门、校外企事业单位开展"1+X"支部共建等活动；通过建立党支部责任区、党员工作站、党员之家、党员标杆宿舍、党员示范岗等发挥党员在社区建设的先锋模范作用。[②]

全面开展"一站式"学生社区建设，打造学生社区党建前沿阵地，既有深刻的时代背景和现实基础，也是高校思想政治工作对时代新人培育的有效回应。有学者着眼于"一站式"学生社区综合育人的宏观研究，指出高校应通过凸显党建内核、发挥先锋效能，完善协同育人、彰显全员效应，健全管理服务、倡导自我治理，丰富实体功能、营造文化氛围等路径，实现"一站式"学生社区育人功能的有效发挥，推动"三全育人"格局落到实处。[③] 有学者从学生社区党组织育人路径展开研究，提出应当将学生社区党组织育人

---

① 何冰清：《高校学生社区网格化管理与思政教育创新研究——以西北师范大学为例》，《甘肃教育研究》2022年第6期。

② 周远、张振：《高校"一站式"学生社区的空间建构逻辑与路向》，《思想理论教育》2022年第7期。

③ 严明、潘志娟、蒋闻蕾：《高校"一站式"学生社区综合育人研究》，《学校党建与思想教育》2022年第2期。

与"一站式"综合管理的目标、组织与实践进行逻辑联结,探析育人力量共同体、育人过程联结体、育人场域综合体与育人内容聚合体等作用机理,提出要坚持思想引领时代向度、强化时代育人重点、延伸组织发展与保障,从而不断优化育人路径。[①]

(四)创新载体建设,探究高校一站式学生社区育人与书院建设共享共通

现代大学书院制是以学生社区为管理平台,集教育、管理、生活、服务、活动为一体的社区管理模式。2019 年 9 月,教育部印发《关于深化本科教育教学改革全面提高人才培养质量的意见》(教高〔2019〕6 号),明确提出"要积极推动高校建立书院制学生管理模式,开展'一站式'学生社区综合管理模式建设试点工作"。"一站式"学生社区与书院制建设存在高度耦合的目标逻辑,它为书院的建设发展和活力的激发提供了土壤。因此,越来越多的高校以"一站式"学生社区为阵地,试点推进现代书院制改革。在本年度研究中,学界对书院制背景下学生社区的建设发展进行了探讨,也对"一站式"学生社区与书院的联系进行了研究和分析。

在"一站式"学生社区与书院制的关系上,有学者以国内实行了书院制的一站式学生社区为例,对书院制背景下"一站式"学生社区的育人理念、管理模式进行了分析,认为"一站式"学生社区和书院制存在具有共性的逻辑机制。并指出,"一站式"学生社区为书院制提供了良性发展的内在机理,推动现代书院改革朝着契合国家时代任务的方向发展。[②]因此,书院制与学生社区建设能够实现优势集合,互促互融,对于培养全面发展的高素质人才具有重要的推动作用。有学者从书院制改革的结构功能入手,分析了当前书院"一站式"社区建设中存在的困境,强调我国大学的书院制须立足本土,冲

---

① 赵静:《"一站式"学生社区党组织育人路径探析》,《党政论坛》2022 年第 4 期。
② 夏晓晨、王康睿、曹宇:《探究高校"一站式"学生社区建设与书院制的关系》,《佳木斯职业学院学报》2022 年第 6 期。

破旧有制度的藩篱，主动寻求变革的空间和路径，不断适应外部环境和内部治理改革的诉求，将自身打造成集生活、教育、管理、文化等多重功能于一体的复合模式，从而培养高质量的人才。[①] 有学者通过分析大学书院导师制的内容特点，着重探究导师制对大学书院建设发展的意义，为高校书院制改革与导师制的推进、"一站式"学生社区建设以及高校教育教学的创新实践拓宽了思路。[②] 此外，学者们还从社区育人模式、基层组织建设、社区导师制等方面入手，探讨了当下部分高校以书院制为基础、以"一站式"学生社区为阵地开展育人实践的基本情况，并针对问题进行了反思，提出改进措施，对于"一站式"学生社区的建设和发展贡献了新的思路。

二、大学生社区建设育人研究的贡献与不足

总结梳理 2022 年度大学生社区建设育人研究成果，可以看出学者们将立德树人作为重要遵循和基本导向，对学生社区育人的认识进一步深化，现实针对性进一步加强，这也为后续的研究夯实了基础，提供了新的方向和思路。

（一）大学生社区建设育人研究的年度贡献

2022 年度，大学生社区建设育人研究聚焦当代大学生特点与成长需求，结合高校学生社区建设与育人现状，开展了针对性探讨，使研究成果与现实联系更加密切，也为大学生社区的建设与发展提供了切实有效参考。

一是大学生社区建设研究始终坚持立德树人导向，以培养时代新人为育人根本。"培养什么人、怎样培养人、为谁培养人"是教育的根本问题。从党的十八大指出"把立德树人作为教育的根本任务，培养德智体美全面发

---

① 刘学燕：《大学书院制改革的困境反思与路径优化——基于结构功能主义理论框架的分析》，《大学教育科学》2022 年第 4 期。

② 苑津山、魏家昌：《本科书院模式的内核：书院导师制建设的意义探赜》，《教育理论与实践》2022 年第 18 期。

展的社会主义建设者和接班人"①，到党的十九大提出"要全面贯彻党的教育方针，落实立德树人根本任务"②，再到党的二十大强调"贯彻党的教育方针，落实立德树人根本任务，培养德智体美劳全面发展的社会主义建设者和接班人"③。立德树人在人才培养中的重要地位不断凸显。以立德树人为导向的社区建设育人研究呈现出两个方面的特点：一方面体现在始终坚定正确的政治方向，坚持把党的领导作为加强和改进社区思想政治工作的基本要求。学者们以党和国家的基本要求为遵循，在社区建设的论述中，始终将党的领导放在首要位置，把握思想引领的匹配度，发挥党组织育人优势，对社区党的建设和党组织育人进行较为全面的探讨，同时将社会主义核心价值建设融入社区思政工作全过程，强化对青年学生的思想引领和理论武装。另一方面体现在始终强调学生德智体美劳全面发展与学生的健全人格培育。提出"要从人的本质规定性出发，把握'立德树人'与'时代新人'的内在关系"，促进"立德"与"树人"之间相互指引、相辅相成；强调要始终坚持以人为本，探究促进学生德智体美劳全面发展的途径，教育引导学生将个人奋斗主动融入社会主义现代化强国建设之中，成长为有理想、有担当的时代新人。

二是大学生社区建设研究不断拓宽视角，为育人的实践指导提供多角度的理论支撑。马克思的世界历史理论提醒我们必须树立一种直面现在、开创未来的态度，以大历史观时刻理解和应对变局。当前，青年一代的个性特征更加鲜明，思维方式也更加活跃，与此同时国际国内形势错综复杂、信息技术的发展日新月异，学生社区育人面临着较大的不确定性和不稳定性，这从客观上要求我们进一步拓宽研究的视角，以更好地破解新问题、应对新挑战。从研究方向来看，本年度学者们的研究既有从宏观层面对学生社区建设

---

①　胡锦涛：《坚定不移沿着中国特色社会主义道路前进　为全面建成小康社会而奋斗——在中国共产党第十八次全国代表大会上的报告》，《人民日报》2012年11月18日。

②　习近平：《决胜全面建成小康社会　夺取新时代中国特色社会主义伟大胜利——在中国共产党第十九次全国代表大会上的报告》，《人民日报》2017年10月28日。

③　习近平：《高举中国特色社会主义伟大旗帜　为全面建设社会主义现代化国家而团结奋斗——在中国共产党第二十次全国代表大会上的报告》，《人民日报》2022年10月26日。

的系统性论述，包括学生社区建设综述、建构目标与意义、存在问题与治理路径等，也有从微观层面对社区育人实践的深层次探讨，如社区思政教育、社区导师制育人体系建设、社区文化育人模式建构等；从研究内容来看，学者们围绕社区育人的理念、制度、组织、保障、育人措施等方面，展开体系化研究。不同角度、不同层次的研究成果，使得大学生社区建设与育人研究不仅停留在做什么、怎么做的普遍问题上，更包含了如何做得更好这一更高层面上的质量追求，这为大学生社区育人理论的建构带来了创新思维、辩证思维与历史思维，也为社区育人工作的开展明确了更具操作性的实践思路。

三是大学生社区建设研究更加注重现实针对性，为社区育人建设与发展提供切实有效的参考。找准问题，才能更好地解决问题。当前，中国特色社会主义进入新时代，对高校思想政治工作质量提出了更高的要求，面对时代变迁带来的新挑战以及青年学生呈现的新特点，认真查摆大学生社区育人工作中存在的问题，是提升大学生社区育人质量的关键。其现实针对性的增强，重点体现以下两个方面：一方面，问题意识进一步增强，针对大学生社区建设中的观念转变、机制健全、服务保障等方面，直面高校学生社区育人的痛点和难点，对其形成原因进行了深入的分析，并提出了可操作的解决方法，更加有效地回应了学生代际群体和个体发展的多元化需求，以期为社区育人研究做出更加系统化针对性的论述；另一方面，实践导向进一步增强，学者们结合当前大学生社区的育人实践，对学生成长成才中的学业能力、创新创业能力培养、社区空间建设、文化内涵建设等实践经验、初步成效和不足等，进行了探究论述，对实践经验做出理论性归纳和总结，为未来的实践深化提供了针对性指导。

（二）大学生社区建设育人研究的不足

纵观年度研究成果，在看到大学生社区育人研究取得令人欣慰成果的同时，依然存在三个方面的不足，需要引起我们的重视。

一是研究学理性尚需深入。理念是行动的先导，透彻的学理分析对于大学生社区育人实践的开展具有重要的指导意义，增强社区育人研究成果的学理性，也是做好大学生社区育人理论建构的重要基础。但从本年度大学生社区育人研究成果来看，学理性不足是相对突出的问题，部分学者在研究中对学理性问题存在一定程度的"浅尝辄止"，对于大学生社区育人研究中所出现的基本内涵、理论渊源、囊括范畴及内在规律等基础性、学理性问题探究不够深入，出现了不同程度的概念定义模糊、关系梳理不清、逻辑系统碎片化等问题。解决好这些问题，对增强大学生社区育人研究的学理性、科学性、指导性至关重要。

二是研究视野有待拓展。本年度大学生社区育人的研究视角无论从广度或深度而言，依然有待进一步拓展。从广度上看，目前对于大学生社区育人研究仍有一些尚未覆盖的边角，例如在社区育人体系构建上，科研育人、管理育人、资助育人、实践育人等方面的研究都稍显不足，关于推进"五育并举"、深化"三全育人"的研究仍有待加强，在育人体系构建、育人要素挖掘上尚需进一步进行延展探究。从深度上看，学界对于社区育人的交叉融合研究仍然不足，学科借鉴是实现科学研究长足发展的有效途径，而育人更是一项系统性工作，需要融合政治学、社会学、历史学、心理学、管理学等多学科知识，从跨学科视角出发，经过有机结合以形成新的研究方法，全面提升研究的全面性和专业化水平。

三是研究实证性仍需加强。本年度大学生社区育人的广泛性和深刻性进一步强化，但需要重视的是，众多研究成果仍然停留在描述性研究上，忽视了对社区育人更深层问题的解析与考量，有些研究表现出研究方法不够科学、研究结果不够严谨的问题。具体来说，主要体现在以下两个方面：一方面研究缺少普适性与代表性。在本年度研究中较多研究成果仍然聚焦个例，从本校学生社区育人实际出发，进行描述性地研究和分析，研究者本身被时间、空间、个人立场、个人认知、综合能力等因素所影响，加上其研究不够广泛全面，导致其观点有一定的主观局限性，缺乏系统的宏观考察。另一方面研究缺乏数据支撑，科学性和准确性有待提升。本年度部分研究成果注重从事实的描述和经验的总结出发，但缺少相应的数据支撑，更缺乏不同样本之间的相似化与差异化的对比，使得研究成果偏向理论堆砌，得出的结论说服力和客观性不足，因此也需进一步落实研究的实证性，从而归纳出研究的本质规律。

三、大学生社区建设育人研究未来展望

党的二十大报告指出，用党的科学理论武装青年，用党的初心使命感召青年，要做青年朋友的知心人、青年工作的热心人、青年群众的引路人。这是新时代赋予高校思想政治工作者的使命与担当，高校思想政治工作者要坚守为党育人、为国育人的初心使命，以习近平新时代中国特色社会主义思想为指导，坚持"学生在哪儿，思想政治工作的重点就延伸到哪儿"的工作思路，总结凝练大学生社区建设育人实践中的有效经验，着力破解工作的难点问题，推进理论研究与实践探索的紧密结合，更好地应对新时代高校思想政治教育面临的新挑战、新机遇，努力探索有深度的大学生社区建设育人的理论研究成果以及可示范、可操作的实践范式。回顾2022年研究进展，展望未来，大学生社区建设育人研究应当从历史维度、实践维度、技术维度、学科维度以及评价维度等方面给予更多关注与聚焦。

（一）进一步开展大学生社区建设育人的纵向研究，切实增强工作的系统性、预见性、创造性

开展大学生社区建设育人研究，要从历史发展、时代变迁中厘清大学生住宿从传统宿舍到学生公寓再到学生社区的递嬗脉络，探究育人规律，切实增强工作的系统性、预见性、创造性。近年来，"一站式"学生社区建设在学生管理与育人方面呈现出强大的生命力，表明社区育人作为一种人才培养创

新载体具有独特优势。但在推进的过程中，由于对大学生社区建设的历史发展缺乏认识，对社区育人规律的总结把握存在不足，一定程度上制约了大学生社区育人的创新发展。

作为高等教育发展到一个特定阶段出现的新事物，社区育人涉及高校教育教学工作的方方面面。开展社区育人研究，一方面，可以将研究的切入点扩展到更为宏观与宽广的历史视野中，从历史沿革的角度来看待大学生社区建设与社区育人的发展过程。梳理一站式学生社区从萌芽到蓬勃发展的历史进程，以期为社区建设育人以启发，切实推动社区育人成效的提升。另一方面，要对"社区""学生社区""社区育人"等概念进行明确的界定，从而在厘清概念定义的前提下，推进深层次研究。目前，学界因研究视野的差异，从不同角度与层面对社区、学生社区、社区育人等概念下过多种定义：关于"社区"，有学者从形态的角度来研究，也有从精神的角度来研究；关于"学生社区"，现有成果都是从社区的物理空间和精神空间两个方面来阐述。令人遗憾的是，目前对社区育人的概念学界缺乏较为明确的定义，现有的研究集中在学生社区育人的意义、功能和现实挑战等方面。社区育人的价值定位如何，什么是社区育人的本质以及如何协调社区与专业学院之间的相互关系，这些问题都有待展开深入研究。

（二）进一步开展信息技术赋能大学生社区育人研究，以适应信息时代教育变革的趋势

伴随信息化技术的突飞猛进，高校教育不再只是传统的线下教学，在线教学、测试、实验及评价成为高校教育教学的新方式。尤其是新冠肺炎疫情发生以来，融合了"互联网+""智能+"技术的在线教学更是成为高校教育教学的新常态。运用人工智能及大数据技术，学生可获取海量的教学资源，他们可以选择在大学生社区完成一系列规定的教学活动与教学任务，这为大学生将更多的时间放在学生社区提供了技术层面的可能。

党的二十大报告强调要"推进教育数字化"。信息技术在效率、精准上具备人力所不具备的显著优势。发挥信息技术作为社区育人的工具属性，既能够满足社区育人的需要，也适应了信息时代教育变革的趋势。大学生社区育人作为高校思想政治工作的重要组成部分，应把握信息技术发展的新机遇，适应社会发展的新要求，准确识变、科学应变、主动求变。因此，在未来研究中，可运用信息化手段在教育方式、管理模式以及学生成长评价上展开实质性研究。一是在教育方式上，聚焦如何运用大数据、人工智能技术来辅助教育教学，既要挖掘多元化的教育资源，更要满足学生个性化发展的需求，从学生进教室听教师讲授同样内容的"电影院形态"转向学生在社区有所选择进行自主学习的"超市形态"，培养有创造力、有个性的复合型人才。二是在管理模式上，聚焦如何将信息技术优势赋能学生社区管理，破解社区学生基数大、管理任务重的问题。特别是在保障学生安全稳定的前提下，可打造集学业发展、生活服务、休闲娱乐、互动实践等功能于一体的共享开放、精准服务的综合管理平台，满足学生多元化需求，实现社区管理育人工作春风化雨、润物无声。三是在学生评价上，聚焦如何运用人工智能及大数据技术，依托学生发展核心素养体系，结合学生在社区日常行为数据，为每个学生个体"画像"，实现对学生个体及特定群体的动态跟踪、深度分析、状态评价、趋势预测及异常预警，实现全过程的学生综合能力评价。

（三）进一步开展学科交叉融合视域下的社区育人研究，为研究的创新深入拓宽视角

落实立德树人根本任务，培养时代新人，打通"三全育人""最后一公里"，必须在社区育人内容创新上下功夫。目前学者围绕社区"五育并举"的研究主要集中在德育、智育与劳育方面，也未能变"自我循环"为"融合共促"，未形成有机整体，特别是聚焦体育与美育育人的研究相对匮乏。因此，学者们可以围绕如何在学生社区强化以体育、美育为内容的育人新载

体，作为研究新的增长点。同时，还可在经验总结的基础上，加强学理性的论述，对经验总结、问题分析与路径探索等实践内容进行理论升华。

与此同时，在强化社区育人学理性研究方面，要努力避免"为方法而方法"的误区，要发挥多学科交叉的优势。在当前的研究中，大多数研究是以教育学视角为出发点，但也有部分学者有意识地运用哲学、历史学、心理学、社会学等学科开展社区育人研究，学科交叉趋势日益凸显。大学生社区育人具有多样性与复杂性，决定了该领域研究必须运用多学科交叉的研究方法来拓展新视角。未来，社区育人工作研究的创新可以持续从学科融合的维度深入推进，借鉴其他学科的理论成果，为社区育人研究的深入提供崭新的视角，以期从新的突破点实现研究的深化与创新。

（四）进一步开展社区育人工作成效的评估研究，促进学生社区育人效果最大化

党的二十大报告对教育、科技、人才作出一体化部署，赋予教育以新的战略定位和历史使命，并对深化教育领域综合改革、完善教育评价体系提出了新要求。高校立身之本在于立德树人，只有培养出一流人才的高校，才能够成为世界一流大学。因此，只有建立导向明确、系统科学的质量评价体系，才能实现学生社区育人效果最大化，坚定高校思想政治工作者的努力方向。伴随思想政治教育治理体系与治理能力现代化的推进，结合本年度社区育人研究情况，在社区育人工作成效评估方面，可从以下两个方向展开研究。一是注重社区育人成效评价的系统性研究。科学系统的评价能够全方位判断工作质量，加强质量评价的客观性、真实性和有效性。针对社区育人工作成效，需要探讨如何建立多元化的评价指标，对社区的基础建设水平与发展服务功能进行客观评价，确保学生在社区的成长中有更多的获得感。同时也要探索建立涵盖辅导员、社区服务人员、管理干部以及学生等多元主体的评价体系，客观评价各方面的力量在促进社区学生成长发展中的作用。二是

提升社区育人工作成效研究的科学性研究。培养学生健全人格、促进学生全面发展是衡量社区育人工作成效的核心指标，如何在评价上避免出现功利化导向的问题，如何树立正确的评价导向，引导学生社区工作者不断改进，为学生在社区的成长搭建更好的舞台，值得深入挖掘。同时，在评价研究中，要注重对数据进行收集、统计、分析，借助可视化、直观化的研究进行科学的考量和判定，注重来自学生、学校、社会、家庭的全方位反馈，确保评估的可靠性，这也是未来社区育人研究中的一个重点。

（五）进一步开展社区育人学生主体性发挥机制的研究，激发高校学生社区育人活力

马克思指出，"人是历史的剧作者，又是历史的剧中人"[①]，也就是说，人是主动与受动的统一体。发展是人类的本能，著名心理学家马斯洛曾经指出：从人的天性中可以看出，人类总是不断地寻求一个更加充实的自我，追求更加完美的自我实现。从自然科学意义上说，这与一粒橡树种子迫切地希望长成橡树是相同的。[②]立德树人强调以人为本，将人的发展作为目标，注重调动社区学生主体性，既是促进学生成长进步的需要，也是增强高校学生社区育人活力的重要推动力。本年度研究中，学者对社区学生主体性发挥有一定探讨，但在未来，需要进行更加深入的研究，使社区育人回归本位，更加凸显学生在社区的主体作用。一是对学生自我发展意识的培养研究。主体意识反映了主体对客体的认知程度，对于主体的实践行为具有重要指导作用，要通过方式载体创新，培养学生的自我发展意识，充分调动学生的主观能动性，总结进一步促进学生自我发展意识养成的经验，引导学生建立自知、自为、自控、自省的思维模式。二是对学生自我发展能力的提升研究。自我发展能力对于落实主体理念具有决定作用，培养学生的自我发展能力，是学生

---

① 《马克思恩格斯选集（第一卷）》，人民出版社1972年版，第18页。
② ［美］弗兰克·戈布尔：《第三思潮：马斯洛心理学》，上海译文出版社1987年版，第64页。

主动参与到社区实践的重要前提，强化以学生自治管理为动力的育人新载体建设，探索提升学生自我发展能力的实践路径，让学生主动参与社区治理，在学习、实践中积累自我管理、自我服务、自我发展的经验，真正调动起学生的独立性、能动性和创造性。

（六）进一步深化大学生社区育人合力的形成机制研究，建构系统教育模式

习近平总书记在党的二十大报告中强调："要健全学校家庭社会育人机制。"又在全国教育大会上指出："办好教育事业，家庭、学校、政府、社会都有责任。"学生社区育人不是一个单兵作战的过程，而需要社会、家庭、学校互相协调、通力合作，方能建构出具有全面性、深刻性、长远性的系统教育模式。对学生社区而言，社区自身资源有限，对学生成长能够提供的支持也有限，借助多方面力量，形成各司其职、优势互补的局面，方能进一步提升社区育人能力。对学生而言，家庭和社会所承载的教育功能同样对学生的世界观、人生观、价值观的形成具有重要的影响，学生在社区中学习和生活，同样需要家庭、社会的关爱。探索社区育人合力的有效途径，帮助学生在全方位的支持和引导中成长，是社区育人研究的一个重点和难点。要强化社区育人合力的形成机制研究。一是要打破传统社区育人的壁垒，注重内部的协同配合，突出育人合力，着力构建社区育人体系各子系统协同攻关、联动协作、合力育人的工作机制，切实发挥协同效应。二是要探索建立高校、家庭、社会三方联络沟通会商机制、信息互通机制、资源整合机制，让家庭、社会参与到社区育人的环节中，发挥各自的独特优势，对于提升社区育人工作质量具有重要意义，也是未来学生社区育人研究的一个重点。

第二十一章　形势与政策教育研究

　　形势与政策教育是高校学生思想政治教育的重要内容，是帮助大学生正确认识新时代国内外形势，深刻领会党和国家事业取得的历史性成就、发生的历史性变革、面临的历史性机遇和挑战的重要途径，具有理论武装时效性强、释疑解惑针对性强、教育引导综合性强的特点。从新中国成立至今，高校形势与政策教育经历了从零散到整体，从单一到丰满的发展历程，形成了以"形势与政策"课程为主体，以系统讲授与形势报告、专题讲座相结合，"请进来"与"走出去"相结合，课堂教学与课外讨论、交流相结合，正面教育与学生自我教育相结合的教育方式，实现教育的学时学分、教学管理、教育方式、队伍建设、体制机制等逐步走向正常化、制度化和规范化。2021年，中共中央、国务院印发《关于新时代加强和改进思想政治工作的意见》（以下简称《意见》）。《意见》指出，要深入开展思想政治教育。加强党史、新中国史、改革开放史、社会主义发展史和形势政策教育，引导党员、干部、群众旗帜鲜明反对历史虚无主义，继往开来走好新时代长征路。①《意见》为形势与政策教育的发展提出了新要求。本章主要总结梳理2022年形势与政策教育研究所取得的新成果，分析阶段研究的特点与不足，把握相关问题的研究趋势，对下一步深化新时代高校形势与政策教育研究提供借鉴和参考。

---

　　①　《中共中央　国务院印发〈关于新时代加强和改进思想政治工作的意见〉》，《人民日报》2021年7月13日。

一、形势与政策教育的年度进展

为全面梳理 2022 年形势与政策教育的年度研究全貌，以"形势与政策""形势政策教育"等为主题，在中国知网（CNKI）、维普、万方等数据库以进行搜索，可以发现，本年度关于"形势与政策"的研究同前些年相比变化不大，共有相关论文 60 余篇，在读秀学术搜索平台中文图书搜索，专著为 10 部左右，基本为教材类。通过研究内容的梳理，可以将年度研究概括为以下三方面。

（一）形势与政策教育的课程建设研究

形势与政策教育的课程建设研究一直以来是学界研究的一大热点。2022 年学术界在以往研究成果的基础上，围绕课程建设的定位和方向展开进一步深化研究。

关于课程建设的定位。形势与政策课程是高校学生思想政治教育的重要内容，是高校思想政治理论课的重要组成部分，是对学生进行形势与政策教育的主渠道、主阵地，是每个学生的必修课。2022 年，习近平总书记在中国人民大学考察时强调："思想政治理论课能否在立德树人中发挥应有作用，关键看重视不重视、适应不适应、做得好不好。"[①] 把形势与政策课建设成思政"金课"是新时代高校落实立德树人根本任务的根本要求。2019 年，中共中央办公厅、国务院办公厅印发《关于深化新时代学校思想政治理论课改革创新的若干意见》，结合《教育部关于加强新时代高校"形势与政策"课建设的若干意见》（教社科〔2018〕1 号），都对形势与政策课的课程教学提出了一定的要求，也更强调理论性和实践性的结合。因此有学者总结为，"形势与政策"课旨在通过开展形势教育与政策教育，第一时间引导青年学生科学把

---

① 《习近平在中国人民大学考察时强调：坚持党的领导传承红色基因扎根中国大地 走出一条建设中国特色世界一流大学新路》，《人民日报》2022 年 4 月 26 日。

握国内外形势与政策、第一时间推动党的创新理论最新成果进课堂来武装学生头脑，课程要求高、内容变化快、教学难度大。[①] 强调形势与政策课最明显的特点在于变动性和时效性，也可以概括为"常新常讲"和"常讲常新"，是区别于其他思政理论课的最大特点，同时也对课程教师提出了更高要求。

关于课程建设的方向。基于形势与政策教育的课程特点，有学者围绕增强形势与政策课的课程实效，提出推进形势与政策课"三进"（进教材、进课堂、进学生头脑），坚持形势与政策课的时效性与实效性相统一、稳定性与动态性相统一、原则性与灵活性相统一的基本原则，是建设形势与政策"金课"的关键。[②] 形势与政策课变动性和时效性的特点要求课程能够在历史与现实、国内与国际、理论与实践中回应学生最关心的重大问题、热点话题，帮助和引导青年学生确立正确的政治方向，真正使青年学生与时代同频共振，使青年学生真心喜爱、终身受益。因此，"以学生成长为中心""学生获得感"等概念被学者们应用在形势与政策课的课程建设中，特别是在推进课程的规范化建设当中更为常见。同时，如何在形势与政策课中善用"大思政课"，也成为课程建设的新方向。"大思政课"要跟现实结合起来，这不仅为思想政治理论课提供了新的教学模式，更成为指导高校思想政治工作的方法论。面对"两个大局"交织激荡的时代背景，形势与政策课需要跳脱惯性教学思维，进一步拓宽教学领域、延展教学空间，打好理论＋实践的"组合拳"，不断增强课程的思想性、理论性、针对性、实效性和可操作性。此外，高职院校开展形势与政策课教学也是一项重要的研究内容。学者认为，本科学生与高职高专的学生存在差异，具体体现在学生学习基础薄弱，对理论学习缺乏兴趣，学习习惯、自觉性和控制力较差等方面。因此，更加需要从课

[①]　王维国：《新时代加强高校"形势与政策"课改革创新的思考》，《思想理论教育导刊》2022 年第 5 期。

[②]　王万奇、贺伟华：《形势与政策"金课"建设的原则、境遇及有效路径》，《江苏省社会主义学院学报》2022 年第 4 期。

程标准制定的角度规范形势与政策课的开展。①

（二）形势与政策教育的教学研究

形势与政策教育的核心在课程建设，而课程建设的核心在于做好教学研究，近年来形势与政策教育的教学研究也成为学术界研究新热点。2022 年学者们主要围绕教学内容、教学方法、教学技术等开展研究。

关于教学内容。形势与政策教育的教学内容是根据形势发展要求而设置的，每学期教育部会印发《高校"形势与政策"课教学要点》安排教学，常规专题包括全面从严治党专题、经济社会发展专题、港澳台工作专题、国际形势与政策专题等。本年度，对形势与政策课教学内容的研究包含了两个方面。一是教学内容的优化。根据教育部的教学要点，学校往往需要自行设计教学内容，而教学资源主要来源于社会生活的各个方面。因此教学内容要紧扣课程目标合适地选择时事热点，同时也要针对教学对象差异化制定，做到"因事而化、因时而进、因势而新"。有学者认为，教学内容建设是高校形势与政策课改革创新的基础。可以通过吃透理论创新成果、把握课程教学要点、有效识别学生需求、创新话语表达方式、合作开发教学资源等方式主动进行教学供给侧结构性改革，实现精准供给，进而推动课程内容优化与创新。② 二是专题教学的实践。许多学者发文分析了一些院校开展形势与政策课教学的生动实践，通过具体案例总结了"乡村振兴""国家安全"等专题的教学经验，同时也提出了将党史学习教育和四史教育、爱国主义教育、校史校情教育等内容融入形势与政策课教学的经验做法，具有一定指导意义。

关于教学方法。目前的形势与政策教学可以总结为"大报告 + 小班教学"的模式。大报告由校院领导干部以及其他特聘教师主讲，小班教学则是

---

① 庞清秀：《高职高专院校"形势与政策"课规范化问题研究——从课程标准制定的角度规范高职院校"形势与政策"课》，《兰州石化职业技术学院学报》2022 年第 1 期。

② 王青山：《"精准供给"视域下高校"形势与政策"课教学内容优化与创新》《山西高等学校社会科学学报》2022 年第 6 期。

根据《高校"形势与政策"课教学要点》确定的专题主题分班教学。由此，学者们对专题式、模块化教学进行了深入的研究。形势与政策课在课程建设中要处理好一元性和多样性的关系。一元性是指形势与政策课应该依托马克思主义学科，多样性是指形势与政策课每个专题所涵盖的学科，要处理好一元性和多样性的关系，就是要处理好教学过程中价值观、方式和内容的辩证关系，避免形势与政策课重形势而轻理论。同时，突出实践教学，实践教学是课程教学体系的重要组成部分，是课堂教学的延伸和补充。坚持理论性和实践性相统一，是推动思政课改革创新的一个重要遵循。教育部等十部门印发的《全面推进"大思政课"建设的工作方案》也提出：要坚持开门办思政课，充分调动全社会力量和资源，建设"大课堂"、搭建"大平台"，构建科学规范的思政课实践教学体系，为新时期高校思政课实践教学探索推进指明了方向。有学者提出，可以通过推进实践教学课程体系化、实践平台立体化、实践活动项目化、实践考核多元化和实践保障综合化等路径，"五化合一"构建形势与政策课实践教学机制。① 具体而言，可以通过参观走访、社会实践、社会调研、宣传宣讲等多种形式。有学者认为，实践教学的关键，一是领域"拓展"，构建"全员化参与 + 课程化改革 + 项目化管理 + 精品化推动 + 制度化保障 + 社会化运作"的实践教学长效机制，让校园内外处处都成为生动的课堂。二是实践"体验"，让知识走出教材，让青年学生可感、可见、可学。三是载体"融合"，推动形势与政策课和高校日常思想政治工作的良性互动。②

关于教学技术。提升形势与政策课的教学效果，关键在于提升教学方式的有效性和针对性，围绕新技术、新模式在形势与政策课中应用成为一个研究方向。要牢牢把握新时代大学生的特点，转变传统的教学思维，采取灵活

---

① 李俊：《五化合一：新时代高校"形势与政策"课实践教学机制的构建理路》，《贵州师范学院学报》2022 年第 5 期。

② 王维国：《新时代加强高校"形势与政策"课改革创新的思考》，《思想理论教育导刊》2022 年第 5 期。

多样的方式组织课堂教学，积极运用现代信息技术手段。信息技术的应用包括过 VR 技术、App 应用、大数据、云计算等。学者认为，信息化教学模式是提升"形势与政策"课质量的重要手段，信息化教学模式在更新教学内容、创新教学方法及促进教育公平方面凸显出巨大优势。[1] 也有学者认为，现代信息技术的运用能够切实发挥形势与政策课的时效性、针对性、鲜活性特质，从而提升教学效果，通过引导学生深化理解当代理论与建设，其自身实现由"知"到"信"再到"行"的深层次递进。[2] 同时，基于信息技术的应用，学者们也探索和实践了一些新的教学方式，比如"自讲自学""翻转课堂""SPOC 模式（小规模限制性在线课程）"等。"自讲自学"是指以学生自学自讲为中心的课堂教学方式，从以教师灌输为主转变为教师与学生共同互动，引导学生参与课堂、主动思考。"翻转课堂"是指教师不再占用课堂时间来讲授信息，这些信息需要学生在课前自主学习，课堂时间更多以交流互动为主。"SPOC 模式（小规模限制性在线课程）"是一种结合了课堂教学与在线教学的混合学习模式。这些新的教学方式的探索都对形势与政策课的建设提供了一些新的思路。

（三）形势与政策教育的队伍建设研究

做好形势与政策教育离不开一流的师资队伍。一流的师资队伍是提高人才培养质量，办好人民满意教育的关键。2022 年，关于形势与政策教育的队伍建设有不少研究成果，主要集中在队伍结构、队伍协同和队伍素质等方面。

关于队伍结构。形势与政策教育在不同高校分别由马克思主义学院（思想政治理论教研部）或者学生工作部门进行管理，队伍结构也由多类专兼职

---

[1] 周鑫、申慧：《高校"形势与政策"课信息化教学模式的探索与实践》，《北京科技大学学报（社会科学版）》2022 年第 1 期。

[2] 徐秦法、常劼：《以现代信息技术融入"形势与政策"课的教学方式探索》，《中国高等教育》2022 年第 2 期。

教师组成，具体包括思想政治理论课教师、哲学社会科学专业课教师、高校辅导员等组成的骨干教师，社科理论界专家、企事业单位负责人、各行业先进模范组成的特聘教师以及党政领导干部。很多学者都提出，教师队伍的多样性是影响形势与政策课程教学质量的重要因素，组建一支专兼职结合的高水平教师队伍势在必行，学者们重点分析了各类师资力量在形势与政策教育教学中的作用，诸如辅导员主导形势与政策课教学、校领导主讲形势与政策课、组建高端师资力量库等，并结合一些院校的实践进行了经验归纳和总结。有学者提出了"领导干部宣讲政策、名师专家解读时事、劳动模范引领价值"等多元授课主体进行专题式教学的形势与政策课教学模式，领导干部讲政策能够深化学生对方针政策、顶层设计的政治认同、理论认同和价值认同，通过名师专家开展专题讲坛的教学方式，有助于名师专家发挥其专业优势，把国际形势、时事案例、热点问题深入浅出地讲清楚讲透彻，通过邀请劳动模范分享个人经历与感悟，可以引导学生以劳动模范为榜样，自觉担当时代责任。[①]

关于队伍协同。协同合作是新形势下大学生思想政治教育的发展要求，队伍协同背后蕴含的是提升思想政治教育成效与多支育人队伍协同发展之间的必然逻辑。目前，对形势与政策教育开展协同育人的研究，更多是面向辅导员和思政课教师协同的研究，特别是在两支或者多支队伍协同育人的重要意义和协同育人的机制构建等方面。有学者认为，形势与政策课教师队伍在教育中形成"德育共同体""知识共同体"和"发展共同体"。其中，"知识共同体"是大学的自然属性，"德育共同体"是中国特色社会主义大学的本质特性，"发展共同体"则是在个体价值实现中形成的。推动形势与政策课教师队伍的建设，特别是促进思政课教师和辅导员两支队伍的协同是形势与政策课

① 徐秦法、蒙丽娜：《"形势与政策"课专题式教学创新研究》，《学校党建与思想教育》2022 年第 20 期。

教学质量提升的关键。① 也有学者重点分析了辅导员承担形势与政策课教学的作用和意义。辅导员是形势与政策课兼职教师的主要来源，提升高校辅导员的教学能力，既是辅导员自身专业化职业化发展的内在需要，也是促进形势与政策课教学质量提升的重要保障，构建辅导员与思政课教师教学协同育人机制十分重要。②

关于队伍素质。习近平总书记在学校思想政治理论课教师座谈会上提出了"六个要"的要求。这"六个要"既是对广大思政课教师提出的要求，更是对全国思政课教师具体工作的指导，为加强思政课教师队伍建设指明了方向。对标有理想信念、有道德情操、有扎实学识、有仁爱之心的"四有"好老师的要求，基于形势与政策教育的课程性质、内涵特征和独特属性，有学者阐述了形势与政策课教师坚持"六个要"的路径，要领会课程要求，认清使命责任，详略得当、粗中有细安排教学，增长知识见识，提高思想道德修养，强化师资队伍的规范性。③ 而在具体教学中，有学者认为，教师应以灵动的呈现方式吸引学生，以富有生机的内容启迪学生，以高尚健全的人格示范学生，用真挚浓郁的情感感染学生，进而增强形势与政策课教学全过程德育实效性。④ 还有学者提出要建设教学团队，从观摩试讲严选机制、集体备课制度及首讲公开观摩课制度、专家示范课、线上线下专题研究性教学、兼职教师专职化培养、明确的教学质量标准、教学科研激励制度等方面考虑。⑤

---

① 陈思源、陈翠苹：《高校"形势与政策"课程队伍"三个共同体"建设模式的思考》，《新课程研究》2022 年第 15 期。

② 黄艳、杨琳娜、罗英：《高校辅导员和形势与政策课兼职教师教学能力提升的融合机制探究》，《高教学刊》2022 年第 26 期。

③ 刘有升、李宁：《"形势与政策"课教师坚持"六个要"的学理逻辑》，《航海教育研究》2022 年第 3 期。

④ 杨虎：《"形势与政策"课教学全过程德育实效性强化路径探微》，《太原城市职业技术学院学报》2022 年第 10 期。

⑤ 罗英、罗玉洁、黄艳：《大力推动"形势与政策"课高质量发展》，《思想政治工作研究》2022 年第 11 期。

二、形势与政策教育研究的年度特点与不足

2022 年度形势与政策教育研究整体量少而精，尤其是核心期刊发表的论文较少，整体研究呈现出聚焦课程高质量发展、重视理论研讨的特点，但存在体系化研究尚不充分、内涵式发展有待提升的研究不足。总结和把握形势与政策教育年度研究特点与不足，既能清晰认识形势与政策教育研究的现状，更有利于厘清并把握未来研究的发展趋势。

（一）形势与政策教育研究的年度特点

一是聚焦"形势与政策"课程高质量发展。2022 年度"形势与政策"课程建设成效显著，针对课程存在课时分布跨度大、内容更新周期短、师资构成来源广、学理支撑难度大等学界普遍认为亟待破解的问题上，围绕课程建设目标、教学模式创新、教学改革创新、教学方法提升等方面进行探讨，促进了课程高质量发展。在课程的建设目标上，学者们强调新时代加强高校"形势与政策"课改革创新要科学理解"形势与政策"课作为一门思政课要"讲道理"的本质属性，深入认识"形势与政策"课理论武装时效性、解疑释惑针对性、教育引导综合性等功能特征，统筹推进"形势与政策"课程建设与改革创新，切实提升课程的育人实效。[①] 要打开跨学科跨领域的教学视野，促进课程内容与时政热点有效衔接，挖掘"接地气""有生气"的话语题材，突出"形势与政策"课教学内容供给的精准性和时效性，打造形势与政策"金课"。在课程的教学模式上，学者们强调信息化教学模式的重要性，要凸显慕课微视频、在线课程应用优势，如 2022 年 3 月和 9 月北京科技大学高校思想政治理论课程研究中心持续上线第十二、十三季"形势与政策"MOOC 精品课程，突破时空限制搭建终身学习平台，配合学生课前自

---

① 王维国：《新时代加强高校"形势与政策"课改革创新的思考》，《思想理论教育导刊》2022 年第 5 期。

主预习和教师课堂重点内容个性化指导，避免传统线下课堂"满堂灌"和线上课程"单向化"的弊端。在课程的改革创新上，学者们强调专题式教学、模块化教学，如联动领导干部、名师专家、劳动模范、朋辈群体等多元授课主体进行专题式教学，整合高端师资资源，盘活教材重点板块，针对当前世情国情进行专题报告解读，提高课堂教学的理论精度。同时探索"自学自讲"翻转课堂模式，提高以学生自学自讲专题内容为中心的实践教学比重，从以教师灌输为主转变为"以学为中心"的教师与学生"双主体"共同互动，增强学生"获得感"。在课程的教学方法上，学者们强调教学方法与教学内容的适配性，如运用故事教学法联系现实题材，针对目前故事融入与教学目标"两张皮"的现象，可以从教学目标、专题设计、教学方法将乡村振兴题材、粮食安全故事深化融入高校"形势与政策"课，实现理论故事化或故事理论化，讲深、讲透故事背后的价值意蕴和立场观点，提升课程的思想性、亲和力和针对性。

二是聚焦形势与政策教育的理论研讨。2022 年，广大教育工作者积极参与"新时代高校'形势与政策'课课程改革创新云论坛"、"新时代高校'形势与政策'课教师队伍建设学术研讨会"等学术会议，以及下半年各高校持续开展的"党的二十大精神融入高校思政课教学研讨会暨全国高校思政课名师工作室集体备课会""深入学习贯彻党的二十大精神暨'形势与政策'课集体备课会"等校际联动备课研讨，形成丰富研究成果。一方面，关注课程基础理论研究。从学科属性和课程定位阐释与其他思政课的共性与个性，即党的创新理论在课程中与其他课程相区别的体现，从学理上加强课程教学论实操性理论研究，提升学科归属感。另一方面，重视国内经济社会发展和国际政治格局态势的研判。针对一年来党和国家重大方针政策以及当前我国经济社会发展中出现的热点、难点和焦点问题，《2022 经济形势与政策导读》《2022 政策热点面对面》等相关学习辅导文本进行了分析解读，中国社会科学院《国际形势报告（2022）》及社会科学文献出版社的系列权威研究报告，对全国主要地区和关键领域进行社会形势分析与预测。

（二）形势与政策教育研究的不足分析

一是形势与政策教育体系化研究尚不充分。教育体系是指教育大系统中的各种教育要素的有序组合，它是知识结构、框架教学、内容设计、方法设计、教学过程实施和教学结果评价组成的统一的整体。系统的、高质量的形势与政策教育体系有助于帮助学生更好地了解国内外政治形势，从而帮助他们树立正确的人生观、价值观和世界观，但目前形势与政策教育的研究体系化研究尚不充分。一方面，缺少课程制度化、规范化管理。目前指导形式与政策教育开展的官方参考文件只有每学期初下发的《高校"形势与政策"课教学要点》，由于缺少课程标准所必需的具体教学要求，许多教师甚至照搬照抄其他高校的教学文件，教学质量难以保证。此外，信息化时代加速热点传播与资讯更迭，教材存在着严重的滞后性，发到学生手里时事情"降热搜"，甚至要事"不在场"问题频出，对于学生而言内容就缺少吸引力和时效性。如何解决课程标准规范化问题，需要深入研究。此外，针对信息化教学、实践课程等多元教学形态的规范性教学评价和完整性教学管理研究也尚未形成。另一方面，"全员育人"师资队伍薄弱。从事形势与政策教育的队伍，普遍存在师资力量短缺、人员类型庞杂、教授水平普遍不高等问题，高职高专院校在这个方面问题更为突出。特别是大数据时代对形势与政策教育主体的影响，目前研究主要集中于分析面临的"互联网＋"新机遇与多元思潮新挑战，而对问题的破解以及教师信息素养何以有效提升等关键问题尚未形成落地性和系统性成果。从学生成长发展全过程来看，尚且存在学生主体性不高、网络化生存趋势、功利主义倾向等现实性困境，亟待探究如何通过整合各种社会优质资源协同高校落实立德树人这一根本任务。

二是形势与政策教育内涵式发展研究有待提升。内涵式发展是指以事物的内部因素作为动力和资源的发展模式，在发展形态上主要表现为事物内在属性的运动和变化所引起的发展，比如规模适度、结构协调、资源配置效率更高等。但目前聚焦形势与政策教育的内涵式发展研究仍有待加强。一方面，"形势与政策"课作为思政课整体教学体系不可分割的重要模块，是开展爱国主义教育、党史学习教育，实施大学生德育培养过程的主渠道之一，及时推动党的二十大精神"三进工作"成为"形势与政策"教育当前的首要任务，需要紧紧围绕习近平总书记提出的"五个牢牢把握"和"三个全面"，将党的二十大精神有效融入"形势与政策"课，引领学生自觉融入坚持和发展中国特色社会主义事业、建设社会主义现代化强国、实现中华民族伟大复兴的奋斗征程中。这也是未来形势与政策研究中需要加强的部分。另一方面，当前形势与政策教育的预期目标和教育效果之间还存在一定的距离，要激活学生思想认识和情感认同，关键要把道理讲深、讲透、讲活，处理好政治性和学理性的问题，处理好教学、科研和学科的关系问题，在回应现实要求中蓄力储能，提升"形势与政策"课的导向性、开放性、示范性和感化性，着力解决"形势与政策"课程建设何以"托底"的根本性问题，实现自身可持续发展，这些问题的研究在未来仍有很大的研究空间。

三、形势与政策教育的研究展望

基于 2022 年度对形势与政策教育研究成果的梳理和分析，把握其研究特点、明确其研究不足，立足当前形势与政策教育研究的问题，预测形势与政策教育研究未来继续深化的方向。

（一）进一步深化形势与政策教育体系化研究

党的二十大报告指出，教育是国之大计、党之大计。"培养什么人、怎样培养人、为谁培养人"是教育的根本问题。育人的根本在于立德。全面贯彻党的教育方针，落实立德树人根本任务，培养德智体美劳全面发展的社会主义建设者和接班人。坚持以人民为中心发展教育，加快建设高质量教育体系，发展素质教育，促进教育公平。[①] 在未来的研究中，形势与政策教育体系化研究将更加凸显。形势与政策教育是形势教育与政策教育的辩证统一，形势教育是政策教育的前提，政策教育是形势教育的目的和归属，二者相互渗透并统一于政治教育。体系构建有助于达到形势教育与政策教育的统一，能够提高教育实践的成效，使教育的内容逐渐趋向统一，有利于教育教学成效的提升。一是要聚焦内容体系的构建。课程内容体系的构建应当是教育体系构建的第一步，厘清教育知识结构、课程的教学框架、教育内容设计、教育教学方法等，诸如此类问题都可能是未来研究的方向之一。二是深化教育动力体系的构建。相比而言，形势与政策教育的理论性和实践性的融合相对薄弱，所以更要从实践创新和理论革新上下功夫，比如围绕"大思政课"建设，从教育力量提升、教育资源融合、教育场域拓展、教育技术革命等方面着手推动形势与政策教育体系构建。三是强化教学方法体系的构建。针对当前多数学校课程开展课时不统一、教案不统一等问题，如何探索形成符合学生成长规律、教育规律的教学方法，降低不同地区、不同高校间的教学差异，使得形势与政策教育既要联系理论与实际，也要衔接过去与现在，更要贯穿课堂与社会，这可能都会是未来学者们致力破解的重要问题之一。

（二）进一步推进形势与政策教育内涵式发展研究

站在新的历史方位，加强形势与政策教育要不断提升内涵式发展，在改革创新中进一步把握规律、找准方向、守正创新。一是要进一步激发内生动力。动力是贯穿思想政治教育发展始终的关键问题。[②] 作为思想政治教育工作的重要内容，形势与政策教育也应当具有其自身的内生动力，既能激发教育的主体性，也能加强理论的深化，更能推动形势与政策教育的可持续发展。

---

① 习近平：《高举中国特色社会主义伟大旗帜 为全面建设社会主义现代化国家而团结奋斗——在中国共产党第二十次全国代表大会上的报告》，人民出版社 2022 年版，第 34 页。

② 冯刚、朱宏强：《思想政治教育内生动力的理论审思》，《马克思主义理论学科研究》2022年第 8 期。

从内生动力的层面研究形势与政策教育，能够准确抓住形势与政策教育开展的主导因素，进一步聚焦教育实施的主要矛盾，提升教育的效果；能够形成多元协同的教育合力，更好地发挥"形势与政策"课程的育人功能，协助落实完成立德树人的根本任务；能够促进自身的创新发展，推进教育内涵式发展。二是要进一步加大教育治理。推进高校思想政治教育治理的创新研究，是新时代高校思想政治教育内涵式发展的内在要求。① 研究形势与政策教育在高校思想政治教育治理中的作用和地位，探索如何通过形式与政策教育助力高校思想政治教育治理，是从实践的高度对高校思想政治教育治理的质性研究，也是从发展的角度对课程建设未来方向的更深刻把握。

（三）进一步加强形势与政策教育质量评价研究

质量评价是推动教育发展的重要手段，是评估和判断高校思想政治工作质量优劣的"试金石"，质量评价应当成为形势与政策教育可持续发展的重要研究内容。一是要明确好形势与政策教育质量标准。质量评价"为了什么"，评价结果"有何作用"，是开展相关质量评价时要明确的首要目的。当前面向高校形势与政策教育的质量评价研究较少，因此相应的质量标准有待进一步确定和统一。形势与政策教育质量评价应当是全面性的评价，其与高校思想政治教育质量评价有什么关系，能从高校思想政治教育质量评价标准中参考借鉴哪些内容，需要进一步研究界定。二是要构建好形势与政策教育评价体系。形势与政策教育质量评价是对教育过程和结果的整体性评价，评价的结果应当客观反映教育过程是否合理、教育结果是否有效。在开展质量评价的过程中，最重要的是选取科学、客观、又可查可见的评价指标。这些指标要聚焦形势与政策教育的完成度和有效性，可以是教育过程中的某个环节，也可以是衡量教育结果的某个方面。这些评价指标在整体评价中所占权重，也是评价体系的组成内容，需要在设计评价体系时一并考虑。三是要应

---

① 冯刚：《关于高校思想政治教育治理研究的几个问题》，《高校辅导员学刊》2022 年第 3 期。

用好形势与政策教育评价结果。不同的质量评价体系，评价的结果不同，所面向的质量评价目标也不同。形势与政策教育的质量评价既要反映教育的质量现状，也要反馈教育的实施过程，通过评价结果总结经验，反思不足，反馈建议，为教育评价实践提供一定参考，以提高教育的针对性和有效性。

第二十二章　时代新人培育研究

习近平总书记在党的十九大报告中首次提出"培养担当民族复兴大任的时代新人"这一命题以来，时代新人的相关研究成为思想政治教育理论与实践探讨的重要课题。2022年时值中国共青团成立100周年，正逢中国共产党第二十次全国代表大会胜利召开，站在向第二个百年奋斗目标进军的关键时刻，认真总结中国共青团培养青年的优良传统、历史经验，探讨时代新人培育的现实路径具有重要意义。回顾2022年时代新人培育研究取得的最新进展，把握最新动态，有助于立德树人根本任务的落细落实。本章梳理2022年时代新人培育的研究成果，分析年度进展和特点，在此基础上展望未来研究趋势。

一、时代新人培育研究的主要成果

为把握本年度该主题的研究成果全貌，在中国知网以"时代新人"为主题词进行检索，共检索到2022年发表的相关文献696篇，包含205篇核心、CSSCI期刊论文、15篇硕士学位论文。从已发表的核心论文数量上看，较2021年稳步增长。整体而言，学界对该主题的理论与实践研究呈现出持续的关注和研讨，成果在数量和质量方面取得长足进步。另外，《革命精神融入高校时代新人培育的理论与实践》一书结合高校育人实际，研究革命精神融入时代新人培育的机制路径与创新发展，以国内12所高校时代新人培养的成功方法作为案例，梳理成效、特色及经验。同时，还有两部宣传读物《传承

红色基因 争做时代新人》《传承优良家风 争做时代新人》面世。

总体来看，本年度研究时代新人培育的成果依然集中在"培育什么样的时代新人""如何培育时代新人"这两个问题的探讨。值得注意的是，2022年恰逢中国共青团成立100周年重要节点，学者们将研究焦点面向新征程时代新人的成长成才，涌现出许多新的研究成果。关于时代新人的历史主动精神、文化自觉性、格局观等话题的讨论逐渐延展。系统梳理和回顾本年度该主题研究的最新成果可以发现，主要聚焦于中国共产党的时代新人观、时代新人的培育路径、时代新人的多维透视和涵育时代新人这四个方面。

（一）中国共产党的时代新人观研究

关于马克思主义新人观研究。从整体视角审视马克思主义新人观有助于理解"时代新人"继承什么，以及发展什么等问题。有学者提出马克思主义新人观是不断发展和完善的理论体系，是理论在不同时空、不同国情、不同语境下的动态呈现。其中，马克思、恩格斯构建了培养新人的理论原点，从抽象的"人性"到"现实的个人"，阐明了人的发展理论的现实依据。培养能够担当历史使命、传播新型文明的共产主义新人是实现共产主义的客观要求。究其本质特征，共产主义新人指向人类未来的前景目标，追求"每个人全面而自由的发展"。可见，马克思、恩格斯所强调的共产主义新人，不仅是社会形态演变的客体，也是社会生产发展的主体，指向人的自由全面发展。延续马克思、恩格斯的新人观，列宁的社会主义新人观更具现实针对性，强调在实践探索中培育新人。近代以来，中国共产党人把马克思主义经典作家新人观深深根植于中华民族的土壤，使中国化的马克思主义新人观成熟发展起来，不同阶段样态各有不同，但都属于"社会主义新人"范畴，与"先锋队""又红又专"等标准内在关联。①回顾马克思主义新人观的发展脉络，不难看出，培育担当民族复兴大任时代新人的战略是针对新的历史方位

① 栾淳钰：《"时代新人"：马克思主义新人观的新发展》，《思想理论教育导刊》2022年第5期。

作出的新判断、新要求，赋予新时代青年以新使命，推进了马克思主义新人观的赓续和发展。

关于中国共产党时代新人观的历史演进研究。在不同历史时期，中国共产党在培育新人方面创造性地提出过不同内涵的新人观。从某种程度来说，中国共产党培育新人的演进，就是在教育实践活动中不断回答"培养什么人"的历史。有学者以新中国成立初期为发端，总结了中国共产党的新人观变迁，从新中国成立初期的新国家需要"新人"来建设，到社会主义探索时期，新制度需要"新人"来改造，到改革开放初期，新实践需要"新人"来推动，再到社会主义现代化建设新时期，新环境需要"新人"来助力，走到中国特色社会主义新时代，新阶段需要"新人"来构筑。① 也有学者提出中国共产党深刻把握当代中国的基本国情和所处的历史方位，围绕培养什么样的人、如何培养人以及为谁培养人这个根本问题进行了深刻论述，形成了不同时期的时代新人观。纵观新人观的演变与发展，其内涵愈发丰富，体现在时代指向更明确，对时代新人素质要求更高这两个方面。进入中国特色社会主义新时代，面临着百年未有之大变局，中国共产党的时代新人观正处于全新的历史方位和历史语境。对时代新人观的把握，不仅要从纵向历程上探析它在不同历史时期的内涵，更要从横向维度上解析它的不同内容。按照中国共产党时代新人观的历史演进经验，需要以党的中心任务为依据，以马克思主义人学思想为支撑，以马克思主义与时俱进精神为动力，全面立体把握新发展阶段下的"时代新人"。

关于新时代党的教育方针政策研究。有学者认为，党的十八大以来，党和国家始终从"培养什么人、怎样培养人、为谁培养人"根本问题出发，针对新时期的人才培养工作不断提出新的要求。主要表现在以下几个方面：第一，要把立德树人作为新时代教育的根本任务；第二，要坚持不懈培养德智

---

① 朱娅琴、孙迎光：《中国共产党时代新人观的历史演进与现实发展》，《学术探索》2022年第 11 期。

体美劳全面发展的社会主义建设者和接班人；第三，要不断提高学生综合素质，做好"六个下功夫"，努力培养拔尖创新人才，以培养担当民族复兴大任的时代新人。人才培养的新要求是新时代我国对马克思主义有关人才培养思想的继承、发展与创新，突出体现了新时代的重要使命，也表明了我国人才培养的社会主义方向性。①

（二）时代新人培育路径研究

关于培养时代新人的三大基本路径研究。习近平总书记在党的十九大报告中提出："要以培养担当民族复兴大任的时代新人为着眼点，强化教育引导、实践养成、制度保障。"②中共中央、国务院印发的《新时代公民道德建设实施纲要》提出，要"持续强化教育引导、实践养成、制度保障，不断提升公民道德素质，促进人的全面发展，培养和造就担当民族复兴大任的时代新人"。③有学者提出这三个"强化"是培养时代新人的三大基本路径，在当前分别有如下着力点：首先，以实现高等教育内涵式发展为着力点持续强化教育引导；其次，以全面加强劳动教育为着力点持续强化实践养成；最后，以切实落实《中长期青年发展规划（2016—2025年）》为着力点持续强化制度保障。保证这三条培养路径方向不偏且充分发挥各自效能的前提是坚持党的领导。只有坚持党管青年，才能为时代新人的发展提供最优的发展空间，才能将我国社会主义制度的优势转化为培养时代新人的治理效能。④

关于建好"生态雨林"培养时代新人的研究。在学习贯彻习近平总书记考察清华大学时重要讲话一周年前夕，教育部部长怀进鹏到清华大学、北京大学调研基础学科拔尖人才培养工作，指出要建好人才培养"生态雨林"，

---

① 刘复兴、李森：《在新的历史征程上培养担当民族复兴大任的时代新人——新时代党的教育方针政策研究》，《中国人民大学教育学刊》2022年第4期。

② 《习近平谈治国理政》（第三卷），外文出版社2020年版，第33页。

③ 中共中央宣传部宣传教育局：《〈新时代公民道德建设实施细要〉学习读本》，人民出版社2020年版，第20页。

④ 冯刚、徐先艳：《时代新人的生成逻辑、基本特征和培育路径》，《教学与研究》2022年第4期。

注重理念塑造和价值引领，注重大师指导和学生主动学习，注重课程建设和机制探索，注重文化浸润和学科交流，形成良好的人才培养生态环境和健康的学术生态。有学者关注到高校"生态雨林"这一人才培养的生态环境营造问题，提出要建好人才培养"生态雨林"是顺应时代需求、立足教育现状、满足人的发展所作出的重要部署，蕴含着开放、多样、包容、有机、生长的内在逻辑。高校要把握好价值引领与知识传授、大师指导与自主学习、显性教育与隐性教育、共生发展与内在循环四对关系，加快构建适合自身发展特色的人才培养"生态雨林"，培养担当民族复兴大任的时代新人。①

关于构建新时代思政育人体系培养时代新人的研究。有学者提出要将思政育人工作放在中华民族伟大复兴战略全局、世界百年未有之大变局的时代背景和学校自身事业发展布局中系统谋划，把握新形势、探索新路径，为培养引领未来的时代新人贡献力量。该文结合华南理工大学的实际经验与探索，提出高校要坚持以深化思政育人共识为基本前提，以"学思用一体化"的思政育人体系为核心支撑，建设"大思政课程、大党建活动、大社会实践"三大子体系，突破思政教育的学段、学科、要素和时空四大边界，实现思政"全时空育人"。②

关于培育堪当民族复兴重任的时代新人研究。2022 年五四青年节，习近平总书记前往中国人民大学进行考察并指出"立足新时代新征程，中国青年的奋斗目标和前行方向归结到一点，就是坚定不移听党话、跟党走，努力成长为堪当民族复兴重任的时代新人。"这为广大高校坚持为党育人、为国育才的初心使命指明了根本方向、提供了根本遵循。有学者从落实立德树人根本任务的视角，提出了培养堪当民族复兴重任时代新人的现实路径，一是深刻把握当代中国青年的奋斗目标和前行方向，二是引导青年大学生把对

---

① 刘波：《建好"生态雨林"培养时代新人》，《中国高等教育》2022 年第 4 期。

② 章熙春：《构建新时代思政育人体系 培养引领未来的时代新人》，《高等工程教育研究》2022 年第 3 期。

祖国血浓于水、与人民同呼吸共命运的情感贯穿学业全过程，三是鼓舞青年大学生在全面建设社会主义现代化国家新征程中勇当开路先锋、争当事业闯将。①

（三）时代新人的多维透视研究

关于时代新人的文化向度研究。有学者认为要将文化作为培育时代新人的切入点和着力点，通过挖掘文化资源、开设好文化课堂、开展文化实践、营造文化环境，构筑起有效培育路径。②有学者站在文化—政治的视角，提出时代新人存在两大逻辑支撑：文化逻辑与政治逻辑。因此，时代新人具有两大基本特质：文化特质与政治特质。时代新人既是拥有坚定的理想信念和崇高的价值追求的文化新人，也是拥有丰富的现实经历和深刻的实践经验的政治新人，并且其文化逻辑与政治逻辑、文化特质与政治特质是有机统一的，本质上是文化—政治逻辑的具体化的新生力量。③有学者提出时代新人担负着继承中华文化精神、延续中华文脉、推进文化现代化建设的历史使命。文化理解与传承是时代新人应具备的核心素养，文化理解是时代新人建立文化认同、自觉和自信的基础和前提。培养时代新人要在文化的认知和反思中增强文化自觉，在文化的鉴别和接纳中培育文化自信，在文化的转化和传播中创新文化实践。④还有学者指出时代新人的文化自觉性培养是建设社会主义文化强国的必然要求，也是时代新人全面发展的内在需求。当前要推进社会主义先进文化教育，树立文化主体意识，推动校园文化建设，丰富文化活动

① 杨子强：《落实立德树人根本任务 培养堪当民族复兴重任的时代新人》，《中国高等教育》2022年第5期。

② 冯刚、陈倩：《培育时代新人志气、骨气、底气的文化向度》，《国家教育行政学院学报》2022年第2期。

③ 朱大鹏、刘昱：《时代新人的文化——政治逻辑》，《西北民族大学学报（哲学社会科学版）》2022年第4期。

④ 胡玉宁：《时代新人的文化理解与传承》，《湖南大学学报（社会科学版）》2022年第2期。

形式，促进对外文化交流，坚定文化选择。①

关于时代新人的历史观研究。有学者提出"四史"教育是对中华民族与中国共产党优秀育人传统的历史赓续，具有以史为镜、以史为源、以史为荣、以史为行等多重价值内涵。要以"四史"教育为重要抓手培育时代新人，就是要以坚定正确的政治方向为"四史"教育掌好舵，以理性科学的辩证思维为"四史"教育布好篇，以立德树人的任务要求为"四史"教育落好棋。②有学者提出历史主动精神是新时代培养时代新人的重要内容，要从认清历史方位、运用历史方法、洞察历史大势三个方面入手，着力提升主动坚定历史自信的主体精神、主动承担历史使命的担当精神、主动进行历史变革的创造精神，进而提升历史主动精神，助力中华民族伟大复兴。③同时，还有学者也关注历史主动精神的培育，提出要以历史主动精神推动时代新人培育工程，要强化理论武装坚定时代新人的理想信念，加强思想引领唤醒其主体自觉，推进文化滋育提振其精神风貌，加强实践锻炼激励其主动作为。④

关于时代新人的精神特质研究。有学者对比儒家君子人格与时代新人的品质特征，提出时代新人传承着君子人格的精神基因与文化血脉，在核心理念、人格特征、精神风貌、综合素养、价值追求上与之高度契合，具有"以德为先"的追求，涵盖"有理想、有本领、有担当"的品质，"奋进、开拓、奉献"的风貌，"德智体美劳全面发展"的素养，"为人民谋幸福为民族谋复兴为人类谋进度"的理想，时代新人注入了马克思主义科学理论和丰富的时代意蕴，创造性发展和超越了儒家君子人格思想。⑤有学者提出要加强时代

---

① 刘谦、王正阳：《时代新人文化自觉性的独特蕴含及培育路径》，《思想政治教育研究》2022 年第 6 期。

② 赵本燕、王建新：《时代新人培育视野下"四史"教育的逻辑透视》，《北京航空航天大学学报（社会科学版）》2022 年第 6 期。

③ 王勤瑶：《时代新人的历史主动精神及其提升路径》，《理论导刊》2022 年第 8 期。

④ 史宏波、张澜：《以历史主动精神推进时代新人培育工程》，《学校党建与思想教育》2022 年第 21 期。

⑤ 王仕民、黄科：《从"君子人格"到"时代新人"——中华优秀传统文化的传承与创新》，《理论探索》2022 年第 4 期。

新人的格局观培育和塑造，以"志存高远"提升格局、以"价值引领"升华格局，以"把握大势"拓展格局、以"社会课堂"锻造格局，不断增强时代新人观全局、识变局、顾大局、开新局的能力。① 有学者认为时代新人之所以"新"，不仅要立足于新时代方位下社会历史条件发生深刻变化的时代之新，还要厘清中国共产党在培育"新人"过程中的新理念、新机制。新时代中国共产党培育"新人"具有新的特质，指向"堪当大任"的育人目标，培育具有国际视野的爱国者、具有坚定理想的奋斗者、为人民谋幸福的开拓者和为民族谋复兴的奉献者。②

（四）时代新人的涵育研究

青年是整个社会力量中最积极、最有生气的力量，国家的希望在青年，民族的未来在青年。2022 年是中国共产主义青年团成立 100 周年，回首百年，一代一代的中国青年在中国共产党的领导下，把青春奋斗融入党和人民事业，为人民战斗、为祖国献身、为幸福生活奋斗。本年度学者们继续探讨以青年为主体的时代新人涵育工作，提出了多重涵育路径。

以奋斗精神涵育时代新人的研究。奋斗精神与时代新人是思想政治教育研究的两大高频主题词，用奋斗精神涵育时代新人有着深刻的价值意蕴。有学者提出中华民族伟大复兴征程的动力所在、人的全面发展的旨归所在、百年未有大变局下"强起来"的关键所在，是奋斗精神涵育时代新人的价值彰显。时代新人的"出场"需要奋斗精神的"入场"、奋斗精神的"赓续"需要时代新人的"传承"，在奋斗精神涵育时代新人的路径上，要以接力奋斗筑牢时代新人的理想信念、以顽强奋斗提高时代新人的本领能力、以共同奋斗砥砺时代新人的责任担当。③

---

① 付玉璋：《论时代新人的格局观》，《思想理论教育》2022 年第 11 期。
② 葛士新：《新时代中国共产党培育"新人"的三维探析》，《西北民族大学学报（哲学社会科学版）》2022 年第 4 期。
③ 聂莹莹：《奋斗精神涵育时代新人的三重意蕴》，《人民论坛》2022 年第 1 期。

以社会主义核心价值观涵育时代新人的研究。习近平总书记在中国人民大学考察时指出"广大青年要做社会主义核心价值观的坚定信仰者、积极传播者、模范践行者"。有学者阐释这一重要论述时提出应当深刻把握习近平总书记对广大青年培育和弘扬社会主义核心价值观的新要求新期待，要从实现中华民族复兴的战略全局、中国特色社会主义后继有人的根本大计的高度，认识和把握新时代坚持以社会主义核心价值观涵育时代新人的丰富内涵和实践指向。具体而言，就是迫切需要青年一代成长为社会主义核心价值观的坚定信仰者、积极传播者和模范践行者，始终走在建设中国特色社会主义新时代的前列，成为担当民族复兴历史重任的奋进者、开拓者和奉献者。①

以伟大建党精神涵育时代新人的研究。有学者聚焦建党精神，提出伟大建党精神在涵育时代新人中担负着政治引领、价值引导、精神塑造、榜样示范等使命，弘扬伟大建党精神要以"坚持真理、坚守理想"涵育有信仰的时代新人，以"践行初心、担当使命"涵育有志气的时代新人，以"不怕牺牲、英勇斗争"涵育有骨气的时代新人，以"对党忠诚、不负人民"涵育有底气的时代新人。以建党精神涵育时代新人，需要坚持党的领导、营造社会氛围、筑牢学校阵地、夯实家庭教育实现这一目标。②

二、时代新人培育研究的进展与特征

"培养什么样的人，如何培养人"是思想政治教育学科的基础问题、核心问题，时代新人培育研究的不断深化和扩展有助于学科领域问题的丰富发展。总结分析本年度时代新人培育研究的进展、特点与不足，对于深化思想政治教育的任务、对象、方法等基础理论研究、促进新时代思想政治教育创新发展具有重要价值。

---

①　刘伟：《坚持以社会主义核心价值观涵育时代新人》，《教学与研究》2022 年第 5 期。

②　范玉鹏、周倩：《伟大建党建设涵育时代新人的使命、要义与路径》，《郑州大学学报（哲学社会科学版）》2022 年第 5 期。

（一）时代新人培育研究的年度进展

纵观 2022 年度时代新人培育研究，相关成果有了纵深发展，对时代新人的内涵、基本特征、时代要求等问题的探讨持续深入。本年度时代新人培育研究具有一定的特殊背景，多次重要会议的召开为该主题的研究提供了重要遵循。2022 年 5 月 10 日，习近平总书记在庆祝中国共产主义青年团成立 100 周年大会上指出"要立足党的事业后继有人这一根本大计，牢牢把握培养社会主义建设者和接班人这个根本任务，引导广大青年在思想洗礼、在实践锻造中不断增强做中国人的志气、骨气、底气，让革命薪火代代相传"。①为时代新人培育的研究指明了方向，扩展了内容，是当前时代新人培育研究的重要遵循。2022 年 10 月 16 日，中国共产党第二十次全国代表大会胜利召开，报告中"弘扬以伟大建党精神为源头的中国共产党人精神谱系，用好红色资源，深入开展社会主义核心价值观宣传教育，深化爱国主义、集体主义、社会主义教育，着力培养担当民族复兴大任的时代新人。"②成为本年度时代新人培养研究的重要理论指导。在此背景下，相关研究取得了较为丰富的新成果，集中在新人观、文化观、历史观三个维度的新动向。

一是中国共产党的"新人观"研究持续深化。对于"新人观"的深化研究，内容主要集中在马克思主义"新人观"、中国共产党时代新人观与习近平时代新人重要论述方面。本年度关于"新人观"研究的进展主要表现为三个方面。第一，在"新人"的标准问题探讨中，从"自由全面的人"到"又红又专"，再到"社会主义合格建设者和接班人"，学界对于马克思主义经典作家关于"新人"的论述以及中国共产党培育"新人"的历史演进展开探讨，认为共产主义接班人和自由全面发展的人是"新人"的本质。所谓"时

---

① 习近平：《在庆祝中国共产主义青年团成立 100 周年大会上的讲话》，《人民日报》2022 年 5 月 11 日。

② 习近平：《高举中国特色社会主义伟大旗帜 为全面建设社会主义现代化国家而团结奋斗——在中国共产党第二十次全国代表大会上的报告》，人民出版社 2022 年版，第 34 页。

代新人"的培育，始终坚持马克思主义的立场、观点与原则，始终秉承马克思主义关于塑造"新人"的基本思想和理论，其内核在于为了完成共产主义的奋斗目标，造就社会主义事业的建设者和接班人。第二，在"新人"的特质把握方面，学者从精神状态、基本特征、精神特质等方面论证了新时代对"新人"提出的要求。时代新人的内在规定性，尤其是新时代赋予的新使命所要求的能力、素质、精神境界等问题涉及"培养什么样的人"这一根本问题。本年度有学者从立场情怀、价值取向、能力素养、精神状态、理想人格、视野格局等维度分别论证了新时代担当民族复兴重任的时代新人所必需的核心素养。第三，"新人"素质能力的衡量方面，学界遵循习近平总书记关于时代新人的最新论述，改变原有的"担当民族复兴大任"表述，使用"堪当民族复兴重任"这一新的概括。在 2022 年五四青年节即将到来之际，习近平总书记到中国人民大学考察调研，对全国广大青年提出殷切希望："立足新时代新征程，中国青年的奋斗目标和前行方向归结到一点，就是坚定不移听党话、跟党走，努力成长为堪当民族复兴重任的时代新人。"① 从"担当"到"堪当"，一字之别，却体现了对时代新人能力素养的更高期待和更新要求。"堪当"不仅要求时代新人主动承担使命，担当责任，还需要具备一定水平的综合素质，有本领，有底气。学界聚焦于新时代立德树人根本任务，面对育人实际问题，探讨了如何培育堪当民族复兴重任的时代新人，提出深化"四史教育"、探索"三个规律"、讲好党的创新理论等具体路径，倡导新时代青年以实现中华民族伟大复兴为己任，增强做中国人的志气、骨气、底气，不负时代，不负韶华，不负党和人民的殷切期望。

二是时代新人培育研究更加注重文化底蕴。伴随"培养时代新人"这一重要战略的实施，学界沿着意义解读—内涵界定—路径探讨的脉络深入研究。在培育路径研究方面体现了重视文化育人价值的共识。本年度，学界对于时代新人培育文化向度的理解持续加深，认为文化逻辑是时代新人的应有

---

① 《争做堪当民族复兴重任的时代新人》，《人民日报》2022 年 4 月 26 日第 2 版。

之义。一些学者从宏观的角度提出，时代新人培育与文化建设、社会主义核心价值观教育的密切关系和内在统一，还有学者从微观视角阐释时代新人培育的文化进路，包括弘扬伟大建党精神、提升时代新人的文化理解和文化传承素养、加强时代新人的文化自觉性等。首先，文化育人的研究成果十分丰富。思想政治教育学科创建之初，就将文化作为重要的方式途径进行了理论总结和学理分析。随着基础理论和实践研究的深化和细化，涌现出许多文化育人的专题研究成果。2022 年度，学者们从文化环境、文化自觉、文化理解、文化传承等方面分析了时代新人与文化之间的共生互塑关系，论证了文化育人作为时代新人培育重要路径的内在逻辑和理论支撑。这是由于当前文化要素越来越成为意识形态的主要组成部分，意识形态的凝聚力和吸引力逐步向以文化为主要表现力的综合方式转变。牢牢掌握意识形态的主导权，必须始终把握重点教育对象——青年，增强文化的育人力量，使时代新人坚定听党话、跟党走，争做堪当民族复兴重任的中流砥柱。其次，在文化育人领域出现了诸多研究新动态。时代新人研究是在实践基础上形成的，随着时代的发展和实践的创新，其具体范畴也在不断丰富和扩展。本年度，在"大思政"格局下，时代新人的文化向度研究出现一些新的进展，主要表现在重视文化嵌入时代新人生活场景和精神世界、营造良好文化环境和氛围、在文化的转化和传播中创新文化实践等探讨。一方面，学界认为培养时代新人的一个重要任务是传承中华优秀传统文化、继承革命文化、发展社会主义先进文化，要用文化育人的隐性方式将社会主义核心价值观渗透到时代新人的日常生活中，融入时代新人所处的具体文化场域。另一方面，时代新人培养工作涉及面广，是一项复杂的系统工程，需要以系统整体协同的思维，优化文化生态，营造良好文化氛围。学界加强了对舆论引导、新闻宣传、社会思潮的研究，认为要主动占领网络舆论前沿阵地，压实网络文化环境净化责任，为时代新人的成长构建清朗健康的网络文化空间，使网络这个最大的变量成为育人的最大增量。此外，学界开始重视"以文铸魂"，加强对社会主义文艺、优秀文化作品的研究，发挥文艺温润心灵、启迪心智、铸魂育人的重要功能和价值。

三是时代新人培育研究与党史研究紧密结合。中国共产党自成立以来就始终高度重视培养时代新人，百年来，在深刻把握历史发展规律和青年成长成才规律中不断深化时代新人培育的理念与导向，在积极应对各个时期的历史挑战中不断开辟时代新人培养的新境界。就时代新人研究与党的历史研究的相融合而言，本年度的相关研究已经进入深层次，突出表现为对于中国共产党时代新人培育的历史演进进行了系统回顾和梳理，达成了普遍共识。按照中国共产党的历史分期将中国共产党时代新人培育的历程分为新民主主义革命时期、社会主义革命和建设时期、改革开放和社会主义现代化建设新时期、新时代这四个历史阶段，分别以毛泽东、邓小平、江泽民、胡锦涛、习近平等领导人关于时代新人的重要论述进行分析，由此构建的中国共产党时代新人培育体系较为全面，对于进一步厘清时代新人培育的基本范畴、历史发展规律具有重要意义。学界认为，从总体来看，中国共产党在不同历史时期都有相对应的不同主题和中心任务，衍生出不同的"新人"标准。培养什么样的人从来不是静止的理论问题，而是在历史的与时俱进发展过程中，具有强烈实践导向和问题意识的现实问题。历史和实践充分表明，中国共产党百年来积累了培育时代新人的丰富经验，未来的时代新人培育研究也要坚持站在正确的历史方位，主动应对历史挑战和时代使命，以历史主动精神和历史思维推进时代新人培育系统工程行稳致远。

（二）时代新人培育研究的年度特点

首先，研究成果更加开放多元。随着新时代新征程的社会环境不断变化以及思想政治教育学科的成熟发展，学科基础理论与具体实践不断面临新情况、新问题、新挑战、新机遇。本年度相关研究成果显示出更加开放多元的格局。一方面，研究视阈更加开阔，不再局限于内涵、主体、路径等基本问题的界定和澄清，不断打破三段论的传统思维和研究范式，以开放的态度剖析时代新人培育实践中的现实问题，形成新的研究动向。另一方面，研究关注点更加多元多样。比如提出建好"生态雨林"、瞿秋白人才思想对培育时代新人的启示、心怀"国之大者"培育时代新人，社会主义现代化强国背景下的时代新人塑造等议题，这些立足新时代历史方位、视角多元的研究成果，推动着时代新人培育研究不断焕发新的生机与活力。

其次，研究内容更加与时俱进。在本年度的研究成果中，学界紧跟时代发展的步伐，关注庆祝中国共产主义青年团成立100周年大会、党的二十大两次重要会议，学习贯彻习近平总书记在中国人民大学考察调研的重要指示，从理论层面阐释了培育堪当民族复兴重任时代新人的价值意蕴、现实路径等新的时代课题。历史与现实表明，时代新人培育根本关涉国民教育问题，是关乎中国社会主义事业后继有人的重大课题，学界自党的十八大以来，一直高度重视时代新人在新时代现代化建设与实现中华民族伟大复兴过程中的中流砥柱作用，围绕时代新人的成长成才开展了诸多研究，与时俱进回答了"新时代需要什么样的人才""怎样培养人才"的现实问题，明确了新时代思想政治教育的根本任务和核心内容。本年度研究成果紧扣习近平总书记关于"堪当民族复兴重任的时代新人"这一最新论述，关注现实、回应实际，形成了丰富的理论与实践研究成果。比如，在大数据思政视阈下探讨历史主动赋能时代新人的着力点、探究网络空间培育时代新人的现实困境及路径、讨论中国式现代化进程中时代新人的演进逻辑等富有新时代气息的现实课题。

最后，研究方法更加多样。在本年度的研究成果中，研究方法呈现出多样化发展的趋势。既有马克思主义理论学科常用的历史与逻辑相统一的研究方法，也有采用社会调查研究方法对具体实践主体进行纪实研究，还有运用历史学的研究方法对传承红色文化培育时代新人、弘扬红色精神培育时代新人等问题开展的系统研究。同时，全景透视本年度的研究成果，从方法论的角度来看，呈现出两大主要研究方法。一是运用文本分析方法对历史文献、重要资料、政策文件等进行系统剖析和理论建构，主要的成果集中在时代新人观的历史演变、时代新人的理论蕴含、时代新人培育的战略指向等宏观研究。二是运用实证研究方法对社会实践、现状困境、具体举措等进行经验总结和问题分析，成果集中在某个地方、某个单位的时代新人培育实践做法、成效、经验等方面。比如某高校、某基层党组织、某中学所开展的具体育人实践探索。

（三）时代新人培育研究的不足

目前学界对时代新人培育的研究虽然形成了较好态势，但是本年度的研究依然存在不少亟待解决的问题。其中比较突出的是，存在着问题导向不明确、学术对话缺失的情况，实践研究仅探讨表层问题。造成这些不足的原因是多方面的，时代新人培育的研究要更加关注实践前沿和理论前沿，才能满足理论发展、学科建设和实践创新的需要。

第一，系统性理论专著相对匮乏。任何一种育人体系都有其内在逻辑结构、价值理念、发展规律，又有其外在的话语模式、运行过程、运转机制。时代新人培育是一项复杂的系统工程，需要搭建一个完整系统的结构体系来明确培养的目标任务、培养的内容、培养的方法、培养的途径等问题。而这一系统性理论体系的形成，不能仅靠零散的、局部的、浅表的探析论文完成。目前时代新人培育研究虽然引起了学界普遍关注和广泛参与，也产生了一批具有深刻学术思想和重要影响的学术成果，但是当前的研究成果依然存在着重复研究的问题，大量论文还停留在时代新人培育的重要性、必要性等意义探讨层面。本年度的研究成果绝大部分都集中于期刊论文的发表，仅有一部相关研究的专著出版。但是，时代新人培育需要教育者用系统化、综合化的理论体系以全员、全过程、全方位的理念整体促进时代新人的自由全面发展。这一过程囊括了理论的系统性、过程的协同性，亟须更加系统、综合、全面的理论成果整体性推动时代新人培育的创新发展。

第二，理论研究与应用研究融通不够。时代新人培育既是中国共产党关于教育发展的理论问题也是现实问题，实现理论研究与应用研究的融通是其内在要求和基本目标。本年度的研究成果还停留在理论研究与应用研究相分离的局面。一部分研究侧重文献研究和理论阐释，围绕历史演进、培育路径、培育方法等核心话题开展理论溯源、文本分析。不过有些研究者固守理论研究要尊重文本、尊重历史的观点，从文本到文本，缺乏将时代新人研究与新时代的新背景、新问题、新形势关联对照，存在理论与现实"两张皮"的问题。另外一部分研究片面关注时代新人培育的具体现象，满足于工作经验总结和现状问题分析，急于献言献策，而不能深化现实问题的根源，无法给予透彻的理论分析，也不能将理论运用于具体实践。总之，当前时代新人培育的研究中"理论研究"与"应用研究"各自为阵，融通性和转化性不足。

第三，多学科综合性研究依然薄弱。思想政治教育是一门交叉性和综合性很强的学科。无论是学科自身理论体系建构还是对现实问题的阐释和分析，都离不开交叉学科资源的供给和滋养。因此学科交叉融合发展以及思想政治教育综合性发展是学科发展的现实需要。本年度的研究成果基本上没有突破马克思主义理论学科的边界，多数是在总结思想政治教育实践经验的基础上完成的。而时代新人培育的创新发展，就知识体系而言，必须综合运用多门学科的理论，需要不断吸收和借鉴哲学、政治学、教育学、社会学、心理学、传播学等学科的最新成果。就思维方式而言，更是需要不断打破学科边界的束缚，不断深化和拓展时代新人培育的内涵和外延，更加充分体现开放包容和整体性系统性的育人思维。新时代的时代新人培育应该借鉴的知识是多方面的。特别是在百年未有之大变局和大数据智能化发展的新时期，时代新人的培育目标必须适应时代的全新境遇，适应人的全面发展的现实要求。这就要求综合运用多种教育方法，吸收交叉学科的方法论体系，灵活采取各种有效的方法，并且根据具体的情景和现实的需要不断变换教育的方法，才能达到培育的预期目标。

三、时代新人培育的研究展望

立足新时代思想政治教育的守正创新，针对当前时代新人培育研究的最新进展和存在的不足，展望未来研究趋势，必须体现新时代的新问题、新要求。紧扣立德树人的根本任务，把时代新人培育研究推向新境界，在推进研究深化的过程中，应注意以下几个着力点。

（一）聚焦时代新人培育实践领域的新问题

当今世界正处在百年未有之大变局，社会思想意识复杂多样、相互交织。我国正处于经济体制深刻变革、社会结构深刻变动、利益格局深刻调整的时期，意识形态领域局部多元多样多变的趋势日益明显，人们的思想更加活跃，独立性、选择性、多变性、差异性显著增强，各种思想多样杂陈、各种力量竞相发声成为常态。一些错误思潮和思想观点伺机冒头、妄图挑战马克思主义指导地位，攻击否定党的领导和我国政治制度、发展道路。意识形态领域多元思想文化相互交流交融交锋，已是一种客观存在。同时，随着大数据、智能化时代的到来，人们原有的生活方式和交往方式被深刻改变，网络世界异常复杂的互动关系也加速了各种思想、文化、信息的交流与传播。身处新时代浪潮中的青年是时代新人培育的主要群体和关键群体，他们的成长成才道路上机遇与挑战共存，出生于新世纪的青年一代，被称之为"黄金一代"，是中华民族伟大复兴的建设者、见证者，但是他们中的大多数面对不确定，发出了"这是最好的时代，也是最坏的时代"的狄更斯之叹。在2022年，"摆烂""躺平""内卷""社恐"成为青年群体使用的网络热词。有学者从青年亚文化的视角分析了网络流行语背后的社会心态，并且提出了对策建议。未来的时代新人培育研究，有可能涌现出更多关于青年文化生态、青年社交圈层等研究成果。一是因为追踪青年的成长动态，把握时代发展的脉搏是培育时代新人的出发点，也是培育工作取得实效的根本所在。青年的所思所想所为构成时代新人培育的基本土壤，脱离青年的现实需求，培育时代新人将成为"空中楼阁"。二是因为在任何一个社会里，青年都是思维活跃、富于创新的群体。他们处于个体价值观逐步稳定和定型的决定性阶段。习近平总书记将这一成长的关键时期比喻为"拔节孕穗期"，青年的价值观极易受社会环境变迁和社会思潮的影响。时代新人培育必须面向教育对象的实际，面对青年价值观念和行为方式的多样性、多变性和矛盾性，不能单一地用硬性灌输的方式进行培育。今后的时代新人培育研究只有站在多元文化背景下，更加关注青年在实践领域产生的新问题、出现的新形势，才能实现理论与实践的融合。

（二）注重时代新人培育路径的创新发展

时代新人培育的研究离不开传承，没有传承就不可能有新时代的时代新人培育这一重要命题。思想政治教育学科在建立发展的初期，也十分重视学科的传承。这种传承首先体现为对党的思想政治教育的优良传统和实践经验的总结与传承。当前的时代新人培育研究，绝大多数成果也都是通过总结、概括党的社会主义新人培育的优良传统和实践经验，揭示党的新人培育特点和规律。其次体现为对成熟理论以及党的思想政治教育成功经验的凝练与升华，比如将传统文化的传承与时代新人培育相结合，以党的精神谱系的传承作为时代新人培育的路径，将文化传承和创造性转化作为时代新人的使命任务等研究。当下，新时代的发展日新月异，在培育路径的探索中，注重传承的同时，更要注重创新。时代新人培育固然要注重总结科学经验，但不能停留在经验总结上；固然要继承马克思主义理论与思想政治教育的传统和立场原则，但更要注重因时而新、因事而化，形成具有时代气息的理论体系和方法。只有这样，时代新人培育的根本任务才能在探索创新中获得真正的发展。培育路径的创新发展，是该领域研究获得质变和飞跃的必然选择。一是加强完善性创新。在时代新人培育研究中，对已有的理论成果进行充实和完善，对原有的理论和方法进行阐释和论证，赋予中国共产党时代新人培育路径新的科学含义，促进理论的内容更新。二是加强集成性创新。将已经取得的各个方面的研究成果加以集中、综合和整合，通过系统梳理，把分散的、零星的研究成果凝练整合成系统的整体的专著，形成整体大于部分之和的理论效应，在整合中促进时代新人培育研究的发展。三是扩展原创性创新。立足思想政治教育理论前沿与实践前沿，从理论与实践的融合，研究时代新人培育的新现象、新问题，探索育人规律，深入推进交叉学科的知识借鉴和吸收，努力在重点、难点问题的研究上有所创新和突破，并且获得一批原创性的实践路径研究成果。

（三）关注时代新人培育的制度保障

时代新人的培养离不开制度的支持和保障。制度以其根本性、全局性、稳定性、长期性为时代新人培育提供重要的保障。通过制度、规范、规章等运行方式既可以增强时代新人培育的可操作性和可持续性，也可以经由强力规约、动态调节、价值传导的途径促进培育工作整体落实落细落小。未来的时代新人培育研究应当更加关注制度建设，着眼于建章立制，构建更加成熟、定型的制度体系，落实立德树人的根本任务。近年来，学界早已针对时代新人的培育路径进行了不同层面的研究，其中不乏将制度保障作为重要抓手和着眼点的理论成果。此类研究中既有基于价值内容、现实样态、风险挑战等方面，探讨制度保障对于时代新人培育工程的迫切性和重要性，也有从制度体系、保障机制、治理效能等维度，论析制度建设的思路举措，还有从理论逻辑和实践逻辑，分析制度保障与时代新人培育之间的紧密联系。在实践层面，强化制度建设和保障不仅能够提高时代新人培养工作的科学化、规范化水平，还可以通过科学合理的激励机制和约束机制，激发时代新人成长成才的内生动力，通过制度建设和政策支持可以为时代新人的创造性实践提供良好的社会环境和现实条件。具体而言，今后的研究可以从以下几个方面充实相关研究。首先，通过分析制度建设的资源，认识时代新人培育工作制度建设的理论与现实基础。新时代以来，中国共产党始终坚持把时代新人培育作为重大战略，为其制度建设提供了强大的资源支持，并且创造了良好的制度环境。未来可以分别从历史资源、理论资源、文化资源、现实资源入手，系统梳理新时代中国共产党培育时代新人过程中制度化建设的宝贵经验和理论支撑。其次，系统分析新时代关于时代新人培育的政策法规、规章制度、规范体系的文本，探讨制度保障的构成，分析制度建设的成效和存在问题。在此基础上，提炼归纳影响当前时代新人培育的制度保障因素。最后，整体构建时代新人培育的制度保障体系，实现有机衔接和相互贯通，以解决目前制度建设过程中各自为阵和内部冲突等突出问题。探索如何从大局出发、因地制宜，找到多元协同高效的制度优化路径。此外，制度的生命力在于执行，为了避免制度只是说在嘴上、写在纸上、挂在墙上，还需要探索时代新人培育的领导机制、动力机制、约束机制、激励机制等方面的完善提升路径。

第二十三章　社会思潮与思想政治教育研究

当前世界之变、时代之变、历史之变正以前所未有的方式展开，世纪疫情影响深远，国际上保护主义、单边主义抬头，多边主义、经济全球化遭遇挑战，全球治理面临着复杂形势，呈现出动荡变革态势。我国改革发展稳定进入新阶段，踏上全面建设社会主义现代化国家、全面推进中华民族伟大复兴的新征程。同时，面对世界进入新的动荡变革期，我国的发展进入机遇与风险挑战并存，不确定难预料因素增多的时期，社会层面也还存在着一些影响和干扰改革开放与社会进步的思想观念及行为习惯，一些错误社会思潮的传播和影响依然存在。在此国际国内背景下，各种社会思潮交流、交融、交锋的势头依然明显，对人们的思想和行为产生着不同向度、不同程度的影响。社会思潮作为社会生活的"晴雨表"、社会变迁的"风向标"、社会矛盾的"指示器"，受到了社会的广泛关注和学界的持续研究。在新时代，一些理论研究和实际工作者更是从建设具有强大凝聚力和引领力的社会主义意识形态、改进和加强思想政治教育的高度和视域对社会思潮与思想政治教育进行了较为广泛的研究。

一、社会思潮研究的年度成果

2022年，社会思潮与思想政治教育的研究依然受到学者们的广泛关注，从发文量上看，通过对中国知网等平台进行检索发现，学界发表了一定数量的相关高质量文章，其中《马克思主义研究》《思想教育研究》《思想理论教育》等期刊刊发这一主题文章较多。同时，也有多部有关社会思潮与思想政治教育的学术著作在人民出版社等出版，在国家级和省部级项目立项中社会思潮研究也受到了一定的关注。

（一）关于社会思潮的相关理论研究

随着移动互联网的发展，社会思潮与互联网的深度结合使得社会思潮形成和发展过程出现了一些新的情况，社会思潮从萌芽到成型呈现出一些新的态势，因此对社会思潮的基本理论进行研究依然是学界关注的热点之一。其中有的学者[①]对社会思潮含义特征、传播机制等方面进行了研究，有的学者[②]对社会思潮新特点方面进行了研究并指出：社会思潮的实践转向、交叉"合谋"等新特点的出现，使社会思潮发生的瞬间性与理论批判的滞后性、系统性之间存在矛盾，尤其是存在对社会思潮批判的危害揭示与本质厘清的忽视、微观视角与日常生活化取向的不足、网络叙事与整体性批判的弱化。也有的学者[③]对社会思潮生成条件和形成过程展开了研究，指出社会思潮的生成条件主要包括时代环境的熏陶、主体人群的支持、传播媒介的赋能，同时也强调社会思潮主要经历社会现实问题激发出多元意见表达、一定群体心理和社会情绪积聚融合、思想观点与理论学说不断提炼升华、相对独立系统的社会意识现象形成等步骤才成型成势，并最终以核心价值观念的产生、特定组织形态的出现、一致性社会影响力的合成为显著标志展示出来等。

（二）关于社会思潮传播及其影响研究

网络环境中社会思潮的传播正在以更加生活化、更加隐蔽化等特点，通过情感渲染、真假难辨的方式影响公众心理，对群体心理及行为产生着各种

---

① 刘建军：《社会思潮评析》，高等教育出版社 2022 年版。
② 王永贵、程权杰：《新时代社会思潮批判的现实偏向与引领探析》，《思想理论教育》2022年第 10 期。
③ 彭庆红、刘迪翔：《社会思潮生成论析》，《思想战线》2022 年第 2 期。

影响，尤其是消极影响更为突出。有的社会思潮以网络为载体，采用以社会议题引发争论的方式来促进自身传播，有的学者指出[①]：非主流意识形态尤其敌对意识形态常常抓住一些社会问题、现实议题做文章，以此来挖掘、放大或者人为制造不同群体之间的差异和对立，进而引发争论，甚至引导不同立场观点转化为现实冲突行为。一些错误思潮利用网络时代国际国内、线上线下、虚拟现实之间界限愈益模糊的特点进行汇聚和传播，互联网成为意识形态交锋最前沿和社会舆论的放大器。有的学者[②]对一些西方社会思潮的传播主体和客体进行了研究，从主体维度，西方对抗性主客二分的认知思维方式及其衍生出的独断论认识路径和狭隘的权力、阶级、利益立场是形成西方网络空间社会思潮乱象的根源；从客体维度，以虚拟性、跨时空性为特点的网络空间为各种不良社会思潮向中国汇聚、渗透、折射提供了新场域。也有学者对这种新的传播语境下社会思潮的传播策略和突出特征等进行了研究。有的学者[③]指出：历史虚无主义思潮借助微博、微信、微视频等新兴传播媒体，以符合网民碎片化阅读和娱乐化心理的形式，将其错误观点和思想进行加工，制造和衍生出各种适合网络传播的表现形态，在传播主体、受众、内容、方式和影响上呈现出多重样态变化，持续进行更加深度化和广泛化的渗透。其传播呈现出传播主体隐匿性和复杂化、传播受众广泛性和年轻化、传播内容碎片性和娱乐化、传播方式即时性和多样化、传播影响持续性和深度化等特征。有的学者[④]也在其研究中指出，错误社会思潮的传播影响策略从阵地战转向了游击战，叙事逻辑从宏观叙事转向微观叙事，游说对象从知识群体转向非知识群体，攻击对象从体制攻击转向个人攻击。

还有多项研究成果对社会思潮的影响，尤其是对青年的负面影响进行了

---

① 唐爱军：《论新时代意识形态安全》，《马克思主义研究》2022 年第 6 期。

② 徐艳玲、李朝慧：《西方网络空间社会思潮乱象对中国的影响及其应对》，《思想教育研究》2022 年第 4 期。

③ 杨志超：《新传播语境下历史虚无主义的样态变化与综合治理》，《思想教育研究》，2022 年第 7 期。

④ 王平：《后疫情时代社会思潮走向分析》，《人民论坛》，2022 年第 2 期。

较多的关注，有的学者①结合大学生思想活跃、知识与人生阅历不足等特点，探讨西方社会思潮对中国大学生的不良影响。有的学者②也在研究中指出，各种社会思潮在青年文化圈层中异常活跃，对青年的心理、思想、价值观以及行为产生复杂影响。社会思潮对青年产生的这些分化效应，若不能及时发现与应对，则有可能导致青年群体的心理极化、思想分化、行为异化，在青年群体中产生离心力，对社会发展产生破坏力。

（三）关于引领社会思潮的不同视域研究

关于社会思潮引领能力的研究。有的学者③指出，新时代新征程应当注重提高引领社会思潮的能力和水平，通过不断增强引领社会思潮的主导能力、建设能力、批判能力、协同能力，巩固全党全国各族人民团结奋斗的共同思想基础。有的学者④指出，要强化以马克思主义统摄各种社会思潮的能力。健全和完善马克思主义在意识形态领域指导地位的根本制度，更好解决巩固马克思主义指导地位面临的新情况新问题，克服马克思主义被标签化和空泛化倾向，加强马克思主义中国化最新成果阐释研究，增强马克思主义批判和引导错误社会思潮的能力。

关于社会思潮引领机制的研究。有的学者⑤提出，提高社会思潮引领力的五种机制，即通过准确把握社会思潮的产生规律，建立对社会思潮的预测监督机制；深入研究社会思潮的性质内容，建立对社会思潮的鉴别评价机制；重点掌握社会思潮的传播规律，建立对社会思潮的规范约束机制；注重借力社会思潮的互动规律，建立与社会思潮的对话协调机制；高度警惕错误思潮

---

① 宋德孝：《当代西方社会思潮批判与大学生价值观建设》，当代中国出版社 2022 年版。

② 杨威：《在对社会思潮的引领中凝聚青年》，《人民论坛》，2022 年第 16 期。

③ 邓卓明、李长松：《新时代新征程引领社会思潮应提高四种能力》，《思想教育研究》2022 年第 3 期。

④ 魏志奇：《世界百年未有之大变局下的意识形态风险及其防范》，《马克思主义研究》2002 年第 7 期。

⑤ 赵子林、黄森森：《社会思潮的引领机制探赜》，《前沿》2022 年第 3 期。

的消极影响，建立对错误思潮的源头消解机制。

关于社会思潮引领经验的研究。有的学者①对党的十八大以来党引领多样化社会思潮的经验进行了研究，这些经验主要体现在：站在国家发展与安全的高度，全面客观研判重大社会思潮的影响；坚持马克思主义立场、观点和方法，深入浅出揭示错误社会思潮的本质和危害；加强对各类意识形态阵地的管理，分领域做好社会思潮的批判与引领工作；加强党内法规和国家法律建设，着力解决现实问题，实现社会思潮批判与引领的稳定化、常态化、长效化。有的学者②对改革开放以来我们党反对历史虚无主义的经验进行了归纳和梳理，主要体现在：凝炼了对重要历史人物和重大历史事件作出全面科学评价、对重大理论问题和是非问题作出及时和明确的澄清、对重点被侵蚀对象进行理想信念教育、对重要意识形态阵地进行巩固和加强等方面的基本经验。

关于引领社会思潮历史做法的研究。有的学者③对毛泽东同志关于引领社会思潮的理念和做法进行了分析，指出毛泽东同志在批驳基尔特社会主义思潮中运用马克思主义研究中国实际问题，坚持无产阶级暴力革命理论，积极宣传马克思主义；在批驳民粹主义思潮中坚持唯物主义历史观，阐发马克思主义农民观和不发达的社会主义阶段的分配原则；在批驳历史虚无主义思潮中肯定马克思主义的价值，坚持马克思主义阶级斗争理论，阐释人民民主专政的内涵。有的学者④对新文化运动期间马克思主义在中国广泛传播、建党初期马克思主义与无政府主义激烈交锋的现实背景下，《共产党》月刊围绕国家与政权、生产与分配、自由与组织三大焦点对无政府主义展开批判，澄清了马克思主义与无政府主义的差异、促进了无产阶级政党在思想与行动上

---

① 左鹏：《党的十八大以来社会思潮批判与引领的基本经验》，《思想理论教育》2022 年第 7 期。
② 刘兰炜、陈明凡：《改革开放以来中国共产党反对历史虚无主义的基本经验》，《社会主义核心价值观研究》2021 年第 10 期。
③ 陈玉斌：《毛泽东批驳非马克思主义社会思潮三例》，《思想教育研究》2022 年第 6 期。
④ 梁大伟、茹亚辉：《〈共产党〉月刊对无政府主义的批判》，《思想教育研究》2022 年第 2 期。

的统一、建构了中国早期共产主义者的形象、推进了马克思主义中国化的新发展。并在此基础上指出其对于深化马克思主义在中国早期传播研究和巩固社会主义意识形态具有重要价值。有的学者①以参与创建广州社会主义青年团的三个青年群体——粤籍北京大学生群体、广州留学青年群体、粤籍海外留学青年群体的思想发展为脉络，探讨五四运动前后社会思潮如何兴起，马克思主义如何在与无政府主义的争论中赢得青年的支持，并研究广州、社会、主义、青年、团等元素是如何在社会思潮中进行关联、演进和聚合，最终促使广州社会主义青年团产生。

（四）关于具体社会思潮的研究

有的学者②对当代西方主要社会思潮进行了系统化研究，深入分析了当代西方自由主义思潮、保守主义思潮、民主社会主义思潮、民主主义思潮、新自由主义思潮、民粹主义思潮、马克思主义思潮、后现代主义思潮的产生和发展、主要流派及基本观点等，认为这些思潮争论的一些问题不仅在发达资本主义国家生发并造成了极大影响，而且也对我国一些群体的思想意识带来了冲击，干扰着当代中国主流意识形态认同及领导权和话语权提升，对其进行深入研究和全面把握显得尤为必要。同时，其他研究者也对一些具体社会思潮进行了广泛关注，其中关注度比较高的主要有历史虚无主义、泛娱乐主义、消费主义、民粹主义等。

关于历史虚无主义的研究。随着移动互联网的持续发展，历史虚无主义呈现出新的特征，这种新的变化既和网络技术的发展息息相关，也和近年来历史虚无主义的传播空间被压缩和遏制密切相关。从其呈现出来的特征来看，总的来说呈现出更加隐蔽化、更加生活化、更加多样化等。有的学者③

---

① 邵明众：《五四运动前后的社会思潮与广州社会主义青年团的兴起》，《青少年研究与实践》，2022 年第 1 期。

② 林伯海：《当代西方社会思潮研究》，中国民主法制出版社 2022 年版。

③ 张博、秦振燕：《历史虚无主义的新近演化态势与特征》，《社会科学战线》2022 年第 4 期。

指出历史虚无主义表现形态花样翻新、传播手法变化多端，在大众文化、社会舆论、学术研究、思想政治等多个领域渗透钻营；趋势动向也呈现出新的特征，从虚无内容到策略手法、从扩散传播到政治指向，危害性和破坏力依然较大。有的学者① 指出，历史虚无主义衍生出"软性"形态，即不是直白、系统地表述自己的理论主张，而是在零散化、碎片化的网络讨论中隐晦表达；不是用专业性的著作文章等严谨地呈现观点，而是将核心观点融入非专业性的讨论中、融入大众娱乐消遣的话题之中、融入大众文化消费品之中。

关于泛娱乐主义的研究。泛娱乐主义在青年群体中产生了极大的影响力，因此对其消极影响进行研究很有必要。有的学者② 认为泛娱乐主义的社会心理主要表现为娱乐至上、价值虚无和急功近利，它抓住"个体情绪表达""群体情感共鸣"和"集体身份认同"三个环节建立了一整套社会心理机制，将相应的社会心理转化为更为广泛的社会思潮影响。有的学者③ 指出"大学生网红"现象中的"泛娱乐化"倾向对大学生人生价值观具有双重破坏力：一方面是以"消费主义幻象"破坏大学生的社会价值观；另一方面是以"意见领袖的梦想"破坏大学生的自我价值观。

关于消费主义的研究。消费主义与网络技术、数字消费和资本逻辑深度结合，使消费主义表现形式更加复杂多样。有的学者④ 指出，当前中国的消费主义思潮，表现出虚假消费形式多样、符号消费与"饭圈"文化结合、炫耀性消费大众化、超前消费受到催生等特点。有的学者⑤ 指出，文化消费主义植入网络空间，生成了网络文化消费主义。作为一种被异化了的消费，网络文化消费主义主要表征为"自我中心观念"导致网络文化消费意识功利

① 杨军：《中国共产党反对历史虚无主义的实践与经验》，《人民论坛》2022 年第 14 期。

② 邢国忠、张敏：《泛娱乐主义的社会心理分析及其应对》，《思想教育研究》2022 年第 5 期。

③ 王淑荣、魏子青：《"大学生网红"现象中的"泛娱乐化"倾向评析》，《思想理论教育》2022 年第 4 期。

④ 杨军、黄兆琼：《我国消费主义思潮的表现、实质与克服》，《思想教育研究》2022 年第 2 期。

⑤ 杨章文：《网络文化消费主义：现实表征、本质透视及诊治理路》，《思想教育研究》2022 年第 1 期。

化、庸俗化，"拟态环境渲染"引致网络文化消费产品符号化、虚幻化，"技术驱动传播"致使网络文化消费话语扩散化、隐性化以及"资本逻辑宰制"引发网络文化消费精神娱乐化、畸形化。有的学者①指出：新消费主义是数字资本驱动下消费主义的最新表现形式。新消费主义以消费需求数字化、消费思维数字化及消费数据商品化为表征，利用数字技术优势全方位监控和操纵消费生活，导致消费者在愉悦的消费体验中沦为数字资本增殖的免费活劳动力，导致消费者主体人格更抽象地异化。有的学者②指出消费主义使人们拜倒在资本塑造的"符号价值"之下，呈现挥霍性消费、炫耀性消费和透支性消费的现实表征。有的学者③聚焦传统消费主义与数字化时代的消费主义两个研究对象，对消费主义的内在本质以及何以从消费演变为一种社会思潮进行了探索，在此基础上对消费主义的危害、治理提出了相应的策略。

关于民粹主义的研究。有的学者④对民粹主义及其局限性进行了研究，指出民粹主义者仅仅从政治主体来把握人民，撇开了人民现实的差异性和阶级属性，将人民先验地设定为美德与纯洁性的存在，是一种抽象的人性论。由此造成了两种人民观进一步的分歧：其一，民粹主义者通过断言、重复和传染，让人民直接参与到政治生活中，忽略了对人民的教化，造成了人民的反智识，而马克思主义强调通过物质实践与政党组织对人民进行组织与引导。其二，民粹主义的人民由于没有被有机组织起来，无法认识到自身的力量，只能寄希望通过政治解放实现救赎，但马克思主义的人民观强调人民自身具有革命实践的能力，能够在政党的领导下实现自我解放。有的学者⑤对网络民粹主义进行了研究，指出"去中心化"地消解主流意识形态，是其

---

① 郑冬芳、秦婷：《数字资本驱动下新消费主义的政治经济学释析》，《思想教育研究》2022年第 7 期。

② 张子玥：《马克思资本逻辑批判视域下消费主义现象的四维解析》，《思想教育研究》2022年第 9 期。

③ 唐乾敬：《传统消费主义与数字化时代消费主义对比研究》，西南财经大学出版社 2022 年版。

④ 王代月：《马克思主义人民观与民粹主义人民观的差异探析》，《思想教育研究》2022 年第 3 期。

⑤ 刘顺：《网络民粹主义的意识形态趋向及其澄清理路》《思想理论教育》2022 年第 9 期。

重要表现；网络技术赋权耦合利益结构分化，是其解构主流意识形态的动因；以泛民主化、泛公平化、泛娱乐化、泛政治化为代表的泛意识形态化是其鲜明特征。也有的学者①对网络民粹主义的运作模式与治理路向进行了关注，指出要撼动网络民粹主义的话语立场，引领网络民粹主义的话语生产，解构网络民粹主义的话语霸权，规制网络民粹主义的话语主体，涵养网络民粹主义的话语生态等。

另外，还有关于民族主义和西方宪政民主思潮的研究。有的学者②指出，民族主义思潮以经济民族主义、技术民族主义和疫苗民族主义为表现形式，民族主义在西方社会逐渐滋生和蔓延给世界经济的复苏带来了风险和挑战，同时也对中国经济、科技和社会思想等领域的发展产生了负面影响。有的学者③指出当前西方宪政民主思潮总体向存在场域、叙事内容、作用手法与传播结构的多样化和隐蔽化转向。在特征方面体现出存在场域趋于网状化与媒介化、内容生产趋于数理化与指数化、作用手法趋于议题化、隐喻化与感性化、传播结构趋于横向化与圈层化。

（五）关于不同学科中社会思潮的研究

不同学科领域的社会思潮研究也是 2022 年学界的关注热点，其中对经济学领域、文学领域的社会思潮及其类型、影响等方面的研究成果相对较多，对于把握社会思潮在这些领域的传播及其具体体现提供了指向。第一，经济学领域的社会思潮研究。有的学者④对西方经济学领域的社会思潮进行了较为系统的梳理，除了对干预主义、新自由主义等思潮的研究，还分析了经济

---

① 郑敬斌：《网络民粹主义：存在样态、运作模式与治理路向》，《东北师大学报》（哲学社会科学版），2022 年第 6 期。

② 杨军、张育诚：《西方国家民族主义复兴的表现、根源与应对》，《北京航空航天大学学报》（社会科学版）2022 年第 3 期。

③ 吕列霞、陈锡喜：《西方宪政民主思潮的新表现及其批判与应对》，《思想教育研究》2022 年第 8 期。

④ 吴易风：《当代西方经济学流派与思潮》，中国人民大学出版社 2022 年版。

领域各种社会思潮的意义和影响。第二，文学领域的社会思潮研究。有的学者[①]通过聚焦 1895-2020 年以来中国妇女解放思潮与中国现当代女性文学之间互为因果、互为依存、互动发展的紧密关系和发展态势，梳理百年来各个时期妇女解放的思想脉络，并对各时期重要节点递次演进中的女性文学所反映的中国女性的命运轨迹、解放意愿、价值诉求及其解放路径和存在的困境进行了考察。第三，戏剧领域的社会思潮研究。有的学者[②]对戏剧社会思潮的发展及其规律进行了研究，通过对中国现代戏剧思潮不同历史阶段的发展对其意义、生成、走向等规律进行了总结。第四，舞蹈领域社会思潮的研究。有的学者[③]以"中国当代舞蹈创作"为研究对象，阐述了当代中国舞蹈思潮嬗变与规律，拓展了舞蹈研究视野和研究思维。

二、社会思潮研究呈现的特征

从 2022 年发表的与社会思潮相关的学术论文、出版的相关学术著作以及立项成果看，这其中既有对社会思潮的基本理论研究，也有对引领社会思潮的能力、机制、经验等方面的研究，还有对不同种类、不同学科领域的社会思潮研究。如何从学理高度、传播程度和影响深度等层面认识和把握社会思潮，如何根据社会思潮衍生、发展、变化并对人们产生影响的新情况以及思想政治教育与时俱进地加以适应和改进，成为学者们重点关注的内容，由此呈现出年度研究特征。

（一）注重对社会思潮的多视角研究

随着移动互联网的迅速普及，人们接触社会思潮越来越便捷，能够接触和了解的社会思潮也越来越多，一些群体与个体也正在成为社会思潮传播的

---

① 马超：《民族国家复兴中的女性境遇和女性话语：中国现当代女性文学与妇女解放思潮互动关系研究》，中国社会科学出版社 2022 年版。

② 胡星亮：《中国现代戏剧思潮：戏剧现代化与社会现代化》，北京师范大学出版社 2022 年版。

③ 慕羽：《润物之道：文化力与中国舞蹈创作思潮》，生活·读书·新知三联书店 2022 年版。

重要节点，而社会思潮对人们尤其是特定群体思想和行为的影响或是塑造也越来越明显。因此，对社会思潮进行多视角研究显得尤为必要。首先，对社会思潮的内涵特征、生成过程等方面进行了理论挖掘，其中尤其对互联网时代社会思潮的生成过程和传播取向等有较多的关注。移动互联网的发展直接影响着社会思潮的传播主体、传播节点和传播效能等，对网络这一重要场域中的社会思潮进行全方位研究为深入关注社会思潮、有效引领社会思潮提供了学理支撑。其次，对社会思潮传播及其影响尤其是负面影响也进行了较多的关注。除了对一般社会思潮的传播和危害，学界对历史虚无主义、民粹主义、消费主义等错误思潮的关注相对更多，对这几种类型社会思潮的基本特征、表现形式、传播路径及负面影响等方面的研究显得较为集中。再次，对引领社会思潮及其应对策略的研究。其中既有对社会思潮的一般性引领研究，也有针对特定群体特定思潮及其引领策略的研究。最后，对引领社会思潮的历史经验及有效做法的研究。总的来看，对强化阵地意识、坚守马克思主义立场、旗帜鲜明反对错误思潮等方面的经验值得借鉴，同时对新文化运动时期、共产党成立初期、新中国成立以来引领社会思潮历史经验的梳理，不仅系统呈现出中国共产党对引领社会思潮一以贯之的重视，同时也可以看出在此过程中一些行之有效的做法，尤其是在凝聚青年、引领青年及其他重要群体中的有效做法，为当前继续有效引领社会思潮提供借鉴。其中，绝大部分学者都强调要进一步强化以马克思主义引领社会思潮的相关研究，总的来看，学界更为强调对社会思潮的主动研判、主动引领、有效引领，并在此基础上对引领的相关理论和实践问题进行了研究。

（二）突出引领社会思潮的问题导向

当前，社会思潮的传播及其影响已经覆盖全社会的各领域，这也对引领社会思潮带来了一些突出挑战，如何凝聚起引领社会思潮的合力，增强社会思潮凝聚思想共识的能力，实现对社会思潮的有效引领是一个亟需解决的重要课题。首先，强调从社会实践中发现问题解决问题的研究导向。针对"一些单位和党政干部政治敏感性、责任感不强，在重大意识形态问题上含含糊糊、遮遮掩掩，助长了错误思潮的扩散"等问题和现象，有的学者从引领社会思潮的主体责任、维护意识形态安全的目标责任等角度，对引领社会思潮的能力、机制、经验等进行了研究。针对社会思潮传播的路径策略以及受众的心理行为特点，有的学者对引领社会思潮的内容与方法等进行了研究，努力探寻社会思潮与人们心理诉求的契合点，分析社会思潮的生成条件和形成过程等，研究内容覆盖了社会思潮形成、发展和产生影响的诸多环节。其次，强调对社会思潮相关议题的关注。社会思潮是思想政治教育学科研究的一个重要问题和视域，社会思潮的即时性涌现与思想政治教育注重系统性研究之间容易出现错位，社会思潮在特定领域、特定群体的影响与思想政治教育整体性思维之间容易出现冲突，社会思潮的引领和治理也容易出现效果不够明显、理论补给难以有效化解等问题。因此，学界在揭示社会思潮危害的同时，也在加强对社会思潮本身的演化、传播、治理的学理性阐释，并在此基础上加强对社会思潮引领话语转换、治理逻辑建构等方面的研究，加强以思想政治教育的创新发展去适应社会思潮的新变化，更加突显了社会思潮研究的问题导向。

（三）侧重多领域具体社会思潮研究

移动互联网的发展不仅加速了社会思潮相互之间的碰撞与激荡，而且也在一定程度上激发了人们尤其是特定群体对现实问题和社会矛盾的思考及参与意识，一些社会思潮的生活化和隐蔽化特征也成为社会思潮生成、传播新的"催化剂"，这些社会思潮在与人们关注的现实问题相结合的基础上获得了新的传播空间，也使不同群体之间思想动态的复杂交织体现得更为显著，因此，对不同类型社会思潮的传播演进、类型表现、影响危害等进行针对性研究，才能对错误社会思潮进行精准批驳，进而实现对社会思潮的有效引领。首先，注重对多种类型社会思潮的关注。历史虚无主义依然是学界重点关注的研究对象，对民粹主义、民族主义、西方宪政民主思潮等也有较多关注。另外，对一些与日常生活联系更为紧密的社会思潮，如消费主义、泛娱乐主义、"饭圈文化"、躺平文化等，这些思潮与历史虚无主义之间有着千丝万缕的联系，以不同的方式与历史虚无主义思潮进行互动和融合，同时，因为青年群体参与到这类社会思潮的生成与传播过程，以娱乐化和社交化等方式可以实现快速传播，以聚集性和融合性等特点实现话题聚焦，其危害也较为明显，因此学界也有较多关注。其次，对不同学科领域社会思潮的关注也取得了一些新成果，尤其体现在经济学、文学、戏剧等领域的社会思潮研究。这些研究在一定程度上体现出不同学科领域学者对社会思潮的关注。在特定历史阶段与特定的社会实践活动相结合，在适应社会变革和人们利益与诉求及其变化的基础上，各个学科领域都形成了一些社会思潮。在社会发展的不同阶段，社会思潮在这些领域都有着深刻的体现，也对这些领域的理论和实践产生着不同向度的影响，对这些领域社会思潮的生成、传播等问题进行研究，不仅有助于系统把握这些领域的发展历程和趋势，而且对于中国特色哲学社会科学体系的理论建构和实践走向有着重要的意义。

三、社会思潮研究趋势前瞻

（一）立足新时代新征程国际国内新情况、新变化、新要求研究社会思潮与思想政治教育

党的二十大报告指出："从现在起，中国共产党的中心任务就是团结带领全国各族人民全面建设社会主义现代化强国、实现第二个百年奋斗目标，以中国式现代化全面推进中华民族伟大复兴。"[①]"我国发展进入战略机遇和风险挑战并存、不确定难预料因素增多的时期，各种'黑天鹅''灰犀牛'事件

① 习近平：《高举中国特色社会主义伟大旗帜 为全面建设社会主义现代化国家而团结奋斗》，人民出版社 2022 年版，第 21 页。

随时可能发生。我们必须增强忧患意识，坚持底线思维，做到居安思危、未雨绸缪，准备经受风高浪急惊涛骇浪的重大考验。"[①]

世界之变、时代之变、历史之变正以前所未有的方式展开。在这种新的国际国内环境中，各种社会思潮会以不同方式起伏激荡，反映不同群体的利益、意见、诉求，并影响人们的思想和行为，甚至会对社会发展变化产生或直接或间接、或积极或消极的不同向度影响。在此境遇中，国内外思想文化和舆论的交融、交锋会频繁多样，多元社会思潮的相互交织会加速演进。因此，在我国发展面临的新发展机遇期、世界百年未有之大变局加速演进的新时代新征程，更加需要研究国内外社会思潮发展演进的新形态、产生影响的新情况、引领社会思潮的新趋势、治理社会思潮的新方式。更加需要研究新时代新征程思想政治教育如何直面和适应国内外社会思潮发生、发展、变化和对人们产生影响的新路径，并在不断提高思想政治教育质量与水平中，去助力对社会思潮的正确引领，去助力建设具有强大凝聚力和引领力的社会主义意识形态。

（二）注重以"四个自信"为遵循，深化引领社会思潮的范式、途径、方法等方面研究

近年来，全球化与逆全球化处于深度博弈的状态，新冠肺炎疫情的大流行使这一状态加速演进，一些国家实施的贸易保护主义等更是使逆全球化成为一种现实状况。世界百年未有之大变局与中华民族伟大复兴的关键期相互交织，中国在经济和社会发展领域所取得的丰硕成果为引领社会思潮，提升主流意识形态引领力和话语权提供了丰富生动素材和强力支撑。党的十九届六中全会审议通过的《中共中央关于党的百年奋斗重大成就和历史经验的决议》指出："我国意识形态领域形势发生全局性、根本性转变，全党全国各族

---

① 习近平：《高举中国特色社会主义伟大旗帜 为全面建设社会主义现代化国家而团结奋斗》，人民出版社 2022 年版，第 26 页。

人民文化自信明显增强，全社会凝聚力和向心力极大提升，为新时代开创党和国家事业新局面提供了坚强思想保证和强大精神力量。"这也为我们进一步坚定"四个自信"，主动引领社会思潮提供了重要支撑和保障。

社会思潮相互交织、激荡的局面愈加复杂，需要进一步加强对引领社会思潮的范式、途径、方法等方面研究。当前，网络民粹主义和民族主义深度融合，表现为极端民族主义并力图扩大其影响力；历史虚无主义和消费主义、和泛娱乐主义相生相伴，借助网络进行更加生活化和隐蔽化的传播；西方"宪政民主"、新自由主义、历史虚无主义等仍然伺机冒头，试图挑战和消解马克思主义指导地位；线上线下、虚拟现实相互交织，网络成为负面舆情发酵、错误思想和思潮传播的策源地和放大器，使引领社会思潮面临更多挑战。面对这样的变局，对于社会思潮传播的场域、类型、策略需要更为全面地把握。尤其是对一些社会思潮与不同领域社会议题的相互结合、一些社会思潮在不同领域的个性化体现，一些社会思潮在不同群体诉求中的区别化表达等问题要有科学认识和深刻把握。这就要求我们以更为主动的姿态进一步推进和深化对社会思潮的研究，精准把握社会思潮传播的新特征、新策略，认真分析社会思潮新变化等等。习近平总书记指出："要加强网上正面宣传，旗帜鲜明坚持正确政治方向、舆论导向、价值取向，用新时代中国特色社会主义思想凝聚亿万网民，深入开展理想信念教育，深化新时代中国特色社会主义和中国梦宣传教育，积极培育和践行社会主义核心价值观，推进网上宣传理念、内容、形式、方法、手段等创新，把握好时度效，构建网上网下同心圆，更好凝聚社会共识，巩固全党全国人民团结奋斗的共同思想基础。"① 这就为主动引领社会思潮，提升社会思潮引领力指出了正确方向。

---

① 《习近平谈治国理政》（第三卷），外文出版社 2020 年版，第 306 页。

（三）注重对社会思潮的学理性研究

从已有成果来看，对社会思潮的引领、应对、治理等方面的研究，都体现出明显的实践性特征，关注的热点大多集中对社会思潮的多角度、多领域综合研究和应用研究，这样的研究很有必要，对于解决引领社会思潮中的问题和难题，提升引领社会思潮的实效性提供了重要支撑，但是，现有研究也还存在着对社会思潮的学理研究和对引领、治理社会思潮的学理研究不够深入深刻等问题。社会思潮作为一种复杂而深刻的社会现象，其从萌芽、传播到成型不仅要受到各种因素的影响，同时也有其内在的规律，特定社会思潮更是有其历史文化渊源，不同的社会思潮在有些情况下也会具有相同的实质诉求。这就需要增强对社会思潮的学理性研究，运用哲学、历史学、文化学、心理学、传播学、教育学等多学科对社会思潮进行全面系统而深入的研究分析，这样才能透过社会思潮涌动、传播、影响的现象认识其内在本质，把握其内在规律，以利于在增强对社会思潮的理性认知基础上实现更为有效的引领。新时代开启了全面建设中国式社会主义现代化，推进中华民族伟大复兴新征程，对建设具有强大凝聚力和引领力的社会主义意识形态，助力推进文化自信，铸就社会主义文化新辉煌提出了新的任务、新的要求，这就需要从学理的更深层次去研究引领社会思潮，为实践层面更加高效地引领社会思潮提供理论指导。

从近几年社会思潮发展态势及研究趋势来看，社会思潮在不断变化发展，社会思潮传播的方式在不断变化发展、对人们思想和行为的影响在不断变化发展，人们的关注和研究的热点也在变化发展，面对纷繁复杂的新变化与新发展，对社会思潮的规律性和与之相适应的改进和加强思想政治教育的规律性研究就显得尤为必要。应当注重对网络空间引领社会思潮的研究。互联网技术的发展使每个网民都有了自我表达的平台和机会，也使互联网成为舆论的"放大器"和意识形态斗争的最前沿，网络空间的匿名性、隐蔽性等特征为社会思潮的传播和蔓延提供了土壤。青年群体网络化生存、网络化表达也使网络空间成为公共舆论空间，公共表达和不同群体利益深度交织，使不同个体和重大事件都成为舆论传播的重要节点，形成一幅复杂多样的社会思潮传播图景。对网络空间社会思潮生成传播、不同类型社会思潮与特定群体的结合路径等规律进行针对性研究，并在此基础上构建引领和治理社会思潮内在规律，是研究中值的关注的重要问题。应当注重对社会思潮受众信息接收与传播的研究。社会思潮之所以生成并获得传播的机会，除了思潮本身的特征之外，也受到特定群体受众利益诉求、内在需求的驱动，因此引领社会思潮必须要建立在对受众心理和行为全面而深刻的把握基础之上，这就要求研究者密切关注社会现实问题，密切关注人们的所思所想，在把握受众以及传播规律的基础上实现社会思潮的引领与治理。习近平总书记指出："我们坚持理论联系实际，及时回答时代之问、人民之问，廓清困扰和束缚实践发展的思想迷雾，不断推进马克思主义中国化时代化大众化，不断开辟马克思主义发展新境界。"[①] 这就为我们开展对社会思潮的相关规律性研究提供了重要遵循。

---

① 　《习近平谈治国理政》（第三卷），外文出版社 2020 年版，第 183 页。

第二十四章　思想政治教育质量评价研究

党的二十大报告中强调，"高质量发展是全面建设社会主义现代化国家的首要任务"，"我们要坚持以推动高质量发展为主题"等，将高质量发展明确提出并作为我国现代化发展的重点要求和重要指导。就思想政治教育领域而言，高质量发展也是思想政治教育工作的重要目标与沿循路径。而高质量发展的重要命题内含对思想政治教育质量始终保持较高水平的监测和评价的要求。近年来，随着我国整体教育水平的提高，思想政治教育质量也得到了较大幅度的提升，思想政治教育质量评价的工作和相关研究也在不断发展进步。对思想政治教育质量进行科学有效的评价，既是监测和改进各类思想政治教育工作，检验和提升思想政治教育水平的重要方式，也是思想政治教育自身发展的题中应有之义。因而，思想政治教育质量评价作为一个重要的研究领域，得到了学界的持续关注和追踪研究。2022年度，学界对思想政治教育质量评价的相关研究保持了一定的热度，持续梳理思想政治教育质量评价研究的年度成果进展，结合思想政治教育发展新的时代要求与实践呼唤，把握其中的研究特点和不足之处，进而科学预判思想政治教育质量评价研究的发展趋势，对进一步彰显思想政治教育质量评价研究的理论性与实践性，把握思想政治教育在评价领域的内在规律性，持续开展多层面多维度的有益研究，具有重要意义。

一、思想政治教育质量评价研究的成果进展

2022 年度，有关思想政治教育质量评价研究的成果持续增长。通过对本年度相关研究成果的梳理，发现思想政治教育质量评价研究成果，大致集中在思想政治教育质量评价体系建构、思想政治教育质量评价的理念和方式创新、思想政治教育质量评价重点领域的研究等几个方面。尤其是在 2021 年由冯刚教授团队所著的《高校思想政治教育工作质量评价研究》出版后，学者们以之为依托和参照，聚焦思想政治教育质量评价的理论和实践领域，展开了更为广泛、深入地研究，形成了较为丰富的成果。

（一）思想政治教育质量评价体系建构的相关研究

关于思想政治教育质量评价体系建构的相关研究，主要是集中在高校思想政治教育质量评价体系的建构上，依托《高校思想政治教育工作质量评价研究》的相关成果，有学者聚焦评价体系建构的不同方面问题展开了研究和探讨。围绕进一步完善新时代高校思想政治教育质量评价体系，有学者指出，"高校思想政治教育评价是动态性、复杂性的系统，在不断的理论研究和实践探索中，需要在过程评价、队伍建设、指标体系构建、系统性解决等四个方面重点加强和完善，落实高校立德树人根本任务，以把握方向、新平台建设、规划建设、反馈激励功能等四个方面为实现路径，培养德智体美劳全面发展的社会主义事业建设者和接班人。"[①] 也有学者聚焦评价体系建构的现实困境和优化路径，提出"思想政治教育评价工作总体稳步推进，取得了显著的成效，呈现出良好的发展态势，但由于受思想政治教育评价自身复杂性与特殊性、评价主客体分离、内外部机制失衡、定性与定量评价失调等因素的影响，高校思想政治教育评价仍然存在着目标狭隘、标准简单、结构单

---

① 李树学、路成浩：《完善新时代高校思想政治教育质量评价体系探究》，《学校党建与思想教育》2022 年第 11 期。

调、量化倾向等方面的问题。面对高校思想政治教育评价中存在的一系列问题，需要不断创新和完善高校思想政治教育评价机制、提高第三方评价机构的参与度、创建立体式开放的高校思想政治教育评价机制、积极引入现代化的思想政治教育评价机制。"[1] 还有学者以《高校思想政治教育工作质量评价研究》的有益启示为切入点，将教育主体评价、教育客体评价、教育介体评价和教育环体评价几个方面作为重点要素，提出构建高校思想政治教育工作质量评价体系的整体策略。[2]

（二）思想政治教育质量评价的理念和方式创新研究

中共中央、国务院印发的《深化新时代教育评价改革总体方案》提出，新时代教育评价改革的主要原则是，要"坚持立德树人，牢记为党育人、为国育才使命，充分发挥教育评价的指挥棒作用，引导树立科学的育人目标，确保教育正确发展方向"，同时强调要"探索增值评价，健全综合评价，充分利用信息技术，提高教育评价的科学性、专业性、客观性"。为了回应新时代教育评价改革的现实诉求，2022 年度学界对思想政治教育质量评价课题的关照，依然紧扣教育评价改革总体方案的指导和要求，围绕增值评价、过程评价等评价方式，结合具体实践要求，进行思考和探索，产生了一些重要的研究成果。

关于思想政治教育工作的增值评价研究。有学者，聚焦新的历史条件下思想政治教育评价变革与发展的时代要求，重点关注增值评价的理论内涵和实现路径，对增值评价进行了系统深入地探索，指出"思想政治教育增值评价以教育对象思想品德素质起点和结果的增量为核心进行考量，对思想政治教育工作者价值的输入与输出之差值加以审视，在思想政治教育时间之动静可持续过程中开展评估，对于提升教育对象的发展高度、延展思想政治教育

---

① 李吉桢、孔伟：《高校思想政治教育评价的现实困境及优化路径》，《高教论坛》2022 年第 1 期。
② 孔瑾：《高校思想政治教育工作质量评价体系构建》，《中学政治教学参考》2022 年第 20 期。

工作者的成长空间、改善思想政治教育质量评价尺度等方面都具有一定的价值意蕴。推进思想政治教育质量评价的改革和发展，要找准'主要航道'、把握'关键要领'、选准'有效工具'。"①

关于高校思想政治教育工作的过程评价研究。有学者基于布卢姆认知教育目标分类理论来探索有效提升高校思想政治教育工作的过程评价策略，提出"布卢姆认知教育目标分类理论将教育目标按认知水平从低到高、从简单到复杂、从具体到抽象进行了分类，这些分类指标为教育者开展教学评估提供了一个比较系统化的标准和依据。"② 同时结合工作实践，进一步总结了努力培养与提高教师评价能力；开展每一层次目标评价前，确保学生已经做好认知准备；开展每一个层次目标评价前，确保学生已经做好情感准备等几个有效提升过程性评价质量的具体策略。

关于高校思想政治教育工作的元评价研究。有学者聚焦对思想政治教育质量评价进行的评价，提出，"人们习惯于通过评价来判断高校思想政治教育教学质量优劣，但如何界定高校思想政治教育评价本身的质量？元评价的本质在于价值判断，是对评价的再评价，它可以起到对思想政治教育评价本身的批判和超越，是思想政治教育评价本身的质量保障机制。通过对元评价、教育元评价、高校思想政治教育元评价理论的梳理，揭示高校思想政治教育元评价的内涵以及具有先验性、思辨性、超越性和依附性的特征，从而认识到高校思想政治教育元评价具有加强评价理论建构、提升评价质量、促进评价制度建设的作用。"③

---

① 陈华洲、负婷婷：《思想政治教育增值评价的理论内涵与实现路径》，《思想理论教育》2022 年第 6 期。

② 陈应娣：《基于布卢姆认知教育目标分类理论有效提升思想政治教育过程性评价方式》，《佳木斯大学社会科学学报》2022 年第 4 期。

③ 郑宏宇：《高校思想政治教育元评价的理论探讨与实践路径》，《黑龙江高教研究》2022 年第 12 期。

（三）思想政治教育质量评价重点领域的研究

本年度有关思想政治教育质量评价重点领域的研究成果较为丰硕，主要包括思想政治理论课的质量评价研究、课程思政建设的质量评价研究，以及思想政治理论课教师的评价研究，等等。

首先，关于思想政治理论课的质量评价研究。有学者围绕思想政治理论课教学评价的基本遵循，提出"思想政治理论课教学评价的基本遵循，涵盖思想政治理论课教学的本质规定和发展要求，是思想政治理论课教学评价的一个前提性问题。"认为教学评价应当遵循思想政治工作规律、展现价值意义；应当遵循教书育人规律、明确发展取向；应当遵循学生成长规律，把握正确途径；应当遵循马克思主义评价理论，增强评价的实效性。[①] 也有学者聚焦新时代高校思想政治理论课教学评价体系的改革与创新，指出"高校思想政治理论课的改革创新需要与思想政治理论课教学评价体系的革新紧密结合在一起，要在充分认识思政课教学目标体系的基础上，全面优化思政课的教学评价目标，开发运用合理有效的教学评价描述与方法，构建新时代高校独立的思想政治理论课教学评价体系，全面呈现教学评价结果，从而为促进学习者的发展、有效实现教学育人目标、培养符合新时代发展要求的优秀人才发挥应有的作用。"[②] 还有学者基于对当前高校思想政治理论课教学评价体系研究的思考，认为目前，各高校思想政治理论课教学评价体系研究主要围绕构建教师胜任力模型和提升教学实效性两个方面展开。而基于"扎根理论"视角构建教学评价体系，有利于推动高校思想政治理论课的改革创新和优化。并通过进一步地研究和探讨，提出高校思想政治理论课教学评价体系应以学生为主体，把学生的感知和体验放在突出位置。以实现从硬件建设向

---

① 肖潇：《思政课教学评价的基本遵循》，《湖北第二师范学院学报》2022 年第 3 期。
② 董春莉、陈晔、郝云、朱院利：《新时代高校思想政治理论课教学评价体系的改革与创新》，《陇东学院学报》2022 年第 3 期。

软件建设转移，从教师"教了什么"向学生"学了什么"的转移，不断发挥以教育对象和最终受益者——大学生为主体构建思想政治理论课教学评价体系的现实价值和时代意义，[①] 等等。

其次，关于课程思政的质量评价研究。课程思政建设是思想政治教育质量提升的关键环节。近年来，对课程思政的质量评价研究也越来越引发学者们的关注和探索。有学者聚焦教育学类专业的课程思政教学评价进行分析研究，指出教育学类专业课程思政教学评价对于造就学习型、反思型、研究型教师教育者，助推课程思政教学内涵式发展，提升教育学类专业课程思政育人效果等具有独特的意义和价值。认为"教育学类专业课程思政教学评价的标准包括教师教育者的自觉性与智慧性、教学目标的思想性与适切性、教学内容的育人性与精准性、教学方法的匹配性与新颖性、教学情境的自然性与感染性、师范生的获得性与发展性等。"并提出，教育学类专业课程思政教学评价可采取融合专业学习与专业考核的评价、通过主观描述性反馈进行评价、通过文本观察进行评价、通过教学观察进行评价、通过量化问卷进行评价等策略。[②] 也有学者对构建高校课程思政评价体系进行了思考和探索，认为课程思政评价体系的构建应当遵循定量评价与定性评价相结合、诊断性评价与发展性评价相结合、形成性评价与终结性评价相结合的原则，并就课程思政评价体系的结构和指标设计、评价方法的运用、评价结果的运用等问题提出了相应的建议。[③] 还有学者围绕课程思政成效评价体系的构建路径，提出"课程思政评价体系的构建应遵循导向性、发展性、公平性、多样性、可行性的原则，保证评价的客观性、全面性和科学性。在实践中，通过在教学活动中进一步检验，通过评价成效体系准确把握课程思政建设、实施的形势

---

① 申志宏、高少宇、申建英：《高校思想政治理论课教学评价体系研究的现状与思考》，《邯郸学院学报》2022 年第 1 期。

② 谢桂新、陈伟：《教育学类专业课程思政教学评价略探》，《学校党建与思想教育》2022 年第 19 期。

③ 陈俊：《构建高校课程思政评价体系的思考》，《重庆科技学院学报（社会科学版）》2022 年第 3 期。

特点，进而真正地实现'三全教育'，保障人才培养的质量。"①此外，还有针对某具体专业或课程，如审计学、生物学等的课程思政建设效果评价及体系构建等展开的具体实践研究，等等。

最后，关于思想政治理论课教师的评价研究。思政课教师是思想政治教育开展和推进的重要人力资源，关于思政课的教师评价在本年度也得到一些学者的关注和研究。比如，有学者围绕评价对思政课教师专业发展的促进作用提出，"教师评价是'指挥棒''风向标'，事关教师发展方向。评价因其具有的管理、诊断、反馈、导向、激励等功能，从增强教师专业发展意识、明确教师专业发展内容、激发教师专业发展动力、完善教师专业发展保障等方面，不同程度地推动实现思政课教师专业发展"②，等等。

二、思想政治教育质量评价研究的年度特点与不足

2022年度，思想政治教育质量评价的相关研究整体比较丰富，在研究质量和研究深度方面也都有所提升。主要研究范围大致涵盖了思想政治教育质量评价体系建构、思想政治教育质量评价的理念和方式创新、思想政治教育质量评价重点领域相关研究等几个方面，其中，对思想政治教育质量评价重点领域的研究成果最为丰富，与以往年度相比，整体上也呈现出了一些新的研究特点。科学把握这些新的研究特点，同时，审慎分析和总结这些研究中存在的不足及其原因，尤其是深刻结合新时代教育评价改革的时代背景和时代要求进行系统地分析和研究，对于进一步深化思想政治教育质量评价研究，推动思想政治教育质量评价研究的可持续发展具有重要意义。

① 寇龙、陈江燕：《课程思政成效评价体系的构建路径》，《中国教育技术装备》2022年第20期。
② 聂小雄：《以评价促进思政课教师专业发展探论》，《中学政治教学参考》2022年第36期。

（一）思想政治教育质量评价研究的年度特点

思想政治教育质量评价研究作为一个正在不断发展中的命题，本年度与其相关的理论研究成果在总体数量方面不是非常丰富，但是也呈现出逐渐聚焦和持续发展的态势。纵观 2022 年度的思想政治教育质量评价研究成果，主要呈现出对思想政治教育质量评价体系建构的研究进一步聚焦，对思想政治教育质量评价的理念和方式创新研究进一步发展，以及对思想政治教育质量评价重点领域的研究不断增强等特点。

一是对思想政治教育质量评价体系的研究进一步聚焦。2022 年度，学界围绕思想政治教育质量评价体系的研究持续发展，成果数量可观，通过对思想政治教育质量评价体系建构的价值、内容、现实困境和优化路径进行不同维度的探索和阐释，进一步推进了思想政治教育质量评价体系研究的纵深性发展和系统性建构。在这些研究成果中，尤为突出的是，对进一步完善高校思想政治教育工作质量评价体系的研究得到进一步地关注和深化发展。我们党带领人民不断实现科教兴国、人才强国的战略与构建高质量教育体系的决心通过党的多次重大会议决策和政策措施得以不断凸显。党的十八大以来，以习近平同志为核心的党中央坚持优先发展教育，大力推进教育领域综合改革，持续加大教育投入，加速推进教育现代化，取得了全方位、开创性的历史性成就。党的十九大明确提出，建设教育强国是中华民族伟大复兴的基础工程，必须把教育事业放在优先位置，深化教育改革，加快教育现代化，办好人民满意的教育。党的二十大再次强调，教育、科技、人才是全面建设社会主义现代化国家的基础性、战略性支撑。要培养德智体美劳全面发展的社会主义建设者和接班人，加快建设高质量教育体系，发展素质教育，促进教育公平。高质量教育体系的建设，必然也对思想政治教育的高质量发展形成了更高的要求和期待，而高质量的思想政治教育发展，需要依靠长效的评价体系进行监测和调控，这就离不开对思想政治教育质量评价体系的重视和研究。本年度学界的研究也持续聚焦于思想政治教育质量评价体系建构这个视域，对高校思想政治教育质量评价体系在宏观层面的主要范畴、原则内容、价值意义和优化策略等方面进行了不同程度的研究，形成了一些具有时代特色的研究成果。一方面，这些研究成果有效促进了高校思想政治教育质量评价研究与国家宏观政策与规划的良性互动，为高校思想政治教育工作质量评价体系的建构能够进一步契合我国由教育大国迈向教育强国的时代诉求提供了参考。通过质量评价体系的建构与发展倒逼高校思想政治教育的高质量发展，进而助推高等教育的高质量发展；另一方面，也充分展现了思想政治教育学界的研究者们始终保持着对时代和实践发展的敏感度，坚持与时俱进的学术品格，始终紧扣全面推进教育现代化发展的时代背景和实践课题，持续深化对思想政治教育质量评价的研究。同时，本年度学界的研究对思想政治教育质量评价体系建构在中观和微观层面的问题也有进一步的推进。思想政治教育质量评价体系的建构要落地落实离不开对中观和微观层面问题的细化研究，因而思想政治教育学界在把握思想政治教育质量评价体系宏观政策的基础上，也在积极研究进一步落实质量评价工作的具体问题，并围绕高校思想政治教育质量评价指标体系的设计建构、评价方法的选取、评价主体的确证等内容形成了一些研究成果。一方面，为破解思想政治教育质量评价工作的困难性和复杂性问题，切实有效地将思想政治教育质量评价工作落地落实作出了积极的探索；另一方面，也为创新和拓展思想政治教育学科的研究视域，进一步推动思想政治教育评价学的发展，实现思想政治教育学科自身的守正创新创造了更多的可能性。

二是对思想政治教育质量评价的理念和方式创新研究进一步发展。2022年度，学界对思想政治教育质量评价的研究，在评价理念与评价方式创新层面也在不断深入发展，从研究成果的关注焦点来看，体现出了较为开阔的研究视野。随着中共中央、国务院印发的《深化新时代教育评价改革总体方案》的提出，学界研究者们对其中蕴含的总体要求和重要指导思想都展现出极高的重视和关注，并在关于思想政治教育质量评价的研究中，将这些要求和思想进行了更为深入的研究和论证。这不仅凸显出思想政治教育学界的研究对于党和国家政策的密切关注和积极回应，也展现出思想政治教育质量评价研究的实践关照和时代特色。本年度思想政治教育质量评价研究突显的一个重要特点，就是进一步推动了思想政治教育质量评价的理念和方式创新研究的发展。一方面，基于《深化新时代教育评价改革总体方案》中提出的，在教育评价过程中，要不断改进结果评价，强化过程评价，探索增值评价，健全综合评价的指导要求。本年度的思想政治教育质量评价研究积极回应，认真反思，尤其是在高校思想政治教育质量评价研究方面，从理念、方式创新等多个维度对增值评价、过程评价等进行了更为深入的探讨，既从理论层面深化了对思想政治教育质量评价方式和理念的认识和理解；也从实践层面为开展具体的思想政治教育质量评价提供了更多可选择的方式。另一方面，除了热切关注国家政策，积极回应党和国家对教育、思想政治教育质量提升的新要求和新期待，本年度的思想政治教育质量评价研究也着眼自身的内涵式发展，运用交叉学科思维，积极探索思想政治教育质量评价研究命题中蕴含的新的可能性，诸如对思想政治教育评价本身进行评价的元评价理念的提出和研究，充分展示了学界研究思想政治教育质量评价命题的广阔视野和探索精神，也有助于进一步深化思想政治教育质量评价研究这个理论和实践命题。整体上，在思想政治教育质量评价研究的命题中，质量评价理念和方式创新的研究是一个重要的方向，相信在未来的成果数量和质量方面都会有进一步提升。

三是对思想政治教育质量评价重点领域的研究不断增强。思想政治教育质量评价的命题不仅涵盖评价理论、体系建构等理论层面的内容，更是关注具体的思想政治教育实践工作，涵盖思想政治教育各领域的具体评价实践。因此，结合思想政治教育关涉的具体实践领域，不断增强对思想政治教育质量评价各重点领域的研究，也是本年度思想政治教育质量评价研究的重点方向。同时，思想政治教育质量评价各重点领域的研究也充分体现了对教育评价理论的积极借鉴，以及对国家教育评价改革要求与期待的积极回应。本年度对思想政治教育质量评价重点领域的研究主要集中在思想政治理论课程质量及教学评价、课程思政建设质量评价，以及思政课教师评价等多个层面，在研究中充分抓住不同领域评价实践开展的不同条件，结合各领域的不同特色阐释和论证了评价实践推进的理念思路、基本遵循、实践路径等，一些研究成果既为思想政治教育质量评价的科学理论提供了重要来源，又为思想政治教育质量评价的实践操作指明了方向思路。首先，思想政治理论课作为思想政治教育的主渠道，思想政治理论课的课程质量评价和教学评价必然是思想政治教育质量评价的重要范畴。本年度的思想政治理论课质量评价研究，沿循理论关照实践，实践印证理论的研究思路，既有对思想政治理论课教学评价基本遵循的深度思考，也有结合教学实践，对思想政治理论课教学评价现状的客观分析，及教学评价体系改革创新的积极探索。这对于进一步推动思想政治理论课质量评价发展，进而提升思想政治教育质量评价水平都具有重要意义。其次，课程思政建设是近年来党和国家对思想政治教育工作发展的新期待和新要求，课程思政与思政课程同向同行是保障思想政治教育工作成效最大化的重要路径，因而学者们对课程思政的研究在近年来也得到了持续发展，在研究思政课程质量评价的同时，课程思政建设的质量评价也成为重要研究命题。本年度的课程思政建设质量评价研究，既关照了宏观层面的课程思政评价体系，从课程思政评价体系建构的方法策略与思路路径等方面进行了有益探索，也关照了不同学科课程思政建设的具体实践，从教育学、生物学等专业课程角度提出了课程思政建设效果和教学评价的理念与思路，等等。这一方面突显出思想政治教育质量评价研究的实践导向，另一方面也表现了学者们坚持实践导向和交叉学科探究思维，结合具体实践开展思想政治教育质量评价研究和评价活动的主观意识、积极尝试与较高能力，对于切实提高思想政治教育质量，推动思想政治教育高质量发展具有重要意义。最后，思政课教师是思想政治教育工作开展和推进的重要人力资源，对思想政治教育质量具有极其重要的影响，因而思想政治教育质量评价研究离不开对思政课教师评价的研究。本年度对思政课教师评价的研究主要集中在以评价促进思政课教师专业能力提升的方向，既延续了对思政课教师评价命题的关注和探索，为丰富和发展思想政治教育质量评价的宏观命题提供了更多启示和思考；也在一定程度上展现出对思政课教师评价进行持续研究在思想政治教育质量评价研究命题中的重要意义。

（二）思想政治教育质量评价研究的主要不足

2022 年以来，思想政治教育质量评价研究成果取得了一定程度的进展，但同时也表现出一些局限和不足。客观审视并冷静分析目前这一命题研究存在的局限与不足，对于持续推进思想政治教育质量评价的相关研究具有一定的价值意义。回顾 2022 年以来思想政治教育质量评价研究的相关成果，在以下几个方面需要进一步地完善和深化研究。

一是思想政治教育质量评价研究的理论建构还有待进一步完善，理论研究深度也有待进一步挖掘。与以往年度相比，2022 年度虽然有对思想政治教育质量评价等相关问题进行了持续的理论探究，但是整体来看，思想政治教育质量评价研究的理论建构还有待进一步完善，理论研究的深度也尚待进一步挖掘。作为一个意义重大的理论和实践命题，思想政治教育质量评价研究系统的理论建构，是推进思想政治教育质量评价研究长效性发展的题中应有之义和必然趋势。从近几年的研究成果来看，学界对思想政治教育质量评价研究的理论阐释有所进展。然而，客观分析本年度在思想政治教育质量评价方面的研究，在基础理论研究深度、广度和系统性方面仍然有待增强。一方面，对思想政治教育质量评价的基础理论研究深度和广度尚待进一步加强。思想政治教育质量评价的基础理论研究是形成思想政治教育质量评价系统性理论建构的基础性工程。目前，在思想政治教育质量评价的基础理论研究方面有一定的研究成果，诸如对思想政治教育质量评价的基本内涵、基本原则、主要内容、主要方法等都进行了积极地探索和阐释，但是整体上，这些理论探索主要集中在高校思想政治教育领域，关于理论探索的广度仍有一定局限。同时，思想政治教育质量评价作为教育评价宏观命题下的一个子命题，与教育评价理论的夯实性相比，思想政治教育的元评价、评价的基本规律、基本要素及其逻辑关系等问题也须进一步形成更为深入地研究和探索，等等。由此，我们可以发现，思想政治教育质量评价的基础理论研究广度和深度都还有待加强。另一方面，思想政治教育质量评价研究理论的系统性有待进一步增强。目前来看，本年度的思想政治教育质量评价理论研究成果仍然较为分散，尚未形成一个系统化的理论研究框架。诸如思想政治教育质量评价基础理论的主要论域、基本范畴、思想政治教育质量评价的内在规律以及质量评价基础范畴之间的逻辑关联等这些重要问题的研究，在整体上还未形成一个系统性的理论研究框架，这也反映出思想政治教育质量评价研究的理论建构仍未健全完善。但是，相信随着学界对思想政治教育质量评价研究的持续深入发展，这些问题的研究都会取得更高层次的突破和进展。

二是思想政治教育质量评价研究的学科视野和研究思路有待进一步拓展。本年度思想政治教育质量评价研究聚焦质量评价的理念和方式创新，结合《中国教育现代化2035》《深化新时代教育评价改革总体方案》等国家政策要求展开相关研究的成果有一定发展，但是从整体来看，成果数量不多，质量也参差不齐，对政策要求的理解、挖掘程度和研究思路都有待进一步拓展。一方面，思想政治教育是一个具有中国特色和实践特色的学科，因而围绕思想政治教育学科发展而生发的思想政治教育质量评价命题也具有并应当具有鲜明的中国特色和实践特色。其中，中国特色既要通过以中国本土话语恰如其分地阐释和解读思想政治教育质量评价理论体现出来，也要通过思想政治教育质量评价理论对中国社会发展环境的适应性和中华优秀传统文化的传承性体现出来。而实践特色则要通过对我国发展的时代大势和实践发展的相关理论政策的积极回应展现出来。因此，思想政治教育质量评价研究在借鉴西方理论的过程中要坚守中国特色，同时也须切实关注我国社会发展的实践要求，与我国教育事业发展的政策理论形成呼应。然而，本年度的思想政治教育质量评价研究，对我国教育事业发展的政策理论虽有所回应，但相关研究并不是十分丰富，尤其是在推进国家治理体系和治理能力现代化的时代背景和教育治理现代化发展的大背景下，结合治理视域探讨思想政治教育质量评价的新发展和新突破等问题，仍有较大的研究空间。另一方面，协同多学科视域的质量评价研究成果，拓展自身研究思路，丰富自身研究成果的交叉学科视野有待进一步发展。思想政治教育作为教育的重要领域，教育评价学在教育学中的发展成果自然也是思想政治教育质量评价理论研究和发展需要极其关注和重点挖掘，比如教育评价学中的教育评价理念、思路和方法等，对于思想政治教育质量评价的理念和方式创新都具有相当的指导意义。然而当前的研究中，对教育评价学中的相关理论挖掘还有待进一步拓展和深化，虽然专注于思想政治教育质量评价的自身问题研究是理论研究专门化的重要表现，但在思想政治教育质量评价研究发展还不够成熟的情况下，仍需重视对其他学科相关理论精粹的借鉴和吸收，以不断丰富思想政治教育质量评价的学科视野和研究思路。以期为深入推进思想政治教育质量评价研究，破解思想政治教育质量评价实践难题和困境提供有益思路和可行方案。

三是思想政治教育质量评价研究理论与实践的互动性有待进一步增强。思想政治教育质量评价既是一个理论命题，也是一个实践命题。一方面，思想政治教育质量评价的具体实践总是存在于思想政治教育的具体领域的实践工作之中，是我们开展思想政治教育质量评价研究的重要实践资源。因此，在思想政治教育质量评价研究中，把握好由质量评价实践到质量评价理论的思维转化和凝练升华，对于持续推进思想政治教育质量评价理论研究具有重要意义。但是，就本年度的思想政治教育质量评价研究成果来看，大多是针对思想政治教育质量评价的某些重点领域，从具体某方面的评价切入去分析研究，而在思想政治教育质量评价实践经验的提炼拔高和质量评价规律的深化探索方面都没有更进一步，还处于较为表面的认知和总结阶段。当然，这与思想政治教育质量评价要实现从实践到理论的跃升具有一定难度有关，思想政治教育本身就是一个复杂的系统，质量评价实践的复杂性也可见一斑。同时，在思想政治教育的复杂系统中，思想政治教育理论研究者和思想政治教育实践工作者的双重身份也不容易集中于同一位学者身上，而理论研究者和实践工作者如果没有更为畅通的沟通与合作渠道，也很难保障思想政治教育质量评价研究由实践到理论跃升的顺利实现。另一方面，思想政治教育质量评价的理论研究是推进思想政治教育质量评价实践的重要指导。然而，就本年度的思想政治教育质量评价研究成果来看，注重理论研究的成果更多展现的是学术方面的思辨性研究和理论逻辑推导，结合案例，引入实证研究思路，以形成理论与实践良性互动的成果还不够丰富。因此，在未来的思想政治教育质量评价研究中，不仅要关注和把握质量评价研究的实践，而且要不断增强对实践经验的提炼和拔高，进一步提升由实践到理论凝练的学术思维转化能力，以期运用更具学理性的思维和表述阐释思想政治教育质量评价的相关理论。同时，也通过加强思想政治教育理论研究者和实践工作者的沟通合作，为进一步促进思想政治教育质量评价实践与理论研究的良性互动提供有力保障，以整体上提升思想政治教育质量评价研究的理论和实践水平。

三、思想政治教育质量评价研究的趋势展望

推进我国教育高质量发展是党和国家对我们教育事业发展的殷切要求和期待。思想政治教育是教育高质量发展的重要领域，因而思想政治教育质量及其质量评价也在近年来受到学界的重视和关注。本年度学界聚焦思想政治教育质量评价的相关命题进行了不同维度的探讨和研究，呈现出一批优秀的研究成果。在新时代着力推进教育高质量发展的大背景下，思想政治教育质量评价的理论和实践命题相信也会是一个持续的研究热点。综合近年来思想

政治教育质量评价相关研究的基本特征，未来学界关于思想政治教育质量评价的相关研究可能会沿循以下几个研究趋势不断深化发展。

（一）进一步彰显思想政治教育质量评价研究的学理性和系统性

发展思想政治教育质量评价研究的理论和实践命题，一方面，要持续深化其理论研究，增强思想政治教育质量评价研究的学理性；另一方面，要着眼思想政治教育这个复杂系统，增强思想政治教育质量评价研究的系统性，这既是推进思想政治教育质量评价研究的题中应有之义，也是思想政治教育学科守正创新发展的重要路径。客观上，思想政治教育质量评价实践比较复杂，在诸如基础理论研究，质量评价实践到理论的凝练升华，以及协同多学科视域深化质量评价问题研究等方面都尚待进一步发展。因而整体上，目前的思想政治教育质量评价研究在学理性和系统性上都还需进一步增强。在未来的研究过程中，要持续深化思想政治教育质量评价各方面理论的研究和学理性的探讨，进一步增强思想政治教育质量评价研究的学理性和系统性，相信这也将是思想政治教育质量评价研究发展的一个重要趋势。

进一步彰显思想政治教育质量评价研究的学理性和系统性，首先，要进一步深化其基础理论研究。思想政治教育质量评价的基础理论是思想政治教育质量评价进行学理性建构的重要基石。彰显思想政治教育质量评价研究的学理性，要不断深化对基础理论的研究。思想政治教育质量评价研究的基础理论包括思想政治教育质量评价的基本内涵和特征、思想政治教育质量评价研究的基本范畴、思想政治教育质量评价的内在规律等具备基础性和根源性的研究问题，对这些问题的深化研究是增强思想政治教育质量评价研究学理性的重要层面，有待进一步深化发展。其次，要进一步提高从思想政治教育质量评价实践到理论跃升的思维转化水平。思想政治教育学科是一个实践性较强的学科，思想政治教育质量评价的学理探讨也依托于思想政治教育质量评价实践的变化发展情况。而思想政治教育质量评价实践渗透于思想政治教育的具体工作之中，受到实施主体、接受对象和环境场域等多种因素的影响，既有着特殊性，也有一定的普遍性。因此，增强思想政治教育质量评价研究的学理性，还须坚持质量评价研究中的问题导向，以思想政治教育质量评价实践为基础，总结和分析质量评价实践中形成的科学经验，并将具备特殊性的实践经验，概括上升为具有普遍意义的理论认识，并通过具有学理性的话语表达出来。而这个层面的深化发展，需要思想政治教育实务工作者与理论研究者的协同合作。最后，要不断推动形成系统化的思想政治教育质量评价理论体系。就目前的研究成果来看，既在一定程度上为思想政治教育质量评价理论体系的形成发展奠定了良好基础，也存在研究成果和视野较为分散化、研究的覆盖面不够广等特点和局限，因而，为进一步增强思想政治教育质量评价研究的系统性，还需在系统梳理与整合现有研究成果，挖掘和关注更多新的有意义的研究视角，诸如思想政治教育质量评价的理念方式创新研究，大中小学思想政治教育质量评价体系化研究等，以不断推动形成系统化的思想政治教育质量评价理论体系。

（二）进一步提升思想政治教育质量评价研究的科学性和实效性

进一步提升思想政治教育质量评价研究的科学性和实效性，既是党和国家对思想政治教育质量评价研究守正创新发展的内在要求，也是思想政治教育质量评价自身发展的重要路径。事实上，就客观条件而言，由于思想政治教育本身所具备的复杂性，要对其进行质量评价具有一定的难度，但近年来，思想政治教育质量评价研究的持续推进，已然证明其重要的研究价值。而作为一个具有研究价值的重要方向，进一步提升思想政治教育质量评价研究的科学性和实效性，仍是其未来发展的重要趋势。

进一步提升思想政治教育质量评价研究的科学性和实效性，一方面，要重点结合新时代大数据发展的潮流和趋势，研究依托大数据信息推动思想政治教育质量评价进一步深化发展的有效路径。我们所处的新时代的显著特色之一，就是大数据信息技术的高速发展。基于此，各领域各学科都在寻求与大数据融合发展的可能性与可行性。思想政治教育领域也不例外，在大数据信息技术与思想政治教育融合发展的方面，也产生了丰富的研究成果。因而，思想政治教育质量评价研究也须把握发展契机，探索大数据技术在思想政治教育质量评价研究和落地方面的重要价值，谋求通过大数据技术解决思想政治教育质量评价实践困境的可行路径。比如，借助大数据信息技术的超级算法等，将评价对象的信息收集、对比等操作便捷化等等。由此足见，结合大数据技术，进一步研究思想政治教育质量评价的相关问题，极有可能成为提升思想政治教育质量评价研究科学性和实效性的一个重要方向。另一方面，要科学把握我国治理现代化发展的大势和思想政治教育治理研究的发展动向，拓宽思路，进一步发展对思想政治教育治理效能评价的研究。既可以围绕思想政治教育治理效能评价研究的理论命题，进一步深化对思想政治教育治理效能评价体系整体建构方案和思路的研究，以形成对评价体系建构的宏观性指导和建议；也可以关注思想政治教育治理效能评价的具体场域，结合思想政治教育治理具体领域的实践情况，进一步确定评价实施的方式、范围和标准等。比如，聚焦思想政治教育队伍建设层面，进一步发展对思想政治教育队伍成员绩效评价的研究；围绕思想政治理论课的改革创新，进一步加强对思想政治教育教学成效和教学资源配备水平等基础性评价的研究；针对日常思想政治教育活动，进一步推进在合格性评价和特色性评价方面的研究等。总体上，兼顾理论研究和实践操作的动态平衡，在理论与实践的良性互动中，进一步深化对思想政治教育治理效能评价的研究，进而在守正创新中进一步提升思想政治教育质量评价的科学性和实效性。

（三）进一步增强思想政治教育质量评价研究理论与实践的互动性

思想政治教育质量评价研究命题兼顾理论性与实践性，进一步增强研究理论与实践的互动性，既是思想政治教育质量评价理论和实践发展的重要路径，也是推动思想政治教育质量评价研究守正创新发展的重要思路。因此，关注思想政治教育质量评价的理论，把握思想政治教育质量评价的实践，进一步增强二者的互动性，激发思想政治教育质量评价研究新的思维火花，也是在未来一段时期内的一个重要方向和趋势。

进一步增强思想政治教育质量评价研究理论与实践的互动性，一方面，可以尝试从多个维度解构思想政治教育质量评价实践涉及各要素之间的关系，以构建要素之间的和谐关系为主旨，对其进行分类把握和系统研究，并进一步形成具有普遍意义的理论认识，对质量评价实践形成反馈指导。比如，从本质层面解构思想政治教育质量评价实践各要素间的共通性，可以将思想政治教育质量评价关涉的资源划分为人力、物质和环境等不同性质类型的资源来进行针对性研究，同时通过厘清不同性质要素之间的内在关系，来进一步促进要素的和谐并进，以不断提升质量评价实践的有效性。在人力资源方面，可以着重分析思政工作队伍内部，比如党政干部、辅导员队伍和思政课教师之间的关系，也可以探讨思想政治教育专业队伍与兼职队伍之间的关系，还可以研究思政课教师与专业课教师之间的关系等；在物质资源方面，可以进一步研究政府、学校、家庭和社会物质资源的关系，或是思想政治教育工作所关涉的不同层级机构物质资源的关系等。以不同性质类型资源的相互关系为切入点，畅通思想政治教育质量评价实践要素互动以及实践与理论互动的渠道，为进一步增强理论与实践的互动性奠定基础。另一方面，可以结合思想政治教育质量评价理论发展的长效性要求，探索思想政治教育质量评价实践发展的制度化路径。首先，考量思想政治教育全局，科学把握思想政治教育质量评价制度化发展的内在要求，在质量评价主体的责任和界限，质量评价的手段和方法在实施过程中的条件与边界，以及质量评价实施的标准和指标项等方面，作出进一步地研究探索；其次，关注思想政治教育质量评价所涉及的具体领域，比如队伍建设、课程思政建设、思政课改革和日常思想政治教育等，科学把握评价工作在这些具体领域中已形成的较为成熟的规则安排，在肯定已有评价规则积极价值的同时，根据思想政治教育质量评价各领域的实践发展状况，推动建立更加完善和更符合时代与实践要求的新的规则安排，沿循思想政治教育质量评价实践制度化发展的路径，推动思想政治教育质量评价实践与理论互动的长效发展。

第二十五章　辅导员队伍建设研究

　　辅导员队伍是高校思想政治工作体系的重要组成部分。立足新时代新征程，高校思想政治工作要实现高质量发展，就必须以高质量的辅导员队伍作为重要支撑。2022 年，辅导员队伍建设取得了较大突破。教育部等十部门印发了《全面推进"大思政课"建设的工作方案》，指出要构建大师资体系，建设专兼结合的辅导员队伍。截至 2022 年 3 月，全国高校专兼职辅导员数量达 24.08 万人，创历史新高。师生比平均达到 1∶171 配置。与此同时，教育部围绕"推进教育数字化"的重要部署，积极建设"辅导员队伍能力提升大数据赋能平台"，通过数据采集、画像呈现等流程动态展示辅导员队伍基本结构、素质能力、工作内容、职业发展情况，并依托学习中心、业务中心、榜样在线等板块全方位多维度帮助辅导员提升政治素养和业务能力。梳理 2022 年度辅导员队伍建设研究成果，分析研究的特点、热点和不足，展望进一步研究趋势，对深化辅导员队伍建设的理论与实践研究具有重要价值。

一、辅导员队伍建设研究的年度成果述评

　　基于研究内容视角，2022 年度辅导员队伍建设研究主要围绕辅导员本质内涵、角色定位与核心素养，辅导员队伍建设与优化路径，以及辅导员情感关怀与职业能力提升三个层面展开。

（一）辅导员本质内涵、角色定位与核心素养研究

辅导员的名称演变是一个历史过程，先后经历了"政治指导员""政治委员""政治辅导员""双肩挑""兼职或专职辅导员""高等学校辅导员"等称谓。本年度对辅导员本质内涵、角色定位与核心素养进行研究，对科学推动辅导员队伍高质量发展具有重要意义。

一是对辅导员的本质内涵研究。对辅导员本质内涵的研究是基于"现象与本质"这一揭示事物外在联系和内在联系的哲学维度进行的思辨。当前，有学者关注辅导员现象发生过程始终是由多元主题的系列活动构成的事实，从生活本质内涵、历史本质内涵、主体本质内涵、认知本质内涵与实践本质内涵等五个层面对辅导员本质内涵构成逐层递进分析。[1] 人的本质是一切社会关系的总和。辅导员的本质内涵是其自身的德性、生存意义和价值生命的统一。有学者从"生态人格"视角审视辅导员的本质内涵，辅导员人格的生态取向主要表征为"以学生为本""以自身境界为核心"及"延展到更为广阔的生命世界"三个方面，通过师生交往范式的转换、自我意识的重构、人文精神的映照等途径进行理想人格的追寻。[2]

二是对辅导员的角色定位研究。对辅导员角色定位的探究，必须紧跟新时代的发展变化和历史诉求，在社会发展的历史潮流中找准辅导员角色定位的时代坐标。学者将辅导员角色内涵界定为时代新人的引领者、日常事务的管理者、健康成长的服务者、理论创新的推动者，并提出辅导员应在多重角色定位中注重稳定性与发展性的统一、整体性与个体性的统一、综合性与专业性的统一及过渡性与职业化的统一。[3] 辅导员的角色定位具有"一体多面"的特征。有学者提出，新时代辅导员应基于大学生思想政治教育的主体责任，

---

① 寿新宝：《论高校辅导员的本质内涵及其实践向度》，《思想理论教育》2022 年第 8 期。
② 唐萍、肖肖：《论辅导员人格的生态取向》，《江苏高教》2022 年第 7 期。
③ 冯刚、刘宏达：《新时代高校辅导员工作十讲》，北京师范大学出版社 2022 年版。

扮演好思想政治教育的实施者、思想政治教育活动的组织者、思想政治教育资源的整合者、思想政治教育环境的营造者、思想政治教育问题的疏通者的角色。[①] 有的学者从"三全育人"视角分析辅导员的角色定位，认为辅导员在全员育人中发挥纽带作用，在全过程育人中发挥引领作用，在全方位育人中提升服务意识。[②]

三是对辅导员的核心素养研究。核心素养是个人知识、能力、态度、品格、价值观等特征的整合，赋予辅导员能够在变化的情境中切实地、连贯地、有效地运用并解决问题的关键能力。学者聚焦辅导员的领导素养和历史素养进行研究。辅导员的领导素养是辅导员引导大学生学会求知、学会做事、学会共处，实现人生价值并自觉成为中国特色社会主义合格建设者和可靠接班人的能力，由理想信念力、决策执行力、控制协调力、引导感召力、学习创新力构成，并形成良性提升与循环发展。历史素养作为一种专门性、特定性素养，是把握历史主动精神的基本要求。有学者认为，具有大历史观是新时代辅导员做好思想政治教育工作的基本要求，应将大历史观与时俱进地发展为内在的、稳定的历史素养与内在品格。[③] 在工作实践中，辅导员要注重领导素养和历史素养形成、运用及转化为具体行动，在实践中践行。

（二）辅导员队伍建设与优化路径研究

党和国家始终高度重视辅导员队伍，不断加强辅导员队伍建设，破解辅导员专业化职业化发展的现实困境。2022 年，学界从辅导员队伍专业化职业化发展、发展困境及优化路径三个维度，继续推进辅导员队伍建设研究向纵深发展。

一是对辅导员队伍专业化职业化发展研究。学界对辅导员队伍专业化职

---

① 冯刚：《新时代高校辅导员培训教程》，人民出版社 2022 年版。
② 王玲：《"三全育人"视域下高校辅导员的角色定位与实现路径》，《大学》2022 年第 28 期。
③ 徐国平、张小焕：《高校辅导员历史素养形成的三重逻辑》，《中学政治教学参考》2022年第 24 期。

业化发展的研究在核定标准、现实困难与方法路径方面持续深入。关于辅导员专业化职业化的核定标准，有学者指出，辅导员队伍的职业化体现在提高职业认同，明确辅导员的职业概念，提升其职业地位与公信力，提升辅导员幸福感；强化政策导向，制定完整的准入、考评、发展、退出等办法；了解专业内涵，引导辅导员主动、系统地学习职业知识，提升职业能力，提高专业素养；明确工作范畴，划定岗位职责及边界，提高职业自信心，增强归属感和责任感四个方面[1]。有学者认为，实现辅导员队伍专业化职业化发展，需要重新厘定辅导员职业从业标准，探索建立辅导员从业资格考试制度和职业能力等级考试；优化现有学科支撑体系，不断完善辅导员工作专业知识结构；统筹考核元素，构建立体式考核体系框架；统筹厘清角色内在聚合的职责任务，践行"三全育人"理念等多维实践路径，从思路理念、知识结构、评价导向、制度保障等层面推进辅导员专业化职业化发展走高质量、内涵式发展之路。[2]

二是对辅导员队伍发展困境研究。从个体层面看，辅导员广泛存在"角色紧张"。辅导员角色紧张是辅导员责任心与多重角色之间的矛盾和张力，主要表现为情绪焦虑、本领不强、疲于应付和动作变形等四种形态，其形成原因和应对措施可以从认知和心理层面、技术和能力层面、制度和机制层面入手进行探究。[3] 从群体层面看，有学者基于中部某省 51 所高校 3176 名辅导员进行实证调查，结果显示辅导员队伍的现实困境主要表现在职业认同模糊导致自我效能感降低、专业素养薄弱致使职业发展不顺畅、职业能力与实际需求不相适应造成自我本领恐慌、身份认定多元化造成工作积极性消减等四

---

① 刘娴：《高校辅导员队伍专业化与职业化提升路径研究》，《山西青年》2022 年第 22 期。

② 谈传生、胡景谱、刘文成：《高校辅导员专业化职业化发展的现实困境及破解路径——基于中部某省 51 所高校 3176 名辅导员的实证调查》，《思想教育研究》2022 年第 1 期。

③ 冯刚、钟一彪：《高校辅导员角色紧张的舒缓与职业理想建构》，《学校党建与思想教育》2022 年第 1 期。

个方面①。究其原因，学缘结构的多元化与职业素养专业化要求的矛盾、工作边界的模糊性与思想政治教育专家化要求的矛盾、身份定位的边缘化与"双线"晋升实际要求的矛盾、薪酬待遇的差异性与工作投入要求的矛盾是导致辅导员队伍发展困境的根本原因。②从政策角度看，有学者对148份辅导员队伍建设政策文本进行研究，发现我国辅导员政策工具选择日渐多元化，但使用结构不合理；政策要素覆盖趋于全面性，但工具分布不均衡；政策工具与政策要素匹配性不足，关联互嵌不适切。③这些政策在设计、落实的过程中存在的问题，也是导致辅导员队伍发展困境的重要原因。

三是对辅导员队伍建设的优化路径研究。从辅导员队伍本体结构优化的角度，有学者基于中国知网2006—2021年核心和专业期刊文献对辅导员队伍建设研究状况研究，指出要推动辅导员由被动专业化到主动专业化的转变，从基础专业化到高等专业化的转变，从阶段性专业化到常态化专业化的转变。④有学者强调要找准角色定位，确保辅导员队伍的先进性；强化学习培训，加强辅导员队伍的专业性；健全管理机制，提升辅导员队伍的稳定性。⑤政策是优化辅导员队伍建设的基本保障。从政策制度优化角度，尽管我国颁布了一些文件用以明确辅导员的地位和作用，但在政策设计、政策落实等方面都存在一定问题。有学者认为，应从"遵照辅导员队伍建设重点，调整政策工具结构，优化政策工具的组合配置""结合辅导员职业发展路向，聚焦关键要素指标，均衡政策要素的工具供给""改进政策工具与政策要素

① 谈传生、胡景谱、刘文成：《高校辅导员专业化职业化发展的现实困境及破解路径——基于中部某省51所高校3176名辅导员的实证调查》，《思想教育研究》2022年第1期。

② 王振华、朱蓉蓉：《论新时代高校辅导员队伍建设的优化》，《学校党建与思想教育》2022年第2期。

③ 张伟、岳洪、熊坚：《政策工具视角下我国高校辅导员队伍建设政策文本研究》，《黑龙江高教研究》2022年第6期。

④ 郑雨婷：《高校辅导员队伍建设研究状况与核心力量分析——基于中国知网（2006—2021年）核心和专业期刊文献的研究》，《高校辅导员学刊》2022年第4期。

⑤ 朱志梅、王雨茜：《新时代高校辅导员队伍建设路径探析》，《学校党建与思想教育》2022年第20期。

的二维关联，健全完善辅导员制度政策体系"等方面进行突破。[①] 有学者认为双线晋升政策是对高校党建和思政工作队伍实行的激励政策，应从优化多元协同的运行机制、构建"双强型"人才塔式培养模式来破解辅导员队伍建设与发展。[②] 有学者提出，高校作为政策执行的责任主体，要设法把各方动力聚拢起来并转化为领导者的决策动力，强化辅导员的育人主责，给辅导员减负，在心理咨询和疏导的基础上逐步把咨询服务范围拓展到生涯规划、学业指导、生活与交往辅导、思想引导、就业创业指导等专业领域，通过专业咨询服务大学生成长和发展。[③] 这应该成为推进辅导员队伍专业化建设最直接、最稳定、最持恒的动力。从队伍协同角度，强化队伍协同是优化辅导员队伍建设的路径。有学者提出，高校应选拔优秀的专业教师补充到班主任队伍中，与辅导员形成日常思想政治教育的协同力量，为高校全员育人提供了人员保障。[④] 也有学者运用演化博弈理论及其动态模型揭示研究生导师和辅导员在育人过程中的动态演化策略，提出凝聚协同育人共识、涵育协同育人文化、健全协同育人机制的导师与辅导员协同育人优化路径[⑤]，对优化辅导员队伍建设研究有理论参考价值。

（三）辅导员情感关怀与职业能力提升研究

辅导员职业能力提升是大学生思想政治教育实效得以改善的重要保障。学者从辅导员情感关怀和职业能力提升研究两个层面，从宏观与微观两个视角探讨辅导员队伍职业能力提升。

---

① 张伟、岳洪、熊坚：《政策工具视角下我国高校辅导员队伍建设政策文本研究》，《黑龙江高教研究》2022 年第 6 期。

② 王智腾：《高校双线晋升政策的历史、现状和未来》，《中国高等教育》2022 年第 10 期。

③ 朱平、李永山：《高校辅导员专业化的动阻力分析与推进策略——基于高校政策执行视角的分析》，《思想理论教育》2022 年第 5 期。

④ 陈炳哲：《新时代加强高校班主任队伍建设路径研究》，《现代职业教育》2022 年第 39 期。

⑤ 赵玉鹏、杨连生、侯坤超：《演化博弈视域下研究生导师和辅导员协同育人策略及路径研究》，《研究生教育研究》2022 年第 4 期。

　　一是辅导员情感关怀研究。面对辅导员队伍的本领恐慌，在组织实施系统化的业务培训之外，有学者认为高校还应加强思想引导和心理疏导，提升工作激励和指导力度，规范政治锻炼和学习教育，加强工作规范和保障力度。① 有学者基于田野调查与访谈研究，指出帮助辅导员处理好"需要的情感"和"感受的情感"之间的关系，能有效提升辅导员的管理水平和工作效率。② 通过鼓励工作重塑、激发亲社会行为、提升团队凝聚力，帮助辅导员实现工作自主、提升自我效能。③ 有学者指出，非正式组织的存在可以起到正式组织无法取代的作用，有助于挖掘辅导员积极心理资本，有效提升辅导员的自我职业效能感和主观幸福感，使之成为辅导员队伍建设新的突破口和增长点。④

　　二是辅导员职业能力提升研究。关于辅导员职业能力提升策略的研究是学界研究热点，可以从宏观、微观两个视野展开。从宏观视野看，提升辅导员职业能力要通过完善工作制度、优化工作机制、强化队伍素养、创新实践方式，使辅导员"在思想引导、行为养成、情感渗透、评价激励'四位一体'的内在理路下，促进大学生知、情、意、行和谐发展，从而提升思想政治教育工作有效性"。⑤ 当前，高校思想政治工作者的思维素养仍然停留于工作思维、经验思维和日常思维的层面，要提升理论素养以提高思维的深刻性、增强全局观念以提高思维的战略性、打破思维定式以提高思维的灵活性、丰富思维结构以提高思维的全面性。⑥ 高校应完善辅导员保障机制，畅通辅导员职业发展渠道；构建辅导员导师制度，为辅导员职业能力提升发展

　　① 赵贤：《新时代应用型高校辅导员本领恐慌的表现及其应对》，《学校党建与思想教育》2022 年第 8 期。

　　② 张娜、于成文：《北京高校辅导员情感劳动的实践机制》，《北京社会科学》2022 年第 3 期。

　　③ 庄园：《自主、效能、归属：基于领导行为视角的高校辅导员工作投入促进路径》，《江苏高教》2022 年第 6 期。

　　④ 侍旭：《辅导员非正式组织提升团队心理资本的价值与实现》，《高校辅导员学刊》2022 年第 5 期。

　　⑤ 曾玥蓉、韩冰：《高校辅导员思想政治工作的理与路》，《学校党建与思想教育》2022 年第 6 期。

　　⑥ 陈勇：《高校思想政治工作者科学思维素养培育论》，《高校辅导员学刊》2022 年第 2 期。

提供渠道；科学制定辅导员培训制度，有效提升培训质量。[①]

　　从微观视野看，学者们基于辅导员工作思维转换、工作能力提升、工作路径优化三个维度进行辅导员职业能力提升研究。在辅导员工作思维转换方面。强化问题意识、坚持问题导向是提升辅导员科研素养和育人能力的重要途径。[②]有学者指出，发现问题的眼力，重在问题导向的思维养成；破解问题的能力，重在合纵连横的格局构建。[③]有学者研究发现，辅导员参与批判性思维教育既有利于应对大学生发展的现实困境，也能改善和优化辅导员自身的工作方式。[④]在辅导员工作能力提升方面。有学者基于 PCMM 模型，对辅导员的基础能力、教育指导能力、学生事务管理能力、持续的学习研究能力进行研究，发现辅导员在创新能力、科研能力和专业技术能力等方面还需提升。[⑤]有学者基于全国辅导员素质能力大赛视角进行研究，结果表明高校应组建辅导员共同体，强化辅导员的专业胜任力，要开展分类分级培养，提升辅导员核心专业技能，[⑥]此外，还应通过"读"和"学"提升辅导员学习思考的能力，通过"说"和"聊"提升辅导员解决问题的能力，通过"写"和"研"提升辅导员的理论研究能力，通过"行"和"赛"提升辅导员的实践应用能力。[⑦]研究表明，与辅导员的社交和工作互动对学生自我价值感有显著积极影响，然而学生与教师和辅导员的各类互动频次却远低于与同伴的学业和社交互动。因此，辅导员需进一步加强网络思想政治教育能力。坚持"以

---

　　① 桂舒霞、方文利：《新晋辅导员职业能力提升影响因素及策略分析》，《现代职业教育》2022 年第 39 期。

　　② 王海宁：《高校辅导员工作研究中的问题导向与问题意识探赜》，《思想理论教育导刊》2022 年第 1 期。

　　③ 冯培：《高校辅导员课题研究的素养积蕴》，《高校辅导员》2022 年第 1 期。

　　④ 李伟、李品林、姜孟雪：《高校辅导员参与批判性思维教育的价值意蕴、实践逻辑与行动路向》，《高等教育研究》2022 年第 5 期。

　　⑤ 柏豪：《高校辅导员能力成熟度评价体系构建研究》，《思想教育研究》2022 年第 1 期。

　　⑥ 刘成、施小明：《基于全国辅导员素质能力大赛视角的青年辅导员专业化发展策略》，《上海理工大学学报（社会科学版）》2022 年第 11 期。

　　⑦ 左辉、王涛：《新时代辅导员队伍建设的发展路径研究》，《学校党建与思想教育》2022 年第 20 期。

生为本"工作理念，以精细化信息管理把握学生成长发展的个性诉求①，提升亲和力品质，提升思想政治教育的温度②。应从提升思想认识、搭建示范平台、加强技能培训、完善政策机制、创新形式内容等方面着力。③ 在工作路径优化方面。有学者基于课程思政视角提出提升辅导员育人能力的路径，认为通过不断优化课程思政所处环境、增强理论学习强化辅导员自身素质、明确辅导员在课程思政中的定位、完善辅导员队伍建设机制和培养体系这四个方面的努力④，能够实现辅导员育人能力的全面提升。

二、辅导员队伍建设研究的年度特点与不足

2022 年辅导员队伍建设研究在以往研究的基础上，在研究内容、研究视角与研究方法上呈现新特点。分析这些新的研究特点，总结本年度研究中的不足，是进一步深化辅导员队伍建设研究、推动辅导员队伍高质量发展的应有之义。

（一）辅导员队伍建设研究年度特点

1. 宏观、中观、微观研究视角层次分明

本年度学界对辅导员队伍建设的研究体现出较为开阔的研究视野，既有宏观层面，对辅导员本质内涵、角色定位与核心素养进行的全局性整体性辨析，也有中观层面进行的辅导员队伍建设与优化路径研究，还有微观层面对辅导员情感关怀与职业能力提升的观照，既有理论的实践例证，也有实践的

---

① 敬官旭、孟东方：《高校辅导员"以生为本"工作理念的实现路径》，《学校党建与思想教育》2022 年第 12 期。

② 余臻：《论高校辅导员思想政治教育亲和力提升路径》，《现代职业教育》2022 年第 39 期。

③ 于宝库、赵莹莹：《新时代高校辅导员网络思政教育路径探析》，《北京教育（高教）》2022 年第 11 期。

④ 张同生：《课程思政下高职辅导员育人能力的提升路径》，《山西财经大学学报》2022 年第 44 期。

理论阐释。

第一，宏观层面对辅导员队伍专业化职业化深化研究。一是"大思政课"方案的出台，促进了学界对辅导员队伍建设的深化研究。习近平总书记在 2021 年全国"两会"期间提出了"大思政课"理念，强调"'大思政课'我们要善用之"的重要命题。2022 年 7 月，教育部等十部门印发《全面推进"大思政课"建设的工作方案》，指出要构建大师资体系，建强辅导员队伍，提升队伍综合能力。该方案的出台，为学界开展辅导员队伍建设研究提供了遵循。辅导员是大学生思想政治教育的骨干力量，要以明确的角色定位、扎实的综合素质和可行的实践路径积极融入"大思政课"，为"大思政课"建设提供与时俱进的现实活力，为落实"立德树人"根本任务和培养担当民族复兴大任的时代新人肩负新使命、贡献大能量。"大思政课"引领大格局、大视野、大方向。学界基于新时代辅导员队伍建设的现状，对辅导员融入"大思政课"的角色定位、素质要求、主要路径进行理论研究和阐释，发表了《辅导员融入"大思政课"的角色定位》《辅导员融入"大思政课"的素质要求》《辅导员融入"大思政课"的主要路径》等论文成果。在党中央重视、政策驱动、科研赋能之下，辅导员队伍专业化职业化建设成效稳步显现，辅导员职业形象得以提升。作为高校思想政治工作和大学生日常思想政治教育的主体部分，辅导员队伍建设质量影响着思想政治教育工作质量，辅导员自身的职业人格状况直接影响着大学生的人格发展。学界对辅导员专业化职业化发展的研究持续深入，从整体建设和个体成长、政策制定到贯彻落实、能力提升与职业倦怠等不同视角审视当前辅导员队伍建设专业化职业化发展中的现实问题，通过政策文本分析、现实困难梳理、优化路径探讨等，切实破解辅导员队伍高质量发展的制约因素，这是新时代辅导员队伍研究面临的重大课题。发表了《辅导员队伍建设研究状况与核心力量分析》《辅导员队伍专业化与职业化提升路径研究》《辅导员专业化的动阻力分析与推进策略——基于高校政策执行视角的分析》《论新时代辅导员队伍建设的优化》

《政策工具视角下我国辅导员队伍建设政策文本研究》《新时期辅导员队伍专业化建设问题与对策研究》等学术论文。

第二，中观层面对辅导员本质内涵与角色定位再审视。辅导员是我国高校教师队伍的重要组成部分，回顾教育部提出"实行政治辅导员制度"，清华大学设立"双肩挑"政治辅导员岗位70余年以来，辅导员的角色定位和职责演变，可发现，辅导员在社会变迁过程中随着高校育人任务的演变，不断被赋予新的教育职责。学界研究聚焦于辅导员工作角色的表象与其工作的本质内涵和深层逻辑，厘清辅导员多重本质内涵，进一步阐发辅导员存在的意义与价值。这既是避免角色冲突、激发角色特质、促进角色实现的内在要求，也是深化辅导员进步发展与实践理性不可替代的选择。发表了《论辅导员的本质内涵及其实践向度》《"三全育人"视域下辅导员的角色定位与实现路径》《辅导员教师角色的嬗变、特质及实现》等学术论文。此外，学界通过对辅导员内涵进行解读，基于新时代辅导员面临的新形势，对辅导员角色定位进行了理论性阐释和解读。如《新时代辅导员工作十讲》《新时代辅导员培训教程》《新时代辅导员角色认知及履职理念》等专著，对把握新时代辅导员角色定位的基本内涵，全面理解辅导员角色定位的辩证关系，在大学生思想政治教育工作中准确定位，科学履职，为培养担当民族复兴重任的时代新人作出更大的贡献。

第三，微观层面对辅导员职业能力提升进行多样化研究。2022年度辅导员队伍建设的研究成果的重要特质之一是强化了微观层面的研究，关注辅导员个体的思维转化、个案研究和情感关怀。一是聚焦辅导员个体思维转化。运用与时俱进的方法论，积极转化工作思维，是辅导员职业能力提升的基础。2022年，部分学者研究指出辅导员应切实增强问题导向与问题意识、历史素养、领导力思维、课题研究素养、参与批判性思维、应对校园危机事件的法律思维、网络舆情引导能力、理论宣讲思维、理论研究思维。有学者出版《辅导员的七项修炼》，从谈话修炼、管理修炼、表达修炼、科研修炼、理论修炼、网络修炼、规划修炼等七方面帮助辅导员转化思维、提升职业能力。总体来看，学界从"应然"的角度总结分析了辅导员思维转化的共性特征，又通过访谈调查从"实然"的角度对比分析了辅导员能力实现的差异和困境。二是聚焦优秀辅导员个案。有学者采用文本分析法对全国辅导员素质能力（职业能力）大赛获奖者事迹材料内容进行整理和分析，开展青年辅导员职业能力提升路径研究，对青年辅导员的成长具有借鉴和指导意义。2022年出版了《成长的坐标：大学辅导员专题教育 20 讲》《领航有道——上海辅导员特色工作法》等一系列专注优秀辅导员个体发展的学术研究成果，注重经验归纳总结、实践的理论阐释，以归纳和演绎方法挖掘优秀辅导员成长路径的共性特质和差异性特征，为全国不同类型的辅导员在个人发展上提供精准参照和借鉴。三是聚焦辅导员情感关怀。情感关怀指的是基于对人性的尊重、关注与理解，从人的现实需要出发，以满足人的需求为目标，继而通过关怀、爱护、心理疏导等方式体现出对人的基本尊重的活动。新时代对辅导员提出了规范且较高的育人要求。学者们指出，辅导员队伍中角色紧张、本领恐慌、身份焦虑等现象较为普遍，需要增强对辅导员的情感关怀，以职业理想建构引领辅导员职业发展，引领辅导员的职业生涯发展。

2. 研究主题和研究方法突出了守正创新

本年度学界在运用新方法研究老问题、运用老方法研究新问题和运用新方法研究新问题方面都有进展。一方面，学界除了关注辅导员队伍建设的常规研究主题，如专业化职业化发展、职业规划、培养培训、能力提升之外，还通过交叉学科的研究方法，引用其他学科理论围绕辅导员工作的理论与实践进行质性研究和量化研究。例如，利用经济学专业领域非对称效应理论，观照辅导员实践育人过程中非对称发展矛盾的生成动因及逻辑，着力挖掘和发挥非对称发展意识、非对称发展模式、非对称发展环境、非对称发展机制等方面的优势。利用管理学"工作—非工作"边界管理理论考察基于个人与组织匹配视角，探讨辅导员边界分割偏好与组织分割供给一致性与辅导员工作满意度的关系及工作投入的中介作用。基于勒温的场动力理论，分析辅导员专业化建设的动力和阻力及其相互关系。基于演化博弈理论，分析研究生导师和辅导员协同育人演化博弈动态过程和优化路径。基于罗杰斯人本主义教育思想，分析辅导员工作的诉求及素质能力提升的现实困境，探究辅导员素质能力提升的路径。基于专业社会化理论探究辅导员的职业发展，通过明确角色定位、提升职业技能、激发内在动力，不断激发个人禀赋。另一方面，研究方法有一定创新之处。对辅导员的研究，最根本的理论支撑就是哲学，特别是马克思主义辩证法是本研究的总体性方法论指导。此外不仅涉及思想政治教育学，还涉及哲学、心理学、社会学、教育学、伦理学、文化学等学科。2022 年，学界对辅导员队伍建设的研究多以文献研究法、文本分析法、访谈法、比较分析法等方法为主。有学者通过社会学田野调查实证研究、交叉学科分析法、统计分析法、典型案例分析法进行辅导员职业人格的综合研究，从理论层面建构了新时代辅导员职业人格结构，并通过内容分析法、实证探索与验证，得出了新时代辅导员职业人格结构，进而从实践层面对学界的理论成果进行了印证。有学者使用横断面调查研究方法，运用一般人口学问卷、职业倦怠问卷、工作—家庭冲突问卷及职业认同问卷，采用单因素方差分析、皮尔逊积差相关分析、多元线性回归分析等方法，辅导员工作倦怠及相关因素。这些其他学科方法的研究运用，为交叉学科方法推动思想政治教育研究方法的创新与发展进行了实践例证。

（二）辅导员队伍建设研究的不足

综观 2022 年辅导员队伍建设研究的相关成果，研究论域基本涵盖了当前辅导员队伍建设领域的重点内容。但值得注意的是，研究成果数量有下降之势，且研究成果中核心期刊论文占比较小，仅占年度发文量的 4.41%。因此，在把握其年度特点的同时，更须关注研究的不足。

一是缺乏辅导员队伍建设的规律性总结研究。2022 年是《普通高等学校辅导员队伍建设规定》(教育部 43 号令)颁布实施五周年。五年来，学界围绕辅导员队伍的科学化建设与高质量发展进行了大量研究。尽管本年度学界从宏观、中观、微观视角对辅导员的队伍建设、本质内涵、能力提升等进行了丰富的研究，但在总结凝练五年来的研究成果、研究成效，形成辅导员队伍建设研究的规律性认识方面仍有所欠缺。规律是事物之间内在的必然联系，是事物发展变化过程中的本质的联系和必然的趋势，决定着事物发展的方向和趋势。因此，科学总结辅导员队伍建设的规律性认识，是推动辅导员队伍建设科学化、高质量发展的必然。研究欠缺的原因，一是研究关注度不高，分析本年度高下载量的学术论文以及出版的专著，学界对辅导员个体的角色压力、能力提升或职业能力的提升的论文和专著受关注度要高于对队伍整体的规律、发展等宏观研究的关注。二是研究能力不足，分析本年度教育部人文社会科学(辅导员专项)研究立项结果，主要围绕辅导员某一具体能力或工作实践进行研究，这些具象研究一般有相对固定的研究范式，相对容易。而对规律的研究需要研究者具备更多的哲学思维、逻辑分析能力及交叉学科研究方法。这在一定程度上也反映当前辅导员队伍依然存在理论研究相对薄弱的现状。

二是对辅导员实践的理论阐释不足。对辅导员队伍的研究既注重理论的实践例证，也注重实践的理论阐释。2022 年，学界对辅导员日常工作实践、职业倦怠和成长发展等有多项研究。引用多学科理论对辅导员的工作实践进行了理论研究，但对现象背后深层次的本质内涵的剖析仍有空间，回应现实问题的根源性探究相对匮乏，研究的学理性仍有待提升。当前研究对辅导员制度和政策的利弊以及对辅导员工作实践的繁杂普遍关注并达成共识。尽管运用了多学科多视野探究现实问题的深层次机理，但有的研究忽略了辅导员作为"高校思想政治教育"的主体组成，其身份的政治特质，导致理论阐释脱离于实际，使得解释力明显不足。此外，辅导员工作实践是一个复杂的、综合性的现象，对其本质的探索不能只用单一理论进行，既不能"头痛医头、脚痛医脚"，也不能"眉毛胡子一把抓"，必须加强前瞻性思考、全局性谋划、战略性布局、整体性推进。只有坚持系统观念，才能把握事物之间普遍联系，实现多重目标间动态平衡、整体推进。本年度学界鲜少运用"系统观念"对辅导员工作进行理论阐释，使得总体研究缺乏系统性、深入性和综合性。

三、辅导员队伍建设研究的思考与展望

2022 年是党和国家发展史上具有重要意义的一年。党的二十大胜利召开，这是在全党全国各族人民迈上全面建设社会主义现代化国家新征程、向第二个百年奋斗目标进军的关键时刻召开的一次十分重要的大会。全面建设社会主义现代化国家、全面推进中华民族伟大复兴的新征程为辅导员队伍建设提出了新要求、提供了新机遇。党的二十大报告提出的一系列新观点、新论断、新思想、新战略、新要求，为我们科学把握辅导员队伍建设的研究方向，准确设计辅导员队伍建设的研究内容提供了遵循。

（一）以习近平新时代中国特色社会主义思想为指导，深入开展辅导员工作研究

党的二十大报告强调，继续推进实践基础上的理论创新，首先要把握好新时代中国特色社会主义思想的世界观和方法论，坚持好、运用好贯穿其中的立场观点方法。[①] "六个坚持"，即坚持人民至上、坚持自信自立、坚持守正创新、坚持问题导向、坚持系统观念、坚持胸怀天下，是对习近平新时代中国特色社会主义思想的世界观和方法论的高度提炼和科学概括，深刻揭示了习近平新时代中国特色社会主义思想根本的政治立场、彻底的理论品格、

---

① 习近平：《高举中国特色社会主义伟大旗帜 为全面建设社会主义现代化国家而团结奋斗——在中国共产党第二十次全国代表大会上的报告》，人民出版社 2022 年版。

独有的精神气质和科学的思想方法，是新时代中国共产党人对马克思主义的世界观和方法论的坚持和继承、创新和发展。当前，思想政治教育工作还面临许多复杂挑战，思想政治教育理论创新必须符合思想政治教育实践发展的基本需要，解决思想政治教育实践中的热点、难点、痛点问题，切实回应"培养什么人、怎样培养人、为谁培养人"的时代课题。①因此，新时代新征程上，要始终坚持以习近平新时代中国特色社会主义思想为指引，把握好习近平新时代中国特色社会主义思想的世界观方法论，坚持好、运用好贯彻其中的立场、观点和方法，投入到辅导员队伍建设的理论研究与实践指导之中，提高理论生产能力、学术原创能力，提供更多具有原创性、前瞻性、针对性的研究成果。

（二）深化高质量辅导员队伍建设的理论与实践研究

党的二十大明确提出，从现在起，中国共产党的中心任务是团结带领全国各族人民全面建成社会主义现代化强国、实现第二个百年奋斗目标，以中国式现代化全面推进中华民族伟大复兴。②高质量发展是中国式现代化的首要任务，应然地包括思想政治工作的高质量发展。构建思想政治工作的现代质量体系，需要建设一支政治强、素质高、纪律严、作风正的人员队伍，使之成为各项思想政治工作的领导者、组织者和实施者，为中国式现代化培育在思想水平、政治觉悟、道德品质、文化素养、精神状态等方面同新时代要求相符的时代新人③，是促进高等教育高质量发展的必然选择。因此，学界要深化高质量辅导员队伍建设的理论与实践研究，把握好辅导员政策实施70余年及《普通高等学校辅导员队伍建设规定》（教育部第43号令）实施五周年来的实践价值和规律性认识，总结经验，推动理论创新。坚持问题导向，持续

---

① 冯刚：《推动新时代思想政治教育学科高质量发展》，《学校党建与思想教育》2022年第7期。

② 习近平：《高举中国特色社会主义伟大旗帜 为全面建设社会主义现代化国家而团结奋斗——在中国共产党第二十次全国代表大会上的报告》，人民出版社2022年版。

③ 刘宏达：《中国式现代化与思想政治工作的使命》，《学校党建与思想教育》2022年第21期。

深入剖析辅导员队伍建设与职业能力存在的问题，从优化辅导员队伍结构、完善辅导员培养培训、畅通职业发展通道、健全考核评估机制、完善辅导员继续教育制度、提升辅导员国际视野等维度进行实证性研究，探索构建与当下社会经济发展相适应、与思想政治工作协调统一、与辅导员专业化发展和高质量发展相契合的模式和机制研究。

（三）强化辅导员的主体作用研究

党的二十大报告强调要完善思想政治工作体系，推进大中小学思想政治教育一体化建设。完善新时代思想政治工作体系，需要加强内部系统以及内外系统之间的协同配合，既要在思想政治工作的谋篇布局上突出整体性和系统性，也要在思想政治工作的手段选择、主体建构与方式运用上突出综合性与协同性。[①]作为新时代高校思想政治工作体系主体部分的重要组成，辅导员是大学生思想日常思想政治教育的组织者、实施者和管理者，具有主动性、主导性、创造性。辅导员主体作用发挥的力度，决定了大学生思想政治教育的效度。当前，在国际形势和国内发展大变革的背景下，高校学生的思想和观念都在悄然发生着改变，教育主体优势地位减弱，社会思潮的传播与扩散不断加速，深刻影响着大学生的价值观念和道德实践。[②]因此，应在构建和完善新时代高校思想政治工作体系的大背景下，加大辅导员在大学生思想引领、价值引导、道德培育、文化涵养的主体作用力和在大学生思想政治教育话语体系的话语引领力的研究，使辅导员在举旗帜、聚民心、育新人、兴文化、展形象方面发挥新作用，全面增强服务党在新时期的中心任务的能力和水平。

① 冯刚、梁超锋：《完善新时代思想政治工作体系建构》，《思想政治工作研究》2022 年第 12 期。

② 薛卓婷、陈河：《新时代加强高校思想政治工作的价值意蕴及路径探析》，《理论导刊》2022 年第 11 期。

（四）优化辅导员在培育时代新人和新时代好青年的方法路径研究

习近平总书记要求"在加快推进教育现代化的新征程中培养担当民族复兴大任的时代新人"，强调"促进学生德智体美劳全面发展，培养学生爱国情怀、社会责任感、创新精神、实践能力"。党的二十大报告强调要"着力培养担当民族复兴大任的时代新人"，并要求"广大青年要坚定不移听党话、跟党走，怀抱梦想又脚踏实地，敢想敢为又善作善成，立志做有理想、敢担当、能吃苦、肯奋斗的新时代好青年，让青春在全面建设社会主义现代化国家的火热实践中绽放绚丽之花。"[①] 新征程上，培养德智体美劳全面发展的社会主义建设者和接班人，培育时代新人和新时代好青年，对于服务国家战略需要、加快建设人才强国、实现中华民族伟大复兴至关重要。基于此，应开展辅导员在培育时代新人和新时代好青年的方法路径及其优化研究，切实提升辅导员育人本领，避免本领恐慌、角色焦虑。引导辅导员增强使命担当、提升理论水平、强化实践意识、深入了解学情、紧密扎根学生，掌握育人本领、提高育人能力、把握育人方法、培育育人情怀。充分发挥辅导员等思想政治工作队伍的作用，用党的科学理论去武装，用党的初心使命去感召，用党的光辉旗帜去指引，用党的优良作风去塑造，使青年大学生将人生理想融入国家和民族事业当中。[②]

（五）增强辅导员的内生动力研究

内生动力是辅导员作为思想政治教育者主体性意识觉醒和功能释放的可持续能力。辅导员应在思想政治教育实践中深化认识、满足期待、发展需求，通过持续的良性循环不断提升主体力量，进而推动思想政治教育的创新

---

① 习近平：《高举中国特色社会主义伟大旗帜 为全面建设社会主义现代化国家而团结奋斗——在中国共产党第二十次全国代表大会上的报告》，人民出版社 2022 年版。

② 赵恒伯：《以党的二十大精神引领高校育人工作》，《豫章师范学院学报》2022 年第 5 期。

发展。[①] 加强辅导员内生动力研究是新时代深化高校思想政治教育的内在路径。加强辅导员群体内生动力研究，一方面，学界要认真剖析新时代新征程对辅导员寄予的高标准高要求与辅导员职业边界不强、职业信念不稳、工作压力过大、社会评价偏低等等之间的矛盾，以辅导员职业发展需求、实践创新需求和理论深化需求为导向，抓住新特点、开拓新思路、破解新难题，对面临的新情况进行深入研究，扫除制约辅导员内生动力生成的相关外部因素障碍。另一方面，将研究视角聚焦于个体，运用扎根理论等质性研究范式和问卷统计等量化研究范式探究其职业发展内生动力，通过增强辅导员理论学习本领，加强马克思主义理论，特别是对中国化时代化的马克思主义理论的学习和研究，提高工作的科学性；增强知识学识见识，建立深厚的人文底蕴和科学素养，形成交叉学科视域下的思想政治工作知识体系，做思想的行动者和关注实际问题的研究者。

---

① 冯刚、朱宏强：《思想政治教育内生动力的理论审思》，《马克思主义理论学科研究》2022年第 6 期。

第二十六章 高职院校思想政治教育研究

2022 年 5 月 1 日，《中华人民共和国职业教育法》颁布实施，意味着职业教育进入提质培优、增值赋能的新阶段。新法规定"实施职业教育应当弘扬社会主义核心价值观，对受教育者进行思想政治教育和职业道德教育，培育劳模精神、劳动精神、工匠精神，传授科学文化与专业知识，培养技术技能，进行职业指导，全面提高受教育者的素质。"进一步明确了思想政治教育在职业教育中的重要地位，为新时代高职院校培养高素质技术技能型人才提出了具体要求。本年度围绕新法的新精神和新要求，学术界深入开展高职院校思想政治教育教学改革研究，探索具有高职特色的思想政治教育建设路径，形成了丰富的理论研究成果，将高职院校思想政治教育研究提升到一个新的水平，有力促进了高职院校思想政治教育的理论构建和现实应用。回顾 2022 年度高职院校思想政治教育研究成果，把握高职院校思想政治教育研究发展的方向与趋势，对于进一步推动高职院校思想政治教育研究，促进我国高等职业教育高质量发展具有重要意义。

一、高职院校思想政治教育研究的年度进展

截至 2022 年 12 月 31 日，通过"中国知网"采取高级检索方式，共筛选出 4783 篇与高职院校思想政治教育研究相关联的文献，以此为基础开展文献数据分析研究。从整体发文量上看，2022 年较 2021 年增长 10%，高职思想政治教育的关注度和参与度逐年提升。2022 年度高职院校思政课研究成果愈

加丰富，思想政治教育协同育人研究不断深化，课程思政研究视阈进一步拓展，党建与思想政治教育研究扎实推进。

（一）高职院校思政课研究成果愈加丰富

新时代高职院校思政课围绕"立德树人根本任务""工匠精神""劳动精神""中国传统文化"等，形成了较为丰富的研究主题。这些主题在 2022 年度依然引发很大关注，不少学者紧跟时代发展变化、回应社会需求，针对高职院校的教育定位，从高职院校思政课基础理论、高职院校思政课教学改革创新、高职院校思政课实践教学和高职院校思政课教师队伍建设，进行了不同视角的理论研究和分析，一大批理论研究成果涌现。

关于高职院校思政课基础理论研究。有学者围绕建设高职院校思政"金课"，将传统主题进一步深化，认为建设高职院校思政"金课"既是落实立德树人根本任务的内在要求，也是实现高职院校思政课高质量发展的题中之义。建好高职院校思政"金课"，要切实遵循政策逻辑、课程逻辑、认知逻辑，从更新教育理念、强化组织保障、塑造优质团队、创新教学模式、多维考核评价等路径持续发力、协同推进。[①] 也有学者立足职业教育特点，从核心素养培育角度，分析了高职院校思政课与学生核心素养之间的关系，明确了思政课在高职院校学生核心素养培育中的价值与实现路径。认为高职院校学生核心素养是个体适应社会和终身发展所必备的品格和关键能力，包括技术水平、道德品格等核心要素。高职学生核心素养培育要落地转化必然依托课程，高职院校思政课作为立德树人的关键课程，与学生核心素养的培育有着天然联系，在价值引领、品格锤炼和精神塑造等方面具有独特优势。而要发挥思政课这些优势，必须注重课程目标的守正与创新、教学内容的整合与优化、教学方式的融通与拓展、教学评价的革新与完善、教师素质的锤炼与磨砺。[②]

---

① 易锦：《建设高职院校思政"金课"研究》，《学校党建与思想教育》2022 年第 9 期。
② 罗珍、唐春霞、易希平：《基于核心素养培育的高职思政课的独特价值及其实现》，《教育与职业》2022 年第 19 期。

关于高职院校思政课教学改革创新研究。近年来学者从不同研究视角将劳模精神、劳动精神、工匠精神与高职院校思政课进行融合研究。作为新时代中华民族强大的精神动力，这三个精神融入高职院校思政课教学工作，既是落实立德树人根本任务和推动思想政治理论课改革创新的需要，也是弘扬中华民族劳动精神和坚定中华劳动文化自信的需要，更是鼓舞大学生提升劳动素质和投身中华民族伟大复兴进程的需要。本年度有学者对三种精神融入高职院校思政课的理论要义进行了学理性阐释，明确了三种精神间的内在联系，找准其融入高职院校思政课的逻辑理路，在此基础上运用改革思维推动与思政课教学实践的深度融合，以"人生观、国家观、道德观、法治观"设计模块化的理论教学，以"认识式、体验式、引领式、参与式"设计结构化的实践教学，构建"一体、两翼、三元"评价体系，推进高职院校思政课教学改革实践，着力发挥思政课立德树人、铸魂育人的作用。[1] 还有些学者从文化的视角，将红色文化、革命文化、优秀传统文化等融入高职院校思政课研究，系统阐释其融入高职院校思政课的价值与路径，提出高职院校要发挥文化育人的优势，坚持思政小课堂与社会大课堂相融合，坚持线上教学与线下教学相衔接，坚持课堂教学与实践教学相贯通，不断推动高职院校思政课的高质量发展。[2]

关于高职院校思政课实践教学研究。有学者认为在高职学生参与的广度、兴趣的浓度、合作的深度、创新的程度、认同的效度，"五度"视角下开展高职院校思政课实践教学改革有利于提升教学的有效性。对照"五度"的内涵，分析了当前高职院校思想政治教育困境，提出应立足青年特征，实现教学供给端的转型升级，坚持以价值导向为逻辑起点和目标归宿，以人本导向为思路，以问题导向为路径，以生活导向为抓手，构建生态型实践教学体

---

① 刘燕、程静：《劳模精神、劳动精神、工匠精神融入高职思政课教学实践研究》，《教育与职业》2022 年第 2 期。

② 胡燕：《红色文化融入高职院校思政课的价值与路径》，《学校党建与思想教育》2022 年第 20 期。

系。① 也有学者从产教融合的视角，探索构建高职院校思政课实践教学体系与实践路径，认为产教融合与思政课实践教学目标同向同行，教学模式互助互补，教学资源协同创新，为思政课实践教学提供了机遇和载体，弥补了思政课实践教学的不足，高职院校思政课实践教学应遵循"德技并修、专业一致、能力提升、多维评价"的教育理念，充分利用产教融合优势，从"强化教学保障、优化教学模式、整合教学资源、健全教学评价"四个方面着力构建高职院校思政课实践教学体系。② 还有学者从信息技术角度，探索以"校内研学 +VR/AR 体验 + 工坊练创"的教学模式开展思政课校内实践教学，形成了传统教学和信息教学、第一课堂和第二课堂、理论讲授和实践操作的有效融通，以提升高职院校思政课实践教学的效果。③

关于高职院校思政课教师队伍建设研究。有学者认为学界缺乏对高职院校思政课教师专业化发展的关注，需要加强对高职院校思政教师的严格管理和教育培训，通过建构外部激励机制催生自主发展的内在动力实现思政课教师专业化发展，培养出一批可靠可信可敬、敢为乐为有为的思政课教师。④ 还有学者探索高职院校辅导员与思政课教师队伍的一体化建设，认为辅导员和思政课教师是高职院校开展大学生思想政治教育工作的两支重要力量，共同肩负着培育时代新人的历史使命。面对新时代思想政治教育工作的新要求，高职院校需要进一步加强辅导员与思政课教师两支队伍的一体化建设，将建设理念从"协同"向"融合"转变，致力于共同理念指导下的心理融合、共同任务导向下的功能融合、共同使命引领下的内容融合、共同追求驱动下的

---

① 蒋芝英、鄢彬：《"五度"视角下高职思政课实践教学有效性探索》，《教育与职业》2022年第 19 期。

② 陶慧、王华锋：《产教融合视域下高职院校思政课实践教学体系的构建与实践》，《职教论坛》2022 年第 38 期。

③ 王辉：《高职院校"三维融创"思政课校内实践教学模式探究》，《中国职业技术教育》2022 年第 11 期

④ 杨婉玲：《新时代高职院校思政教师队伍建设存在的问题与对策》，《山西财经大学学报》2022 年第 44 期。

发展融合。以"思政人精神"的导向性、身份认同的向心性、教育目标的一致性和能力素质的互补性，为两支队伍的融合发展奠定坚实的现实基础，通过系统打造融合发展的工作模式、建构融合发展的工作平台、设计融合发展的工作机制，推动高职院校思想政治教育工作不断开创新局面。①

（二）高职院校思想政治教育协同育人研究不断深化

协同育人是高等职业教育深化、产教融合、校企合作的延伸和着力点，是新时代高职院校新一轮内涵质量提升的重要抓手。本年度高职院校积极开展思政教育协同育人研究，聚焦协同育人内涵、协同育人体系以及协同育人创新等方面。

关于协同育人内涵研究。对高职院校协同育人内涵的研究离不开对"三全育人"科学内涵的把握，高职院校"三全育人"从理论延伸到实践创新取得了显著的成效。有学者深刻分析当前高职院校"三全育人"工作的现实困境，认为做好新时代高职院校"三全育人"工作要实施"全主体链"协同育人，打造"全成长链"贯通育人，深化"全资源链"融通育人，构建全员协同育人、全程贯通育人、全方位融通育人体系，切实打通育人堵点，推进全员、全程、全方位育人合力，切实增强高职院校"三全育人"质量。②还有学者从高职思想政治工作协同育人的主体、载体、渠道把握协同育人内涵，探索其实践路径。认为推动主体协同要增强全员共同育人意识、提高全员共同育人能力、明确全员共同育人要求。推动载体协同要强化传统载体之间功能互补、强化现实虚拟载体优势互补、强化教师运用各类载体能力。推动渠道协同要充分发挥主渠道优势、发挥主阵地作用、激发微循环活力，最终形成

---

① 孟庆东、阎国华、何湾：《从协同到融合：高职院校辅导员与思政课教师队伍一体化建设探析》，《教育与职业》2022 年第 23 期。

② 杨利军、姚和芳、周少斌：《破解高职院校"三全育人"困境的探索与实践》，《中国职业技术教育》2022 年第 1 期。

主体、载体、渠道协同的有效路径，全面提高思想政治工作整体合力。①

关于协同育人体系研究。有学者提出高职院校要构建立体化的"全域思政"育人体系，并阐释了其核心要义是贯彻马克思主义关于社会教育的思想，强调教育中实践和环境、主体和客体的辩证关系。实践逻辑是通过开发集成平台整合校内各个机构和教学单位，推进产教融合，形塑新时代的校园生活，创建"学习·实践·生活"全方位育人载体，形成"课程·社区·社会"三课堂全程联动教学体系，以此强化文化育人场效应，推动社会实践课程化，形成精准的高职院校思政育人评价体系。②也有学者探索"线场思政"协同育人模式，构建职业教育校企协同育人新模式，推动思想政治教育与技术技能培养融合统一。通过"一格局、三体系、三结合"，构建高职院校"大思政"工作格局，形成以思政专员为引领的思政队伍体系、以实践教学为抓手的思政课程体系、以校企协同为导向的课程思政体系，实现思政课与专业课相结合、思政课与思政工作相结合、学校思政教育与企业思政教育相结合，以达到培养德技双强的新时代高职生的教育目标。③

关于协同育人创新研究。有学者从创业教育生态视角开展与高职思想政治教育的协同研究，认为思政教育与创业教育虽然是两个独立的教育生态系统，但同为高职院校教育生态系统的子系统，在"培养什么人、怎样培养人、为谁培养人"这个根本问题上是一致的，二者在教育的价值功能上也具有一致性。要推动思政教育与创业教育的生态共建，实现生态平衡，需要加强学校思政教育与创业教育的顶层设计，实现思政教育与创业教育的生态要素共享，完善创业教育平台建设，营造浓厚的创业文化。④还有学者结合高

---

① 宋丽娜：《主体、载体、渠道协同：高职院校思想政治工作协同路径探究》，《职业技术教育》2022 年第 5 期。

② 杜安国：《高职院校立体化"全域思政"的问题指向、核心要义与实践逻辑》，《中国职业技术教育》2022 年第 13 期。

③ 谷献晖、涂凯迪：《线场思政：高职院校校企协同育人新模式》，《教育与职业》2022 年第 10 期。

④ 温雷雷：《高职院校思政教育与创业教育生态协同育人研究》，《教育与职业》2022 年第 10 期。

职院校教育特征，提出构建高职产教融合协同育人共同体的理论。认为高职院校应以立德树人为根本、以培养高素质技能应用型人才为目标，与社会企业建立人才培养联合体，即建立产教深度融合、优势互补、互信合作、互利共赢的校企协同育人组织模式，构建高职院校与企业推进理论学习与实践实训互动的教学共同体形态。以破解高职人才培养"两张皮"、企业参与动力不足等问题。[①]

（三）高职院校课程思政研究视阈进一步拓展

课程思政作为新时代高校加强思想政治教育的重要工作内容，近几年研究热度较高，由于高职院校典型的教育模式和"工学结合"的现实根基，越来越多的学者关注课程思政研究，涌现出多角度的思政研究成果。

立足课程思政教育载体视角。有学者提出高职院校专业课教材建设，存在开发理念较滞后、内容设计欠科学和评价机制待完善等问题，在课程思政视阈下应加强对高职院校专业课教材建设。教材是实现立德树人根本任务的重要环节，离不开课程思政理念的引导。课程思政视域下的高职院校专业课教材建设要秉持"培根铸魂、启智增慧"的精品教材建设宗旨，以课程思政协同育人、科学创新和融合统一的核心价值理念为引领，持续在开发理念、内容设计和评价机制等方面优化高职院校专业课教材建设，不断提升人才培养的教材载体质量，打造具有职业教育的类型特征，符合高职院校学生发展和成长规律的精品教材。[②]也有学者进一步阐明课程思政导向下高职院校教材建设的重要性，认为高职院校教材本质是实现德技并修的发展资源，高职院校教材功能是落实立德树人根本任务，高职院校教材内容是专业元素与思政元素的有机统一，高职院校教材使用是一个教材内容的思政化创生过程，高

---

①　钟贞山、王磊：《高职产教融合协同育人共同体建设的影响因素分析——基于扎根理论的研究》，《职教论坛》2022 年第 38 期。

②　周艺红、张振：《课程思政视域下高职院校专业课教材建设困境与对策》，《中国出版》2022 年第 17 期。

职院校教材质量着重指向"铸魂育人"功效，因此深化高职院校课程思政与专业课教材建设研究，有助于推动落实教材建设的国家事权，也有助于培养能够担当大任的大国工匠。[①]

立足课程思政育人主体视角。有学者提出课程思政视域下思政导师制，即思想政治理论课教师与专业课教师协同推进课程思政的教师培养模式，认为建立思政导师制有利于高职院校提升专业课程思政能力，充分发挥马克思主义理论学科引领作用，突破专业壁垒，对推动高职院校课程思政建设具有重要意义。课程思政视域下思政导师制度的实施，要从做好思政导师的遴选工作、明确思政导师的责任与义务、加强学校党委对思政导师制工作的组织领导和统筹协调、完善思政导师制度等方面入手，更好发挥思政课程与课程思政协同育人的作用，提高立德树人实效。[②]也有学者提出类似观点，认为高职院校专业课教师的思政能力提升离不开专职思政导师的助力，从课程思政的实施主体、建设维度、实践定位以及融入方式四个方面，把握高职院校课程思政的本质与边界，强化课程教学不仅要以传授知识、培训技能为目标，更要导向价值观念、思想素质培养的深处，回归专业课程的育人功能，在改革创新中强化课程思政育人合力。[③]

立足课程思政体系构建视角。有学者指出课程思政是高职院校推动思想政治教育与技术技能培养融合统一的抉择与应对。根据知识构建的整体理论，认为高职院校课程思政知识包含活性知识、感性知识与理性知识，课程思政的目的及实施是实现和依赖于三类知识在个体上的统合，以促进个体形成"以德为先"的精神世界、"德理融通"的认知世界及"德行合一"的行为世界。在现实场域中，三类知识的关系呈现"独立式""反哺式"与"互惠式"三种发展

---

① 赵文平：《课程思政导向下的职业教育教材设计策略探析》，《职教论坛》2022年第38期

② 袁玉芳：《课程思政视域下高职院校思政导师制的实践探究》，《学校党建与思想教育》2022年第12期。

③ 刘晓宁、刘晓：《高等职业教育课程思政的实践审思与改革路径》，《中国高等教育》2022年第10期。

形态，其中"互惠式"是课程思政最理想的发展形态。为此，通过设置定位明晰且螺旋上升的课程思政目标，构建匹配性强且互相依存的课程思政内容，跨领域全方位地保障课程思政的有效实施，实现三类知识在个体上的统合发展，达到课程思政的效果。① 还有学者提出高职课程思政与思政课程协同育人体系应加强功能定位，即顺应高等教育时代特征、适应职业教育类型特色、对应高职教育层次特质。据此提出高职院校课程思政与思政课程协同育人体系的重构策略，即在供应链层面优化课程供给侧协同基础，在创新链层面健全育人管理侧协同机制，在价值链层面完善质量需求侧协同评价。②

（四）高职院校党建与思想政治教育研究扎实推进

高职院校党建工作和思想政治教育是发挥育人功能的重要支点，两者工作目标高度契合，立足党建与思想政治教育互动融通研究基础，本年度高职院校党建与思想政治教育研究主要聚焦党组织力与思想政治教育、党史教育与思想政治教育和党建路径与思想政治教育。

关于党组织力与思想政治教育。有学者认为组织力是衡量基层党组织战斗力的重要参考系数与衡量指标，从组织力提升的视阈研究高职院校基层党组织建设路径，有利于推进立德树人根本任务的落实，有利于提升基层党组织的号召力、凝聚力与战斗力。高职院校要立足职业教育的特殊性与思想政治教育的普遍性，从政治建设、制度建设、文化建设三方面入手，重点围绕提升基层党组织的号召力、凝聚力与战斗力，积极探索现阶段组织力提升的新路径、新方式与新形态，努力做到普遍性与特殊性的统一。③

关于党史教育与思想政治教育。党史蕴含着强大的精神力量，是高职院

① 陈正权、朱德全、沈家乐：《基于知识整体理论的高职课程思政体系构建研究》，《职业技术教育》2022年第11期。

② 张挺、马新新：《类型层次视域下高职课程思政与思政课程协同育人体系重构》，《职业技术教育》2022年第2期。

③ 尤咏：《组织力提升视阈下新时代高职院校基层党组织建设路径探析》，《中国职业技术教育》2022年第1期。

校加强思想政治教育，落实立德树人根本任务的重要资源。高职院校加强党史教育有利于培养学生形成正确的历史观、政治观、价值观。有学者提出党史育人成效使党史融入思政课程成为必然趋势，将党史教育作为思想政治教育的重中之重，创新党史教育阵地，创新教育方法和强化考核机制等对策，有助于大学生坚定理想信念，提升大学生党员党性修养水平。[①]也有学者提出强化青年大学生党史学习教育，要处理好"史"与"论"的尺度与关系，做到以"史"明"理"，以"小"见"大"，以"点"带"面"，帮助大学生树立正确的党史观，学会用思辨的眼光认识历史、探究理论，认同党的主流价值观，增强历史使命与责任担当。[②]还有学者指出，当前高职院校党史学习教育存在引导不够、学生学习主动性不够和知性脱节等问题。加强党史的学习，应深化高职院校课程思政与思政课程相结合，整合育人资源，做到线上与线下相结合，拓宽学习载体，理论与实践相结合，强化学习质效。[③]

关于党建路径与思想政治教育。有学者探索高职院校"从严治党"与"立德树人"两翼并举的基层党建路径，即以理想信念为指引，把握干部人才与党员教师成长的规律，健全政治素养培养体系，发挥"执纪从严"的效力。通过优化组织设置，打造"最小育人单元"，提升基层组织力。以课程思政的实施为抓手，把握"润物无声"的基本原则，形成"教育者先受教育，被教育者感受滋养"的全方位育人模式。以"校企协同，党建创新"为特色，增强基层党建工作活力，打通从学校到企业"全方位育人"的"最后一公里"。[④]也有学者指出要构建"党建引领、课程主导、学生明理、精细服务"四大工作体系。只有构建起精准到人、精准到事、精准施策的工作体系，思政工作才能走出日常育人过程中存在的人本观念不够强化、信念兴趣

① 王传峰：《党史教育融入高校思政课教学的三个向度》，《中国职业技术教育》2022年第2期。

② 姜自凤：《高职院校思想政治理论课加强党史教育教学策略研究——以"概论"课为例》，《大学：思政教研》2022年第6期。

③ 何振苓：《高职院校党建与思政教育的融合路径》，《中学政治教学参考》2022年12期。

④ 何紫莹、张立颖、黄凯、何思燕：《高职院校"从严治党"与"立德树人"两翼并举的基层党建路径》，《广西教育》2022年第30期。

有所混化、内容方法尚显简化、育人力量未能聚化的困境，真正实现精准发力，助推高职院校高质量办学和学生高质量成长成才目标。①

二、高职院校思想政治教育研究的年度特征与不足

2022 年高职院校思想政治教育研究成果丰硕，在研究数量和质量上都有所提升，在研究的领域和研究视角上也有所拓展，呈现出一些新的研究特点。把握这些新的特点，并审视分析和总结研究中存在的不足，对深化高职院校思想政治教育研究，提升高职院校思想政治教育质量具有重要价值。

（一）高职院校思想政治教育研究的年度特征

1. 彰显职业教育特点

一是体现高职院校思想政治教育与工匠精神的培养相结合。2022 年是职业教育提质培优、攻坚克难的关键年，习近平总书记曾指出"要在全社会弘扬精益求精的工匠精神，激励广大青年走技能成才、技能报国之路"。培育具有工匠精神的高素质技术技能人才，既是高职院校人才培养的重要目标，又是高等职业教育发展的客观要求。本年度学界注重高职院校思想政治教育和工匠精神培育的融合研究，将其作为提升高职院校人才培养质量的突破口，在研究领域进一步丰富思政教育内容，探寻融入路径，不仅提升了高职院校思想政治教育的实效性，且为培养高素质技术技能人才乃至"能工巧匠""大国工匠"提供了丰富的理论参考和路径选择。

二是体现高职院校思想政治教育与劳动精神的培养相结合。开展劳动教育是党在新时代对高校的新要求，也是践行高校思想政治教育的内在要求。劳动教育既是思想政治教育的内容，又是思想政治教育的形式，在本质上同

---

① 陈云涛、谭伟：《构建精准发力的高职思想政治工作体系实践探索》，《中国职业技术教育》2022 年第 25 期。

属于思想政治教育的范畴。没有劳动教育的教育是不完整的，把劳动教育融入思想政治教育才能真正实现全方位教育的意义。高职院校将劳动教育与思政教育有机融合，既推动了高校思政教育创新，又拓宽了大学生思政教育的渠道，促进学生的全面发展，形成德育和劳育的协同效应，丰富了劳动教育融入思政教育的路径研究成果。

三是体现高职院校思想政治教育与职业素养的培养相结合，学界以提高思政课教学内容与职业教育的匹配度为目标，开展思政教育方法创新，路径探索，强化对学生职业素养、职业道德、劳动精神的培养，从内容方面实现"精准滴灌"，有效增强学生在思政教育领域的获得感，更好契合学生职业教育阶段的职业素养要求，满足学生全面成长的实际和适应未来职业发展的需要。

2. 聚焦校企协同育人

一是体现"工学结合"特点。国务院印发的《国家职业教育改革实施方案》中指出："落实好立德树人根本任务，健全德技并修、工学结合的育人机制，完善评价机制，规范人才培养全过程。[①]""工学结合"强调"做中学，学中做"，是将学习与工作结合在一起的教育模式，"工学结合"是高职院校教育质量的根本保障，也是高职院校思想政治教育创新发展的理论支撑。学界围绕"工学结合"的特点，从建立校企身份的互认、资源的共享到育人主体、育人载体、保障制度的协同共建，呈现出多主体、多事物、多类别的整合、协同和联动，不断深化高职院校思想政治教育协同育人路径研究。

二是体现"产教融合"特点。"产教融合"是当前高职院校教学中的重要方式，为高职院校教育提供了丰富的学习资源，促进高职院校的教育教学改革。在人才培养目标上"产教融合"强调学校和企业共同为企业培养有技术特长和敬业精神的人才，换言之，它既要突出个人专业技能的培养，也要

---

① 国务院关于印发国家职业教育改革实施方案的通知［EB/OL］.（2019-02-13）［2021-02-03］.http://www.gov.cn/zhengce/content/2019-02/13/content_5365341.htm.

强调学校的思政育人和价值引领功能。这为高职院校思想政治教育创新发展提供了有效的途径，从实践成效到理论提升，学界不断探索思政教育与产教融合的协同研究，强调育人要素与育人主体间的协作创新，以实现专业学识性、产业现实性与思想政治价值性的统一。

三是体现"大思政"格局。"大思政"教育理念包含着思想政治教育全方位育人的目标指向，彰显了新时代思想政治教育精神引领的价值旨归。在"大思政"理念的引领下，高职院校开启探寻教学与实践的创新模式，构建高职院校"大思政"工作格局。学界注重将思政教育、专业课程建设与人才培养相结合，从协同育人的视角开展高职院校思想政治教育研究。探索思政课与专业课相结合、思政课与思政工作相结合、学校思政教育与企业思政教育相结合的协同育人新模式，进一步深化高职院校思想政治教育协同育人机制。

3. 注重实践方法探索

一是关注课程思政建设路径。高职院校历来十分重视专业技能课程的建设和创新，着眼于对学生技术知识的传授和技能实操的锤炼，课程思政正好契合高职院校职业特点，充分挖掘每一门专业课程潜在思政元素，推动思政教育功能的实现。学界从理论和实践双向互动，探索学科专业在课程思政过程中的实践路径，通过将思政元素融入教学设计、融进教材、融于课堂，将其置于所在的专业、学科、对应的职业以及所在的地域等背景下进行深入分析，科学合理拓展其广度、深度与温度。运用学科优势和技能培育优势，推动课程思政因事而化、因时而进、因势而新，实现价值塑造、知识传授和能力培养的融合，提升高职院校人才培养质量。

二是关注协同育人模式探索。高职院校思政教育不能单就理论讲理论，要结合职业教育特征，遵照教育教学规律，通过校内外多种资源与力量的通力合作和密切协同，才能真正实现思政育人的目标。因此，思政教育协同育人是实现高职院校人才培养目标的有效途径，是培育工匠精神的现实诉求，是契合高职院校办学模式的新要求。学者将高职院校思想政治教育协同研究聚焦校内全员、全过程、全方面的育人体系构建，并结合职业院校与校企之间的密切合作关系，创新企业育人主体的作用发挥的方式，探索校内外协同互动的思政教育模式，进一步拓宽育人平台。

三是关注思政课创新方法。思政课是落实立德树人根本任务的关键课程，是铸魂育人的关键课程。高职院校不断推进思政课教育教学改革，从教学方法、实践教学、学生学习方法等方面不断提高思政课的教育教学质量，提高高职学生思想政治水平。思政课是对学生进行思想政治教育的主渠道主阵地，学术界积极探索和创新思政课教育教学方法，与当代大学生成长规律、教育教学规律相融合，充分运用现代教育手段，运用互联网平台，不断创新思政课教学方法，提高思政课堂的思想性、亲和力和感染力。

（二）高职院校思想政治教育研究存在的不足

根据本年度的高职院校思想政治教育的发文数量和文章收录情况显示，高职院校高质量文章发文量较本科院校同年发文量有较大差距，且分布集中，其中《中国职业技术教育》《教育与职业》《学校党建和思政教育》被引用量较高。从高职院校思政教育研究年度关键词的分布情况来看，高职院校思想政治教育研究侧重在思想政治教育实践领域，整体上看，高职院校思想政治教育研究的深度、广度和精度都有待进一步加强。

一是基础研究有待进一步提升。高职院校与本科院校属于不同类型但具有同等重要地位的高等院校，在思想政治教育研究领域有共性也存在差异，高职院校应把握职业院校特点，遵循教育教学规律，加强对高职院校思政教育的基础理论研究，弥补过去重技能轻理论导致的基础理论薄弱的问题，学术用语不规范等现象。高职院校思想政治教育工作作为一个意义重大的理论和实践命题，持续深化其理论研究，探索构建其基础理论间的逻辑框架，完善其学理建构即是推进高职思想政治教育的题中之义，也是高职院校思想政治教育创新发展的必然趋势，更是高职院校思想政治教育创新发展的重要路径。高职院校思想政治教育发展时间较短，思想政治教育实践也相对复杂，基于种种原因，目前高职院校思想政治教育的整体的学理建构还不够完善。因此要继续深化高职院校思想政治教育的学理探讨，持续完善高职院校思想政治教育的学理建构。坚持理论联系实践，深入挖掘高职院校思想政治教育理论内涵，从学理上构建高职院校思想政治教育体系，推动思想政治教育研究范式转型升级。

二是研究范围有待进一步拓宽。根据高职院校关键词显示频次，本年度高职院校在思想政治教育领域的研究聚焦：工匠精神、劳动教育、三全育人、教学改革、实践路径等。高职院校学生作为思政教育研究对象，受到较多关注，但在教育质量评价、教育工作体系构建、法治素养培育等领域研究较少，总体来看本年度高职院校思想政治教育研究主题分布不均，且缺乏交叉学科理论视角，研究领域有待进一步拓宽。尽管本年度高职院校思政教育吸入了一些学科视角，但多是以课程思政研究为主题，缺乏交叉学科理论视角的协同研究。我国的思想政治教育是从多个学科的理论综合，博采众长的基础上不断地发展而来，其传授的内容包括思想、政治、道德、心理等多个方面，而且其教育的对象个性十足，需要针对不同的特点进行研究。面对复杂的研究对象和复杂的社会环境，高职思想政治教育需要从更多方面开展研究以达到最好的研究目的，单一的研究角度和研究方法得到的研究成果也不是全面的。只有从多角度，多学科、多领域挖掘思政元素，发挥各学科领域的优势，才能更全面更科学地形成思想政治教育理论。

三是系统研究有待进一步加强。本年度高职院校思想政治教育各主题之间尚未建立密切联系，研究缺乏系统性。"思想政治工作具有整体性和系统性，不是支离破碎的组合。只有立足于整体性，才能实现系统设计、整体推进、融合发展。这就要求既要在思想政治工作的谋篇布局上突出整体性和系统性，也要在思想政治工作手段选择、主体建构与方式运用上，突出综合性与协同性"。① 高职院校学生思想政治教育工作是复杂而又系统的工程，有着一些与普通高校思想政治教育相似的规律，但同时存在自身特殊性和需求。高职院校思想政治工作者必须正确认识思想政治教育的内容、原则和方法，有针对性地开展思想政治教育工作，才能使高职院校学生思想政治教育不空不虚、落到实处，进而达到预期的效果。高职思想政治教育要坚持系统性原则，在一定的目标指导下，将不同要素、结构、模式等思政内容按照有序方式组合成一个完整的系统，从而协同产生整体合力，提升思想政治教育的实效性。

三、高职院校思想政治教育研究展望

系统梳理本年度高职院校思想政治教育研究成果，科学归纳总结年度研究特征，能够有效把握高职院校思想政治教育研究发展的方向与趋势，对进一步推动高职院校思想政治教育研究具有重要参考意义。

（一）继续推进思想政治教育与技术融合育人模式研究

中共中央办公厅、国务院办公厅印发《关于推动现代职业教育高质量发展的意见》，明确要求"坚持立德树人、德技双修，推动思想政治教育与技术技能培养融合统一"。② 高职院校要着力强化思想引领和价值塑造，引导学生正确认识时代责任和历史使命，这是党和国家对高职院校思想政治工作提出的根本要求。高职院校思想政治教育不能脱离职业院校特征，否则就与现实脱节，思政效果大打折扣。开展高职院校思想政治教育应推进思想政治教育与技术技能培养融合统一，促进技术技能人才培养质量的全面提升，为社会培养更多高素质技术技能人才、能工巧匠、大国工匠。因此，开展思想政治教育与技术技能融合育人模式研究是当下乃至未来研究的重点和热点。

---

① 冯刚、梁超锋：《完善新时代思想政治工作体系建构》，《思想政治工作研究》2022年第12期。

② 中共中央办公厅　国务院办公厅印发《关于推动现代职业教育高质量发展的意见》［EB/OL］.（2021-10-12）［2022-08-09］. http://www.gov.cn/zhengce/2021-10/12/content_5642120.htm

在未来研究过程中，一方面要深入研究思政教育与职业技能教育的内在关系，充分挖掘职业院校内各要素的思政资源，坚定不移用习近平新时代中国特色社会主义思想铸魂育人，推动思想政治教育与技术技能融合统一，培养学生为国为民的担当精神、精益求精的工匠精神、诚信为本的职业精神。另一方面，要进一步探索高职院校思想政治教育协同育人模式，衔接校企共同合作育人，使得高职院校思想政治教育工作与企业的生产实践相融合，换言之，企业和学校都是育人的主体。只有二者相互促进、相互提升，高职院校才能落实好立德树人根本任务，收到良好的教育效果。

（二）不断创新高职院校思想政治教育协同育人模式深入路径的探寻研究

2022 年全国"两会"期间，习近平总书记提出了"'大思政课'我们要善用之，一定要跟现实结合起来"的要求，这不仅给高职院校思想政治教育改革提出了高规格的要求，而且为其改革和发展指明了方向。"大思政课"思路的提出破解了高职院校以往重"术"轻"道"，所造成的技术理性与价值理性的育人目标无法有机统一的困境。"大思政课"为新时代高职院校思想政治教育质量提升提出了解决思路。高职院校在推进"大思政课"建设中，应借此明确具有高职教育特色的具体实践路径，在肩负立德树人使命中善作善为，从"大思政课"视域探索高职院校思想政治教育改革创新，在协同育人模式和实施路径中深入分析和研究。

一方面，进一步深刻认识高职院校"大思政课"教育改革既是新时代高职院校立德树人的内在要求，又是实现思想政治教育高质量发展的方法创新。基于共通性的育人价值，进一步从育人目标、育人内容、育人方式和育人机制等方面厘清思路，探索高职院校思想政治教育协同育人模式。另一方面，立足当下高职院校的教育属性，围绕"三教"改革、产教融合、实训平台创新、校企合作等方面深入探析"大思政课"教育改革的实践策略，探寻具有高职院校特色的具体实践路径。

（三）全面深化高职院校思想政治教育定位及课程建设研究

习近平总书记在中国人民大学考察时强调，各地高校要积极开展与中小学思政课共建，共同推动大中小学思政课一体化建设。这既是思想政治教育创新发展的内在要求，也是提升思想政治教育质量的重要举措。学术界从思政课大中小一体化建设到思想政治教育一体化建设的研究，不断拓宽研究领域，从整体出发探讨一体化建设的整体脉络，开展教育教学内容一体化、教育教学评价一体化等方面的研究。作为新时代高校思想政治教育创新发展的重要方向，推进大中小学思想政治教育一体化建设已成为必然趋势，然而针对高职院校思想政治教育一体化研究成果相对薄弱，未来高职院校思想政治教育研究必然是不可忽视的重点课题。

高职院校思想政治教育应立足于"高等教育专科层次"的阶段性定位，把握"体现职业教育特点"的育人路径方向。一方面要找准高职教育在大中小一体化建设中的阶段性定位。从整体性研究视角，分析高职院校院校教育对象的教育背景。由于高职院校跟本科院校在生源上有较大差异，因此要注重高职院校的阶段性定位，加强对教学对象的关注。把握高职院校思想政治教育课程设置和教学改革的侧重点。另一方面，从实效性研究视角，高职院校思想政治教育一体化建设是要衔接好教育过程中的接力棒，这个接力棒是再接再厉，持续发力，绝对不能在高职教育阶段脱棒或者滑棒，这就需要全过程相互促进、相互支持，而不是相互抵消，互补协同。换言之，探索高职院校大中小一体化思想政治教育要注重一体化建设进程、水平和质量，做到同向同行、同频共振，才能做好不同学段的思想政治教育工作的贯通培育，达到思政育人的教育目的。

第二十七章　大中小学思想政治教育一体化研究

2019 年，习近平总书记在全国学校思想政治理论课教师座谈会上强调，在大中小学循序渐进、螺旋上升地开设思政课，在学界掀起了大中小思政课一体化研究热潮。时隔三年，党的二十大报告明确指出："用社会主义核心价值观铸魂育人，完善思想政治工作体系，推进大中小学思想政治教育一体化建设。"从"大中小学思想政治理论课一体化"到"大中小学思想政治教育一体化"，中国共产党对学校思想政治教育的战略布局进一步突显，思想政治教育领域的学术研究也随之出现了新进展、新趋势。

一、大中小学思想政治教育一体化研究的主要进展

2022 年，学者们对大中小学思想政治教育一体化的研究主要聚焦大中小学思想政治教育一体化的科学内涵、原则与路径、问题及其原因三大模块，出现了基本规律研究、跨文化比较研究的新分支，整体呈现出纵深发展态势。

（一）推陈出新的科学内涵研究

学界对"大中小学思想政治教育一体化"的科学内涵在此前已达成清晰共识，主要从纵横两个向度综合把握。本年度，学者们在原有基础上将大中小学思想政治教育一体化研究推向深入。

1. 大中小学思想政治教育一体化内涵理解喜见新视角

研究视角是照射研究对象的一个光源。以往学者们关于大中小学思想政治教育一体化的内涵研究主要对其表现形态进行描述性阐释，本年度呈现出如下新视角：第一，动态发展的视角。有学者指出："一体化是一个整体性概念，强调统筹、协同、衔接、配合等内容，一体化也是一个动态发展的概念，需要我们进一步深入把握。它有很多丰富的内容，如大中小幼纵向一体化，家庭、学校、社会和政府横向一体化等。"[①]也有学者认为，一体化就是转变成为一个整体、使之拥有整体的性质和状态的过程。[②]从动态发展视角把握大中小学思想政治教育一体化的科学内涵。第二，学科融合的视角。有学者指出，思想政治教育领域的一体化概念最早是从"德育一体化"角度提出的，大中小学思政课一体化是大中小学德育一体化的思政课形态，是大中小学德育一体化的主导部分。[③]对大中小学思想政治教育一体化的科学科学内涵进行了跨学科审思。第三，动力视角。有学者指出，既然"人们为之奋斗的一切，都同他们的利益有关"[④]，要真正解释一体化的科学内涵，还要回答谁在追求一体化、为什么要一体化、怎么样才能一体化、一体化是为了什么的问题，在实现一体化之后，部分所得利益是超过其作为单独的部分所获得的利益的，否则部分就没有了参与一体化的动力。为我们理解大中小学思想政治教育一体化的现实根源和动力提供了启发。第四，内在规定性的视角。学者们认为，大中小学思想政治教育一体化根植于马克思主义理论体系的整体性，着眼于两个大局时代背景的整体性，立足于立德树人教育目标的整体性，致力于促进各门思政课程之间的协调配合，实现思政课程与课程思政的

---

① 冯刚、刘嘉圣：《新时代大中小学课程思政一体化建设的内涵要素及优化路径》，《中国高等教育》2022年第1期。

② 张应平：《大中小学思政课内容一体化研究》，东北师范大学学位论文，2022年。

③ 石书臣：《推进大中小学思政课一体化建设的理念与路径》，《学校党建与思想教育》2022年第1期。

④ 《马克思恩格斯全集》（第1卷），人民出版社1995年版。

协同效应，拓展学校、家庭、社会、管理部门的协同格局，从而汇聚起大中小学思政课一体化建设的强大合力①。构建大中小学思想政治教育一体化体系要遵循从低阶到高阶、从认知到行为、从幼稚到成熟、从感性到理性的多层次认知逻辑②，突出学段特色、强调整体衔接③，突出思想政治教育的整体性、层次性、动态性。四种视角在此前研究中较少出现，拓展了大中小学思想政治教育一体化内涵研究的新视野。

2. 大中小学思想政治教育一体化内涵剖析呈现新样态

本年度，学界对大中小学思想政治教育一体化的内涵阐述呈现出从"线性描述"到"立体解读"的发展。有学者从培养定位、同源追溯、价值引领等角度对大中小学思想政治教育一体化的内涵进行阐释；④也有学者对大中小学思想政治教育一体化的理论逻辑进行研究，认为知识体系与认知体系的同一性，目标培养与身份需要的同一性是推进大中小学思政课一体化的基本逻辑。⑤推进大中小学思政课一体化，是思想政治教育过程、思想政治教育内容和思想政治教育主线的逻辑统一。⑥学科分类、教育理念、课程目标、教育思路、课程实施等方面所具有的统一性是大中小学思想政治教育一体化的基本前提；⑦融合目标设计和问题导向、统筹整体方案和实施过程、坚持政治

---

① 付洪、王丹阳：《运用系统思维推进新时代大中小学思政课一体化建设探析》，《马克思主义理论教学与研究》2022 年第 2 期。

② 吕师文：《推进大中小学思政课一体化建设若干思考》，《品位·经典》2022 年第 6 期。

③ 黄晓红：《大中小学思政课一体化建设的几点思考》，《北京教育（高教）》2022 年第 12 期。

④ 胡新峰、陈麒：《新时代背景下大中小学思想政治教育一体化建设研究》，《思想政治教育研究》2022 年第 4 期。

⑤ 冷兰兰、刘衡：《大中小学思政课一体化的逻辑建构——以〈马克思主义基本原理〉为例》，《衡阳师范学院学报》2022 年第 2 期。

⑥ 吴亚辉、田凯妮：《大中小学思政课一体化的内在意蕴与实践路径》，《思想政治课研究》2022 年第 2 期。

⑦ 黄斌：《大中小学思政一体化建设研究》，《黄冈师范学院学报》2022 年第 5 期。

引领和协同育人是大中小学思想政治教育一体化的主要表征；[①]而占有充足的社会自由时间、实现多元主体之间的良性互动则是大中小学思想政治教育一体化的现实条件。[②]进入新时代，不仅要倡导大中小学思想政治理论课的一体化，更要将这种全方位、系统化的思维纳入整个思想政治教育，在日常思想政治教育、德育以及涉及人全面发展的方方面面整体布局、分段设计，更好地实现全员育人、全过程育人、全方位育人。综而论之，从大中小学思政课的纵向衔接、学段递进，到大中小学思想政治教育一体化的发展历程、培养定位、价值导向、逻辑解析，大中小学思想政治教育一体化的科学内涵得到更充分的展现。

3. 大中小学思想政治教育一体化内涵研究析出新层次

除了对大中小学思想政治教育一体化的科学内涵进行宏观的、一般意义的抽象阐释外，学者们结合思想政治教育的要素、环节，在中观层面和微观层面对其作出了具体阐释。学者们认为大中小学思想政治教育一体化的主要内容包括：以教学为主体的要素一体化，具体有教学目标一体化、教学内容一体化、集体备课一体化、教学方式一体化、教师队伍一体化、体制机制一体化等；以课程为主体的要素一体化，具体有课程目标一体化、课程体系一体化、课程内容一体化、课程标准一体化、教材建设一体化、师资体系一体化、教学体系一体化、管理体系一体化；以思想政治教育内容为主体的要素一体化，具体有劳动教育一体化、爱国主义教育一体化、英雄教育一体化、理想教育一体化、生命价值观教育一体化、社会主义核心价值观教育一体化、国家安全教育一体化、法治教育一体化、红色文化教育一体化、公民意识教育一体化、美育一体化、责任教育一体化、爱党教育一体化、文化安全

---

① 奉元圆：《大中小学思政课一体化建设的逻辑向度及实践进路》，《西华师范大学学报（哲学社会科学版）》2022年第6期。

② 王升臻：《试论大中小学思政课一体化建设的时空二维融合——基于马克思社会实践时空观》，《湖北社会科学》2022年第3期。

教育一体化等。此外，也有学者将大中小学思想政治教育一体化建设的端口前置，指出要关注本硕博贯通的思想政治教育人才培养模式，一体化培养和储备大中小学思想政治教育人才。

（二）全面铺开的推进路径研究

推进大中小学思想政治教育一体化要坚持全程贯穿和学段差异相结合，坚持问题导向和目标导向相统一，坚持主导性和主体性相统一，坚持思政课程和课程思政相协同。[①]重点在大中小学思想政治教育一体化整体规划、制度健全、队伍协同、平台搭建、教材衔接上下功夫。

1. 以教材建设为抓手的大中小学思想政治教育内容体系研究

正确认识并处理好大中小学思政课教材内容特色与有机衔接之间的关系[②]，一体化制订各学段思政课课程标准和教学大纲[③]，统筹构建大中小学思政课一体化的教材体系[④]、教学标准[⑤]、课程内容标准[⑥]，补齐教材内容体系的短板和弱项[⑦]；规范大中小学思想政治教育基础，强化教材编审力度，健全教材编审的组织机构，建立各学段教材编写组联络机制，完善教材内容及相应辅导

[①]　陈志兴、占艳清：《共同推动大中小学思政课一体化建设》，《党课参考》2022年第11期。

[②]　贾丽民、宋小芳：《新时代大中小学思政课一体化建设应正确处理的几对关系》，《思想理论教育导刊》2022年第1期。

[③]　陈志兴、占艳清：《共同推动大中小学思政课一体化建设》，《党课参考》2022年第11期。

[④]　吴亚辉、田凯妮：《大中小学思政课一体化的内在意蕴与实践路径》，《思想政治课研究》2022年第2期。

[⑤]　张艳青：《新时代大中小学思政课一体化建设研究》，《淮南职业技术学院学报》2022年第2期。

[⑥]　许家烨：《大中小学思想政治理论课教材一体化建设：逻辑、问题与对策》，《思想教育研究》2022年第2期。

[⑦]　许家烨：《大中小学思想政治理论课教材一体化建设：逻辑、问题与对策》，《思想教育研究》2022年第2期。

教材的匹配①；统筹不同学段思政课教材的编排衔接和教学目标衔接②，确保各学段教材既要融会贯通又要彰显学段特征③，一体推进思想政治教育教材建设和内容构建。

2. 以队伍建设为依托的大中小学思想政治教育一体化主体研究

学者们充分认识到大中小学思想政治教育一体化离不开领导主体、决策主体、组织主体、执行主体的全员参与，因此在研究中积极探索主体协同机制。一是把党的领导融入大中小学思想政治教育一体化。除了把党的领导和理论创新等内容融入教育教学外，学者们普遍认为，在构建大中小学思想政治教育一体化管理体制的全过程中都要坚持党的领导。二是明确相关教育管理部门在大中小学思想政治教育一体化中要完成的任务。学者们认为，各级教育主管部门要做好顶层设计，组建指导小组，调动社会、家庭和学校等多方面资源，统筹构建大中小学思想政治教育一体化保障体系。④加强不同学段思政课教师队伍配备，建立健全跨学段思政课教师协同培训制度，打造跨学段思政课教师教研实践共同体⑤。引导高校、政府、中小学校三方协作⑥，确保家庭、学校、社会、政府之间的沟通渠道有效衔接、相互支撑⑦。三是关注高校在大中小学思想政治教育一体化中的使命和责任。有学者指出，应积极

---

① 胡新峰、陈麒：《新时代背景下大中小学思想政治教育一体化建设研究》，《思想政治教育研究》2022 年第 4 期。

② 蔡亮、赵梦天：《大中小学思政课一体化育人实效性探析》，《学校党建与思想教育》2022 年第 18 期。

③ 朱少雄、覃承凤、潘柳燕：《大中小学思想道德与法治课程一体化的思考与建议》，《高教论坛》2022 年第 8 期。

④ 周奇、李茂春：《论大中小学思政教育一体化建设》，《中学政治教学参考》2022 年第 39 期。

⑤ 蔡亮、赵梦天：《大中小学思政课一体化育人实效性探析》，《学校党建与思想教育》2022 年第 18 期。

⑥ 柯强、徐荧松：《大中小学思政课教师队伍一体化建设的路径探赜》，《学校党建与思想教育》2022 年第 12 期。

⑦ 刘嘉圣、刘晞平：《论统筹推进大中小学思政课一体化建设》，《中学政治教学参考》2022 年第 40 期。

发挥高校的引领作用，构建一体化引领机制①；正确认识并处理大中小学思政课教师教研独创性与协同性之间的关系②，完善大中小学思政教育队伍协同机制。③四是强化思政课教师的一体化意识和一体化本领。学者们用了大量笔墨来分析大中小学思政课教师队伍一体化的现状、问题和原因，研究思政课教师在大中小学思想政治教育一体化中的作用及其实现路径。如提升教师的思想政治素质，加强思想政治理论课教师的师德师风建设，提升教师教研能力和水平；④加强马克思主义理论学科建设，夯实思政课教师的马克思主义理论基础，强化其学术意识和学科意识，重视马克思主义理论后备人才培养工作。⑤

3. 以课堂教学为阵地的大中小学思想政治教育一体化育人实践研究

推进教学一体化是大中小学思想政治教育一体化的核心，而教学场域是多样的，既包括课堂教学也包括实践教学，既有线下课堂也有网络课堂。有学者指出，要正确认识并处理大中小学思政课课堂教学与社会实践之间的关系⑥，强化大中小学思政教育多元化教学的对接，转变学段性教学理念、知识性教学理念为整体性育人理念、价值塑造性教学理念。⑦当然，大中小学思想政治教育一体化教学体系的构建离不开充分的学情分析，这是学者们开展学

---

① 李秀玲：《论大中小学思政课一体化中高校的引领作用》，《闽南师范大学学报（哲学社会科学版）》2022 年第 1 期。

② 贾丽民、宋小芳：《新时代大中小学思政课一体化建设应正确处理的几对关系》，《思想理论教育导刊》2022 年第 1 期。

③ 刘嘉圣、刘晞平：《论统筹推进大中小学思政课一体化建设》，《中学政治教学参考》2022 年第 40 期。

④ 胡新峰、陈麒：《新时代背景下大中小学思想政治教育一体化建设研究》，《思想政治教育研究》2022 年第 4 期。

⑤ 谢晓娟、路晓芳：《新时代推动大中小学思政课一体化建设研究》，《学校党建与思想教育》2022 年第 11 期。

⑥ 贾丽民、宋小芳：《新时代大中小学思政课一体化建设应正确处理的几对关系》，《思想理论教育导刊》2022 年第 1 期。

⑦ 曾令辉：《论大中小学思想政治理论课一体化建设的三个基本问题》，《思想教育研究》2022 年第 8 期。

术研究的重要依据。学者们指出，小学重启蒙、中学重体验、大学重思维，小学讲故事、中学讲道理、大学讲价值，小学养习惯、中学育素养、大学强信念。[①] 在具体教学方式的选择上，要立足小学生"认知依赖期"，构建以"启发式"为主的教学方式；立足初中生"认知建构期"，构建以"体验式"为主的教学方式；立足高中生"认知完整期"，构建以"情境式"为主的教学方式；立足本专科生"认知丰满期"，构建以"问题式"为主的教学方式；立足研究生"认知成熟期"，构建以"探究式"为主的教学方式。[②] 总之，要充分认识受教育者的接受习惯和发展需求，有的放矢地选择教学方案。进而在思想政治教育教学实践中，创设不同学段的主体参与方式，搭建不同学段的中介系统，协调不同学段的导学过程，让学生主体"动起来"、课堂资源"活起来"、教师主导"亮起来"。[③] 构建大中小学思想政治教育一体化的课堂形态和教学氛围。

4. 以体制机制为基础的大中小学思想政治教育一体化运行保障研究

学者们认为，推进大中小学思想政治教育一体化离不开体制机制牵引下的一系列现实保障。首先要关注新思想进课堂的各学段承接建设、学段纵向衔接的层级递进建设、各类课程协同的联合育人建设，[④] 健全大中小学思政课协同备课机制、评价与激励机制，学生思想政治道德素养考核评价机制、教学质量评价机制、学科素养和思维能力培养衔接机制、思政课教师交流机制，[⑤] 教材内容联动机制、学生阶段特征认识机制、学段间资源共享与交流互

① 吕增艳、王宇：《略论情感叙事在大中小学思政课一体化教学中的应用》，《东北师大学报（哲学社会科学版）》2022 年第 4 期。

② 徐秦法、赖远妮：《认知能力视角下大中小学思想政治理论课一体化教学方式建设研究》，《思想教育研究》2022 年第 3 期。

③ 吕增艳、王宇：《略论情感叙事在大中小学思政课一体化教学中的应用》，《东北师大学报（哲学社会科学版）》2022 年第 4 期。

④ 胡新峰、陈麒：《新时代背景下大中小学思想政治教育一体化建设研究》，《思想政治教育研究》2022 年第 4 期。

⑤ 黄晓红：《大中小学思政课一体化建设的几点思考》，《北京教育（高教）》2022 年第 12 期。

动机制；[①]全过程整体统筹机制、多维度资源协同机制、全方位能力提升机制；[②]强化目标引导、增强要素耦合、促进过程贯通、提升成效聚合。[③]

5. 以评价体系为牵引的大中小学思想政治教育一体化导向研究

构建大中小学思政课考核评价一体化机制，建立健全跨学段思政课考核评价衔接机制。首先，要锚定"一体化"构建统筹评价，打破"唯学段"的固化评价藩篱，针对教育要素、教育过程、教育效果构建一体贯通的评价导向；[④]把握目标一体化、设施一体化、内容一体化、过程一体化、一体化效果、教师素养一体化、学生思政素质发展一体化，制定大中小学思政课一体化评价标准。[⑤]其次，结合思想政治教育评价的根本目标，根据学生各阶段的身心发展特点，为各学段设计有效衔接、合理科学的评价方法；[⑥]在统一动态评价和静态评价、结果评价和过程评价的基础上，做到定量与定性相结合；[⑦]再次，消解"唯教师"的单一主体偏差[⑧]，将社会和家庭等各方纳入评价主体，打造多元主体参与的评价共同体。最后，建立以促进学生发展为目标的发展性评价指标体系。[⑨]可以看到，学者们对大中小学思想政治教育一体

---

① 刘嘉圣、刘晞平：《论统筹推进大中小学思政课一体化建设》，《中学政治教学参考》2022年第40期。

② 陈森霖、袁媛：《统筹大中小学思政课一体化建设的价值意蕴、范式转向和实践路径》，《高校辅导员学刊》2022年第2期。

③ 李正军、代承轩、文春风：《全面推进新时代大中小学劳动教育一体化建设》，《中国高等教育》2022年第9期。

④ 徐秦法、张肖：《破立并举：大中小学思政课一体化评价的理性审思》，《江苏高教》2022年第9期。

⑤ 方刚：《大中小学思政课一体化建设实践路径浅探——以弘扬"大别山精神"为研究视角》，《河南教育（高等教育）》2022年第3期。

⑥ 周奇、李茂春：《论大中小学思政教育一体化建设》，《中学政治教学参考》2022年第39期。

⑦ 周奇、李茂春：《论大中小学思政教育一体化建设》，《中学政治教学参考》2022年第39期。

⑧ 徐秦法、张肖：《破立并举：大中小学思政课一体化评价的理性审思》，《江苏高教》2022年第9期。

⑨ 徐秦法、张肖：《破立并举：大中小学思政课一体化评价的理性审思》，《江苏高教》2022年第9期。

化评价体系的构建基本上以思想政治教育教学评价本身的优化为主，在跨学段衔接上探索仍然不够。

（三）多维铺陈的问题及原因研究

现实困境、存在问题及其原因的研究在本年度大中小学思想政治教育一体化研究中占比较大，基本覆盖了从目标到效果、从要素到体系、从主体到客体、从内容到方法，呈现出一种全角视域。

1. 思想政治教育主体的一体化意识和能力的问题

学界认为，各级各类教育管理部门、学校、思政课教师在大中小学思想政治教育一体化方面都有一定的改进空间。教育管理部门要在重视程度、资源分配、各学段思政课教师选聘培养培训方面着重用力；学校要在重视程度、跨学段合作、交流的机制和平台建设方面继续努力；思政课教师要在重视程度、观念意识、能力本领、专业素养、努力程度、互动交流、创新创造活力等方面下功夫。在笔墨较重的思政课教师问题上，学界指出的问题有两类。第一种是具有共性的个体问题。如大中小学思政课教师的一体化意识和专业素养有待提升，具体地讲，如思政课教师对课程标准的研读不够精确[1]、对教学目标衔接不到位[2]。第二种是队伍中的结构性问题。例如大中小学思政课教师培养联通不足；[3]中小学师资力量欠缺，队伍良莠不齐，教育创新能力不足；[4]中学思政课教师队伍结构和评价体系不完善；大学思政课教师规模与

---

[1]　娄永利：《大中小学思想政治理论课一体化建设研究》，沈阳农业大学学位论文，2022年。

[2]　孙洋：《推进大中小学思政课教材使用一体化建设研究》，吉林农业大学学位论文，2022年。

[3]　孙子洋、刘芳、孙莹炜：《大中小学思政课一体化网络平台构建研究》，《齐齐哈尔大学学报（哲学社会科学版）》2022年第11期。

[4]　崔靖娟、曾志伟：《扎实推进大中小学思政课一体化建设》，《北京教育（高教）》2022年第12期。

质量的矛盾较突出。①

2. 大中小学思想政治教育一体化保障体系的问题

学者们认为，大中小学思想政治教育一体化建设离不开充足的资源和完善的机制。此方面的问题主要表现在：一是资源不足。大中小学思政课一体化建设的社会空间狭窄，教学资源不均衡，资源共享渠道不正规、不专业、不统一，一体化建设的社会时间不足，教学时间空间受限②。二是机制体制不健全。学者们指出，大中小学思政课一体化建设动力不足、建设机制不畅，"五唯"教育评价机制、地方政策缺失、学校行政隶属关系差异；③联动平台发展滞后阻碍教学共研④，在课程标准制定、教材编写、一体化教学等方面联合、沟通、协调、合作的"一体化"建设机制尚未真正形成；⑤思政课与专业课没有同向同行，在很大程度上影响了大中小学思想政治教育一体化的实现。

3. 课程内容、教学方法与教学评价的问题

首先，课程内容方面。大中小学思想政治理论课课程内容一体化存在诸如课程内容的价值取向未能充分体现、覆盖范围不够全面、上下贯通的体系不够健全、组织形式比较缺乏系统性，⑥进阶性、连贯性与匹配性有待优化；⑦

---

① 赵婷、史文瑞、柳歆智、宋志刚：《北京市大中小学思政课一体化建设的现状及对策研究》，《北京教育（高教）》2022年第12期。

② 孙子洋、刘芳、孙莹炜：《大中小学思政课一体化网络平台构建研究》，《齐齐哈尔大学学报（哲学社会科学版）》2022年第11期。

③ 张善喜：《大中小学思政课一体化建设的制约因素与路径选择》，《中学政治教学参考》2022年第12期。

④ 曾玉梅：《大中小学思政课教师队伍一体化建设研究》，《中学政治教学参考》2022年第1期。

⑤ 张应平：《大中小学思政课内容一体化研究》，东北师范大学学位论文，2022年。

⑥ 丁帅、陈旻：《大中小学思想政治理论课课程内容一体化面临的问题及破解路径》，《思想教育研究》2022年第10期。

⑦ 杨利利：《大中小学思想政治理论课一体化建设的三维探析》，《北京教育（德育）》2022年第7期。

教材交叉重复部分较多、修订步调不一致、衔接不够清晰[①]等问题。再者，高中"思想政治"课教材内容存在缺项（生态文明教育在小学、初中、大学都有，唯独高中没有，导致生态文明教育在高中阶段断层）；小学阶段的政治教育相对较弱，高中缺少道德教育，高中和大学都没有关于学生的需要和问题的教育内容。[②]值得肯定的是，学者们在指出大中小学思政课内容重复问题的同时，提出了评价思政课教材内容重复是否必要的标准，并进行了重复内容的类型分类与必要性评价，这是对大中小学思政课教材内容重复问题研究的深化和推进。其次，教学方式方法方面。学者们认为，我国现有大中小学思政课各学段教学方法的针对性不够突出、教学方法简单化、方法机械陈旧、适切性和创新性不足[③]、集体备课衔接性不足、未实现常态化、辐射范围较小、未形成具体成果等问题。[④]最后，也有研究从课程评价、教学评价的视角进行分析，认为思政课课程评价标准存在片面性，教学评价主体单向、内容片面、指标不一。[⑤]加之大中小学思想政治教育评价体系相互脱节、形式化严重，中小学一般以德育手册为参考对学生开展思想道德评价，评价主要从家长评价、教师评价及学生自评三方面进行；高校通常依据大学生思政理论课成绩和综合素质评分两项指标进行评价。[⑥]这些问题影响着大中小学思想政治教育评价一体化的推进。

学者们在研究大中小学思想政治教育一体化的问题和困境时，多少都会论及问题产生的原因，这里没有将其单独呈现主要是因为这部分成果中"原因"和"问题"没有表现出明显的界限，具体情况将在后文"研究套嵌问

① 崔靖娟、曾志伟：《扎实推进大中小学思政课一体化建设》，《北京教育（高教）》2022年第12期。

② 张应平：《大中小学思政课内容一体化研究》，东北师范大学学位论文，2022年。

③ 孙洋：《推进大中小学思政课教材使用一体化建设研究》，吉林农业大学学位论文，2022年。

④ 戴晓桐：《大中小学思政课集体备课现状与优化策略》，安庆师范大学学位论文，2022年。

⑤ 徐建飞、董静：《大中小学思想政治理论课一体化建设：内涵逻辑、实践困囿与优化方略》，《社会主义核心价值观研究》2022年第4期。

⑥ 周奇、李茂春：《论大中小学思政教育一体化建设》，《中学政治教学参考》2022年第39期。

题"部分详细说明，总之，单独呈现"原因分析"会再次占用较大篇幅，且对我们整体把握大中小学思想政治教育一体化研究现状和进展没有太大的实际意义。整体上看，本年度学界关于大中小学思想政治教育一体化的研究成果丰硕，为其实践推进提供了有力支撑。

（四）初现端倪的基本规律研究和跨文化比较研究

大中小学思想政治教育一体化基本规律分析和跨文化比较研究在本年度零星出现，这是大中小学思想政治教育一体化研究推进到一定程度的体现。第一，关于大中小学思想政治教育一体化的基本规律。有学者在研究中指出，推进大中小学思政课"学教评"一体化，要从认知、判断、行动多维度总结"学"的基本规律；[①]遵循有机联系规律、教学统一性规律和学生身心发展规律，推进思政课教学目标一体化；[②]在"段间规律"方面，深刻把握教育对象的认知跃迁、循序渐进规律，教师队伍的沟通协作、联动共建规律，教材内容的整体布局、逻辑递进规律，以及教学方法的有机串联、能力进阶规律；[③]此外，也有学者结合中华传统文化对大中小学思政课一体化建设的影响，对《周易》中"变与不变"规律与大中小学思政课一体化衔接机制进行研究。[④]这些研究虽然仍有很大的提升空间，甚至对某些规律的概括和归纳不一定规范，但至少释放了一种信号，表明学者们越来越关注大中小学思想政治教育一体化的深层次规律。第二，关于大中小学思想政治教育一体化的跨文化比较研究。有学者分析总结了其他国家的"类思政课"一体化设置经验，并针对我国思政课一体化建设提出相关建议。也有学者从比较视野对俄

---

① 栾淳钰：《大中小学思政课"学教评"一体化》，《思想政治课教学》2022年第5期。

② 陈方芳、周宏军：《统筹推进大中小学思想政治理论课一体化建设的四重进路》，《当代教育理论与实践》2022年第4期。

③ 陈磊、徐秦法：《大中小学思政课一体化建设的"段间规律"探寻》，《中国大学教学》2022年第6期。

④ 王爱民、王锋：《中华优秀传统文化对大中小学思政课一体化建设的影响刍议》，《北京教育（德育）》2022年第5期。

罗斯大中小学思想政治教育的模式及借鉴意义进行研究。[①]虽然本年度学界关于大中小学思想政治教育一体化的跨文化比较研究成果很少，却是一种难得的视野拓展。

二、大中小学思想政治教育一体化研究存在的问题

本年度学界关于大中小学思想政治教育一体化的研究，为整体构建学校思想政治教育一体化格局提供了有力支撑，但也存在一些不容忽视的问题。有学者指出，当前我国大中小学思想政治教育一体化研究中"感性认识稍多，理性认识稍少；应然研究略多，实然研究略少；守土意识较强，统筹意识较弱；义务要求偏多，权利保障偏少。"[②]除此之外，还存在研究对象不清晰、研究范式不规范、研究适切性不强等问题，影响着大中小学思想政治教育一体化研究的规范性、深刻性、通透性和互补性。

（一）循环套嵌的问题

研究套嵌的问题主要指研究主题套嵌、论证套嵌、要素套嵌等，具体表现为少数研究中存在的主题不清晰、互为因果、要素与结构不分明。表现在大中小学思想政治教育一体化问题和原因分析中。第一，主题套嵌。有研究虽以大中小学思想政治教育一体化为题，但研究主体内容为大中小学思政课一体化研究，虽然思政课是思想政治教育的主阵地，但以一局部见整体仍有不妥之处。第二，论证套嵌。一种是互为因果，即在此处指出问题 A 导致了问题 B 的产生，在彼处又说问题 B 导致了问题 A 的出现。如有的学者在研究教师队伍一体化建设时，将问题归因于机制不畅等因素，研究一体化建设机制时，将问题归因于教师意识、教师队伍等。虽然大中小学思想政治教育一

---

① 于水镜：《俄罗斯大中小学思政教育模式及借鉴意义》，《中国高等教育》2022 年第 7 期。
② 滕明政、李小月：《大中小学思政课一体化的研究回顾与展望》，《思想政治课研究》2022 年第 5 期。

体化是一项复杂的系统工程，各种要素和环节彼此紧密联系、互相影响，但因果分析不能一味地反复套嵌。一种是变相重复，有的原因分析既缺乏逻辑推演，也没有实践考察，无法给出有力的论证和依据，只是变换措辞重复问题本身，无疑是浪费笔墨。第三，要素套嵌。一种是要素主体偏置。如在马克思主义理论教育、社会主义核心价值观教育、"五爱"教育、法治教育、劳动教育、心理健康教育、中华优秀传统文化教育等大中小学思想政治教育专题内容的一体化研究中，只见方式方法、不见内容，抛开专题的本体要素，过于关注方法、路径、方式的研究。一种是要素研究盲目体系化。当前学界关于大中小学思想政治教育一体化的研究不同程度地存在因盲目地追求完整性和系统性的问题，致使研究成果面面俱到，但不够深入。本年度学界关于大中小学思想政治教育课程体系构建、教材一体化、质量评价一体化、教育目标一体化等研究逐渐铺开，体现了学者们在精细化研究方面的努力。但大中小学思想政治教育一体化专题研究的总体状况仍然不够理想。大中小学思想政治理论课一体化建设提出至今已过三年，各界倾注了很大精力来研究和推进，学术研究要跨越起初粗线条的综合研究，进入专门化、精细化的研究阶段，为今后走向更高质量、更高水平、更高层次的整体研究做好准备。

（二）借题研究的问题

在学界研究中，"大中小学思想政治教育一体化"主要扮演三种角色，一是热点视域，二是目标主体，三是研究对象，体现了学者们在整体构建学校思想政治教育格局中的理论视野和学术关切，我们在此分别讨论其中存在的问题。

1. 作为"热点视域"——被泛化的"大中小学思想政治教育一体化"

"视域""视角"是大中小学思想政治教育一体化研究的高频词，基于大中小学思想政治教育一体化视角的研究主要有两种形式：一种是大视野小落脚，如大中小学思政课一体化建设中高校的引领作用①，一种是小切口大研究，如一体化视域下初中生劳动观培育路径存在问题的原因分析②，大中小学思政课爱国主义教育一体化建设存在的问题③，一体化背景下大中小学思政课学段衔接问题实证研究④，大中小学劳动教育一体化的困境⑤等，其中有的成果虽以大中小学思想政治教育一体化为主题，但研究主体内容与大中小学思想政治教育一体化并无实质关联，把"一体化"的文字删掉完全不影响整体研究成果，说到底是没有触及"一体化"的内核和本质。大中小学思想政治教育一体化有其明确的理论界定和实践指向，并非所有与思想政治教育相关的研究都是从一体化的视域出发的，研究视角虚置是学术不严谨的现象。

2. 作为"目标主体"——被置换的"大中小学思想政治教育一体化"

学界关于优秀历史文化、地方资源、中医药文化、伟大建党精神、红军文化资源、抗疫精神、社会主义核心价值观、中华优秀传统文化、三线精神、东北抗联精神、劳动素养等各种精神和资源"融入""赋能"大中小学思想政治教育一体化的研究在本年度占有一定比例，之所以说大中小学思想政治教育一体化"被置换"，是因为部分研究存在对象不清晰、不明确的问题，以至于本为目标主体的"大中小学思想政治教育一体化"在研究中隐于无形。具体表现为两种：一种是对融入内容的研究，基本不顾及"如何融入""融入效果"；一种是对"融入思政课""融入思想政治教育"的研究，一般抛开"一体化"不谈，比如有的学者将某种精神写入大中小学思政

---

① 李秀玲：《论大中小学思政课一体化中高校的引领作用》，《闽南师范大学学报》（哲学社会科学版）2022年第1期。

② 褚晓彤：《大中小学思政课一体化视域下初中生劳动观培育路径研究》，青海师范大学学位论文，2022年。

③ 马琪：《大中小学思政课爱国主义教育一体化建设研究》，辽宁师范大学学位论文，2022年。

④ 储悦：《一体化背景下大中小学思政课学段衔接的路径探析》，闽南师范大学学位论文，2022年。

⑤ 李惠：《大中小学劳动教育一体化的困境与对策研究》，广西大学学位论文，2022年。

课教材作为某种精神融入大中小学思政课一体化研究的主体。这里就有一个问题，写入教材是否等于融入一体化？再如，有学者对某种资源融入大中小学思政课一体化教学进行研究，是不是可以直接写成某种精神融入思政课教学？一般意义上提到思政课教学，自然是包括大中小学思政课教学的。综上，这些"精神""资源""文化"到底是融入思政课还是融入思政课一体化？这是值得深入思考的。要专注于、至少兼顾到学段间、课程间的区分和统筹，真正认清研究的主体问题以及其中的主次矛盾。

3．作为"研究对象"——被边缘的"大中小学思想政治教育一体化"

部分大中小学思想政治教育一体化研究存在"一体化"被边缘的问题。这一问题在大中小学思想政治教育内容一体化、课程一体化、队伍一体化、评价一体化、方式方法一体化等专题研究中表现更为明显，看似在建构一体化体系，实质上是纯粹的思想政治教育内容、课程、队伍、评价、方式方法研究。无论是"热点视域"被泛化，作为"目标主体"被置换，还是作为"研究对象"被边缘化，实质上都不属于真正的大中小学思想政治教育一体化研究，以研究大中小学思想政治教育一体化之名，有意无意地做着与大中小学思想政治教育一体化无关、偏离研究主题的阐述、分析和论证。

（三）接口不畅的问题

提出研究接口的问题主要是基于部分大中小学思想政治教育一体化的研究成果在互通互补方面存在障碍。

1．不同的育人逻辑之间欠融合

有学者在研究中把分段教学和大中小学思想政治教育一体化对立起来，甚至提出取消分段教学的看法，这无疑是不符合马克思主义指导思想的。分段教学有其广泛而坚实的理论依据，在教育教学实践中表现出科学性、合理性，大中小学思想政治教育一体化虽然是针对思想政治教育分段教学中出现的问题提出的，但不能把分段教学和大中小学思想政治教育一体化对立起来，以大中小学思想政治教育一体化否定分段教学的科学性和合理性。

2. 不同学科支撑的研究成果须并轨

主要体现不同学科支撑的研究成果之间的接口问题。有学者在研究中指出，高校对思政课一体化、思想政治教育一体化的研究主要以马克思主义理论及其所属二级学科为理论基础，集中于各门思政课具体内容的学科式研究，对大学思政课内容整体性和系统性研究较少，涉及大中小学思政课内容整体性研究的则更少；而中小学思政课多冠以"德育课程"之名，尚未纳入思政课研究的整体事业，学科支撑主要是德育学科，多数集中于中小学思政课教材具体章节内容的分析研究，不是以内容本身的建设作为研究对象，而这种对教材具体章节内容的分析主要是出于优化教学方法的目的。[1]这一现象背后体现的是支撑学科的差别，大学思政课以马克思主义理论学课为支撑，而中小学德育课程以德育学科为支撑。因此，高校、中学、小学的研究成果在整体上给人的学科感觉不同，这一现象的另一体现是以往不同学段思政课名称不一（大学称为思想政治理论课，中小学称为德育课程）。现如今大中小学思想政治课统称思想政治理论课，中小学思想政治课自然也应该纳入马克思主义理论学科视野。[2]

3. 理论研究与社会现实的对接沟通问题

首先，部分研究的选题脱离实际。本年度学界研究成果为构建大中小学思想政治教育一体化理论体系和工作格局提供了有力支撑，但仍然缺乏对现实痛点、难点、堵点的深入分析，致使大中小学思想政治教育一体化建

---

① 张应平：《大中小学思政课内容一体化研究》，东北师范大学学位论文，2022年。
② 张应平：《大中小学思政课内容一体化研究》，东北师范大学学位论文，2022年。

设的实际需求和现实问题无法有效转化为理论研究的具体课题。这并非一个
新问题，在 2020 年、2021 年已经显现出来。当时，有学者指出，大中小学
思想政治教育一体化相关的"应然问题研究相对较多，实然课题研究比较薄
弱"①"研究视角比较宏观，缺少对具体现实问题的深入分析"②。其次，部分研
究缺乏实践支撑。大部分研究大中小学思想政治教育一体化的学者同时又是
大中小学的教师，对本学段之外的相关情况本就相对陌生，调研、访谈和实
地观察是了解其他学段思想政治教育基本情况的重要途径，也是避免研究视
野受限的关键。但本年度研究仍以文件梳理、政策解读、文献分析为基础，
通过问卷调研、访谈、实地观察获得的数据支撑不足。最后，部分研究成果
无法有效实现实践转化。部分学者对大中小学思想政治教育一体化的研究体
现出理论脱离实践的问题。在研究内容上表现为对大中小学思想政治教育一
体化的实践逻辑分析较少、现实动力关注不够、实践转化推进不够；在研究
方法上表现为基于调研、访谈的实证研究较少。有学者指出，学界探究的重
点主要集中在从实践维度探讨不同学段思政课之间的有效衔接，以及从空间
维度探讨思政小课堂与社会大课堂之间的有机结合，大中小学思政课一体化
建设出现时空二维分离的现象，成为制约大中小学思政课一体化建设的瓶
颈。③理论研究与实际工作接口不畅会直接影响大中小学思想政治教育一体
化研究成果的实践转化效益，消解大中小学思想政治教育一体化研究的实际
价值。此外，本年度学界关于大中小学思想政治教育一体化的研究从整体上
看，数量多，但质量参差不齐，实效性研究占比大且存在成果同质化现象，
研究创新度有待进一步加强。

① 冯刚：《思想政治教育研究热点年度发布 2020》，团结出版社 2021 年版。
② 冯刚：《思想政治教育研究热点年度发布 2021》，团结出版社 2022 年版。
③ 王升臻：《试论大中小学思政课一体化建设的时空二维融合——基于马克思社会实践时空
观》，《湖北社会科学》2022 年第 3 期。

三、大中小学思想政治教育一体化研究未来展望

着眼整体构建学校思想政治教育体系的战略布局，学界要继续围绕大中小学思想政治教育一体化的内在规定、使命任务、深化发展和长效机制，在增强科学性、把握规律性、体现时代性上下功夫。

（一）要避免循环嵌套，走向精细化研究

从学界 2022 年度的研究成果来看，学者们的研究聚焦大中小学思想政治理论课一体化，虽然关于大中小学思想政治理论课一体化的研究多多少少都会体现出对学校思想政治教育体系的系统考量和全方位构建，但这些零星散落的观点和思想对于大中小学思想政治教育一体化理论体系构建而言是远远不够的。思政课作为学校思想政治教育的主渠道，其一体化研究在未来依然会是大中小学思想政治教育一体化研究的热点，但大中小学思想政治教育一体化研究不会一直嵌套在大中小学思政课一体化研究中。党的二十大报告明确提出推进大中小学思想政治教育一体化，专门的大中小学思想政治教育一体化研究已经成为时代之需、实践之需。未来研究要在大中小学思想政治教育一体化专门研究的数量、质量和范围上展现实质性推进，通过更多、更好、面向更广的大中小学思想政治教育一体化研究，系统构建新时代大中小学思想政治教育一体化理论体系。第一步便是走出理论研究的嵌套状态，把大中小学思想政治教育一体化作为一个明确清晰的研究主题，科学构建大中小学思想政治教育一体化的问题空间，明确大中小学思想政治教育一体化为什么提出、要解决什么问题等问题，分析大中小学思想政治教育一体化的理论依据、历史渊源和实践逻辑，围绕大中小学思想政治教育的目标一体化、主体一体化、内容一体化、课程一体化、教学一体化、方式方法一体化、质量评价一体化、体制机制一体化等开展全面研究，使大中小学思想政治教育一体化的研究对象、研究界限、研究价值更加明晰。与之同时，大中小学思

政课一体化研究也会出现一些转向，比如从大中小学思政课教材一体化拓展到大中小学思想政治教育内容一体化，从大中小学思政课师资一体化拓展到大中小学思想政治教育队伍一体化，从大中小学思政课课程一体化拓展到大中小学思想政治教育学科建设一体化，这是大中小学思想政治教育一体化研究逐渐走向成熟的表现。

（二）要打破思维定势，释放创新创造活力

大中小学思想政治教育一体化研究需要改变总结经验、解释文件、提出问题的研究方式局限，强化学理性，积极推进创新创造。这并不意味着不要重视对实际问题的研究，而是要善于从学科学理的角度，善于利用丰富的学科知识，去建构研究空间，寻找认识和解决问题的路径。正如有学者指出的那样，思想政治教育研究更多偏好于一些跨学科的领域和问题，而对本学科的一些基本理论甚至基础理论的研究不足，其中的困难既表现为基础理论研究本身的艰深，还表现为这种研究需要突破原先格式和定势的影响。[①] 未来大中小学思想政治教育一体化研究如何从大而全、大而泛的研究和过于关注工作实效性的思维定势中走出来，是需要深入思考的。未来大中小学思想政治教育一体化研究不仅要做理论的增补工作，也要扎根实际，关注现实痛点、堵点、难点，增强研究成果的现实解释力和生命力；不仅要做批判和分析的工作，思考思想政治教育学研究在新的社会条件和文化背景中如何创新的问题，或者至少对以往的研究定式与表述观点有所超越，彰显思想政治教育学科的创新创造活力；不仅要做面上的拓宽工作，也要做研究层次的提升工作。教育目标分类学认为，分析通常表现为抽出要素、抽出关系、抽出结构与原理三个层次，从一般意义的分析视角为深化大中小学思想政治教育一体化研究，预测大中小学思想政治教育一体化研究发展方向提供了理论模型。

---

① 邱柏生、董雅华：《思想政治教育学科理论研究：评价与展望》，《思想理论教育》2014年第 2 期。

当前学界对大中小学思想政治教育一体化的研究整体上处于"找要素"并对其进行细分的层次，大多数研究在提出要素后并没有做到进一步细分或连续细分，只是对其进行大而化之、笼而统之的阐述，对要素与要素之间的关系缺乏分析，结构与原理的构建任重而道远。

（三）要预防视野固化，吸收多元主体

任何学术研究都不可能脱离主体而自动完成，研究者的学科视野、知识储备、理论功底、学术素养、实践领域都直接影响着学术研究的整体推进。这为我们把握未来大中小学思想政治教育一体化研究的发展趋势提供了一个非常重要的视角，即主体视角。自2019年全国学校思想政治理论课教师座谈会召开至今，学界关于大中小学思想政治理论课一体化、大中小学思想政治教育一体化、大中小学德育一体化的研究已经表现出主体多元化的迹象，从专任思政课教师到学校日常思想政治工作者、从在职思想政治教育者到在读硕博士研究生、从高校思政课教师到大中小学思政课教师、从单一主体到协同合作的共同体，主体身份越来越多样、主体形态越来越丰富。尤其是在读硕博士研究生越来越关注大中小学思想政治教育一体化，将大中小学思想政治教育一体化相关主题作为学位论文选题，他们将投入很多完整的时间和大量的精力，对大中小学思想政治教育一体化进行更为系统和深入的研究，大中小学思想政治教育一体化专题性研究得到加强，这不失为一种好势头，无论是从研究成果的直接产出来看，还是从学术研究主力军的角度去展望，当下更多在读硕博士研究生的加入，都将对未来大中小学思想政治教育一体化研究的深化和理论体系的构建提供莫大助益。事实上，这一点在本年度大中小学思想政治教育内容一体化、教材一体化研究方面已经得到确证。当前思想政治教育专业在读硕博士研究生更是成长于党和国家高度重视、整体谋划、一体推进学校思想政治教育工作的关键时期，对大中小学思想政治教育一体化的研究热情将继续攀升，大中小学思想政治教育一体化研究主体的多

元化趋势不会戛然而止。

（四）要避免悬浮化，强化研究的实践导向

　　实践导向是深化理论推进实践的指引方向。大中小学思想政治教育一体化研究的实践导向主要指以科学精神和理论思维研究解决大中小学思想政治教育一体化实践中的热点问题、现实问题和现实需求，推动理论与实践研究的成果转化。[①]首先，要聚焦大中小学思想政治教育一体化实践前沿。关注实践前沿是一种可贵的、必要的学术品质，是确保理论成果具有前瞻性和指导性的关键。未来大中小学思想政治教育一体化研究要加强专题研究、案例研究、实证研究，结合在不同学段推进大中小学思想政治教育一体化的实践，不断发掘新问题，寻找成果创新切入点。其次，要把握大中小学思想政治教育一体化实践发展的现实需求。实践需要是理论研究的基本动力。党和国家在深化思想政治教育内涵式发展的重要时期提出大中小学思想政治教育一体化的命题，既有理论指引，更是实践之需。大中小学思想政治教育一体化要解决哪些实践问题、处于什么实际水平、面临什么样的现实困境，都要到大中小学思想政治教育一体化建设一线去收集、整理、分析，在此基础上科学研判大中小学思想政治教育一体化建设中亟待满足的现实需求，切实激活大中小学思想政治教育一体化的现实动力和主体创新创造活力，有效构建大中小学思想政治教育一体化理论体系和现实可行的实践模型，破立结合，精准施策，避免只破不立的夹生饭、好看不实用的花架子和有名无实的空招式。最后，要推进大中小学思想政治教育一体化研究成果的实际转化。成果的实际转化是检验研究有用性，彰显研究实际价值，明确下一步研究方向的重要环节。大中小学思想政治教育一体化是一个实践性很强的课题，也是党和国家给予大力支持的重要课题，各级各类主体对大中小学思想政治教育一体化

[①]　冯刚：《深刻把握高校思想政治教育热点研究实践导向的价值意蕴》，《思想政治教育研究》2021 年第 1 期。

理论研究的实际效用抱有较高的期待，如果研究成果迟迟得不到转化或无法投入实际应用，不仅会耗费大量的人力、物力、财力，也会削减各级各类主体对整体构建学校思想政治教育体系的战略信心和战略决心，这就要求党和国家相关教育部门、各级各类育人主体单位要适时推进大中小学思想政治教育一体化研究成果的实践转化和实际应用，比如及时吸收和转化大中小学思想政治教育内容一体化的研究成果，打造主线鲜明、逻辑清晰、层次分明、衔接有序的大中小学思想政治学科教材和教辅；以集体备课制度为抓手，推进大中小学思想政治教育教学和教研活动一体化；以红色场馆为依托，合作建立大中小学思想政治教育一体化实践育人基地等，在科学合理的范围内，确保大中小学思想政治教育一体化理论研究成果及时落地。

第二十八章　交叉学科思想政治教育研究

思想政治教育作为一门具有综合性、系统性、开放性的学科，其存在、发展过程始终离不开与其他相关学科的互动与融合。同时，交叉学科的知识内容与方法体系能够为思想政治教育提供发展动力。2022 年度思想政治教育学科体系仍向着科学化方向发展，研究成果在吸收借鉴哲学、教育学、社会学、政治学、伦理学和心理学等学科相关理论及研究方法的基础上，同时丰富和发展了思想政治教育文化学、传播学、治理学、文本学、叙事学、阐释学、生态学、符号学和评估学等诸多学科发展新论域，为学科交叉思想政治教育开辟了更广阔的理论与实践发展的新平台。梳理交叉学科思想政治教育研究的年度新进展、分析研究成果的特点与价值，有利于对未来研究发展提供新的思路。

一、交叉学科思想政治教育研究的新进展

系统梳理本年度交叉学科思想政治教育研究成果，学者们在继承以往融合教育学、心理学、社会学、传播学、管理学、信息技术等学科知识及方法的基础上，又在生态学、传播学、文化学、治理学、阐释学、评估学等新论域中进行了开拓性研究，回应了学科发展中的热点及难点问题。本年度研究成果较为丰富，可以从思想政治教育主客体关系、内容、方法、载体、环体、评价等多方面进行总结与分析。

（一）交叉学科视域下思想政治教育的主客体研究

交叉学科视域下思想政治教育的主客体研究在继承以往哲学辩证分析的基础上，本年度也产生了新的研究视角及研究内容。

基于系统论视角。思想政治教育过程是思想政治教育系统的展开、运行和发展的流程，二者之间既相互联系也相互区别。有学者指出，思想政治教育系统是由一个个具体的思想政治教育过程所构成，思想政治教育系统的基本矛盾是社会与个体之间的矛盾，这个基本矛盾决定了思想政治教育系统的主体是社会，思想政治教育系统的客体是个体的思想政治素质；教育者与受教育者都是思想政治教育过程的主体。准确区分思想政治教育系统主客体与过程主客体，有利于进一步深化思想政治教育基础理论研究。[1]

基于传播学视角。传播学受众理论认为传播者利用某些信息有目的、有意识地对受传者进行一定的影响，作为一种社会互动行为，在现代社会活动中，个人或者组织往往会利用这一传播特性来影响他人。有学者指出，思想政治教育传播中的受众，不仅仅是获取信息的接受客体，更是信息需求的活跃主体，从使用与满足理论来看，受众总是主动选择自己所偏爱和需要的媒介内容和信息。[2]思想政治教育充分满足教育对象的多样化需求、增强教育对象的主体性建设。

基于哲学与信息技术视角。网络对现实社会关系的重构引发主客体关系的深刻转变，有学者指出，网络思想政治教育主客体互动对思想政治教育主客体关系作出了独特的动态呈现，它以信息共享为前提基础、以符号互动为基本形式、以双向对象化为主要过程。通过考察这一互动的内生机制，可以从中抽象出"社会的人"与"个性的人"、"现实的人"与"虚拟的人"、"自在的人"与"自为的人"三组矛盾关系，它们既差异又同一，既分离又亲

---

[1] 蔡诗敏：《思想政治教育系统与过程主客体新论》，《学校党建与思想教育》2022年第19期。
[2] 顾春香：《受众理论视域下大学生思想政治教育现状与优化措施》，《新西部》2022年第8期。

和，既对立又统一，共同构成网络思想政治教育主客体互动的内在张力。

（二）交叉学科视域下思想政治教育内容研究

思想政治教育内容是实现思想政治教育目标与任务的重要保证，思想政治教育的高质量发展，离不开其内容的科学性、针对性和吸引力。

基于传播学的视角。有研究者针对泛娱乐化的生成与泛滥进行分析，指出泛娱乐化是由商业资本操控、网络新媒体赋能、个体社会心理助推、社会思潮合谋等多维因素综合作用的结果。泛娱乐化以"去价值化"现实指向消解思想政治教育的本质属性，以"碎片化"、"感性化"话语叙事解构思想政治教育的话语体系，以"日常融入式"传播冲击思想政治教育的传播模式，以"功利性"文化价值观侵蚀思想政治教育的文化生态，具有严重的社会危害性。并指出，要有效应对泛娱乐化的挑战，需构建价值引领机制，激活思想政治教育高质量发展的内生动力，涵育思想政治教育良性育人生态。[①]

基于历史学的角度。2022 年是中国共青团建团 100 周年，有学者结合百年团史以及中国共产党青年思想政治教育的百余年实践指出，中国共产党始终遵循以青年为中心的价值取向，坚持以青年运动和青年组织团结教育青年为着力点，矢志不渝地促进青年全面发展。[②]新时代党的青年思想政治教育要落实立德树人根本任务，发挥高校共青团这一青年思想引领的主力军作用，准确把握共青团百年奋斗的经验遵循，深入分析新时代青年群体的思想行为新特点，主动适应当前引领主体、引领对象、引领方式呈现的新变化，进一步强化思想引领认同，完善思想引领机制，创新思想引领形式，增强思想引领成效，在培育堪当民族复兴重任的时代新人中彰显担当。[③]

① 刘艳：《泛娱乐化视域下思想政治教育的困境及突围》，《新疆社会科学》2022 年第 4 期。

② 常艳芳、李萍：《中国共产党青年思想政治教育的百余年实践：历史探索、基本经验与现实启示》，《中国青年社会科学》2022 年第 1 期。

③ 曲思宇：《新时代加强高校共青团思想引领的价值意蕴、经验遵循与创新路径》，《思想教育研究》2022 年第 7 期。

此外，有学者结合文化学、人类学视角探究了人类精神文明新形态的相关内容和要点，指出人类精神文明新形态是中国共产党领导中国人民创造的人类精神文明的中国样本。人类精神文明新形态的形成和发展是历史的、具体的①。也有学者结合人类学仪式研究、教育仪式的角度指出，思想政治教育仪式是由特定文化所规定的，由一系列符号聚合起来的，具有目的性、规范性、组织性的思想政治教育操演系统。思想政治教育仪式不仅具备教育仪式的文化性、规范性等特点，还具备意识形态性、政治性内涵。新时代思想政治教育仪式的发展应该在符号上实现感觉极和理念极的统一、在时间上注重集体记忆与个体时刻的互动、在空间上推动认同与表达的交融。②

（三）交叉学科视域下思想政治教育方法研究

思想政治教育方法是实现思想政治教育内容有效转化的重要因素，借鉴交叉学科的教育方法、研究方法开展思想政治教育，有利于思想政治教育方法体系的完善和发展。

基于叙事学视角。叙事学理论是 20 世纪结构主义文论在小说批评领域的拓展和深化。思想政治教育叙事既是思想政治教育主体对教育内容进行叙述并阐释的过程，也是承载思想政治教育内容、实现思想政治教育目的、发挥思想政治教育功能的具体方法。有学者指出，依据不同的叙事逻辑，思想政治教育叙事可大致分为两类，即：社会叙事和人本叙事。③同时，思想政治教育叙事融事、境、情、理四要素于一体，体现思想政治教育的亲和力与感染力；集共同记忆、历史叙事、国家认同于全程，揭示思想政治教育叙事的发生前提、基本主题及其核心旨向。④

---

① 项久雨：《人类精神文明新形态论要》，《学校党建与思想教育》2022 年第 19 期。
② 赵庆杰、段乃睿：《符号·时间·空间：百年党史视域下思想政治教育仪式的三维考察》，《中共郑州市委党校学报》2022 年第 2 期。
③ 史宏波、谭帅男：《论思想政治教育的双重叙事》，《教学与研究》2022 年第 4 期。
④ 宫长瑞、张迎：《思想政治教育叙事逻辑释义》，《北京教育（德育）》2022 年第 4 期。

　　基于美学接受理论视角。接受美学不是美学中的美感研究，也不是文艺理论中的欣赏和批评研究，而是以现象学和解释学为理论基础，以人的接受实践为依据的独立自足的理论体系。有学者指出，借鉴其中关于"读者中心""期待视野""召唤结构""第二文本"的理念，将接受理论的观点运用到网络政治教育的实践领域，有助于丰富和拓展新时代思想政治教育学方法论体系，对于进一步增强新时代大学生网络思想政治教育的实效性，具有重要的理论价值和实践意义。[①]

　　基于智能技术视角。思想政治教育所需的信息处理深受智能技术的影响，因此，学科范式在传统思辨的基础上，人机协同、跨界融合、共创分享的智能化色彩越发浓厚。有学者指出，智能化发展是思想政治教育在数字浪潮中的态势所趋。从算法视角探讨思想政治教育的智能化可谓破局的关键。与传统模型不同，经过算法的赋能，思想政治教育的数字化模型实现了高效、精准和全面，而作为数字技术的核心，算法赋予思想政治教育智能化发展的机遇体现在数字模型、计算思维及技术权威之中。[②]也有学者指出，将数据治理融入思想政治教育之中有助于提升思想政治教育场景的连通性和情境性、数据的安全性与贯通性，保证其教育价值的互通性和教育质量的优良性。[③]

　　基于生态学视角。有学者指出，思想政治教育生态是一切对思想政治教育活动开展及其效果产生各种影响的内外部因素之间关系及结构的总和。生态学的方法就是指用生态特有的系统性思维方式、观念和原则来分析和解决问题。把握思想政治教育生态应该注重的是把思想政治教育过程中的各个要素本身的合理性，以及要素与要素之间的系统关联性，用生态学的观点来加

---

①　王滢：《接受理论视野下大学生网络思想政治教育创新》，《学校党建与思想教育》2022年第20期。

②　张驰：《思想政治教育智能化发展的算法审视》，《思想教育研究》2022年第9期。

③　吴满意、高盛楠：《高校思想政治教育数据治理研究》，《马克思主义理论学科研究》2022年第9期。

以论述和研究，进而达到学科的发展以及实践的推进。在明确思想政治教育生态根本目的前提下，去完成各子系统之间的具体目的，形成循环大系统之间的良性运转，分清主次。①

（四）交叉学科视域下思想政治教育载体研究

基于文化学视角。文化是思想政治教育理论研究和实践运用的重要方面，许多学者围绕文化载体进行探究，既有关注文化载体中变化着的文化活动，也有探讨红色革命纪念地等静态的文化载体。此外，有学者进一步围绕文化载体指出，文化资源作为人类长期物质与精神生产内容积淀下来的具有独立性的客观存在物，是有用性、构成性与价值衍生性的统一，而文化载体作为以载运教育信息和内容为目的的工具性事物，是对象性、依附性与价值稳定性的统一。二者在影响因素、存在形态、作用方式等方面都表现出差异，前者以资源供给为立足点，为思想政治教育提供素材、动力；后者以实际操作为立足点，为思想政治教育提供工具、手段。两者紧紧围绕思想政治教育立德树人、以文育人的实践活动实现互动统一。

基于符号学视角。有学者将思想政治教育载体看作一种人类符号形式，把这种观点称为符号形式论，指出，一方面，从符号形式的角度理解思想政治教育载体，是对思想政治教育本质、社会的本质，以及人的本质的不断深化认识的结果；另一方面，符号形式论将非物质符号等同于精神载体，这种观点导致了研究过程中对载体实体性的严重背离。围绕思想政治教育载体的实体性，区分源初载体、介质载体和本原载体，有利于增强思想政治教育载体研究和运用的针对性。②

---

① 曾燕：《思想政治教育生态中交叉学科问题与路径研究》，《教科导刊》2022 年第 7 期。
② 陈卓：《论思想政治教育载体的实体性——以思想政治教育中载体与符号的关系为视角》，《思想教育研究》2021 年第 12 期。

（五）交叉学科视域下思想政治教育环境研究

基于社会学视角。西方社会学家对空间的关注和阐述将空间现象和理论推向主流社会学的中心，这也对交叉学科视域下思想政治教育产生了新的研究点。思想政治教育作为一种有组织、有计划的社会活动，总要在一定的空间中进行。这一以政治认同为核心内容的教育空间具有主体性、文化性、社会性和强烈的表象性。借鉴社会学对空间分类和特征的观点，可以将思想政治教育空间分为物质环境空间、文化空间、社会实践空间、网络空间和日常生活空间。[1]

基于信息技术视角。有学者指出，信息技术与思想政治教育工作的结合强调运用信息技术赋能思想政治教育，构筑起一种有利于实现政治引领、价值引领和方向引领的思想政治教育信息环境。即基于新兴媒介技术搭建而成的、以虚拟实践为主要实践形式的数字化生存空间。[2]也有学者指出，作为PC 互联网、移动互联网的进阶形态，元宇宙将对人们的生存方式和发展方式带来巨大变革，甚至会重新定义网络思想政治工作之"网络"，元宇宙是数字化生存的必然结果，也是互联网发展的下一阶段。[3]此外，要合理面对数字技术及其引发的思想政治教育环境变化，处理好现实世界与虚拟世界之间的关系。面对元宇宙带来的网络沉溺可能加剧的风险，思想政治教育数字化发展要把如何处理现实世界与虚拟世界的关系纳入教育内容，从思想层面入手帮助人们树立正确的虚拟世界观。[4]

---

[1]　郭婷：《社会学视域下高校思想政治教育空间建设思考》，《高教学刊》2022 年第 3 期。

[2]　杨小青、林冬冬：《思想政治教育信息环境叠加变迁的新特征及其应对》，《学校党建与思想教育》2022 年第 17 期。

[3]　冯刚、陈倩：《解构与重构：元宇宙对网络思想政治教育的挑战及其应对》，《探索》2022年第 3 期。

[4]　蒙怡馨：《元宇宙与思想政治教育数字化发展》，《河海大学学报（哲学社会科学版）》2022 年第 5 期。

（六）交叉学科视域下思想政治教育评价研究

基于人工智能角度。有学者提出，面对当代思想政治教育评价新要求和思想政治教育的复杂形势，技术单一会影响评价的实效性；同时传统思想政治教育评价体系呈现相对静态、孤立的特征，缺乏贯穿思想政治教育全过程的"介体"；将工具理性和结果导向结合，忽视思想政治教育过程导向，会消解思想政治教育评价所遵循的包括技术理性、社会价值、人的主体性价值、思想政治教育的最终目标等多元价值。要使人工智能技术赋能思想政治教育评价，驱动信息技术和思想政治教育评价深度融合，在"事""体""道"三个层面推动思想政治教育评价创新发展，其中"事"的维度增强评价实效性，"体"的维度完善评价体系，"道"的维度丰富价值思想。[①]

基于教育评价视角。有学者将思想政治教育评价向深拓展，结合教育评价、教育反馈等提出，元评价是依据一定的标准，运用科学可行的方法对评价本身进行分析和判断，向原评价实施者提供改进的反馈信息，推动评价发挥积极作用，并达成评价预期的评价活动。元评价是一种特殊的评价形式，是进行评价管理的一种新兴的特殊机制，对保证评价工作质量具有重要作用。思想政治教育元评价，是指评价者依据一定的评价标准，运用科学方法，对思想政治教育评价本身进行评价和分析，以提高人们对思想政治教育评价的认识能力和实践水平，保证和提升思想政治教育评价质量的一种特殊的评价形式。[②]

基于治理评价视角。高校思想政治教育治理是学科研究的一个新视域，高校思想政治教育治理的质量评价以思想政治教育治理相关工作的开展为基

[①] 唐平秋、彭佳俊：《人工智能助推思想政治教育评价创新发展探析》，《学校党建与思想教育》2022年第13期。

[②] 王学俭、施泽东：《元评价：思想政治教育评价发展的新进路》，《新疆师范大学学报（哲学社会科学版）》2022年第3期。

础，是高校思政治理工作的重要组成部分和要素构成。有学者指出，新时代高校思想政治教育治理呈现建设性、动态性、延续性的突出特点，准确把握这些特征是推进高校思想政治教育治理研究科学化和精细化的必要前提。深化高校思想政治教育治理的质量评价，不仅要客观地分析治理实践的正反经验，同时也要积极地反思正反经验背后的原因和机理，进一步深化对高校思想政治教育治理实践的认识。① 本年度冯刚教授所著《高校思想政治教育治理研究》系列丛书中特别著有《高校思想政治教育治理评价研究》，也为治理评价提供了广阔思路。

二、交叉学科思想政治教育研究的特点与价值

回顾 2022 年度交叉学科思想政治教育研究的相关成果，可以发现其中反映出显著的阶段性特点和独特价值，梳理分析相关成果的特点与价值，对于思想政治教育的创新发展具有重要价值。

（一）交叉学科思想政治教育研究的年度特点

通过系统梳理本年度学科交叉视域下思想政治教育研究发现，交叉学科思想政治教育研究呈现出以下特点：

一是交叉学科研究的推进积极回应学科发展的实际需要。交叉学科思想政治教育研究是推动思想政治教育科学化发展的有效助力，也是使思想政治教育的主干学科与分支学科得到丰富和扩充的重要来源。一方面，本年度交叉学科研究关注思想政治教育学科的内涵式发展。有学者认为，思想政治教育观的理论研究需要继续以系统思维方式推进。如《思想政治教育系统与过程主客体新论》《论思想政治理论教育的作用机理》《元评价：思想政治教育评价发展的新进路》等研究成果，结合哲学、传播学、系统学等学科理论，对思想政治教育的主体、内容、过程、评价等基础问题展开进一步探索，也

---

① 冯刚：《关于高校思想政治教育治理研究的几个问题》，《高校辅导员学刊》2022 年第 3 期。

有学者基于系统化思想提出思想政治教育观，关注思想政治教育理论中的元理论、元问题，把握理论需求、深化理论创新、加强深度沟通，致力于实现思想政治教育学科自身的基础性发展。[①] 另一方面，本年度交叉学科研究关注思想政治教育学科发展中所遇的瓶颈与挑战。思想政治教育在发展过程中所遇困难与挑战既来自于自身矛盾的发展变化，也来自于外部环境的变化、随时代发展所产生的难题。如《从互联网的技术之维到社会之维——思想政治教育理论迭代升级的纵深逻辑》《"新工科"背景下大学生思想政治教育的价值蕴涵、现实瓶颈与发展路径》《思政教育文化生态演变的历史视角分析》等研究成果，从网络技术、工科背景、文化生态等方面关注和探讨了思想政治教育在发展过程中所面对的新问题和新挑战，要在技术与社会的深度融合中去考察思想政治教育理论与实践，在自然科学与人文社会科学多个学科的互动中把握思想政治教育的学科发展，这也说明了思想政治教育必须在开放包容的环境中实现自身变革与创新。

二是交叉学科研究的成果呈现出不同程度的深度和广度。在理论因素、现实因素和学科边界等多重影响下，不同学科与思想政治教育的融合发展程度并不相同，纵观本年度交叉学科研究的成果可以总结出共性和个性的特征。第一，交叉学科研究普遍关注思想政治教育的热点问题。本年度交叉学科思想政治教育研究热点包括"伟大建党精神融入思想政治教育""历史主动精神与思想政治教育的关系""'四史'学习教育融入思想政治教育""元宇宙对网络思想政治教育的挑战及其应对"、"解构主义思潮对思想政治教育的影响及对策""智能思想政治教育""高校'一站式'学生社区综合育人"等内容，涵盖了哲学、历史学、教育学、信息技术等多学科内容。第二，部分研究成果以借鉴交叉学科中的理论为起首，侧重交叉学科思想政治教育研究的"点与点对接"。本年度交叉学科研究中较为常见的一类研究方式，即

---

① 孙其昂、蒙怡馨：《基于学科发展推进对思想政治教育观的研究》，《思想教育研究》2022年第 9 期。

借鉴相关学科的某一理论对思想政治教育某类现象、问题作出对策研究。例如，基于学生态度认同视角、受众理论视域等对思想政治教育实效性提出建议；有学者根据"行为经济学助推理论"探讨"思想政治教育助推机制"①，还有学者从符号学出发，以符号形式论探究思想政治教育载体，反映出文化、符号、语言等概念对于理解思想政治教育载体的重要性，也从侧面体现了当前学术界关注的热点。②第三，部分研究成果以借鉴交叉学科中的研究视野为重点，推动交叉学科思想政治教育的"面与面结合"。思想政治教育学的产生和发展与哲学、教育学、政治学、心理学和管理学等学科密不可分，这些学科与思想政治教育的融合也是在思想政治教育学科与时俱进发展过程中实现的。因此，这些交叉学科与思想政治教育的结合更为紧密、研究成果更为丰富、研究内容更为系统。此外，随着思想政治教育学学科发展新论域的拓展，思想政治教育的理论解释力不断提升。例如，本年度交叉学科研究成果《生态哲学视角下的思政教育》《思想政治教育与文化生态的内在关系探讨》《政治传播学视域下网络思想政治教育有效性探析》《乡土文化现代性变迁下农村思想政治教育环境探析》《基于实践哲学的高校思想政治教育治理逻辑》等内容，都能反映出思想政治教育在充实学科主干领域的同时，正在构建新的分支领域。

三是交叉学科研究更加注重与智能技术、大数据等融合。在人工智能、大数据带来的诸多改变中，思维方式与价值观念的改变是最为根本的改变。"人工智能推动思想政治教育'思维'更新，对思想政治教育的目标、价值、内容、本质产生了深刻影响。"③2022年度交叉学科思想政治教育研究的成果，更加注重思想政治教育智能化发展。强调通过网络信息技术的深度发展、智

---

① 王栋梁：《思想政治教育助推机制研究》，《学校党建与思想教育》2022年第17期。

② 陈卓：《论思想政治教育载体的实体性——以思想政治教育中载体与符号的关系为视角》，《思想教育研究》2021年第12期。

③ 宫长瑞、张迎：《人工智能时代思想政治教育叙事的转向及其实践》，《思想教育研究》2022年第9期。

能技术的不断精深、数据治理的不断应用，推进思想政治教育与时俱进和创新发展。强调"从现代网络思想政治教育治理视域与治理体系筹和规制其发展，有助于推动思想政治教育借助信息化、网络化、智能化时代赋予的新动能，适应全媒体深度融合发展的新态势"①，《高校思想政治教育数据治理研究》《思想政治教育实践智慧技术化审思及其超越》《思想政治教育智能化发展的算法审视》《治理算法：思想政治教育网络智能环境治理的政策与趋势论析》《人工智能时代思想政治教育叙事的转向及其实践》等研究成果，从不同角度突出强调，思想政治教育要在守正创新中实现精准、智能、科学化的发展。

但是，交叉学科思想政治教育研究尚存在不足之处。第一，对基础理论的研究视域有待拓展。2022 年度交叉学科思想政治教育的学术成果数量不断增加，不同学科与思想政治教育学科日渐融合，单学科融合较多、多学科与思想政治教育的交叉研究仍为少数。同时，在就思想政治教育基础问题进行研究时，仍较多停留于哲学视角、伦理学、教育学视角，部分学者对基础理论、基础问题的研究尝试进行深入剖析，但仍从基本范畴到本质、规律、研究范式等思想政治教育基本理论问题，都还有待继续深化研究、拓展研究视野。同时，由于研究范围的扩大，更需要将基础理论研究清楚、透彻。例如，围绕思想政治教育载体的概念界定，包含活动形式论、中介论、要素论、可控方式与外显形态论、符号论等不同解读，对载体的特征、分类也是各不相同，这既反映出该领域可切入视角丰富，也反映出许多基础理论和根本性问题需要深入挖掘。第二，对交叉学科理论的准确把握仍有不足，存在"平移嫁接"情况。2022 年度交叉学科思想政治教育在对思想政治教育的主客体、内容、方法、载体、环境、评价等方面研究成果中，借鉴和融入了多学科的理论与方法，例如思想政治教育方法研究借鉴了叙事学、传播学、案

---

① 王学俭、赵文瑞：《课程思政、精准思政、微思政的概念、构成和运行机理探析》，《新疆师范大学学报（哲学社会科学版）》2023 年第 1 期。

例学、信息技术、美学等相关理论；思想政治教育内容研究借鉴了传播学、历史学、人类学等相关理论，但实际对于交叉学科本身的理论来源掌握有待于进一步加深，融合程度有待进一步提高。第三，交叉融合的程度不一，理论研究与实践研究仍需充分衔接。正如前文所提，受思想政治教育学科产生和发展的基础学科背景影响，以及思想政治教育自身理论与实践发展的实际需要，不同学科与思想政治教育的交叉融合程度并不相同，研究成果分配并不均匀。同时，在思想政治教育学学科发展新的论域中，许多研究论域例如叙事学、文本学、阐释学、生态学等还须进一步将理论研究与实践研究相结合，推动交叉学科思想政治教育研究态势更加均衡完善。

（二）交叉学科思想政治教育研究成果的价值

交叉学科思想政治教育研究是推动思想政治教育实现自身综合发展的重要途径，也是实现学理、实践丰富融合的根本方式。通过纵向梳理本年度学科交叉思想政治教育研究可以发现，围绕思想政治教育主客体关系、思想政治教育内容、思想政治教育方法、思想政治教育载体等方面的成果仍在不断增加。同时，对于思想政治教育学学科发展新论域的拓展也向着纵深推进，这一系列的研究对思想政治教育学科体系构建、研究范式升级转化以及解决学科发展现实问题都具有重要意义。

第一，在多学科融合互动中完善思想政治教育学科体系。思想政治教育学是一门具有复合性、系统性的学科。从学科知识的构成来看，思想政治教育学科既以马克思主义理论为理论基础，又借鉴哲学、政治学、社会学、教育学、心理学等相关学科知识，其存在和发展都具有多学科融合的理论属性。在多学科知识资源融合过程中，需要科学辨析、梳理相关知识要素，并将可以构成思想政治教育学的重要元素提炼、总结出来，并加以逻辑分析和理论阐释，将其以系统性、科学性呈现于思想政治教育学科体系构建之中。因此，交叉学科思想政治教育研究契合了思想政治教育综合跨学科的属性，也是推动思想政治教育学科体系不断完善的重要途径，也是筛选、提炼、归纳、融合的过程。

第二，通过交叉研究推动思想政治教育研究范式的转化升级。思想政治教育学科在发展过程中已经逐渐建立起独特的研究范式和话语体系，"通过引入社会学、治理学、文化学、文本学、叙事学、阐释学、生态学、评估学等学科视野对思想政治教育的基本概念、基本范畴、基本要素进行前提性反思和根源性探索，能够进一步廓清思想政治教育概念范畴，提高思想政治教育理论的解释力，从而提升学科的规范性、科学化水平和理论输出能力"[①]。本年度冯刚教授所著《思想政治教育学学科发展新论域》中，提出了多个思想政治教育学未来研究发展的新论域和理论生长点，对交叉学科思想政治教育研究提供了宝贵思路。同时，随着思想政治教育的主干领域的研究不断深化，分支领域也需要不断发展和建设，这也是凸显本学科优势、打破思维定式的积极选择。

第三，运用交叉研究成果提升思想政治教育工作实效性。将理论成果置于实践发展之中，是增强思想政治工作实效性的必由之路。"党的思想政治工作始终坚持以马克思主义为指导，同时又坚持一切从实际出发，在理论联系实际中不断深化认识，总结经验，实现了理论创新和实践创新的良性互动，有效避免了僵化、守旧，生机与活力不断增强。"[②]在交叉学科思想政治教育研究进展中，需要将研究结果转化为实践动力，并将理论研究与实践探索相结合，实现思想政治教育工作范式的升级和转化。例如，从传播学受众理论视角来审视高校大学生思想政治教育的现实状况不失为一种独特的方式，对受教育者接受行为的研究起到重要的补充作用，受众理论和高校思想

---

① 冯刚：《思想政治教育学学科发展新论域》，中山大学出版社2022年版，第9页。
② 冯刚、朱小芳：《深刻把握新时代思想政治工作的规律性认识》，《思想教育研究》2022年第3期。

政治教育进行有机结合①，将这一理论应用于课堂教学之中，进一步深化思想传播效度，激发学生的积极主动性，从而将研究成果转化为实际工作成效。

三、交叉学科思想政治教育研究未来展望

归纳和总结 2022 年度交叉学科视域下思想政治教育研究成果可以发现，诸多研究成果在积极回应学科发展的实际需求的同时，也丰富和拓展了思想政治教育的内容、方法、载体等方面。同时，也应当正视交叉学科思想政治教育研究仍然存在不足之处，并在未来研究中实现进一步完善和精进。

（一）在研究基础方面：挖掘理论基础与深入实践相结合

经过与多学科的交叉融合，思想政治教育在基础理论和实践应用上取得了长足进步，但是依然存在学科边界和概念范畴不明确的问题。因此，开展交叉学科思想政治教育研究，需要坚持挖掘学科发展的基础理论，借鉴、吸收并再创新相关的理论知识，进一步完善学科体系；同时聚焦思想政治教育工作发展过程中所遇的实践问题，将交叉学科中的有益研究方法和工作方法融会贯通于思想政治教育之中，实现理论基础挖掘与实践探索相结合。

思想政治教育学科的发展需要不断挖掘理论、深入实践。"从某种意义上来说，思想政治教育学学科的发展就是为顺应学科发展趋势、破解学科发展难题、突破思想政治工作实践的瓶颈，从而回应思想政治教育实践的现实需求。"②借助交叉学科的理论与实践成果有利于开拓思想政治教育的研究视野，对深化学科发展中存在的基础问题、攻克学科发展所遇的瓶颈具有重要作用。一方面，要引导思想政治教育研究者、工作者开拓视野，主动学习和

---

① 秦小琪：《传播学"受众理论"在思想政治教育研究中的应用初探》，《思想政治教育研究》2022 年第 2 期。

② 张小飞、王凯宗：《以多学科交叉融合推动思想政治教育学学科高质量发展——评〈思想政治教育学学科发展新论域〉》，《学校党建与思想教育》2022 年第 16 期。

借鉴相关学科的学术资源，结合研究和工作中所遇难题进行反思，加深对理论基础的把握、对实践工作的认识；另一方面，借助多学科交流平台，吸纳交叉学科的研究者于思想政治教育相关问题研究之中，推动不同学科之间的交融互动，避免思想政治教育学科在交叉研究中自说自话、"平移嫁接"相关理论，要真正关注、学习借鉴交叉学科的学科思维、技术手段、研究范畴。此外，关注理论研究与实践探索的结合点，关注本学科发展与交叉学科之间的共通点。例如，可以以课程思政建设为契机，促进多学科研究者参与到思想政治教育研究，推进思政课程、课程思政的共同发展。交叉学科思想政治教育的研究探索与思想政治教育学科建设具有内在统一，"要在系统梳理历史成就的基础上，深刻认识和精准把握新时代特征，不忘本来、立足当下、面向未来，回应历史问题、顺应时代潮流、倾听未来声音，在变和不变中把握历史使命和时代要求，探寻创新发展之路。"①

（二）在研究方法方面：推进质性研究与定量研究相结合

近年来，思想政治教育研究方法上不断完善，治理学、系统学、信息科学等学科的融合也推动着思想政治教育研究走向科学化、精准化。未来在交叉学科思想政治教育研究中，要深入推进质性研究与定量研究相结合，这既是思想政治教育本身发展和研究的需要，也是在与不同学科交流互动中探索出的有益经验。

首先，要科学运用质性研究方法。质性研究作为国外一种比较成熟的理论和方法系统，关注微观的扎根理论，自20世纪90年代引入中国以来，为人文社会科学的研究开辟了广阔的空间。思想政治教育具有理论性、综合性，需要遵循马克思主义方法论的结构，在收集资料阶段、分析资料阶段、对策调节阶段充分运用质性研究方法。"质的研究是以研究者本人为

---

① 冯刚、彭庆红、佘双好、白显良：《新时代高校思想政治教育学原理》，人民出版社2021年版，第369页。

研究工具、在自然情境下运用多样化资料收集方法对社会现象进行整体性探究、使用归纳法分析资料和形成理论、通过与研究对象互动对其行为和意义建构获得解释性理解的一种活动。"① 在未来交叉学科研究中，应当秉持科学态度、合理运用质性研究方法。其次，实现交叉学科思想政治教育的建设性、动态性、延续性发展，必须充分运用定量研究。思想政治教育的定量分析是通过数理统计等方法，对思想政治教育过程中所产生的思想水平、政治素质、道德修养或情感变化等抽象事物进行可操作性、量化处理，使抽象事物能够变为量化事物，并根据数理统计分析及理论阐释论证研究结果的研究方法和认识方法。在思想政治教育中运用定量分析方法有利于用数、量的关系对思想行为、内化外化等问题进行研究，从而使思想政治教育的认识、分析、研究过程更为清晰直观。然而就目前来看，交叉学科思想政治教育的研究成果中，质化研究与量化研究比例不均，同时对宏观问题的研究多于细微问题研究。这也反映出思想政治教育研究存在方法单一、缺乏多元研究方法意识等问题，在未来交叉学科研究中，必须回归实证研究方法的本质，借鉴相对成熟学科的研究方法，将跨学科方法进行改造和运用。本年度研究成果如《思想政治教育质性研究的价值》《思想政治教育政策文本量化分析》《思想政治教育学应注重田野调查》等内容，反映出了交叉学科思想政治教育在研究方法上的认识深化。但目前聚焦研究方法深化的学术研究仍需进一步挖掘。最后，推进质性研究与定量研究相结合是大数据时代思想政治教育实现自身发展、增进多学科交融的必然选择。兴起于自然科学研究的定量分析方法现已普遍运用于多学科之中，同时在思想政治教育发展至今，这一研究方法也逐渐予以重视和应用。不论是思想政治教育学科还是学科发展产生的新论域，都具有很强的实践性特点，对其研究力量和方向大多汇聚于理论阐释上而缺乏实践调研。在实证研究中增进质性研究与定量研究的结合，由于将理论与实践紧密衔接、学理阐

---

① 陈向明：《质的研究与社会科学研究》，教育科学出版社 2000 年版，第 2 页。

释与量化分析相结合，从而推进交叉学科思想政治教育研究取得更长足的发展。

（三）在研究论域方面：深化新论域与丰富理论生长点相结合

随着社会经济和科学的发展，多元的现实要求思想政治教育的交叉融合呈现扩大化和体系化的趋势。思想政治教育在实现自身发展创新的同时，也在通过学科交叉研究推动本学科与其他相关学科的融合与认同，提升思想政治教育学科的地位与影响力，推动学科研究范式的科学性变革。"研究范式能够对思想政治教育学科起到标识性的作用。时代的发展、学科的深化互换思想政治教育研究范式的转换升级。"[①] 本年度冯刚教授所著《思想政治教育学学科发展新论域》为研究范式的转化和交叉学科思想政治教育的探索打开了广阔视野和新的思路，拉开了新论域研究的序幕。新论域的开拓、分支学科的构建、理论生长点的探索必将经历长期过程，在学科建设、理论研究、实践探索的基础上，必将推进交叉学科思想政治教育的进一步丰富，从而实现思想政治教育学科的高质量、综合化、科学化发展。

"他山之石，可以攻玉。"在交叉学科思想政治教育未来发展中，一方面，要不断加深对现有论域的研究。需要继续加强与与马克思主义理论学科下设其他二级学科的协同创新，深化对基础理论的挖掘，同时拓展文本学、阐释学、治理学、叙事学、传播学、评估学、文化学、生态学、社会学等学科论域。在不断分化、细化学科研究中，拓展新的分支领域甚至分支学科。另一方面，要尽可能多地探索新的理论生长点，"积极吸收、充分利用丰富的理论资源、历史资源、实践资源，提出新论断、新观点、新思想，丰富完善思想政治教育理论研究体系，改变当前一些论域研究问题分散、成果零散、见解纷呈、共识不足、深度不够的现状，改变人们对思想政治教育学学科理

---

① 冯刚：《深化新时代思想政治教育基础理论研究》，《思想政治教育研究》2020年第1期。

论性不强、学理性不强的固有认识。"① 在新时代思想政治教育守正创新过程中，需要继续增进交叉学科的理论研究与实践探索，将深化新论域与丰富理论生长点相结合，在多学科交融、共建中构建"大思政"工作格局。

---

① 冯刚：《思想政治教育学学科发展新论域》，中山大学出版社 2022 年版，第 5 页。

参考文献

［1］《马克思恩格斯选集》（第1-4卷），人民出版社2012年版。

［2］《习近平谈治国理政》（第一卷），外文出版社2018年版。

［3］《习近平谈治国理政》（第二卷），外文出版社2017年版。

［4］《习近平谈治国理政》（第三卷），外文出版社2020年版。

［5］《习近平谈治国理政》（第四卷），外文出版社2022年版。

［6］习近平:《高举中国特色社会主义伟大旗帜 为全面建设社会主义现代化国家而团结奋斗——在中国共产党第二十次全国代表大会上的报告》，人民出版社2022年版。

［7］习近平:《在哲学社会科学工作座谈会上的讲话》，《人民日报》2016年5月19日。

［8］习近平:《在中国科学院第二十次院士大会、中国工程院第十五次院士大会、中国科协第十次全国代表大会上的讲话》，《人民日报》2021年5月29日。

［9］《习近平在清华大学考察时强调坚持中国特色世界一流大学建设目标方向为服务国家富强民族复兴人民幸福贡献力量》，《人民日报》2021年4月20日。

［10］《党的二十大报告学习辅导百问》，学习出版社、党建读物出版社2022年版。

［11］陈向明:《质的研究与社会科学研究》，教育科学出版社2000年版。

［12］代玉启、白永生等：《高校思想政治教育生态治理研究》，团结出版社 2022 年版。

［13］冯刚、王振等：《高校思想政治教育治理引论》，团结出版社 2022 年版。

［14］冯刚、刘宏达等：《新时代高校辅导员工作十讲》，北京师范大学出版社 2022 年版。

［15］冯刚、彭庆红、佘双好、白显良等：《新时代高校思想政治教育学原理》，人民出版社 2021 年版。

［16］冯刚：《思想政治教育学学科发展新论域》，中山大学出版社 2022 年版。

［17］冯刚：《探索思想政治教育发展的内生动力》，人民出版社 2017 年版。

［18］冯刚：《新时代高校辅导员培训教程》，人民出版社 2022 年版。

［19］弗兰克·戈布尔：《第三思潮：马斯洛心理学》，上海译文出版社 1987 年版。

［20］沈壮海：《新编思想政治教育学原理》，中国人民大学出版社 2022 年版。

［21］石书臣：《中华优秀传统文化中的德育资源及其当代价值研究》，学习出版社 2022 年版。

［22］宋德孝：《当代西方社会思潮批判与大学生价值观建设》，当代中国出版社 2022 年版。

［23］唐乾敬：《传统消费主义与数字化时代消费主义对比研究》，西南财经大学出版社 2022 年版。

［24］吴满意、徐先艳等：《高校思想政治教育数据治理研究》，团结出版社 2022 年版。

［25］吴文虎：《传播学概论》，武汉大学出版社 2000 年版。

［26］吴易风:《当代西方经济学流派与思潮》，中国人民大学出版社2022年版。

［27］项久雨:《思想政治教育方法导论》，武汉大学出版社2021年版。

［28］徐志远:《现代思想政治教育学范畴研究》，人民出版社2009年版。

［29］严帅、张智等:《高校思想政治教育治理评价研究》，团结出版社2022年版。

［30］张小飞、李琳等:《高校思想政治教育治理能力研究》，团结出版社2022年版。

［31］白显良、章瀚丹:《高校思想政治理论课教学应着力塑造五种形象》，《马克思主义理论学科研究》2022年第10期。

［32］白永生、王楠:《推动新时代思想政治工作的守正创新》，《思想教育研究》2022年第3期。

［33］柏豪:《高校辅导员能力成熟度评价体系构建研究》，《思想教育研究》2022年第1期。

［34］班永杰:《建立党史学习教育常态化长效化制度机制》，《思想教育研究》2022年第7期。

［35］鲍中义:《高校网络思想政治教育的发展历程、原则与进路》，《学校党建与思想教育》2022年第3期。

［36］蔡诗敏:《思想政治教育系统与过程主客体新论》，《学校党建与思想教育》2022年第19期。

［37］操菊华:《人工智能赋能思政课教学精准化的理论逻辑与实践图景》，《思想理论教育导刊》2022年第4期。

［38］曹洪军、曹世娇:《论大学生网络思想政治教育话语表达的独特性及效力提升》，《理论导刊》2022年第3期。

［39］曹清燕、张蓓:《新时代爱国主义教育的时空境遇和双重任务》，《思想教育研究》2022年第8期。

［40］曹晓云:《融媒体背景下高校新生班集体凝聚力建设路径》,《中学政治教学参考》2022 年第 35 期。

［41］曾令辉:《推进大中小学思想政治理论课一体化内涵式发展的思考》,《马克思主义理论学科研究》2022 年第 7 期。

［42］曾玉梅:《大中小学思政课教师队伍一体化建设研究》,《中学政治教学参考》2022 年第 1 期。

［43］曾誉铭:《中华优秀传统文化融入高校思政课的理论思考与实践探索》,《思想战线》2022 年第 5 期。

［44］曾玥蓉、韩冰:《高校辅导员思想政治工作的理与路》,《学校党建与思想教育》2022 年第 6 期。

［45］常宴会:《思想政治教育者把握大数据时代的意义和方式》,《思想理论教育》2022 年第 9 期。

［46］陈钿莹:《表征与记忆:红色文化的具象建构》,《思想理论教育》2022 年第 10 期。

［47］陈方芳、周宏军:《统筹推进大中小学思想政治理论课一体化建设的四重进路》,《当代教育理论与实践》2022 年第 4 期。

［48］陈飞、郭兴华:《高校学生社团组织育人功能研究》,《学校党建与思想教育》2022 年第 8 期。

［49］陈刚、张泰城:《论红色资源课程教学中的价值性和知识性统一》,《井冈山大学学报（社会科学版）》2022 年第 2 期。

［50］陈华洲、贠婷婷:《思想政治教育增值评价的理论内涵与实现路径》,《思想理论教育》2022 年第 6 期。

［51］陈坤、刘雨:《网络圈群视域下思想政治教育话语的破圈困境与路径选择》,《理论导刊》2022 年第 7 期。

［52］陈磊、徐秦法:《大中小学思政课一体化建设的"段间规律"探寻》,《中国大学教学》2022 年第 6 期。

［53］陈萌、于滢、侯永朝：《大数据视域下大学生社会主义核心价值观认同教育探析》，《思想教育研究》2022 年第 3 期。

［54］陈梦霖：《新时代高校班集体建设评价指标体系构建及应用》，《学校党建与思想教育》2022 年第 5 期。

［55］陈旻、张丙元、孟婷、张爱玲：《大中小学思政课一体化教学设计初探》，《北京教育（高教）》2022 年第 12 期。

［56］陈启迪：《人工智能嵌入高校思想政治教育的技术风险及应对策略》，《学校党建与思想教育》2022 年第 9 期。

［57］陈倩：《深化对新时代高校思想政治教育的理论探索》，《思想教育研究》2022 年第 4 期。

［58］陈森霖、袁媛：《统筹大中小学思政课一体化建设的价值意蕴、范式转向和实践路径》，《高校辅导员学刊》2022 年第 2 期。

［59］陈思源、陈翠苹：《高校"形势与政策"课程队伍"三个共同体"建设模式的思考》，《新课程研究》2022 年第 15 期。

［60］陈文海：《高校基层党组织服务乡村振兴的协同创新研究》，《学校党建与思想教育》2022 年第 12 期。

［61］陈璇：《习近平总书记培育时代新人重要论述的四重维度》，《北京青年研究》2022 年第 2 期。

［62］陈勇：《高校思想政治工作者科学思维素养培育论》，《高校辅导员学刊》2022 年第 2 期。

［63］陈雨濛、张亚利、俞国良：《2010–2020 中国内地大学生心理健康问题检出率的元分析》，《心理科学进展》2022 年第 5 期。

［64］陈玉斌：《毛泽东批驳非马克思主义社会思潮三例》，《思想教育研究》2022 年第 6 期。

［65］陈月霄、李星：《论红色文化多维价值及其生成方略——兼以福建红色文化为叙述背景》，《思想教育研究》2022 年第 2 期。

［66］陈卓:《论思想政治教育载体的实体性——以思想政治教育中载体与符号的关系为视角》,《思想教育研究》2021 年第 12 期。

［67］程莉莉、王京跃:《优秀地方文化融入青少年社会主义核心价值观教育研究》,《华南师范大学学报（社会科学版）》2022 年第 5 期。

［68］程学旗、刘盛华、张儒清:《大数据分析处理技术新体系的思考》,《中国科学院院刊》2022 年第 1 期。

［69］楚国清、王勇:《"大思政课"格局下统筹思政课程与课程思政协同育人的蝴蝶结模式》,《北京联合大学学报（人文社会科学版)》2022 年第 3 期。

［70］崔靖娟、曾志伟:《扎实推进大中小学思政课一体化建设》,《北京教育（高教）》2022 年第 12 期。

［71］崔龙燕、崔楠:《中国共产党精神谱系融入思想政治理论课的三重追问》,《中南民族大学学报（人文社会科学版）》2022 年第 7 期。

［72］代玉启:《基于社会实验的思想政治教育研究初探》,《思想政治教育研究》2022 年第 1 期。

［73］邓斌、彭卫民:《社会主义核心价值观的"家"哲学底蕴》,《社会主义核心价值观研究》2022 年第 3 期。

［74］邓纯余:《论社会主义核心价值观传播的动力机制》,《社会主义核心价值观研究》2022 年第 1 期。

［75］邓纯余:《新时代思想政治教育社会化的理论与实践审视》,《思想理论教育》2022 年第 8 期。

［76］邓国峰、高安安:《技术逻辑与价值定位:算法时代网络思想政治教育新展望》,《思想教育研究》2022 年第 2 期。

［77］邓丽芳、谷雨、许金文:《新时代研究生心理支持获取现状的大数据分析与启示》,《国家教育行政学院学报》2022 年第 11 期。

［78］邓卓明、李长松:《新时代新征程引领社会思潮应提高四种能力》,《思想教育研究》2022 年第 3 期。

［79］丁帅、陈旻:《大中小学思想政治理论课课程内容一体化面临的问题及破解路径》,《思想教育研究》2022 年第 10 期。

［80］丁玉峰:《互联网思维下提升高校思想政治理论课针对性探赜》,《思想政治教育研究》2022 年第 4 期。

［81］董扣艳:《元宇宙在思想政治教育中的应用：前景探测、伦理风险及其规避》,《思想理论教育》2022 年第 4 期。

［82］董扣艳:《治理现代化视域下思想政治教育媒介逻辑探赜》,《北京航空航天大学学报（社会科学版）》2022 年第 7 期。

［83］董学文:《马克思主义基本原理同中华优秀传统文化相结合的重大意义》,《中国高校社会科学》2022 年第 6 期。

［84］董雅华:《善用"大思政课"促进教育资源转化：意涵、问题与进路》,《思想理论教育》2022 年第 4 期。

［85］杜小琴:《高校毕业典礼的育人功能及其实现路径》,《学校党建与思想教育》2022 年第 17 期。

［86］段俊吉:《打造"人设"：媒介化时代的青年交往方式变革》,《中国青年研究》2022 年第 4 期。

［87］樊明方、淡如冰:《"大思政课"的生成逻辑及其实践路向》,《西北工业大学学报（社会科学版）》2022 年第 2 期。

［88］范玉鹏、周倩:《伟大建党建设涵育时代新人的使命、要义与路径》,《郑州大学学报（哲学社会科学版）》2022 年第 5 期。

［89］冯宝晶、赵春丽:《思想政治教育视域中青年网民"网络出征"现象探析》,《思想政治教育研究》2022 年第 4 期。

［90］冯兵:《新时代高校共青团组织职能现状与转变路径》,《人民论坛》2022 年第 9 期。

［91］冯多、李大棚:《大数据驱动高校思想政治教育创新的活力、困境及进路》,《现代教育管理》2022 年第 7 期。

［92］冯刚、陈倩:《解构与重构：元宇宙对网络思想政治教育的挑战及其应对》,《探索》2022 年第 3 期。

［93］冯刚、陈倩:《培育时代新人志气、骨气、底气的文化向度》,《国家教育行政学院学报》2022 年第 2 期。

［94］冯刚、梁超锋:《完善新时达思想政治工作体系建构》,《思想政治工作研究》2022 年第 12 期。

［95］冯刚、钟一彪:《高校辅导员角色紧张的舒缓与职业理想建构》,《学校党建与思想教育》2022 年第 1 期。

［96］冯刚、朱宏强:《思想政治教育内生动力的理论审思》,《马克思主义理论学科研究》2022 年第 6 期。

［97］冯刚:《关于高校思想政治教育治理研究的几个问题》,《高校辅导员学刊》2022 年第 3 期。

［98］冯刚:《深化高校思想政治教育范畴研究》,《马克思主义理论学科研究》2021 年第 9 期。

［99］冯刚:《深刻把握高校思想政治教育热点研究实践导向的价值意蕴》,《思想政治教育研究》2021 年第 1 期。

［100］冯刚:《推动新时代思想政治教育学科高质量发展》,《学校党建与思想教育》2022 年第 7 期。

［101］冯俊:《构建中共党史党建学科体系的理论指南》,《高校马克思主义理论研究》2022 年第 2 期。

［102］冯磊:《英国如何保障高校学生心理健康：校外支持、校内策略及数字化探索》,《中国高教研究》2022 年第 7 期。

［103］冯留建、江薇:《深化高校思政课党史教育的实践路径》,《思想政治课教学》2022 年第 3 期。

［104］冯永泰:《新时代高校思想政治教育学原理的新开拓》,《学校党建与思想教育》2022 年第 8 期。

［105］奉元圆：《大中小学思政课一体化建设的逻辑向度及实践进路》，《西华师范大学学报（哲学社会科学版）》2022年第6期。

［106］符俊：《乡村振兴视角下农民社会主义核心价值观的培育》，《学校党建与思想教育》2022年第16期。

［107］付洪、王丹阳：《运用系统思维推进新时代大中小学思政课一体化建设探析》，《马克思主义理论教学与研究》2022年第2期。

［108］付玉璋：《论时代新人的格局观》，《思想理论教育》2022年第11期。

［109］傅瑶：《高校党建推进课程思政建设的功能、目标及路径》，《现代教育管理》2022年第7期。

［110］高德胜、王亚蓉：《人的需要：思想政治教育关系的逻辑起点》，《思想教育研究》2022年第4期。

［111］高静毅：《接受视角下"四史"教育入脑入心的思政课教学研究》，《学校党建与思想教育》2022年第7期。

［112］葛爱冬：《中华优秀传统文化转化创新应把握的原则》，《山东社会科学》2022年第5期。

［113］耿锐、庞立生：《思想政治理论课内在规定性的时代探析》，《中国高等教育》2022年第11期。

［114］耿睿、周嘉婧：《高校学生社团功能型党支部建设初探——以清华大学为例》，《教育理论与实践》2022年第12期。

［115］宫长瑞、张迎：《人工智能时代思想政治教育叙事的转向及其实践》，《思想教育研究》2022年第9期。

［116］龚文德：《样板党支部创建视域下高校党支部组织力提升探析》，《学校党建与思想教育》2022年第19期。

［117］顾红亮：《用系统观念思考大中小学思政课一体化建设路径》，《北京教育（德育）》2022年第9期。

［118］关春燕、何淑贞：《协同理论视阈下高校创新创业教育课程思政体

系建设研究》，《学校党建与思想教育》2022 年第 12 期。

［119］管秀雪：《人工智能时代思想政治教育者角色探析》，《思想理论教育》2022 年第 1 期。

［120］桂舒霞、方文利：《新晋辅导员职业能力提升影响因素及策略分析》，《现代职业教育》2022 年第 39 期。

［121］郭洪芹、罗德明：《高校心理健康课混合式教学满意度实证研究》，《思想政治教育研究》2022 年第 6 期。

［122］郭杰忠、肖森：《论伟大建党精神融入高校思想政治理论课教学》，《教育学术月刊》2022 年第 10 期。

［123］郭世军：《党史学习教育与思政课教学的交融点》，《学校党建与思想教育》2022 年第 8 期。

［124］郭婷：《社会学视域下高校思想政治教育空间建设思考》，《高教学刊》2022 年第 3 期。

［125］郭旭红、李一凡：《伟大建党精神融入高校思政课教学模式的探索》，《学校党建与思想教育》2022 年第 5 期。

［126］韩可：《课程论视角下"大思政课"的实施维度与实践理路》，《思想理论教育》2022 年第 5 期。

［127］韩庆祥：《习近平新时代中国特色社会主义思想的原创性贡献和历史地位》，《中共中央党校学报》2022 年第 2 期。

［128］韩喜平、蒋磊：《思想政治理论课讲道理要在"五个统一"上下功夫》，《思想理论教育》2022 年第 9 期。

［129］韩振峰、张悦：《"四史"学习教育融入高校思想政治理论课探析》，《北京社会科学》2022 年第 1 期。

［130］何冰清：《高校学生社区网格化管理与思政教育创新研究——以西北师范大学为例》，《甘肃教育研究》2022 年第 6 期。

［131］何玉芳、刘星焕：《中国共产党百年来思想政治教育图像叙事的历

史实践及其基本经验》，《思想理论教育导刊》2022 年第 5 期。

［132］何志敏、刘畅：《人工智能时代思想政治教育话语权探析》，《思想教育研究》2022 年第 8 期。

［133］贺祥林、邹捷：《社会主义核心价值观与全人类共同价值五题》，《湖北社会科学》2022 年第 1 期。

［134］侯勇、景丝丝：《利益分析：思想政治教育研究的新视角——作为思想政治教育研究创新的利益分析法》，《思想政治教育研究》2022 年第 4 期。

［135］侯勇、孙君：《网络空间社会主义核心价值观培育的目标指向、现实境遇及对策建议》，《社会主义核心价值观研究》2022 年第 4 期。

［136］胡新峰、陈麒：《新时代背景下大中小学思想政治教育一体化建设研究》，《思想政治教育研究》2022 年第 4 期。

［137］胡萱、胡小君：《中华优秀传统文化融入大学生思想政治教育的价值与实现路径》，《学校党建与思想教育》2022 年第 14 期。

［138］胡艳：《思政课教学建设性和批判性的辩证统一》，《中学政治教学参考》2022 年第 7 期。

［139］胡艺华、徐峰：《论习近平的叙事艺术及其在思想政治教育中的创造性运用》，《理论月刊》2022 年第 6 期。

［140］胡玉宁：《时代新人的文化理解与传承》，《湖南大学学报（社会科学版）》2022 年第 2 期。

［141］黄科、周琪：《主体需要视域下思想政治教育价值发展嬗变及实现路径》，《学校党建与思想教育》2022 年第 16 期。

［142］黄丽燕、钟婧：《现代性背景下高校思想政治教育面临的问题及其应对》，《黑龙江高教研究》2022 年第 11 期。

［143］黄蓉生：《推动大学生党史学习教育常态化长效化的历史论域》，《马克思主义理论学科研究》2022 年第 10 期。

［144］黄树军：《网络时代思想政治教育获得感实现路径研究》，《江苏高

教》2022 年第 2 期。

［145］黄嵩:《基于新媒体平台的高校共青团宣传工作方法探索》,《学校党建与思想教育》2022 年第 17 期。

［146］黄效茂、张登国:《乡村现代化内生动力的激发与维系——以曹县淘宝村为例》,《山东社会科学》2022 年第 7 期。

［147］黄雪垠、黄耘:《地方特色文化资源的教学应用》,《中学政治教学参考》2022 年第 11 期。

［148］黄艳、王晓语、李卫东:《高校共青团抖音短视频传播效果影响因素实证研究——基于全国 100 所高校共青团抖音号的内容分析》,《中国青年社会科学》2022 年第 2 期。

［149］黄艳、杨琳娜、罗英:《高校辅导员和形势与政策课兼职教师教学能力提升的融合机制探究》,《高教学刊》2022 年第 26 期。

［150］贾丽民、宋小芳:《新时代大中小学思政课一体化建设应正确处理的几对关系》,《思想理论教育导刊》2022 年第 1 期。

［151］贾彦峰、朱平:《网红文化异动对青少年价值观的误导及其矫治》,《中国青年研究》2022 年第 6 期。

［152］蒋芝英、鄢彬:《"五度"视角下高职思政课实践教学有效性探索》,《教育与职业》2022 年第 19 期。

［153］金德南:《思想政治教育过程理性主义原则刍论》,《教学与研究》2022 年第 1 期。

［154］金芳芳:《协同治理视域下大学生日常思想政治教育的深化策略研究》,《高校辅导员》2022 年第 4 期。

［155］金国峰:《伟大建党精神融入高校思想政治教育研究》,《学校党建与思想教育》2022 年第 5 期。

［156］金林南:《论思想政治教育哲学思维方式》,《扬州大学学报（人文社会科学版）》2022 年第 4 期。

［157］敬官旭、孟东方：《高校辅导员"以生为本"工作理念的实现路径》，《学校党建与思想教育》2022年第12期。

［158］康琪琪、刘裕、余秀兰：《研究生心理危机从产生到化解的历程研究——基于有真实经历研究生的访谈》，《研究生教育研究》2022年第2期。

［159］康晓强：《论习近平新时代中国特色社会主义思想对科学社会主义原创性贡献的层次结构》，《马克思主义研究》2022年第3期。

［160］柯强、徐荧松：《大中小学思政课教师队伍一体化建设的路径探赜》，《学校党建与思想教育》2022年第12期。

［161］孔瑾：《高校思想政治教育工作质量评价体系构建》，《中学政治教学参考》2022年第20期。

［162］蓝波涛、覃杨杨：《构建大思政课协同育人格局：价值、问题与对策》，《教学与研究》2022年第2期。

［163］郎琦、杨芷英：《思想政治教育中的积极情绪情感及其正向作用》，《思想政治教育研究》2022年第4期。

［164］李彬、张振：《在乡村振兴中培育践行社会主义核心价值观》，《人民论坛》2022年第6期。

［165］李才俊、李渝萱：《思政教育"八维一体"合力育人模式探究》，《中学政治教学参考》2022年第36期。

［166］李畅、李亚员、燕妮：《改革开放以来我国价值观教育研究的历史进程、演进逻辑和拓展空间》，《学术探索》2022年第7期。

［167］李冲、张存建：《协同理论视域下构建高校大思政格局微探》，《学校党建与思想教育》2022年第6期。

［168］李春林：《论高校青年教师思想政治工作体系的构建》，《西北工业大学学报（社会科学版）》2022年第1期。

［169］李丹：《新时代高校思想政治工作"以文化人"的理论蕴涵及实践探索》，《思想政治教育研究》2022年第3期。

［170］李飞龙:《中共党史党建一级学科理论体系构建刍议》,《思想理论教育》2022 年第 2 期。

［171］李广霄:《新时代思政工作发挥网络文化育人功能刍议》,《学校党建与思想教育》2022 年第 18 期。

［172］李海金、陈文华:《激发乡村发展的内生动力——学习习近平总书记关于乡村振兴内生动力的重要论述》,《毛泽东邓小平理论研究》2022 年第 6 期。

［173］李海涛:《增强高校网络空间价值引领的三维探析》,《学校党建与思想教育》2022 年第 4 期。

［174］李晗、逢红梅:《大数据驱动高校思想政治教育创新的价值、误区与路径》,《学校党建与思想教育》2022 年第 20 期。

［175］李厚锐:《智能媒体赋能高校思想政治教育创新探究》,《思想理论教育》2022 年第 7 期。

［176］李辉、孙晓晖:《论历史主动精神的思想政治教育价值意蕴及其实现》,《思想教育研究》2022 年第 3 期。

［177］李基礼:《基于功能系统分析法的思想政治教育现代化探究》,《思想教育研究》2022 年第 6 期。

［178］李基礼:《思想政治教育的权力谱系分析》,《思想政治教育研究》2022 年第 3 期。

［179］李吉桢、孔伟:《高校思想政治教育评价的现实困境及优化路径》,《高教论坛》2022 年第 1 期。

［180］李蕉:《"大思政课"的历史方位与理论定位》,《思想理论教育导刊》2022 年第 9 期。

［181］李洁萍、朱培源:《浅谈灌输性与启发性相统一原则——以高校思想政治理论课教学为例》,《教育教学论坛》2022 年第 43 期。

［182］李丽、穆军全:《思政课坚持政治性和学理性相统一的现实省思》,

《中学政治教学参考》2022年第7期。

［183］李辽宁：《社会主义核心价值观融入思政课教学全过程的模式构建与实践路径》，《学校党建与思想教育》2022年第17期。

［184］李璐璐、何桂美：《关于中华优秀传统文化融入高校思想政治教育的思考》，《学校党建与思想教育》2022年第4期。

［185］李冉：《推动思想政治理论课迈入内涵式发展的新阶段》，《马克思主义理论学科研究》2022年第4期。

［186］李瑞德、潘玉腾：《习近平关于培养时代新人重要论述：生成逻辑、主要贡献和践行路径》，《思想教育研究》2022年第5期。

［187］李树学、路成浩：《完善新时代高校思想政治教育质量评价体系探究》，《学校党建与思想教育》2022年第11期。

［188］李伟、李品林、姜孟雪：《高校辅导员参与批判性思维教育的价值意蕴、实践逻辑与行动路向》，《高等教育研究》2022年第5期。

［189］李伟：《高校"一站式"学生社区建设的育人功能及实现路径》，《南华大学学报（社会科学版）》2022年第10期。

［190］李宪玲、程思源：《美育融入思想政治教育的内在机理与实施策略》，《学校党建与思想教育》2022年第4期。

［191］李效武、任晓伟：《习近平关于思想政治理论课建设重要论述的科学内涵与时代价值》，《学校党建与思想教育》2022年第19期。

［192］李新潮：《中华优秀传统文化创造性转化创新性发展的运行机理》，《理论学刊》2022年第2期。

［193］李鑫、郑敬斌：《大中小学思政课教师队伍一体化建设探析》，《学校党建与思想教育》2022年第6期。

［194］李焰、朱丽雅、王瑞、杨笑蕾：《育德与育心结合导向下高校心理健康教育的创新发展》，《教育发展研究》2022年第10期。

［195］李瑶、魏红艳：《从范畴符合视角探究心理健康教育与思想政治教

育的融合》,《大理大学学报》2022 年第 7 期。

［196］李正军、代承轩、文春风:《全面推进新时代大中小学劳动教育一体化建设》,《中国高等教育》2022 年第 9 期。

［197］李姿雨、方凤玲:《系统思维视域下大数据与思想政治教育有效融合研究》,《思想教育研究》2022 年第 3 期。

［198］梁大伟、茹亚辉:《〈共产党〉月刊对无政府主义的批判》,《思想教育研究》2022 年第 2 期。

［199］梁靖、金昕:《数字社会背景下我国文化育人的哲学解析》,《新疆社会科学》2022 年第 3 期。

［200］梁钦、杨慧梅:《伟大抗疫精神融入"大思政课"的若干思考》,《思想政治教育研究》2022 年第 38 期。

［201］廖小琴:《思想政治教育过程要素再探究》,《思想教育研究》2022 年第 1 期。

［202］林春逸、刘冬妮:《主体间性视视角下人工智能融入思想政治教育》,《中学政治教学参考》2022 年第 32 期。

［203］林绪武:《中共党史党建学科建设的思与行》,《北京师范大学学报（社会科学版）》2022 年第 4 期。

［204］凌小萍:《大中小学思政课一体化建设的实践困境与突破路径》,《贵州师范大学学报（社会科学版）》2022 年第 3 期。

［205］刘丙元:《基于实践哲学的高校思想政治教育治理逻辑》,《思想政治教育研究》2022 年第 3 期。

［206］刘澈:《琼崖革命精神融入高校思政课教学探析》,《学校党建与思想教育》2022 年第 2 期。

［207］刘成、施小明:《基于全国辅导员素质能力大赛视角的青年辅导员专业化发展策略》,《上海理工大学学报（社会科学版）》2022 年第 11 期。

［208］刘丹、陈怡:《大学生画像：思想政治教育精准化的新路径》,《学

校党建与思想教育》2022 年第 2 期。

［209］刘迪翔、彭庆红：《互联网时代社会思潮的生成及其治理》，《学校党建与思想教育》2022 年第 7 期。

［210］刘复兴、李淼：《在新的历史征程上培养担当民族复兴大任的时代新人——新时代党的教育方针政策研究》，《中国人民大学教育学刊》2022 年第 4 期。

［211］刘光斌、夏雨轩：《习近平高校思想政治工作论述的三重内涵——基于大学生思想政治教育的视角》，《大学科学教育》2022 年第 5 期。

［212］刘红凛：《党史党建学科构建应有大视野》，《中国社会科学报》2022 年 6 月 30 日。

［213］刘宏达、李祥栋：《高校辅导员理论宣讲能力的要素结构与提升策略》，《思想理论教育》2022 年第 4 期。

［214］刘宏达：《中国式现代化与思想政治工作的使命》，《学校党建与思想教育》2022 年第 21 期。

［215］刘嘉圣、刘晞平：《论统筹推进大中小学思政课一体化建设》，《中学政治教学参考》2022 年第 40 期。

［216］刘建军、赵宇飞：《思想政治教育视阈中〈共产党宣言〉的文本考察》，《中国人民大学学报》2022 年第 2 期。

［217］刘建军：《〈新编思想政治教育学原理〉的突破性探索》，《思想教育研究》2022 年第 8 期。

［218］刘建军：《论思想政治理论课教育教学的本质特征与基本要求——习近平考察中国人民大学相关重要论述的理论阐释》，《思想政治课研究》2022 年第 3 期。

［219］刘江：《中国共产党思想政治工作中的信念教育方法——基于〈星星之火，可以燎原〉的文本探析》，《中共云南省委党校学报》2022 年第 2 期。

［220］刘晶：《社会主义核心价值观修辞传播的表征与实践》，《海南大学

学报（人文社会科学版）》2022 年第 3 期。

［221］刘丽娜：《援助能改善对华印象吗——关于中国对外援助的国家形象管理效应的海量数据分析》，《世界经济与政治》2022 年第 7 期。

［222］刘明娟：《积极心理学对大学生心理健康教育的启示》，《教育理论与实践》2022 年第 21 期。

［223］刘瑞、蒋笃君：《略论高校网络文化建设的新形势及优化路径》，《思想理论教育导刊》2022 年第 4 期。

［224］刘书林：《思想政治教育工作应对逆反心理的方法探讨》，《思想理论教育导刊》2022 年第 2 期。

［225］刘顺：《网络民粹主义的意识形态趋向及其澄清理路》，《思想理论教育》2022 年第 9 期。

［226］刘伟：《坚持以社会主义核心价值观涵育时代新人》，《教学与研究》2022 年第 5 期。

［227］刘晓琳、曹银忠：《网络思想政治教育跨媒介叙事研究》，《学校党建与思想教育》2022 年第 14 期。

［228］刘晓宁、刘晓：《高等职业教育课程思政的实践审思与改革路径》，《中国高等教育》2022 年第 10 期。

［229］刘学斌：《试论中华优秀传统文化转化、创新的逻辑进程》，《福建师范大学学报（哲学社会科学版）》2022 年第 4 期。

［230］刘学燕：《大学书院制改革的困境反思与路径优化——基于结构功能主义理论框架的分析》，《大学教育科学》2022 年第 4 期。

［231］刘艳、谭亚莉：《泛娱乐化背景下高校思想政治教育话语权的式微与重塑》，《黑龙江高教研究》2022 年第 7 期。

［232］刘艳：《泛娱乐化视域下思想政治教育的困境及突围》，《新疆社会科学》2022 年第 4 期。

［233］刘燕、程静：《劳模精神、劳动精神、工匠精神融入高职思政课教

学实践研究》，《教育与职业》2022年第2期。

［234］刘一博、张登彬：《善用"大思政课"讲道理：南开大学十年苏区实践的探索与经验》，《思想教育研究》2022年第10期。

［235］刘怡彤、李忠军：《马克思恩格斯经典文本关于思想政治教育之"思想"概念的解析》，《思想理论教育》2022年第11期。

［236］刘有升、陈丽静：《优秀地域文化融入高校思想政治教育研究》，《思想政治教育研究》2022年第2期。

［237］刘章仪：《推荐算法介入下网络思想政治教育的困境与突破》，《学术探索》2022年第8期。

［238］刘志刚、郭威：《社会主义核心价值观与法治建设的融合发展及实现路径》，《社会主义核心价值观研究》2022年第8期。

［239］柳安娜、王安全：《从生存到存在：文化育人本质的演变与转向》，《教育理论与实践》2022年第10期。

［240］娄慧、戴艳军：《思想政治教育"生命线"原理研究：现状、演进与趋势——基于CSSCI期刊的文献计量分析》，《思想教育研究》2022年第8期。

［241］鲁明川、曹克亮：《人的全面发展视域下思想政治教育现代化论析》，《思想理论教育》2022年第1期。

［242］陆道坤：《新时代课程思政的研究进展、难点焦点及未来走向》，《新疆师范大学学报（哲学社会科学版）》2022年第3期。

［243］陆林召：《全媒体时代高校思想政治教育话语权建构的多维审思》，《江苏高教》2022年第3期。

［244］陆新：《提升中华文化的传播效能》，《红旗文稿》2022年第14期。

［245］栾淳钰：《"时代新人"：马克思主义新人观的新发展》，《思想理论教育导刊》2022年第5期。

［246］罗红杰：《"以文化人"到"立德树人"的系统逻辑》，《系统科学

学报》2022 年第 3 期。

［247］罗英、罗玉洁、黄艳：《大力推动"形势与政策"课高质量发展》，《思想政治工作研究》2022 年第 11 期。

［248］罗珍、唐春霞、易希平：《基于核心素养培育的高职思政课的独特价值及其实现》，《教育与职业》2022 年第 19 期。

［249］罗仲尤、刘玉立：《网络空间视域下思想政治教育话语创新探析》，《马克思主义理论学科研究》2022 年第 6 期。

［250］骆郁廷：《论思想政治教育的普遍贯通》，《马克思主义研究》2022 年第 9 期。

［251］吕彪、李辉：《"以文化人"何以可能的哲学审视》，《学校党建与思想教育》2022 年第 14 期。

［252］吕列霞、陈锡喜：《西方宪政民主思潮的新表现及其批判与应对》，《思想教育研究》2022 年第 8 期。

［253］吕艳娇、姜君：《新时代高校劳动教育与思政教育融合的四重维度》，《天津师范大学学报（哲学社会科学版）》2022 年第 2 期。

［254］吕增艳、王宇：《略论情感叙事在大中小学思政课一体化教学中的应用》，《东北师大学报（哲学社会科学版）》2022 年第 4 期。

［255］马建青、黄雪雯：《大学生人际信任与主观幸福感的关系：亲社会行为与攻击行为的中介作用》，《应用心理学》2022 年第 1 期。

［256］马俊峰：《网络空间中高校思想政治理论课话语体系创新研究》，《思想理论教育导刊》2022 年第 9 期。

［257］马喜亭、冯蓉：《建强高校心理育人队伍扎实推进"三全育人"》，《中国高等教育》2022 年第 10 期。

［258］马云志、付静伟：《思想政治教育话语权威的现实困境及其超越》，《思想教育研究》2022 年第 7 期。

［259］马振钦：《高校共青团思想引领工作的新路向》，《中学政治教学参

考》2022年第27期。

［260］毛延生、田野：《新时代思想政治教育话语效能提升的文化向度研究》，《理论导刊》2022年第10期。

［261］梅萍、孟恒艳：《中华优秀传统美育文化的价值意蕴及弘扬》，《社会主义核心价值观研究》2022年第1期。

［262］梅萍、向荣：《思想政治教育文化资源与文化载体之辨》，《思想教育研究》2022年第9期。

［263］蒙怡馨：《元宇宙与思想政治教育数字化发展》，《河海大学学报（哲学社会科学版）》2022年第5期。

［264］孟杰：《网络亚文化对培育青年志气、骨气、底气的影响及应对策略》，《思想理论教育导刊》2022年第6期。

［265］孟庆东、阎国华、何湾：《从协同到融合：高职院校辅导员与思政课教师队伍一体化建设探析》，《教育与职业》2022年第23期。

［266］米华全：《数字技术赋能高校党建工作质量提升：价值功能和实践进路》，《马克思主义理论学科研究》2022年第4期。

［267］莫岳云：《中共党史党建学科发展进路》，《中国社会科学报》2022年11月17日。

［268］倪松根、周环：《高校思想政治理论课话语传播有效性及其实现路径》，《安庆师范大学学报（社会科学版）》2022年第4期。

［269］聂小雄、朱宏强：《思想政治理论课教师专业发展的内生动力探赜》，《高校辅导员》2022年第4期。

［270］聂小雄：《思想政治教育数据分析的实践运用》，《学校党建与思想教育》2022年第23期。

［271］聂莹莹：《奋斗精神涵育时代新人的三重意蕴》，《人民论坛》2022年第1期。

［272］聂玉娇、张瑞：《新时代高校网络思想政治教育话语权提升策略探

析》，《高教论坛》2022 年第 2 期。

［273］欧彦伶：《关于思想政治教育方法论发展和局限的认识》，《思想教育研究》2022 年第 3 期。

［274］彭均、白显良：《新时代课程思政的认识定位、生成逻辑与发展路向——基于矛盾论视角的探讨》，《湖北社会科学》2022 年第 5 期。

［275］彭均：《祛魅与超越：新时代网络意识形态风险及其防范》，《理论导刊》2022 年第 1 期。

［276］彭庆红、刘迪翔：《社会思潮生成论析》，《思想战线》2022 年第 2 期。

［277］彭荣础：《思辨研究方法：历史、困境与前景》，《大学教育科学》2011 年第 5 期。

［278］漆勇政、张贵礼：《在大学生思想政治教育中加强党史教育的意义、原则和路径探析》，《思想教育研究》2022 年第 10 期。

［279］祁凤华、黄丽颖、常永青：《全媒体时代高职院校思想政治教育话语传播研究》，《教育与职业》2022 年第 2 期。

［280］钱志远、张洁：《"扎根生活"的思想政治教育学——论作为思想政治教育研究方法的参与观察》，《思想政治教育研究》2022 年第 2 期。

［281］秦小琪：《传播学"受众理论"在思想政治教育研究中的应用初探》，《思想政治教育研究》2022 年第 2 期。

［282］秦在东：《社会主义核心价值观融入日常生活的理论再认与策略设计》，《学校党建与思想教育》2022 年第 21 期。

［283］邱柏生、董雅华：《思想政治教育学科理论研究：评价与展望》，《思想理论教育》2014 年第 2 期。

［284］曲思宇：《新时代加强高校共青团思想引领的价值意蕴、经验遵循与创新路径》，《思想教育研究》2022 年第 7 期。

［285］任昊、米平治、张晋：《全生命周期大学生思想政治教育的可能与

可为——以大数据应用为技术路径》,《教育科学》2022 年第 1 期。

［286］桑标:《新时代学校心理健康教育应把握的四个特性》,《教育发展研究》2022 年第 10 期。

［287］邵莉莉、白天伟:《高校红色社团推进党史学习教育的逻辑理路、功能定位与优化路径》,《学校党建与思想教育》2022 年第 9 期。

［288］邵明众:《五四运动前后的社会思潮与广州社会主义青年团的兴起》,《青少年研究与实践》2022 年第 1 期。

［289］佘双好、康超:《思想政治教育大数据方法的提出及其运用空间》,《北京工业大学学报（社会科学版）》2022 年第 5 期。

［290］佘双好、马桂馨:《新时代高校思想政治工作的主要成就、基本经验与发展趋势》,《思想教育研究》2022 年第 2 期。

［291］沈瑞林、张彦会、李昕钰:《我国高校课程思政话语体系建设的困境与对策——基于费尔克劳夫话语三维模式的考察》,《江苏高教》2022 年第 3 期。

［292］沈壮海:《把准全面推进"大思政课"建设的关键点》,《人民教育》2022 年第 18 期。

［293］盛美真:《"四史"教育融入高校思想政治理论课教学的基础、动力和保障》,《云南大学学报（社会科学版）》2022 年第 2 期。

［294］石磊、张笑然:《元宇宙:思想政治教育的未来场域》,《思想教育研究》2022 年第 3 期。

［295］石书臣、韩笑:《"大思政课"协同机制建设:问题与策略》,《思想理论教育》2022 年第 6 期。

［296］石书臣:《深刻把握"大思政课"的本质要义》,《马克思主义理论学科研究》2022 年第 7 期。

［297］石中英:《帮助青少年扣好人生的第一粒扣子——党的十八大以来中小学校社会主义核心价值观教育成效与重要经验》,《人民教育》2022 年第

6 期。

［298］时影、舒刚:《数字化时代高校网络思政育人的价值生成与实践路径：基于主体间性视角的考察》,《国家教育行政学院学报》2022 年第 9 期。

［299］史宏波、谭帅男:《论思想政治教育的双重叙事》,《教学与研究》2022 年第 4 期。

［300］史宏波、张澜:《以历史主动精神推进时代新人培育工程》,《学校党建与思想教育》2022 年第 21 期。

［301］史宏波:《思想政治教育研究的系统性及其范式诉求》,《思想理论教育导刊》2022 年第 7 期。

［302］侍旭:《辅导员非正式组织提升团队心理资本的价值与实现》,《高校辅导员学刊》2022 年第 5 期。

［303］寿新宝:《论高校辅导员的本质内涵及其实践向度》,《思想理论教育》2022 年第 8 期。

［304］宋君玲:《中华优秀传统文化融入思政教育探究》,《中学政治教学参考》2022 年第 7 期。

［305］宋丽娜:《主体、载体、渠道协同：高职院校思想政治工作协同路径探究》,《职业技术教育》2022 年第 5 期。

［306］宋晟、刘宏达:《十八大以来我国网络文明建设的主要成就与基本经验》,《社会主义研究》2022 年第 2 期。

［307］宋友文:《社会主义核心价值观凝聚社会共识的价值表达及其实现》,《社会主义核心价值观研究》2022 年第 8 期。

［308］宋志强、仲计水、和向东:《大中小学思政课一体化建设的三个着力点——以北京市朝阳区大中小学思政课一体化建设协同创新中心的探索为例》,《北京教育（高教）》2022 年第 12 期。

［309］宋忠好、张元:《高校"形势与政策"课"教、管、学"团队教学模式探析——以江苏海洋大学为例》,《黑龙江教育（理论与实践）》2022 年

第 7 期。

［310］苏玉波、张胜军：《高校思想政治理论课以理服人面临的难题与提升路径》，《思想教育研究》2022 年第 3 期。

［311］孙来斌：《论习近平新时代中国特色社会主义思想对马克思主义的原创性贡献》，《中国高校社会科学》2022 年第 4 期。

［312］孙立军、孙树勇：《构建高校意识形态工作运行机制研究——基于"一主四维两翼"向度的探索》，《思想理论教育导刊》2022 年第 1 期。

［313］孙其昂、夏方坤：《复杂境遇中思想政治教育现代性的社会建构》，《河海大学学报（哲学社会科学版）》2022 年第 2 期。

［314］孙其昂、蒙怡馨：《基于学科发展推进对思想政治教育观的研究》，《思想教育研究》2022 年第 9 期。

［315］孙伟平、尹帮文：《社会主义核心价值观：中国特色社会主义"是什么"与"怎么建"的统一》，《求是学刊》2022 年第 4 期。

［316］孙晓琳、庞立生：《思想政治教育话语传播的本质规定、生活基础与叙事逻辑》，《思想教育研究》2022 年第 5 期。

［317］谈传生、胡景谱、刘文成：《高校辅导员专业化职业化发展的现实困境及破解路径——基于中部某省 51 所高校 3176 名辅导员的实证调查》，《思想教育研究》2022 年第 1 期。

［318］汤潮、赖致远：《"数字思政"的内涵生成与实施路径》，《思想理论教育》2022 年第 10 期。

［319］唐爱军：《论新时代意识形态安全》，《马克思主义研究》2022 年第 6 期。

［320］唐登荟：《网络思想政治教育的整体性回溯与系统性创新》，《思想理论教育》2022 年第 2 期。

［321］唐良虎、吴满意：《高校数据思政的内涵、类型与功能彰显》，《黑龙江高教研究》2022 年第 9 期。

［322］唐良虎、吴满意：《数据思政：基本意涵、生成逻辑与实践样态》，《思想理论教育》2022 年第 5 期。

［323］唐平秋、彭佳俊：《人工智能助推思想政治教育评价创新发展探析》，《学校党建与思想教育》2022 年第 13 期。

［324］唐萍、肖肖：《论辅导员人格的生态取向》，《江苏高教》2022 年第 7 期。

［325］唐晓勇、李颖：《现代信息技术赋能高校思想政治理论课教师教学的成效、困境及路径优化》，《思想教育研究》2022 年第 11 期。

［326］陶磊、汪萍平：《思想政治理论课教师教学学术能力论析》，《思想理论教育》2022 年第 11 期。

［327］陶磊、朱唯星、李貌：《人工智能时代高校思想政治理论课发展转向、痛点及实践策略》，《江苏高教》2022 年第 1 期。

［328］滕翠华：《脱贫攻坚精神融入高校思政课教学略探》，《学校党建与思想教育》2022 年第 16 期。

［329］滕明政、李小月：《大中小学思政课一体化的研究回顾与展望》，《思想政治课研究》2022 年第 5 期。

［330］田仁来：《大学生党史学习教育获得感的生成逻辑与提升路径》，《学校党建与思想教育》2022 年第 17 期。

［331］田珊：《数字化红色文化资源赋能高校思政课的价值及路径探析》，《思想理论教育导刊》2022 年第 7 期。

［332］万力勇、易新涛：《人工智能驱动的高校思想政治理论课精准教学：实施框架与实现路径》，《思想教育研究》2022 年第 4 期。

［333］万千、周国桥：《"第二课堂成绩单"制度下高校团支部建设质量提升路径探究》，《学校党建与思想教育》2020 年第 20 期。

［334］汪三贵、黄奕杰、马兰：《西部地区脱贫人口内生动力的特征变化、治理实践与巩固拓展路径》，《华南师范大学学报（社会科学版）》2022

年第 3 期。

[335] 汪艳霞、程良宏：《高校学生社团发展的路径探究：AGIL 模型的视角》，《教育理论与实践》2022 年第 15 期。

[336] 汪寅、张慧：《媒体融合背景下高校网络意识形态安全风险及其防范策略》，《黑龙江高教研究》2022 年第 12 期。

[337] 王爱民、王锋：《中华优秀传统文化对大中小学思政课一体化建设的影响刍议》，《北京教育（德育）》2022 年第 5 期。

[338] 王炳林：《中共党史党建学科建设的基本问题探析》，《社会科学文摘》2022 年第 10 期。

[339] 王春英、赵凤：《"八个相统一"的方法论意蕴与实践路径》，《思想政治课教学》2022 年第 6 期。

[340] 王代月：《马克思主义人民观与民粹主义人民观的差异探析》，《思想教育研究》2022 年第 3 期。

[341] 王得祥：《高校教师党支部组织力提升的路径》，《中国高等教育》2022 年第 6 期。

[342] 王栋梁：《思想政治教育助推机制研究》，《学校党建与思想教育》2022 年第 17 期。

[343] 王海建：《大学生"数字孪生"现象分析与思想政治教育治理》，《高校辅导员》2022 年第 4 期。

[344] 王海威：《大历史观融入高校思想政治理论课教学探析》，《思想理论教育导刊》2022 年第 5 期。

[345] 王华、殷旭辉：《中华优秀传统文化融入高校思政教育刍议》，《学校党建与思想教育》2022 年第 19 期。

[346] 王军华：《高校"一站式"学生社区建设的内生价值、现实挑战与突破进路》，《思想理论教育》2022 年第 10 期。

[347] 王俊斐：《生成与化解：思想政治教育个性化与社会化矛盾的后现

代审视》,《理论导刊》2022 年第 4 期。

［348］王勤瑶：《时代新人的历史主动精神及其提升路径》,《理论导刊》2022 年第 8 期。

［349］王青山：《"精准供给"视域下高校"形势与政策"课教学内容优化与创新》,《山西高等学校社会科学学报》2022 年第 6 期。

［350］王升臻：《试论大中小学思政课一体化建设的时空二维融合——基于马克思社会实践时空观》,《湖北社会科学》2022 年第 3 期。

［351］王仕民、黄科：《从"君子人格"到"时代新人"——中华优秀传统文化的传承与创新》,《理论探索》2022 年第 4 期。

［352］王仕民、魏在乾：《近 10 年思想政治教育基础理论研究趋势》,《思想政治教育研究》2022 年第 7 期。

［353］王淑荣、魏子青：《"大学生网红"现象中的"泛娱乐化"倾向评析》,《思想理论教育导刊》2022 年第 4 期。

［354］王天民、郑丽丽：《智能媒介的思想政治教育功能及其优化》,《思想教育研究》2022 年第 10 期。

［355］王威峰、金玲：《大数据时代分众思想政治教育的三重审视》,《重庆邮电大学学报（社会科学版）》2022 年第 6 期。

［356］王维国：《新时代加强高校"形势与政策"课改革创新的思考》,《思想理论教育导刊》2022 年第 5 期。

［357］王卫权：《高校心理健康教育系统性建设的问题与对策》,《中国高等教育》2022 年第 10 期。

［358］王习胜、杨晓帆：《思想政治教育方法探索的面相描画与取向审思——以 2020 年的研究为视点》,《安徽师范大学学报（人文社会科学版）》2021 年第 11 期。

［359］王晓艳：《高校学生党支部思政教育策略》,《中学政治教学参考》2022 年第 9 期。

［360］王学俭、施泽东：《元评价：思想政治教育评价发展的新进路》，《新疆师范大学学报（哲学社会科学版）》2022年第3期。

［361］王祎黎、黄军伟：《思想政治理论课教师"思维要新"：逻辑起点、内涵生成与实践诉求》，《江苏高教》2022年第7期。

［362］王易：《马克思主义基本原理同中华优秀传统文化相结合的历史考察与时代要求》，《马克思主义研究》2022年第3期。

［363］王滢：《接受理论视野下大学生网络思想政治教育创新》，《学校党建与思想教育》2022年第20期。

［364］王永贵、程权杰：《新时代社会思潮批判的现实偏向与引领探析》，《思想理论教育》2022年第10期。

［365］王永友、罗玉芝：《智能化背景下主流意识形态网络传播的转向》，《学校党建与思想教育》2022年第3期。

［366］王永友、宋燕：《思想政治教育个案史研究：历史审思、本质意义与重点方向》，《青年学报》2022年第5期。

［367］王哲：《立足"四史"强化思政课教学的感性支撑力》，《思想理论教育导刊》2022年第3期。

［368］王振华、朱蓉蓉：《论新时代高校辅导员队伍建设的优化》，《学校党建与思想教育》2022年第2期。

［369］王志刚、李晓乐：《基于虚拟现实技术的高校思想政治理论课教学模式创新》，《江苏高教》2022年第2期。

［370］王志玲、李又云：《红色教育资源在大学生思想政治教育中的融入路径探讨》，《教育理论与实践》2022年第9期。

［371］王智腾：《高校双线晋升政策的历史、现状和未来》，《中国高等教育》2022年第10期。

［372］王子蕲：《论大学生思想政治教育中红色资源的运用》，《思想理论教育》2022年第10期。

［373］韦俊峰、张振：《中国共产党人精神谱系融入高校思政课的三重逻辑及其实践机制》，《江苏大学学报（社会科学版）》2022年第5期。

［374］魏俊斌：《治理算法：思想政治教育网络智能环境治理的政策与趋势论析》，《思想教育研究》2022年第4期。

［375］魏志奇：《世界百年未有之大变局下的意识形态风险及其防范》，《马克思主义研究》2022年第7期。

［376］温晓年、黄祖辉：《思想政治教育实验的出场逻辑与建构路径》，《南京理工大学学报（社会科学版）》2022年第6期。

［377］吴德刚：《深刻认识革命传统教育的时代意义》，《人民教育》2022年第7期。

［378］吴级圣：《党史学习教育融入"原理"课教学探析》，《云南大学学报》2022年第2期。

［379］吴建：《校史文化融入思政课教学路径管见》，《中学政治教学参考》2022年第41期。

［380］吴满意、高盛楠：《高校思想政治教育数据治理研究》，《马克思主义理论学科研究》2022年第9期。

［381］吴潜涛、沈茹毅：《推动思想政治理论课高质量发展的着力点》，《马克思主义理论学科研究》2022年第10期。

［382］吴珊：《"三全育人"视域下大学生样板党支部建设的实践与创新》，《学校党建与思想教育》2022第14期。

［383］吴少伟：《伟大建党精神融入高校思政课的价值意蕴和实践路径》，《学校党建与思想教育》2022年第2期。

［384］吴文：《论大学生党史学习教育获得感及其提升》，《思想教育研究》2022年第4期。

［385］吴亚、陈美兰：《大学生思政教育获得感立体透析及其提升路径》，《中学政治教学参考》2022年第12期。

［386］吴亚辉、田凯妮：《大中小学思政课一体化的内在意蕴与实践路径》，《思想政治课研究》2022 年第 2 期。

［387］吴云志、何婵娟：《深化对思想政治教育经典文献研究法的认识》，《思想政治教育研究》2022 年第 3 期。

［388］吴增礼、李亚芹：《"大思政课"视域下"社会大课堂"的多维阐释》，《思想理论教育》2022 年第 12 期。

［389］伍醒、陈嘉欣：《教育叙事研究的方法论蕴涵及其在思想政治教育研究中的应用》，《思想政治教育研究》2022 年第 2 期。

［390］武文豪、周向军：《习近平"两个结合"重要论断的三重逻辑论析》，《思想教育研究》2022 年第 3 期。

［391］武永江：《高校思想政治教育共同体研究》，《学术探索》2022 年第 12 期。

［392］夏宝慧：《中国共产党人精神谱系引领培育时代新人的三重维度》，《思想教育政治研究》2022 年第 4 期。

［393］夏锋：《社会主义核心价值观引领人民精神生活共同富裕的意义、机制与路径探赜》，《山东师范大学学报（社会科学版）》2022 年第 4 期。

［394］向宇婷、邓卓明：《微网络环境下大学生思想政治教育方法探究》，《学校党建与思想教育》2022 年第 5 期。

［395］项久雨：《人类精神文明新形态论要》，《学校党建与思想教育》2022 年第 19 期。

［396］谢桂新、陈伟：《教育学类专业课程思政教学评价略探》，《学校党建与思想教育》2022 年第 19 期。

［397］谢俊：《5G 驱动下网络意识形态传播的新特征、新风险及应对策略》，《探索》2022 年第 6 期。

［398］谢晓娟、路晓芳：《新时代推动大中小学思政课一体化建设研究》，《学校党建与思想教育》2022 年第 11 期。

［399］谢宇格、孔德生：《存储与释放：高校思想政治教育社会认同的实证研究》，《江苏高教》2022 年第 7 期。

［400］谢玉进：《新时代网络思想政治教育概念再界定与研究深化》，《思想教育研究》2022 年第 5 期。

［401］辛艺萱、盛林：《"中国近现代史纲要"课用好红色资源传承红色基因的教学思考》，《思想教育研究》2022 年第 7 期。

［402］邢国忠、张敏：《泛娱乐主义的社会心理分析及其应对》，《思想教育研究》2022 年第 5 期。

［403］熊建生、郭榆：《新时代思想政治教育内容建设的新要求》，《思想理论教育》2022 年第 3 期。

［404］修晓辉、杜玉华：《新时代高校思想政治理论课教师讲好中国共产党故事的价值意蕴、叙事原则和实践遵循》，《思想教育研究》2022 年第 9 期。

［405］徐晨光、肖菲：《论新时代中华优秀传统文化"两创"方针的双重维度》，《思想政治教育研究》2022 年第 3 期。

［406］徐川：《高校思想政治理论课教师话语能力的语言学诠释》，《思想政治教育研究》2022 年第 4 期。

［407］徐国平、张小焕：《高校辅导员历史素养形成的三重逻辑》，《中学政治教学参考》2022 年第 24 期。

［408］徐建飞、董静：《大中小学思想政治理论课一体化建设：内涵逻辑、实践困囿与优化方略》，《社会主义核心价值观研究》2022 年第 4 期。

［409］徐金超：《自媒体环境下大学生社会主义核心价值观教育探析》，《学校党建与思想教育》2022 年第 6 期。

［410］徐曼、黄祎霖：《网络思想政治教育主客体互动的展开、张力及优化》，《思想教育研究》2022 年第 11 期。

［411］徐明波、王明：《高校班集体建设的困境及其化解——基于个体化理论的视角》，《教育理论与实践》2022 年第 21 期。

［412］徐秦法、黄冰凤:《以"三个协同"推进大中小学思政课教师队伍一体化建设》,《思想政治教育研究》2022 年第 2 期。

［413］徐秦法、赖远妮:《认知能力视角下大中小学思想政治理论课一体化教学方式建设研究》,《思想教育研究》2022 年第 3 期。

［414］徐秦法、张肖:《破立并举：大中小学思政课一体化评价的理性审思》,《江苏高教》2022 年第 9 期。

［415］徐硕、王楠:《大数据视域下思想政治教育方法的演进特征》,《高校辅导员》2022 年第 1 期。

［416］徐艳玲、李朝慧:《西方网络空间社会思潮乱象对中国的影响及其应对》,《思想教育研究》2022 年第 4 期。

［417］许家烨:《大中小学思想政治理论课教材一体化建设：逻辑、问题与对策》,《思想教育研究》2022 年第 2 期。

［418］许瑞芳:《党的十八大以来学校思想政治理论课建设的经验呈示》,《思想理论教育》2022 年第 9 期。

［419］许瑞芳:《新时代大中小学课程思政一体化的内涵、难点及进路》,《新疆师范大学学报（哲学社会科学版）》2022 年第 3 期。

［420］许祥云、王佳佳:《高校课程思政综合评价指标体系构建——基于 CIPP 评价模式的理论框架》,《高校教育管理》2022 年第 1 期。

［421］许烨:《大数据时代提升高校思想政治教育实效性的策略研究》,《湖南社会科学》2022 年第 3 期。

［422］玄铮:《大学生网络圈群化及高校网络思想政治教育研究》,《学校党建与思想教育》2022 年第 18 期。

［423］薛玉梅、赵磊:《对网络思想政治教育语境几个问题的思考》,《学校党建与思想教育》2022 年第 10 期。

［424］薛卓婷、陈河:《新时代加强高校思想政治工作的价值意蕴及路径探析》,《理论导刊》2022 年第 11 期。

［425］颜晓峰：《坚持把马克思主义基本原理同中华优秀传统文化相结合》，《社会主义核心价值观研究》2022 年第 1 期。

［426］颜雨萱、付晓男：《论中华优秀传统文化融入大中小学思政课一体化建设》，《中学政治教学参考》2022 年第 23 期。

［427］燕连福：《习近平关于精神生活共同富裕重要论述的生成逻辑、核心要义和实践路径》，《思想战线》2022 年第 5 期。

［428］杨宏伟、蒲文娟：《科学灌输：新时代思想政治教育本质再探讨》，《学术探索》2022 年第 8 期。

［429］杨军、黄兆琼：《我国消费主义思潮的表现、实质与克服》，《思想教育研究》2022 年第 2 期。

［430］杨军、张育诚：《西方国家民族主义复兴的表现、根源与应对》，《北京航空航天大学学报（社会科学版）》2022 年第 3 期。

［431］杨军：《中国共产党反对历史虚无主义的实践与经验》，《人民论坛》2022 第 14 期。

［432］杨利利：《大中小学思想政治理论课一体化建设的三维探析》，《北京教育（德育）》2022 年第 7 期。

［433］杨威、管金潞：《"思想政治教育学原理"教学内容的定位、体系与实施难点》，《思想教育研究》2022 年第 10 期。

［434］杨威、魏道：《思想政治教育学应注重田野调查》，《思想政治教育研究》2022 年第 1 期。

［435］杨威、张一苇：《人类政治实践推动思想政治教育的形成与发展》，《思想理论教育》2022 年第 7 期。

［436］杨威：《在对社会思潮的引领中凝聚青年》，《人民论坛》2022 年第 16 期。

［437］杨小青、林冬冬：《思想政治教育信息环境叠加变迁的新特征及其应对》，《学校党建与思想教育》2022 年第 17 期。

［438］杨晓帆、汤举:《“大思政课”理念的历史演进与现实着力点》,《思想政治课教学》2022 年第 9 期。

［439］杨晓帆:《论社会加速运行背景下的思想政治教育研究》,《思想政治教育研究》2022 年第 3 期。

［440］杨雪琴:《大学生社会主义核心价值观认同机制研究》,《学校党建与思想教育》2022 年第 10 期。

［441］杨增崇、赵月:《善用“大思政课”:深刻内涵、时代价值与建设理路》,《学校党建与思想教育》2022 年第 5 期。

［442］杨章文:《网络文化消费主义:现实表征、本质透视及诊治理路》,《思想教育研究》2022 年第 1 期。

［443］杨芷英、郎琦:《高校思政课“坚持主导性和主体性相统一”的学理依据与实施对策》,《思想政治课研究》2022 年第 2 期。

［444］杨志超:《新传播语境下历史虚无主义的样态变化与综合治理》,《思想教育研究》2022 年第 7 期。

［445］杨子强、林泽玮:《青年网络亚文化的变迁与治理》,《思想教育研究》2022 年第 2 期。

［446］杨子强:《落实立德树人根本任务培养堪当民族复兴重任的时代新人》,《中国高等教育》2022 年第 5 期。

［447］姚明明、王憬忆:《思想政治教育学科案例研究的范式与发展》,《思想政治教育研究》2022 年第 2 期。

［448］姚曦、商超余:《中国广告产业发展的内生动力、首要任务及创新路径》,《武汉大学学报（哲学社会科学版）》2022 年第 1 期。

［449］姚昱帆:《治理视域中的思想政治教育研究方法创新》,《思想政治教育研究》2022 年第 3 期。

［450］叶方兴:《推进思想政治教育理论史研究的方法论省思》,《马克思主义理论教学与研究》2022 年第 3 期。

［451］叶方兴：《寻找社会成员的思想政治教育记忆——论作为思想政治教育研究方法的口述史》，《思想政治教育研究》2022 年第 1 期。

［452］叶福林：《构建大学生党史学习教育常态化长效性机制探析》，《思想理论教育》2022 年第 9 期。

［453］叶芜为、刘民、崔福生：《高校辅导员构建"1+N"日常教育课程体系的探索》，《高校辅导员学刊》2022 年第 4 期。

［454］尹辉、王维平：《传播效果视域的高校社会主义核心价值观教学策略》，《思想教育研究》2022 年第 7 期。

［455］于宝库、赵莹莹：《新时代高校辅导员网络思政教育路径探析》，《北京教育（高教）》2022 年第 11 期。

［456］于水镜：《俄罗斯大中小学思政教育模式及借鉴意义》，《中国高等教育》2022 年第 7 期。

［457］于祥成、刘成：《微传播时代高校思想政治教育的理路转换、困境审思及实践进路》，《新疆师范大学学报（哲学社会科学版）》2022 年第 6 期。

［458］俞国良：《心理健康的新诠释：幸福感视角》，《北京师范大学学报（社会科学版）》2022 年第 1 期。

［459］宇文利：《新时代思想政治教育基础理论研究的创新之作——读沈壮海教授主编的〈新编思想政治教育学原理〉》，《思想理论教育》2022 年第 6 期。

［460］袁坤，袁田田：《高校爱国主义教育理论性与实践性相统一论析》，《学校党建与思想教育》2022 年第 11 期。

［461］苑津山、魏家昌：《本科书院模式的内核：书院导师制建设的意义探赜》，《教育理论与实践》2022 年第 18 期。

［462］运迪：《党和国家重大庆祝活动与大学生政党认同研究——基于上海市 17 所高校本科生的实证分析》，《中国青年社会科学》2022 年第 5 期。

［463］翟乐、李建森：《大数据时代思想政治教育的演进理路、现实困境

及实践策略》，《思想教育研究》2022 年第 7 期。

［464］张策华：《新时代劳动教育的价值追求和实践进路》，《江苏社会科学》2022 年第 3 期。

［465］张驰：《思想政治教育智能化发展的算法审视》，《思想教育研究》2022 年第 9 期。

［466］张凤、黄四林：《社会流动信念：脱贫家庭青少年发展的内生动力》，《北京师范大学学报（社会科学版）》2022 年第 3 期。

［467］张建晓：《思想政治教育的现代性隐忧及其应对》，《中国矿业大学学报（社会科学版）》2022 年第 4 期。

［468］张劲松、刘惠燕：《"大思政课"必须准确把握"事、时、势"》，《学校党建与思想教育》2022 年第 20 期。

［469］张景波、刘阳：《党史教育融入高校思想政治教育的价值评价、逻辑证成与路径选择》，《重庆大学学报》2022 年第 2 期。

［470］张娟：《运用大数据进行个性化思想政治理论课教学研究》，《思想政治教育研究》2022 年第 1 期。

［471］张磊、倪大钊：《大学生党课满意度评价指标体系构建与改革对策论析》，《云南大学学报（社会科学版）》2022 年第 3 期。

［472］张丽、李秀峰：《共青团中央抖音短视频的传播效果及影响因素分析》，《中国青年社会科学》2022 年第 2 期。

［473］张丽君、黄靖：《习近平关于中华优秀传统文化新论述的意义》，《学校党建与思想教育》2022 年第 22 期。

［474］张利杰、宋伟：《将党史学习融入大学生思想政治教育》，《中国高等教育》2022 年第 10 期。

［475］张玲、杨雪娜：《抗疫精神融入大学生思想政治教育的三重逻辑》，《浙江理工大学学报（社会科学版）》2022 年第 2 期。

［476］张苗苗：《论思想政治理论课价值性和知识性的统一》，《思想教育

研究》2022 年第 2 期。

［477］张娜、于成文：《北京高校辅导员情感劳动的实践机制》，《北京社会科学》2022 年第 3 期。

［478］张鹏韬、杨洁：《社会主义核心价值观进地理教材：路径与实践审视》，《天津师范大学学报（基础教育版）》2022 年第 23 期。

［479］张然：《何以成人：思想政治教育活动生成的哲学追问》，《思想政治教育研究》2022 年第 1 期。

［480］张善喜：《大中小学思政课一体化建设的制约因素与路径选择》，《中学政治教学参考》2022 年第 12 期。

［481］张硕、汪雪锋、乔亚丽、刘玉琴：《技术预测研究现状、趋势及未来思考：数据分析视角》，《图书情报工作》2022 年第 10 期。

［482］张天华、李莲、高浩恩：《构建新时代大中小学思政课一体化内在逻辑研究》，《渤海大学学报（哲学社会科学版）》2022 年第 3 期。

［483］张伟、岳洪、熊坚：《政策工具视角下我国高校辅导员队伍建设政策文本研究》，《黑龙江高教研究》2022 年第 6 期。

［484］张小飞、王凯宗：《以多学科交叉融合推动思想政治教育学学科高质量发展——评〈思想政治教育学学科发展新论域〉》，《学校党建与思想教育》2022 年第 16 期。

［485］张晓刚、胡凌燕：《习近平用典及其对推进中华优秀传统文化"两创"的价值意蕴》，《海南大学学报（人文社会科学版）》2022 年第 6 期。

［486］张晓媛、曹光远：《习近平关于青年工作的重要思想对新时代高校学生会组织建设的启示》，《北京科技大学学报（社会科学版）》2022 年第 6 期。

［487］张兴海、程喆：《推进高校中华优秀传统文化教育路径探析》，《中国高等教育》2022 年第 2 期。

［488］张彦：《"大思政课"需要"大评价观"》，《思想政治教育研究》

2022 年第 2 期。

［489］张月、金林南、张建晓：《论思想政治教育研究方法科学化的困局与出路》，《思想教育研究》2022 年第 5 期。

［490］赵本燕、王建新：《时代新人培育视野下"四史"教育的逻辑透视》，《北京航空航天大学学报（社会科学版）》2022 年第 6 期。

［491］赵建超：《基于虚拟交往的网络思想政治教育时间机制建构》，《思想教育研究》2022 年第 8 期。

［492］赵建超：《元宇宙重塑网络思想政治教育论析》，《思想理论教育》2022 年第 2 期。

［493］赵浚、张澍军：《信息化 3.0 时代网络思想政治教育的复杂性探赜》，《思想教育研究》2022 年第 10 期。

［494］赵庆杰、段乃睿：《符号·时间·空间：百年党史视域下思想政治教育仪式的三维考察》，《中共郑州市委党校学报》2022 年第 2 期。

［495］赵睿：《国家治理现代化视域下社会主义核心价值观引领作用探析》，《西北民族大学学报（哲学社会科学版）》2022 年第 6 期。

［496］赵婷、史文瑞、柳歆智、宋志刚：《北京市大中小学思政课一体化建设的现状及对策研究》，《北京教育（高教）》2022 年第 12 期。

［497］赵冶：《从"简单说明"到系统"灌输"：列宁"灌输论"形成分析》，《马克思主义理论学科研究》2022 年第 1 期。

［498］赵玉鹏、杨连生、侯坤超：《演化博弈视域下研究生导师和辅导员协同育人策略及路径研究》，《研究生教育研究》2022 年第 4 期。

［499］赵玉枝、胡树祥：《论网络思想政治教育融合拓展新趋势》，《思想理论教育导刊》2022 年第 9 期。

［500］郑冬芳、秦婷：《数字资本驱动下新消费主义的政治经济学释析》，《思想教育研究》2022 年第 7 期。

［501］郑宏宇：《高校思想政治教育元评价的理论探讨与实践路径》，《黑

龙江高教研究》2022年第12期。

［502］郑心语：《基于显性教育与隐性教育相协同的研究生思政课改革创新》，《学校党建与思想教育》2022年第6期。

［503］郑雨婷：《高校辅导员队伍建设研究状况与核心力量分析——基于中国知网（2006—2021年）核心和专业期刊文献的研究》，《高校辅导员学刊》2022年第4期。

［504］钟道邦：《中国共产党党史学习教育的由来及历史发展》，《江汉论坛》2022年第4期。

［505］周惠玉、刘晓明：《社会主义核心价值观引领新时代大学生健全人格的发展与培育研究》，《思想政治教育研究》2022年第38期。

［506］周家伟、李慧萍：《新时代提升高校学生党支部组织力研究》，《学校党建与思想教育》2022年第8期。

［507］周奇、李茂春：《论大中小学思政教育一体化建设》，《中学政治教学参考》2022年第39期。

［508］周陶霖、刘博：《网络空间青年爱国主义教育的现实梗阻与增效路径》，《当代青年研究》2022年第2期。

［509］周文静、胡树祥：《网络思想政治教育主客体研究的回溯与展望基于CiteSpace的可视化分析》，《学校党建与思想教育》2022年第7期。

［510］周鑫、申慧：《高校"形势与政策"课信息化教学模式的探索与实践》，《北京科技大学学报（社会科学版）》2022年第1期。

［511］周玉乔、彭新武：《在高校思想政治教育中讲好共同富裕的意义、内容与方法》，《中国高等教育》2022年第10期。

［512］周源源：《算法推荐环境下的大学生认知心理困境及应对策略》，《思想理论教育》2022年第10期。

［513］周远、张振：《高校"一站式"学生社区的空间建构逻辑与路向》，《思想理论教育》2022年第7期。

［514］朱丹：《习近平关于中华优秀传统文化重要论述的形成理路和实践要求》，《理论探讨》2022年第1期。

［515］朱红：《区别社会主义核心价值观与西方"普世价值"的三重维度》，《社会主义核心价值观研究》2022年第4期。

［516］朱宏强：《矛盾视角下思想政治教育发展的内生动力》，《学校党建与思想教育》2022年第7期。

［517］朱平、李永山：《高校辅导员专业化的动阻力分析与推进策略——基于高校政策执行视角的分析》，《思想理论教育》2022年第5期。

［518］朱少雄、覃承凤、潘柳燕：《大中小学思想道德与法治课程一体化的思考与建议》，《高教论坛》2022年第8期。

［519］朱献苏、杨威：《新时代推进"大思政课"建设的实践理路探究》，《中国高等教育》2022年第13期。

［520］朱娅琴、孙迎光：《中国共产党时代新人观的历史演进与现实发展》，《学术探索》2022年第11期。

［521］朱志梅、王雨茜：《新时代高校辅导员队伍建设路径探析》，《学校党建与思想教育》2022年第20期。

［522］祝琴、胡子祥：《大学生对思想政治理论课的期待研究——对全国五所高校调查文本的质性分析》，《思想政治教育研究》2022年第2期。

［523］庄园：《自主、效能、归属：基于领导行为视角的高校辅导员工作投入促进路径》，《江苏高教》2022年第6期。

［524］左鹏：《党的十八大以来社会思潮批判与引领的基本经验》，《思想理论教育》2022年第7期。

后　记

在中国共产党第二十次全国代表大会胜利召开之际，围绕贯彻落实党的二十大精神，学界 2022 年在理论与实践结合中继续深化思想政治教育热点问题研究，形成了丰富的研究成果。聚焦 2022 年思想政治教育研究热点，把握研究进展，分析研究特点和不足，展望研究趋势，对于加强思想政治教育学科建设，提升思想政治教育质量水平，推动新时代思想政治教育内涵式高质量发展具有重要意义。在此背景下延续思想政治教育热点问题研究，我们继续组织思想政治教育学科领域的专家、学者共同撰写《思想政治教育研究热点年度发布（2022）》。

《思想政论教育研究热点年度发布（2022）》一书由北京师范大学思想政治工作研究院院长冯刚教授负责全书策划和框架设计。经过课题组多次研讨和认真准备，编写工作于 2022 年 9 月正式启动。全书具体分工如下：前言（冯刚）、第一章（武传鹏）、第二章（贾雪丽）、第三章（徐先艳、郑镝）、第四章（王振）、第五章（朱宏强）、第六章（倪松根）、第七章（代玉启、杨晓帆）、第八章（聂小雄）、第九章（刘嘉圣）、第十章（王春霞）、第十一章（白永生、莫舒惠）、第十二章（张欣）、第十三章（王方）、第十四章（陈倩）、第十五章（鲁力、王桂娟）、第十六章（冯留建）、第十七章（金国峰）、第十八章（王楠）、第十九章（冯蓉）、第二十章（刘文博）、第二十一章（金芳芳）、第二十二章（刘晓玲）、第二十三章（邓卓明、邵二辉）、第二十四章（史宏月）、第二十五章（李伟）、第二十六章（李亚美）、

第二十七章（高静毅）、第二十八章（王莹）。冯刚、王振、严帅、白永生、徐先艳、梁超锋、朱宏强、聂小雄等负责全书统稿。陈倩、孙贝、王莹、杨小青、王天玲、梅科、郭修远等负责相关文献整理和资料收集工作。

　　本书的编撰除了经典著作以外，还参考了大量专家、学者的研究成果，在此深表感谢！文中采用脚注方式进行了标明，还在书末列出了主要参考文献。本书力求展现 2022 年思想政治教育学科热点研究全貌，但是由于学科研究内容甚为丰富，加之篇幅有限，研究成果的出版又具有一定时滞性，这些都给编写工作带来了较大难度。因时间有限、工作量较大，肯定有遗漏之处，对于本书的局限与不足只能留待今后补充与修正，我们也真诚地希望各位专家、读者批评指正。

本书编写组

2023 年 2 月